W0067989

Hobbit
Presse
PAPERBACK

TAD WILLIAMS

DIE DUNKLEN GASSEN DES HIMMELS

BOBBY DOLLAR 1

Aus dem Englischen von
Cornelia Holfelder-von der Tann

KLETT-COTTA

Hobbit Presse Paperback
www.hobbitpresse.de
Die Originalausgabe erschien unter dem Titel
»The Dirty Streets of Heaven« im Verlag
DAW Books, Inc., New York
© 2012 by Tad Williams
Für die deutsche Ausgabe
© 2012/2016 by J. G. Cotta'sche Buchhandlung
Nachfolger GmbH, gegr. 1659, Stuttgart
Alle deutschsprachigen Rechte vorbehalten
Printed in Germany
Umschlaggestaltung Birgit Gitschier, Augsburg
Illustration: Kerem Beyit
Abbildung im Text © Photos.com (Tribalium)
Gesetzt von r&p digitale medien, Echterdingen
Gedruckt und gebunden von CPI, Clausen & Bosse, Leck
ISBN 978-3-608-94965-0

WIDMUNG

*Dieses Buch widme ich
meinem lieben Freund
David Charles Michael Pierce.*

*Dave mochte so was, und ich glaube,
dieses Buch hätte ihm auch gefallen.
Ich hoffe, eines Tages sehen wir uns wieder,
und er kann mir sagen, was ich richtig
dargestellt habe und was nicht.
Danke, dass du mein Freund warst, Dave.
Ich vermisse dich.
Wir alle vermissen dich.*

INHALT

PROLOG

Ich trat gerade aus dem Lift in die dreiundvierzigste Etage des Hochhauses Page Mill Square Nr. 5, da ging plötzlich der Alarm los, dieses albtraumhafte Sofort-Gebäude-Räumen-Gejaule, das sich wie die Schreie gefolterter Roboter anhört, und mir war klar, mit dem unauffälligen Vorgehen hatte es sich erledigt.

Sagte ich schon, dass ich unter Stress dazu neige, in alte Gewohnheiten zurückzufallen? Und von Monstern gejagt zu werden, erzeugt nun mal Stress, ganz zu schweigen davon, wie es ist, wenn man zum Sündenbock für den größten Schlamassel zwischen Himmel und Hölle seit vielen tausend Jahren gemacht wird. Also war ich in dem Moment entsprechend drauf – ich war nervös und brauchte dringend ein paar Antworten. Und wenn ich so drauf bin, habe ich nun mal die Tendenz, vorwärts zu walzen, bis irgendwas passiert.

Es beruhigte mich auch nicht gerade, dass ein bulliger Wachmann mit adrenalingeweiteten Augen aus dem Treppenhaus auftauchte und mir seine Dienstpistole vors Gesicht hielt. Er brüllte: »Auf den Boden!« Aber statt die Pistole auf mich gerichtet zu lassen, wedelte er damit, um mir zu zeigen, wo ich hinsollte, und ich wusste, ich hatte ihn praktisch schon.

»Aber … aber soll ich Ihnen nicht erst mal meinen Angestelltenausweis zeigen oder so was?« Ich tat mein Bestes, wie ein verwirrter, harmloser Bürohengst zu klingen. »B-b-bitte nicht schießen!«

»Runter auf den Boden! Da!« Wieder zeigte er mit der Pistole auf den diskret-luxuriösen Teppichboden. Das Alarmgejaule übertönte ihn beinah, und ich machte zunächst mal nur ein hilfloses Gesicht.

»Was? Ich verstehe Sie nicht. Nicht schießen …!«

»Runter, verdammt!« Er packte mit der freien Hand meinen Arm. Ich lehnte mich zurück, um ihn aus dem Gleichgewicht zu bringen, und zog dann ruckartig an seinem Handgelenk, sodass er auf mich zu taumelte und dabei verzweifelt mit der Waffenhand fuchtelte, um sich wieder zu fangen. Das nützte aber nicht viel, weil ich ihm meinen Unterarm mit solcher Wucht ins Gesicht donnerte, dass sein Kopf in den Nacken flog und er zu Boden plumpste wie ein Sack Wäsche. Und sein Nasenbein war nun wohl auch nicht mehr intakt.

Ich wusste nicht, ob Valds Wachleute Typen in einem normalen Arbeitsverhältnis waren oder Soldaten der Gegenseite und hatte auch keine Zeit, diesen hier auf Extrabrustwarzen oder so was abzusuchen. (Wobei, ehrlich gesagt, außer in ein paar Retro-Zirkeln Extrabrustwarzen als Zeichen der Höllengefolgschaft ziemlich out sind.) Also ließ ich ihn lebend, aber bewusstlos am Boden liegen und warf seine Pistole und sein Walkie-Talkie in einen Abfalleimer, für den Fall, dass er früher zu sich kommen würde, als ich erwartete.

Jetzt war alles vermurkst, und mir war klar, dass ich besser verschwinden sollte, bevor es noch Tote gab, aber ich habe nun mal besagtes Problem – wenn ich erregt bin, walze ich einfach mit gesenktem Kopf drauflos. Wie ein Rhinozeros mit Hornjucken, um die elegante Formulierung meines früheren Vorgesetzten zu zitieren. Jedenfalls befand ich, dass ich im Zweifel erst mal austesten konnte, wo das Ganze hinführte.

Ich wusste, ich hatte höchstens sieben, acht Minuten, bis das gesamte Gebäude von bewaffneten Leuten wimmeln würde, die ihre Waffen nur zu gern gegen mich einsetzen würden, also rannte ich die Treppe hinauf in den 44. Stock, wo ich ein, zwei Sekunden innehielt, um den Blick durch das Panoramafenster am Ende des Flurs auf die pseudomittelalterlichen Türme der Stanford University zu würdigen. Das Direktionsbüro nahm offensichtlich die ganze Etage ein, also marschierte ich durch die einzige Tür und fand mich der gelassensten Frau gegenüber, die ich je vor meiner Revolvermündung gehabt hatte. Außerdem sah sie auch noch gut aus – schlank, eurasisch, klein, mit dunklem Haar und extrem kalten Augen. Ich war mir ziemlich sicher, dass sie bereits den stummen Alarm gedrückt hatte.

»Wer sind Sie?«, fragte sie im Ton einer gelangweilten Kraftverkehrsamtsangestellten. Sie blickte nicht mal auf den Lauf des .38er Revolvers, obwohl er praktisch vor ihrer Nase schwebte. »Und was wünschen Sie?«

»Ich will Ihren Boss sprechen«, erklärte ich. »Soll ich einfach reingehen?«

Man muss ihr zugutehalten, dass sie gar nicht erst anfing zu diskutieren oder mir zu drohen, sondern sich direkt über den Schreibtisch auf mich stürzte, fauchend und krallend wie ein Ozelot auf Meth, und alles daransetzte, mir mit ihren Big-Apple-roten Fingernägeln das Gesicht zu zerfetzen. Nachdem wir uns ein paar Sekunden lang auf dem Teppich gewälzt hatten, war so viel klar: Sie war genauso stark wie ich, kampftechnisch vermutlich besser und – jedenfalls nach den verrückten Sachen zu urteilen, die ihre Augen machten, während wir am Boden herumrollten und ich ihre Zähne von meinem Hals fernzuhalten versuchte – mit an Sicherheit grenzender Wahrscheinlichkeit kein menschliches Wesen. Soll heißen, das Aas jagte mir Angst ein.

Sagte ich schon, dass Dämonen kein Silber mögen? Das ist eins der wenigen alten Notfallrezepte, die funktionieren. (Weih-

11

wasser zum Beispiel nützt gegen die Diener der Hölle so viel wie Pepsi light.) Silber tötet sie nicht immer, aber es tut ihnen weh. Da in dieser Woche jedoch eins zum anderen gekommen war, hatte ich unseligerweise keine Silbermunition mehr, also rammte ich ihr, als ich die Hand mal kurz freibekam, den Revolver ins Gesicht und feuerte einfach drei normale Kugeln ab. Ich hatte den Schalldämpfer drauf, also war der .38er nicht allzu laut, sie aber wohl. Wie eine Elektrosäge kreischend, taumelte sie rückwärts, krallte an den Überresten ihres Gesichts herum wie jemand, der sich Seifenlauge aus den Augen zu wischen versucht, und ging wieder auf mich los. Jeder normale Dämon in einem Reale-Welt-Körper wäre von drei Schüssen ins Gesicht zu Boden gegangen, aber sie war einer von der sturen, mörderischen Sorte – selbst wenn man ihr Arme und Beine abgehackt hätte, wäre sie immer noch wie eine Schlange weitergekrochen und hätte versucht, einem ihre Zähne ins Fußgelenk zu schlagen.

Ich *hasse* die sture Sorte.

Sobald sie sich das Blut aus dem noch verbliebenen Auge gerieben hatte, sprang sie mich an und tat ihr Bestes, die Arme um mich zu schlingen und mich zu Boden zu ziehen. Ich wollte meine letzten paar Kugeln nicht verbrauchen, also versuchte ich sie mit dem Griff meines Smith & Wesson k.o. zu schlagen, schaffte es aber lediglich, ihren Unterkiefer unnatürlich weit seitwärts zu verschieben, was ihr das extrem irritierende Aussehen eines Popeye-Cosplay-Girls gab, sie aber nicht im mindesten bremste. Sie war schon wieder über mir und krallte mit ihren Nägeln nach meinen Augen, sodass ich ganz damit beschäftigt war, mein Gesicht zu decken. Gleichzeitig verfolgte sie aber auch das Ziel, mir ihr Knie über die Schrittgegend bis hinauf in meine Brusthöhle zu rammen, sozusagen meine Eier mit meinem Herzen zusammenzubringen, was nie passieren sollte. Diese Frau war ein verdammt harter Brocken, und jeden Moment würden die Wachleute hereingestürmt kommen, und das wäre das Ende Ihres neuen Freunds Bobby Dollar.

Es war nicht das erste Mal, dass ich mich unter einem vor Wut heulenden weiblichen Wesen wiederfand – und es würde bei Gott auch nicht das letzte Mal sein –, doch während das schiefe, reißzahnbewehrte Maul von Kenneth Valds Sekretärin nach meinem Gesicht schnappte und mich mit blutigem Schaum beregnete, konnte ich nicht umhin, darüber nachzudenken, wie ich schon wieder in eine derart unangenehme Situation gekommen war.

Wie immer lag es an meiner eigenen Blödheit.

1

SO SICHER WIE DAS AMEN
IN DER KIRCHE

Fangen wir mit dem Anfang an. Dann wird es klarer. Nicht gerade glasklar, aber wohl doch klarer.

An dem Abend, als alles begann, waren so ziemlich alle in der Bar – Monica Naber, der hünenhafte Sweetheart, Jung Elvis und überhaupt der Ganze Kaputte Chor. Na ja, mal davon abgesehen, dass Kool Filter wegen der neuen Verordnung drunten bleiben und auf dem Gehweg rauchen musste. Ja, manche von uns Engeln rauchen. (Ich hab's auch mal getan, hab's aber aufgegeben.) Unsere Körper sind schließlich nur geliehen, und unsere Angst vor dem Sterben hält sich in Grenzen. Jedenfalls war es ein ziemlich normaler Februarabend im *Compasses*, bis mein Freund Sam hereinkam, im Schlepptau einen Mantel voll Frischfleisch.

»Scheiß auf die Armen und ihre ewigen Ausreden«, begrüßte er die gesamte Gaststube. »Spendier mir jemand einen Drink!« Er schleppte dieses junge Bürschchen, das ich noch nie gesehen hatte, zu uns rüber und drückte es auf den Stuhl neben mir. »Hier ist jemand, den du kennenlernen musst, Kid«, sagte er. »Darf ich vorstellen, Bobby Dollar, König der Arschlöcher.« Sam ließ sich auf den Stuhl auf der anderen Seite des Bürschchens fallen. Der Jüngling war eingeklemmt, aber noch keineswegs panisch. Er zeigte mir so ein Freut-mich-Lächeln – breit, dümmlich und ein bisschen zu zuckersüß. Ansonsten war er dünn, blass und irgendwie nerdig, mit einem Haarschnitt, den jeder Nicht-Engel mit einem »Wie kann eine Mutter so was tun!« quittiert hätte. Ein Anfänger mit einem Haufen Theorien im Kopf, dachte ich, aber wenn er mit meinem Kumpel Sam herumhing, standen ihm ein paar harte Lektionen in praktischer Theologie bevor.

»Wer ist denn dein kleiner Freund, Sammy?« Ich wusste, der Junge war einer von uns – wir erkennen einander –, aber einen Körper zu tragen, schien er eindeutig nicht gewohnt. »Amateur oder hospitierender Profi?«

Junior setzte sofort das auf, was ich im Stillen das Intelligenter-Hund-Gesicht nenne: *Ich weiß nicht, was du da redest, aber ich werde garantiert so tun, als wüsste ich's.* Es beeindruckte mich auch nicht viel mehr als sein nervöses Grinsen.

»Rate mal.« Sam reckte den Hals. »Hey, Slowpoke Rodriguez«, rief er Chico dem Barmann zu, »wie kommt's, dass du umsonst meinen Schwanz lutschen, mir aber nicht mal für Geld einen Drink machen willst?«

»Klappe, Riley, du langweilst mich«, sagte Chico, legte aber sein Barhandtuch weg und drehte sich zum Gläserschrank um.

»Sammy-Boy, du bist ja noch charmanter als sonst«, bemerkte ich. »Also, wer ist das hier? Ich nehme mal an, ein Trainee.«

»Was soll er denn sonst sein, B? Riecht er nicht drei Meilen gegen den Wind nach dem Haus?« So bezeichnet Sam das, was die meisten Leute »Himmel« nennen würden – meist in der Formulierung »droben im Haus.« Was so viel heißt wie: Wir hier schuften in den Plantagen.

»Echt?« Monica Naber am Nachbartisch erhob sich mit solcher Grazie, als hätte sie nicht schon seit Sonnenuntergang Tequila Slams getrunken. »Habt ihr das gehört, Leute? Wir haben einen Frischling!«

15

»Oh, yeah!«, kam es von Jung Elvis. Er war jetzt zwei Jahre der Neue gewesen und offensichtlich hocherfreut. »Nehmt den Newbie richtig in die Mangel.«

»Halt den Rand«, sagte Walter Sanders, ohne von seinem Glas aufzublicken. »Nur weil du so ein dämlicher Neuling warst, müssen nicht alle so sein.«

Sams Jüngelchen zappelte auf dem Stuhl neben mir. »Ich bin nicht *ganz* neu …«

»Ach?« Jetzt sah Sanders auf. Er hat etwas sehr Intensives und starrte das Bürschchen jetzt an, als wollte er es sezieren. »Wo hast du Schutzengeldienst gemacht? Wie lange?«

»Schutzengeldienst? Aber … ich …« Der Junge blinzelte. »Ich war im Archiv …«

»*Archiv*?« Sanders machte ein Gesicht, als hätte er vergammelte Milch getrunken. »Du warst Aktenschwengel? Und jetzt bist du Verteidiger? Glückwunsch – das ist ja ein ganz schöner Sprung.«

Wie auf ein Stichwort knallte Chico die Registrierkasse zu, wobei diese laut *»Ding!«* machte. »*Daddy*«, sagte Sam mit piepsiger Kinderstimme, *»unsere Lehrerin hat gesagt, immer wenn ein Glöckchen klingelt, bekommt ein Engel seine Flügel.«*

»Seid nicht so gemein«, sagte Monica Naber. »Der Junge kann doch nichts dafür.«

Junior schien dankbar für den Beistand, doch es gab da ein paar Dinge, die er nicht wusste. Das Problem ist: Monicas Logik kann gnädig sein, sie kann aber auch gnadenlos sein. Frauen, selbst weibliche Engel, sind manchmal viel kaltherziger als Männer.

Das allgemeine Interesse legte sich, und die meisten Gäste wandten sich wieder ihren Privatunterhaltungen oder ihren einsamen Grübeleien zu. Sam ging sich seinen Drink holen. Ich musterte das neue Jüngelchen, das jetzt nicht mehr grinste, als ob alles ganz super wäre. »Also, wie *bist* du hier gelandet?«, fragte ich. »Wer hat für dich Strippen gezogen?«

»Wie bitte? Ich verstehe nicht, was Sie meinen.«

»Hör mal, du weißt doch, was wir machen, oder?«

»Als Anwälte? Klar.« Er nickte emphatisch. »Ich freue mich sehr drauf ...«

»Halt den Mund und versuch mir zu folgen. Wie bist du aus dem Stand zu einem Job gekommen, den die meisten von uns erst nach Jahren kriegen?«

Er schaute wie ein Kitz im Scheinwerferkegel. »Ich ... ich weiß nicht. Sie haben mir einfach gesagt ...«

»Ach ja? Und wer fördert deine Karriere? Jemand *muss* es tun. Denk mal scharf nach.«

»Ich weiß nicht, wovon Sie reden.«

Sam kam mit zwei Getränken zurück, einem Schnapsglas, gefüllt mit verschiedenen Sorten Cocktail-Bitter plus einem großzügigen Spritzer Tabasco, und einem Root Beer zum Runterspülen. Sam ist jetzt schon ein paar Jahre trocken. Was ihn aber nicht dran hindert, Stammgast im *Compasses* zu sein. »Heult er schon, B?«

»Nein, aber ich arbeite dran. Wo hast du diesen Waschlappen her, Sammy?«

»Ich war gerade droben im Haus. Die haben ihn mir ans Bein gebunden.« In seiner Tasche vibrierte es. »Shit. Kundschaft, jetzt schon?« Er starrte missmutig auf sein Handy, kippte dann den Bitter-Cocktail und sog Luft durch die Zähne, als hätte man ihm Kerosin auf seine edelsten Teile gekippt. »Kommst du mit?«, fragte er mich. »Tu mir den Gefallen. Du kannst unserem Engelazubi Clarence hier alles erklären.«

»Clarence?« Ich zuckte zurück. »So heißt er doch nicht wirklich, oder?«

»Das ist nicht mein Name!« Zum ersten Mal zeigte der Youngster ein bisschen Mumm. So gefiel er mir schon etwas besser.

»Yeah, aber den Namen, den sie mir gesagt haben, weiß ich

nicht mehr, also nenne ich dich Clarence«, erklärte Sam. Er leerte sein Root Beer und wischte sich dann den Mund mit dem Handrücken, so wie einst, als er seinen vorigen Körper zu Tode gesoffen hatte. »Gehen wir.«

»Lassen Sie das. Ich heiße nicht Clarence, ich heiße Haraheliel.« Das Bürschchen war jetzt gaaanz tapfer – ein richtiger kleiner Soldat. »Mein Arbeitsname ist Harrison Ely.«

»Okay. Also bleibt's bei Clarence«, sagte ich. »Sam, meine Kutsche oder deine?«

»Ich stehe halb auf dem Gehweg, und bis jetzt hat's noch keiner gemerkt, also sollten wir wohl lieber meinen nehmen.«

Es war nicht so leicht, Sams langweiligen Dienstwagen auszuparken – ein Lkw stand schräg davor, und bis wir den Wagen rausgezwängt hatten, hing einiges von Sams Lack an der Stoßstange des Lasters. Wenn es meine Karre gewesen wäre, hätte ich getobt, aber Sam macht sich nicht viel aus Autos.

»Wo ist es?«, fragte ich ihn, als wir in die Main Street einbogen, eine der belebtesten Straßen von Downtown-Jude, geprägt durch das Aufeinandertreffen von Handel und Wandel, miserabler Straßenkunst und Weltklasse-Bettelei. Der Junge mühte sich, den lange nicht mehr benutzten Gurt zwischen den Rücksitzen herauszufummeln. Der größte Teil der bekannten Skyline erhob sich hinter uns, aber die glitzernden Türme der Küstenstraße zeichneten sich ein Stück weiter nördlich ab, und vor uns ragten die Silhouetten der Hafenkräne auf, grell illuminiert und so bizarr wie eine Flotte außerirdischer Landefähren.

»Am Wasser«, sagte Sam. »Pier 16, genau gesagt.«

»Wasserleiche?«

»Wasserleiche, quasi. Erst vor ein paar Minuten im Wasser gelandet. Wahrscheinlich gerade erst hinübergegangen.«

»Jemand, den ich kenne?«

»Alte Schachtel namens Martino. Sagt dir das was?«

Noch während ich den Kopf schüttelte, meldete sich das

Bürschchen vom Rücksitz. »Es ist schrecklich, so über ein einzigartiges menschliches Wesen zu reden.«

Engel, rief ich mir in Erinnerung. *Wir sind Engel. Und Engel sind geduldig.*

Der Hafen von San Judas nimmt etwa zehn Quadratmeilen an der Südwestküste der San Francisco Bay ein. Der Wagen lag im öffentlichen Gebiet, ein durchbrochenes Holzgeländer markierte die Stelle, wo er in die leere Verladebahn gerauscht war. Scheinwerfer bohrten sich durchs Dunkel, malten Lichtklecks auf die Wände der Hafenmeisterei und ließen das Bay-Wasser leuchten wie Jade.

Auf dem Pier sah es aus, als wären Hafenpolizei und normale Polizei in ziemlicher Hektik eingetroffen, auch zwei Abschleppwagen und ein Feuerwehrauto standen da rum. Drunten im Wasser war soeben ein Hafentaucher aufgetaucht, der Drahtseile an irgendetwas befestigt hatte; auf sein Daumenzeichen hin begannen die Winden der Abschleppwagen zu arbeiten. Die Drahtseile spannten sich, die Windenmotoren jaulten, und nach langen Sekunden tauchte das Heck eines klobigen weißen Wagens an der Wasseroberfläche auf, doch im selben Moment stotterte einer der Motoren und erstarb. Der andere mühte sich ächzend und spuckend noch ein bisschen weiter, gab dann aber ebenfalls auf. Die Abschleppwagenfahrer und ein paar Hafenpolizisten verständigten sich mit lauten Zurufen, als wir aus Sams Wagen stiegen.

»Warum ziehen sie ihn nicht ganz raus?«, fragte Clarence mit geweiteten Augen. »Die arme Frau!«

»Wahrscheinlich, weil er zu schwer ist – voll Wasser«, erklärte ich. »Aber die Fahrerin ist sowieso schon tot, sonst hätten wir den Anruf nicht gekriegt, also kommt es nicht mehr drauf an, wie lange sie noch drin sitzt. Weißt du Bescheid über den Übergang ins Außerhalb?«

»Klar!« Er war beleidigt.

»Oh, ein ganz Fixer, unser Kleiner.« Sam war schon auf dem Weg zu dem Flimmern in der Luft – ein bisschen wie eine senkrechte Fata Morgana –, das einen Ausgang anzeigte. Offiziell heißt das »Übergang«, aber wir nennen es *Reißverschluss*, ja, Sie haben richtig gehört: *Reißverschluss!* Wir erzeugen ihn, wenn wir ihn brauchen, wobei wir einfachen erdbasierten Engel nicht wissen, wie er funktioniert, wir wissen nur, *dass* er funktioniert.

Als der Junge und ich Sam folgten, schauten ein paar Umstehende kurz her, verloren dann aber das Interesse. Wir sind bei der Arbeit nicht leicht zu bemerken, das habe ich im Lauf der Jahre gelernt. Wir sind zwar immer noch *da*, wenn Sie verstehen, was ich meine – wir haben reale Körper –, aber wenn wir nicht wollen, dass man uns sieht, sieht man uns auch nicht oder erinnert sich zumindest anschließend nicht dran.

Sam und das Bürschchen verschwanden in dem flimmernden Spalt in der Luft, und ich tat es ihnen nach.

Wie immer war das Erste, was mir auffiel, die Stille im Außerhalb, ein immenses Schweigen, als ob wir urplötzlich in der größten und leisesten Bibliothek des Universums gelandet wären. Aber wir waren tatsächlich immer noch am selben Ort wie eben – auf dem Pier mit den Polizeiwagen und Bergungsfahrzeugen, deren rote und blaue Lichter sich durchs Dunkel brannten, und der Downtown-Skyline, die im Hintergrund aufragte wie ein Gebirge. Nur dass sich die Polizeischeinwerfer nicht bewegten, so wenig wie die Münder der Polizisten, der Hubschrauber über dem Intel Tower, der Taucher in der gelierten Dünung, und selbst die paar Möwen, durch die Aktivität von ihren Pfosten aufgescheucht, hingen jetzt reglos in der Luft wie an Schnüren schwebende Exponate im Naturkundemuseum. Wirklich anders war nur eins: Eine Frau mit kurzem grauem Haar und einem dunklen Regenmantel stand zwischen den versteinerten Polizisten, auch wenn die sie nicht sehen konnten.

»Das ist sie«, sagte Sam. »Magst du dem Jungen den Erstkontakt mit dem Klienten zeigen, B, während ich auf den Schutzengel warte? Dann lernt er gleich von einem Spitzenkönner.«

»Verlogener Drecksack«, sagte ich, ließ mir aber von ihm die nötigen Fakten geben und ging dann mit dem Jungen über den Pier, der von erstarrten Pfützen glänzte.

»Wir sehen ja hier genauso aus«, sagte der Junge und musterte seine Hände. »Ich meine, tun wir doch, oder? Wie unsere Erdenkörper?«

»So ziemlich.«

»Ich dachte, wir wären … engelhafter.« Er sah verlegen drein. »So wie im Himmel.«

»Das hier ist nicht der Himmel – wir sind immer noch auf der Ebene irdischer Existenz, mehr oder weniger. Wir sind nur aus der Zeit herausgetreten. Aber wir *müssen* hier nicht genauso aussehen, es ist nur so eine Tradition. Die von der Gegenseite bevorzugen ein eher einschüchterndes Erscheinungsbild. Wirst du gleich sehen.«

Als wir auf unsere neue Klientin zugingen, starrte sie uns mit einem Ausdruck an, den ich in solchen Situationen schon so oft gesehen hatte – Verwirrung pur.

»Silvia Martino«, sagte ich. »Gott liebt Sie.«

»Was geht hier vor?«, fragte sie. »Wer sind Sie?« Sie fuchtelte zu den reglosen Polizisten und Feuerwehrleuten hin. »Was ist mit diesen Leuten?«

»Die leben, Mrs. Martino. Aber Sie leider nicht mehr.« Im Lauf der Jahre habe ich meine Erklärungen stark verkürzt. Früher dachte ich, es ihnen langsam beizubringen, sei das Freundlichste, aber inzwischen bin ich eines Besseren belehrt worden. »Wie's aussieht, haben Sie Ihren Wagen in die Bay gefahren. Gab's dafür irgendeinen speziellen Grund?«

Sie war einiges über sechzig, aber beileibe keine alte Frau. Ja, sie schien der Typ, der immer älter werden konnte, ohne alt zu werden, wenn Sie verstehen, was ich meine. Dann fiel mir wieder ein, dass sie ja nun nicht mehr älter werden würde.

»Meinen Wagen …?« Sie blickte auf die weiße Masse ihres SUVs, die an den zum Zerreißen gespannten Bergungsseilen hing wie Moby Dick, dekoriert mit Schleiern aus starrem, glasigem Wasser. »Ach, du liebe Güte. Das ist *mein* Wagen, oder?« Ihre Augen weiteten sich. Die Rädchen in ihrem Kopf arbeiteten. »Ich wollte wenden, und irgendwie hab ich … mich vertan.« Sie blinzelte. »Bin ich … bin ich wirklich …?«

»Ich fürchte ja.«

Da strömten die Tränen. Das ist das Schlimmste an meinem Job. Manchmal ist ein Klient so froh, seinen sterbenskranken Körper los zu sein, dass er einen regelrechten Freudentanz aufführt. Aber die, die es überraschend trifft, die plötzlich kapieren, dass es vorbei ist, Schluss, Ende, Game over … das sind die harten Momente. Sagen kann man nicht viel, während es ihnen dämmert, aber wenn nötig, kann man sie dort im Außerhalb in den Arm nehmen, und das tat ich jetzt. Hätten Sie auch getan.

Nach einer Weile hatte sie das Schlimmste überstanden. Sie war eine taffe Lady – ich mochte sie. Sie machte sich von mir los, wischte sich die Augen und fragte dann: »Und wer sind Sie?« Sie musterte mich jetzt, als hätte ich irgendeinen jenseitigen Werbeschwindel vor.

»Mein Name ist Doloriel. Ich bin ein Anwaltsengel vom Dritten Haus.« Clarence stellte ich ihr gar nicht erst vor, weil er sowieso nur etwas so Blödsinniges gesagt hätte wie dass alles gut würde. (An seinem enttäuschten Gesicht konnte ich ablesen, dass er genau das vorgehabt hatte.) Stattdessen zeigte ich zu Sam hinüber, der jetzt mit dem Schutzengel der Frau redete, einem hauchzarten, halbdurchsichtigen Ding, dessen Falten irrlichtartig phosphoreszierten. »Der da drüben ist Sammariel, auch ein Anwaltsengel. Er wird Ihr Verteidiger sein.«

»Verteidiger? Warum? Wo?«

»Vor dem Richter«, sagte ich. »Ganz bald schon.«

»Richter …?« Die Augen plötzlich angstgeweitet.

»Warten Sie hier, bitte.« Ich zog den Jungen beiseite, vergatterte ihn ziemlich barsch, was er tun und sagen durfte und was nicht, und ließ ihn dann bei der Frischverstorbenen zurück. Er und die Frau starrten auf den halb im Wasser hängenden Wagen, als wünschten sie, jemand würde heraushüpfen und eine Unterhaltung anleiern. Ich war froh, dass er den Mund hielt. Die Leute kommen schneller (und meiner Meinung nach auch besser) mit dieser schrecklichen, unwiderruflichen Tatsache zurecht, wenn man sie allein dran arbeiten lässt. Außerdem, was soll man schon sagen? »War nur ein Scherz, Sie sind gar nicht tot! Das ist alles nur ein Warnschuss, damit Sie Ihr Leben in Ordnung bringen!« Ist es aber nicht. Es ist das Ende, jedenfalls des Erdenlebens, und daran ändert auch munteres Gerede nichts.

Als ich zu ihnen stieß, hatte der Schutzengel Sam gerade fertig gebrieft. »Briefen« ist hier nicht ganz so zu verstehen wie in der realen Welt: Die Schutzengel machen uns ihr Wissen zugänglich, und für den Rest des Verfahrens ist es einfach *da*, in unserem mentalen Aktenschrank, als ob es eigene Erinnerungen wären, die wir dort abgelegt hätten. Zum Glück aber nur bis nach dem Urteilsspruch – es wäre ja erdrückend, die Details des Lebens sämtlicher Personen, die man je verteidigt hat, für alle Zeit mit sich herumzuschleppen. Es ist manchmal schon schwer genug, mit dem klarzukommen, was trotzdem hängenbleibt.

Jedenfalls hatte ich das Gefühl, dass mich der Schutzengel interessiert betrachtete – das ist schwer zu sagen, weil sie weit weniger menschenähnlich sind als wir und auch längst nicht so physisch. Natürlich benutzen sie keinen fleischlichen Körper, sonst würden sich die Leute ja fragen, warum da immer so eine quallenartig leuchtende menschliche Gestalt um sie herumschwebt. »Sie sind Doloriel«, sagte er. »Ich habe von Ihnen gehört.«

»Ob das auf Gegenseitigkeit beruht, kann ich erst sagen, wenn ich Ihren Namen weiß.«

»Iphäus.« Er sah mich leise flackernd an. »Hab gehört, Sie gehen anderen Leuten gern auf die Nerven.«

»Dass ich es gern tue, ist vielleicht ein bisschen hoch gegriffen.«

»Hört mal«, unterbrach uns Sam, »wenn ihr beide euch näher kennenlernen wollt, könnt ihr euch ja irgendwann zu einem romantischen Dinner verabreden. Jetzt gerade …«

Den Schutzengel überlief so etwas wie ein Schauer, und sein Leuchten wurde schwächer. »Er ist da.«

Etwas war soeben durch ein glühendes Portal vom Anderen Ort herübergekommen (ihr Äquivalent zum Reißverschluss ist weniger eine flimmernd weiße Linie als vielmehr eine flammend rote Wunde). Er wischte sich jetzt imaginäre Stäubchen vom makellos blutroten Anzug.

»Grasswax«, sagte Sam. »Scheiße. Das gibt richtig Arbeit.«

Ich hörte Mrs. Martino beim Anblick des Dämons leise aufschreien, und es tat mir leid, dass ich sie nur mit dem Jungen zurückgelassen hatte. Es ist ganz schön fies für einen Klienten, feststellen zu müssen, dass es die Hölle wirklich gibt. Ich hoffte nur, dass sie die Verhandlung durchstehen würde, ohne zusammenzubrechen – manche Richter sind in so einem Fall richtige Arschlöcher. Die Gnade mag ja vom Himmel träufeln wie ein sanfter Regen, aber manchmal könnte man schwören, dass Dürre herrscht.

Sekunden nach dem Ankläger Grasswax trat eine zweite Gestalt aus der Wunde, ein muskulöser, behaarter Dämon in einem billigen Anzug, mit wölfischer Schnauze und ebensolchem Gebaren. Ich hatte ihn schon mal gesehen, wenn ich auch nicht drauf kam wo – ein unangenehmer Kerl namens Howlingfell. Normalerweise tauchten bei dieser Art Routinearbeit auf neutralem Terrain keine Leibwächter auf. Ich fragte mich, warum

24

Ankläger Grasswax Schutz zu benötigen glaubte. So wie Howlingfell nach allen Seiten witterte, schien er im Dienst. Komisch. Sein Chef schien ihn gar nicht zu beachten.

Von weitem sah der Ankläger Grasswax ziemlich menschlich aus, doch aus der Nähe erkannte man, dass die Schatten unter seinen Wangenknochen in Wirklichkeit kiemenartige Schlitze waren, durch die man die darunter liegenden Muskeln arbeiten sah, und dass sein kurzgeschnittenes Haar eher etwas von Borsten oder gar Fischschuppen hatte. Und diese Schlangenaugen hätte auch niemand für menschlich gehalten. Wie ich dem Jungen schon erklärt hatte: Unsere Gegner treten gern einschüchternd auf.

»Guten Abend, die Herren«, sagte Grasswax und zeigte seine ausnehmend langen, regelmäßigen Zähne. »Wer steht gegen mich? Doloriel?« Sein Lächeln verzog sich am einen Ende ein wenig nach oben. »Das wird ja ein besonderer Leckerbissen …«

»Ich«, sagte Sam.

»Ah, Sammariel.« Er nickte. »Habe Sie seit Thanksgiving nicht mehr gesehen. Das waren doch Sie, oder? Bei dem Mann mit dem Messer?«

»Elektrotranchiermesser«, erklärte Sam mir und dem Jungen, der herübergekommen war, um seine ersten echten Dämonen zu sehen, jedenfalls ließ sein großäugiges Starren darauf schließen. »Hat seine ganze Familie erledigt.«

»Überaus gründlich.« Grasswax rieb sich die Hände. »Fangen wir an?«

»Sind Sie schon informiert?«, fragte ich.

»O ja, umfassend.« Der Ankläger griff in die Tasche, zog etwas heraus, das so groß war wie eine fette Spinne, aber längst nicht so ansprechend, und hielt es an einem beschuppten Bein hoch – die Höllenversion eines Schutzengels. »Mrs. Martinos *Kontobetreuer* hat mich über sämtliche Details unterrichtet.«

Während Sam und der Ankläger einen Richter riefen, zog ich

den Jungen beiseite, um ihm noch mal die Regeln zu verklickern (hauptsächlich, damit er nichts Dummes machte). »Okay, du bleibst hier stehen und hörst genau zu. Es geht hier um die Seele der Lady, und das ist unser wichtigster Job, klar? Wenn du irgendwas tust, was unserer Sache schadet, reiße ich dir deinen Heiligenschein runter und schlage dich damit grün und blau. Verstanden?«

Clarence nickte, noch immer mit weit aufgerissenen Augen.

»Weil wir hier nämlich gegen die Hölle antreten und weil dieser Gegner lügt und betrügt und jede Tatsache bis zum Geht-nichtmehr verdreht. Deshalb haben wir genau festgelegte Vorgehensweisen. Wir können es uns nicht leisten, wütend zu werden. Kapiert?«

Wieder ein Nicken, mit einer Spur von Ungeduld. Ich hasse Neulinge.

»Aber das Allerwichtigste, Junge, trau *nie* der Gegenseite.«

»Denen trauen? Soll das ein Witz sein …?«

»Es ist nicht alles so leicht zu durchschauen. Denk einfach dran, was Onkel Bobby gesagt hat, dann bist du auf der sicheren Seite.« Ich hatte nämlich, was ich ihm nicht sagte, selbst jeden nur denkbaren Fehler gemacht. Und ich hatte diese Fehler nur mit viel Glück überlebt. »Wenn ein Dämon den Mund aufmacht, lügt er. Punkt. Wenn du irgendwas anderes glaubst, werden sie deinen letzten Gehaltsscheck auf Asbest drucken müssen, weil es nämlich da, wo du dann bist, *sehr* heiß ist …«

In dem Moment erschien Richter Xathanatron wie Wetterleuchten.

Es ist ein bisschen sehr intensiv, erstmals mit anzusehen, wie sich ein Fürstentum manifestiert, was einer der Gründe war, warum ich den Jungen beiseite genommen hatte. Nach meiner ersten Begegnung mit einem Richter klangen mir wochenlang die Ohren, von den tanzenden Lichtflecken ganz zu schweigen. Die wichtigen Engel sind … hell. Überwältigend. Schön. Aber auch ganz schön beängstigend. So beängstigend, dass selbst der Frömmste noch mal drüber nachdenkt, ob er wirklich eines Tages den Höchsten sehen will.

Man konnte in diesem Gleißen nicht wirklich ein Gesicht oder auch nur eine klare Gestalt ausmachen, es war, als hätte jemand einen Christbaumengel aus brennendem Magnesiumdraht gebastelt, aber ich wusste, dass es Xathanatron war, weil … na ja, ich wusste es eben. In Gegenwart der Fürstentümer nimmt man das wahr, was sie von sich wahrgenommen haben wollen, und mehr auch nicht. Aus eigener Erfahrung konnte ich sagen, dass Xathanatron auf altmodische Art streng, aber unerschütterlich gerecht war. Sam würde nicht beschissen werden, aber ihm würde auch nichts in den Schoß fallen.

Ich postierte mich zwischen Clarence und Howlingfell – der Junge sah aus, als würde er sich in die Hosen machen, wenn er neben dem Dämon stehen musste. Mrs. Martino trat zu uns, sodass wir ein vierköpfiges Publikum bildeten. Ihre Augen waren jetzt trocken, ihr Gesicht feierlich ernst, aber ich merkte, dass sie schwer darum rang, Fassung zu bewahren. Wieder konnte ich ihr meine Bewunderung nicht versagen. Ich hoffte, dass wir ihr helfen konnten.

»Warum sind hier so viele von euch Flattermännern?«, knurrte mir Howlingfell ins Ohr. »Das ist nicht normal.«

»Ich habe läuten hören, Sie würden das ›Ave Maria‹ singen.«

»Ich würde Ihnen den Arsch abfressen, meinen Sie wohl.« Normalerweise hat die Hölle ja die besten Comedians, aber offensichtlich nicht immer.

»Was passiert jetzt?«, flüsterte unser Neuling in mein anderes Ohr.

»Was schon? Ankläger Grasswax wird versuchen, den Richter davon zu überzeugen, dass Mrs. Martino direkt in die Hölle zu wandern hat – gehe nicht über Los, ziehe keine zweihundert Dollar ein. Unser Mann Sam wird dafür plädieren, dass ihr Platz im Gegenteil am Busen des Höchsten ist.« Ich sah verstohlen zu der verängstigten, stummen Seele hinüber, von der die Rede war. »So läuft das. Haben sie dir denn gar keine Einführung gegeben?«

»Ich hatte wenig Vorlauf.« In Clarences Gesicht stand jene Mischung aus Abscheu und Faszination, mit der heimliche Christen zugesehen haben mögen, wie ihre bekennenden Glaubensbrüder von den Löwen der Römer gefressen wurden. »Sie haben mich einfach … hergeschickt.«

Ihn hergeschickt, um das zu tun, was doch angeblich der wichtigste Himmelsjob war, nämlich Menschenseelen vor der Gegenseite zu erretten – ohne irgendeine Ausbildung? Komisch, oder? Äußerst. Ich schob diese merkwürdigen Gedanken erst mal beiseite, um mich später damit zu befassen.

Grasswax war schon voll in Aktion, stolzierte vor dem gleißenden Richter auf und ab wie ein Kobold, der vor einem Feuer tanzt, und stach mit seinen langen, spitzen Zeigefingern in die Luft, während er in allen dramatischen Details jeden kleinlichen Gedanken, jedes unfreundliche Wort und jedes soziale Fehlverhalten schilderte, deren sich die arme alte Mrs. Martino jemals schuldig gemacht hatte. Viel Munition schien der Ankläger nicht zu haben, aber immerhin erwähnte er, dass sie einmal wegen Trunkenheit am Steuer festgenommen worden war.

»Ihr Mann hat sie auf einer Party sitzenlassen und ist woanders hingegangen, Euer Ehren«, sagte Sam. »Wahrscheinlich mit einer anderen Frau, Euer Ehren. Ihr Alkoholkonsum war doch eindeutig nur ein Irrtum.«

»Ach ja, ein Irrtum.« Grasswax warf dem nahezu gesichtslosen Leuchten des Richters einen bedeutsamen Blick zu. »Von dieser Art Irrtum werden wir noch etliche erörtern.«

»Das kann stundenlang so weitergehen«, sagte ich leise zu Clarence. »Bist du sicher, dass du dabei sein willst? Wir könnten einen Kaffee trinken gehen.« Ich sah ihn zu Mrs. Martino hinüberschauen. »Sie nicht, dummer Junge. Sie ist tot. Sie kann nicht mit uns Kaffee trinken.«

Er schüttelte störrisch den Kopf. »Ich will zuschauen.«

Ich zuckte die Achseln. »Bitte.«

Es ging tatsächlich stundenlang weiter. So würden Sie's ja auch wollen, wenn es *Ihre* Gerichtsverhandlung wäre, oder? Wenn Ihr ganzes Leben saldiert, Ihr Schicksal für die Ewigkeit durch ein unumstößliches »Schuldig« oder »Nicht schuldig« entschieden würde?

»Scheint ein ziemlich … schlichtes Verfahren …«, sagte der Junge, während er Sam bei der Arbeit beobachtete. Grasswax war jetzt zu großkalibrigerer Munition übergegangen: verbale Grausamkeit, religiöse Heuchelei, ja sogar Bagatelldiebstahl (sie hatte mal bei einem Wohltätigkeitsevent ihrer Kirche zwanzig Dollar mitgehen lassen, weil sie sonst nicht das Geld gehabt hätte, nach Hause zu kommen). Dann schloss Grasswax noch eine Kette minderer Sünden an, die bis in Mrs. Martinos Kindheit zurückreichte. Sam nahm die Anschuldigungen, wie sie kamen, und machte jeweils durch ein Kopfschütteln oder ein verächtliches Schnauben deutlich, was er von solchem Kleinkram hielt. Mein Kumpel war immer schon der Typ solider ländlicher Anwalt, gemächlich und bedächtig. Ich halte das auch tatsächlich für die beste Strategie gegen einen Ankläger wie Grasswax, der sein Blatt gern überreizt.

»Ja, es ist schlicht«, bestätigte ich. »Weil das Problem ja auch ziemlich schlicht ist.« Ich zog ihn ein paar Schritte von der Verstorbenen weg. »Gibt ja nur zwei Möglichkeiten, verstehst du? Dahin oder dorthin – selbst das Fegefeuer ist ein Sieg für unsere Seite, weil man es von da irgendwann immer noch in den Himmel schaffen kann. Also läuft es jedes Mal darauf raus, dass einer gewinnt und einer verliert, und das passiert viele tausend Mal am Tag. Simple Verfahren sind die besten – und bei uns hat dieses hier ja schließlich funktioniert, oder? Du, ich, Sam – wir sind alle im Team Himmel gelandet. Und wenn diese Lady es verdient, dorthin zu kommen, dann kommt sie auch hin.«

Natürlich war das gelogen. Es ist nicht annähernd so simpel, schon aus dem Grund, dass vieles, was allgemein als sündig gilt, in Wirklichkeit nur menschlich ist. Ich weiß nicht, wie es früher war, aber die Richter neigen nicht dazu, Leute wegen kleiner Übertretungen zu verdammen, sie scheinen sich mehr für die dahinterstehende Absicht zu interessieren, wenn sie auch bei den klassischen Sachen wie Mord, Ehebruch und so manchmal ganz schöne Prinzipienreiter sein können. Trotzdem: Woran sich einer festbeißen und was er durchgehen lassen wird, ist eine Grauzone, so groß wie der Himmel selbst, und man braucht Jahre, um zu lernen, wie man die Chancen einer Seele vor Gericht maximieren kann. Aber ich wusste ja nicht mal, warum der Junge hier war – ich würde garantiert nicht versuchen, ihm alles an einem Abend beizubringen.

Howlingfell hatte unser Gespräch belauscht. Er lachte und fuhr sich mit einer langen, roten Zunge über die Lippen, wobei er jede Menge spitzer Zähne zeigte. »Warten Sie nur, Dollar – die Alte da hat Grasswax schon in der Tasche. Sie wird im dunklen Wind flattern, eh Sie sich's versehen.«

Der Junge zuckte zusammen, sah den Dämon aber immer noch nicht an. »Aber manche Sachen sind doch komplizierter, Bobby, oder? Und sie hat doch im Grund nichts Unrechtes getan …!«

»Darüber hast nicht du zu befinden«, sagte ich und brachte ihn mit erhobener Hand zum Schweigen. »Und, ehrlich gesagt, ich weiß auch nicht, ob ich dem Urteil von jemandem trauen würde, der keinerlei Gerichtserfahrung hat. Ich hatte mal einen Pfadfinder, der überfahren wurde, als er einem Mann im Rollstuhl über eine verkehrsreiche Straße half. Klarer Fall, oder? Passt ihm schon mal den Heiligenschein an! Nur dass er, wie sich herausstellte, im Alter von acht Jahren seinen kleinen Bruder mit einem Kissen erstickt hatte. Nett aussehender Junge. Jugendprediger in seiner Kirche. Unserem Wissen nach ohne speziellen Grund. Konnte seinen kleinen Bruder einfach nur nicht leiden.« Es war auch so ein verrückter, komplizierter Fall gewesen, der sich gar nicht leicht auf einen Nenner hatte bringen lassen, aber ich gedachte nicht, vor unseren Gegnern strategische Dinge auszuplaudern – wie gesagt, es gibt da eine große Grauzone, und man muss die Dinge auf die harte Tour lernen. Also zeigte ich nur auf die frischverstorbene Mrs. Martino. »Verlieb dich nie in einen Klienten, Junge.«

»Verlieben …!« Er schien schockiert.

»Du weißt schon, was ich meine. Mach es nie zu was Persönlichem.« Das war der wichtigste Rat, den ich zu geben hatte – ein Rat, der einem das Leben im Jenseits retten konnte.

»Ehebruch«, verkündete Grasswax. »Wiederholt und nie gebeichtet. Jahrelang.«

»Oh, Shit«, sagte Sam. Eigentlich formte er die Worte nur lautlos, aber ich konnte sie ihm von den Lippen ablesen.

»Eine sehr schwere Sünde wider das Gesetz Mose«, fuhr Grasswax fort. »Und noch dazu ohne Reue. Ja, heute Abend vor dem Unfall hat sie sich noch mit ihrem Geliebten auf einen Drink getroffen, sie starb also … im Zustand der Sünde. Oder täusche ich mich?«

Sam beriet sich hastig mit dem Schutzengel der Frau. »Mildernde Umstände!«, sagte Sam. »Ihr Mann hatte eine Geliebte.«

»Oh, doppeltes Unrecht macht noch kein Recht, werter Sammariel.« Grasswax grinste. »Dies ist nicht das Gericht über ihren Mann. Und wie Sie wissen, steht sie vor einem Vertreter des Höchsten.« Er machte eine Armbewegung zu Xathanatrons gleißender Präsenz hin. »Und nicht vor den freundlichen Gastgebern der Kinder. Sie hat gesündigt und immerfort gesündigt. Erst der Tod hat dem ein Ende gesetzt.« Der Ankläger grinste noch breiter. Der Schuldspruch schien jetzt, um meinen früheren Mentor Leo zu zitieren, so sicher wie das Amen in der Kirche.

»Aber ich …!« Nur diese beiden Wörter konnte Silvia Martino sagen, ehe Grasswax sie grimmig anstarrte und mit seinen Krallenfingern schnippte. Sie brachte keinen Laut mehr heraus. Sie mühte sich noch einen Moment, ehe sie begriff, dass ihr die Gabe der Sprache genommen worden war.

»Dich hat niemand gefragt, Hure«, fauchte der Ankläger und wandte sich dann grinsend an Sam. »Nun, Herr Verteidiger? Noch irgendein Schlussplädoyer?«

Der Junge neben mir zappelte, als hätte er Flöhe. »Lass das«, sagte ich. »Nicht auffallen. Du würdest es bereuen …« Aber es war vergebens.

»Was ist mit ›Du sollst nicht stehlen‹?«, rief das Bürschchen. »Zählt das nicht?«

»Oh, Shit.« Diesmal kam es von mir. Alle sahen Clarence an. Selbst Xathanatron, der Fürstentum-Engel, schien zu stutzen: Sein Gleißen flackerte ganz leicht.

»*Er* hat hier nicht zu reden!«, bellte Howlingfell, und die hässlichen, borstigen Haare in seinem Nacken sträubten sich. Er setzte an, sich mit Klauen und Zähnen auf den Jungen zu stürzen, aber ich trat ihm in die Kniekehle, und als sein Bein wegknickte, half ich ihm durch einen kräftigen Ruck am Anzugkragen zu Boden. Der Dämon schlug hart auf – das Außerhalb ist ein realer, physischer Ort, es ist nur außerhalb der Zeit –, und ich kniete mich neben ihn, um mich zu vergewissern, dass ihm nichts passiert war. Okay, vielleicht habe ich mich dabei ein ganz klein wenig auf seine Luftröhre gekniet.

»Platz, Fido«, befahl ich leise und drückte ihm den Hals zusammen, bis er sich nicht mehr so heftig wehrte. »Lass das die großen Jungs regeln.«

»He!« Plötzlich zogen rauhe, krallenbewehrte Hände an mir.

Ich hatte nicht die Absicht, vor einem himmlischen Richter eine Schlägerei anzufangen, also ließ ich mich in den Stand hochhieven, obwohl mir Grasswax fast schon das Jackett ausgezogen hatte. »Wie können Sie es wagen!«, fauchte er, aber es klang nicht ganz überzeugend – er chargierte wohl etwas für den Richter.

»Hey, hey, immer mit der Ruhe«, sagte Sam und trat zwischen uns. Er half mir wieder in mein Jackett und zupfte fast schon väterlich mein Äußeres zurecht. Wir haben eine Menge gemeinsam durchgestanden, Sam und ich. »Nur ein Missverständnis«, sagte er und funkelte dabei den Jungen grimmig an.

Howlingfell rappelte sich jetzt ebenfalls hoch. Er schien der Meinung, alles absolut *richtig* verstanden zu haben: Unter seinem Blick hätte Lack Blasen geworfen.

»Missverständnis?« Grasswax sah uns alle nacheinander an, und wohlkalkulierte Entrüstung machte seine ohnehin schon nicht sonderlich sympathischen Züge noch fieser. »Habe ich etwas *missverstanden*, als ich zu hören glaubte, wie ein *Lehrling*, der weder vereidigt noch vor diesem Richter namentlich benannt ist, die Stirn hatte, einen Vertreter der Anklage zu unterbrechen? Oder hat sich das wirklich zugetragen?«

Was meint er? Das kam vom Richter, jedes Wort wie der Schlag einer silbernen Kirchturmglocke, laut und hallend, und stoppte Grasswax just in dem Moment, als er zu einem rhetorischen Schlussfeuerwerk ansetzte. Xathanatron wandte sein gesichtsloses Gleißen Clarence zu. *Sprich, Kind. Ich erteile dir die Erlaubnis.*

»Ihr Mann – er … er hat sie bestohlen!« Eins musste man dem Jungen zugutehalten: Er schien immerhin angemessen erschrocken über das, was er sich eingebrockt hatte. »Er hat ihr ihre Jugend gestohlen.«

»So ein Blödsinn.« Grasswax trug die Miene eines Mannes zur Schau, der bei Sauwetter im Freien einer langen Schulaufführung beiwohnen muss.

33

Clarence wandte sich an den Richter. »Von ihrer Hochzeit an hat ihr Mann sie … hat er nur einmal im Monat mit ihr geschlafen, als ob … als ob es ein Job wäre. Ohne … Vorspiel, ohne Küssen. Hat sich danach von ihr runtergerollt und ist fernsehen gegangen.« Der Youngster war puterrot. »Dann, nach ihrem vierten Kind, hat er … ganz aufgehört. Hat zu ihr gesagt, sie würde sich gehenlassen. Sie würde ihn anekeln.« Er sah zu der Verstorbenen hinüber, aber Silvia Martino schien ganz in eine Erinnerung oder einen Traum versunken: Sie stierte ins Leere. »Das ist doch Diebstahl, oder?«, sagte der Junge schließlich.

Mir war klar, dass ich den Jungen nicht mit ihr hätte reden lassen dürfen, und ich hätte mich dafür selbst ohrfeigen können. Wann hatte er das alles aus ihr herausgekriegt? Selbst Sam schien überrascht, und er hatte doch mit dem Schutzengel geredet.

Als Clarence nicht auf der Stelle in Rauch aufging, schien ziemlich klar, dass der Richter seine Aussage zuließ. Sam war nicht so dumm, diesem geschenkten Gaul unnötig lange ins Maul zu schauen. Er reicherte sein Schlussplädoyer rasch mit einer kräftigen Prise tragischen Leidens an und ritt den Klepper nach Hause.

Ich hätte immer noch keinen Cent darauf verwetten wollen, wie Xathanatron entscheiden würde, doch als eine lavendelfarbene Lichtsäule die verstorbene Mrs. Martino umhüllte und Grasswax' Gesicht einen Ausdruck annahm, der besagte, dass irgendein Anwaltsgehilfe in der Hölle sich auf einen mächtigen Anschiss gefasst machen konnte, da wusste ich, dass es vorbei war und Sam gewonnen hatte.

Plötzlich war die Verstorbene weg. Grasswax verschwand unmittelbar darauf, wortlos und ziemlich wütend. Howlingfell zeigte mit einem zittrigen Krallenfinger auf mich. »Sie sind ein toter Mann, Dollar!«, knurrte er, aber seine Stimme war immer noch ein bisschen schwach von meinem Knie auf seiner Luftröhre. Dann folgte er Grasswax durch die Wunde in der Luft, und wir waren, von Xathanatron abgesehen, allein in dem eingefrorenen Augenblick.

»Gratuliere«, sagte ich zu Clarence. »Du hast dir heute die ersten Feinde gemacht.«

»Was?«

»Und nicht nur im gegnerischen Team«, sagte Sam. »Wenn du das noch mal mit mir machst, Kleiner, findet niemand all die Einzelteile wieder.«

»Einzelteile …?«

»Deine.« Er schüttelte entrüstet den Kopf. »Wenn du wieder mal so geniale Ideen hast, teste sie zuerst an mir oder Bobby aus.«

Ich beobachtete Xathanatron, der zu meiner Beunruhigung in meine Richtung zu blicken schien. Ich hatte gehofft, von so banalen Dingen wie meiner kleinen Rauferei mit Howlingfell nähme ein so hoher Engel keine Notiz.

Sie werden in der Himmlischen Stadt erwartet, Engel Doloriel, beschied mich die Säule aus Licht. Sam und der Junge hörten es nicht, aber für mich war es so laut, dass meine Schädelknochen schmerzten. *Ihr Erzengel will Sie sprechen.* Dann war das helle Gleißen verschwunden.

»Komm«, sagte Sam zu mir. »Zeit, wieder rüberzugehen. Ich werde Clarence ein Eis spendieren. Immerhin haben wir ja gewonnen.«

Ich für mein Teil hatte Durst, so reagiere ich nun mal, wenn Sachen gut ausgehen. Andererseits – wenn Sachen nicht gut ausgehen, reagiere ich genauso.

2

MEINE GLÜCKSWOCHE

Ich weiß schon, welche Fragen Sie mir stellen wollen. Die Antworten lauten:

1. Ja, Engel sein ist verdammt interessant.
2. Nein, ich bin Gott nicht begegnet. Noch nicht.
3. Ich kann Ihnen nicht sagen, welche Religion letztlich recht hat, weil das nicht so klar ist.
4. Wie es im Himmel ist? Tja, also … haben Sie ein bisschen Geduld, ich will versuchen, es zu erklären.

Zunächst mal, der Himmel ist … kompliziert. Er ist nicht einfach ein Schloss auf einer Wolke oder ein Paradiesgarten. Er ist groß, obwohl es dort nur eine Stadt gibt – die Himmlische Stadt eben. Aber diese Stadt ist umgeben von den sogenannten Gefilden, also einer Landschaft, die sich nach allen Seiten endlos weit erstreckt – sanften Hügeln und Wiesen und sogar Wäldern, bevölkert von Seelen, die ich immer für diejenigen halte, die das Erdenleben hinter sich gelassen haben und sich jetzt des ewigen Lebens erfreuen. Wenn man sie fragt, wissen sie allerdings genauso wenig über ihre vorhimmlische Vergangenheit wie ich über mein Leben, bevor ich Engel wurde.

Normalerweise begibt man sich, wenn man gerufen wird,

augenblicklich in die Himmlische Stadt. Dort läuft man weder, noch fliegt man, das ist zu simpel gedacht. Ja, selbst die Bezeichnung »Stadt« ist ein bisschen irreführend, obwohl man diesen Eindruck schon haben kann, wenn man die gewaltigen Dimensionen um sich herum sieht, die Türme und schimmernden Galerien und Verbindungsgänge unglaublich weit über sich. Wo immer man ist, umgeben einen leuchtende Präsenzen, wie die Lichter einer Million glücklicher Autos auf einer befahrenen, aber vollkommen ungefährlichen Autobahn, und jede dieser Präsenzen ist ein Engel. Und irgendwo in der Mitte, an einem Ort, den man nie richtig sieht, von dem man aber immer weiß, dass er da ist, ein stetes Strahlen am Rand des eigenen Sehens und Fühlens und der eigenen Vorstellung, ist das Empyreum, der innerste Bezirk des Himmels, wo, wie es heißt, der Höchste wohnt.

Zutritt natürlich nur auf Einladung.

Aber das alles sagt noch fast gar nichts über den Himmel, darüber, wie er aussieht, sich anfühlt, schmeckt. Erinnern Sie sich an die Electrical Parade, die früher in den Disney-Parks veranstaltet wurde – mit all den funkelnden Lichtern und tanzenden Figuren? Na ja, ein bisschen ist es so, aber nur, wenn Sie sich vorstellen, dass Sie gleichzeitig noch eine Art von Fieber haben, das Ihnen irgendwie das Gefühl gibt, ganz und gar sicher und wohlig-geborgen zu sein und nie wieder irgendeine Frage stellen zu wollen, weil es einfach viel zu anstrengend wäre.

Letzteres habe ich überwunden – ein paar von uns überwinden es. Inzwischen stelle ich jede Menge Fragen, hauptsächlich mir selbst.

Noch ein Problem: Die Umgebungen und die Bewohner, die man im Himmel sieht, ja selbst die Gespräche, die man dort führt – das alles ist im Nachhinein nicht mehr richtig fassbar. Ich frustriere Sie zweifellos, aber es lässt sich wirklich nicht richtig erklären, wie es im Himmel ist, weil es sich, wenn man wieder draußen ist, nicht mehr so anfühlt wie in der Situation selbst. So ähnlich, wie wenn man versucht, sich ganz genau an einen Traum zu erinnern. Wenn man droben im Haus ist, wie Sam es nennt, weiß man, wie man dort hinkommt, wo man hin muss, man weiß, wo man ist, man sieht Dinge, und es ist alles total klar. Aber wenn man versucht, hinterher einen Plan zu zeichnen – keine Chance.

Ich glaube, die meisten Engel im Himmel denken über diese Dinge gar nicht nach, jedenfalls nicht so wie ich. Ja, bis auf ein paar meiner erdbasierten Freunde scheint die gesamte Engelschar der Meinung, es sei eine Form der Undankbarkeit, sich auch nur zu fragen, wie was funktioniert. Aber ich kann nicht anders, ich bin nun mal so. So hat mich der Höchste gemacht.

Verstehen Sie mich nicht falsch – ich finde den Himmel ganz okay, und ich bin gern Engel. Schlägt die Alternative um Längen. Vor allem, wenn man bedenkt, dass der Zeitrahmen, von dem wir hier sprechen, die Ewigkeit ist.

Denken Sie sich den Schauplatz dessen, was jetzt kommt, einfach als Temuels Büro im Kalifornien-Gebäude des Nordamerika-Komplexes, obwohl es eine hanebüchene Simplifizierung einer so fremdartigen, leuchtenden und fließenden Wirklichkeit ist, irgendeine Struktur im Himmel als »Gebäude« und irgendeinen Raum innerhalb einer solchen Struktur als »Büro« zu bezeichnen. Temuel war mein betreuender Erzengel – mein direkter Vorgesetzter, würden Sie wohl sagen. Mein Lehrmeister allerdings nicht, weil ich schon länger in der Abteilung war als er. Da er sich dessen bewusst war, mied er die ganze »Chef«-Chose und versuchte es lieber mit der »Älterer-Freund«-Masche, vor allem mir und Sam und den anderen Altgedienten gegenüber. Wir ließen ihn machen. Es ist besser, wenn jeder weiß oder zumindest zu wissen glaubt, wo er steht.

Seinen Spitznamen verrieten wir ihm allerdings nicht. Es ist nicht leicht, »der Mull« zum Kompliment schönzureden. Aber wirklich unbeliebt war er nicht. Er war einfach nur der Boss und ein Erzengel, wie er im Buche steht, und das machte echte Sympathie schwer. Die höheren Engel sind einfach zu … fern, um ein kumpelhaftes Verhältnis zu ihnen zu entwickeln, selbst vergleichsweise nahbare wie Temuel.

»Ah, Engel Doloriel!«, sagte er betont jovial, als ich auftauchte. (Man sieht es ihnen nicht immer an, aber manche Engel im Himmel sind »er« und manche sind »sie«, manche sind beides und andere sind einfach »es«. Es ist also kein persönliches Ermessen.) »Gott liebt Sie. Wie läuft's denn so in Jude?«

Wenn irgendwas die Bewohner von San Judas zusammenzucken lässt, dann, wenn Leute, die nie dort waren, »Jude« sagen, aber ich fühlte bereits die obligatorische himmlische Heiterkeit in mir emporperlen und tat mein Bestes, mich ihr zu ergeben. »Hallo, Chef. Alles bestens, würde ich sagen. Klar, die Giants haben das ganze letzte Jahr gespielt, als hätten sie noch nie was von Runnern in Scoring-Position gehört, und sie könnten einen linkshändigen Auswechselspieler dringend gebrauchen, aber, hey, das Frühjahrstraining hat gerade erst begonnen, also besteht immer noch Hoffnung.« Manchmal rede ich nur über Baseball, um Leute zu ärgern, die nichts davon verstehen. Das ist einer der vielen tollen Aspekte dieses Spiels. »Oh, apropos Training, Sammariel kümmert sich um diesen Neuen.«

»Ah, ja, der junge Haraheliel.« Er nickte. »Wie macht er sich denn so?«

»Wie ein Schwein im Bikini. Aber er wird schon dazulernen.« Oder aber er würde den Mund wieder zur Unzeit aufmachen und dafür sorgen, dass wir alle drei aus Jude herausgerissen und dazu verdonnert würden, minderen Sündern im Fegefeuer nachdrückliche Vorschläge zu machen. »Woher kommt er denn, wenn ich fragen darf?«

Temuels strahlendes Gesicht verdüsterte sich um eine Winzigkeit. Mit einer betont vagen Geste sagte er: »Ach, Archiv, glaube ich. Man hat ihn zu uns versetzt, um jemandem weiter oben einen Gefallen zu tun.«

An diesem Satz war so viel Beängstigendes, dass ich es nicht wagte, irgendwas zu sagen.

»Das war ohnehin das Thema, über das ich mit Ihnen reden wollte«, fuhr der Mull fort.

»Was?«

»Der Neue. Sammariels Trainee. Ich möchte, dass Sie ein Auge auf ihn haben.«

Das war noch bizarrer. Warum sollte sich irgendwer, geschweige denn ein Erzengel, für einen Grünschnabel wie Clarence interessieren? »Ist das nicht eher Sams Job, Boss? Wo er ihn doch ausbildet?«

Wieder die vage Geste. »Doch, sicher. Aber Sammariel bekommt nicht so viel mit wie Sie. Deshalb bitte ich Sie darum. Sie haben den Blick.«

Normalerweise ginge es einem ja runter wie Honig, wenn ein Vorgesetzter so was über einen sagt, und im Himmel, sollte man meinen, müsste es einen erst recht freuen, aber trotz der in mich hineingepumpten Glückseligkeit war ich alles andere als entzückt.

»Natürlich«, sagte ich, da ich ja nicht blöd bin und es auch nie war, weder vor noch nach meinem vielbetrauerten Hinscheiden. Ich hoffe jedenfalls, dass es vielbetrauert war, erinnern kann ich mich nicht.

Das schien wirklich alles zu sein, was der Mull von mir gewollt hatte, und das machte das Ganze noch seltsamer – er hatte es eigentlich nicht so mit Small-Talk, und wenn er je welchen machte, dann immer auf diese gezwungene Art, sodass es einem nur das Gefühl gab, ihn von Wichtigerem abzuhalten. Ehrlich gesagt mochte ich diesen Typen, soweit man jemanden mögen kann, den man nicht versteht. Und irgendwie hatte ich immer das Gefühl, dass er mich auch mochte oder wenigstens tolerierte, was ich von den meisten anderen Erzengeln, denen ich je begegnet bin, nicht behaupten kann. Aber Boss ist Boss, und wo ich schon mal im Haus war, ließ er mich gleich noch ein paar Berichte machen, die ich vor mir hergeschoben hatte, obwohl ich sie schon vor Tagen Alice hätte geben sollen, unserer Sekretärin drunten auf der Erde (auch ein Engel, soweit ich weiß, wenn sie auch von ihrer ganzen Art her durchaus ein rehabilitierter Dämon sein könnte). Wenn der Weg zur Hölle mit guten Vorsätzen gepflastert ist, pflegte ein Freund von mir zu sagen, ist der Weg in den Himmel mit Stuss und Papierkram gepflastert.

Wer war dieser Haraheliel? Wer hatte da Knöpfchen gedrückt, um unserem Clarence den Sprung aus dem Archiv ins operative Geschäft zu ermöglichen – und warum? Wusste Clarence über irgendwas dort zu viel? Oder sollte er als jemandes Spitzel in der Fürsprache-Abteilung fungieren? Wessen Augenmerk hatten wir auf uns gezogen? Und warum hatte man einen so offensichtlichen Außenseiter gewählt?

Wow, höre ich Sie sagen, *Spitzel im Himmel? Sie verdächtigen Ihre Engel-Bosse hinterhältiger Machenschaften? Das ist aber gar keine gute Arbeitshaltung, Bobby Dollar.* Tja, hören Sie mir einfach noch ein Weilchen zu, ehe Sie sich eine Meinung bilden. Mehr verlange ich ja gar nicht. Ich habe schon öfter recht behalten, als die Bobby-Dollar-Hasser zugeben wollen.

Ich hatte noch ein bisschen Zeit, bis ich zurück musste – mein Erdenkörper war in meinem Apartment in Jude immer noch damit beschäftigt, seine sieben Stunden Schlaf zu bekommen –, also spazierte ich vom Nordamerika-Komplex die ansteigende Avenue der Kontemplation hinauf, vorbei an den Villen der Seligen. Wie gesagt, eins der merkwürdigen Dinge im Himmel ist, dass es keine Karten oder Pläne gibt. Wenn man irgendwohin will, wo man nicht speziell eingeladen ist oder ohnehin freien Zugang hat, wird man sein Ziel nicht finden, obwohl man auf tausend andere wunderschöne Orte stößt. Man könnte zehn Jahre lang dahinwandern oder -schweben oder was man auch tut, um sich fortzubewegen (ich weiß es noch immer nicht genau, weil es mir einfach entgleitet, sobald ich wieder hier bin). Alles ohne je an den Ort zu kommen, den man sucht, aber ich wollte ja, wie gesagt, nirgends hin, ich flanierte einfach nur. Eine Zeitlang betrachtete ich den Sternenbrunnen und dachte große, aber formlose Gedanken. Ich ging auch, obwohl ich es gar nicht vorgehabt hatte, hinaus auf die Pilgerbrücke, blieb mitten auf dem Brückenbogen stehen und blickte hinab auf die riesige Stadt und die funkelnden Ströme ihrer Bewohner, Tausende und Abertausende, ja Millionen Seelen, jede davon ganz der Ordnung und der Liebe verschrieben, jede glücklich und zufrieden mit ihrem Platz innerhalb des großen Plans. Hinter ihnen allen, auf dem höchsten der himmlischen Hügel, lag ein Glühen wie vom herrlichsten aller Sonnenaufgänge – das Empyreum, Sitz des Höchsten. Aber da ich nun mal bin, wie ich bin, konnte ich diesen herrlichen Ort, den Mittelpunkt des Kosmos, nicht mal von fern sehen, ohne mich zu fragen, warum er für uns übrige nicht zugänglich war.

Warum hat Gott mich so rastlos gemacht, so schwierig? Ich habe es nie verstanden, aber er muss gewollt haben, dass ich so werde, denn er hat mir von alldem genug für zwei gegeben.

Als ich in meinem Erdenkörper erwachte, fühlte er sich wie immer in dieser Situation ein bisschen fremd an, wie eine alte Lieblingsjeans, die jemand gewaschen und gebügelt hat. Ich stellte etwas Kaffee in die Mikrowelle – seltsam, wie stinknormal mein Körper in seinen Bedürfnissen und Obsessionen ist – und trat, während ich auf das Piepsen wartete, vor den Spiegel.

Immer noch dasselbe Gesicht. Hatte es jetzt schon fünf, sechs Jahre. Es unterschied sich auch nicht sonderlich von den zwei, drei Gesichtern, die ich vorher gehabt hatte: Nur ein Experte hätte bemerkt, dass ich mich verändert hatte. Körper auch noch derselbe: mittelgroß, mittelschwer, vielleicht ein bisschen drahtiger und sportlicher als der Durchschnittstyp. Der Mann da im Spiegel hatte dunkles Haar, das mal geschnitten gehörte, ein (ganz leicht mediterranes) Gesicht, das einer Rasur bedurfte, und einen Mund, der traurig und künstlerisch-sensibel hätte sein können, wäre da nicht das Lächeln gewesen, das, wenn es sich auch nicht oft zeigt, angeblich ein bisschen alarmierend sein kann. Ich fragte mich wie so oft, ob ich so im Leben ausgesehen hatte. Wenn ja, ist eine Verwechslung mit mir ziemlich unwahrscheinlich, wenn Sie verstehen, was ich meine, aber es wäre ja wohl ein sehr unwahrscheinlicher Zufall, dass ich auf der Erde irgendwem über den Weg laufe, der mein altes Selbst gekannt hat. Ich könnte ja im siebzehnten Jahrhundert gelebt haben, was weiß ich denn? Mit einer gepuderten Perücke und einer Schnupftabakdose. Oder ich könnte ein chinesischer Bauer gewesen sein. Oder sogar eine Frau. Irgendwer. Warum haben sie mir das genommen? Warum behandelt der Himmel Seelen wie alte Videobänder, löscht die kostbaren Erinnerungen an eine Schulabschlussfeier oder eine Hochzeit, nur um sie mit einer Seinfeld-Episode zu überspielen? Nicht, dass ich was gegen Seinfeld hätte, aber wenn wir uns nicht dran erinnern dürfen, was wir mit unserem Leben gemacht haben – selbst wenn das für die meisten von uns ätzend wäre –, warum mussten wir das Ganze dann überhaupt durchlaufen?

Das waren meine Spiegelgedanken. So ziemlich die üblichen.

Zynisch, höre ich Sie sagen. *Kein Vertrauen. Schlechter Engel!*

Aber wie gesagt, Gott muss mich so gewollt haben – oder es interessiert ihn einen Scheiß. Bislang bewahre ich mir noch die Hoffnung.

An diesem Nachmittag dekorierten sie den Beeger Square für die finale Offensive des Karnevals, der an diesem Wochenende begann. San Judas liebt seinen Karneval. Zwischen den Laternenpfählen waren Glitzergirlanden gespannt und große, furchterregende Masken aufgehängt, und die Stadt hatte in einer Ecke des Platzes eine Bühne aufgebaut, zum Glück in der Ecke diagonal gegenüber vom Alhambra-Building, wo wir immer herumhängen. Die Leute im *Compasses* können es gar nicht leiden, von Amateuren »unterhalten« zu werden.

Die Bar heißt deswegen *Compasses*, weil vor etwa hundert Jahren, ehe das Alhambra in den ersten Wolkenkratzer von San Judas verwandelt wurde, unsere jetzige Oase ein Raum im vierten Stock des alten Filmpalastes war, der die Freimaurerloge beherbergte. Überm Eingang war immer noch eine Steintafel mit Winkel und Zirkel, den Symbolen des Ordens.

»Aber für den rechten Winkel sind wir alle viel zu schräg«, erklärte Sam mit Vorliebe. »Also für uns nur den Zirkel.« Und so bekam das Lokal seinen Namen: *Compasses* – Zirkel.

Drinnen war wenig los. An Stammgästen sah ich nur Sweetheart und Monica Naber, die an der Bar auf dem Großbildschirm CNN guckten, während Chico, der Barmann, Gläser polierte und wie immer so viel menschliche Wärme verstrahlte wie eine Leninstatue.

»Ooh«, sagte Sweetheart, als er mich hereinkommen sah, »ich rieche die schlechte Laune ja von hier aus, Süßer.« Sweetheart hat die Statur eines NFL-Defensive-Tackles, ist aber so tuntig wie eine brasilianische Seifenoper, einer der wenigen unter uns Erdbasierten, die das Leben wirklich zu genießen scheinen. »Ärger gehabt in der Zentrale?«

Im *Compasses* machten Neuigkeiten schnell die Runde. »Nicht wirklich. Nur das übliche Betreuergetue.« In Wahrheit beunruhigte mich die ganze Clarence-Sache so, dass ich mit niemandem außer Sam darüber reden wollte.

Sweetheart nickte. »Kann ich nachfühlen, Süßer. Ich geh nie dorthin, wenn sich's vermeiden lässt. Von diesem ganzen erhabenen Glanz jucken mir die Augen.« Er grinste. »Hast du irgendwelche Karnevalspläne? Kommst du zu meiner Party? Du kannst doch Karneval nicht verstreichen lassen, ohne zu tanzen, Herzchen!«

Manchmal habe ich das Gefühl, Sweetheart übernimmt allmählich die Sitten der Eingeborenen.

Monica sah auf, als ich mich auf den Barhocker neben ihr setzte. Chico, der Gesprächen immer gern aus dem Weg geht, entfernte sich diskret ein paar Schritte.

»Hey«, sagte sie. »Du siehst stinkig aus. *Stairway to Heaven?*«

»Der Text ist an dem Song zweitrangig, das Tolle ist das Gitarrensolo. Aber, ja, du hast recht. Bin gerade erst zurückgekommen.« Ich war neugierig, ob sie irgendwas über den Jungen wusste, wollte aber nicht zu viel über das verraten, was der Mull gesagt hatte. »Wo ist Sam?«

»Und sein treuer Sidekick, Mini-Sam? Hab sie noch nicht gesehen. Sanders und Elvis haben so eine Art Wette laufen, wie weit ein Gürteltier rennen kann, darum sind sie vor einer halben Stunde in den Zoo verschwunden. Kool hat einen Klienten drüben in Spanishtown. War ziemlich langweilig hier. Die Leute leben einfach zu solide.« Dabei warf sie mir einen Blick zu, der besagte, *so* langweilig, dass ich hier neben ihr sitzen und nett mit ihr plaudern sollte, sei es auch wieder nicht gewesen. Monica und ich hatten nämlich vor nicht allzu langer Zeit ein bisschen was miteinander gehabt, und ein paar wunde Stellen waren immer noch geblieben, wenn Sie verstehen, was ich meine ('ne lange Geschichte). Aber sie misstraute natürlich meinen Absichten. Teufel noch mal, ich misstraue meinen Absichten ja selbst die meiste Zeit.

»Wo wir's gerade von dem Jungen haben«, sagte ich, »ich habe erfahren, dass er direkt aus dem Archiv kommt.«

Sie lachte. »Und du willst wissen, ob ich da irgendwas weiß? Tut mir leid, Bobby. Was interessiert dich das überhaupt? *Dir* haben sie ihn doch nicht aufgehalst.« Sie stand auf. »Irgendeinen besonderen Wunsch?«

Zuerst dachte ich, sie wollte was singen oder so, aber dann sah ich sie die Jukebox ansteuern. »Nichts, wovon ich Kopfschmerzen kriege.« Ich beobachtete, wie sie den Raum durchquerte. Tolle Figur. Wir nennen sie Monica, weil sie dunkelhaarig, hübsch und auf eine etwas bossige Art die Mutter der Kompanie ist, wie diese Figur in *Friends*. Naber … na ja, das kommt daher, dass man »Nahebaroth« kaum richtig aussprechen kann, ohne Halskratzen zu kriegen. Sie ist eine tolle Person, nur ihr Männergeschmack ist schrecklich, wofür ich das beste Beispiel bin. Eine andere Freundin hat mir mal erklärt, wenn ich schlechte Laune hätte, komme man sich vor wie mit einer griesgrämigen Katze – »lässt sich füttern, aber mehr auch nicht.« Und zu der Zeit kamen wir noch ziemlich gut miteinander aus.

In der Bar wurde es überraschend still, als die uralte Jukebox klickte und surrte, die Platte auf den Plattenteller fiel und die Nadel aufsetzte. Früher habe ich in der Jukebox des *Compasses* gern eine Metapher dafür gesehen, wie in Gottes Reich jede einzelne Seele ihre Wichtigkeit hat, aber inzwischen bin ich mir nicht mehr so sicher, dass das nicht eitle Einbildung ist.

Während Monica zwischen den überwiegend freien Tischen zurückgeschlendert kam, kloinkte Steely Dans »Haitian Divorce« durch das Intro. Nabers Hüften schwangen ein bisschen. Auf einmal ging mir auf, dass es gar kein misstrauischer Blick gewesen war, sondern eine Art Flirt – ich hatte nur vergessen, wie das aussah. Sie hatte schon eine ganze Weile auf diesem Barhocker gesessen und sich Mai Tais oder sonst irgendein grässliches tropisches Gift verabreicht, und das machte es wahrscheinlich, dass sie etwas Gefährliches tun würde. Äußerst wahrscheinlich.

»Was schaust du denn so trübsinnig drein?«, fragte sie, als sie, ihren Körper noch immer im Rhythmus der Musik wiegend, neben mich glitt. »Gottchen, B, wenn du ein bisschen lächeln könntest, würde dir vielleicht noch heute Nacht etwas Schönes widerfahren …«

Rollig und nostalgisch. Es gab viele Monica-Stimmungen, die mich nervös machten. Diese hier zum Beispiel: Jetzt würde es gleich ganz schön kompliziert werden. Wir hatten richtig viel Spaß miteinander gehabt, eine Weile, aber dann hatte es in einem einzigen Fiasko aus wüsten Beschimpfungen und wilder Flucht – erstere von ihrer Seite, letztere von meiner – geendet, und um nichts in der Welt würde ich wieder irgendetwas anfangen, es sei denn, ich wäre *total* blau und *total* blöde, und an diesem Abend hatte ich noch nichts getrunken.

Und wie zum Beweis, dass der Höchste den kleinen Bobby Dollar immer noch sehr lieb hat, surrte just in diesem Moment das Handy in meiner Tasche los.

Monica blickte auf meine vibrierende Hose. »Irgendwie glaube ich nicht, dass das deine Freude darüber ist, mich zu sehen.«

»Muss drangehen – Arbeit.«

»Auf ins Getümmel, Herzchen!«, rief Sweetheart. Ich bin mir nicht sicher, was er meinte.

»Shit«, sagte ich, aufs Display starrend. »Alice sagt, das war eigentlich für Sam, aber ich muss einspringen. Sieht aus, als hätte ich ein Date mit dem Geldadel.«

Monica gab sich alle Mühe, amüsiert dreinzuschauen, aber ich sah ihr an, dass sie enttäuscht war, was mich noch nervöser machte. Wann hatte sie befunden, dass ich nicht nur ein weiterer Mistkerl war, der sie schlecht behandelt hat? Wenn Monica beschlossen hatte, mir zu verzeihen – ja, mir mit allem Drum und Dran zu verzeihen –, würde der Boden im *Compasses* ein bisschen heiß für mich werden.

»Ist es in Woodside?«, fragte sie. Das ist eine Gegend in den Hügeln am Stadtrand, wo die Pferde mehr Rechte haben als anderswo die meisten Menschen.

»Nein, drunten in der Ebene. Palo Alto.«

Sie seufzte, richtete sich auf und zog ihren Drink näher zu sich. »Na ja, dann Hals- und Beinbruch. Nein, ich bin großzügiger Stimmung – Hals-, Arm- und beidseitigen Beinbruch.«

Ich ließ eine irgendwie traurig aussehende Monica mit ihrem Drink zurück. Diese Handy-Nachricht hat uns beiden wohl eine Menge Probleme erspart. Na ja, ihr zumindest. Für mich kann man das, wie Sie sehen werden, nicht behaupten …

Ich spotte über Sams langweilige Firmenkarre, aber fairnesshalber sei gesagt: Es gibt ein paar Banausen, die meinen sonderausgestatteten 71er Matador Machine nicht zu würdigen wissen, trotz seiner schmucken Kupferlackierung und der karierten Sitzbezüge. Jemand (es könnte Monica Naber gewesen sein) hat ihn sogar mal ein »Auto für etwas beschränkte Teenager« genannt. Jedem das Seine. Ich weiß, was mir gefällt, und an dem Matador gefällt mir zum Beispiel, dass ich ihn mit sechzig Sachen frontal gegen einen Panzer donnern könnte, ohne dass auch nur der Motor ausgeht. Ich habe nun mal gern ein solides Stück Technik um mich herum. Sterben ist nicht lustig, auch nicht beim dritten oder vierten Mal.

Um diese Tageszeit kommt man in San Judas auf normalen Straßen schneller voran als auf dem Freeway. Etwa zwanzig Minuten später kutschierte ich die University Avenue entlang, durch ein grünes Nobelviertel, wo selbst die Palmen ihre eigenen Ärzte haben. (Kein Witz. Die hiesige Nachbarschaftsvereinigung heuert Spezialisten an; die steigen dann einmal im Monat auf die Palmen und untersuchen sie auf Fruchtfäule oder was auch immer.)

Die Hauptstraße säumten exklusive Apartmentkomplexe, aber dahinter lag die eigentliche Wohngegend, definiert durch »Eigenkapitalanteil eine Million Minimum«. Hier residierten Leute, die ihr Geld gern in ruhiger Umgebung genossen, reiche Stanford-Alumni und Wirtschaftsbosse alter Schule. (Die jüngeren

Silicon-Valley-Millionäre landeten eher in schickeren Settings, etwa in Townhouses an einem der öffentlichen Plätze, in Atherton Park oder draußen in den Shores-Wohnanlagen.)

Die Villa, um die es ging, stand an einem der gewundenen Nebensträßchen: Pseudo-Tudorstil, mit zweitausend Quadratmetern Rasen, Hecken und Büschen. In der langen Einfahrt parkten zwei Polizeiautos und ein Krankenwagen, und das Garagentor stand offen. Zwei Sanitäter mit Sauerstoffmasken zogen gerade den Leichnam aus einem in der Garage stehenden Wagen, einem teuren europäischen Qualitätserzeugnis neueren Baujahrs. Kurz konnte ich den Verstorbenen sehen – ein Weißer, schlank, in Bademantel und Pyjamahose. Seine Haut war fuchsienrot, das klassische Symptom einer Kohlenmonoxidvergiftung.

Es sah stark nach Selbstmord aus.

Ich verlangte einen Übergang bzw. Reißverschluss und trat hindurch. Alles schien sich um eine Winzigkeit zu verändern – der Einfallswinkel der Sonne, die Art des Lichts –, und die Polizisten und Sanitäter erstarrten alle auf einen Schlag wie bei einem dieser Kinderspiele. Ich ging zu dem Wagen, um einen Blick aufs Gesicht des Verstorbenen zu werfen. Er kam mir irgendwie bekannt vor. Vielleicht war ich ihm mal begegnet oder hatte sein Foto in der Zeitung gesehen. Ich wandte mich ab und erblickte neben mir ein schwebendes Glimmen – der Schutzengel des dahingegangenen Mr. Monoxid.

»Doloriel«, stellte ich mich vor.

»Yurath«, sagte das Glimmen.

»Wer ist er?«

»Erkennen Sie ihn denn nicht?« Yurath schien ein bisschen nervös, hüpfte wie ein Glühwürmchen in starkem Wind. Na ja, sein jahrzehntelanger Job war jetzt gleich zu Ende. Vielleicht hatte Yurath den Mann ja gemocht. Das kommt vor. »Edward Lynes Walker. Gründer diverser Firmen, darunter eine der größten Nordkaliforniens. Philanthrop. Engagierter Bürger. Sie haben sogar einen Satelliten nach ihm benannt.«

»Leider ist er deshalb nicht weniger tot«, sagte ich. »Okay, er war also allgemein beliebt. Irgendwelche Gründe, warum das hier kein sicherer Sieg für uns sein sollte? Außer, dass es Suizid war, meine ich.« Die Regeln in Sachen Selbstmord haben sich etwas gelockert. Wenn Yurath mir auch nur Hinweise auf irgendeine schmerzhafte Krankheit oder ein psychisches Trauma liefern konnte, würde die Art und Weise, wie Walker abgetreten war, unserer Sache nicht allzu sehr schaden.

»Mindestens einen Grund kann ich Ihnen nennen«, sagte der Schutzengel. »Drehen Sie sich mal um.«

Ich fühlte ihn schon, drehte mich aber trotzdem um und mimte Überraschung. »Ankläger Grasswax. Liebe Güte, das ist ja meine Glückswoche! Zwei Tage in Folge! Und Mr. Howlingfell – oh, Sie haben da ja böse Quetschmale am Hals.«

Howlingfell ballte nur die Fäuste und schaute weg, aber Grasswax zeigte mir seine sämtlichen Zähne, was eine Weile dauerte. »Doloriel. Sie und Ihre Freunde haben ja gestern sicher noch lange Ihren Triumph gefeiert.«

»Nein. Ich bin bald gegangen und habe dann noch alte Freunde besucht. Nicht, dass es Sie was anginge.«

Grasswax beugte sich vor. Selbst im Außerhalb, wo es keine Luft im normalen Sinn gibt, war sein Atem, als wehten einem die Gerüche eines Schlachthofs entgegen. »Sie belieben zu scherzen, Doloriel – oder besser, Bobby Dollar, so nennt man Sie doch im … wie war das doch gleich … *Compasses*?« Wie schaffte es dieser Höllensohn, eine ganz normale Bar so abgrundtief verachtenswert klingen zu lassen? »Es muss Sie doch sehr amüsiert haben, dass Ihr kleiner Blindgänger von Lehrling mich vor einem Fürstentum blamiert hat.«

Jeder andere dermaßen widerwärtige Kerl, der mir so dicht auf den Leib gerückt wäre, hätte eins aufs Maul gekriegt, aber einem offiziellen Ankläger der Hölle haut man nicht einfach eine rein. Die Balance zwischen beiden Seiten zu erhalten, ist eine hochdiffizile Sache, und die Regeln unseres Jobs stellen nur zu klar, dass mangelnde Selbstbeherrschung nichts anderes ist als Abtrünnigkeit, also gab ich mir alle Mühe, durch den Mund zu atmen. »Er ist nicht mein Lehrling, Grasswax, und ich hatte damit nichts zu tun. Gehen wir einfach den geschäftlichen Teil an. Ich habe mit Ihnen keine Zwistigkeiten.«

Er bedachte mich mit einem langen Blick, von dem mir ernstlich die Haut juckte. »Wenn Sie meinen.«

»Aber das ist ja das Problem!« Das war der kleine Yurath, der immer noch herumhüpfte, als ob er aufs Klo müsste – was ein Problem ist, das Schutzengel nicht haben. Seine Stimme war unangenehm schrill. »Wie denn? Es geht nicht!«

Grasswax wischte sich die Finger am Revers seines magmafarbenen Jacketts ab, als hinterließe schon der verbale Kontakt mit einem so niederrangigen Engel etwas Widerwärtiges. »Wovon sprechen Sie?«

»Wo ist er?«, quiekte Yurath. »Wo ist er hin?«

»Was?« Grasswax musterte das Tableau aus reglosen Polizisten und Sanitätern. »Wer?«

Die Erkenntnis traf mich wie eine Faust. »Der Verstorbene«, sagte ich. »Er spricht vom Verstorbenen. Walker ist nicht hier.«

Und das stimmte. Die Rolltrage mit Walkers Leichnam war auf dem Weg zum Krankenwagen eingefroren, aber die Seele des Mannes – der bleibende, unsterbliche Teil des Edward Lynes Walker, dem unser Job galt – war nirgends zu sehen.

Es gibt nicht viel Terrain im Außerhalb, das man absuchen kann, wenn man durch einen Reißverschluss getreten ist. Je weiter man sich vom Übergang entfernt, desto unwirklicher wird alles, bis da schließlich nur noch Grau ist. Trotzdem suchten wir gründlich, selbst Grasswax, aber die zeitlose Blase, in der wir uns befanden, enthielt eindeutig eine Seele zu wenig.

»Himmelherrgott«, stieß ich mit allem emotionalen Nach-
druck hervor, was den Schutzengel bestürzt flackern ließ. »Jesus-
christus.« Das war noch nie passiert – mir nicht und meines
Wissens auch sonst niemandem. Meine »Glückswoche« hatte
sich in ein thermonukleares Desaster verwandelt.

Auch Grasswax fluchte. Ich weiß nicht mehr genau, was er
sagte, aber ich war auf jeden Fall beeindruckt – fluchen können
sie in der Hölle. Wenn ich in dem Moment nicht so verdammt
panisch gewesen wäre, hätte ich mir das eine oder andere notiert.

3

NICHT WIE IN DER
SONNTAGSSCHULE

»… mieser, saublöder Trick …!«

Ein gutaufgelegter Grasswax war unangenehm, ein wütender Grasswax aber um Klassen schlimmer. Jetzt beispielsweise schäumte er aus den Schlitzen seiner Wangen. »Sie bilden sich ein, mich in zwei Tagen zweimal demütigen zu können? Egal, wie weit ich nach oben gehe und an wie vielen Türen ich rüttteln muss, Doloriel, hierfür will ich Sie bei lebendigem Leibe gehäutet sehen …!«

Lass dich niemals durch einen Vertreter der Gegenseite zu Tätlichkeiten hinreißen, rief ich mir in Erinnerung, *schon gar nicht durch einen Ankläger, der dich gezielt provoziert – so entstehen interhierarchische Zwischenfälle.* Direkt aus dem Anwaltshandbuch. »Ich habe damit nichts zu tun, Grasswax. Wir sind gleichzeitig hier angekommen!«

»Seelen verschwinden doch nicht einfach.«

»Ich habe ja nicht gesagt, dass sie verschwunden ist. Ich habe nur gesagt, sie ist nicht hier. Wahrscheinlich einfach nur eine kleine Panne.«

»Kleine Panne?« Der Ankläger schrie jetzt regelrecht. Roter Schaum flog durch die Gegend. »Pearl Harbor war eine kleine Panne – das hier ist ein *Problem!*«

Natürlich hatte er recht. So etwas kommt nicht vor. Nie.

»Okay, okay, Sie rufen Ihren Vorgesetzten an und ich meinen. Es wird sich schon klären lassen.«

Doch noch ehe ich zu Ende gesprochen hatte, tauchten plötzlich von allen Seiten Engel und Dämonen aus dem Nichts auf: Es gingen mehr Reißverschlüsse auf als in der »Alles-Zum-Halben-Preis-Nacht« im Bunny-Ranch-Bordell. Es hatte eine schwerwiegende Sicherheitsverletzung gegeben, und jetzt erschienen die Einsatzkräfte. Das hier war nicht nur ein Problem, ging mir auf, es war eine ausgewachsene Krise, und ich steckte mittendrin.

Ich nehme mir wohl besser einen Augenblick Zeit, um Ihnen dieses ganze Engelwesen ein bisschen zu erklären. Es ist nämlich nicht ganz so, wie Sie's in der Sonntagsschule gelernt haben, und was die Wölkchen und Harfen angeht, wird es Ihre Erwartungen garantiert enttäuschen.

Zunächst mal: Fragen Sie mich gar nicht erst, wie mein Leben vor dem Tod war oder wie ich gestorben bin. Ich weiß es nämlich nicht. Keiner von den Leuten, mit denen ich zusammenarbeite, weiß so was. Wir könnten immer schon Engel gewesen sein, aber das glauben wir eher nicht, weil unsere Erinnerung höchstens ein paar Jahrzehnte zurückreicht und wir uns alle ziemlich wohl dabei fühlen, lebendige Körper zu bewohnen und in der realen Welt herumzuhängen. Der dienstälteste Engel, den ich je getroffen habe, war mein erster Chef, Leo, der sich erinnern konnte, schon in den vierziger Jahren hier gearbeitet zu haben. Das beweist natürlich gar nichts – vielleicht recyceln sie uns ja wie Pfandflaschen, reinigen uns mit heißem Dampf und füllen uns dann wieder neu, Jahrhundert für Jahrhundert. Als Engel des Herrn muss man sich nun mal dran gewöhnen, mit gewissen Widersprüchen zu leben.

Es gibt Massen von Engeln, nicht nur im Himmel. So hat schon mal jeder Mann, jede Frau und jedes Kind auf der Erde einen Schutzengel. Den können sie nicht sehen, nicht anfassen und normalerweise nicht mal fühlen, aber er ist da, vom ersten Klaps auf ihren Po bis zu ihrem letzten Atemzug … und noch ein kleines bisschen länger. Manche Leute glauben, dass er sie auch vor äußeren Gefahren und vor den Einflüsterungen der Gegenseite beschützt. Das könnte stimmen, aber ich weiß darüber nichts Sicheres. Ist auch nicht mein Ressort. Ich bin ja, wie Sie vielleicht schon mitgekriegt haben, Anwalt.

Okay, bei einem Schutzengel pro lebendem Menschen sind das also schon mal sieben Milliarden Schutzengel gleichzeitig. Ich nehme an, wenn sie mit einem Menschenleben fertig sind, übernehmen sie ein neues, aber auch das ist nur Spekulation. Wir Anwaltsengel sind nicht ganz so viele. Sam, Monica, ich und die anderen machen je etwa fünf Todesfälle die Woche, ergibt also rund 250 pro Engel und Jahr. Bei jährlich ca. fünfzig Millionen Todesfällen weltweit wäre das Arbeit für etwa 200 000 Anwälte oder Verteidiger (unter der Annahme, dass in Timbuktu und Katmandu dasselbe System gilt, was keineswegs sicher ist). Auf jeweils zehn Anwälte kommen noch ein, zwei Unterstützungskräfte, aber von denen haben Sie bisher nur Chico (und die bereits erwähnte Alice) kennengelernt.

Ich weiß, ich weiß, Zahlen interessieren Sie nicht so, abgesehen von den Ingenieuren unter Ihnen. Sie wollen wissen, wie das alles *abläuft*, stimmt's?

Wir erdbasierten Engel – Schutzengel, Fürsprecher oder Anwälte und selbst Spezialkräfte (fragen Sie nicht, weil ich darüber nichts sage) – sind Erzengeln unterstellt. Die Erzengel sind wiederum Fürstentümern unterstellt, die außerdem, wie Sie schon mitbekommen haben, über die einzelnen Seelen richten. Uns alle zusammen nennt man die Engel des Dritten Hauses, bei dem es sich um die Erde innerhalb der Zeit handelt.

Es gibt noch mindestens zwei weitere Häuser oder Sphären mit jeweils drei Engelarten, aber wir sind hier nicht in der Sonntagsschule, also hebe ich mir das für ein andermal auf. Über all dem steht der Höchste. Ihm bin ich noch nie begegnet. Er hat ja wohl ziemlich viel zu tun: dafür zu sorgen, dass das Universum wie ein Uhrwerk funktioniert, ein Auge auf den Spatz zu halten und all das. Und wie ich wohl schon sagte: Ich bin auch noch nie jemandem begegnet, der ihm schon mal begegnet ist (oder aber die, die ihm schon begegnet sind, haben es nicht für erwähnenswert gehalten.)

Wir Anwaltsengel müssen unter den Leuten leben, die wir einmal verteidigen werden, damit wir sie kennen und verstehen. Deshalb haben wir Körper. Es sind angeblich nicht unsere richtigen Körper – auch das weiß niemand mit Sicherheit, aber, wie gesagt, ich bin noch nie von einem Verwandten oder Bekannten erkannt worden und kenne auch niemanden, dem das passiert wäre. Jedenfalls, da wir Fürsprecher oder Anwälte (im Vergleich etwa zu den Schutzengeln oder den himmlischen Heerscharen) eine kleine Gruppe sind und auf der Erde leben und arbeiten, ist es mit uns ein bisschen wie mit den Leuten, die auf einen dieser entlegenen Außenposten in den Kolonien geschickt wurden: Nach einer gewissen Zeit könnten wir gar nicht mehr ins Mutterland zurückkehren, selbst wenn wir's versuchen würden. Ich jedenfalls könnte garantiert nicht lange in der Himmlischen Stadt leben. Zu hell. Zu viele singende Leute. Und zu wenig geistige Getränke, was das einzig Geistige ist, das mir wirklich was bedeutet.

Ein Nachteil ist, dass wir zu den wenigen Engeln gehören, die täglich mit der Gegenseite umgehen und sie wirklich kennenlernen müssen, und das ist etwa so unangenehm, wie man es sich vorstellt. Schon, weil die meisten Höllenleute den Kampf *richtig* ernst nehmen – sie sind wie Studentenvertretungsnerds mit Reißzähnen. Sie liegen schon seit Jahrtausenden mit dem Himmel im Krieg und sind entschlossen, uns eines Tages zu besiegen. Sie sind nicht so dumm, eine richtig große Schlacht zu provozieren – das könnte das Ende beider Seiten sein –, aber sie nagen ständig an den Fundamenten wie Karieserreger. In ihren Augen sind Leute wie Milton, die behaupten, dass sie uns nie schlagen können, nur Propaganda-Schreiberlinge, die für den Himmel agitieren, weil sie auf ein komfortables Plätzchen droben im Haus hoffen. Sie spielen ein Langzeitspiel, und sie spielen immer, um zu *gewinnen*. Es ist manchmal ganz schön ermüdend. Warum werden die Hasserfüllten nicht so schnell müde wie andere Leute? Wieder so eine Frage, von der man meinen sollte, dass das Leben nach dem Tod sie mir beantwortet hätte – aber nein.

Es gibt aber auch ein paar Angehörige beider Seiten, die ganz aus dem Spiel ausgestiegen sind, Zwischenexistenzen und Renegaten. Die meisten von ihnen verkaufen Informationen, um zu überleben, weshalb in der Regel ein Kopfgeld auf sie ausgesetzt ist. Wir Anwälte haben von Zeit zu Zeit mit ihnen zu tun. Manche mag ich sogar insgeheim.

Alles in allem ist es ein bisschen wie einst der Kalte Krieg, wahnsinnig gefährlich, aber für die meisten Leute auf der Erde unsichtbar, und von uns allen wird erwartet, dass wir unseren Part in diesem Kampf übernehmen. Mein Job ist es, dafür zu sorgen, dass möglichst viele Seelen in den Himmel kommen, und wie mein Freund Sam bin auch ich darin ziemlich gut, was einer der Gründe dafür ist, dass mich meine Vorgesetzten, auch wenn sie meine Haltung auf die Palme bringt, im Großen und Ganzen in Ruhe lassen.

Ein weiterer Grund ist, wie ich bald herausfinden sollte, dass auch die großen Jungs droben im Haus nicht alles wissen. Das war eine Lektion, auf die ich lieber verzichtet hätte.

Da stand ich nun also in der Außerhalb-Version von Edward L. Walkers Einfahrt, während diverse Lakaien des Himmels und der Hölle sich nützlich machten oder zumindest so taten. Einige zogen glitzernde goldene Linien in der Luft oder konsultierten Instrumente aus schwarzem Glas. Andere sammelten Proben ein, die ich nicht mal sehen konnte, und steckten sie in schwebende Beutel oder Blasen, die organischer Bestandteil des wenig ansprechenden Körpers zu sein schienen, an dem sie hingen.

Mittendrin stand Grasswax, bedachte mich mit einem enorm hasserfüllten Blick, pflückte dann aus der Luft ein klebrig wirkendes kleines Etwas, das ich für das Höllenpendant zu Walkers Schutzengel hielt, und ging damit zur Seite. Dort entspann sich zwischen ihm und dem Etwas ein angeregtes Gespräch, wobei »angeregt« heißt, dass Grasswax den Höllenhandlanger herumschüttelte, als versuchte er, Rotz von seinen Fingern zu schleudern, während das Etwas quiekend seine Unschuld beteuerte.

»Er war hier, Herr, er war hier! War doch bei ihm gewesen, wie er gestorben ist!«

»Wo *ist* er dann?« Grasswax starrte den Unterling an, bis der anfing zu dampfen wie eine Abalone auf einem heißen Stein.

»Weiß nicht! Versteh nichts!«

»Verdammter Versager. Jetzt muss ich Scorchscar anrufen.« Der Ankläger zog eine Handvoll Feuer hervor, hielt sie vor sein Gesicht und sagte: »Ankläger an Staatsanwaltschaft, stellen Sie mich sofort zur Untersuchungsabteilung durch.« Er funkelte mich grimmig an, und aus seinen Wangenschlitzen pulste es feucht. Das Merkwürdige war, dass Grasswax mehr Angst hatte, als er zugeben wollte, jedenfalls war das mein Eindruck. Wobei ich natürlich kein Experte in Höllenpsychologie bin. »Beim heißen, pickligen Arsch des Königs – jetzt sitze ich hier stundenlang fest!«, fauchte er mich an. »Das ist irgendwie alles Ihre Schuld, Sie mieser kleiner Wolkenjockey, und dafür werden Sie bezahlen. Versuchen Sie ja nicht, heimlich zu verduften.«

Die liebreizende Stimme des Anklägers noch schmerzhaft in den Ohren, wandte ich mich ab: Ich musste selbst telefonieren.

Nur weil dieses Haus im noblen Palo Alto so voll von leuchtenden Engelpräsenzen war, dass es aussah wie ein Weihnachtsdiorama, war noch lange nicht gesagt, dass jeder Bescheid wusste, der Bescheid wissen musste. Ich zog mein Handy heraus, das in seiner Außerhalb-Gestalt ein leuchtender Lichtstab war. Gleich darauf hatte ich Temuel vor mir, wenn ihn auch sonst niemand sehen oder hören konnte.

»Das ist ein Scherz, oder?«, sagte er, als ich ihm die Situation geschildert hatte, aber der Mull klang nicht ganz so überrascht, wie ich erwartet hatte. »Nein? Dann schicke ich sofort einen Problembereiniger hin.« Allmählich drang das ganze Ausmaß der Katastrophe zu ihm durch. »Das ist schlimm, das ist sehr, sehr schlimm, Doloriel. Bleiben Sie dort und sagen Sie kein Wort zur Gegenseite.«

»Nicht mal ›Pfoten weg von meinen Eiern‹? Ich kann Ihnen nämlich versichern, Grasswax versucht, sie mir zu zerquetschen.«

»Machen Sie einfach Ihren Job.« Und das war's. Er war weg. Aber wenn Temuel noch nichts von der verschwundenen Seele gewusst hatte, wie kamen dann all diese himmlischen Krisenkräfte hierher? Von den fiesen kleinen Handlangern der Gegenseite ganz zu schweigen? Ich schob die Frage erst mal beiseite, weil in dem Moment neben mir ein neuer, extraheller Reißverschluss aufleuchtete und der Problembereiniger des Mulls erschien.

Noch eine kurze Zwischenbemerkung: »Problembereiniger« ist eher eine Art Jobbeschreibung. Die offizielle Bezeichnung ist »Minister«. Man sieht kaum je einen von ihnen. Man *will* auch gar keinen sehen. Ihr Job ist es wie gesagt, Probleme schleunigst zu »bereinigen«, und in so was möchte niemand verwickelt sein.

Ich war's aber, und wie es aussah, an zentraler Stelle. Ich hatte so eine Ahnung, dass es lange dauern würde, bis ich meine Wohnung wiedersähe.

Der Problembereiniger/Minister hatte etwas von einem Pestarzt des siebzehnten Jahrhunderts, mit langen weißen Gewändern und einer bizarren weißen Maske, die einen innovativen Trinkvogel oder einen Winnie-the-Pooh-Heffalump hätte darstellen können. Es war durchaus möglich, dass er unter diesen Gewändern gar keine Füße hatte, aber das war schwer auszumachen, weil er am unteren Ende irgendwie glühte. Er bewegte sich jedenfalls wie jemand, der keine Eile kennt.

Er betrachtete eine ganze Weile den Wagen und den Leichnam, wandte sich dann schließlich zu mir. *»Sie sind der Verteidiger?«* Jedes Wort war ungemein gewichtig.

»Ja, Herr Minister.«

»Berichten Sie, was Sie wissen.«

Ich tat es, so kurz und präzise wie möglich, ohne Vermutungen und ungesicherte Annahmen. Ich hatte schon mal einen dieser Problembereiniger getroffen – das ist eine andere Geschichte – und wusste, was man ganz und gar nicht tun sollte, ist, ihre Zeit zu vergeuden. Der, mit dem ich zu tun gehabt hatte, war sehr kurz davor gewesen, mich in die Abteilung Bruder Tier strafzuversetzen, wo ich über deprimierte Feldmäuse hätte wachen dürfen, und der Fall damals war längst nicht so schwerwiegend gewesen wie dieser hier.

Ich hatte gerade zu Ende berichtet, als wieder ein Glühen in der Luft erschien, diesmal rauchig-rot, und jemand anderes daraus hervortrat – oder, genauer gesagt, mehrere Jemande, eine Frau und zwei Männer, obwohl letztere Bezeichnung buchstäblich zu kurz greift. Mein Freund Sweetheart hat etwa die Statur eines Grizzlybären, aber diese beiden Typen hätten seine großen Brüder sein können. Beide hatten Hälse, breiter als meine Brust, stumpfgraue Haut, wie man sie bei den weniger schmerzempfindlichen Lakaien der Hölle häufig antrifft, und einen Gesichtsausdruck, der darauf hindeutete, dass sie einen Hammerschlag auf den Kopf kaum registrieren würden. Kurz, sie sahen aus, als würden sie jede Debatte gewinnen – mit Argumenten vom Typ »Du und welche Armee?«.

Der weibliche Dämon allerdings war ein ganz anderer Fall. So jemanden hatte ich noch nie gesehen, außer hie und da in Fetischmagazinen (rein berufliche Recherche natürlich). Erstens mal war sie zierlich, vor allem zwischen diesen beiden Knochenbrechern, und zum zweiten war sie nach völlig normalen Maßstäben verblüffend hübsch, mit glattem, weißblondem Haar, milchweißer Haut und langen, bestrumpften Beinen, die ein Schulmädchen-Minirock überaus wirksam zur Geltung brachte. Sie sah aus wie Wunderland-Alice, aufgebrezelt für einen Vorstellungstermin bei einem Gremium Manga-lesender japanischer Businessmen. Ich hätte nie gedacht, dass ein hohes Tier der Gegenseite so mainstreammäßig aussehen könnte – normalerweise strotzen sie nur so von Hörnern, Reißzähnen und abartiger krustiger Haut.

Als sie näher kam, sah sie nur noch umwerfender aus, obwohl jetzt klar war, dass ihre Augen die Farbe von … na ja, irgendwas Rotem hatten. (Ich wollte »Blut« sagen, aber das ist doch ein bisschen klischeehaft, oder? Trotzdem: Genauso sahen sie aus – wie große, leuchtende Drops aus dem roten Zeug.)

»Was soll das denn jetzt, Grasswax?«, fragte sie, als sie uns erreicht hatte. Sie mochte den Hauch eines älteren Akzents haben, aber hauptsächlich klang sie wie Hayley Mills – so eine kultivierte, hyperartikulierende englische Upper-Class-Stimme, Sie wissen schon: »Oh, Mummy, mein Pony ist weg, und das macht mich so traurig!« Aber Grasswax zuckte bei ihrem Anblick sichtlich zusammen. Guter Gott, ja, sie war scharf, aber sie war auch das Beängstigendste, was mir seit längerem begegnet war: Sie war aus dem Höllenadel und stand daher auch auf dem kulantesten komparativen Organigramm mit Sicherheit etliche Stufen über mir.

Unser Problembereiniger begrüßte sie mit einem respektvollen Nicken. »Gräfin.«

Sie würdigte ihn kaum eines Blicks. »Minister.«

Sie ging an mir vorbei, als wäre ich gar nicht da, und zog Grass-wax beiseite. Ihrem Gesichtsausdruck nach hatte sie nicht vor, ihn nach einem guten Café zu fragen. Ich starrte ihr immer noch so gebannt nach, dass unser Problembereiniger ostentativ hüstelte.

»Engel Doloriel …?«

Es war schwer, sich von ihr loszureißen, selbst wenn die Konkurrenz ein ungeduldiger hochrangiger Engel war. Der Problembereiniger der Gegenseite war eine kleine, zierliche Frau, aber mit einem Gang, der mehr als faszinierend war. Sie wissen doch, wie manche kleinen Hunde gehen – als ob sie sich selbst für große, starke Hunde halten. Die Gräfin, wer und was sie auch immer war, mochte sich ja kleiden wie ein Schulmädchen, aber sie ging wie eine überaus selbstbewusste Striptänzerin.

Nein, mit mehr Klasse. Wie eine Primaballerina. Ja, genau, eine Ballerina aus der Hölle.

»Verzeihung, Herr Minister. Ich war … in Gedanken.«

»Ich hoffe, ich beanspruche nicht zu viel von Ihrer kostbaren Zeit, Doloriel.« Jetzt, von nahem, war nicht zu übersehen, dass der Minister auch nicht gerade der Normalo-Typ war. Zum einen hatte er im Unterschied zu den meisten höheren Engeln Augen, aber die waren ganz weiß, bis auf einen stecknadelkopfgroßen schwarzen Punkt in der Mitte, was im Verein mit der Maske schwer erkennbar machte, wo er hinschaute. Zum anderen hatte er an jeder weißbehandschuhten Hand mindestens sechs oder sieben Finger. Was hatte es *damit* nun wieder auf sich?

»Ganz und gar nicht. Entschuldigung.« Ich drehte dem Ankläger und seinem weiblichen Boss den Rücken zu, um mich auf meinen Vorgesetzten konzentrieren zu können. Die schöne kleine Gräfin war ein Dämon, machte ich mir klar, und zwar ein mächtiger. Mitglieder des Höllenadels können jede beliebige Gestalt annehmen, und was sich unter diesem appetitlichen Äußeren verbarg, war mit Sicherheit extrem hässlich. Und wichtiger noch, die Erfahrung hatte mich gelehrt, dass mich jeder Höllenbewohner in kleine Fetzchen reißen würde, wenn ich einen Moment unachtsam war. Ganz egal, wie sie aussahen, sie waren allesamt Monster. »Was kann ich für Sie tun, Minister?«

»*Wiederholen Sie noch einmal ganz genau, was ab dem Moment passiert ist, als Sie den Anruf erhielten*«, befahl er.

Unter seinem seltsam emotionslosen Blick erzählte ich noch einmal alles, woran ich mich erinnern konnte. Von Sam und seinem Azubi sagte ich nichts, aber ich erwähnte, dass ich Grasswax am Vortag in einer anderen Angelegenheit getroffen hatte.

»*Und Sie sind sicher, dass Sie vor dem Ankläger hier eingetroffen sind?*« Der Schnabel seiner Maske reckte sich mir entgegen, als schnupperte er, ob ich die Wahrheit sagte. »*Ganz sicher?*«

»Sie glauben doch nicht, dass Grasswax etwas so Irrsinniges tun würde?« Ich fragte mich, ob ich noch mal darauf zu sprechen kommen sollte, wie wütend sich der Ankläger wegen der verschwundenen Seele aufgeführt hatte. Hatte Grasswax ein schlechtes Gewissen? »Aber wie denn? Wie hätte er das denn anstellen sollen?«

»*Das wissen wir nicht.*« Der Minister gab ein kleines indigniertes Schnauben von sich. »*Aber wenn Sie sagen, er könnte es gar nicht bewerkstelligt haben, wird Ihre Rolle in der ganzen Angelegenheit noch bedeutsamer.*«

O nein. Ich würde mich nicht für etwas drankriegen lassen, was ich nicht getan hatte. »Ich sage nichts Derartiges, Herr Minister. Ich hatte mit alldem nichts zu tun. Ich war genauso überrascht wie Sie.«

»*Ach ja? Es dürfte Ihnen ja wohl nicht entgangen sein, dass wir nicht sonderlich überrascht sind.*« Er schüttelte den Schnabelkopf und sah dabei mehr denn je wie der imaginäre Freund eines ziemlich unheimlichen Kindes aus. »*Wir haben befürchtet, dass es dazu kommen könnte.*«

Ich hatte keine Ahnung, was er meinte, und sagte es auch.

»Wir haben genug von Ihnen gehört, um unseren Bericht zu erstellen, Engel Doloriel«, war alles, was er sagte. *»Sie können gehen. Gott liebt Sie.«*

Als ich endlich wieder zurück war, hatten sich die meisten Stammgäste im *Compasses* eingefunden, wenn auch von Sam und seinem Handlanger nichts zu sehen war. Ich hatte noch in Morton's Café Station gemacht, um ein frühes Abendessen zu mir zu nehmen und zuzuschauen, wie die Schatten länger wurden, als die Sonne es aufgab, die dunkleren Winkel von San Judas erhellen zu wollen, und schließlich schlafen ging. Jetzt füllten die Lichter von Downtown und die riesige schwarze Leere des Hafens die Fenster.

»Alles okay?«, fragte Monica, als sie mich sah. »Ich hab mir Sorgen um dich gemacht.« Sie war inzwischen ein bisschen nüchterner, also sagte sie vielleicht die Wahrheit. »War die Seele dieses Mannes wirklich *verschwunden*?«

»Du hast schon davon gehört?«

»Klar haben wir davon gehört. Ein Minister wurde hinbeordert, und *das* bleibt nie lange geheim. Alice vom Büro sagt, die ganze Stadt redet darüber!« Womit gemeint war, alles in der Stadt, was Flügel oder Hörner hatte, obwohl der Walker-Selbstmord wahrscheinlich auch ein gewisses Quantum an irdischer Aufmerksamkeit erregen würde. »Was war denn da los?«

Ich zuckte die Achseln. »Was da los war? Ziemlich banal. Sie haben den Leichnam aus dem Wagen gezogen, aber der entscheidende Teil dieses Typen war einfach nicht da.«

»Ooooh.« Monica machte ein mitfühlend-betroffenes Gesicht. »Wie irre!«

Jimmy the Table, Sweetheart und ein paar andere kamen herüber. Das einzig Gute an dem ganzen Schlamassel war, dass ich wenigstens diesen einen Abend lang meine Drinks nicht selbst bezahlen musste.

»Glaubst du, das war die Gegenseite?«, fragte Monica. »Wollen die irgendwas provozieren?«

»Guter Gott, woher soll ich das wissen? Sie haben selbst ziemlich schnell einen Problembereiniger hingeschickt. Eine Frau, die Gräfin genannt wird …?«

Jimmy the Table ließ ein schrilles Lachen los. »Von der hab ich schon gehört! Es heißt, sie hätte auf der Betriebsweihnachtsfeier eine Halskette aus menschlichen Klöten getragen!«

»Ich glaube nicht, dass die Gegenseite Weihnachten feiert, Herzchen«, erklärte Sweetheart sanft.

»Dann eben bei irgendeiner anderen Party – ist ja egal.« Jimmy genoss es ungemein, der Informierte zu sein. »Jedenfalls haben sie *ihr* die Sache übertragen, und das heißt was. Das wird euch jeder sagen, der Ahnung hat – die Gräfin ist ein knallhartes Aas. Ihr erinnert euch doch an Zeppy? Zeppu–irgendwas?«

»Zepuriel«, sagte Sweetheart. »Der mit dem knackigen Hintern?«

»Egal«, sagte Jimmy, der ausnahmsweise nicht auf den Köder anbiss. »Was glaubt ihr, warum er damals von den Anwaltsengeln wegversetzt wurde, in die Regenbogenmalabteilung oder wo er gelandet ist? Er ist mal bei einem Job auf sie getroffen, und sie hat ihn so übel zugerichtet, dass er's nie verwunden hat.«

»Du redest nichts als Stuss«, sagte Walter Sanders hinter seinem Bier ganz in der Ecke. »Stimmt nicht.«

»Fick dich, Mann, ich war doch dabei …!«, sagte Jimmy, und eine halbe Minute später hatten die beiden uns andere völlig vergessen und gingen ganz darin auf, sich auf eine Art zu beschimpfen, die jeder Außenstehende für todernst gehalten hätte. In irgendeiner Konstellation stritten sich Jimmy the Table, Walter Sanders und Jung Elvis stets über irgendeinen Blödsinn, aber das war mir egal. Man verbringt nun mal eine Menge Zeit damit, sich die Zeit zu vertreiben, wenn man die Ewigkeit zur Verfügung hat.

»Ich hab auch schon von ihr gehört«, sagte Monica zu mir, als der Rest des Ganzen Kaputten Chors das Gelärme eingestellt hatte. »In einem hat Jimmy recht – nach allem, *was* ich gehört habe, ist dieses Weibsstück wirklich ein mieses Aas.«

»Nicht mein Bier«, sagte ich. In Wirklichkeit dachte ich die ganze Zeit an die Problembereinigerin der Hölle, ihre schlanken hellen Beine und ihr atemberaubendes Gesicht – selbst den dezidiertesten Höllenhassern unter uns himmlischen Gesellen fällt es manchmal schwer, sich vor Augen zu halten, was innendrin steckt, wenn die Karosserie toll genug ist. Natürlich war ich nicht so dumm, das Monica gegenüber zuzugeben. »Für mich ist das erledigt. Hab dem Minister meinen Bericht abgeliefert und dem Mull auch noch einen. Und wenn diese Chose mit der verschwundenen Seele wirklich stimmt, liegt sie sowieso meilenweit jenseits unseres Zuständigkeitsbereichs. Ich glaube nicht, dass jemand von uns je wieder was davon hört.«

Es ist wirklich verblüffend, was ich manchmal für dummes Zeug rede. Man könnte einen eigenen Wissenschaftszweig damit beschäftigen, was sich alles als falsch erweist, noch während ich es behaupte. Keine Stunde später nämlich kamen Sam und Jung Clarence hereinspaziert, was mir in dem Moment als eine überaus glückliche Fügung erschien, denn Monica und ich saßen zusammen an einem Tisch, und ich konnte mich kaum noch erinnern, warum wir aufgehört hatten, miteinander das zu machen, was wir gemacht hatten. Ja, ich hatte einiges intus. Jedenfalls kamen Sam und sein Nachwuchsengel herein, und ich brauchte nur einen Blick auf Jung Clarence zu werfen, um zu wissen, dass ich gar nichts hören wollte. Er hatte dieses Aufgeregter-Neuling-Gesicht, das nie Gutes verheißt. Günstigstenfalls wird es einen nur ein paar kostbare Stunden des ewigen Lebens kosten, weil man irgendwas zurechtrücken muss, aber der Preis kann auch wesentlich höher sein.

»Sie erinnern sich doch an den Ankläger Grasswax?«, fragte Clarence.

»Hab ihn erst vor ein paar Stunden das letzte Mal gesehen. Überhaupt sehe ich ihn derzeit öfter als euch beide. Warum?«

Clarences Augen waren weit aufgerissen. »Er ist tot.«

Ich starrte ihn an und fragte mich, ob ich je ein *so* unbeleckter Neuling gewesen war. »Niemand stirbt, Junge, jedenfalls niemand von uns hier. Du meinst, sein Körper ist umgekommen?«

Der Frischling wurde rot. »Wohl schon.«

Wie unsere Seite gibt auch die Hölle sterbliche Körper an diejenigen aus, die auf der Erde für sie arbeiten. Wenn so ein Körper einem Unfall oder auch einer böswilligen Schädigung zum Opfer fällt, lässt er sich ersetzen. Aber glauben Sie mir – getötet zu werden, kann trotzdem extrem unangenehm sein, selbst wenn man nicht endgültig stirbt. Ich wandte mich an Sam, der außergewöhnlich düster dreinsah. »Ich habe diesen roten Dreckskerl doch vor ein, zwei Stunden noch gesehen. Ist das echt wahr?«

»Echt wahr und echt bedauerlich«, sagte Sam und nickte. »Und echt unappetitlich offenbar auch – sie haben ihn auf dem Grundstück des letzten Verstorbenen gefunden, dieses komischen Typen, dessen Seele verschwunden ist, weswegen alle durchdrehen. Wir sind gerade von einem Minister vernommen worden, weil wir gestern die Martino-Sache gegen ihn gewonnen haben.«

Das erklärte, wo Sam und der Frischling gewesen waren, jedenfalls die letzten Stunden. Mir ging auf, dass ich Sam immer noch nicht erzählt hatte, was Temuel über den Jungen gesagt hatte, aber jetzt wollte ich nicht vom Thema abweichen. »O Mann«, sagte ich, »Grasswax ist auf Walkers Grundstück getötet worden? Das muss ja passiert sein, als ich eben gegangen war.«

»Dann erstaunt es mich, dass du deswegen noch nicht befragt wurdest.« Sams Ton war ein bisschen merkwürdig, aber ich schrieb es den Umständen zu. Dass ein Vertreter der Gegenseite kaltgemacht wurde, kam zwar mal vor, aber nicht oft, und im

Verein mit der unerklärlichen Walker-Sache war es schon ganz schön viel für einen Tag.

»Mich haben sie schon wegen der Selbstmordsache in die Mangel genommen, vielleicht brauchen sie ja nicht noch …« So weit kam ich, ehe da in meinem Kopf plötzlich eine Präsenz war, ein Machtgleißen und eine Art Trompetenschall.

Engel Doloriel, Sie sind einbestellt, sagte die Präsenz. *Kommen Sie schleunigst.*

Wohin denn? Oh, klar, wieder zum Walkerschen Haus in Palo Alto. Dem Schauplatz des Verbrechens.

Dem Schauplatz beider Verbrechen, genaugenommen.

4

DAS BLUTIGE NETZ

Meine Situation gefiel mir von Minute zu Minute weniger – ja, die ganze Sache stank! Warum wurde ich wieder in Walkers Haus beordert? Wenn meine Bosse noch mehr von mir erfahren wollten, als der Problembereiniger schon aus mir herausgequetscht hatte, warum bestellten sie mich dann nicht einfach in den Himmel? Temuel hatte mich zu sich gerufen, nur um mit mir über Jung Clarence zu plaudern, also rechtfertigte *so was* doch wohl allemal eine Einbestellung ins Haus.

Noch eine Frage trieb mich um: Wer hatte so schnell die Krisenkräfte alarmiert? Kaum dass Edward Walkers Seele offensichtlich verschwunden war, waren Arbeitsbienen beider Seiten erschienen, und zwar noch ehe Grasswax oder ich mit irgendwelchen Vorgesetzten hatten Kontakt aufnehmen können – jedenfalls hatte ich das so wahrgenommen. Mein Team und die Gegenspieler beharrten doch sonst immer so auf den vorschriftsmäßigen Verfahrensweisen – wie ich etliche Male hatte schmerzlich erfahren müssen. Was war diesmal passiert?

Und um das Ganze noch undurchsichtiger zu machen, war jetzt, nur wenige Stunden später, Grasswax tot, und ich wurde erneut an den Tatort zitiert, um weiteren Befragungen unterzogen zu werden – dabei war doch ich derjenige, der Fragen hatte, die auf Antwort drängten. Wer hatte sich die Mühe gemacht,

Grasswax' sterbliche Hülle zu töten? Das brachte ihn doch nicht zum Schweigen oder so was: Erdbasierte Beschäftigte beider Seiten verloren andauernd ihr physisches Leben. Ich hatte das auch schon durchgemacht. Es gibt ein Aufarbeitungsgespräch, und dann wird man in einen neuen Körper umgegossen.

Alles in allem gab es an dieser Sache mehr Ungereimtheiten als in einem modernen Gedicht, daher hatte ich eine Menge Stoff zum Nachdenken, während ich durch einen Canyon von erleuchteten Hochhausfenstern die Bay-Küste entlang nach Palo Alto sauste und mich dann durch die baumgesäumten Nebensträßchen arbeitete, bis ich wieder vor dem Walkerschen Anwesen war.

Ich parkte so nah wie möglich beim Haus. Die Straße war immer noch voll mit Polizeifahrzeugen und Übertragungswagen, obwohl sich der Todesfall schon am Morgen ereignet hatte und inzwischen die Straßenlaternen brannten. Ich hatte die Story bereits im Autoradio gehört – »Wissenschaftler und Philanthrop nimmt sich das Leben« war die Kernbotschaft, garniert mit diversen Statements von Angehörigen und Freunden Walkers, die nichts davon geahnt haben wollten, dass er verzweifelt oder auch nur bedrückt gewesen sei. Es war allerdings auch die Rede von unbestätigten Gerüchten, dass er an irgendeiner schweren Krankheit gelitten habe.

Aber ich wollte ja auch nicht in die Reale-Welt-Version der Walkerschen Residenz (obwohl mir inzwischen bereits Zweifel kamen, ob ich hier überhaupt irgendwohin wollte). Ich öffnete einen Reißverschluss, und die Polizeitechniker, die sich noch immer unter einem weißen Plastikzelt im Garagenbereich zu schaffen machten, erstarrten, als ich das Außerhalb betrat, was im Ganzen aber kaum einen Unterschied machte, da es jenseits des Reißverschlusses zuging wie in einem Bienenstock. Überall waren Leute der Gegenseite zugange, manche kaum von missgestalteten Menschen zu unterscheiden, andere hingegen so unerspießlich anders, dass ich sie nicht lange anschauen konnte.

Von unserem Team erwartete mich nur eine einzige Präsenz, aber die reichte mir auch vollauf. Es war wohl derselbe Problembereiniger wie vorhin – die bizarre Pestmaske jedenfalls schien dieselbe, aber bei höheren Engeln ist so was schwer zu sagen: Die äußere Erscheinung bedeutet wenig, außer für solche wie mich, die durch den Fleischeskörper, den sie mit sich herumschleppen, beeinflusst sind.

Jedenfalls erwartete mich der Minister, und er hielt sich auch nicht lange mit Förmlichkeiten auf: Kaum dass ich mit beiden Beinen im Außerhalb stand, fing er schon an mit der Fragerei. Zuerst waren es die naheliegenden Fragen, die ich ihm guten Teils schon beantwortet hatte: Was hier am Vormittag geschehen sei, was ich gesehen hätte, was Grasswax gesagt habe und so fort. Doch dann wollte er wissen, was ich gemacht hatte, nachdem ich von hier weggegangen war, und fragte mich Sachen über die *Compasses*-Clique, vor allem über Sam und dessen neuen Lehrling Clarence. Ich beantwortete natürlich alles so ehrlich wie möglich: Ich weiß gar nicht, ob man einen Minister im Dienst überhaupt belügen kann, ich würde es unter halbwegs normalen Umständen jedenfalls nie ausprobieren.

Als mich der Problembereiniger eine gefühlte Stunde lang gegrillt hatte, verstummte er plötzlich für eine Weile, als ob er mit jemandem, den ich nicht sehen konnte, konferierte, und sagte dann: »*Folgen Sie uns.*«

Er führte mich ums Haus, wobei ich ganz normal ging (selbst im Außerhalb ist es schwer, einen menschlichen Körper dazu zu bringen, irgendwas anderes zu tun als das, was menschliche Körper gemeinhin tun) und er irgendwie vor mir herglitt wie eine führerlose Bohnermaschine.

»*Was wir jetzt gleich tun werden, ist irregulär, Engel Doloriel, aber die Umstände sind es auch*«, sagte er. »*Denken Sie dran, Sie geben keinerlei Antwort, solange wir Ihnen nicht bedeuten, dass Sie es tun sollen.*« Ich hatte keine Ahnung, was er meinte, da er mir ja schon Dutzende von Fragen gestellt hatte. Wir gelangten in die Außerhalb-Version des Walkerschen Gartens, und ich bekam den Schock meines ewigen Lebens. Ich schuldete Clarence offensichtlich Abbitte.

Also, normalerweise war es ja so, wie ich ihm erklärt hatte – unsereins wird nicht getötet, nur unser Erdenkörper. Die Gegenseite versteht sich genauso gut wie wir darauf, die entkörperte Seele in ein neues Fleischbehältnis zu stecken – et voilà! Instant-Auferstehung. Ich habe das wie gesagt selbst ein paarmal durchgemacht: einen Leichnam hinter mir gelassen. Und hier lag Grasswax' sterbliche Hülle – seine irdische Fleisch-und-Blut-Version – in einer Chlorwasserpfütze neben dem Pool, zugedeckt mit einer Polizeidecke. Normalerweise wäre das alles gewesen – eine zurückgelassene fleischliche Hülle, dieweil Grasswax' schleimige, aber unsterbliche Seele auf dem Weg zum Hineinschlüpfen-und-Wohlfühlen-Körpershop der Gegenseite war. Doch als ich da stand und durch die offenen Seiten einer efeuberankten Laube blickte wie durch einen Rahmen, sah ich auch die Drüben-Version von Grasswax – den *wahren* Grasswax, so wie es der wahre Doloriel ist, der jetzt zu Ihnen spricht –, und was ihm widerfahren war, war weit unschöner als das schlichte Ertrinken in einem Privatpool. Ja, es war abstoßend und entsetzlich.

Die alten Wikinger hatten eine spezielle Strafe für Verräter, den sogenannten Blutadler. Sie schnitten dem Betreffenden den Rücken auf, trennten die Rippen von der Wirbelsäule und zogen die Lungenflügel heraus, sodass sie aussahen wie blutige Flügel. Schon das wäre ein sehr unangenehmer Tod gewesen, aber die Schergen der Hölle hatten eine noch raffiniertere Methode, die sie das Blutige Netz nannten. Ich will nicht ins Detail gehen, aber das Verfahren besteht darin, dem Opfer mit scharfen und spitzen Instrumenten vorsichtig Nervenbündel und Blutgefäße herauszupräparieren – bei lebendigem Leib natürlich –, es dann an diesem Geflecht aus schreiendem Körpergewebe aufzuhängen und fiese kleine Wesen namens Nervennager auf die freiliegenden Partien anzusetzen, bis der arme Kerl endlich das Glück hat, sein Leben auszuhauchen. Ich hatte davon gehört, aber ehrlich gesagt nie gedacht, dass es das wirklich gab. Ich verstehe auch nicht, wie man das mit jemandes angeblich doch unsterblicher Version machen kann, aber der Teufel soll mich holen, wenn es hier nicht funktioniert hatte.

Der wahre Grasswax bestand jetzt hauptsächlich aus feinen Strängen, die zwischen zwei Bäumen quer durch den Garten gespannt waren – wie eine leuchtendrote Hängematte. Was ansonsten von ihm übrig war – und bedenken Sie, dies war der *wahre* Grasswax, der Außerhalb-Grasswax –, hing daran, und den Ausdruck der Überreste seines Gesichts werde ich nie vergessen. Noch nie hatte mir ein Diener der Hölle leidgetan, aber jetzt war dieser Fall eingetreten. Vergessen Sie nicht, im Außerhalb gibt es keine Zeit – er konnte im übertragenen Sinn Tage oder Wochen gebraucht haben, um zu sterben.

»Shit«, sagte ich leise. Der Minister stand hinter mir und blickte ungerührt auf das Horrorbild, als sähe er täglich Schlimmeres. Vielleicht stimmte das ja; in diesem Fall würde ich »Problembereiniger« definitiv von der Liste meiner Karriereziele streichen.

»*Denken Sie dran, was wir gesagt haben*«, erklärte mir das Engelwesen mit der weißen Maske. »*Beantworten Sie jede Frage erst dann, wenn wir Ihnen die Erlaubnis dazu erteilt haben.*«

Ich bekam kaum mit, was er sagte, weil in dem Moment etwas sehr Großes und Unförmiges aus Walkers Haus gewankt kam. Es war glänzendschwarz wie der Panzer eines Käfers, und von allen seinen Gliedmaßen – es hatte deren eine ganze Reihe – hingen klebrige schwarze Fasern. Die Augen sahen aus wie Blutgerinnsel, die von innerhalb des Klumpens, der der Kopf sein musste, illuminiert wurden. Dieses Etwas war einfach grässlich, zumal es sich ab und zu auf fast – fast! – menschliche Art bewegte.

»Ist diiies der Verteiiidiger Doloriiiel?«, fragte das Etwas. Wenn man eine kreischende Kettensäge aufnähme und die Aufnahme dann so langsam abspielen würde, dass sie klänge wie durch Sirup gefiltert, hätte man ungefähr seine Stimme. Das Gejaule ging mir durch und durch; schon vom Dabeistehen hatte ich das Gefühl, dass mein Magen meine Speiseröhre emporzuklettern und sich davonzumachen versuchte. Das hier war kein gewöhnlicher Lakai der Hölle.

»Ja, Hochkanzler.« Der Minister sagte es höflich, aber es war ihm anzuhören, dass er nicht gern einem Ranghöheren der Gegenseite seine Reverenz erwies. *»Es ist uns eine Ehre, Ihre Ermittlungen zu unterstützen. Sie können jetzt Ihre Fragen stellen.«* Die Stimme des Ministers driftete durch mein Denken. *»Das ist Hochkanzler Urgulap von der Zweiten Hierarchie. Er untersucht den Mord an Ankläger Grasswax. Wir gewähren ihm kollegiale Unterstützung.«*

Ich weiß, ehrlich gesagt, nicht mehr so genau, was mich das jaulende Etwas fragte – vor ihm zu stehen, war so ziemlich das Unangenehmste, was ich je mitgemacht habe (und ich habe schon ganz schön fiese Dinge erlebt.) Aber das meiste schien ziemlich normal, so ähnlich wie das, was mich der Minister gefragt hatte. Ich sah jedes Mal zuerst den Problembereiniger an, und jedes Mal gab er mir einen kleinen mentalen Ellbogenstoß, der da hieß: »Ja, Sie dürfen antworten.« Nur bei einer Frage kam die Erlaubnis nicht gleich.

»Haben Siiie mit einem Ihrer Diiienstvorgesetzten oder Freunde über diiiese Angelegenheit gesprochen?«

Hier zögerte der himmlische Minister – ich spürte es. Gleich darauf gab er sein Placet, aber jetzt war ich ein bisschen verunsichert. Ich wollte niemanden in Gefahr bringen, schon gar nicht Sam oder auch nur sein Azubi-Anhängsel. »Eigentlich nicht.

Nur mit meinem Betreuer Temuel.« Schließlich wäre es merkwürdig gewesen, wenn ich *nicht* mit dem Mull drüber gesprochen hätte, und es war ja wohl nicht meine Aufgabe, das mittlere Management zu schützen.

Der Hochkanzler starrte mich aus diesen zermatschten Neonbeeren an, als spürte er, dass ich nicht die ganze Wahrheit sagte. Endlich wandte er sich ab und hinkte davon. Er musste wohl einen Reißverschluss geöffnet haben, aber den sah ich nicht: Im einen Moment war der Hochkanzler noch da, ein halbgeschmolzener Riesenkäfer, der aufrecht neben dem Pool stand, und im nächsten war er weg. Ich kann gar nicht beschreiben, wie erleichternd seine Abwesenheit war.

»*Danke für Ihre Unterstützung, Engel Doloriel*«, sagte der maskierte Problembereiniger. »*Wie Sie sehen, arbeiten wir in dieser Angelegenheit so weit wie möglich mit der Gegenseite zusammen. Wenn irgendjemand anders diesbezüglich mit Ihnen Kontakt aufnimmt oder auf irgendeine sonstige Art unangemessenes Interesse zeigt, haben Sie uns sofort zu informieren. Gott liebt Sie. Sie können jetzt gehen.*«

Gern. Schließlich hingen Grasswax' grässlich präparierte Überreste noch immer zwischen den Bäumen, und die blicklosen Augen schienen mich irgendwie enttäuscht anzusehen.

Weiß nicht, was du von mir erwartest, Bruder Dämon, dachte ich, als ich wieder in die Welt der Zeit hinübertrat. *Ich will nichts mit den hohen Tieren zu tun haben, weder mit denen von meinem Team noch mit denen von deinem.*

Bevor ich beim Walkerschen Haus angekommen war, hatte ich vorgehabt, auf dem Rückweg noch mal im *Compasses* vorbeizuschauen, aber jetzt war ich bis in die Zehenspitzen aufgewühlt und wollte nur nach Hause und in Weihwasser baden. Da ich kein Weihwasser hatte, musste ich mich wohl mit Wodka und einem inneren Bad begnügen, denn immerhin hatte ich für spirituelle Notfälle dieser Art stets eine Flasche 42 Below im Eisfach.

Monica hatte mir auf den Anrufbeantworter gesprochen, dass sie wissen wolle, wie es gelaufen sei, und Sam erinnerte daran, dass am nächsten Tag nach der Arbeit unser monatliches gemeinsames Abendessen war (eine alte Gewohnheit von uns beiden, von der ich Ihnen ein andermal erzähle), aber ich wollte mit niemandem reden. Ich wollte mich schnell und ohne zu reden betrinken, weil ich mich fühlte wie ein Parkhaus voller Autoalarmanlagen direkt nach einem stärkeren Erdbeben.

Sobald ich in meinem Apartment war, holte ich den Wodka heraus, entjungferte die Verschlusskappe, goss mir zwei, drei Fingerbreit ein und legte als Nachdenkmusik ein bisschen Miles auf. Als sich *So What* durch mein Wohnzimmer schlängelte wie Zigarettenrauch, nahm ich einen brachial kalten Schluck und versuchte zu sortieren, was an diesem Tag alles passiert war, vom historisch beispiellosen Fehlen der Walkerschen Seele bis zum plötzlichen und unsagbar grässlichen Hinscheiden des Anklägers Grasswax.

Mein früherer Boss Leo pflegte zu sagen, wenn man für einen riesigen, korrupten Apparat arbeite, egal, ob für die Britische Ostindiengesellschaft, das Politbüro oder den Hochschulsportverband, laute die oberste Maxime: Versuch nicht erst, genau herauszufinden, *wie* sie dich in die Pfanne hauen wollen – tu was!, sobald du die ersten Anzeichen bemerkst, dass da was im Busch ist. Diese ganze Walker-Sache war voller Löcher, und langjährige Erfahrung sagte mir, dass aus jedem dieser Löcher schon bald noch Merkwürdigeres krabbeln würde.

Tatsächlich zeigte dieser spezielle Schlamassel mit seinen verschwundenen Seelen und toten Höllenanklägern alle Warnzeichen, dass er sich zu einem der größten SNAFUs der jüngeren Geschichte auswachsen könnte, und wenn ich auch nicht mitten in der Feuerzone hockte, war ich doch nah genug dran, um die Kugeln pfeifen zu hören. Es war Zeit, zum Gegenangriff überzugehen – falls das ging, ohne meine Lage noch zu verschlimmern.

Ich goss mir noch ein Glas Betäubungsmittel ein und überlegte, wo ich anfangen sollte.

Etwa eine Stunde später merkte ich, dass ich meinen dritten Drink geleert, mir aber keinen vierten eingegossen hatte. Ich stand auf, um es nachzuholen, registrierte, dass Miles verstummt war, und legte Robert Johnson auf. *Me and the Devil Blues*. Schien der passende Abend für Mr. Johnson und seinen Pakt an der Weggabelung zu sein.

Early this mornin', when you knocked upon my door
Early this mornin', ooh, when you knocked upon my door
And I said, ›Hello, Satan, I believe it's time to go.‹

Selbst in einem Körper, der nicht hundertprozentig meiner war, konnte ich mich eines Schauderns nicht erwehren. Wie es aussah, würde ich in den nächsten Tagen einen Haufen Dinge tun müssen, die ich nicht sonderlich gern tat, zum Beispiel mit meinem besten Freund Sam drüber zu reden, warum er nicht ganz ehrlich zu mir war. Weil Alice vom Büro doch gesagt hatte, dieser Edward Walker, den sie jetzt an mich weitergebe, sei eigentlich für Sam bestimmt gewesen, und weil ich im umgekehrten Fall meinem alten Kumpel garantiert längst erklärt hätte, warum ich einen Klienten nicht angenommen hatte, durch den er so tief in die Scheiße geraten war.

Je länger ich drüber nachdachte, desto klarer wurde mir, dass ich mehr über das alles wissen musste – über den toten Mr. Walker, sogar über Grasswax. Aber Informationen über Höllenbeschäftigte waren auf regulären Wegen nicht leicht zu kriegen. Ich würde Fatback einen Besuch abstatten müssen.

5

DER SCHWEINEMANN

Den größten Teil des nächsten Tages war ich mit Routinearbeit beschäftigt. Alice gab mir einen Klienten in Downtown, Unfall mit Fahrerflucht auf der 84, Höhe Shell Mound Road. Es war im Grund eine todsichere Sache – das Opfer ein zwölfjähriger Schüler, der auf dem mittäglichen Nachhauseweg die Kreuzung überquert hatte. Der Ankläger, ein neuer Typ namens Weepslug, warf einen Blick auf die Unfallstelle und verdrehte angewidert das Auge. (Er hatte nur eins, mehr oder weniger in der Mitte.) Eigentlich hätte es sehr schnell gehen können – dieser Junge war keiner mit finsteren Geheimnissen –, aber bei Kindern sind die Regeln extrem streng, und wir mussten alle Formalitäten einhalten. Als der Richter endlich geurteilt hatte und ich diesen traurigen Ort verlassen konnte – die ganze Zeit lagen da noch das verbogene Fahrrad und ein Schuh des Jungen mitten auf der Straße –, war mein Tag ziemlich am Arsch. Ich hatte zwar gewonnen, aber auch das konnte nicht das Bild auslöschen, wie der Junge heulte, als er kapierte, dass er nicht zu Mom und Dad nach Hause gehen würde.

Manchmal hasse ich meinen Job.

Irgendwann, als der Richter gerade den Verstorbenen befragte – bei Minderjährigen ist das Usus –, sagte Weepslug zu mir: »Haben Sie das mit Grasswax gehört?«

Ich fragte mich, ob er es wirklich nicht wusste. »Klar hab ich's gehört.«

»Er war ein übler Kerl, aber glauben Sie mir, das hat niemand verdient.«

»Ich dachte immer, ein übler Kerl zu sein, gilt bei euch als was Gutes.«

Er sah mich merkwürdig an. Für einen Dämon fand ich ihn ganz sympathisch – sein Plierauge hatte etwas Nachdenkliches, und obwohl er doppelt so groß war wie ich, nutzte er diese Tatsache nicht, um mich einzuschüchtern. Wobei ich ihm natürlich trotzdem kein bisschen traute. »Es gibt cool-übel und *übel*-übel«, sagte er. »G-Wax hat sich auf beiden Seiten Feinde gemacht.«

»Sie meinen, es könnte jemand von *meiner* Seite des Spielfelds gewesen sein?« Das war ein ganz neuer Gedanke. Es passte eigentlich nicht zu uns, aber vielleicht hatte ja jemand genau darauf spekuliert. Trotzdem, das Blutige Netz …

Die Stirn des Anklägers runzelte sich erschrocken, wodurch sein Gesicht aussah, als hätte sich jemand auf einen Weihnachtsschinken gesetzt. »Ich meine gar nichts«, verkündete Weepslug schnell und laut. »Ich weiß nichts.«

»Ich auch nicht«, versicherte ich ihm. »Es gibt keinen größeren Segen als Unwissenheit.«

»Schau, schau!«, rief Sweetheart, als ich um kurz vor sechs das *Compasses* betrat. »Der meistgesuchte Mann des ganzen Himmels!«

»Ha, ha, sehr witzig.«

Sam stand an der Bar, vor sich ein Ginger Ale und den aufgeschlagenen San Judas Courier. Zeitungen waren auch so etwas, womit er sein Old-School-Image kultivierte. »Schau mal«, sagte er, als ich zu ihm ging. »Sein Arbeitsname war Darko Grazuvac.«

Es dauerte einen Moment, bis es Klick machte. »Grasswax? Sie haben einen Nachruf auf ihn gebracht?«

»Nachruf, pah – einen Artikel auf der Titelseite. Schließlich ist er gerade am Schauplatz eines Prominenten-Selbstmords ertrunken aufgefunden worden. Ist doch nur logisch, oder?«

Das wurde ja immer noch beunruhigender. Weder wir noch die Gegenseite waren scharf auf Publicity, schon gar nicht auf solche. Journalistisches Gestochere in der Vorgeschichte von Leuten, deren Vita weitestgehend erfunden war – nein, danke. »Warum in aller Welt wollte ihn jemand ausgerechnet im Garten von diesem Walker um die Ecke bringen?«

Sam zuckte die Achseln und leerte sein Ginger Ale. »Irgendeine Art Botschaft? Keine Ahnung. Lass uns essen gehen.«

Es gab im *Compasses* zwar etwas, das sich Essen nannte, aber es war nicht das, was man zu sich nehmen wollte, wenn man im selben Körper weiterzuleben gedachte, also wanderten wir über den Beeger Square zum *Boxer Rebellion*, meinem Lieblingschinesen: klein und unprätentiös und für ein Chinarestaurant (wo meiner Erfahrung nach das Geschäftsmäßige tendenziell vor dem Atmosphärischen steht) auch ganz freundlich.

Normalerweise genügen ein Paar Essstäbchen in meiner Hand und ein Teller Sesam-Lamm vor mir auf dem Tisch, um mich zu überzeugen, dass der Höchste auf seinem Thron wacht und mit der Welt alles zum Besten bestellt ist, aber an diesem Abend funktionierte es nicht.

»Also, was ist los?«, fragte ich Sam. »Wo warst du gestern? Warum habe ich diesen Klienten bekommen, der eigentlich deiner hätte sein sollen, und warum hast du nichts dazu gesagt, als wir uns gesehen haben?«

Er schwenkte den Tee in seiner Tasse, bevor er ihn hinunterkippte. »Du meinst die Walker-Sache? Ich will verdammt sein, wenn ich's weiß. Warum du ihn gekriegt hast, meine ich. Warum ich ihn *nicht* gekriegt habe – daran war der Junge schuld.«

»Clarence?«

Sam ist der Meinung, dass Stäbchen nur was für Angeber sind.

Er füllte einen Löffel mit Schweinefleisch und *Suan Cai* und musterte ihn, als ob er sich nicht ganz sicher wäre, worum es sich handelte, obwohl er immer das Gleiche bestellte. »Ja. Hetzte mich den ganzen Tag zwischen dem Außerhalb und dem Innerhalb hin und her, wollte alle möglichen Sachen gezeigt kriegen. Als der Anruf kam, waren wir gerade durch einen Reißverschluss getreten, weil er sehen wollte, ob sich mein Aussehen im Außerhalb verändert.«

»Neugieriger Fratz. Aber du sollst ihn doch ausbilden, nicht dir deinen Tagesplan von ihm diktieren lassen.« Ich war immer noch sauer. Ich wollte zwar diesen ganzen Scheiß nicht auf Sam abwälzen, aber schließlich hatte ich ihn auch nicht am Hals haben wollen.

»Stimmt, aber das war nicht das Problem. Ich bekam den Anruf zwar, konnte aber nicht antworten. Und als ich wieder ins Innerhalb rüber wollte, um zu schauen, ob es dort ging, funktionierte der Reißverschluss einfach nicht. Es zog sich ungefähr zehn Minuten hin, und als es dann klappte, war der Klient schon weitergegeben worden – aber ich wusste nicht, dass er an dich gegangen war.« Er zuckte die Achseln. »Ganz schön komisch, oder?«

»Verdammt komisch. Hast du's irgendjemandem erzählt?«

»Irgendjemandem? Allen! Du vergisst wohl, dass ich dem Problembereiniger haarklein berichten musste, was an dem Tag passiert war. Aber erfahren habe ich nichts – du glaubst ja wohl nicht, dass ein Problembereiniger droben aus dem Haus mir erklären würde, was mit den Reißverschlüssen los war. Aber das ist es nicht, was mich stutzig macht ...« Er schüttelte seinen mächtigen Kopf. Sam sieht etwa zwanzig Jahre älter aus, als sein Körper eigentlich sein soll. Das liegt zum Teil daran, wie er sich bewegt, auf diese gemächliche Gute-alte-Zeit-Art. So redet er auch, und das kann einen kirre machen. Jetzt ließ er mich warten, während er zwei weitere Löffel voll nahm, den Löffelinhalt

inspizierte, als erwöge er, ihn zur Untersuchung ins kriminal-
technische Labor zu schicken, und den Kohl gefühlte drei Minuten im Mund herumwälzte. (Dass wir Freunde sind, heißt noch
lange nicht, dass ich ihn nicht manchmal ermorden könnte.) »Es
war einfach ein bisschen viel Zufall«, sagte er schließlich. »Wenn
der Junge nicht drauf bestanden hätte, wäre ich nicht im Außerhalb gewesen, als das alles passiert ist – hätte nicht dort festge-
sessen. Nein, irgendwas ist da mit unserem kleinen Clarence«,
sagte er schließlich.

»Kannst du wohl laut sagen. Ich wusste es schon.« Ich erzählte
ihm von dem seltsamen Gespräch mit dem Mull, bei dem er
mich gebeten hatte, ein Auge auf den Jungen zu haben.

Sam nickte langsam. »Haraheliel. Das ist doch sein Engel-
name? Hast du schon mal irgendwas über ihn gehört?«

»Nein. Aber vielleicht ja irgendjemand sonst. Er behauptet
doch, dass er im Archiv war – Ablage, sagt er. Vielleicht sollten
wir uns mal umhören, ob ihn dort jemand kennt.«

»Könnte ich machen«, sagte Sam und schlürfte ein bisschen
Suppe. »Aber du müsstest mir den Gefallen tun, ihn mir zwei,
drei Tage abzunehmen. Ich kriege ja nichts getan, wenn er die
ganze Zeit an mir dranhängt.«

»Dann sollte ich vielleicht die Nachforschungen anstellen …«

Sam runzelte die Stirn. »Hör zu, B, der Junge mag dich. Er
fragt ständig nach dir, also wird's ihm nur recht sein, und ich
habe ein, zwei alte Kumpels im Archiv. Die dürften schon was
drüber wissen, wie der Junge hier gelandet ist.«

Ich überlegte. Klar, Sam kannte eine Menge Leute, aber unser Anwaltskollege Walter Sanders kannte auch Leute im Archiv,
den konnte ich genauso gut fragen. Andererseits, wenn einen
ein alter Freund um einen Gefallen bittet … »Okay. Aber ich
kann ihn dir erst übermorgen abnehmen. Bis dahin hab ich zu
tun.«

»Was denn?«

»Selbst ein paar Sachen rausfinden. Ich sag dir Bescheid, wenn sich irgendwas Interessantes ergibt.«

Sam dachte darüber nach, erhob dann seine Teetasse. Ich schaltete nicht gleich, stieß aber schließlich mit meiner Bierflasche an das feine Porzellan. »Verwirrung unseren Feinden!«, sagte er – unser alter Trinkspruch.

»Amen«, sagte ich.

Einst war da, wo jetzt San Judas liegt, fast nur Landwirtschaft – viele kleine Farmen, Obstplantagen und so. Dann wuchs die Stadt immer weiter, und alles, was nicht Stadt war, wurde verdrängt, sodass man heute kaum noch etwas Landwirtschaftsähnliches findet, außer ein paar Hinterhof-Weingärten und Leuten, die in ihren Garagen Cannabis anbauen. Aber es gab noch ein paar Ausnahmen, und nachdem ich mich von Sam verabschiedet hatte, holte ich meinen Wagen vom Behindertenparklatz (ja, Engel schummeln manchmal, aber, hey, wir tun ja Gottes Werk!) und fuhr zu meiner Wohnung, um dort noch ein bisschen Zeit totzuschlagen. Um kurz vor elf setzte ich mich wieder ans Steuer und fuhr hinauf in die Hügel, auf der Suche nach einer bestimmten Farm.

Die Casa de Maldición bei Tag zu finden, wäre schon nicht leicht, aber nachts – und ich fahre immer nur nachts hin – ist es so gut wie unmöglich. Sie liegt in den Hügeln, und der Weg führt zuerst die alte Alpine Road rauf, noch über die Kreuzung Skyline Boulevard und dann eine lange, kurvige Landstraße entlang, durch ein besonders menschenleeres Stück nicht eingemeindetes Land. Es ist die Sorte Gegend, wo schwerreiche Leute und Einsiedler wohnen, und beide halten nichts von Gehwegen – die locken nur Gesindel an – oder Straßenlaternen (die vermutlich erst recht). Die Casa M. selbst liegt auf einem Hügel, am Ende einer kleinen Stichstraße, die von dem kurvigen Landsträßchen abgeht. In dem Stockdunkel hier draußen, fernab der

Lichter der Stadt, ist sie praktisch nicht zu sehen, aber ich kannte den Trick schon und hatte die Fenster heruntergekurbelt. Der Gestank wies mir den Weg.

Schon mal eine Schweinefarm gerochen, und sei sie noch so klein? Wenn nicht, lassen Sie's ruhig dabei. Es gibt viele Erfahrungen auf der Welt, die man nicht unbedingt machen muss, wenn sich's vermeiden lässt: Amputation, Filzläuse und auch Schweinezuchtgeruch, glauben Sie mir.

Ich hatte mich schon oft gefragt, ob Fatback die Schweine zur Gesellschaft oder als Schutz hielt. Denn die Anwesenheit mehrerer Dutzend Schweine auf seinem Grundstück bedeutete ja wohl, dass sich nur die Allerentschlossensten (und die Anosmiker: Menschen ohne Geruchssinn) je den Weg zu dem eigentlich ganz hübschen Haus hinaufwagten. In der Finsternis konnte ich den kleineren (aber immer noch ziemlich großen) Schweinestall ein Stück neben dem Haus vage ausmachen und das leise Grunzen seiner Bewohner hören.

Der alte Javier öffnete die Tür. Er war praktisch in die Dienste auf diesem Anwesen hineingeboren, schon sein Vater und Großvater hatten für Fatbacks Familie gearbeitet. Er schien zwar in der Zeit zwischen meinen Besuchen nie wesentlich älter zu werden, aber jünger wurde er ganz gewiss nicht. Er sah aus wie etwas, das man in der Wüste findet und dann eine halbe Stunde lang studiert, um herauszufinden, was es einmal gewesen sein könnte.

Er blinzelte, obwohl ich doch im Dunkeln stand und das bisschen Licht von hinter ihm kam. »Hallo, Mr. Dollar«, sagte er schließlich. »Lang nicht gesehen. Wenn Sie zu Mr. George wollen, der ist noch nicht ganz so weit.«

»Macht nichts. Ich habe nicht viel Zeit, also bringen Sie mich rein, ich warte dann dort.«

Javier tat das sichtlich ungern – er hegte immer noch einen Rest von altmodischem Stolz auf seinen Arbeitgeber und wollte diesen nur in Bestform präsentieren –, aber er kannte mich und wusste, für wen ich arbeitete, also nickte er und winkte mich herein. Als wir an der Küche vorbeikamen, sah ich dort einen halbleergegessenen Teller Reis mit Bohnen stehen und begriff, dass ich den Alten beim Abendessen gestört hatte. In einem kleinen Fernseher auf der Arbeitsplatte lief eine mexikanische Gameshow.

Wir gingen durchs Haus und auf der Rückseite wieder hinaus. Er zeigte auf die große Scheune, die separat etwa zehn Meter hangabwärts stand und durch eine lange Treppe mit dem Haus verbunden war. Ich nickte und bedankte mich, und er ging wieder zu seinem Essen.

Der Geruch, der einem überall sonst auf dem Grundstück die Tränen in die Augen trieb, drang aus der Scheunentür wie ein ausgewachsener Chemiewaffenangriff, sodass ich erst mal nicht hineingehen konnte, sondern stehenblieb und mit der Hand ein Loch in die Schwaden zu wedeln versuchte. Was nicht klappte – es klappte nie –, aber immerhin gewöhnte ich mich so weit dran, dass ich den Schritt ins Innere wagte.

Den größten Teil der Scheune beanspruchte ein zentraler Koben von etwa sieben mal zehn Metern, mit einer brusthohen Umgatterung und einer etwa dreißig Zentimeter tiefen Schicht stinkenden Schlamms auf dem Boden – und mit »stinkend« meine ich wirklich stinkend. Am einen Ende kauerte, fahl im flackernden Licht der Deckenleuchten, ein hünenhafter, nackter Mann, beschmiert mit Matsch und Schlimmerem. Er sah mich an, und seine schmalen Augen funkelten.

»Hallo, George«, sagte ich. Niemand sprach ihn mit »Fatback« an, das wäre unhöflich gewesen. Wobei er mich im Moment sowieso nicht verstand.

Beim Klang meiner Stimme stieß er ein wütendes Quieken aus und stürmte auf allen vieren so vehement durch den Koben, dass Matsch, Scheiße und Schweinefutter nach allen Seiten spritzten, dabei kam er ins Schliddern und krachte mit einem Schmerz- und Zornesgrunzen ins Gatter. Er sank auf die Fersen, saß im Matsch und starrte mich verdrossen an; aus einer kleinen Platzwunde auf seiner Stirn sickerte Blut. Ich seufzte und sah auf meine Uhr. 11:52. Noch acht Minuten.

Ich zog mich außer Spritzweite zurück und beobachtete ihn, während die Zeit dahintickte. Er beobachtete mich seinerseits. Es war unangenehm, von diesen schmalen Augen angestarrt zu werden. Nichts Menschliches lag in diesem Blick, wohl aber jede Menge mörderischer Wut. Ich war froh, dass der alte Javier den Koben in gutem Zustand zu halten schien.

Casa de Maldición heißt »Haus des Fluchs«, aber was George widerfahren war, war noch schlimmer. Als Spross einer alten Californio-Familie (einer Dynastie jener spanischsprachigen Altkalifornier, denen hier alles gehörte, bevor die Gringos auftauchten) hatte George Noceda nicht nur beträchtliche Ländereien in der Gegend von Pulgas Ridge geerbt, sondern auch die Haupthypothek der Familie – eine Schuld gegenüber den Mächten der Finsternis. (Heutzutage laufen sie bei uns unter euphemistischeren Namen wie etwa »die Gegenseite«, aber es ist immer noch der alte Laden.) Für seinen einst auf übernatürliche Weise erworbenen Reichtum hatte das Geschlecht der Nocedas hinfort damit bezahlt, dass der jeweils älteste Sohn ein Wer-Eber war, dazu verdammt, sich allnächtlich zwischen Mitternacht und Sonnenaufgang in ein rasendes Untier zu verwandeln. Das ganze neunzehnte und zwanzigste Jahrhundert hindurch hatten die Nocedas ihr Bestes getan, die mit diesem Leiden geschlagenen Erben des Nachts einzusperren, und wenn auch mal Fehler unterliefen (und manch lokale Ungeheuer-Sage auf diesen Fehlern basiert), hatten sie doch unterm Strich die Verbindlichkeit akzeptiert, die irgendein Vorfahr dafür eingegangen war, dass es der Familie ansonsten mehr als gut ging.

Dann war George auf den Plan getreten. Als Kind des sich

neigenden zwanzigsten Jahrhunderts hatte er zwar nie an der Macht der dunklen Kräfte gezweifelt – schließlich hatte er bereits einen starken Schweinekuttelngeruch zu verströmen begonnen, als den meisten seiner Altersgenossen gerade mal der erste Oberlippenflaum wuchs, und sich bald darauf zum ersten Mal verwandelt –, aber doch wie die meisten Leute in diesen modernen Zeiten nicht eingesehen, warum *er* für etwas einstehen sollte, das seine Urururgroßeltern getan hatten. Also schloss er einen Deal mit der Gegenseite: Er würde weitestgehend auf das Familienerbe an Reichtum, Land und Prestige verzichten, und dafür würden sich die Diener der Hölle verpflichten, den Fluch der Persönlichkeitsspaltung in Mensch und Eber aufzuheben.

Armer George. Wie so viele vor ihm unterschätzte er, mit wem er es zu tun hatte. Er bekam, was er wollte, genau dem Wortlaut des Vertrags entsprechend: Die Persönlichkeitsspaltung wurde aufgehoben. Und seither passierte jede Nacht um zwölf das Gleiche – und genau jetzt passierte es auch.

Der fette, nackte Mann fiel plötzlich bäuchlings in den widerwärtigen Matsch und brüllte wie am Spieß. Er begann, um sich zu schlagen, dass der stinkende Schmodder nur so flog. Ich trat bis an die Tür zurück, um meine Jacke zu schützen: Sie war zwar nicht *so* teuer gewesen, aber ich hing an ihr. Das Gebrüll ging weiter, während die Gestalt im Schlamm des Kobens sich krümmte und wand und immer dunkler und verzerrter wurde, bis sie schließlich eine ganz neue Form angenommen hatte: die eines mächtigen, borstigen schwarzen Ebers.

Der Eber hörte auf zu quieken. Er setzte sich auf und richtete die schwarzen Augen auf mich.

»Tut säuisch weh«, sagte er. »Jedes Mal.«

»Schön, Sie zu sehen, George.«

Er rümpfte die Schnauze. »Oh, klar doch, Bobby. Ein Vergnügen für die ganze Familie.« Er sah etwas vor sich im Dreck schwimmen, saugte es auf und begann zu kauen. »Maispellets«, erklärte er auf meinen entsetzten Blick hin. »Faserstoffe. Gott, du glaubst gar nicht, wie ich die brauche …!«

In dieser Version – Schweinekörper und Menschenbewusstsein – war George redselig, bloß hatte er gewöhnlich niemanden zum Reden außer Javier oder einen der Söhne des Alten – die einzigen Menschen, die sonst noch in den schäbigen Überresten dessen wohnten, was einmal ein herrschaftliches Anwesen gewesen war. In der anderen Version, seinem Sonnenaufgang-bis-Mitternacht-Zustand, dem Schweinebewusstsein in Menschenkörper, war George naturgemäß nicht besonders gesprächig.

Sie hatten den Fluch der *Spaltung* aufgehoben. Wie vereinbart. Was glauben Sie, wer die Juristerei erfunden hat?

»Also, was führt Sie in meine bescheidene Bleibe, Mr. D?«, fragte George. »Was kann ich für Sie tun?«

»Ich brauche Informationen über einen Mann aus Palo Alto namens Edward Lynes Walker und auch über den Höllenankläger Grasswax.« Fatback war der einzige Außenstehende, an den ich mich im gegenwärtigen Klima gefahrlos wenden konnte: Obwohl ihn die Gegenseite auf vollkommen legale Weise beschissen hatte, hatte George ihnen das nie verziehen und es sich zur Lebensaufgabe gemacht, ihr Tun und Treiben genauestens zu beobachten. Deshalb war das, was von dem einst riesigen Familienvermögen übrig geblieben war, großenteils in die Gründung einer kleinen Rechercheagentur geflossen, deren einziger Kunde George selbst war. Außer Georges Koben befand sich in dem Stallraum noch die Beamer-Anlage, die er benutzte, um sich anzusehen, was ihm die Rechercheagentur schickte, und das Netz nach dem abzugrasen, was er selbst finden konnte.

Alles natürlich stimmgesteuert. Er ist schließlich ein Schwein.

»Klar, werde mal schauen, was ich finden kann, Mr. D.« Er räusperte sich und sagte: »Strahlen.« Auf das Codewort hin leuchtete die Bildwand auf und tauchte den Raum in kühles

Licht. »Hey, würden Sie mir einen Gefallen tun, während ich die Suche starte? Nehmen Sie den Rechen da und kratzen Sie mir den Rücken.«

Ich tat, wie mir geheißen, und hielt die Luft an. George ist kein übler Typ, und er kann ja nichts dafür, dass er riecht wie die Windel des Todes.

»*Hijole!*«, sagte er, als die jüngsten Funde durchscrollten. »Diese Grasswax-Sache ist ja irre! Hat das irgendwas mit dem Walker-Selbstmord zu tun?«

»Glaub ich nicht.« Ich wollte ihm nichts erzählen, was er nicht wissen musste, nicht, weil ich ihm nicht getraut hätte – sein Hass auf die Gegenseite war genuin –, sondern weil ich nicht genau wusste, womit ich es zu tun hatte. »Weiß nicht, vielleicht.«

»Tja, da ist jedenfalls jede Menge Zeug über beide unterwegs. Wird eine Weile dauern, es zusammenzuführen und so was wie Sinn reinzubringen. Wie wollen Sie's haben, elektronisch oder als Hardcopy?«

»Elektronisch. Und an meine private E-Mail-Adresse, okay?« Ich wollte nicht, dass es über Alice ging, die nicht mal wusste, was das Wort ›vertraulich‹ bedeutete. »Oh, und noch was. Ich muss mit jemandem von der Gegenseite Kontakt aufnehmen.«

Fatback richtete unwirsche Schweinsäuglein auf mich. »Vergessen Sie's. Das tue ich weder für Sie noch für sonst irgendwen, Mr. D. Wir sind immer gut miteinander ausgekommen, wir zwei, aber wenn Sie einen Vermittler wollen, suchen Sie sich jemand anderen.«

»Ich will ja nicht, dass Sie ein Treffen für mich arrangieren, George, nur dass Sie mir sagen, wo ich eine bestimmte Person der Gegenseite finden kann. Den Rest mache ich selbst.« Jetzt, da ich kurz davor war, es auszusprechen, schien es komplett verrückt – ja, sogar selbstmörderisch –, aber ich sprang mittenrein. »Ich muss eine Problembereinigerin ausfindig machen, eine gewisse ›Gräfin‹ – ein hohes Tier. Wie sie weiter heißt, weiß ich nicht.« Ich beschrieb ihm rasch, wie sie aussah oder zumindest bei unserem Zusammentreffen ausgesehen hatte, und sagte ihm das Wenige, das ich wusste, unter anderem, dass sie mit den Aufräumarbeiten nach dem Walker-Schlamassel betraut worden war.

»Dann sind Sie also doch in die Grasswax-Sache verwickelt«, stellte George fröhlich fest. »Na ja, jeder tote Teufel ist ein Grund zum Feiern, wenn Sie mich fragen. Gehen Sie und sagen Sie Javier, dass ich Hunger habe, und ich werde schauen, was ich über sie herausfinden kann.«

Javier kippte gerade die Reste seines Essens in den Küchenmülleimer. Als ich ihm ausrichtete, was sein Boss mir aufgetragen hatte, nahm er einen vollen Müllbeutel und machte sich damit auf den Weg zur Scheune. Ich befand, dass ich keine Lust hatte, Fatbacks Fütterung beizuwohnen, also blieb ich in der Küche und lauschte eine Weile dem spanischen Geplapper im Fernseher. Als das langweilig wurde, ging ich hinaus auf die hintere Veranda, wo mir die übrigen Schweine in ihrem Stall etwas weiter hangabwärts ein Schnarchständchen brachten.

Endlich kam Javier wieder. »Er ist jetzt so weit, Mr. Dollar.«

»Ich glaube, ich habe, was Sie brauchen«, erklärte George, als ich mich seinem Koben näherte. Er blickte mit zuckenden Ohren auf die Bildwand, die eine ganze Kolonne Adressen zeigte. »Ich finde keine Adresse und keinerlei Hinweis, in welcher Gegend sie wohnen könnte. Die Schurken ziehen viel öfter um als eure Leute. Aber ich habe etwas, das genauso nützlich sein könnte. Versuchen Sie's in einem Lokal namens *Water Hole* am Camino Real beim Nordtor des Campus.«

»Im *Water Hole*. Allen Ernstes?« Ich kannte den Schuppen, und er schien mir ehrlich gesagt ein bisschen unterm Niveau eines hohen Tiers wie der Gräfin.

»Ja, allen Ernstes – falls es die Gräfin von Coldhands ist, die sie gemeint haben.« Er zeigte mir ein verschwommenes Foto, das aussah, als ob es jemand ohne geeignetes Objektiv aus einem Versteck heraus gemacht hätte, doch es war auch so unverkennbar die zierliche, hellhäutige, äußerst aufreizende Gestalt.

»Jep. Das ist sie. Aber das *Water Hole*? Ich dachte, das ist ein Studentenlokal …«

»Egal. Es ist der einzige Ort, an dem sie nachweislich gesichtet wurde und wo Sie eine Chance haben rauszukommen.«

»Meinen Sie nicht reinzukommen?«

»Oh, ich glaube nicht, dass das *Rein*kommen das Problem sein wird, Bobby.« Wieder verzog sich seine Schnauze zu diesem säuerlichen kleinen Lächeln.

»Sehr witzig.«

»Gehört zum Service. Das restliche Zeug schicke ich Ihnen, sobald es fertig ist.«

»Danke, George. Vergessen Sie nicht, die Rechnung zu stellen.«

»Keine Sorge.« Er grunzte und setzte sich in den Matsch. »Würden Sie im Rausgehen Javier bitten, mir Meredith zu bringen? Mir ist nach etwas Gesellschaft.«

»Meredith?« Ich kapierte gar nichts. »Wer ist Meredith?«

»Eine sehr nette junge Dame. Der vierbeinigen Art.«

Es freute mich, dass er endlich jemanden gefunden hatte. »Auch ein Werschwein?«

Er schwieg einen Moment, lachte dann aber. Es gibt kaum etwas Bizarreres, als mitten in der Nacht ein Schwein lachen zu hören. »Nein, nein, nur eine ganz gewöhnliche Amerikanische-Landrasse-Sau, aber sie hat einen reizenden Charakter – so was Zärtliches – und eine hübsche Figur.« Seine Miene wurde ernst. »Urteilen Sie nicht. Wagen Sie ja nicht, über mich zu urteilen.«

Mich jedes Urteils enthaltend, bedankte ich mich und ging rasch zu meinem Wagen. Ich hatte die ganze Alpine hinunter die Fenster offen, wurde den Gestank aber trotzdem nicht los, ehe ich am Fuß der Hügel ankam.

6

BEÄNGSTIGENDES ERWACHEN

Es war noch dunkel draußen, als mich meine Blase weckte. So ist das: Sobald man einen Körper benutzt, wird man zum Sklaven diverser unersprießlicher Mechanismen. Übrigens gibt es im Himmel keine Toiletten, obwohl die Engel dort in gewisser Weise essen und trinken. Was, wenn ich mir's überlege, doch ganz schön merkwürdig ist.

Im Allgemeinen sind meine Erdenkörper in ganz gutem Zustand, äußerlich so um die dreißig, aber um einiges kräftiger und widerstandsfähiger als der Durchschnittsmensch dieses Alters. Also gab es für die Tatsache, dass ich im Dunkeln den Weg zum Klo zu finden versuchte, nur zwei Erklärungen: Entweder entwickelte ich irgendwelche Harnwegsprobleme, oder aber ich hatte am Abend *viel* zu viel getrunken. So wie sich mein Kopf anfühlte, tippte ich auf Letzteres.

Der Verdacht erhärtete sich, als ich den Badfußboden unter meinen bloßen Fußsohlen nicht wiedererkannte – meiner war aus billigen Fliesen, aber hier fühlte ich etwas Weiches. Dass irgendwas schiefgelaufen sein musste, stand endgültig fest, als ich beim Zurückkommen merkte, dass da noch jemand im Bett lag.

»Kannst du jetzt mal aufhören, hier herumzupoltern wie ein Rhinozeros?«, nuschelte Monica verschlafen. »Ruhe jetzt.«

Ich wollte sie fragen, was ich in ihrer Wohnung machte, aber inzwischen war meine Erinnerung so weit zurückgekehrt, dass ich es mir zusammenreimen konnte. Ich war etwa eine halbe Stunde, bevor das *Compasses* zumachte, wieder dort angekommen und hatte mein Bestes getan, alles zu ertränken – den Schweinescheißegeruch und Fatbacks Augen, die traurigen in seinem Schweinegesicht ebenso wie die fiesen, blindwütigen in seinem Menschengesicht. Irgendwann hatte Monica mit mir in einer Sitznische gesessen und getrunken, und wir hatten uns beim Reden beschwipst ins Gesicht geatmet. Q. E. D.

Das war das äußerste Maß an Denkanstrengung für einen Kopf, der sich anfühlte wie eine getragene und mit nassem Zement gefüllte Sportsocke. Ich kroch neben Monica, verbrachte noch eine Minute damit, mich an das unvertraute Gefühl vergleichsweise sauberer Bettwäsche zu gewöhnen, und trudelte dann wieder weg.

»Aufwachen, Laughing Boy.« Monica stand am Schlafzimmerfenster, trank Wasser aus einem Glas und spähte durch die Jalousie. Sie war ungemein nackt. Ich konnte genug von der Cedar Street draußen sehen, um daraus zu schließen, dass es Morgen war, ein Morgen der grauen Lieber-im-Bett-bleiben-Sorte, aber interessanter war es, Monica zu betrachten. *Wenn sie nur nicht so verdammt hübsch wäre*, dachte ich: Hübsche Frauen sind einer meiner vielen Schwachpunkte. »Der Kühlschrank ist leer, und es ist nur Instant-Kaffee da, B.« Sie drehte sich zu mir um. »Du wirst mich wohl zum Frühstück ausführen müssen.«

Darauf gab es nicht viel anderes zu sagen als »Ja, Ma'am« – und außerdem hatte ich einen anständigen Kaffee dringend nötig. Man versteht nicht, warum sich die Menschen von diesen Fleischsäcken derart versklaven lassen, bis man mal selbst eine Zeitlang einen getragen hat. Und wie gesagt, es war toll, Monica zu betrachten, wie sie da stand, mit ihrem grazilen langen Rücken und ihren breiten Hüften. Sie war nicht dürr wie diese

Frau in *Friends*, und ihre Kurven standen ihr prächtig. Aber dass sie mir das alles auf diese Art präsentierte, nachdem unsere Beziehung so geendet hatte, wie sie geendet hatte, hieß natürlich, dass ich aufpassen musste. Ein betrunkener Ausrutscher, okay, aber ich wollte auf gar keinen Fall wieder von vorn anfangen.

»Dein Handy klingelt und klingelt schon über eine Stunde«, sagte sie. »Ist irgendwas?«

Rechercheergebnisse von Fatback, vermutete ich, aber irgendwie wirkte ihr Interesse nicht ganz normal. Ich fragte mich, ob es Eifersucht war, die sich wieder in das Bobby-Monica-Verhältnis zurückschlich, oder irgendetwas anderes – Paranoia meinerseits? Oder war ich zu hart mit mir, wenn doch ein gewisses Maß an Paranoia nur angemessen schien? Immerhin war es eine ganz schön interessante Woche gewesen.

»Nichts Besonderes«, sagte ich so beiläufig wie möglich und stöhnte dann, als ich mich aufsetzte und auf dem Boden nach irgendwelchen Kleidungsstücken fischte. »Mein Schädel tut weh. Mann, selbst meine Haare tun weh. Wie viel haben wir getrunken?«

Sie blickte mich über die Schulter an, während sie einen hautengen Pulli anzog. Sie schien nicht so groggy wie ich. Ja, sie schien sogar ziemlich gut drauf. »Genug, um Chico zur Verzweiflung zu treiben. Wo sollen wir hingehen? Gibt's dieses Pfannkuchendings noch?«

Sie sagte es obenhin, aber bei mir schrillten alle Alarmglocken. In das Pfannkuchencafé waren Monica und ich immer sonntagsmorgens gegangen, in unserer eheähnlichsten Phase, als in den meisten Nächten einer von uns in der Wohnung des jeweils anderen genächtigt hatte. »Nicht dorthin. Da muss man um diese Tageszeit eine halbe Stunde auf einen Tisch warten. Lass uns ins *Oyster Bill's* gehen.«

»*Oyster Bill's*? Der French Toast dort schmeckt wie Pappdeckel.« Sie zog die Augenbrauen zusammen. »Du kriegst doch nicht schon wieder die Panik, Dollar? Ein besoffener Fick, und schon ergreifst du wieder die Flucht? Ich wollte nur ein paar anständige Pfannkuchen.«

»Nein, alles bestens«, sagte ich nicht ganz wahrheitsgemäß. »Aber im *Bill's* gibt es morgens schon Alkohol, und auf dem Weg dorthin ist ein Drogeriemarkt.« Im Moment brauchte ich eine Handvoll Aspirin und einen Bloody Mary dringender, als es sich jemand vorstellen konnte, der nicht unlängst den überaus unappetitlich präparierten Leichnam eines Höllenanklägers gesehen hatte.

Unser Frühstück zog sich bis mittags hin. Ein paar Konterwodkas stabilisierten meinen Kopf, und wir lasen hauptsächlich Zeitung, aber so langsam fühlte sich das Ganze doch beängstigend gemütlich an. Ich meine, ich mag Monica wirklich sehr, aber … na ja, mehr auch nicht. Sie schien in unserer Beziehung immer Dinge zu sehen, die ich nicht sah. Außerdem sah die Mathematik unserer Beziehung offenbar so aus, dass wir für jede Woche Spaß, die wir miteinander hatten, anschließend eine Woche damit verbringen mussten, uns gegenseitig unglücklich zu machen. Auf dieses karmische Payback wollte ich mich nicht noch mal einlassen – es war auch so schon alles kompliziert genug.

»Also, was ist los mit dir, Bobby?«, fragte sie irgendwann. »Du hast letzte Nacht praktisch kein Wort gesagt.«

»Hast du mich dafür mit zu dir genommen – zum Reden?«

Ihr tadelnder Blick war halb gespielt. »Sei nicht so. Es war schön, und du hast es auch so empfunden. Ich mache mir nur Sorgen um dich. Du warst einfach so … ich weiß nicht, irgendwie komisch drauf. Wegen Grasswax und diesem Walker und allem.«

Darüber zu reden war das Letzte, was ich wollte. Bestenfalls bedeutete ihre Fragerei, dass sie wieder mütterlich-behütende Gefühle für mich entwickelte, und schlimmstenfalls … ich hatte keine Ahnung, was es schlimmstenfalls bedeuten konnte, aber es beunruhigte mich, dass sie sich so für meine beruflichen Erlebnisse der letzten Tage interessierte. Paranoia kann auch schlichte Vorsicht sein, zumal, wenn man Vollzeit in der Welt des Unwahrscheinlichen lebt, so wie ich.

Der aufziehende Rückfall in alte Gewohnheiten machte mich ganz schön nervös – ich wollte nicht wieder dieser Typ werden. »Nur der übliche Scheiß mit kleinen Abwandlungen«, beschied ich sie, während ich die Rechnung orderte. »Ich muss los, hab zu tun. Bleib du ruhig noch und trink in Ruhe deinen Kaffee aus.«

»Du gehst?« Sie lächelte wehmütig. »Okay. War schön. Wie in den alten Zeiten.«

»Und ob.« Ich wusste nicht, was ich sonst tun sollte, also beugte ich mich zu ihr und küsste sie – auf den Mund, aber ohne irgendwelche Versprechungen. »Wir sehen uns wahrscheinlich heute Abend. Im *Compasses*, meine ich.«

»Oh, klar«, sagte sie. »Im *Compasses*.« Ich fühlte ihren Blick auf meinem Rücken, als ich hinausging. Einer Eingebung folgend, wartete ich dreißig Sekunden und ging dann noch mal in einem anderen Winkel am Fenster vorbei. Sie hatte ihr Handy am Ohr und sprach mit ernstem Gesicht hinein. Bewies natürlich gar nichts, beruhigte mich aber auch nicht gerade. Und jetzt fühlte ich mich wirklich wieder wie dieser Typ, der Man-kann-niemandem-trauen-Typ. Sich so zu fühlen, ist nicht angenehm, was einer der Hauptgründe war, warum ich's seingelassen hatte.

Es war warm für einen Tag so früh im Jahr, und am Wasser war alles voller Mittagspausengenießer, die einen Lunch aus der Tüte verzehrten oder einfach nur den Bay-Wind spüren und die Boote beobachten wollten. Als meine Gehirnzellen ihre Funktionsfähigkeit wiedererlangt hatten, war mir eingefallen, dass ich ja Sam versprochen hatte, ihm morgen den Jungen abzunehmen, was hieß, dass dieser Nachmittag meine einzige Chance war, mich, sofern die Arbeit es zuließ, auf eine kleine Erkundungsmission zu begeben: Ich wollte zur Universität, um vor dem Abend das *Water Hole* und Umgebung schon mal ein bisschen auszukundschaften.

Und ich wollte auch ein bisschen allein sein, um nachzudenken. Manche Leute können das vielleicht, während sie eine nicht ganz entspannte Unterhaltung mit einer Ex führen, mit der sie sich vielleicht gerade wieder eingelassen haben. Aber zu diesen Leuten gehöre ich nicht.

Auch wenn Sie San Judas nicht so gut kennen, haben Sie doch vielleicht schon mal von der Stanford University gehört, dem Harvard des Westens, Alma Mater mehrerer US-Präsidenten und (auch wenn darüber nicht so viel geredet wird) Geburtsstätte zahlloser taktischer Waffen unerfreulichster Art wie etwa der Wasserstoffbombe.

Um die Mitte des neunzehnten Jahrhunderts gab es in Nordkalifornien nur eine richtige Stadt – San Francisco, das mit dem Goldrausch zu boomen begann und so schnell nicht wieder aufhörte, weil es nämlich all den Einfaltspinseln, die auf dem Weg in die Goldfelder waren, Goldgräberausrüstungen verkaufte und ihnen dann, wenn sie zurückkamen, für alle möglichen Dienstleistungen, von denen die wenigsten legal waren, noch mehr Geld abknöpfte. Am anderen Ufer der San Francisco Bay wurde Oakland zum Sprungbrett für die, die es in die goldenen Hügel zog.

Noch zwei weitere Städte entwickelten sich an der Bucht, die eine um die Mission San José im Südosten der Bucht, die andere um eine unbedeutendere Mission namens »San Judas Tadeo« am späteren Redwood River. Entgegen dem, was eine Menge Dummköpfe damals glaubten (und bis heute glauben), hat der Name San Judas nämlich nichts mit Judas Ischariot, dem Verräter Jesu, zu tun (obwohl diese falsche Annahme erstaunlich gut zu dem Image passt, dass sich die Stadt im Lauf der Zeit zugelegt hat). Er bezieht sich vielmehr auf St. Judas, den Schutzheiligen der Verzweifelten und Ungeliebten und anderer hoffnungsloser Fälle – kurzum, einen noch passenderen Namenspatron, als es der Ex-Kumpel Christi je hätte sein können.

Als immer mehr Menschen Holz für Boote und Häuser brauchten, schossen überall in den Hügeln westlich von San Judas Sägewerke aus dem Boden, und Siedler baggerten den Redwood River aus, damit die Stämme zu Wasser in den neuen Hafen gelangen konnten. Dann, als die Stadt ohnehin schon ordentlich zu wachsen begann, fand jemand droben in der Santa Cruz Range Öl, und große Mengen dieses Öls wurden auf dem Fluss in den Hafen von San Judas gebracht. Der Boom hielt nur etwa zehn Jahre an, doch das genügte, um die Mission San José und andere Konkurrenten um den Titel ›zweitwichtigste Stadt der Bay Area‹ abzuhängen.

Und das ist bis heute typisch für San Judas – Boom und Bankrott, Völlerei und dann wieder Hungersnot. Es war eine Ölstadt, eine Hafenstadt und schließlich eine Industriestadt wegen all der Rüstungsunternehmen, die sich dort um die Zeit des Zweiten Weltkriegs ansiedelten. Und ein Lockmittel für diese Art Technologie waren die Natur- und Ingenieurswissenschaftler, die die Stanford University und andere lokale Universitäten produzierten, ein Standortvorteil, der auch dazu führte, dass sich Jude zusammen mit Berkeley und San Francisco im Zentrum der Informationsrevolution wiederfand.

Leland Stanford war ein Unternehmer der viktorianischen Ära – ein »Räuberbaron« in den Augen vieler –, der Gouverneur von Kalifornien wurde. Als sein einziges Kind an Typhus starb, gründeten er und seine Frau zum Gedenken an ihren Sohn die Stanford University, und die ersten Jahre war diese eine bemerkenswert fortschrittliche Institution. Dann kam Stanfords Frau bei einem Brand ums Leben, weil der Ex-Gouverneur sie aufgrund einer abgeschlossenen Tür nicht retten konnte. Er hörte ihre schrecklichen letzten Momente mit und war danach nicht mehr derselbe. Und auch seine Universität war nicht mehr der freie und offene Ort, der sie gewesen war: keine modernen Sandsteingebäude mehr, kein weiter Blick mehr auf die wunderschönen Hügel im Westen. Stattdessen wuchs die Universität weitgehend in die Vertikale, mit dunklen, pseudomittelalterlichen Türmen. Und das Geschenk des Gouverneurs an den Bundesstaat schottete sich auch zunehmend ab, umgab sich mit turmbewehrten Mauern, sodass es mehr von der Festung einer Besatzungsmacht hatte als von einer modernen Stätte der Gelehrsamkeit.

Der Camino Real, die große Nord-Süd-Straße, die von San Francisco bis ans andere Ende der Bucht führt, verlief einst durch die Universität selbst, doch irgendwann in den 1920er Jahren wollte das Kuratorium nicht mehr Krethi und Plethi durch seine teure und exklusive Universität kutschieren sehen, also verlegte man die Fahrbahn in einen Tunnel, der unter dem schmalsten Teil des Universitätsgeländes hindurchführt. Wenn man nicht den Tunnel nehmen will, hat man nur die Wahl, sich an einem der beiden abweisenden Tore des Campus in die Schlange zu stellen, um sich auf Einlasswürdigkeit prüfen zu lassen, oder aber einfach kehrtzumachen.

Ob nun wegen der Gerüchte, dass der Brand, der Mrs. Stanford das Leben gekostet hatte, von einem betrunkenen Bediensteten verursacht worden war, oder einfach nur, weil er ein lustfeindlicher alter Sack war – Gouverneur Stanford war jedenfalls strikt gegen Alkohol. Keinen Tropfen auf dem Campus und zunächst auch keinen Tropfen in der Nähe des Campus! Das hat sich im Lauf der Jahrzehnte gelockert: Obwohl die Universität selbst immer noch alkoholfreie Zone ist, sind doch im Schatten der Mauern etliche Etablissements aus dem Boden geschossen, um dem Durst der Stanford-Studenten abzuhelfen. Sich auf den Eintritt in die Machtelite der Welt vorzubereiten, kann nämlich, wie ich mir habe sagen lassen, ganz schön durstig machen.

Das *Water Hole* war eine solche Studentenkneipe, gelegen zwischen dem Camino Real und der Zufahrt zur Universität, nur Meter vom riesigen Branner Gate, einer Monstrosität aus poliertem schwarzem Granit, der seines Glanzes wegen permanent nass aussah – jedenfalls hatte ich das *Water Hole* immer für eine Studentenkneipe gehalten, was einer der Gründe war, warum ich es nie betreten hatte. (Ich hatte mal einen Klienten gehabt, der auf dem dazugehörigen Parkplatz von einem betrunkenen Universitätsprofessor überfahren worden war und dem ich dortselbst in den Himmel verholfen hatte, aber das war auch alles). Wenn Fatbacks Information allerdings richtig war, musste an dem Laden doch mehr dran sein. Ja, wenn jemand von der Höllenprominenz dort abhing, machte das dieses *Water Hole* automatisch verdammt gefährlich und zum letzten Ort, den jemand in meiner Lage aufsuchen sollte … aber hier war ich nun und spähte den Schuppen aus, wie ein Privatdetektiv ein Motel beobachtet, wo er im Auftrag einer unglücklichen Ehefrau den Gatten in eine In-Flagranti-Falle zu locken hofft.

Ich tat es, weil eine Menge Dinge an dieser ganzen Walker-Grasswax-Geschichte immer noch keinen Sinn ergaben. Beispielsweise fragte ich mich, warum mein Team mich so schnell und umstandslos der Gegenseite zur Befragung überlassen hatte. Gab mir nicht gerade ein behütetes Gefühl, wenn Sie verstehen, was ich meine, und deshalb wollte ich eine andere Perspektive auf das Ganze hören. Dass diese Perspektive die eines verheerend attraktiven weiblichen Geschöpfs war, hatte sich nun mal so ergeben. Jedenfalls versuchte ich mir das einzureden, aber ich musste zugeben, dass mir trotz unserer ultrakurzen Bekanntschaft die glamouröse Gräfin einfach nicht aus dem Kopf ging.

Weil sie so designt worden ist, machte ich mir klar. *Berechnend, wie das lockende Leuchten dieser spitzzahnigen Tiefseefische.*

Die Außenfront des Lokals hatte ich hunderttausendmal gesehen – das berühmte kaputte Schild mit der Aufschrift »*The Water Hole*« und den ganzen Rest, der ungefähr so war, wie man sich eine Studentenkneipe aus der Mitte des neunzehnten Jahrhunderts vorstellt – ein langer, flacher Holzbau mit winzigen Fenstern, die fast völlig mit alten Band-Flyern und Happy-Hour-Halbpreisangeboten zugepflastert waren. Die erste Überraschung erlebte ich, als ich durch die schartige, unzählige Male überlackierte Tür trat: Der Schuppen war, ungeachtet der niedrigen Decke, viel größer, als ich gedacht hatte. Der Hauptraum reichte in das hinein, was ich für das dahinterstehende Haus gehalten hatte, und trotz der schummrigen Beleuchtung konnte ich erkennen, dass es hier ganz schön voll war, zumal an einem Werktagnachmittag.

Für eine Studentenkneipe war es ein ziemlich merkwürdiges Setting. In gewisser Weise wirkte das *Water Hole* eher wie ein Nachtklub, mit einer abgenutzten Tanzfläche und einer kleinen Bühne am einen Ende des Raums, aber das Verwirrendste waren die Gäste. Normalerweise zeichnen sich Studentenkneipen nicht gerade durch Ambiente und Intimität aus, sondern eher durch Picknicktische und Krüge mit billigem Bier. Das *Water Hole* aber hatte eher die Atmosphäre einer halbseidenen Lounge, wo sich Geschäftsreisende nach einsamen, betrunkenen Hausfrauen umtun. Nicht, dass da keine Studenten gewesen wären, aber sie benahmen sich nicht sehr studentisch – wenn Sie verstehen, was ich meine. Statt der Grüppchen, die ich erwartet hatte, saßen da überwiegend Paare, doch an der Bar und in den engen, kleinen Sitznischen waren auch etliche Gäste, die offensichtlich allein vor sich hin tranken, jene Art einsames Saufen, die ich auch schon praktiziert und in unangenehmer Erinnerung hatte.

Kurz, ich konnte den ganzen Laden einfach nicht einordnen, und das machte mich nervös. Ich erwog, mir bei dem mürrischen, tätowierten Barmann mit dem kahlrasierten Schädel ein

Bier zu bestellen und dann die Ausgänge und Toiletten gründlich auszuchecken, damit ich, wenn ich am Abend wiederkam, die Örtlichkeiten im Kopf hatte, aber aus irgendeinem Grund gefiel mir die Vorstellung nicht, einer dieser einsamen Nachmittagstrinker zu sein, nicht mal im Dienste der Terrainsichtung. Also schlüpfte ich unauffällig wieder zur Tür hinaus.

Ich hatte immer noch keinen Anruf bekommen, und da ich keine Lust auf die Fragen hatte, die ich mir einhandeln würde, wenn ich Monica jetzt schon wiederträfe, beschloss ich, das *Compasses* zu meiden. Stattdessen schaute ich in meinem geschäftlichen Zweitsitz vorbei, dem Obergeschossbüro in der Arch Street, das wir hiesigen Anwaltsengel uns teilen. Es dient zur Untermauerung unserer irdischen Identität als Versicherungsgutachter, Reporter oder was uns sonst noch so hilft, in Ausübung unserer Engelspflichten ungehindert herumzuschnüffeln. Die Einzige, die wirklich dort arbeitet, ist unsere Sekretärin Alice. Meine Anwaltskollegen sehen auch alle aus wie um die dreißig. Ich weiß nicht, wieso Alice einen Job erwischt hat, der von ihr verlangt, auszusehen wie fünfundfünfzig und noch dazu wie jemand, der sich ausschließlich von Fastfood ernährt. (Es sei denn natürlich, sie ernährt sich wirklich von Fastfood und hat es sich selbst zuzuschreiben.) Aber man kann sich kaum vorstellen, dass sie besonders glücklich damit ist, und ihr Verhalten lässt auch nicht darauf schließen.

»Hi, Alice«, sagte ich. »Irgendwas passiert, das ich wissen sollte?«

Sie sah kaum von ihrem Computer auf. »Außer dass Sie diese Walker-Sache vermasselt haben?«

»Danke, ich freue mich auch, Sie zu sehen. Sie haben mich doch dort hingeschickt, oder?«

Sie zog eine aufgemalte Augenbraue hoch. »Sehen Sie hier sonst noch jemanden? Ihr nichtsnutziger Freund war nicht zu erreichen, also habe ich Ihnen den Fall gegeben.«

Was ich ja alles schon wusste. »Sie sind ein echter Schatz, Alice. Sam sagt, er konnte keine Verbindung kriegen. Passiert das öfter? War an der Sache sonst irgendwas merkwürdig?«

»Kommt gelegentlich vor. Liegt am Wetter im Außerhalb – na ja, *Wetter* ist es nicht direkt …« Sie schüttelte den Kopf, zog eine Schublade auf und entnahm ihr eine Packung M & Ms. Sie schüttete sich eine großzügige Portion in die hohle Hand und steckte den Beutel dann wieder weg, ohne mir auch was anzubieten. »Was den Anruf angeht, Mr. Detektiv«, sagte sie durch das Geklicke in ihrem Mund, »der kam direkt aus der Zentrale, wie immer.«

Ich ließ Alice weitertippen und -kauen und fuhr wieder zu meiner Wohnung, in der Absicht, mir dort bei einer Tasse Kaffee die Dateien von Fatback vorzunehmen. Es war Spätnachmittag, und die Stambaugh Street wimmelte von Leuten auf dem Nachhauseweg. Sämtliche Mieter aus meinem Haus schienen gleichzeitig im Foyer angekommen zu sein, also wartete ich auf den nächsten Lift, statt mich mit allen anderen in den vorhandenen zu quetschen.

Als ich den Flur im vierten Stock entlangging, fiel mir etwas Seltsames auf – ein scharfer, leicht beunruhigender Geruch, von dem mir Augen und Nasenlöcher juckten. Ehe ich mir irgendeine Theorie über die Quelle bilden konnte, erblickte ich sie auf meiner eigenen Wohnungstür: eine eingebrannte Hand, so groß wie ein Autolenkrad, das Holz schwarz und verkohlt, der Lack ringsherum blasig. Ein Handabdruck, entstellt von etwas, das aussah wie Kratzspuren von langen Krallen. Mein Herz bummerte und stotterte in meiner Brust wie das Herz eines zu Tode erschrockenen echten Menschen, und meine Haut wurde eiskalt. Ich sah mich schnell um, aber sonst war niemand auf dem Flur.

Die Brennende Hand. Jemand hatte meine Wohnungstür mit der Brennenden Hand markiert – die Methode der Hölle, Leuten zu signalisieren, dass ihre Zeit abgelaufen war. Man hatte mich gelehrt, dass dieses Zeichen höllischen Missfallens nur armen Trotteln zuteilwurde, die versucht hatten, den Teufel selbst zu betrügen.

Offenbar hielt mich jemand für so einen armen Trottel.

7

EINE LÖWIN AM WASSERLOCH

In meiner Wohnung empfingen mich eine stickige Backofen-
hitze und eine ziemlich nahtlose Fortsetzung der Botschaft
auf meiner Eingangstür. Umgeworfene Möbel, zertrümmerte Gegenstände, herausgezogene Schubladen, und das wenige, was ich
an Büchern und Papieren besaß, lag überall verstreut auf dem
Boden. Selbst meine CDs – nein, ich bin noch nicht komplett
durchdigitalisiert – waren herausgerissen, geöffnet und im Raum
verteilt. Ich blickte auf die Gesichter am Boden, Monk, Buddy
Guy, Cannonball Adderley. Was hatten die Eindringlinge gesucht?

Ja, natürlich kam mir der Gedanke, dass es mit der ganzen
Sache rund um die verschwundene Seele und den toten Ankläger zusammenhing, aber dass sich jemand darüber so sehr erei-
ferte, dass er meine Wohnung verwüstete und mir das Zeichen
seiner Missbilligung in die Wohnungstür brannte, ließ doch die
Frage nach dem *Warum* meilenweit offen. Auch das *Wer* war
nicht ganz klar, wenngleich, dem kingkonggroßen eingebrannten Handabdruck nach, die Jungs mit den Dreizackgabeln die
Hauptkandidaten waren.

Ein Gutes: Meinen Pistolensafe hatten die Eindringlinge nicht
gefunden, und da ich nicht zu verraten gedenke, wo er sich befindet, werden auch Sie ihn nicht finden, falls Sie irgendwann
mal vorbeischauen sollten. Bei der täglichen Arbeit brauche ich

keine Waffe, deshalb trage ich auch normalerweise keine, aber jetzt hatten sich die Umstände erheblich entnormalisiert, deshalb griff ich mir meinen S&W-Revolver, zwei, drei Schnelllader und noch ein paar Extra-Schächtelchen Hohlspitzmunition. Dann rief ich Alice im Büro an. »Sagen Sie dem Hauptquartier, ich ziehe für ein paar Tage aus meiner Wohnung aus«, sagte ich.

»Es ist billiger, in den sauren Apfel zu beißen und das Geschirr abzuwaschen«, sagte sie.

»Ha, ha. Jemand hat meine Wohnung umgekrempelt. Sagen Sie ihnen das.«

Ich hörte sie eine Notiz anlegen oder jedenfalls auf ihrer Tastatur klappern. »Wo werden Sie zu erreichen sein, Dollar?«

»Das teile ich mit, sobald ich es weiß«, sagte ich.

»Das wird ihnen gar nicht gefallen.« Sie klang beinahe menschlich. Ich fragte mich, was ihre Geschichte sein mochte. »Sie rätseln nicht gern. Und es scheint mir kein günstiger Zeitpunkt, um die Bosse nervös zu machen.«

»Stimmt, aber ich weiß wirklich noch nicht, wo ich hingehe.«

»Soll ich Ihnen die Liste der sicheren Wohnungen geben? Ich dachte, Sie wüssten sie alle auswendig.«

»Mailen Sie sie mir, ich werde mir eine nette aussuchen, mich dort gemütlich einrichten und an Sie denken.«

Ich legte auf, ehe sie mir noch sagte, ich solle mich ins Knie ficken, und so die Illusion zerstörte, dass es ihr einen Moment lang nicht egal gewesen war, ob ich existierte oder nicht. Alice hatte recht – dem Mull und seinen Vorgesetzten würde es gar nicht gefallen, dass ich einfach auszog, ohne eine Nachsendeadresse zu hinterlassen, aber schließlich war es ja nicht so, dass sie mich nicht kontaktieren konnten, wenn sie's wollten. Ich würde nicht in eine ihrer sicheren Wohnungen gehen. Im Moment wollte ich der Einzige sein, der wusste, wohin Bobby Dollar sein müdes Haupt betten würde. Die Sache mit der Brennenden Hand hatte mich wirklich erschreckt.

Im *Water Hole* trank ich im Zeitlupentempo ein Bier und überlegte, womit ich jemandes Zorn auf mich persönlich gezogen
haben konnte. Es musste doch wohl mit der Walker-Sache zusammenhängen: Selbst wenn der mittlerweile verstorbene
Grasswax so mies gewesen wäre, denjenigen eins reinwürgen zu
wollen, die seine (wie er es genannt hatte) Demütigung im Fall
Martino am Vortag mit angesehen hatten, hätten doch wohl
Sam und vor allem Jung Clarence vor mir auf seiner Liste gestanden. Aber wenn es die Walker-Sache war, was hatte ich da
getan, außer vor Ort zu sein, als die betreffende Seele nicht auftauchte? Und was hatte ich danach getan, außer offizielle Fragen meiner Vorgesetzten und des Höllenhochkanzlers zu beantworten und dann noch über Fatback ein paar Informationen
einzuholen? Hatte mein Besuch beim Schweinemann irgendeinen Da-sucht-jemand-bestimmte-Informationen-Alarm aus-
gelöst? Wenn ja, engte das den Kreis auch nicht besonders ein,
weil ich Fatback ja um Informationen über allerlei Dinge gebeten hatte, unter anderem über das hübsche Höllenkind, das ich
heute Abend hier zu treffen hoffte.

Da ich mich plötzlich ein wenig verletzlich fühlte, rutschte
ich ganz in die Ecke der Sitznische. Fatbacks Information hatte
mich hierher verwiesen, und hier saß ich jetzt. Wussten das
meine Feinde? Hatte mich der feurige Handabdruck auf meiner
Tür dazu bringen sollen, genau das, was ich jetzt tat, nicht zu
tun? Ich sah mich um, doch obwohl jetzt zu den einsamen
Nachmittagstrinkern und Unistudenten auch noch einige nach
After-Work-Drink aussehende Grüppchen und ein paar an der
Bar ein schnelles Bier kippende und auf den Bildschirm mit dem
College-Basketballspiel starrende Einzelpersonen hinzugekom-
men waren, konnte ich doch niemanden entdecken, der hier
irgendwie deplaziert wirkte oder mich beobachtete. Dennoch
öffnete ich meine Jacke halb, um notfalls schneller an meinen
.38er zu kommen. Die Person, der mein Besuch hier galt, war

eine leibhaftige Ministerin der Hölle, und Leute dieses Schlages waren nicht für ihre Nettigkeit und ihre verständnisvolle Art bekannt. Aber sie waren natürlich auch nicht dafür bekannt, besonders große Angst vor Schusswaffen zu haben.

Etwa zehn Minuten später entstand plötzlich eine Unruhe, die ich mehr fühlte als hörte. Ein sehr großer und sehr bulliger Mann hatte sich gerade unter Einsatz seiner Schulter zur Tür hereingeschoben, gefolgt von einem noch größeren und noch bulligeren Mann. Mein Herzschlag beschleunigte sich. Ich hatte die beiden schon mal gesehen, wenn auch nicht in diesen Erdenkörpern – es waren die Bodyguards der Gräfin, die Monster mit der grauen, nervenlosen Haut, die sie unmittelbar nach Edward Walkers Tod im Außerhalb begleitet hatten. Und prompt: Nachdem sie einen Moment in der Tür gestanden und sich im Lokal umgeblickt hatten, verschwand der hintere wieder nach draußen. Als er ein paar Sekunden darauf wieder auftauchte, ging vor ihm ebenjenes Geschöpf her, auf das ich gewartet hatte – die Gräfin von Coldhands persönlich.

Als die beiden Gorillas sie durch den Raum eskortierten, war klar erkennbar, welche Gäste sie noch nie gesehen hatten. Man merkte es daran, wie offen und schamlos sie sie anstarrten. Ich konnte es ihnen nicht verdenken – ihre irdische Gestalt war fast identisch mit der, die ich bereits gesehen hatte, und auch fast so hinreißend. Ihre Aufmachung war etwas dezenter als ihr Schulmädchenfetisch-Look im Außerhalb – soweit man rotgesträhntes blondes Haar, einen knallpinken Designer-Sweatsuit und überaus sichtbar getragene dicke Brillanten dezent nennen konnte. Sie hätte die Teenager-Tochter eines stinkreichen Hollywoodproduzenten sein können.

Ich stellte erleichtert fest, dass ihre Bodyguards nicht ganz so hünenhaft waren wie jenseits des Reißverschlusses, aber sie waren immer noch erheblich hünenhafter als ich oder sonst jemand im Lokal, wenn auch ein paar Studententypen, die wie

Footballspieler aussahen, die beiden taxierend beäugten – wohl weniger im Sinn von »Schaffen wir die?« als im Sinn von »Was die wohl für Steroide nehmen?«.

Die Gräfin durchquerte den Raum langsam und ohne jede Spur von Befangenheit, und selbst diejenigen Männer, die sie zunächst nicht angegafft hatten, erschauerten, wenn sie an ihnen vorbeiging und sich dann umdrehte, um die Wirkung zu begutachten. Erinnern Sie sich, was ich über den Selbstbewusster-kleiner-Hund-Gang gesagt habe? Offenbar war das ihre Art zu gehen, wenn sie auf »busy« und »voll bei der Arbeit« machte; hier bewegte sie sich träger und wirkte dadurch nur noch gefährlicher, wie eine Löwin, die zur Tränke schreitet.

Offenbar zog dieses Wasserloch hier ganz schön hohe Tiere an.

Sie landete am anderen Ende des Raums, in einer Sitznische gegenüber von meiner. Sobald sie auf ihren Platz geglitten war, nahmen die Leute sie nicht mehr wahr – dasselbe Phänomen wie bei mir und meinen Anwaltskollegen, wenn wir mitten in der Luft einen Reißverschluss öffnen –, sie verschwand einfach plötzlich von ihrem mentalen Radar. Einer der Leibwächter quetschte sich neben sie auf die Bank, während der andere sie etwas fragte. Sie nickte, und er marschierte zur Bar.

Das Glück ist mit dem Mutigen, sagte ich mir und stand auf. Solches Zeug denke ich so oft, dass ich manchmal denke, zu Lebzeiten muss ich Englischlehrer gewesen sein. Oder einfach ein nerviges Arschloch.

Die glänzenden Knopfäugelein von Bodyguard Nummer Eins, der einen kahlrasierten Schädel und ein Spinnwebtattoo über dem einen Jochbein hatte, erfassten mich, sobald ich aufgestanden war, und ließen mich während meiner ganzen langen Reise durch den Raum nicht mehr los. »Lang« nicht deshalb, weil es so ein weiter Weg gewesen wäre, sondern weil ich auf den ganzen zwanzig Metern darüber nachdachte, wie hoch die Wahrscheinlichkeit war, dass er mich wiedererkennen und mir eine Kugel in den Bauch oder sonst wohin jagen würde. Wie gesagt, Sterben ist nicht das Schlimmste, was einem verkörperten Engel passieren kann, aber es steht mit Sicherheit auf jeder Liste der schmerzhaften und unerfreulichen Abendbeschäftigungen ziemlich weit oben.

Auf halbem Weg merkte ich, dass ich immer noch mein Bier in der Hand hielt, was eindeutig bewies, wie unüberlegt meine Aktion war: Ich hielt es nämlich in meiner Schusshand. Ich würde diese Blödheit gern der Erregung des Augenblicks zuschreiben – so eine Konfrontation erlebt man ja nicht oft –, aber ich fürchte, sie hatte ausschließlich damit zu tun, dass die Gräfin von Coldhands so verwirrend attraktiv war, eine Frau, für die man nicht nur seine Freiheit, sondern buchstäblich seine unsterbliche Seele riskieren würde. Ja. So toll war sie.

Aber inwendig nicht, Idiot, sagte ich mir. *Hör auf, mit Klein-Bobbymann zu denken, und schreib dir das hinter die Ohren.*

Ich blieb vor ihrem Tisch stehen. Der kahlköpfige Bodyguard ließ die Oberarmmuskeln spielen, rührte sich aber nicht. Er hielt die Hände schön sichtbar, also tat ich es auch. Wobei ich in der einen Hand ja sowieso einen Bierkrug hatte. Ja, so richtig durchdacht war das Ganze wirklich nicht.

»Gräfin«, sagte ich. »Schön, Sie wiederzusehen.«

»Wir sind uns schon mal begegnet?« Der einzige Unterschied zwischen ihrer Außerhalb- und ihrer Innerhalb-Erscheinung, den ich jetzt ausmachen konnte, waren ihre Augen: Hier in der sogenannten realen Welt waren sie nicht blutrot, sondern eisig blassblau. Sie lächelte, aber, Junge, Junge, war dieses Lächeln *kalt*. »Helfen Sie mir auf die Sprünge.«

»Neulich erst. Vor dem Walkerschen Haus.«

»Walkerschen Haus?« Sie schaffte es, zwei so normale Wörter klingen zu lassen, als hätte ich etwas Anzügliches gesagt. »Ich kenne keinen solchen Ort, und Sie kenne ich auch nicht.«

Jetzt war es an mir zu lächeln. »Ich glaube ja gern, dass Sie mich vorher nicht kannten, Gräfin, aber wer dort anwesend war, weiß doch inzwischen wohl jeder. Es ist in gewissen Kreisen durchaus ein Thema. Mein Name ist Bobby Dollar.«

Sie starrte mich eine gefühlte Minute lang an, so kalt wie eine Polarkerneisprobe. »Es muss sich um eine Verwechslung handeln, Mr. Dollar. Wenn Sie jetzt so gut wären, ich erwarte jemanden.«

»Macht nichts. Ich bin ein sozialer Typ …«, sagte ich, aber da packte eine Hand meinen rechten Arm so fest, dass mir der Bierkrug aus den tauben Fingern rutschte und, Bier und Schaum speiend, auf den Tisch krachte.

»Die Dame hat gesagt, Sie sollen gehen«, beschied mich Nummer Eins, der mit dem Spinnwebtattoo, in heiserem Flüsterton. »Also tun Sie's. Oder ich reiße Ihnen den Arm aus dem …«

Ich wartete nicht erst ab, woraus er ihn reißen wollte und was er danach damit vorhatte. Vielmehr ergriff ich mit der linken Hand den umgekippten Bierkrug, holte damit aus und hieb ihn, so fest ich konnte, dem Kerl auf die auf der Tischplatte liegenden Finger. Er ließ meinen Arm los und gab einen grunzenden Schmerzenslaut von sich, den ich unterbrach, indem ich ihm den Krug mit einem Rückhandschwung ins Gesicht donnerte. Als er mit heftig blutender Nase zu Boden ging, hörte ich direkt hinter mir Schritte. Ich ließ den Bierkrug fallen und fuhr herum; als ich hundertachtzig Grad geschafft hatte, war der .38er in meiner Hand und genau aufs Gesicht von Nummer Zwei gerichtet. Der fingerte immer noch nach seiner Knarre. Er hatte wohl nicht mit einem so aufregenden Abend hier im *Water Hole* gerechnet. Wenn *ich* losgestürzt wäre, um meine Chefin zu schützen, hätte ich unterwegs längst meine Waffe gezogen gehabt, aber das liegt daran, dass ich nicht so kräftig bin wie manche dieser Gorillas, und daran, dass ich Schmerz hasse.

»Fick dich, Mann«, sagte Nummer Zwei. Er hatte einen Militärhaarschnitt, einen mächtigen Schnurrbart und eine sehr tiefe Stimme. Ansonsten hätte er irgendein Dreifach-Mörder aus dem Todeszellentrakt sein können. »Nur los, erschießen Sie mich. Sie wird Sie auf schlimmere Art töten, als ich es je könnte. Dann wird sie Sie mit nach Hause nehmen und noch ein bisschen weiter töten.«

»Ich will dich nicht erschießen, Sonnenscheinchen. Ich will dich noch nicht mal so zurichten, dass es deine Schwulenporno-karriere gefährden könnte.« Ich sah die Gräfin an, die das Ganze fast schon amüsiert beobachtete, obwohl ihr das Blut und das Bier vom Tisch auf die Fünftausend-Dollar-Designer-Workout-klamotten zu tropfen drohten. »Also, Ma'am? Unterhalten wir beide uns jetzt, oder soll es erst so weit kommen, dass sie die Tische wegrücken müssen, um die ganze rote Soße aufzuwischen?«

Sie bedachte mich mit einem gelangweilten Blick und beugte sich dann etwas vor, sodass sie den Kerl auf dem Fußboden sehen konnte. »Candy?«

Nummer Eins blickte hoch. Unter seinen Fingern quoll immer noch blasiges Blut hervor, und seine Augen schwollen immer mehr zu. Ich hatte ganze Arbeit an seiner Nase verrichtet. »Ich kann ihn immer noch töten, wenn Sie wollen, Gräfin«, sagte er mit einem roten Grinsen.

»Nein, nicht nötig. Cinnamon, bringen Sie Candy raus ins Auto und stillen Sie das Blut.«

Der Typ, der in die Mündung meines Revolvers starrte, geriet jetzt erstmals in Aufregung. »Auf keinen Fall! Wir lassen Sie nicht allein …!«

Sie sagte stirnrunzelnd: »Im Moment nützt ihr mir sowieso nichts. Also los. Wie Sie schon sehr richtig sagten, kann ich selbst auf mich aufpassen.«

Grollend wie ein Sattelzug im Leerlauf half Cinnamon seinem blutverschmierten Kumpel vom Boden auf. Zu Beginn des

Handgemenges hatten alle im Lokal hergeschaut, aber jetzt ließ das Interesse rasch nach, wie immer, wenn wir Inkarnierten in der Öffentlichkeit etwas potentiell Auffälliges tun. Mein alter Mentor Leo nannte diesen Schutzeffekt immer »die Wolke des Nichtwissens«, aber ich habe keine Ahnung, wo er das herhatte.

Während Cinnamon seinem Spezi zur Tür half, wobei sie eine rote Tropfspur auf dem Fliesenboden hinterließen, sah mich die Gräfin auf eine Art und Weise an, die gar nichts Amüsiertes mehr hatte. »Sie haben zwei Minuten, Engel, also setzen Sie sich hin und reden Sie. Dann werde ich Ihnen entweder eigenhändig den Kopf abreißen, weil Sie es nicht geschafft haben, mich zu beeindrucken, oder aber die beiden werden so nervös werden, dass sie Verstärkung rufen.«

»Okay. Aber Sie haben ja Ihren Drink gar nicht bekommen.«

Sie sah mich an, als hätte ich sie nicht alle. »Die zwei Minuten waren eine großzügige Schätzung.« Sie sah mich immer noch da stehen, und wieder erschien ein Lächeln auf ihrem Gesicht, eins der widerwilligen Art, die da besagte, *ich bewundere Ihren Mut, aber Sie werden trotzdem gleich so tot sein wie das Vaudeville.* Diese Art Lächeln ernte ich öfter, als mir lieb ist. »Er steht noch auf der Bar – der mit der Selleriestange.«

»Einen Bloody Mary? Das ist nicht Ihr Ernst, oder?«

Das gefiel ihr gar nicht. »Wenn Sie anfangen, Kommentare abzugeben, reiße ich Ihnen den Schädel gleich von der Wirbelsäule, Mr. Dollar.«

Ich ging ihren Bloody Mary holen. Da standen auch noch zwei Biere, die für die Bodyguards bestimmt gewesen waren, also nahm ich die auch mit. Ich fand, dass ich sie verdient hatte, und mein Herz klopfte jetzt so schnell, dass ich rasch etwas trinken wollte, ehe mir klar wurde, wie gefährlich das, was ich gerade getan hatte, gewesen war. Wenn ich nun den zweiten Leibwächter hätte erschießen müssen? Auf jeden Fall hätte ich meinen Job als himmlischer Anwalt verloren, und inmitten dieser ganzen Aufregung wegen der Walker-Sache ein Mitglied der Gegenseite in der Öffentlichkeit zu erschießen, hätte mir vermutlich weit Schlimmeres eingetragen als nur die Degradierung zum Patronatsengel der Wölflinge oder ähnliches.

»Also«, sagte sie, als ich mich auf die Bank ihr gegenüber setzte, »warum wollen Sie so dringend sterben, Mr. Dollar?« Irgendwie hatte in meiner Abwesenheit jemand vom Kneipenpersonal den Tisch und den Boden gesäubert. Alles war so jungfräulich rein, als hätten wir gerade unser erstes Date. »Ist Ihre Situation nicht schon aufregend genug?«

»Ich suche nicht so sehr den Tod«, sagte ich. »Eher ein paar Informationen.«

»Bei mir? Was in aller Welt meinen Sie von mir erfahren zu können? Und warum sollte ich Ihnen irgendwas sagen? Muss ich Sie wirklich daran erinnern, dass unsere jeweiligen Organisationen seit Jahrmillionen miteinander im Krieg sind?«

»Nicht Krieg«, sagte ich und nahm dann einen ausgiebigen Schluck von einem meiner neuen Biere. Ich fragte mich, ob ich noch lange genug leben würde, um auch das zweite in Angriff zu nehmen. »Sie wissen doch, offiziell heißt es ›Konflikt‹. Manche Erbsenzähler auf meiner Seite nennen es sogar ›Konkurrenz‹. Was heißt, wir sind nicht Feinde, sondern … Konkurrenten.«

Sie biss sich auf die Lippe, vielleicht, um nicht zu lächeln oder ein finsteres Gesicht zu machen, vielleicht aber auch nur, weil sie wusste, dass sie so sexy genug aussah, um alles, was einen Körper hatte, um den Verstand zu bringen. »Was will die Konkurrenz denn wissen? Es ist ja nicht meine Sache, aber Sie sollten jetzt wirklich aufhören, den Mutigen zu spielen, und endlich zum Punkt kommen. Nur weil Sie Candy und Cinnamon überrumpelt haben, sollten Sie die beiden noch längst nicht für nutzlos halten. Sie sind in der Lage, Ihnen sehr lange Zeit Schmerzen zuzufügen, ohne Sie sterben zu lassen. Für so was gibt es da, wo ich herkomme, ganze Aufbaustudiengänge.«

»Oh, ich weiß. Das ist sogar eins der Dinge, die ich Sie fragen wollte. Was glauben Sie, wer an Ankläger Grasswax seinen Doktor gemacht hat?«

Ihr hübsches Gesicht wurde völlig leblos, aber ihre Augen waren immer noch so weit und so unschuldig blau wie der Präriehimmel. Die Stimme war hundert Prozent Mary Poppins. »Ist das eine Anschuldigung, Mr. Dollar? Wenn ja, scheint es mir eine überaus törichte solche.«

Ich hob die Hand. »Nicht doch, Prinzessin …«

»Gräfin.«

»Richtig. Es liegt mir fern, Sie zu beschuldigen. Warum sollte ich das tun, selbst wenn ich der Meinung wäre, dass es stimmt? Grasswax war nicht für meine Seite tätig, und er war mit Sicherheit kein Freund von mir. Im Gegenteil, für mich war er ein Drecksack.«

»Dann waren *Sie's* ja vielleicht.«

»Wäre möglich. Aber im Moment müssen Sie mir einfach glauben, wenn ich Ihnen sage, dass ich es nicht war und dass ich wirklich wissen möchte, wer es getan hat.«

»Das möchte die ganze Höllenhierarchie wissen.« Ihre Augen verengten sich. »Und noch mehr interessiert uns, was mit seinem Klienten Edward Walker passiert ist.«

»Klienten.« Ich lachte, aber nur ein bisschen. »Komische Bezeichnung für jemanden, den Grasswax dazu verurteilt sehen wollte, für die Ewigkeit wie eine Frühlingsrolle in siedendem Öl zu braten.«

»Unser Ankläger hat nur seinen Job gemacht, Mr. Dollar. Ich habe auch meinen Job gemacht. Und ich würde meinen, Sie könnten ein bisschen länger leben – ob nun in einem Körper oder außerhalb –, wenn Sie jetzt gehen und auch Ihren Job machen würden.«

»Ach ja? Hören Sie, ich habe nicht bloß meinen Job gemacht, ich habe mich auch ausschließlich um meinen eigenen Kram gekümmert, bis mir dieser ganze Scheiß um die Ohren geflogen ist.« Ich wurde jetzt wütend, und die Wut überlagerte allmählich dieses Prickeln im Nacken, das weniger erfahrene Leute fälschlich für hasenfüßige Angst halten könnten. (Ich sehe es lieber als eine phantasievolle Form der Vorsicht.) In einem aber hatte die Gräfin recht – mir blieben höchstens ein paar Minuten, bis die beiden Riesenbabys zurückkommen würden, wahrscheinlich mit ihren sämtlichen Cousins.

»Wirklich bedauerlich, dass Ihnen die Walker-Sache Unannehmlichkeiten bereitet hat«, sagte sie, »aber ich habe Ihnen nichts weiter zu sagen – und Sie haben nichts, was mein Interesse wecken könnte.« Sie war hart wie ein Panzer, ein überaus attraktiver Panzer mit Brillantohrringen und einer Art großem Silbermedaillon um den schlanken, hellen Hals. »Sie sollten jetzt wirklich gehen.«

Das Glitzerzeug lenkte mich etwas ab – ich hatte immer geglaubt, dass Dämonen Silber hassten. »Ja, Sie möchten sich sicher wieder dem zuwenden, was Sie hier eigentlich vorhatten. Ein bisschen Slumtourismus betreiben, würde ich mal vermuten.« Ich lehnte mich zurück, ein Bild der Entspannung, hoffte ich zumindest. »Ich muss gestehen, ich bin neugierig, was Sie an einen solchen Ort führt. Ich meine, Kneipen der Sägemehl-auf-dem-Boden-Sorte scheinen mir einfach nicht Ihre Szene, Prinzessin.«

Jetzt war das Lächeln definitiv raubkatzenhaft. »Sie legen es darauf an, mich zu provozieren, Mr. Dollar? Zu Ihrer Information, ich mag solche Orte. Ich mag nämlich Studenten.«

»Paniert, mit Cocktail-Sauce? Oder einfach roh wie Sushi?«

»Nichts derart Primitives, Mr. Dollar.« Sie war, ohne dass ich es gemerkt hatte, näher an mich herangerückt, und jetzt landete ihre Hand auf meinem Oberschenkel. Ich fühlte den Druck ihrer spitzen Nägel durch meine Jeans. »Ich bin kein Vampir oder irgendeine traurige Cartoon-Kreatur, die Leute frisst. Ich gehöre dem Höllenadel an. Meine Leib- und Magenspeise ist

Verzweiflung. Und im Studentenalter sind sie so leicht auf diese Bahn zu bringen.« Sie kicherte wie eine Vierzehnjährige, die mit einer Freundin tuschelt. »Jemand, den ich mal kannte, pflegte zu sagen, ich müsse mir anspruchsvollere Ziele setzen – ›das ist doch, wie blinde Fische in einem winzigen Bottich zu schießen‹, war seine Formulierung. Aber ich sehe sie nun mal so gern heulen und betteln, weil sie am Anfang so von sich überzeugt sind – vor allem die Jungs …!«

»Falls Sie mich schockieren wollen, müssen Sie schon stärkere Geschütze auffahren.« Doch ich war mir dieser Hand auf meinem Bein so überdeutlich bewusst, als wäre sie eine Giftspinne. Nur nicht ganz auf die gleiche Art. »Es kümmert mich wirklich nicht, womit Sie Ihre Zeit verbringen, Gräfin. Mir hat es nur die Möglichkeit gegeben, Sie zu treffen und ein paar Sachen zu fragen.«

Die Nägel gruben sich noch etwas fester in mein Bein. Sie befeuchtete ihre ohnehin schon so feuchtglänzenden Lippen. »Und? Haben Sie jetzt alles gefragt, was Sie fragen wollten?«

Das wurde ja in einem Höllentempo immer seltsamer. Verstehen Sie mich nicht falsch – ich hatte schon mit Mitgliedern der Verführungsbrigade unserer Gegenspieler zu tun gehabt, und sie alle üben einen Zauber aus, dem ein armer kleiner Engelmann wie ich nicht gewachsen ist, aber die Gräfin war ein anderes Kaliber. Ein *ganz* anderes Kaliber. Ich hatte Angst, sie könnte ihre Hand höher hinaufgleiten lassen und fühlen, wie aufgesetzt meine Ich-bin-kein-bisschen-beeindruckt-Show war. »Okay, eins noch«, sagte ich. »Als ich gestern nach Hause kam, musste ich feststellen, dass ich Besuch von der Brennenden Hand gehabt hatte. Können Sie mir dazu irgendwas sagen? Bin ich jemandem von Ihrer Seite auf die Zehen getreten?«

»Nachdem ich Sie operieren gesehen habe, kann ich mir kaum vorstellen, wie Sie das geschafft haben sollten. Aber ich würde es ohnehin bezweifeln. Ich vermute, dass Ihnen da jemand einen

Streich gespielt hat. Die Brennende Hand – na ja, das ist eher ein Ammenmärchen. Ich habe seit Jahren nicht mehr gehört, dass jemand tatsächlich eine verpasst bekommen hat.«

»Dann ist es vielleicht Zeit, die Datenbank zu aktualisieren.« Ich zog mein Handy aus der Tasche, holte ein Foto von meiner Wohnungstür aufs Display und hielt es ihr vors hübsche Gesicht. »Wie würden Sie *das* nennen?«

Volltreffer – oder jedenfalls huschte erstmals ein Ausdruck über ihr Gesicht, der nicht Teil ihrer Dämonenkönigin-Nummer war. Sie nahm die Hand von meinem Bein. Das Verrückte war, dass ich da nicht nur Überraschung sah, sondern auch eine Spur Angst, was mich völlig verwirrte. Was konnte einer Person, die regelmäßig in den Gesellschaftsspalten der Hölle figurierte, Angst machen?

Woher auch immer es rührte, es verschwand sofort wieder, wie der Schatten von etwas, das sich bewegt. »Sie haben halb recht, Mr. Dollar. Das ist eine brennende Hand – aber es ist nicht *die* Brennende Hand.«

»Was soll das heißen?«

Die Hand legte sich wieder auf mein Bein und drückte es sanft. Die Nägel waren so spitz, dass sie sich durch den Denim in die Haut bohrten. »In den alten Zeiten wurden Leute, die sich nicht an ihre Abmachungen mit uns halten wollten, durch das Zeichen einer schwarzen, eingebrannten Hand auf ihrer Tür zurechtgewiesen – aber die Hände, die diesen Abdruck hinterließen, waren menschlich, jedenfalls von der Größe her. Da ist die Überlieferung ganz eindeutig. Sofern Sie nicht in einem Zwergenhäuschen wohnen, würde ich sagen, die Hand, die das hier hinterlassen hat, war mindestens so groß wie eine Eisbärentatze.« Sie hielt ihr eigenes Händchen hoch – das, das nicht meinen Oberschenkel bearbeitete. Ihre langen, spitzen Nägel waren unlackiert, aber sehr sauber. »Mit anderen Worten, es war nichts Menschengroßes.«

Ich spürte, dass da noch etwas war, das sie mir sagen wollte, aber ich spürte auch, dass sie es mir nicht jetzt sagen würde: Plötzlich war da zwischen uns so was wie eine Wand. Ich beschloss, Schadensbegrenzung zu betreiben und zuzusehen, ob ich ohne Feuergefecht aus dem *Water Hole* hinauskommen konnte. Ich löste ihre Hand von meinem Bein und glitt aus der Sitznische, doch genau in dem Moment barst die Kneipentür auf und mehrere große und bullige Gestalten drängten herein, sodass vom orangefarbenen Natriumlicht der Parkplatzlampen fast nichts mehr zu sehen war. Verstärkung.

»Danke, Gräfin«, sagte ich. »Sie haben mir sehr geholfen.«

»Sie sind niedlich, Dollar. Falls Sie die nächsten paar Minuten überleben, dürfen Sie mich Casimira nennen, wenn wir uns wiederbegegnen.« Sie lächelte und war so schön, dass es in meiner Brust schmerzte. »Meine Freunde nennen mich ›Caz‹ … aber ich glaube nicht, dass Sie noch lange genug da sein werden, um sich dieses Privileg zu verdienen.«

Verdammt, war sie klasse.

Es waren fünf, sechs Mann, direkt aus der Hall of Fame der Hässlichen Hünen. Ich spurtete zum anderen Ende des Raums, wütend auf mich selbst, weil ich mir vorher nicht die Zeit genommen hatte, die Notausgänge zu studieren.

Ich fand das Männerklo und ließ mich durch ein Fenster hinab. Zum Glück hatten sie mir zu wenig zugetraut, um jemanden auf dem Parkplatz zu postieren, und als sie endlich das Schloss der Toilettenkabine aufgebrochen hatten, fuhr ich gerade, mir den Schweiß von der Stirn wischend, auf den Camino Real. Doch erst kurz vor dem Motel am Nordrand der Stadt, wo ich ein Zimmer gebucht hatte, konnte ich aufhören, an ihre Hand auf meinem Bein zu denken.

8

POSIE UND G-MAN

Ich erwachte davon, dass Sonne zwischen den staubigen Vorhängen des Royal Highway Motor Hotels hindurchstach wie Norman Bates' bevorzugtes Steakmesser und mein Handy immer wieder die vier berühmtesten Töne des Händelschen Hallelujas von sich gab – das Zeichen für eingegangene Nachrichten. Glauben Sie mir, wenn es nach mir ginge, hätte ich etwas Besseres oder wenigstens Diskreteres ausgesucht, aber wir haben nun mal Firmenhandys, und die könnte nicht mal Nikola Tesla resetten. Was nicht heißt, dass Leute wie Sie das hören würden, aber ein Engel wie ich muss es jedes Mal ertragen, wenn sein Handy ihm sagen will, dass er eine Nachricht hat – HAA-lle-lu-ja. HAA-lle-lu-ja. Derjenige, der die Programmierung für die oben im Haus gemacht hat, war entweder kriminell dumm oder mit einem extrem sardonischen Humor gesegnet.

Außer dem ganzen Zeug von Fatback, das ich noch nicht gelesen hatte, waren da noch mehrere ungehaltene Anfragen von Temuels Büro, wo ich mich aufhalte, und eine SMS von Clarence dem Engelazubi, der wissen wollte, wann ich ihn abholen käme. *Shit*, fiel es mir wieder ein, *diese Abmachung mit Sam*. In einem Fleck unangenehm grellen Lichts setzte ich mich auf, suchte nach irgendwas, das mir die Uhrzeit verriet, und entdeckte schließlich den Motelwecker, der in digitalem Scharlachrot 9:22 anzeigte. Praktisch Morgengrauen. Mit Fingern, die sich anfühlten wie rohe Würstchen, simste ich ihm zurück, dass wir uns um zwölf im *Oyster Bill's* treffen würden. Kein Grund, überstürzt in den Tag zu starten. Außerdem wollte ich vorher noch etwas erledigen, sobald ich mir einen Kaffee verabreicht hatte.

Zwanzig Minuten später fuhr ich, geduscht und mit einem silogroßen Becher Peet's zwischen den Knien – es gibt keine Cupholder in einem Vintage-Matador, was die Frage aufwirft, wie die Leute die Siebzigerjahre lange genug überlebt haben, um irgendwann welche zu erfinden –, den Bayshore Freeway entlang, zum dritten Mal in dieser Woche Richtung Walkersches Haus. Nach dem Zirkus der letzten Tage war in dieser Gegend wieder so was wie Normalität eingekehrt, überall lächelnde Postboten und Leute in lässig-schicken Klamotten, die lässig-schicke Hunde ausführten, kurzum, so ziemlich das, was man an einem Samstagmorgen in Judes Palo-Alto-Distrikt erwarten würde.

Edward Walkers Haus sah jetzt aus wie alle anderen Häuser in der Straße, bis auf eine kleine Insel aus Stofftieren, Blumen und Abschiedsbotschaften, die Sorte sentimentales Sargassum, das sich heutzutage am Schauplatz jeder halböffentlichen Tragödie in Windeseile ansammelt. In der Einfahrt stand diesmal ein anderer Wagen, eine zerkratzte, unscheinbare japanische Limousine, die nicht so aussah, als könnte Walker sie gefahren haben. Der Wagen, in dem er gestorben war, war nirgends zu sehen, und die Garagentür war zu.

Mich interessierte vor allem, was im Außerhalb zu entdecken sein könnte, doch der deplaziert wirkende Wagen machte mich neugierig, also klopfte ich an die Haustür. Normalerweise bin ich in solchen Situationen ein Versicherungsschadensermittler, aber an der Haustür eines prominenten Selbstmörders wäre das wohl nicht so gut angekommen, und meine übliche Alternatividentität, Beamter der Nationalen Behörde für Transportsicherheit, war nicht wirklich überzeugend, wenn der Ort des Ablebens ein *geparkter* Wagen war, ob nun mit laufendem Motor oder nicht.

Die junge Frau, die die Tür öffnete, hätte locker aus dem *Water Hole* oder einer ähnlichen Studentenkneipe kommen können. Sie hatte langes, dunkles Haar mit eingeflochtenen Glöckchen und ähnlichem Schnickschnack und trug ein figurtarnendes dunkles Kapuzensweatshirt, Jeans und Sandalen. Sie blinzelte mich an, als ob es total abwegig wäre, an diese Haustür zu klopfen. »Yeah?«

»Hi. Ich heiße Robert Dollar und arbeite fürs Vista Magazine. Es tut mir leid, dass ich Sie in einer solchen Situation belästige, aber telefonisch konnte ich niemanden erreichen. Ist Mrs. Walker da?«

Sie sah mich an, als hätte ich sie gefragt, ob Fische fliegen können. »Es gibt keine Mrs. Walker. Das müssten Sie doch wissen. Meine Großmutter ist vor fünf Jahren gestorben.«

»Oh, tut mir leid – natürlich.« Ich hatte nicht damit gerechnet, auf reale Menschen zu treffen, und obwohl ich einen Teil der Informationen von Fatback in einem Ordner in der Hand hielt, war ich doch noch nicht groß dazu gekommen, ihn zu lesen. »Dann sind Sie also Mr. Walkers Enkelin. Meinen Sie, Sie hätten ein paar Minuten für mich? Wir bringen demnächst ... na ja, eine Art Hommage an Ihren Großvater, und ich würde mich gern vergewissern, dass die Einzelheiten stimmen. So was entsteht ja immer überstürzt, weil niemand damit gerechnet hat ...«

Kurz wich der irritierte Ausdruck auf ihrem Gesicht normaler Traurigkeit. Sie war eigentlich ganz hübsch, aber auf eine Art träge, die sie nicht besonders helle wirken ließ. »Stimmt – echt niemand.« Sie zuckte die Achseln. »Also meinetwegen, kommen Sie rein. Moment, sollten Sie sich nicht irgendwie ausweisen?«

Ich habe mehr Ausweise als ein internationaler Schmuggler-ring, und ich habe gelernt, den richtigen so flink zu finden wie ein Bühnenzauberer. Ich zückte ihn. Sie starrte mit zusammen-gekniffenen Augen darauf, winkte mich dann rein, führte mich in einen großen offenen Wohnraum und ließ sich aufs Sofa plumpsen, ohne mir einen Platz anzubieten. Das andere Sofa war zu weit weg, also hockte ich mich auf einen Puff näher bei ihr und bemühte mich, wie ein Journalist auszusehen. Sie bot mir nichts zu trinken an – wenn sie mir etwas holen gegangen wäre, hätte ich mich währenddessen so gründlich wie möglich umgesehen –, also tat ich mein Bestes, den Raum so nebenbei zu inspizieren. Es handelte sich offensichtlich um das Wohn-zimmer eines gebildeten Mannes oder jedenfalls eines Mannes, der für gebildet gehalten werden wollte, denn eine Wand des vorwiegend in Weiß gehaltenen Raums wurde von einem riesi-gen Bücherregal dominiert. Es enthielt hauptsächlich Bücher, aber in den Fächern stand auch ganz beiläufig einiges an erlese-ner Volkskunst. An den übrigen Wänden hingen ein paar Bilder, hauptsächlich schwarzweiße Ansel-Adams-Fotodrucke von dra-matischen Landschaften ohne irgendwelche störenden mensch-lichen Gestalten. Über die Sofas waren Schaffelle drapiert, und auf vielen waagrechten Flächen sah ich hübsche Zeugnisse me-soamerikanischer Keramikkunst. Alles wirkte auf teure Art ge-schmackvoll, zugleich aber ein wenig vernachlässigt – auf eini-gen Stücken meinte ich Staub zu erkennen.

Ich schlug Fatbacks Bericht auf und überflog ihn unauffällig. Da, gleich am Anfang der biografischen Daten, stand das, was ich mir bereits hätte angeeignet haben müssen – verwitwet, Name der Frau war Molly gewesen. Und die Enkelin hieß …

»Sie müssen Posie sein, richtig?«

Sie nickte. »Wie die Blume.«

Als ich von der Berichtseite aufblickte, fiel mir ein imposanter Maya-Kalender aus rotem Ton auf, der hinter der jungen Frau am Kamin hing. »Das ist ja ein schönes Stück«, sagte ich. »Ist er echt?«

Sie drehte sich um, kniff die Augen zusammen und zuckte dann die Achseln. Allmählich hatte ich den Eindruck, dass sie normalerweise eine Brille oder Kontaktlinsen trug. »Keine Ahnung. Grandma und Grandpa haben immer von überall Zeug mitgebracht. Ich glaube, das Ding ist aus Mexiko oder so.«

Mühevoll lenkte ich das Gespräch von Dingen, über die Posie nicht viel wusste, auf Dinge, über die sie gar nichts zu wissen schien – zum Beispiel auf die Gründe für den Selbstmord ihres Großvaters. Wobei ich sie das natürlich nicht direkt fragte.

»So ein Schock für uns alle.« Ich schüttelte den Kopf. »Ihr Großvater war ja so ein vielbewunderter Mann. Er schien doch so vieles zu haben, wofür es sich zu leben lohnt.« Ich senkte die Stimme zu einem respektvollen Beinahe-Flüstern. »Ich will ja nicht neugierig sein – und das kommt auch garantiert nicht in den Artikel –, aber war er krank?«

Sie schüttelte den Kopf. »Glaub ich nicht. Aber solche Sachen hat er uns sowieso nie erzählt.«

»Hatte er sonst jemanden, mit dem er intimere Dinge besprach?«

»Wie – intim?«

Ich wollte stöhnen, stand aber stattdessen auf. Ich begann, mir die Bücherregale näher anzusehen und sie unauffällig (jedenfalls hoffte ich das) mit meinem Handy zu fotografieren. »Ich meine *vertraulich* – irgendwelche Leute, mit denen er geredet hat. Alte Studienfreunde, Kollegen … einen Geistlichen …?«

»Geistlichen!« Sie lachte sarkastisch. »Das ist echt witzig. Grandpa hat jede Art von Religion gehasst. Er hat gemeint, das ist doch alles nur ein Haufen Hokuspokus, um den Leuten ihr Geld abzuluchsen.«

Ich nickte. »Tja, dann natürlich keinen Geistlichen, aber Freunde muss er doch gehabt haben. Ihr Großvater war ja sehr beliebt. Hatte er irgendjemanden, mit dem er …. schwierige Entscheidungen besprochen hat?« Ich fragte sie nicht sonderlich verblümt, mit wem ich sonst reden könnte, aber sie stand auf der Leitung. Inzwischen hatte ich allerdings kapiert warum – sie war nicht unbedingt dumm, sie war nur bekifft: Als ich mich an ihr vorbeibewegt hatte, war mir von ihrem Sweatshirt und ihrem Haar unverkennbarer Grasgeruch in die Nase gestiegen.

»Nö. Höchstens seine alten Freunde von HT, schätz ich mal.«

»HT?«

Jetzt war wieder sie irritiert. »HoloTech? Die Firma, die er gegründet hat?«

»O ja, klar.« Hausaufgaben, Dollar. »Ich hatte Sie nur nicht richtig verstanden.«

»Und dann war da noch dieser nette alte Afrikaner. Weiß seinen Namen nicht mehr.«

»Afrikaner?«

»Ja, so eine Art Arzt oder was. Er hat Grandpa immer besucht, und dann haben sie dagesessen und geredet. Ich hab ihn hier ein paarmal gesehen. Echt netter Typ, der Alte. Hat geredet, als ob er aus England wär oder was, aber Grandpa hat mir gesagt, er ist aus Afrika.«

»Könnten Sie seinen Namen für mich herausfinden? Vielleicht … vielleicht hat er ja noch irgendwelche besonderen Dinge über Ihren Großvater zu erzählen, die wir in den Artikel aufnehmen können.«

Sie rollte die Augen und streckte sich. »Yeah, aber nicht jetzt. Ich krieg Besuch.« Sie sah auf die Wanduhr. »Muss jeden Moment kommen …«

Ich verstand den Hinweis. Auf dem Weg zur Haustür zog ich eine Karte aus meiner Brieftasche. »Rufen Sie mich an oder mailen Sie mir, wenn Sie den Namen dieses Herrn aus Afrika wieder wissen oder Ihnen sonst noch etwas Interessantes einfällt, okay? Sie haben mir sehr geholfen.«

»Mhm«, sagte sie. Ich hatte schon weniger enthusiastische Einwilligungen gehört, konnte mich aber auf die Schnelle nicht erinnern, wann.

Draußen öffnete ich einen Reißverschluss und trat ins Außerhalb hinüber, aber der Aufräumtrupp war sehr gründlich gewesen: Da war nichts mehr zu sehen, keine Spuren von Grasswax' grässlichem Ende und auch sonst nichts Brauchbares. Ich trat wieder in die reale Welt ein und stieg in meinen Wagen. Es war fast schon Zeit, meinen Babysitterdienst bei Clarence anzutreten.

Ich war noch keine zwei Blocks weit gekommen, als ich merkte, dass mir jemand folgte. Es war so auffällig, dass ich nicht wusste, ob ich lachen oder sehr, sehr beunruhigt sein sollte, denn wenn derjenige, der mir folgte, nicht komplett unfähig war, dann *sollte* ich ihn bemerken, und wenn ich ihn bemerken sollte, dann deshalb, weil da jemand glaubte, dass ich sowieso nichts dagegen tun konnte. Wie auch immer, kampflos hinnehmen würde ich es jedenfalls nicht. Ich fuhr langsam die University Avenue entlang, um mir den anderen Wagen genauer ansehen zu können. Es war irgendein roter Lowrider mit zu viel Chrom und einer Art Lufthutze auf der Motorhaube. Ich befand, dass nicht mal die Dämonen der Hölle raffiniert genug waren, um *so* plump zu sein, also fuhr ich nicht wieder auf den Freeway, sondern über die Brücke hinüber nach Ravenswood, einem Viertel, das den größtmöglichen Gegensatz zu Walkers grünem Palo Alto bildete. Der Ravenswood-Kult der Sechzigerjahre war längst vorbei, und die Leute auf der reichen Seite des Freeways waren zu der vertrauteren Strategie zurückgekehrt, ihre östlichen Nachbarn komplett zu ignorieren, sodass jenseits des Bayshore jetzt wieder ungestört Armut herrschte. Es musste die Bewohner besonders erbittern, aus dem Fenster zu schauen und in der einen Richtung die stolze Skyline von Palo Alto und gleich nördlich davon die blitzenden Türme von Mission Shores zu sehen.

Unsere Seite hat in Ravenswood eine sichere Wohnung, einen

unscheinbaren kleinen Unterschlupf in einem Apartmentkomplex in der Nähe der Bay Avenue. Das Entscheidende ist, dass die Garagenzufahrt ein elektronisch gesichertes Tor hat. Ich gab die Kombination ein, fuhr in die Tiefgarage, schnell durch die Hinterausfahrt wieder hinaus und um das Gebäude herum. Der Wagen, der mir gefolgt war, ein tiefergelegter, feuerroter Pontiac GTO, stand noch in der Einfahrt, aufgehalten durch das Tor. Der Fahrer sah mich kommen und wollte zurückstoßen, aber ich verstellte ihm mit meinem Wagen den Weg und wartete dann einfach ab, was er tun würde. Er erwies sich endgültig als Amateur, als er aus seinem Wagen sprang und auf mich zumarschierte, eine Hand hinterm Rücken. Er war jung, dünn und ausstaffiert wie der hiphoppigste Ghettostar aller Zeiten – seitwärts aufgesetzte Basecap, dicke Ketten, Hosenbund auf halber Arschhöhe –, aber er war so weiß wie der Typ auf der Quaker-Porridge-Packung.

»He, was soll das?«, wollte er wissen. »Du blockierst meinen Wagen, Mann!«

Ich stieg aus. »Ach ja?«

Er putschte sich eindeutig zu etwas Kühnem und Dummem auf: Er wippte auf und ab, als ob er pinkeln müsste, ließ aber die Hand hinterm Rücken. Aus der Nähe sah ich, dass er eins dieser Mini-Bärtchen auf dem Kinn hatte (dünn und von der Beschaffenheit von Raupenhaar), bei denen ich mich immer frage, ob dem Besitzer beim Rasieren einfach eine Stelle entschlüpft ist.

»Komm mir nicht dumm, Mann!«, sagte er und hopste in seiner Empörung noch höher. »Ich bin dir gefolgt.« Und dann kam, wie eine müde alte Stripperin aus einer Torte, seine Pistole zum Vorschein, eine 9 mm, und dieser Möchtegern-Gangsta hielt sie prompt auf die stylische Art seitlich, als er auf mich zielte – die beste Voraussetzung für Treffungenauigkeit und dafür, dass die Hülse steckenbleibt und die Pistole blockiert. Ich musste unwillkürlich lächeln, als ich die Hände hochnahm.

»*Peace*, Mann. Du hast die Knarre, du bist der Boss.«

»Yeah! Gut, dass du's einsiehst!« Er hopste immer noch, und ich hatte ein bisschen Angst, er könnte versehentlich abdrücken und einen unschuldigen Passanten verletzen. »Was hast du in Posies Haus gemacht?«

Schlagartig war alles klar. Ich musste mich beherrschen, um nicht zu grinsen. »Soll das heißen, du bist mir den ganzen Weg hierher gefolgt, nur weil ich in der Einfahrt von deiner Freundin geparkt habe? Nein, streich das, in der Einfahrt des *Großvaters* deiner Freundin?«

»Schnauze! Ich stell hier die Fragen, *Motherfucker*. Und wenn du nicht willst, dass ich dir eins draufbrenne, Mann, dann beantworte sie gefälligst.«

»Bisschen unsicher, hm?« Ich bewegte eine Hand langsam im Bogen. »Hör zu, ich werde jetzt in meine Tasche greifen und eine meiner Geschäftskarten rausholen.«

»Superlangsam, Mann.« Er machte grimmige Grimassen, um mir zu demonstrieren, wie durch und durch bereit er war, mir eins draufzubrennen. Mir taten seine Eltern leid, die offensichtlich eine Menge Geld für seine Zahnregulierung ausgegeben hatten und es gar nicht gern gesehen hätten, wie er mit den Zähnen knirschte. Ich fischte vorsichtig mit Daumen und Zeigefinger die Karte aus meiner Brusttasche und hielt sie ihm hin. Als er einen Schritt vortrat, um sie zu nehmen, ließ ich sie »versehentlich« zu Boden segeln. In der halben Sekunde, die er ihr nachstarrte, nahm ich ihm die Pistole aus der Hand und hieb sie ihm einmal kurz an die Stirn, wo sie ein hufeisenförmiges rotes Mal hinterließ. Er taumelte ein paar Schritte zurück, die abschüssige Einfahrt hinunter, und landete dann unsanft auf dem Hintern, das Gesicht verzogen, als würde er gleich losheulen.

»Scheiße, Mann! Was soll das?«

»Hat vielleicht damit zu tun, dass du mir mit einer Pistole vor der Nase herumgefuchtelt hast.«

»Ey, cool bleiben, Mann! Die ist ja gar nicht geladen!«

Ich verdrehte die Augen. »Du bedrohst einen völlig fremden Menschen mit einer Pistole, ohne auch nur eine Patrone in der Kammer zu haben?« Ich steckte seine Knarre ein und zeigte ihm meine. »Wenn ich nun die hier gezogen hätte? Glaub mir – die *ist* geladen. Und ich hätte nicht lange damit herumgefuchtelt, bevor ich dich erschossen hätte.«

Seine Augen wurden groß: »Du … Sie hätten mich erschossen?«

Ich seufzte. »Steh einfach auf. Wie heißt du, Bürschchen?«

»G-Man.«

»Ich meine nicht dein Pseudonym im Club der Schwachköpfe. Was steht auf deinem Führerschein? Dein Wagen sagt mir schon, dass du noch bei deinen Eltern wohnst – niemand kauft sich so viel Chrom von seinem Warenpackerlohn, außer er zahlt keine Miete.« Er murmelte etwas. »Was? Sag's noch mal, lauter. Deinen ganzen Namen.«

»Garcia.« Er schmollte wie ein Drittklässler, der im Unterricht beim Nintendo-Spielen erwischt worden ist. »Garcia Birkling.« Der Nachname klang wie »Bückling«, was mir ganz adäquat schien, weil ihn früher oder später die Männer im Knast so nennen würden, wenn er nichts dazulernte.

»Passt. Lass mich raten – deine Eltern waren Hippies.«

»Sie wissen nichts über mich, *Bro*!«

»O doch. Schau dich doch mal an – Schweden, Friesen, Polen, Schotten, all diese kaukasischen Vorfahren, weiß der Himmel wie viele Sorten reinweißer Zutaten, die sich alle vermengt haben, um das weißeste Bürschchen hervorzubringen, das man sich vorstellen kann, und dein größter Wunsch ist es, ein armer Schwarzer zu sein.«

»Nee, Mann, ich schäm mich nicht für meine Wurzeln. Ich bin ein Vertreter der Straße!«

»Klar, und deine Straße hat zufällig Schülerlotsen an jeder

Ecke und massenhaft Gärtner mit Laubbläsern.« Ich öffnete meine Wagentür. »Wach auf, Junge.«

Er rappelte sich auf. »Was ist mit meiner Knarre?«

»Die sollte ich eigentlich behalten – könnte dir das Leben retten –, aber ich sag dir was. Siehst du die Karte da auf dem Boden, Garcia? Da steht meine Telefonnummer drauf, und ob du's glaubst oder nicht, ich bin auf deiner Seite. Wenn dir also irgendwas Ungewöhnliches rund um das Haus von Posies Grandpa oder sonst irgendwas auch nur im Geringsten Merkwürdiges auffällt, rufst du mich an. Vielleicht kannst du dir das Ding ja zurückverdienen.«

Er machte wieder große Augen und rieb sich den Abdruck auf der Stirn. »Was sind Sie – Detektiv oder was?«

»Nein, mein Junge, ich bin der Racheengel des Herrn.«

Ich überließ es ihm, darüber nachzudenken, während ich meinen Wagen zurücksetzte. Ich hoffte, er würde nicht mehr allzu lange sinnierend dastehen, weil sonst noch jemand kommen und die blitzenden Radkappen von seinem hübschen roten Wagen abmontieren würde.

9

EIN HEISSER SCHATTEN

Haben Sie irgendwelche Freunde, die keine … die nicht so sind wie wir?«, fragte mich Clarence.

Ich blickte von meinen Speckeiern auf. Im *Oyster Bill's* kriegt man nicht nur morgens schon Alkohol, sondern auch rund um die Uhr Frühstück. Die Kneipe für mich! »Du meinst lebende Leute? *Richtige* Leute?«

Er sah sich erschrocken um. »Sie sollten nicht so laut sprechen.«

»Eins, was du lernen wirst, Junge, ist, dass die meisten Leute ungewöhnliche Dinge gar nicht bemerken, auch wenn sie *nicht* von einem Engel gesagt oder getan werden.« Ich musterte ihn. Das Zusammensein mit Sam hatte ihn bislang nicht verändert. Er kleidete sich immer noch wie ein Retro-Nerd, mit weißem Hemd und Khakihosen, und obwohl es gleich Mittag war, sah er frischgeduscht aus. Ich hatte noch nie jemand so Sauberen gesehen. »Freunde, die keine Engel sind? Ein paar. Manche Lebenden sind als Gesellschaft einfach amüsant. Und manche Frauen sind einfach zu hübsch, um sie an sich vorbeigehen zu lassen – oder wenigstens zu willig. Aber eine engere Freundschaft wird es nie.«

»Frauen?« Er schien schockiert. »Sie meinen … Sex? Sex zwischen Engeln und Lebenden?«

»Ist ja nicht obligatorisch.« Ich lehnte mich zurück und signalisierte der Bedienung, dass sie mir Kaffee nachgießen möge.

»Guter Gott, Junge, du sagst das, als wäre es irgendwie gruselig, so was wie umgekehrte Nekrophilie. Wir sind alle menschlich, wir haben alle Körper, nur sind manche von uns in einem anderen Stadium des Prozesses.« Ich sah ihn prüfend an. »Warum fragst du? Interessierst du dich für jemand Bestimmtes?«

»Nein!« Man hätte meinen können, ich hätte ihn gefragt, ob er ein Sonntagsschulpicknick mit dem Maschinengewehr niedermähen wolle. »Nein, es ist nur alles so … anders.«

»Ah, ja, richtig, du bist ja noch ganz neu in der Welt des Fleisches.« Aus Rücksicht auf die Angst des Jungen vor neugierigen Ohren wartete ich, bis die Bedienung den Kaffee nachgeschenkt hatte. »Ist es so anders, als du gedacht hast?«

Er hatte etwas Zucker verschüttet und tippte ihn jetzt mit der Fingerkuppe auf. »Ich weiß nicht. Es … es ist seltsam, einen Körper zu haben. Wieder einen zu haben. Ich meine, ist doch so, oder? Ich kann mich nämlich nicht erinnern.«

»Ich auch nicht. Keiner von uns. Das gehört aus irgendeinem Grund zum Spiel. Macht uns wahrscheinlich zu besseren Engeln.«

»Aber das versteh ich nicht.« Er sah sich wieder um, als fürchtete er irgendwelche himmlischen Spione. »Warum das alles? Wenn der Höchste will, dass die Leute gut sind, warum erschafft er sie dann nicht gleich so?«

»Bingo.« Ich stellte meinen Kaffeebecher hin und lehnte mich zurück. Es war ein bisschen grau und windig geworden, die Fahnen über dem Fähranleger knatterten. »Gerade hast du die magischen Worte gesprochen – du gewinnst hundert Dollar.«

»Was?«

»Du hast eben einen der Vorteile des Verkörpertseins entdeckt. Ich gehe seit Jahren im Himmel aus und ein und kann mich nicht erinnern, dort oben je so ein Gespräch geführt zu haben. Niemand dort stellt irgendwelche Fragen. Vielleicht kann man das ohne Körper gar nicht.«

»Versteh ich nicht.«

»Keiner von uns versteht es. Gottes Wege sind unergründlich und so weiter. Und obwohl keiner von uns sich erinnert, wie er war, als er noch lebte, oder woran er geglaubt hat, kennen wir doch jetzt anscheinend die Wahrheit – und die ist ziemlich genau so, wie es die meisten Leute erwartet haben. Zu all dem Warum und Wieso hätte ich auch noch eine Frage beizusteuern.«

Es dauerte einen Moment, bis er schaltete. »Äh … ja?«

»Was sagt dir, dass da nicht noch mehr kommt? Vielleicht sehen wir ja nur so viel von der Antwort, wie wir begreifen können – vielleicht wissen wir ja vom wahren Himmel nur so viel wie ein Dreijähriger von Quantenphysik.«

Er schien ein bisschen erschüttert zu sein. »Das ist eine komische Idee, Mr. Dollar.«

»Ich bin nun mal ein Typ mit komischen Ideen.«

Die letzten Tage war beruflich wenig losgewesen, aber dieser Nachmittag machte es mehr als wett – drei Fälle, und zu allen nahm ich den Jungen mit. Der erste war ein netter alter Mann, fast vierundachtzig, Pflegeheim – natürliche Todesursache, ein Leben als Elektriker, guter Ehemann, guter Vater, total problemlos. Nach ihm kam ein Herzinfarkt, der einen neunundfünfzigjährigen Autohaus-Filialleiter auf dem Crosstrainer im YMCA in der Hudson Street ereilt hatte, und danach eine traurige Sache, häuslicher Unfall, eine junge Mutter, die in der Dusche gestürzt und mit dem Kopf aufgeschlagen war.

Als wir am Ort des ersten Todesfalls ankamen, erhielt ich, sobald ich ins Außerhalb hinübertrat, eine Nachricht von meinen Vorgesetzten.

Sie werden in der Himmlischen Stadt verlangt, Engel Doloriel. Die Worte klangen in meinem Kopf, ohne erkennbare Quelle. *Ihr Erzengel möchte Sie sprechen.*

Das überraschte mich nicht allzu sehr. Ich wusste, sie mochten es nicht, wenn einer von uns nicht regelmäßig Kontakt hielt, und schon gar nicht, wenn jemand umzog, ohne ihnen zu sagen wohin. Aber ein Verbrechen war es ja nicht. Ich beschloss, am Abend hinaufzugehen.

Bei dem alten Mann und der jungen Frau lief es ziemlich unaufwendig. Kontrovers war nur der Autohaustyp, ein gewisser Hilbert Crosley, der, wie sich herausstellte, bei der Ersatzteilabrechnung ein paar tausend Dollar unterschlagen hatte, als er wegen der Trinkerei seiner Frau verzweifelt gewesen war, dann aber später angefangen hatte, das Geld heimlich zurückzugeben, wenn er es auch nicht mehr ganz geschafft hatte. Wir machten einen Deal mit dem Ankläger, einem (buchstäblich wie auch im übertragenen Sinne) schleimigen Burschen namens Puddle-of-Pus, dem klar war, dass er trotz der Unterschlagung nur schwer gewinnen konnte – ansonsten war das Register des Toten okay –, und Crosley kam mit Fegefeuer davon.

»Aber er war doch kein schlechter Mensch!«, erklärte Clarence hinterher, als wir in einem Diner am Weg einen Burger einwarfen. »Warum haben Sie sich auf das Fegefeuer eingelassen?«

»Weil es zwar nur ein Eigentumsdelikt war, aber trotzdem ein Vertrauensbruch, und das kann sehr schwer wiegen. Du kennst Remiel nicht so gut wie ich.« (Remiel war der Richter im Fall Cosley; dafür, dass er ganz aus heiligem Licht bestand, hatte er einen ziemlichen Stock im Arsch.) »Glaub mir – unser Mandant wird seine Zeit im Fegefeuer mit links hinter sich bringen.«

»Aber es ist doch das Leben dieser Leute!«, sagte Clarence, so auf seine Argumentation konzentriert, dass er gar nicht merkte, wie ihm die Tomatenscheibe und Zwiebeln aus seinem Burger auf den Schoß flutschten. »Nein, es ist ihr ewiges Schicksal, das in unserer Hand liegt!« Er blickte auf seinen Schoß, runzelte die Stirn und versuchte dann, die Sauerei mit einem jämmerlich untauglichen Serviettchen wegzuwischen.

»Genau«, sagte ich. »Es liegt in unserer Hand, aber wir haben es nie völlig im Griff – das ist quasi die Jobbeschreibung. Also ist es besser, niedrig zu verlieren, als das Risiko einzugehen, hoch zu verlieren.« Ich tat mein Bestes, ihm zu erklären, dass ich es zuerst auch auf seine Art angegangen war, in jedem einzelnen Fall alles nach vorn geworfen hatte wie ein High-School-Footballcoach, der sein Underdog-Team zu einem hohen Sieg führen will, aber ich sah ihm an, dass es nicht zu ihm durchdrang – er wollte es nicht wahrhaben. Was hieß: Wenn Clarence wirklich das war, was er zu sein behauptete, ein Verteidiger-Trainee, würde er das Ganze wie wir alle auf die harte Tour lernen müssen.

Die Sache ist nämlich die: Himmlische Richter haben ihre eigenen Vorstellungen und schätzen es gar nicht, wenn man ihnen mit moralischen Belehrungen kommt. Ja, sie halten sich letztlich für die Moral *selbst*, und sie haben die Macht, ihre Meinung durchzudrücken. Eine Reihe schmerzlicher Niederlagen hat mich den wichtigsten Grundsatz gelehrt: Tu, was du kannst, nimm, was du kriegen kannst, und versuch über den Wunden, die du davonträgst, Narbengewebe zu bilden. Wenn du den Richter nicht dazu bringen kannst, die Sache so zu sehen wie du, *musst* du schon den kleinsten Gewinn einsacken. Niemand lässt sich gern auf einen Fegefeuerdeal ein, aber es ist um Klassen besser, als aufs Ganze zu gehen und zu verlieren, weil es Menschen sind, um die wir spielen – Menschenseelen. Es ist schmerzhaft, einen Fall zu verlieren, aber für sie ist es noch viel schmerzhafter als für uns.

Das Handy klingelte nicht mehr, also schaute ich nach dem Essen im *Compasses* vorbei, in der Hoffnung, Sam zu erwischen und ihm Junior offiziell wieder zu übergeben, aber mein Freund war nicht da. Monica hingegen war da, und obwohl sie nur lächelte und hallo sagte, war ihre ganze emotionale Ausstrahlung ziemlich unheimlich. Ich fragte mich, ob sie am Vorabend bei mir gewesen war und festgestellt hatte, dass ich nicht zu Hause war. Aber wenn ja, hätte sie doch wohl auch den eingebrannten Monsterprankenabdruck auf meiner Tür bemerkt, und das hätte sie ja wohl erwähnt, also fragte sie sich vielleicht nur, warum ich sie seit unserer gemeinsamen Nacht nicht angerufen hatte.

Monicas spürbare Versöhnlichkeit gab mir das Gefühl, eine Zielscheibe auf dem Rücken zu tragen. Ich machte es kurz mit meinem Drink, blieb nur gerade eben lange genug, um ein paar rituelle Injurien mit Sweetheart, Walter Sanders und einigen anderen zu wechseln. »Hey, Clarence«, fragte ich, als ich in meine Jacke schlüpfte, »soll ich dich heimfahren?«

»Ich wollte, Sie würden mich nicht so nennen«, sagte er. »Ich habe nämlich ›Ist das Leben nicht schön?‹ gesehen. Ich meine, ich kriege die Anspielung mit.«

»Und wenn du dir deine Flügel verdienst hast, werden wir dich nicht mehr Clarence nennen, sondern Harold oder Harry oder wie immer du offiziell heißt.«

»Harrison«, sagte er schmollend. »Harrison Ely. Ja, ich würde gern mitfahren.«

Wie sich herausstellte, nahm der arme Clarence, wenn Sam ihn nicht abholte, doch tatsächlich den Bus zur Arbeit. Ein Engel in einem dieser öffentlichen Busse – kann man sich so was vorstellen? Eher würde ich laufen.

»Schön, dich zu sehen, B«, rief Monica, als ich den Jungen zur Tür bugsierte.

»Gleichfalls, meine Schöne. Gleichfalls.« Aber ich sah zu, dass ich hinauskam.

»Brittan Heights?«, fragte ich, als wir westwärts auf die Hügel zufuhren. »Ich wusste gar nicht, dass es da oben überhaupt Apartments gibt. Hätte es nicht für die Sorte Gegend gehalten.«

»Ich … äh … ich wohne in einem Haus.«

»Seit wann bewilligen sie uns denn die Wohnkosten für ein

Haus?« Meine Alarmglocken schrillten wieder – *wer* protegierte dieses Bürschchen?

»Nein, nein, ich …« Er wand sich neben mir, als ob er sich aus dem fahrenden Auto auf den Asphalt des Highway 84 werfen wollte. »Ich habe ein möbliertes Zimmer.«

»Ein Zimmer? Bei richtigen Menschen?« Ich lachte. »Du bist verrückt, Kleiner. Warum in aller Welt tust du das? Was ist, wenn du mal selbst als Anwalt praktizierst und zu den merkwürdigsten Tages- und Nachtzeiten kommst und gehst?«

»Weiß nicht. Darüber mache ich mir dann Gedanken. Mit den Leuten komme ich gut aus und … und ich spare Geld.«

Jetzt stand fest, dass er verrückt war. »Du sparst Geld? Wofür? Hast du vor, dir eines Tages ein eigenes Häuschen zu kaufen? Mit Vorgarten und Jägerzaun?«

»Sie brauchen nicht so auf mir rumzuhacken. Es ist nur … ich … ich finde Sparsamkeit eben gut.« Es war deutlich hörbar, dass ich ihn irgendwie gekränkt hatte. Was mich nicht weiter kümmerte. Das Ganze war einfach absurd. Wir sind keine normalen Leute. Wir haben keine normalen Leute zu sein. Das ist nicht unser Job.

Auf der restlichen Fahrt sagten wir nichts mehr. Ich legte Dylans *Blood on the Tracks* ein und hörte »Lily, Rosemary and the Jack of Hearts«, während wir uns zwischen den adretten, geräumigen Häusern bergauf schlängelten. Vor einem großen Haus im spanischen Stil nicht weit vom Crestview Park hieß Clarence mich anhalten.

»Nettes Häuschen«, sagte ich, als er ausstieg.

Er zuckte die Achseln. »Es sind nette Leute. Danke fürs Mitnehmen.«

Ja, ich hielt den Jungen für einen sentimentalen Schwachkopf, doch als ich wieder durch Brittan bergab fuhr, den funkelnden Lichtern der Stadt entgegen, überkam mich für einen Moment Neid. Es musste schön sein, wenn einen hin und wieder mal etwas oder jemand erwartete – ein Haus, in dem noch andere Leute wohnten, ja, oder ein Haustier. Ich hatte so was noch nie gehabt, es immer abgelehnt, mir irgendwelchen Ballast ans Bein zu binden. Ich wusste, ich würde es auch nicht mehr wollen, wenn ich drunten in der Ebene ankam, aber diesen einen Moment lang verspürte ich einen Anflug von etwas, das ein weniger autarker Engel vielleicht Einsamkeit genannt hätte.

In dem Moment, als ich durch die Tür meines Motelzimmers trat, fühlte ich die Bruthitze, als ob ich beim Weggehen den Thermostat auf fünfzig Grad gelassen hätte. Dann schlug mir der Geruch entgegen, so stark und so *falsch*, dass ich, mit der Hand vorm Gesicht, rückwärts wieder hinausstolperte, und das rettete mich. Das Etwas, das im Zimmer gelauert hatte, krachte gegen die halboffene Tür, und die Wucht des Aufpralls riss die obere Angel heraus, sodass die Tür schief und schräg im Rahmen hing. Im nächsten Moment trat das Etwas auf die beschädigte Tür und zermalmte sie zu splitterndem Holzmüll, als es sich ins Freie hinauszwängte wie ein Oktopus aus einer Unterwasser-Felsspalte.

Aber es war kein Oktopus und auch sonst nichts, was ich schon mal gesehen hatte. Es hatte eine ungefähr menschenähnliche Gestalt, war aber riesig, fast zwei Meter fünfzig groß, und so dunkel, dass ich selbst im Licht der Parkplatzlampen kaum mehr ausmachen konnte als ausladende Hörner auf seinem Kopf und eine zerklüftete, schrägabfallende Schnauze, die ihm etwas von einer abstrakten Minotaurus-Statue verlieh. Selbst aus einigen Metern Abstand war die Hitze, die es abstrahlte, schmerzhaft intensiv.

Es mit so etwas aufnehmen zu wollen, war undenkbar. Ich drehte mich um und spurtete über den Motelparkplatz. Ich hörte das Monster hinter mir hergaloppieren und immer noch Stücke der zersplitterten Tür abschütteln. Also hechtete ich unter einen Sport Wagon und versuchte verzweifelt, meine Pistole aus dem Hosenbundholster zu fummeln, was nicht leicht ist, wenn man bäuchlings unter einem SUV eingeklemmt ist. Das Etwas gab immer noch keinen Laut von sich außer einem grunzenden Atmen – *das ist gut*, dachte ich, *wenn es atmet, ist es vielleicht verwundbar* –, aber es wusste genau, wo ich lag, und war sehr interessiert. Es umrundete das SUV, dann wischte plötzlich eine riesige heiße Hand unter dem Unterboden entlang und verfehlte meinen Kopf nur um Zentimeter – ich kann beschwören, dass ich im Zurückzucken meine Augenbrauen brutzeln fühlte, als ob jemand versucht hätte, mein Gesicht in ein Waffeleisen zu klemmen.

Gleich darauf bückte sich das Etwas und hievte einfach so den Wagen hoch, sodass nur noch zwei Räder Bodenkontakt hatten. Ich wollte nicht herausfinden, was passierte, wenn es ihn wieder fallen ließ, während ich drunter lag, also rollte ich mich seitlich hervor und schaffte es jetzt endlich, den Revolver zu ziehen. Ich feuerte auf das Etwas, mittenrein, alle fünf Kugeln. Ich kann mir nicht vorstellen, dass ich auf diese kurze Entfernung danebengeschossen haben soll, aber soweit ich mitbekam, erschöpfte sich die Wirkung darin, dass die Kreatur kurz wankte und vor Schreck den Wagen losließ, der auf seinen großen Reifen ein paarmal hüpfte, während ich die Gelegenheit nutzte, um weiter wegzukrabbeln. Das Ganze machte einen Heidenkrach: Als meine Schüsse verhallt waren, gingen im ganzen Motel Lichter an. Ich hatte keine Ahnung, was da hinter mir her war, aber ich wollte nicht, dass normale Leute hineingezogen wurden – nach allem, was ich bisher gesehen hatte, würde dieses Monstrum sie einfach wie Butter zerdrücken.

Meine Entscheidung wurde dadurch beschleunigt, dass der riesige gehörnte Schatten über das SUV auf mich zukletterte. Später sollten die Polizisten, die den Wagen untersuchten, zu dem Schluss kommen, dass er mit einem Schneidbrenner und einer Spitzhacke verwüstet worden war, aber ich war dabei – diese Spuren stammten von Fingern und Zehen oder Hufen oder worauf auch immer dieses Monster herumspazierte. Das Kreischen aufreißenden Metalls sagte mir, was passieren würde, wenn das Ungeheuer mich erwischte, also sprang ich auf, spurtete über den Parkplatz hinaus ins Licht des befahrenen Camino Real und suchte nach meinem Schnelllader, während ich zwischen erschrocken hupenden Autofahrern hindurchflitzte.

Deshalb übrigens trage ich ungern eine Waffe. Sobald ich sie dabeihabe, brauche ich sie plötzlich dauernd.

Die meisten Augenzeugen sagten hinterher aus, ein gigantischer schwarzer Bär mit einer Halloween-Perücke habe einen Mann durch den Autoverkehr gejagt und sei einmal sogar über ein Taxi gesprungen, das hinter einem Knäuel jäh bremsender Autos schleudernd zum Stehen gekommen war. Ein einzelner Abweichler beharrte nicht nur darauf, dass der Mann *ebenfalls* über das Taxi gesprungen sei, er rückte auch nicht davon ab, dass es sich bei dem Verfolger nicht um einen Bären, sondern um einen »Riesengorilla mit einer Art Wikingerhelm« gehandelt habe. Bis auf diesen Mann schien außer mir niemand die beeindruckenden Hörner gesehen zu haben.

Ich erreichte die andere Seite des Camino Real etwa eineinhalb Sekunden vor dem glutheißen schwarzen Etwas. Ich heulte fast vor Wut auf mich selbst, weil ich so dumm gewesen war, zweimal hintereinander am selben Ort zu nächtigen, und ich war auch ziemlich außer Puste, traute mich aber nicht stehen zu bleiben. Ich war mir ziemlich sicher, dass mein Plan, das verdammte Biest zu erschießen, nicht an mangelnder Treffsicherheit gescheitert war, und einen neuen Plan hatte ich nicht, also rannte ich einfach weiter auf den Gebrauchtwagenplatz des Autohändlers auf der anderen Straßenseite, doch statt mich wieder unter einen Wagen zu werfen (der Bodenfreiheit der Kompaktautos hier traute ich nicht), rannte ich auf das Showroom-Fenster zu, während ich spürte, dass das Etwas hinter mir näher kam wie ein Kugelblitz. Ein Satz Krallen in der Größenordnung eines Gartenrechens sauste auf meinen Kopf nieder: Als ich mein Haar knistern hörte, dachte ich, ich wusste jetzt wenigstens ziemlich sicher, was meine Tür markiert hatte. Im letzten Moment duckte ich mich seitwärts weg und blieb durch ein Wunder auf den Beinen, aber das monströse Was-auch-immer hatte zu viel Masse, um so schnell zu manövrieren, und schlug mit voller Wucht in die drei mal zehn Meter große Glasfront, mit einem Krachen, als detonierte eine Bombe in der Kathedrale von Chartres.

Bis es sich aus den Scherben aufgerappelt hatte, war ich schon auf der hinteren Stoßstange des N-35-Busses Richtung Süden unterwegs. Ich sah noch vage den Schatten in den Ruinen des Showrooms herumtappen und -schnüffeln, aber er sah mich offenbar nicht am Heck des Busses hängen, um Atem ringend, während ich leise auf das Cal-Trans-Logo und den unter mir hindurchgleitenden Asphalt hinabblutete.

Es zählt nicht als richtige Busfahrt, weil ich keine Fahrkarte hatte.

10

SOLCHE ANGST

Im Distrikt Miramonte ganz am Südrand von San Judas sprang ich von dem Bus ab. Nach längerer Diskussion mit dem nervösen Portier eines Kettenmotels (und handfester Bestechung desselben mit einem der Notfall-Zwanziger aus meinem Geldgürtel) hatte ich eine Unterkunft – »Versteck« wäre vielleicht das bessere Wort, aber ich wusste nicht, ob es überhaupt möglich war, sich vor dem Etwas, das mich gerade angegriffen hatte, zu verstecken. Zwar können sich Engel, Dämonen und selbst mächtige böse Geister den Regeln der kosmischen Ordnung nicht widersetzen, aber manche dieser Regeln sind für uns eben anders als für euch. Wenn dieses Monstrum einen physischen Körper hatte, und den hatte es ganz eindeutig (sehr heiß, sehr stark, sehr fies, wenn Sie sich erinnern), dann operierte es auch auf der physischen Ebene. Vielleicht konnte es mich ja am Geruch aufspüren, aber in einer Stadt mit über einer Million Einwohnern musste es dafür wohl erst mal ziemlich nah an mir dran sein. Die Kreatur war mit an Sicherheit grenzender Wahrscheinlichkeit von einer steuernden Intelligenz auf mich angesetzt worden, aber das hieß vermutlich nur, dass sie meine üblichen Aufenthaltsorte abklappern würde. Solange ich in Bewegung blieb, müsste ich wohl sicher sein, jedenfalls eine Weile. Trotzdem (und obwohl es ein solches Monster nicht länger als zwei, drei Sekunden aufhalten würde) legte ich die Kette der Motelzimmertür vor und klemmte einen Stuhl unter die Klinke.

Ich hatte mir noch schnell in einer nahen Apotheke etwas Erste-Hilfe-Zeug geholt, und nachdem ich meine – gemessen an den Umständen ziemlich geringfügigen – Wunden versorgt hatte, konnte ich schließlich meinen mit Desinfektionsmittel betupften und verbundenen Körper schlafend im Motelbett zurücklassen und der Einbestellung durch meine Vorgesetzten Folge leisten.

Ich freute mich nicht gerade auf das, was mir oben im Haus bevorstand, und wollte es so lange wie möglich hinausschieben, also nahm ich den langen Weg in die Himmlische Stadt. Das konnte ich tun, ohne mir Ärger einzuhandeln, weil es ja im Himmel keine Zeit gibt: Man ist da, wenn man da ist. Es ist alles Jetzt. Ja, es ist schwer, das jemandem zu erklären, der es nicht selbst erlebt hat.

Jedenfalls: Da es für niemanden außer mir irgendeinen Unterschied machte, nahm ich den langen Weg durch die Gefilde, atmete die lieblichen Lüfte und ließ mich vom Anblick derer trösten, die auf diesen endlosen Auen heiter und zufrieden sangen und tanzten. Es hat einen Sinn, dass wir Engel tun, was wir tun, sage ich mir manchmal (vor allem, wenn dieses Tun gerade besonders unerfreulich, beängstigend oder schmerzhaft ist), und in meinem Fall besteht dieser Sinn darin, Seelen, die es verdient haben, zum Genuss dieses heiteren Friedens zu verhelfen. Jede erfolgreiche Fürsprache bedeutet, dass wieder jemand Elend, Krankheit und die Mühsal des Alters hinter sich lassen und hierher kommen kann, um ewig jung in den Gärten des Herrn zu leben.

So zu denken, half – das tut es immer –, aber es nahm nicht all meine Probleme von mir. Und es machte den ganzen Wirrwarr auch nicht durchschaubarer.

Wer oder was war dieses gehörnte Monster, das so scharf darauf schien, mir den Kopf abzureißen? Es hatte eindeutig den

Geruch der tieferen Höllenschlünde an sich, aber etwas Derartiges dazu zu bringen, sich in der realen Welt zu manifestieren, ist sehr schwer. Das ist einer der Gründe, warum Engel und Dämonen, wenn sie auf der Erde im Einsatz sind, im Großen und Ganzen wie gewöhnliche Menschen aussehen: Etwas Gebräuchliches ist viel leichter aufrechtzuerhalten. Also hatte jemand eine extreme Menge Kraft aufgewandt, um dieses monströse Etwas hervorzubringen und dafür zu sorgen, dass es mich jagte, was es offenkundig schon ein paar Tage lang tat. Wem lag so viel daran, mir etwas anzutun?

Wenn ich genauer herausfände, worum es sich bei dem Ungeheuer handelte – würde mir das einen Hinweis darauf geben, wer es auf mich angesetzt hatte? Es war groß und bösartig, das war alles, was ich sicher wusste. Und es fühlte sich allemal wie ein Dämon an, aber andererseits war da an ihm etwas Ungewöhnliches, das mich unsicher machte. Es wirkte so alt, irgendwie – primitiv. Selbst die übelsten und monströsesten Inkarnationen der Gegenseite vermögen gewöhnlich zu kommunizieren oder zumindest den Eindruck zu erwecken, dass sie es könnten, wenn sie wollten. Das gehörnte Etwas wirkte, als hätte es nichts im Kopf als rohe Gewalt – mehr wie eine Idee denn wie ein denkendes Wesen. Von etwas Derartigem hatte ich noch nie gehört, aber es war definitiv dort draußen und definitiv darauf aus, mich auf brutalste Weise zu töten.

Apropos, Sie fragen sich vielleicht, warum ich so erbittert darum kämpfte, nicht getötet zu werden, wenn der Tod doch für meinesgleichen nichts Endgültiges ist. Sie denken wahrscheinlich, *Was soll's, Engel, dann frisst eben etwas Garstiges deinen Körper, na und? Du kannst doch jederzeit einen neuen kriegen, oder?* Aber Sie übersehen entscheidende Fakten. Erstens – und das ist speziell für mich ein wichtiger Punkt – ist ein brutaler Tod *extrem schmerzhaft*. Niemand, den ich kenne, möchte von einem Monster mit rotglühenden Gaffhaken als Krallen ausgeweidet werden, selbst wenn er sich sicher wäre, dass es nur ein kleiner Umweg auf seiner Reise durch die Ewigkeit ist. Und zweitens gibt es gelegentlich den Fall, dass ein Engel (oder auch ein Dämon) nicht aufersteht. Das ist meinem ersten Mentor Leo passiert, und Ankläger Grasswax hatte gerade erst ein weiteres eindrückliches Beispiel für dieses Phänomen geliefert. Es wird nicht groß drüber geredet, jedenfalls nicht im Himmel, aber jeder weiß, dass es vorkommt: Ab und zu wird ein Engel vernichtet und kann nicht wieder zurückgeholt werden. Die Bosse sagen immer, diese Art »nicht abgesicherter« Tod (haben sie nicht charmante Euphemismen?) beruhe auf üblen Machenschaften der Gegenseite, aber ich habe im Lauf der Jahre einige Kollegen wispern hören, er scheine auffallend oft Unruhestifter zu ereilen – die Sorte Engel, die der Himmel nicht wirklich vermisst. Blasphemie, ich weiß, aber ich gebe ja nur weiter, was ich von anderen gehört habe. Ich muss allerdings hinzufügen, dass diese anderen es meist deshalb in meiner Gegenwart sagten, weil sie befürchteten, ich könnte irgendwann auch zu diesen »Problemengeln« gehören.

So viele Fragen. Eine, die mir gerade gekommen war, lautete: Warum ein solches Monster, das doch selbst für einen starken Höllendiener einen enormen Energieverlust bedeutete? Warum schickten sie nicht einfach ein paar unbedarfte Dämonen oder menschliche *Geister* mit Uzis? Mit entsprechender Feuerkraft könnte man doch so ziemlich jeden erdbasierten Engel töten.

Das zog einen äußerst beunruhigenden Gedanken nach sich. Was machte mich so sicher, dass das Etwas mich hatte töten sollen? Die noch viel beängstigendere Möglichkeit war doch, dass es ausgeschickt worden war, um mich gefangen zu nehmen.

Diese Gewichtung rührte daher, dass Ankläger Grasswax zwar am Ende gestorben, davor aber offensichtlich gefoltert worden war. Und selbst wenn es um die Hölle geht, ist die Liste der dafür in Frage kommenden Motive kurz: schlichte sadistische Rachsucht, die Absicht, ein Exempel zu statuieren, oder aber das Bestreben, Informationen aus dem Opfer herauszuholen. Da anzunehmen war, dass zwischen meiner momentanen Bedrängnis, der rätselhaften Walker-Sache und dem grausigen Tod des Anklägers Grasswax (der diesen höchstwahrscheinlich deshalb ereilt hatte, weil jemand hatte wissen wollen, was er über ebenjene Walker-Sache wusste) ein wie auch immer gearteter Zusammenhang bestand, war ich mir ziemlich sicher, dass ich mich von diesem Etwas noch weniger gern gefangen nehmen als töten lassen wollte – und ich will mich *gar* nicht gern töten lassen.

Da meine Engelssubstanz nach einigem Wandern durch die Gefilde leidlich erquickt und nicht mehr so unmittelbar an der Grenze ihrer Belastbarkeit war, ließ ich mich das letzte Stück in die Himmlische Stadt versetzen, ohne dass der Vorgang in meiner subjektiven Wahrnehmung irgendwelche Zeit brauchte. Bei dieser Art des Transports gelangt man nicht nahezu-sofort von A nach B, sondern mehr-als-sofort – vielleicht so wie diese Teilchen, die an verschiedenen Orten gleichzeitig sein können. Man … na ja, schimmert an einem Ort, bis man an einem anderen schimmert, besser kann ich's nicht ausdrücken. Jedenfalls, als ich in Temuels Büro erschien, war es genau der Moment, in dem ich erwartet wurde, aber mein Vorgesetzter schien trotzdem nervös und ungeduldig.

»Kommen Sie, Doloriel«, sagte er. Er war eindeutig erregt: Sein Licht war ungleichmäßig, verwischt wie ein Weihnachtsbaum hinter einem nassen Fenster. »Sie warten auf uns.«

Gleich darauf hatten wir das Labyrinth aus Licht, das Sie bereits als Kalifornien-Gebäude kennen, und dann ebenso schnell den gesamten Nordamerika-Komplex verlassen und befanden uns vor dem imposanten Tor eines Palasts, den ich noch nie gesehen hatte oder an den ich mich jedenfalls nicht erinnern konnte.

146

(Es ist wie gesagt schwer, sich an Details des Himmels zu erinnern, wenn man wieder in seinem sterblichen Körper steckt: Sooft man in den Himmel zurückkehrt, ist irgendwie alles völlig neu.) Das riesige Gebäude war aus reinem Adamant, was der himmlische Ausdruck für »Diamantbrocken, so groß wie ein Berg« ist. Und tatsächlich ragte es turmhoch in den himmlischen Himmel, der von einem schönen, aber lichteren Blau ist als der irdische und außerdem von Sternen durchglänzt. Das Leuchten von Seelen, die sich in dem Gebäude umherbewegten, war durch die Wände sichtbar.

»Das Anaktoron der dritten Sphäre«, erklärte Temuel, und die unterdrückte Anspannung in seiner Stimme sagte mir alles, was ich nicht schon über diesen Ort wusste – den Regierungssitz für den gesamten Bereich irdischer Angelegenheiten.

»Was sollen wir hier?«, fragte ich, bekam aber keine Antwort. Dann waren wir drinnen – offensichtlich erwartete man uns, da wir mit keinem der imposanten Engel, die den Eingang bewachten, interagieren mussten. Wir erschienen auf einer Seite eines mächtigen steinernen Tischs in einem Raum, gefühlt so groß wie Pasadena, mit dreißig Meter hohen Fenstern, durch die das schimmernde Licht des Himmels hereinfiel. Ein Fluss – ein richtiger Fluss! – schlängelte sich durch die Substanz des glänzenden Fußbodens, wobei er um den Tisch einen weiten Bogen machte, und die Musik des fließenden Wassers war das einzige Geräusch in dem riesigen Raum. Auf der anderen Seite des Tischs schwebte ein Quintett leuchtender Gestalten – fünf wichtige Engel. Fünf *sehr* wichtige Engel sogar, zwei (vom Aspekt her) männlich, zwei weiblich und einer weder noch.

»Dies ist Ihr Ephorat«, sagte Temuel und benannte dann die wartenden Engel von links nach rechts. »Karael, Chamuel, Terentia, Anaita und Raziel.« Einige der Namen waren mir nur zu bekannt. Ich hatte nie den geringsten Wunsch verspürt, vor einem von ihnen zu stehen, geschweige denn vor allen gleichzeitig. Ein Ephorat ist ein Gerichtsgremium, das zusammentritt, um über eine bestimmte Sache zu befinden. Wie hohe Engel das Ephorenamt erlangen, weiß niemand genau, aber dass diese fünf Ephoren waren, hieß, dass hier etwas auf höchster Ebene behandelt wurde. War ich solche Aufmerksamkeit wert? Hatten sie ein Ephorat zusammengerufen, weil über mich geurteilt werden sollte? Ich hatte keine Ahnung, hoffte aber inständig, dass nein. Doch worum es auch ging, ich hatte es jetzt mit den ganz hohen Tieren zu tun.

»Willkommen, Doloriel«, sagte das schrecklich schöne, gnadenvolle und liebende Gleißen, das Terentia war. Sie war ganz Farbenspiel unter einem strahlend weißen Glanz und schien diese kleine Versammlung zu leiten. »Gott liebt Sie.«

Ich beugte den Kopf. Es war unmöglich, sich in einem Raum so voller Engelsleuchten nicht überwältigt zu fühlen, sich nicht vorzukommen wie ein Kind in Gegenwart Respekt einflößender Erwachsener. Und noch unmöglicher war es, sich nicht zu fürchten. »Danke, Ephora.«

»Wir sind besorgt wegen gewisser Geschehnisse auf der Erde«, sagte der herrliche Jüngling namens Karael in seiner Rüstung aus glitzerndem Elektrum, und schon unter der Berührung seiner mächtigen Gedanken schwanden mir fast die Sinne. Seine Farben waren dunkler als die von Terentia, waberndes Schwarz und Rot unter seiner Helligkeit, wie Steine auf dem Grund eines schnellfließenden Stroms. Karael war in der ganzen Himmlischen Stadt bekannt. Er war einer der Engelkrieger, ein Veteran des Sturzes, und er verströmte Macht und Stärke. Ich fragte mich, welch kompliziertes himmlisches Protokoll ihm in dieser Versammlung einen Platz hinter Terentia zuwies. »Wir möchten alles hören, was Sie über die Seele namens Edward Lynes Walker wissen.«

Jetzt war ich schon nicht mehr ganz so beunruhigt: Dieses Ephorat befasste sich offenbar mit dem Walker-Fall, nicht mit mir persönlich. Was mich natürlich nicht retten würde, wenn sie zu dem Schluss kamen, dass ich Mist gebaut hatte, aber zumindest ging es nicht nur um Bobby D.

Ich erzählte ihnen alles, was ich wusste. Na ja, nicht jeden zweiflerischen Gedanken, der sich je in meinem tiefsten Herzen geregt hatte, aber alles übrige – von Fatback, dem *Water Hole*, Walkers Enkelin und ihrem dämlichen Boyfriend, sogar von meinem Treffen mit der Gräfin von Coldhands. Ich würde nicht so weit gehen zu behaupten, die höheren Engel könnten Gedanken lesen, aber so viel steht fest: Es bräuchte eine stärkere Seele als den Erzähler, um vor einer Gruppe vereidigter Ephoren irgendetwas Wichtiges zu verschweigen. Ich hatte einen Mordsschiss. Den hätten Sie auch, wenn Ihre unsterbliche Seele auf diese Weise durchleuchtet würde.

»Warum nehmen Sie solche Mühen auf sich, um mit dieser Gräfin zu sprechen?«, fragte Anaita, als ich fertig war. »Mal abgesehen von dem Risiko, einen Zwischenfall zu provozieren, wie Sie ihn beinahe provoziert hätten?« Sie schien die Sanfteste unter den Fünfen, mit der Stimme eines unschuldigen jungen Mädchens und einer Erscheinung, so zart wie ein Regenbogen, kurz bevor er im Sonnenlicht verblasst, aber ich machte mir nichts vor – »sanft« ist relativ, wenn die Rede von einem Geschöpf ist, das wahrscheinlich im letzten großen Krieg gegen die Horden Satans Dämonen en masse zur Strecke gebracht hat. »Warum begeben Sie sich in solche Gefahr, Engel Doloriel? Sie wissen doch, die Kreaturen des Gegners wollen Ihnen nur Böses.«

»Selbst ein eingefleischter Lügner kann Nützliches verraten, Ephora, und sei es nur durch die Wahl der Lügen, die er einem auftischt, und die Art, wie er sie erzählt«, sagte ich. »Ich wollte mehr Information. Ich war erzürnt im Namen des Himmels und bestürzt, dass so etwas wie die Sache mit der verschwundenen Seele passieren kann.«

»Das schmeckt für mich nach Überheblichkeit und Hochmut.« Karaels Stimme grollte wie ein fernes Gewitter. Dass Anaita Dämonen erschlug, war vielleicht nicht so leicht vorstellbar, aber Karael traute man sofort zu, jeden Morgen vor dem Frühstück etwa ein Dutzend zu erledigen, nur zum Wachwerden. »Sie haben nicht den Rat Ihrer Vorgesetzten gesucht. Sie haben Ihre Absichten weder Erzengel Temuel noch sonst jemandem unterbreitet.«

»Und jetzt haben Sie dank Ihres wohlbekannten Eigensinns einen der altbösen Feinde des Himmels gegen sich.« Chamuels Licht leuchtete perlmuttfarben, und manchmal konnte ich unter dem Strahlen beinahe eine Mannesgestalt ausmachen, so wie man etwas im Nebel erahnt. »Jemand hat Ihren Namen einem schrecklichen urzeitlichen Geist genannt – einem *Ghallu*, einem Sklaven der Alten Nacht, wodurch jetzt Ihre fleischliche Gewandung und Ihre unsterbliche Seele, diese beiden großzügigen Gaben des Himmels, in Gefahr sind.«

Womit ich endlich wusste, was hinter mir her war oder wenigstens wie es hieß, aber das mit der »Seele in Gefahr« gefiel mir gar nicht.

»Wir sind auch nicht erbaut darüber, dass Sie Ihre Erdenwohnung gewechselt haben, ohne Rücksprache mit einem derjenigen zu halten, die über Sie wachen«, sagte Raziel, das geschlechtslose Engelwesen, das bisher geschwiegen hatte. Raziel war dunkel, so weit ein Engel dunkel sein kann, sein Licht alt und rötlich wie ein Sonnenuntergang. »Sie sind ein Soldat des Himmels. Ihr eigenmächtiges Handeln deutet darauf hin, dass Sie nicht auf die Liebe des Höchsten und seiner Minister vertrauen.«

»Das beunruhigt auch mich, Doloriel«, sagte Terentia. »Sier spricht etwas an, das auch ich Sie gefragt hätte.« (Die Sprache des Himmels besitzt ein Mittel, über die Engel, die weder männlich noch weiblich sind, zu sprechen, ohne sie auf ein »Es« zu reduzieren.) »Ich würde gern hören, was Sie ihrim zu antworten haben.«

Das war für mich wohl der gefährlichste Moment vor dem Ephorat, weil sie natürlich vollkommen recht hatten. Ich vertraue nicht darauf, dass der Himmel – oder jedenfalls jeder im Himmel – zuvörderst an mein Wohl denkt. Das ist eine Gewohnheit, die ich in Jahren kleiner Enttäuschungen und Irritationen entwickelt habe, aber manchmal scheint es etwas Grundsätzlicheres zu sein, so sehr Teil von mir, wie der Panzer Teil einer Schildkröte ist oder die Grabpfoten Teil eines Dachses.

»Ich … ich war verwirrt«, sagte ich. »Das ist alles, was ich zu meiner Verteidigung anführen kann. Befangen in der Zeit und in irdischen Dingen, wie ich war, dachte ich, es würde einen besseren Moment geben, dem Himmel alles anzuvertrauen – so wie jetzt.« Es war eine lahme Ausrede, aber etwas Besseres fiel mir nicht ein, und wenigstens enthielt es ein Körnchen Wahrheit. »Wenn ich den Höchsten enttäuscht oder wider ihn gesündigt habe, bitte ich um Vergebung.«

»Es ist anmaßend zu glauben, Sie könnten Ihren Schöpfer enttäuschen«, sagte Karael. »Hat Ihnen die Hure der Hölle sonst noch etwas gesagt – diese Gräfin von Coldhands?« Er sprach ihren Namen mit solchem Abscheu aus – ich hatte keinen Zweifel, dass er sie, stünde sie wehrlos vor ihm, ohne Zögern zu einem Aschehäufchen verbrannt hätte. »Sind Sie sicher, dass Sie uns alles erzählt haben?«

Karael machte mir Angst. Allein schon dadurch, dass er so kühn und schön dort vor mir stand, gab er mir das Gefühl, ein elender, dreckiger kleiner Sünder zu sein, und in diesem Moment konnte ich mir gar nicht vorstellen, ihm irgendetwas anderes zu sagen als die Wahrheit. »Ja, Ephorus. Habe ich etwas Unrechtes getan?«

Stille senkte sich auf die Versammlung. Ich spürte vage die Ströme von Gedanken, die zwischen den Fünfen hin und her flossen, aber es war eine viel zu hohe und schnelle Art der Kommunikation, als dass ich irgendetwas hätte verstehen können.

Chamuel brach das Schweigen. »Erzengel Temuel, was haben Sie zu sagen? Immerhin sind Sie Doloriels Betreuer.« Chamuel hatte bisher nicht viel mehr gesagt als Raziel. Sein inneres Feuer war gedämpft, jedenfalls in meiner Wahrnehmung, aber er vermittelte einen Eindruck von Tiefe und Ernst – wenn man auf seine himmlische Erscheinung blickte, spürte man etwas Weites und Ehrfurchterweckendes gerade jenseits des Sichtbaren.

Der Mull nahm sich einen Moment Zeit, um seine Gedanken überzeugend zu arrangieren, jedenfalls hoffte ich, dass er das tat: Es konnte auch sein, dass mein persönlicher Erzengel dazu ansetzte, mich unter den Bus zu stoßen. »Es ist mir eine Ehre, dass das Heilige Ephorat meine Meinung zu hören wünscht«, sagte er schließlich. »Doloriels professionelle Fähigkeiten sind gut. Es stimmt, er kann manchmal etwas eigenwillig sein, aber wie Sie wissen, ist das bei denjenigen, die dem Himmel in der Zeit und auf der Ebene irdischer Existenz dienen, öfter der Fall. Und wie wir alle wissen, können solche Charakterzüge in manchen Situationen auch nützlich sein. Ein demütigerer Geist wäre vielleicht dem Verfolgerdämon erlegen.«

»Ein demütigerer Geist wäre gar nicht erst verfolgt worden«, erklärte Terentia. Ich fand das eine Spur unfair, sagte es aber natürlich nicht.

»Dann ist es vielleicht Zeit, Doloriel in unsere Mitte zurückzuholen«, sagte Anaita. »Vielleicht wäre es ja ein Akt der Güte, ihm zu erlauben, in die Himmlische Stadt heimzukehren und frohlockend in der Nähe des Höchsten zu leben wie wir alle.«

Und beim Klang ihrer sanften Jungmädchenstimme wollte ich das einen Moment lang wirklich, trotz allem, was mich zu dem macht, der ich bin. *Ja*, dachte ich, *holt mich für immer in den Himmel zurück. Lasst mich hier leben und mich dem Licht und der Wärme und der Gewissheit anheimgeben. Keine Fragen mehr, keine Verantwortung mehr, nie mehr die Angst, eine Seele, die mich braucht, im Stich zu lassen …* Es schien wirklich das Allerschönste, was mir passieren konnte. Aber nur einen Moment lang. Dann war ich drüber weg.

Ich sagte: »Sie sind zu gütig, Ephora.« Aber es war schon alles wieder anders, und ich wollte nur weg von diesem unsagbar schönen und wonnevollen Ort und zurück auf die stinkende, gefährliche, unberechenbare Erde. Denn dort war mein Job, nicht hier oben in den strahlenden Straßen und friedlichen Gärten des Paradieses.

Vielleicht bekam das Ephorat meine Gedanken ja irgendwie mit. Alle fünf verstummten, und ihr Feuer schien jetzt etwas schwächer, was ich so deutete, dass sie sich von mir abgewandt hatten und wieder unter sich konferierten. Ich sah zu Temuel hinüber, doch auch er hatte sich in sich zurückgezogen, und seine Lichtessenz schien heruntergedimmt. Zeitlosigkeit hin oder her, ich hatte das Gefühl, ganz schön lange zu warten, bis wieder jemand etwas sagte.

»Gehen Sie zurück, Doloriel, und tun Sie, was Ihnen der Höchste aufgegeben hat«, sagte das kristallene Funkeln der Hoffnung und des Trostes, das Terentia war. Erleichterung durchflutete mich, nicht ganz so lebhaft wie Freude, aber doch sehr real. »Seien Sie sich jedoch bewusst, dass Ihre Eignung für diese Aufgabe in Frage steht und unser Urteil noch nicht abschließend ist. Wandeln Sie mit Vorsicht. Gott liebt Sie.«

Ich beugte den Kopf, als die fünf Engel nacheinander die Hand ausstreckten und mich berührten, wobei eine feurige Entladung übersprang, und dann waren sie weg und mit ihnen das ganze Anaktoron. Temuel und ich fanden uns mitten auf der großen Durchgangsstraße wieder, die unter dem Namen Singender Weg bekannt ist, und die sanft murmelnden himmlischen Passantenströme umstrudelten uns wie Phantome aus Licht und Nebel.

»Das war knapp, Doloriel«, sagte Temuel. »Ich glaube nicht, dass ein zweites Ephorat so nachsichtig sein wird, also versuchen Sie, von jetzt an ein bisschen tiefer zu fliegen, ja?«

Darauf hatte ich nicht wirklich etwas zu sagen, aber ich murmelte eine Art Versprechen. Jetzt, da die Gefahr der Auflösung meiner Person zumindest für den Moment vorbei war, schockierte es mich umso mehr, wie kurz davor ich gewesen war.

»Noch etwas«, sagte Temuel. »Ich habe nicht alles mitbekommen, was zwischen Ihnen und dem Ephorat hin- und herging. Haben sie Sie nach den Magianern gefragt? Oder fiel der Name Kephas?«

Beides war mir absolut neu, und ich fragte mich, ob Temuel innerhalb einer komplexen Strategie die Rolle des guten Bullen hatte – mich jetzt also weiterbehandeln sollte, nachdem mich die Ephoren weichgeklopft hatten. »Nie gehört, weder das eine noch das andere«, antwortete ich wahrheitsgemäß.

»Ah«, sagte er. »Unwichtig. Nur so eine Spekulation meinerseits. Vergessen Sie's.«

Das Ganze machte mich hochgradig nervös. »Worum geht es eigentlich? Und warum hacken sie auf mir herum? Ich habe das alles doch nicht verursacht.«

Temuels Licht erwärmte sich zu tröstlichen Sonnenaufgangstönen, die Erzengelversion einer kameradschaftlichen Berührung an der Schulter. »Nein, Doloriel, aber manchmal, wenn alles aus dem Ruder läuft und selbst die Höchsten Angst haben«, erklärte der Erzengel, »rettet einen Unschuld allein noch nicht.«

Ich ließ diesen kryptischen Satz einen Moment in mir nachhallen. Mich fröstelte wieder, und jetzt wollte ich wirklich so schnell wie möglich weg hier – weg von dort, wo jede lebende Seele auf Erden hin will. »Haben die da oben wirklich solche Angst? Nur weil eine Seele nicht da war, wo sie hätte sein sollen?«

Kurz flackerte das schimmernde Licht des Mulls wie eine

Flamme in einem Windstoß – ich brauchte einen Moment, um zu kapieren, dass er überrascht war. »Natürlich«, sagte er. »Sie wissen es nicht, oder?«

»Was?«

Er sprach langsam, wie ein Erwachsener, der einem Kind eine schlechte Nachricht beibringt. »Die Seele, die auf Erden Edward Walker genannt wurde, war nur die erste, die verschwand, Doloriel. Inzwischen sind noch weitere verschollen. Nicht wenige.« Er senkte die Stimme zu einem konspirativen Flüstern. »Also – ja, die da oben haben wirklich solche Angst.«

11

FOXY-FOXY

Karael? Karael, Führer der schimmernden Scharen – *der* Karael? Wow.« Sam klang beeindruckt. »Da haben sie ja wirklich die erste Garde aufgefahren.«

»Ja, von dem hab sogar ich schon gehört«, sagte Clarence. Die beiden halfen mir, mein verwüstetes Apartment aufzuräumen und mein Zeug zum Einlagern einzupacken – nicht dass ich viel Behaltenswertes besessen hätte, schon gar nicht nach dieser Durchsuchungsaktion. Ich wohnte seit zwei Jahren hier, und eine Menge Leute wussten es. Hier hatte der Ghallu zuerst nach mir gesucht, was hieß, ich musste mich eine Weile von diesem Ort fernhalten.

»Karael kennt jeder, Junge.« Sam trank von seinem Ginger Ale. »Wundert mich aber nicht, dass sie jemanden wie ihn eingeschaltet haben. Wenn dieser Walker nur der Erste war, wenn sich auch noch andere Seelen unerlaubt absentieren – Shit, Leute, kein Wunder, dass sie da oben im Haus die Panik kriegen.«

Ich hatte nichts von den beiden Namen erzählt, die Temuel erwähnt hatte, zum einen, weil ich dem Jungen nicht traute, und zum zweiten, weil ich erst mal selbst nachforschen wollte, ehe ich irgendwelchen Staub aufwirbelte. Ich würde es Sam sagen, wenn sich die Gelegenheit ergab.

Er stocherte gerade mit dem Fuß in einem Haufen Truckster-

Heften, die jemand aus einem Karton auf den Boden gekippt hatte. »Das willst du doch nicht alles behalten, B? Was hast du vor, irgendwann ein Krempelmuseum aufzumachen?«

Ich ignorierte es und hob die Zeitschriften auf. Sam war selbst nicht gerade Mr. Schöner-Wohnen: Er hauste im schäbigeren Teil von Southport, sein Wohnzimmerteppich war unter all den Zeitungen und Pizza-Kartons kaum noch zu sehen, und seine Badhandtücher hatten Schweißflecken. »Aber ich weiß immer noch nicht, warum jemand so eine Kreatur auf mich hetzt«, sagte ich. »Schaut euch doch diese Wohnung an – da hat jemand irgendwas gesucht. Und es war nicht nur dieses Höllenmonster hier drinnen.«

Clarence sah von dem Silberbesteck auf, das er einsammelte und wieder in die Schublade räumte. Ich hätte ihn vermutlich bitten sollen, es zuerst zum Abwaschen in die Spüle zu tun, nachdem es von Höllenhänden begrabscht worden war, aber ich benutze es sowieso kaum, außer um Kaffee umzurühren und Butter auf Toasts zu streichen. »Wie kommen Sie darauf, Bobby?«, fragte der Junge.

»Wie ich darauf komme? Okay, diese Wohnung ist ein einziges Chaos, ja, aber ein Ghallu ist ein Geist von elementarer Brutalität, so groß wie ein Kleinwagen und so heiß wie ein Krematoriumsofen. Er fängt Beute ein. Er tötet. So einen ruft man nicht herbei und sagt ihm dann, ›Ach ja, und schau dich mal in den Küchenschränken um, wo du schon dort bist.‹ Das ist, als ob man einen Grizzly bitten würde, meine Steuererklärung zu prüfen.«

»Du zahlst doch gar keine Steuern«, warf Sam ein.

»Klappe«, sagte ich. »Verstehst du, Junior? Sie wollen mich fangen oder töten, aber außerdem glauben sie, dass ich etwas weiß. Oder etwas habe, das sie haben wollen.«

Clarence wirkte plötzlich ein bisschen nervös. »Glauben Sie, die kommen wieder?«

»Wenn ich hier bleiben würde? So gut wie garantiert. Deshalb nächtige ich heute in irgendeinem Stunden-Motel und morgen in einem anderen ähnlich charmanten Etablissement.«

»Glaub mir, er hat schon an schlimmeren Orten gepennt«, sagte Sam.

»Danke, dass du mich vor dem Jungen in ein so vorteilhaftes Licht rückst.« Jetzt, da die Kartons in meinem Auto waren, sah das Apartment trist (und nahezu ordentlich) aus. »Kommt, wir gehen in die Kneipe an der Ecke«, sagte ich. »Ich spendiere euch ein Mittagessen, bevor noch das Telefon klingelt und jemand von uns sich wieder mit irgendwelchen toten Leuten herumschlagen muss.«

Gerade als wir fertig gegessen hatten, wurde Sam zu einem Klienten nach Spanishtown gerufen, und Clarence begleitete ihn, also ging ich allein zu meinem Auto. Ich zog meine Jacke über, weil die Februarsonne doch noch ein bisschen schwach war. Wenn der Frühling sich nur beeilen würde! Es ist komisch, aber selbst regelmäßige Trips ins ewig herrliche Wetter des Himmels ändern nichts dran, dass man sich danach sehnt, eines Tages aus der Haustür zu treten und zu merken, dass es warm geworden ist und man in der Jacke plötzlich schwitzt.

Auf dem Weg durch den Hoover Park hielt ich die Augen offen, obwohl ich mir fast sicher war, dass das dämonische Monster eine reine Nightshow war. Ich sagte ja bereits, wie viel Energie es kostet, etwas so Ungewöhnliches und Beängstigendes aufrechtzuerhalten, aber es dazu zu bringen, sich am helllichten Tag zu manifestieren, ist noch zehnmal schwerer. Dennoch, etwas graduell Zivilisierteres als der Ghallu hatte mein Apartment auf den Kopf gestellt, und die filigrane Arbeit, Grasswax an seinen eigenen Nervenfasern aufzuhängen, hatte wohl auch nicht die gehörnte Bestie vollbracht, also versuchte ich, mich nicht von den sorglosen Zivilisten um mich herum ablenken zu lassen.

158

Ich entdeckte den Mann, der vor meinem Haus wartete, schon aus einiger Entfernung, was mir reichlich Zeit gab, ihn im Weitergehen genauer zu mustern.

Mein Wagen stand ein Stück die Straße runter, und ich hätte ihn vielleicht erreichen können, ohne mich auf eine Konfrontation einzulassen, doch der Typ wirkte nicht besonders einschüchternd. Er war ziemlich groß, aber bleich und dünn – *sehr* dünn, das war mit das Erste, was mir auffiel: Er sah aus wie ein Vierzehnjähriger im Anzug seines Vaters. Er stand auch nicht still, sondern wippte und steppte auf der Stelle, offenbar ohne jedes Bewusstsein, wie er wirkte, obwohl eine Frau mit Kinderwagen und ein alter Mann mit Einkaufstüte einen großen Bogen um ihn machten. Und seine Haut war *so* bleich – blutleer-weiß –, dass ich einen schaurigen Moment lang dachte, sein dunkler Schlabberanzug sei das Outfit, in dem er begraben worden war.

Es schien unnötiger Aufwand, an ihm vorbei zu meinem Wagen zu huschen, und außerdem war ich ein bisschen neugierig, also ging ich weiter direkt auf ihn zu. Als er mich schließlich hörte, wirbelte er herum und sah mich an, und mir wurde klar, dass er lebendig war und mehr als nur bleich – er war eine Art Albino, obwohl er gelbbraune Augen hatte und keine rosafarbenen. Und interessanterweise war er nicht nur Albino, sondern auch Asiate – eine Kombination, die man nicht oft sieht, nicht mal im kosmopolitischen San Judas. Und wichtiger noch, nach seinen ersten Worten schien offenkundig, dass mein pigmentloser asiatisch-amerikanischer Freund nicht ganz richtig im Kopf war.

»Dollar Bob?«, sagte er freudig. »Mr. Bobby D? Dollar-Man?« Er hörte einen Moment lang auf herumzuwippen und runzelte die Stirn, wobei sich sein ganzes Gesicht zur Sockenpuppenversion einer tragischen No-Theater-Maske verzog. »Oder wieder nicht? So viele Leute haben schon nein gesagt! Nein, nein, nicht Dollar!«

»Wer zum Teufel sind Sie?« Meine Wortwahl war nicht gänzlich zufällig. Er hatte etwas vom Look der Gegenseite, aber das konnte auch einfach an seiner Albinohaut liegen.

»Sie kennen mich nicht? Jeder kennt mich! Ganz Downtown!« Er kicherte und vollführte einen weiteren kleinen Gummisohlen-Stepp.

»Tja, ich nicht – und ich will's auch gar nicht.« Aber er roch nicht nach echter Gefahr, jedenfalls in meiner Wahrnehmung. Trotzdem ließ ich die Hand in der Jackentasche, wo sich mein .38er verbarg.

Seine Augen wurden groß. Seine Regenbogenhäute waren wie gesagt gelblichbraun und hatten zudem vertikale Pupillenschlitze wie Katzenaugen. Wer auch immer er war, er fiel eindeutig in die Kategorie »Anderes«. »Oh, aber ich kenne *Sie*, Mr. Bobby Doll-Dollar!« rief er aus. »Und ich glaube, Sie haben was, was Sie vielleicht verkaufen möchten. Ich kenne viele Interessenten. Ich kann da was arrangieren. Gutes Geschäft, eh? Gut für alle!«

»Ich habe nichts zu verkaufen.« War dieser Typ mit der No-Maske irgendein verlorener Geist, der mich und Sammy und den Jungen kaputtes Zeug aus dem Haus hatte tragen sehen und jetzt darauf hoffte, ein paar Dollar zu ergaunern? Die Kreaturen, die im großen Krieg zwischen Uns und Denen durch die Ritzen fielen, landeten oft auf der Straße, und mit seinem Schlackeranzug und seinem durchgeknallten Gerede konnte dieser bleiche Bursche gut zu ihnen gehören. Aber irgendwas an ihm hielt mich davon ab, ihn einfach als verrückten Penner abzutun.

»Echt wirklich wahr?« Der Albino beugte sich tief herab und beäugte mich von unten. »Nicht zufällig was gefunden? So ein feines kleines Glänzi-Glänzi. Ein kleines Flitterflatterding, das einen Helfer braucht, um seinen Markt zu finden?«

Ich hatte keine Ahnung, was er meinte, und allmählich drückte mir seine Anwesenheit auf die Stimmung. Es war schon

160

schlimm genug, dass die Bad Guys meine Wohnung kannten – gedachten jetzt auch noch alle ausgeflippten Gossenratten von San Judas hier herumzuhängen? Außerdem hatte der Kerl einfach etwas, das mich schaudern ließ. Und plötzlich ging mir auf, dass diejenigen, die mein Apartment umgekrempelt hatten, ja offensichtlich glaubten, dass ich etwas wusste … oder etwas *hatte*, worauf sie scharf waren. Und dieser Typ hier dachte, ich wollte etwas verkaufen.

»Nur mal so aus Neugier, Freund«, sagte ich, »wie viel wäre denn Ihrer Meinung nach drin für so ein … wie haben Sie das genannt? Ein feines Glänzi-Glänzi? Ich meine, falls jemand wüsste, wo es zu finden wäre?«

»Oh, der Jemand wäre ein reicher Mann. Echt reich!«

»Aber woher weiß ich, dass wir vom selben Objekt reden?« Ich versuchte, ihm zu entlocken, was er denn von mir haben wollte, ohne zuzugeben, dass ich es nicht hatte und auch nicht wusste, wo es war. »Wir müssen das schon ein bisschen genauer besprechen.«

Er lachte, als fände er das, was ich gerade gesagt hatte, wirklich lustig, und warf seine Vogelscheuchenarme in die Luft. »Wenn Sie's haben, Mr. B-Doll, kenne ich Leute, die es wollen. Mehr ist dazu nicht zu sagen!« Er drehte sich um seine eigene Achse, die Finger zu Jazz-Hands gespreizt.

Ich wollte ihm eine reinhauen, nur damit er stehenblieb. »Hören Sie, ich habe keine Zeit zu vertrödeln. Ich kenne Sie nicht, und mit Leuten, die ich nicht kenne, mache ich keine Geschäfte.«

Er lachte wieder. »Okay, Bobby! Sie sind der Boss! Aber wenn Sie sich's anders überlegen und über das Glänzi-Glänzi reden wollen – richtig echt reden –, dann fragen Sie einfach an irgendeiner Straßenecke in Downtown! Ich krieg's schon mit. Fragen Sie nach Fox!«

»Fox?«

»Oder Foxy-Boy! Mr. Fox! Foxy-Foxy! Die sind alle ich, und sie kennen mich alle!« Er grinste breit, und ich bemerkte, dass er oben mindestens zwei Goldzähne hatte. Im nächsten Moment war er von mir weggewirbelt und stolzierte die Stambaugh hinauf in Richtung Main Street wie der Tambourmajor der Hiroshima-Geisterparade.

»Moment? Wie kann ich Sie erreichen, falls ich reden *will*?«

»Fragen Sie an irgendeiner Ecke in Downtown nach mir!« Ein paar alte Schwarze, die auf den Eingangsstufen des Apartmenthauses nebenan saßen, lachten und zeigten mit dem Finger auf ihn.

Hm – ein weiteres bizarres Detail, das zu einem großen, bedrohlichen und äußerst verwirrenden Bild gehörte.

Ich hatte ursprünglich noch ein letztes Mal meinen Briefkasten checken wollen, bevor ich mich davonmachte, aber nach der Begegnung mit Foxy war mir nicht danach, noch mal ins Haus zu gehen. Es spielte sowieso keine Rolle – ich bekam nie etwas anderes als Werbeschrott. Ich stieg ins Auto und machte mich auf die Suche nach einem Unterschlupf mit Kabelfernsehen und einem funktionierenden Eiswürfelautomaten.

Ich wählte ein Motel am Camino Real, weil es eine Tiefgarage hatte – schließlich ist ein 71er Matador mit speziellen Extras nicht gerade das unauffälligste Auto der Welt. Ja, ich habe bis heute in Jude noch keinen zweiten in der gleichen Kupferfarbe gesehen, von den karierten Sitzbezügen ganz zu schweigen, also konnte ich ihn unmöglich draußen für alle sichtbar stehen lassen. Vielleicht würde ich ihn sogar ganz stilllegen müssen, bis der ganze Schlamassel vorbei war.

Mein Handy war so freundlich, nicht zu klingeln, also machte ich es mir bequem, um ein paar Sachen aufzuarbeiten, die schon die ganzen letzten Tage darauf warteten. Fatbacks Material über den verstorbenen Grasswax (den wahren Grasswax, nicht seine

162

irdische »Grazuvac«-Identität) war interessant: Ich überflog es und legte es beiseite, um es später, wenn ich mehr Zeit hätte, genauer zu studieren, doch schon auf den ersten Blick fiel mir auf, dass er schon länger im Job gewesen war als die meisten Ankläger seines Ranges. Das Material über Edward Lynes Walker war eine ausführlichere Version dessen, was ich schon wusste – geboren 1928, Gründung der ersten erfolgreichen Firma in seiner Garage in San Judas in den frühen Fünfzigerjahren, Reichtum und Ruhm, blabla, Ausstieg und Gründung von HoloTech, als ein anderes von ihm aufgebautes Unternehmen ein allzu konventioneller Konzern geworden war, blabla, Raumfahrttechnik, enorme Geldspenden für ökologische Anliegen.

Dieser ganze biografische Kram erinnerte mich an die Fotos, die ich im Walkerschen Haus gemacht hatte, bevor dann der junge Garcia Birkling gedroht hatte, mir eins draufzubrennen. Sie waren immer noch auf meinem Handy, das meine Begegnung mit dem gehörnten, glutheißen Wasauchimmer wie durch ein Wunder in meiner Tasche überlebt hatte.

Da waren ein paar verschwommene Aufnahmen von Walkers Wohnzimmer und eine von Posies Schulter und einem Teil des Maya-Kalenders, aber die meisten waren von den Bücherregalen. Ich zog sie so groß wie möglich, las, was auf den Buchrücken stand, und googelte, wenn mir Autor und Titel nicht genug sagten. Die Bibliothek des verstorbenen Mr. ELW enthielt so ziemlich das, was ich angesichts des übrigen Hauses erwartet hatte, jede Menge Coffee-Table-Kunstbücher und große, teure Bildbände aus dem Bereich Wissenschaft und Technik sowie Fotobände zum Thema Amerikanischer Westen, die zu den Ansel-Adams-Fotodrucken an den Wohnzimmerwänden passten. Bei den normalgroßen Büchern schienen Wissenschaft und Kunst vorherrschend, obwohl auch ein paar Romane dabei waren, Science-Fiction wie Carl Sagans *Contact* und Mainstream-Zeug wie Updike und John Irving und sogar eine Abteilung Krimi –

die englische Landhaussorte. Ich fragte mich, ob die Krimis ihm oder seiner verstorbenen Frau gehört hatten. Nach dem, was mir seine Enkelin erzählt hatte, überraschte es mich nicht, dass Walker keine religiösen Bücher im herkömmlichen Sinn besessen hatte. Wohl aber fand ich ein paar Werke von Richard Dawkins und Christopher Hitchens und sogar ein betagtes Exemplar von Bertrand Russels *Warum ich kein Christ bin*. Insgesamt hatte Walker über ein Dutzend Bücher mit eindeutig antireligiösem Tenor gehabt. Was aber bei einem Naturwissenschaftler so verwunderlich auch nicht war. Sture Hunde, diese Naturwissenschaftler.

Allmählich bedauerte ich, dass ich Walkers Musiksammlung nicht gefunden und fotografiert hatte. Zeige mir, was jemand hört, und ich sage dir alles, was du über seine Seele wissen willst. (Ein Stapel Nickelback-Alben beispielsweise hätte darauf hingedeutet, dass er überhaupt nie eine Seele gehabt hatte.)

Ich wusste ja selbst nicht genau, wonach ich in den Bücherregalen suchte – ich rechnete nicht wirklich damit, so etwas wie »Himmel – nein, danke« oder »Wie Sie Ihre Seele verschwinden lassen können« zu finden. Ich versuchte eigentlich vor allem, ein Gefühl für die Person Edward Lynes Walker zu bekommen, über die dürren Fakten hinaus, die mir Fatback und das öffentliche Internet schon geliefert hatten. Irgendeinen Anhaltspunkt dafür zu finden, warum von all den vielen Todesfällen auf der Welt dieser hier so anders verlaufen war. Doch zumindest von seinen Büchern her unterschied sich Walker nicht groß von den Millionen Menschen, die es geschafft hatten, sich zum Antritt ihres jenseitigen Lebens einzufinden. Ich wollte schon aufgeben, als mir plötzlich etwas ins Auge fiel.

Ich hatte eine Abteilung von zeitschriftenförmigen Sachen fotografiert, die fast ein ganzes Regal füllten. Einige waren tatsächlich Zeitschriften, Jahresendsonderhefte von Publikationen wie *Chemical and Engineering News*, aber die meisten waren Aktionärsberichte von HT und einigen anderen Firmen, an denen Walker beteiligt gewesen war. Die Berichte waren zum Teil schon etliche Jahre alt, und überhaupt sah diese ganze Abteilung so aus, als ob Walker vielleicht mal etwas dazugesteckt, aber so gut wie nie etwas herausgenommen hätte. Doch da, zwischen einem Aktionärsbericht von Littleton Bioscience und einem von Metaware, steckte ein schmaler Ordner oder so was mit dem Rückentitel »Die Magianische Gesellschaft« in geschmackvoller Kursivschrift geschrieben.

Alarmglocken, ach, was sage ich, Luftschutzsirenen ertönten in meinem Kopf. Von Magianern hatte ich doch gerade zum ersten Mal in meinem Leben gehört … und nicht von irgendwem. Ich war danach gefragt worden, von einem Erzengel namens Temuel, meinem Vorgesetzten.

Ich führte eine kurze fruchtlose Internetsuche nach Magianern durch. Fand eine Menge Geschwafel über die Drei Magi aus dem Morgenland, aber nichts über irgendeine Magianische Gesellschaft, also rief ich im Walkerschen Haus an. Posie Walker nahm etwa beim zwanzigsten Klingeln ab, als ich mich gerade damit abgefunden hatte, auf den Anrufbeantworter zu sprechen.

»Hallo?« Sie klang wieder eine Spur bedröhnt. Ich nannte meinen Namen, und schließlich erinnerte sie sich an mich. »Ah, ja. Der Typ von der Zeitschrift.«

»Genau. Also, ich wüsste gern ein bisschen mehr über das Verhältnis Ihres Großvaters zur Magianischen Gesellschaft.« Ich sagte das, als wüsste jeder, was es war, obwohl ich bereits festgestellt hatte, dass im Internet niemand je davon gehört zu haben schien.

»Nie gehört«, sagte prompt auch sie.

»Macht nichts. Als ich bei Ihnen war, ist mir aufgefallen, dass er etwas darüber hatte, einen Ordner oder so was – vielleicht könnten Sie ja mal danach schauen.« Ich gab ihr die Regalkoordinaten, was ein bisschen so war, wie einem Seidenäffchen das

Schachspielen beizubringen: Offenbar hatte sie nicht viel Zeit damit verbracht, in den Büchern ihres Großvaters zu stöbern. Ich würde gern warten, erklärte ich.

Nach ein paar Minuten war sie wieder dran. »Nein, da ist nichts in der Art.«

Ich unterdrückte einen Fluch. »Haben Sie auch genau nachgesehen, Ms. Walker? Zwischen Littleton Bio …«

»Ja, genau da, wo Sie gesagt haben. Wahrscheinlich stand es mal dort, weil da eine Lücke ist, aber jetzt ist es nicht da …« Sie schien zu überlegen. »Vielleicht hat es ja eine von den Putzfrauen rausgenommen.«

Oh, klar, die Mighty Maids hatten rein zufällig das Einzige im ganzen Regal, was mich interessierte, in ihre Zentrale mitgenommen, um es einer Spezialreinigung zu unterziehen. »Hören Sie, könnte ich mal vorbeikommen und mich selbst umschauen? Demnächst mal? Nur für den Fall, dass es, na ja, irgendwie verlegt wurde. Es wäre wirklich sehr hilfreich für meinen Artikel, wenn ich es finden könnte …«

Jemand rief etwas im Hintergrund. Es klang wie Garcia, der Gangsta-Man.

»Schon«, sagte sie. »Klar. Aber nicht jetzt. Jetzt ist grade jemand hier. Später.«

Sie legte auf, ohne eine Antwort meinerseits abzuwarten.

Trotz des heftigen Drangs, jetzt gleich hinzufahren, einzubrechen und selbst nachzusehen, entschied ich mich dagegen. Wenn es nicht aus dem Regal gestohlen worden war, war es nur verlegt, und dann würde es auch morgen noch da sein. Heute Nacht noch ins Walkersche Haus einzubrechen, könnte böse Folgen haben. Zum Beispiel die, Posie und ihren Blödmann von Boyfriend beim Sex zu überraschen.

Es war ein ganz schöner, milder Abend, und ich hätte gern noch im *Compasses* vorbeigeschaut, auf einen Drink und ein bisschen

Geflachse unter Kumpels, aber der Monsterüberfall war erst vierundzwanzig Stunden her, und ich würde garantiert keinen Ort aufsuchen, den mein Verfolger womöglich beobachtete. Und, um ehrlich zu sein, ich hatte es auch nicht sonderlich eilig, Monica wiederzusehen. Verstehen Sie mich nicht falsch, ich wollte nicht *ihr* aus dem Weg gehen, nur einem Gespräch mit ihr. Ich hatte noch keine Zeit gehabt, darüber nachzudenken, was es bedeutete, dass ich neulich Nacht mit Monica im Bett gelandet war. Und außerdem, wenn ich zwischendurch mal erregende Gedanken hatte, bezogen sie sich nicht auf Monica, sondern auf eine umwerfende blonde Höllenkreatur, und das war noch verwirrender. Aber damit Sie mich nicht für einen totalen Drückeberger halten, möchte ich klarstellen, dass der Hauptgrund, warum ich nicht ins *Compasses* wollte, die starke Abneigung dagegen war, einem fürchterlich schmerzhaften Angriff mörderisch-dämonischer Art ausgesetzt zu sein.

Ich hatte Fatback gemailt, ob er bitte etwas über eine Magianische Gesellschaft oder den Namen »Kephas« herausfinden könne, aber noch nichts von ihm gehört, weil Mitternacht noch Stunden hin war. Ich bekam allmählich Hunger, also ging ich vom Motel zu Fuß zu einem Mexikaner, den ich in einer Seitenstraße erspäht hatte. Dafür, dass dies hier mitnichten der übelste Teil von Jude war, fühlte ich mich erstaunlich unsicher: Jede Bewegung am Rand meines Gesichtsfelds ließ meinen Kopf jäh herumschwenken, und plötzliche Geräusche waren auch nicht das Wahre für meine Nerven. Und es war nicht nur der Ghallu, der mich beunruhigte: Wenn ich jetzt ein dermaßen gefragter Artikel war, würden mich vermutlich auch noch andere Leute einsacken wollen, um mich mit Profit weiterzuverkaufen, also galt es nicht nur, vor zwei Meter fünfzig großen Dämonen auf der Hut zu sein, sondern vor jedem, der mich komisch ansah. Und auf den Straßen von San Judas kann das ganz schön anstrengend sein.

Ich schaffte es ohne Zwischenfälle ins Restaurant, und zu meiner freudigen Überraschung stellte sich heraus, dass es dort Carnitas gab, die tatsächlich wie etwas schmeckten, das man in Mexiko kriegen würde, und das meine ich ganz und gar positiv. Vom Aussehen her war es die Sorte Lokal, wo am Wochenende ein DJ in Aktion trat, aber an diesem Werktagabend war es hier fast leer und sogar ruhig genug zum Nachdenken. Ich trank sogar sogar zwei Negra Modelos zum Essen und führte mir das Recherchematerial zu Gemüte. Da waren ein paar interessante Sachen über Edward Walker, die ich noch nicht gewusst hatte, zum Beispiel, dass er Mitglied der Amerikanischen Atheisten war und sogar auf einigen ihrer Kongresse gesprochen hatte. Was aber natürlich nicht erhellte, was passiert war – für den Himmel ist die Seele eines Atheisten nicht anders als die eines jeden Spinners. Wenn der Betreffende ein anständiges Leben vorzuweisen hat, nehmen wir ihn.

Ich googelte auch noch ein bisschen weiter nach den Magianern. Dabei stellte sich heraus, dass das Wort nicht nur in Zusammenhang mit den drei Jungs aus dem Morgenland stand, sondern auch Priester des persischen Zoroastrismus bezeichnete. Aber in beiden Bedeutungen schien es viel zu viel mit Religion zu tun zu haben, um jemanden wie Walker anzusprechen. Konnte »Magianer« noch irgendeine andere Bedeutung haben – etwas Alchemistisches vielleicht? Konnte es eine Art Bruderschaft von Wissenschaftlern sein? Ich googelte weiter, während ich mein Abendessen zu mir nahm, kam aber auf keinen grünen Zweig.

Irgendwann während meines zweiten Biers sah ich auf und bemerkte, dass ein Mann an der Bar mich beobachtete, und als ich hinsah, schaute er weg. Er schien ein ganz normaler Malocher zu sein, mit Arbeitsstiefeln und Trucker-Kappe, wahrscheinlich mexikanischer oder sonstwie mittelamerikanischer Herkunft, und normalerweise hätte ich mir gesagt, dass er nur herüberschaute, weil er nichts Besseres zu tun hatte, doch an diesem Abend sah ich die Dinge anders. Zwei Minuten später ertappte ich ihn wieder dabei, wie er zu mir rübersah, und starrte ungehalten zurück. Er schlug schnell die Augen nieder, aber ich erkannte einen leichten Schweißfilm in seinem Nacken. Er sah nicht aus wie jemand, der mich irgendwie schnuckelig fand. Er sah aus wie jemand, der mich erkannt hatte, was sehr wahrscheinlich nichts Gutes verhieß. Das ist der Nachteil, wenn man Freunde in merkwürdigen Umgebungen hat – andere Leute, die auch in diesen merkwürdigen Umgebungen herumhängen, kennen einen.

Wenn ich lange genug bliebe, würde er ziemlich sicher einen Vorwand finden, um rauszugehen und jemanden zu benachrichtigen, also kam ich ihm zuvor, leerte mein Bier in einem langen Zug und legte das Geld auf den Tisch. Auf dem Weg zur Tür schwenkte ich abrupt zur Bar ab und erwischte den Kerl kalt. Als er mich anstarrte, beugte ich mich zu ihm und flüsterte: »Wenn mir einer was will, muss er's knallhart und mit Schmackes angehen, verstehst du? *Duro e fuerte. Porque yo soy un ángel de Dios.*«

Ich ließ ihn mit offenem Mund stehen. Jetzt hatte ich entweder einem Handlanger der Hölle eine faire Warnung zukommen lassen oder aber einen armen Typen, der sich ein bisschen in einen Fremdem verguckt hatte, zu Tode erschreckt.

Auf dem Rückweg hielt ich die Augen mehr als offen, für den Fall, dass er schon jemanden benachrichtigt hatte, bevor er mir aufgefallen war, aber ich gelangte ohne besondere Vorkommnisse ins Motel zurück. Gerade als ich dort war, klingelte mein Telefon.

»Yo, ist da Mr. Dollar? Hier ist G-Man – Sie wissen doch?«

»G-Mann wie Garcia? Wie der, dem ich sein Spielzeug abgenommen und an den Schädel gedonnert habe? Ja, klar erinnere ich mich an dich, Freundchen. Was willst du?«

Er klang, als hätte er sich für diese Aktion mächtig aufgepumpt. »Sie ... Sie haben doch gesagt, ich könnte vielleicht meine Knarre wiederkriegen?«

»*Pistole*, Garcia. Ein Bürschchen aus Palo Alto kann nicht ›Knarre‹ sagen, ohne wie eine totale Lachnummer zu klingen. Hast du irgendwelche Informationen für mich?«

Jetzt klang er einfach nur gekränkt. »Yeah, okay, sorry. Wenn ich Ihnen was erzähle, kriege ich dann meine – Pistole wieder?«

»Weiß ich nicht. Was willst du mir denn erzählen?«

»Na ja, Posie ... ich hab mit Posie geredet ... sie ist meine Freundin, okay? Und sie hat gesagt, als Sie da waren, haben Sie sich für diesen Afrikaner interessiert, den ihr Großvater gekannt hat ...?«

»Ja, das stimmt.« Obwohl mich im Moment eigentlich nur diese Magianersache interessierte. »Und? Hast du herausgefunden, wie er heißt?«

»So ähnlich. Aber noch besser, Mann – er war hier.«

»Was? Wovon redest du? Wo?«

»Hier in Posies Haus – ich meine, im Haus von ihrem Granddad. Dieser Afrikanertyp war hier. Sie hat nicht gewusst, dass er kommt, er ist einfach aufgekreuzt. Hat ganz schön lange hier rumgehangen und mit Posie gequatscht und so. Sie hat ihm sogar Tee gemacht – er war hier, als Sie vorhin angerufen haben. Er ist erst vor ein paar Minuten gegangen.«

»Er war da, *als ich angerufen habe*?« Es war schwer, nicht zu brüllen, aber ich befand mich auf einer öffentlichen Straße. »Und das sagst du mir erst jetzt?« Ich hatte plötzlich einen ausgeprägten Verdacht, warum dieser afrikanische Gentleman im Walkerschen Haus vorbeigeschaut hatte und warum Posie den Ordner nicht hatte finden können. »Himmelherrgott, warum hast du nicht früher angerufen?«

»Hey, Mann, ich wollte doch nichts verraten. Dass Sie ihn

suchen und so! Ich weiß doch, wie Detektivarbeit läuft, ey! Also hab ich gewartet, bis er weg war.«

»Heiliger Himmel.« Ich rannte zur Treppe in die Tiefgarage. »Bleibt, wo ihr seid, alle beide. Ich bin gleich da.«

»Und? Krieg ich jetzt meine Wumme wieder?«

»O ja, die kannst du haben – so wie letztes Mal. Ich werde sie dir über deinen Hohlkopf ziehen.« Ich legte auf und stieg in mein Auto.

12

DUNKLE SCHEIBEN

Während ich nach Palo Alto raste, dachte ich über all die Fragen nach, auf die ich immer noch keine Antwort hatte. Vor allem musste ich mehr über diese Magianer wissen, wesentlich mehr, als ich allein herausfinden konnte, doch um Fatback anzurufen, war es noch Stunden zu früh, es sei denn, ich wollte ihn grunzen und quieken hören. (*Das* können mir schon genügend andere Freunde bieten, insbesondere, wenn ich sie vor ihrem ersten Kaffee erwische.)

Aber es passierte so schnell so viel, dass es vielleicht ratsam war, mich an eine meiner anderen Quellen zu wenden. Fatback machte gute Arbeit, deshalb war er normalerweise meine erste Wahl, aber es gab in und um San Judas noch andere mit andersartigen und vielleicht sogar tieferen Einblicken in das, was im Lager der Gegenseite vor sich ging. Der Broken Boy und die Sollyhull-Schwestern fielen mir ein, aber der Broken Boy war teuer und schon in seinen besten Momenten nicht leicht zu handhaben – er war ein Problembündel, gegen das mein neuer Freund Foxy-Foxy so wohlangepasst wirkte wie der Vorsitzende des lokalen Rotary-Clubs.

Also beschloss ich, es erst mit den Schwestern zu versuchen. Aber nicht jetzt. Jetzt war ich wieder auf der University Avenue und bog gerade in Walkers stille, teure Seitenstraße ein. Allmählich hatte ich stattliche alte Bäume und ordentlich gestutzte Hecken satt.

»Wow«, sagte Posie, als sie aufmachte. Sie trug einen Schlabberkaftan, die Art Kleidungsstück, die Hippie-Mädels anno 1973 als Schlafgewand benutzten – Posie hatte eindeutig »ihre« Ära verpasst. »Er hat Sie echt angerufen! Ich wusste gar nicht, dass G und Sie sich kennen!«

»Doch, wir sind so was wie weiße Soulbrothers. Wenn ich's recht verstanden habe, war der Herr aus Afrika, von dem Sie sprachen, heute Abend hier?«

Sie nickte, während sie mich ins Wohnzimmer führte. »Er stand auf einmal vor der Tür. Er ist nett. Ich hatte noch nie richtig mit ihm geredet.«

»Was wollte er denn?«

»Ach, er wollte sich für eine Spende von Grandpa bedanken, für sein Wohltätigkeitsprojekt. Sie bauen eine Schule oder … oder Klinik oder was.« Sie machte eine vage Handbewegung. »Ich hab's nicht ganz mitgekriegt. G ist die ganze Zeit rumgeschlichen wie ein Superspion. Das hat echt abgelenkt.«

»Quatsch«, sagte Garcia, der gerade aus der Küche kam, eine Packung Käsecracker in der Hand und Krümel im Minibärtchen. »Ich hab Mr. Dollar geholfen, hab ich doch, oder?«

Noch mehr Hilfe dieser Art, und mein Job würde in Zukunft darin bestehen, Nonnen in Visionen zu erscheinen. »Hat Ihr Besuch sonst noch was gesagt, Ms. Walker? Hat er irgendwas dagelassen, Informationsmaterial oder so? Wie heißt er?« Möglich, dass der Typ völlig sauber war – ich wusste ja nur von Posie, dass er ihren Großvater öfter besucht hatte –, aber sein Timing war doch etwas verdächtig: dass er just an dem Abend hier herumsaß, an dem sich dann herausstellte, dass der Ordner über die Magianische Gesellschaft fehlte.

»Mubari oder Nabari oder so«, sagte Posie. »Irgendwas Komisches.«

»Bei allem Respekt, aber Sie machen mich wirklich fertig«, sagte ich. »Hat er Ihnen eine Karte gegeben oder sonst irgendetwas, wo sein Name und seine Adresse draufstehen könnten?«

»Diesmal nicht. Ich glaube, G hat ihn eingeschüchtert – er hat dem armen Mann lauter blöde Fragen gestellt.«

»Die waren nicht blöd!« Garcia war ganz rechtschaffene Empörung. »Ich hab ihm nur ein bisschen auf den Zahn gefühlt.«

Ich zuckte zusammen. Wenn der arme Mann sauber war, hatte ihm das sicher nicht gerade behagt. Wenn er's nicht war … na ja, dann war ihm jetzt garantiert klar, dass er unter Verdacht stand. »Moment, langsam. Ms. Walker, eben haben Sie gesagt, ›diesmal nicht‹. Heißt das, er hat Ihnen ein andermal, als er hier war, eine Karte oder so was gegeben?«

»Ich glaub schon, ja.«

Ich gab mir alle Mühe, ruhig zu bleiben. »Wäre es möglich, dass sie noch irgendwo ist? Dass Sie sie finden könnten?«

»Vielleicht in der Kramschublade. Da kommen die Gummis von der Zeitung rein und Brotbeutelverschlüsse und solches Zeug …« Sie lächelte selig, als ob diese epochale ordnungsstiftende Maßnahme ihre ureigene Erfindung wäre.

Ich lächelte so charmant zurück, wie ich irgend konnte. »Könnten Sie vielleicht mal nachsehen, ob sie da noch ist, Ms. Walker?« Denn wenn dieser Typ ein Falschspieler war, hatte er heute natürlich nichts hiergelassen, sondern nur das Material über die Magianische Gesellschaft und wer weiß was noch für Indizien eingesackt, und würde auch nicht wiederkommen. »Es wäre meinem Artikel über Ihren Granddad wirklich sehr dienlich.«

Nach zwei Minuten geräuschvollen Kramens und leisen Fluchens erschien Posie Walker wieder und schwenkte triumphierend ein weißes Kärtchen. »Gefunden!«

Ich versuchte, nicht zu begierig danach zu greifen. G-Man beobachtete mich, im Gesicht jene Art Heldenverehrung, die, wie ich wusste, irgendwann Probleme verursachen würde. Die Karte war schlicht – nur ein paar Zeilen in derselben schwarzen Kursivschrift wie auf dem Ordner, den ich fotografiert hatte:

Rev. Dr. Moses Habari
Magianische Gesellschaft
4442 East Charleston Road, Suite D, San Judas, CA 94043

Da stand auch eine Telefonnummer, die ich sofort wählte. Kein Anschluss natürlich. »Was sagten Sie, wann er gegangen ist?«

»Vor einer halben Stunde etwa«, beschied mich Garcia. »Fahren Sie ihm nach? Kann ich mit?«

Ich erwog kurz, ihm zu sagen, was ich dachte, ließ es aber, weil es ja sein konnte, dass ich irgendwann noch etwas von ihm oder Posie brauchte. »Nein, ihr müsst hier bleiben, für den Fall, dass er sich noch mal meldet. Und falls er sich meldet, *tu bitte nichts Verrücktes.*« Ich bedachte ihn mit meinem strengsten Blick. »Ruf mich einfach nur an, verstanden? Unauffällig!«

»Unter Kontrolle, Mr. Dollar.« Er hätte um ein Haar salutiert. Vor kurzem noch hatte er mir mit einer Pistole vor der Nase herumgefuchtelt, und jetzt war dieser Schwachkopf bereit, mir hinterherzuwatscheln wie ein Entenjunges. Manchmal glaube ich, ich bin ein Idiotenmagnet.

Ein paar Minuten später war ich wieder auf dem Bayshore, diesmal Richtung Southport. Die East Charleston Road kannte ich ganz gut, weil sie nicht weit von da war, wo Sam wohnte. Es war eine Gegend, die zweimal harte Zeiten durchgemacht hatte, zuerst in den Siebzigerjahren, als das Frachtgewerbe von der Konkurrenz auf der anderen Bay-Seite kaputtgemacht wurde, dann noch mal zwanzig Jahre später, als der Shoreline-Vergnügungspark endgültig zumachte. Geblieben waren kleine Gewerbeparks, Einlagerungscontainer und Partybedarfsfirmen sowie ein paar Apartmentblocks und Läden für eine Population von

Ex-Schauerleuten, Alkies und natürlich dem einen oder anderen Engel.

Als ich die Charleston in Richtung Bay entlangfuhr, sah ich zu meiner Rechten die Skelettreste des Shoreline Parks – das filigrane Gerüst der Achterbahn vor dem zunehmenden Mond wie ein Spinnennetz. Andauernd ersannen Leute neue Projekte, die die kleine menschengemachte Insel wieder in einen Motor der lokalen Wirtschaft verwandeln sollten – Hotels, Bürokomplexe, ja sogar einen Golfplatz mitten in der Bucht –, aber irgendwie wurde nie etwas daraus, und der stillgelegte Vergnügungspark rostete und gammelte vor sich hin. Benutzt wurde er anscheinend nur noch als Location für apokalyptische Low-Budget-Filme.

4442 East Charleston war ziemlich genau das, was ich erwartet hatte, eins dieser einstöckigen, in etliche Einheiten unterteilten Gewerbegebäude, die kleine Klitschen beherbergen, das Businesswelt-Äquivalent zur Insel der nichtsnutzigen Spielzeuge. Suite D war leer und verrammelt, was ich ebenfalls erwartet hatte. Ich hätte mein Einbruchswerkzeug (auch dazu keine näheren Auskünfte) mitbringen sollen, aber es lag in einem der Kartons mit dem Krempel aus meinem Apartment, und ich hatte keine Zeit gehabt, es zu suchen. Von außen sprach jedenfalls nichts dafür, dass die Gewerbesuite irgendwann in letzter Zeit benutzt worden war, aber aus reiner Gewissenhaftigkeit klopfte ich trotzdem ein paarmal an, laut und deutlich.

Aus den Geschäftsräumen der Magianischen Gesellschaft kam keine Reaktion, doch aus Suite C nebenan tauchte schließlich ein zerknitterter Typ mit einem Mehr-als-drei-Tage-Bart auf und wollte wissen, wen ich suchte. Ich fragte mich, ob er von seiner Frau rausgeworfen worden und in seine Werkstatt gezogen war (was sich als zutreffend erwies). Er hatte eine kleine Schleiferei, die auf das Schärfen irgendwelcher exotischer Industrieklingen spezialisiert war, und war ganz gesprächig – ein bisschen zu gesprächig. Er erzählte mir schon in der ersten Minute, dass er die Mieter von Suite D nie gesehen habe, nicht wisse, was sie herstellten oder verkauften, und sich oft gefragt habe, ob der Raum überhaupt genutzt werde, aber dann kostete es mich weitere zehn Minuten, ihm wieder zu entkommen, was mir erst gelang, nachdem ich seine Maschinen bewundert und mehrfach das Angebot eines Biers abgelehnt hatte.

Auf der ganzen Rückfahrt zu meinem Motel am anderen Ende der Stadt wälzte ich die neuesten Informationsschnipsel in meinem Kopf. Ich wusste jetzt, dass der Afrikaner wirklich mit der Magianischen Gesellschaft zu tun hatte, und ich kannte seinen Namen oder zumindest sein Pseudonym. Und da er so schnell ins Walkersche Haus geeilt war, um seine Spuren zu verwischen, wusste er offenbar, dass ich ihn suchte. Ich hatte von dem Klingenschleifer Namen und Adresse des Vermieters der Gewerbeeinheiten bekommen und beschlossen, diesen Ansatz morgen zu verfolgen, wenn mir das Glück hold war und die Zahl der Todesfälle in San Judas weiter so übersichtlich blieb. Also hatte ich jetzt frei.

Doch kaum dass ich das dachte, klingelte das Handy und beorderte mich zu einem Herzinfarkt in einem Apartmentblock in Spanishtown.

Der Verstorbene, auf den ersten Blick der geliebte Patriarch einer weitläufigen honduranisch-amerikanischen Familie, erwies sich als ein fieser alter Kotzbrocken, dem all meine Bemühungen, ihn als Produkt seiner Kultur und Zeit hinzustellen, nicht helfen konnten. Er hatte zwar niemanden ermordet oder vergewaltigt, aber sein Führungszeugnis war miserabel, und ich konnte von Glück sagen, dass er mit tausend Jahren Fegefeuer davonkam. Ich dachte sogar insgeheim, dass es ihm hoffentlich eine Lektion sein würde – noch beim Anblick seines eigenen Leichnams und seiner keineswegs traurigen Familie beschwerte er sich, dass er Besseres verdient habe. Er keifte immer noch, als ihn das Licht davonführte.

Jedenfalls war es unersprießlich und anstrengend, und als ich durch den Reißverschluss wieder ins reale Spanishtown hinübertrat, war es fast zwei Uhr morgens. (Falls ich's noch nicht erwähnt habe: Während man im Außerhalb ist, vergeht im Innerhalb die Zeit weiter, wenn auch nicht immer im selben Tempo.) Ich wollte nur zurück in mein Motel, einen Drink kippen, Fatback anrufen (der jetzt im Menschenhirn-in-Schweinekörper-Teil des Zyklus sein musste) und dann ins Bett fallen, aber zugleich war ich wegen der jüngsten Geschehnisse überdreht und hypernervös, sodass ich, als ich am anderen Ende der Tiefgarage des Apartmentblocks ein Geräusch hörte, sofort stehenblieb und blitzartig meinen .38er zog. Ja, mein Puls war beschleunigt. Sehr beschleunigt.

»Nur zur Information, wer immer da ist«, verkündete ich laut, »ich bin müde, nervös und bewaffnet. Vermeiden wir ein tragisches Versehen, okay? Also raus da, damit ich sehen kann, mit wem ich's zu tun habe.«

Die Gestalt, die aus dem Schattendunkel trat, war so mächtig, dass ich einen schrecklichen Moment lang mit dem Schlimmsten rechnete, doch ich merkte schnell, dass sie weit menschenförmiger war als das Etwas, das mich gejagt hatte. Erleichtert erkannte ich meinen alten Freund, Bodyguard Nummer Eins der Gräfin.

»Ich wollte, wir hätten mehr Zeit, Dollar«, sagte er. »Ich würde gern sehen, wie Sie mich mit dieser Erbsenpistole zu stoppen versuchen, ehe ich Sie zusammenfalte wie eine Serviette.«

»Ja, schade, dass wir das nicht ausprobieren können, Wonneproppen«, sagte ich. »Ehrlich, wenn du ein Tänzchen willst, komm wieder, wenn ich nicht so müde bin, dann machen wir's richtig. Jetzt will ich nämlich nur ins Bett und zwar so dringend, dass ich dir einfach ein paar Kugeln in den Kopf jagen werde, um dich mir wenigstens so lange vom Hals zu halten, dass ich eine Runde pennen kann.«

»Sie spucken ganz schön große Töne, Heiligenscheinknabe …«

»Red schon, was willst du?« Es war mein Ernst – ich war wirklich bereit, ihn zu erschießen, nur um schneller ins Bett zu kommen.

»Jemand will Sie sprechen. Sie wartet draußen.«

Mein Herz schlug schneller. Es konnte nichts Gutes bedeuten, wenn einen eine Erzdämonin mitten in der Nacht aufsuchte, doch aus irgendeinem Grund fand ich es trotzdem auf eine perverse Art erregend. »Okay. Aber eins noch, Drops? Nein, warte – Keks, richtig?«

Er fand das gar nicht lustig. »Candy.«

»Oh, klar, sorry. Ich wollte nur wissen – wo ist dein Kumpel mit dem Pornobalken?«

»Cinnamon? Der fährt den Wagen.«

»Hoffen wir's. Denn nimm bitte zur Kenntnis, wohin ich ziele. Falls plötzlich jemand aus dem Gebüsch springt, puste ich dir ohne Abklärung der Situation den Schwanz weg.«

Zu seinem Glück hatte Candy die Wahrheit gesagt. Als wir aus der Tiefgarage kamen, sah ich eine lange Limousine mit dunklen Scheiben unter einer Straßenlaterne stehen. Der Motor lief. Das Fahrerfenster war offen, und da saß Cinnamon in seiner ganzen schnurrbärtigen Pracht. Er grinte mich höhnisch an, als Candy die Fondtür öffnete und mir bedeutete, ich solle einsteigen.

Ich drehte Candy gar nicht gern den Rücken zu, also presste ich ihm den Revolver in den Bauch, als ich mich bückte, um in den Wagen zu schauen. Die Gräfin blickte mich an. Unter der Innenbeleuchtung waren ihre Augen so groß wie die einer Hirschkuh, funkelten aber auf eine Art, wie es keine von Bambis Verwandten je zustande gebracht hatte. Da immerhin gesichert schien, dass Candy und Cinnamon nicht auf einem privaten Rachefeldzug waren, stieg ich ein. Die Tür schloss sich mit einem dumpfen Schlag, bei dem mir die Ohren zufielen.

»Hallo, Gräfin«, sagte ich. »Oder heißt die Tatsache, dass Sie mir zu dieser Nachtzeit nachstellen, wir sind jetzt so gut befreundet, dass ich Sie Ca …«

Ich brachte den Satz nicht zu Ende, weil sie mir mit solcher Wucht eine knallte, dass es mir fast den Kiefer ausrenkte. Ich starrte sie einen Moment perplex an. »Hey …!«, setzte ich an, aber sie ohrfeigte mich wieder; diesmal gruben sich ihre Nägel wie Angelhaken in meine Wange. Als die kleinen Lichter vor meinen Augen zu tanzen aufhörten, fasste ich hin und fühlte etwas Nasses. Jep, Blut. »Wofür zum Teufel war das?«, fragte ich.

»Ich wusste ja, dass Sie egozentrisch und selbstgefällig sind, Mr. Dollar.« Die Innenbeleuchtung brannte immer noch; die Gräfin hatte jetzt etwas Farbe im Wangenbereich, was ich an ihr noch nie gesehen hatte. Sie halten mich wahrscheinlich für hoffnungslos oberflächlich, wenn ich gestehe, dass es mir gefiel, trotz der Schmerzen, die ich hatte in Kauf nehmen müssen, um es zu sehen. »Was ich nicht wusste, ist, dass Sie auch lebensmüde sind.«

»Ich habe keine Ahnung, wovon Sie sprechen«, sagte ich.

»Oh, ich glaube, das wissen Sie sehr wohl.«

»Im Gegenteil, und ich habe das Gefühl, von Sekunde zu Sekunde weniger zu wissen.« Was war mit dieser Frau? – nein, diesem *Dämon*, rief ich mir in Erinnerung. Ich wurde aus ihr überhaupt nicht schlau. Die meisten Höllenbewohner, die ich kenne, geben einem ganz klar zu verstehen, dass sie einen am liebsten sofort auf komplexe, qualvolle Art töten würden und nur das Tartarus-Abkommen sie daran hindert, aber was die Gräfin wollte, war mir schleierhaft. »Wollen Sie mir nicht nächstes Mal ein paar Fragen stellen, bevor Sie mir wehtun?«

»Sie finden, *das* hat wehgetan? Glauben Sie mir, wenn ich je beschließe, Ihnen wehzutun, werden Sie den Unterschied spüren.«

»Hören Sie, sagen Sie mir doch einfach, was los ist.« Bodyguard Zwo war gerade ausgestiegen, um mit Bodyguard Eins unter der Straßenlaterne eine zu rauchen, sodass wir allein im Wagen waren. »Hat es was mit diesem Foxy zu tun?«

»Dem kleinen japanischen Freak?« Sie lehnte sich zurück. Sie trug ein sehr kurzes schwarzes Kleid, das jede Menge langes, graziles Bein entblößte. Ich zwang mich, meine Aufmerksamkeit wieder auf ihr Gesicht zu richten. *Das ist alles nicht echt, Bobby*, hielt ich mir vor, *denk dir die Illusion weg, dann sieht sie wahrscheinlich aus wie eine riesige Nacktschnecke.* »Nein«, sagte sie, »es geht um Sie. Engel. Auf der Straße spricht sich herum, dass Sie etwas Wichtiges an sich gebracht haben – und ich meine nicht die Straße, die Sie von Ihrem schäbigen kleinen Apartment aus sehen.«

»Ah, Sie kennen es also? Ich habe vor, es neu einzurichten – Sie wissen schon, Farne, skandinavische Naturholzmöbel …«

»Seien Sie still. Ich spreche von der Via Dolorosa.« Das war ein Name der Hauptgeschäftsstraße von Pandämonium, der Hauptstadt der Hölle. »Dort erzählt man sich, dass Sie etwas Wertvolles haben, wofür Sie einen Käufer suchen. Ein epochales Objekt …«

»Aber ich …!«

»*Ruhe*. Und auf dem ganzen Dispaterplatz und überhaupt im Rest der Stadt wird darüber hinaus gemunkelt, dass Sie dieses wichtige Etwas von *mir* hätten. Was bedeutet, dass ich zu allem anderen auch noch damit geschlagen bin, dass Hochkanzler Urgulap und seine Untersuchungsbeamten ihre Nase in meine sämtlichen Angelegenheiten stecken und mir das Leben sauer machen. Ich bin *gar nicht glücklich darüber*.«

Das nahm mir vorübergehend den Wind aus den Segeln. Ich blickte sie an, und zum ersten Mal sah ich keine übernatürlich schöne Versucherin und keinen verkleideten bösen Geist, sondern ein Wesen, das über den derzeitigen Stand der Dinge womöglich genauso beunruhigt war wie ich. Und ich beneidete gewiss niemanden, der diesen grässlichen halbgeschmolzenen Riesenkäfer, dem ich beim Walkerschen Haus begegnet war, im Nacken hatte.

»Okay, Lady«, sagte ich. »Sie haben gesagt, was Sie zu sagen hatten. Jetzt hören Sie mir zu.« Ich hob die Hand, um alle Widerworte im Keim zu ersticken, und zu meinem Erstaunen funktionierte es. »Ich weiß nichts von irgendeinem wichtigen Ding, außer dass mich heute ein tanzender Albino gefragt hat, ob ich es verkaufen will, und Sie scheinen zu glauben, ich hätte mich gebrüstet, es in meinem Besitz zu haben. Aber wie gesagt, ich habe keinen Schimmer, was ich in meinem Besitz haben soll, und wenn ich dieses Ding habe, weiß ich es nicht. *Moment* – ich bin noch nicht fertig.« Ich hob wieder die Hand, als sie den Mund öffnete, um etwas zu sagen, aber statt ihr eine zu knallen, wie sie es mit mir gemacht hatte, legte ich ihr sachte den Zeigefinger auf die unglaublich roten Lippen. Ich weiß nicht warum, ich tat es einfach. Sie schlug meine Hand weg, aber auf merkwürdig beiläufige Art, ganz anders als sie gerade eben zugeschlagen hatte. »Okay«, sagte ich. »Jetzt also der zweite Teil. Sie erinnern sich an das eingebrannte Mal, das ich Ihnen gezeigt habe – den Handabdruck auf meiner Tür? Also, inzwischen habe ich das Etwas, von dem er stammt, leibhaftig und von Nahem gesehen – genauer gesagt, es hat mich letzte Nacht zu töten versucht und hätte es auch beinah geschafft. Als ich Ihnen dieses Foto gezeigt habe, war deutlich zu merken, dass es Ihnen etwas sagt – Sie haben so was schon mal gesehen, stimmt's? Also, wollen Sie nicht, statt mir wieder die Kauwerkzeuge zu lockern, ein bisschen guten Willen zeigen und mir zur Abwechslung mal erzählen, was *Sie* wissen? Irgendwas beunruhigt Sie doch, Gräfin – schauen wir doch mal, ob wir uns gegenseitig helfen können. Hängt dieser *ganze* Irrsinn mit der Walker-Sache zusammen?«

Sie starrte mich einfach nur an, und plötzlich verließ mich der Schwung, der mich bis eben getragen hatte. Was bildete ich mir ein, was ich hier machte? Ich konnte dieser aufgedonnerten Höllenschlampe nicht trauen, selbst wenn sie mir trauen sollte, und das würde sie nie tun. Mal ganz davon abgesehen, was passieren würde, wenn meine Bosse spitzkriegten, dass ich mitten in der Nacht in einem Auto saß und der Gräfin von Coldhands, einer Problembereinigerin der Hölle, einen Informationsaustausch anbot? Wenn ich das nächste Mal vorgeladen würde, dann vor ein himmlisches Kriegsgericht (falls sie mich nicht einfach ohne Prozess einäscherten). So was machte man nicht ohne Absprache mit seinem Erzengel, und ich war bereits verwarnt worden, keinen Schritt mehr vom Pfad der Tugend abzuweichen. Aber es ging einfach alles zu schnell, und ich hatte es satt, Blindekuh zu spielen, war es leid, nur durch Herumtasten herausfinden zu sollen, was Sache war.

»Es hat nicht nur mit der Walker-Sache zu tun«, sagte sie langsam. »Aber Walker hat meine Vorgesetzten geschockt.«

»Tatsache? Es war nicht einfach eine Aktion, die sie sich selbst ausgedacht haben, um den Himmel in den Wahnsinn zu treiben?«

Sie schüttelte den Kopf. »Scheint nicht so. Soweit ich es mitkriege, sind sie wirklich beunruhigt. Und seither sind noch mehr Seelen verschwunden.«

Ich fühlte ein beruhigendes Klangkettchen in meinem Inneren klimpern. Ich wusste, es war sehr wahrscheinlich verrückt, auch nur die Möglichkeit in Betracht zu ziehen, aber vielleicht war sie ja wirklich ehrlich zu mir – jedenfalls so ehrlich, wie es ihr gegeben war. »Das habe ich auch gehört. Aber wenn beide Seiten durchdrehen, wo ist Walker dann hin? Wo sind sie alle hin?«

Sie zog ein Puderdöschen aus ihrer Handtasche und musterte sich kurz in dem kleinen Spiegel. »Weiß nicht«, sagte sie. »Und ehrlich gesagt, es interessiert mich auch nicht, obwohl ich seit der Walker-Sache nonstop dazu befragt werde. Ich habe genug eigene Probleme.«

»Zum Beispiel?«

Ihre Augen funkelten, und das meine ich nicht poetisch: In der Tiefe spie etwas rote Funken. »Geht Sie einen Dreck an, Dollar.«

»Okay, mag sein. Aber was ist mit dem Etwas, das an meiner Wohnungstür Avon-Beraterin gespielt hat?«

»Das ist ein Ghallu«, erklärte sie wie ein extrem englisches Schulmädchen, das aufsagt, was es in einer besonders langweiligen Unterrichtsstunde gelernt hat. »Ein lebendes Stück Alte Nacht, was ein anderes Wort für Chaos ist, für den Fall, dass Sie Ihre Engeldienstprüfungen in den Sand gesetzt haben. Aufwendig herbeizurufen, praktisch nicht zu stoppen. Und ja, ich habe diesen Abdruck schon gesehen.«

»Wo? Und wer hat diesen Ghallu auf mich angesetzt?«

»Die Antwort auf erstere Frage lautet wieder: Geht Sie nichts an, Dollar. Und Letzteres weiß ich nicht – aber es verheißt Übles. Wenn Sie wirklich nicht wissen, was hinter dem Ganzen steckt, würde ich Ihnen dringend raten zu verschwinden, so weit und so lange wie möglich.«

Jetzt starrte ich *sie* an. Zum ersten Mal in diesem Gespräch nahm ich ihr nicht ab, was sie sagte, jedenfalls nicht, dass sie nicht wusste, wer den Ghallu auf mich gehetzt hatte. Andererseits war sie verblüffend offen gewesen, also beschloss ich, mein Glück nicht zu strapazieren. Okay, nicht *zu* sehr …

»Tja, dann, Gräfin. Aber eine Frage noch. Was ist mit uns?«

Ihre Augen weiteten sich. »Was?« Aber es klang eher überrascht als ärgerlich. »Was soll das heißen, Engel?«

»Wir helfen uns doch gegenseitig, oder? Also, was ist, wenn ich etwas herausfinde, das Sie wissen sollten? Ich will nicht ewig im *Water Hole* herumhängen und darauf hoffen, dass Sie irgendwann hereinspazieren, um sich ein paar Medizinstudenten *to go* zu holen.«

»Tun wir das wirklich?« Sie war eindeutig amüsiert – auf die Art, wie es Leute amüsiert, in ein extrasaures Fruchtgummistäbchen zu beißen. »Uns gegenseitig helfen? Soweit ich sehe, bin ich hier die Einzige, die jemandem hilft. Was könnten Sie denn je im Gegenzug für mich tun?«

»Greifen wir nicht voraus. Nur für den Fall, dass es sich ergibt, wie kann ich Sie erreichen?«

Sie lachte, unvermittelt und allem Anschein nach aufrichtig. »Sie sind wirklich eine Nummer, Bobby Dollar. Sie sind ganz schön überzeugt von Ihrer eigenen Wichtigkeit.«

»Verzeihung, Schwester, aber ich sitze hier in *Ihrem* Auto, nicht umgekehrt. *Sie* wollten mit mir reden. *Und* mich ein bisschen schlagen.« Meine Wangenpartie schmerzte immer noch.

»Gut.« Sie zog eine Visitenkarte aus ihrer Handtasche und schrieb mit einem sehr hübschen Füller etwas darauf. »Rufen Sie notfalls hier an. Hinterlassen Sie eine Nachricht. Ich finde Sie dann schon.«

»Danke, Gräfin.« Ich war mir immer noch nicht ganz sicher, worauf ich mich da eingelassen hatte, aber es war auf jeden Fall etwas Ungewöhnliches.

Plötzlich ein Lächeln, leise und verschwörerisch. »Oh, ich glaube, Sie können mich jetzt Caz nennen«, sagte sie. »Bis Sie es schaffen, sich umbringen zu lassen, jedenfalls. Schlafen Sie gut.«

Damit war ich offenkundig entlassen. Ich rutschte zur Wagentür, drehte mich dann noch mal zu ihr um. »Was ich Sie noch fragen wollte – woher kommt Ihr Name?«

»Casimira? Das ist polnisch …«

»Nein, Ihr anderer Name – Gräfin von Coldhands.«

Sie beugte sich vor und nahm mein Gesicht zwischen ihre schlanken Hände. Deren Haut war sehr kalt – so eisig wie ein Fischbauch. »Sie kennen doch das Sprichwort«, sagte sie, und ein seltsamer Ausdruck huschte über ihr Gesicht. »Kalte Hände – kaltes Herz.« Die Tür in meinem Rücken öffnete sich wie von Zauberhand, aber es war nur Candy, der mir nicht allzu sanft hinaushalf.

185

»Nacht, Jungs«, rief ich, als er und sein Gorillakumpel wieder in den schwarzen Wagen stiegen. »Träumt von mir.«

Die lange Limousine mit den dunklen Scheiben rollte lautlos davon, und ich stolperte zu meinem Wagen und fuhr zu meinem Motel.

13

DEN LEVIATHAN AM HAKEN

So müde, verschreckt und bedient, wie ich war, als ich endlich ins Bett kam, könnte man meinen, dass mir das Universum ausnahmsweise mal etwas Ruhe hätte gönnen sollen. Aber
nichts da. Um halb sechs in der Früh klingelte mein Handy,
und als ich es ignorierte, klingelte es alle zwei Minuten wieder, bis ich schließlich aufgab, mich aus dem Bett auf den Fußboden wälzte und auf allen vieren durch das fremde Motelzimmer krabbelte, um dranzugehen. Es war keine Nummer, die
irgendwie mit dem Himmel zu tun hatte, sodass ich mir noch
sicherer war, dass es nichts sein konnte, wofür sich das Aufwachen lohnte.

»Wer will da erwürgt werden?«

»Ich bin's, Bobby.« Der Schweinemann.

»Es ist wirklich verdammt früh, George, falls Sie's noch nicht
gemerkt haben.«

»Wer wüsste das besser als ich? Soll ich Ihnen sagen, wie spät
es ist? Es ist zehn Minuten vor Sonnenaufgang, und ab da kriegen Sie von mir nichts mehr als Oink, Oink, Oink.«

»Sorry, George. Schießen Sie los.«

»Okay, zuerst mal ›Kephas‹. Das ist altaramäisch und heißt
›Stein‹ oder ›Fels‹. So hat Jesus den Petrus genannt – Sie wissen
ja, ›du bist der Fels, auf den ich meine Kirche bauen will.‹ Es

gibt jede Menge Erwähnungen in Zusammenhang mit der Bibel, aber auch nur in diesem Kontext. Über Magianer habe ich noch nichts Interessantes gefunden – aber *Sie* sind heißer Scheiß, Mr. D. Jede Menge Leute wollen etwas über Sie wissen. Laut meinen Quellen haben sich die Fremdanfragen nach Ihrem Namen in den letzten Tagen verdreifacht.«

»Was sind ›Fremdanfragen‹?«

»Das sind Suchanfragen von anderen Leuten als mir.«

Hilflosigkeit wollte mich ergreifen, die Vorhut der Panik, und ich tat mein Bestes, sie wegzuschlagen. »Warum ich, George? Was wollen all diese Leute wissen? Und wer sind sie?«

»Zur Wer-Frage: Es sind vor allem Leute, die im Bereich zwischen den beiden Lagern operieren – Informationsverwerter hauptsächlich. Was sie so interessiert, konnte ich noch nicht herausfinden, nur *dass* einige Leute über Sie geredet haben und andere wissen wollen, warum. Da ist jede Menge Zeug überall auf .ky.«

Es war zu früh am Tag. »K-Y? Ich bin *das* Thema auf einer Gleitgel-Website?«

»Nein, das ist nur der Domainname – Cayman-Inseln. Viele aus der paranormalen Szene benutzen diese Internet-Domain, weil man die Accounts nicht zurückverfolgen kann. Also, jedenfalls, in meinem Geschäft hat man ständig mit Information zu tun, die sich selbst in den Schwanz beißt, aber über das hier irgendwas Substantielles herauszukriegen, ist noch schwerer als sonst – ich jage ein Gerücht, ohne zu wissen, worin es besteht, verstehen Sie? Aber ich gebe Ihnen Bescheid, sobald ich was Konkretes habe.«

»Danke, George. Sie sind prima. Irgendwas über das Monstrum, das hinter mir her ist? Groß, dunkel, gehörnt?«

»Oh, Shit, ja, klar. Tut mir echt leid, dass Sie sich mit dem Mistding herumschlagen müssen, Bobby.«

»Mir auch, George, mir auch.« Ich wusste ihn wirklich zu

schätzen, war aber im Moment nicht im Vollbesitz meiner Geduld. »Irgendwas Brauchbares?«

»Auch da nicht viel. Kommt nicht häufig vor, so was. Allu oder Ghallu ist die genaueste Entsprechung, die ich finden kann …«

»Das habe ich schon in Erfahrung gebracht. Eine Art Mietlingsgeist. Sehr alt, vorchristlich …«

»Ja. Und ausgesprochen übel.«

»Auch das wusste ich schon.«

»Das Problem ist, dass sie nicht oft auftauchen, deshalb gibt es kaum jüngere Informationen als aus dem neunzehnten Jahrhundert. Nur jemand mit viel Macht kann so ein Dingelchen für sich arbeiten lassen.«

»Verdammt, George, das ist mir alles bekannt – ich muss wissen, was ich dagegen *tun* kann! Wie kann man so was töten oder zumindest loswerden?«

»Ich weiß nicht, Bobby. Die letzte gesicherte Sichtung war in den Achtzigerjahren in Syrien.«

»Tja, mir hat gesicherterweise neulich Abend eins von den Dingern den Arsch in Brand zu stecken versucht, als es mich über den Camino Real gejagt hat, also brauche ich schon etwas mehr als das.«

Längeres Schweigen am anderen Ende. Als er wieder etwas sagte, war irgendetwas Seltsames mit seiner Stimme. »Ich – ich …«

»George, sind Sie okay?«

»Ng-ng.« Er konnte jetzt nur noch grunzen. Ich blickte zu meinem Fenster und sah zwischen den Vorhängen einen Grauschimmer. Tagesanbruch. »Nnngg …« Das nächste Grunzen war mit einem kleinen Jammern untermischt – vermutlich der letzte menschliche Teil von ihm, der nicht loslassen wollte.

»Okay, danke für den Anruf, George.« Ich legte auf und kroch wieder ins Bett, kein schlechterer Ort zum Sterben als irgendein anderer.

Damit ich auch bestimmt nicht zu viel Schlaf bekam, gab mir Alice gegen acht Uhr einen Klienten. Ich musste ohne Frühstück los, zum Sequoia Hospital, wo ich immerhin das Glück hatte, eine nette alte Dame zu vertreten, die ihr Leben darauf verwandt hatte, in die Kirche zu gehen und sich um ihre Familie und große Teile der Nachbarschaft zu kümmern – Mutter Teresa ohne die Publizitätsgeilheit. Sie friedlich und glücklich ins Licht gehen zu sehen, erinnerte mich daran, dass ein beträchtlicher Teil meines Tuns darin bestand, dafür zu sorgen, dass gute Menschen ihre verdiente Belohnung erhielten. Als ich fertig war, war fast schon Mittagessenszeit. Ich hatte schon ein paar Tage nicht mehr das *Compasses* aufgesucht und hatte allmählich Heimweh, also rief ich dort an. Chico stellte das Telefon auf die Theke und ermöglichte so ein Konferenzgespräch mit den anwesenden Chormitgliedern: Walter Sanders, Sweetheart, Jung Elvis und noch ein paar anderen – keine Monica, kein Sam.

»Was ist los, Bobby?«, fragte Kool Filter. Er hatte eine Stimme wie Louis Armstrong, wenn er versuchte, nicht zu husten, und er klang fast immer amüsiert. »Hab gehört, so ein hässliches altes Mistvieh jagt dich durch die Gegend.«

»Nichts, was ich nicht unter Kontrolle habe.« Was glatt gelogen war, aber ich hasse Mitleid. »Sam gesehen?«

»Er war gestern Abend da«, vermeldete Jung Elvis. Den Namen hat er übrigens wegen seiner Frisur. Ich habe nie einen Lebenden so viel Zeit auf die Pusselei an seinem Haar verwenden sehen, wie es dieser Engel tut. Seinetwegen ist der Toilettenspiegel im *Compasses* immer von Haarspraynebel beschlagen. Aber er hat wirklich eine spektakuläre Tolle, das muss ich zugeben, er sieht aus wie der King in seiner besten Lederjackenzeit. Unser Elvis trägt auch gern dieses Rockabilly-Zeug, mit Cowboystiefeln und allem Drum und Dran.

»Hey, weiß jemand von euch zufällig, wo ich die Sollyhull-Schwestern derzeit finde?«

Kool gluckste. »Shit, du bist echt Masochist, B. Ich glaube, jemand hat mal gesagt, sie verkehren zurzeit in so einem Diner am anderen Ende der Stadt.«

»*Superior Grill*, am Highway 84«, sagte Walter Sanders auf seine hochmütige Art. »Jedenfalls waren sie da vor einer Woche. Haben mir mein ansonsten absolut mediokres Mittagessen verdorben.«

Ich dankte ihnen und legte auf. Ich vermisste es, mit dem Ganzen Kaputten Chor herumzuhängen, aber die nächsten Tage zumindest würde ich die Jungs auf keinen Fall sehen. Wenn es nicht zu lange dauerte, dem Vermieter der Magianischen Gesellschaft einen Besuch abzustatten, und wenn sonst nichts dazwischenkam oder mich zu töten versuchte, würde ich am Abend wohl noch die Schwestern konsultieren. Sie konnten mir Sachen sagen, die nicht mal Fatback herausfinden konnte, und allmählich hatte ich ein dringendes Bedürfnis nach neuer Information.

Als ich gerade in meine Jacke schlüpfte, um loszugehen, klingelte mein Handy. Es war Monica.

»Hallo, Fremder«, sagte sie, aber wenn man an ihrer Stimme geleckt hätte, wäre man daran festgefroren und hätte von der Feuerwehr befreit werden müssen. »Ich bin gerade ins *Compasses* gekommen, und die Jungs sagen, ich hab dich knapp verpasst. Wie geht's?«

»Oh, äh, gut, mehr oder weniger.« Ich konnte dem nicht mehr länger ausweichen, so viel war klar. »Hast du mal eine Minute zum Reden?«

Ich *hörte* sie förmlich die Augenbraue hochziehen. »Eine ganze Minute?«, sagte sie. »Heute ist wirklich mein Glückstag.«

Ich hoffte, dass sie allein irgendwo saß und nicht inmitten des Chors. Nichts ist so dazu angetan, eine emotionale Szene noch peinlicher zu machen, wie eine dysfunktionale Kneipenfamilie.

»Also, ich weiß, ich war in letzter Zeit ziemlich abgelenkt …«, begann ich.

»Unterschätz dich nicht, Bobby-Darling. In Wirklichkeit warst du ein totaler Arsch.«

Ich öffnete den Mund, um zu widersprechen, sagte dann aber: »Ja, du hast recht.«

»Was ist bloß mit dir los?« Jetzt konnte ich hören, wie tiefunglücklich sie war. »Wir hatten eine Wahnsinnsnacht – und? Denkst du, deshalb erwarte ich jetzt, dass wir heiraten oder was? Hallo? Ich bin unsterblich, genau wie du. Wenn jemand versteht, dass man anderen Raum lassen muss, dann ich. Mal ganz davon abgesehen, dass du dein Bedürfnis nach diesem Raum schon vor langem überaus unmissverständlich geäußert hast.«

»Ich weiß … ich …« Deshalb hasse ich Handys. Die Tür zur Außenwelt war nur ein paar Schritte entfernt, aber das nützte nichts: Ich war verbunden und konnte diese Verbindung nicht mit Anstand kappen, ehe das Gespräch vorbei war. Und für den lahmen Trick mit dem »Verbindung ist so schlecht – ich hör dich kaum noch …« war ich zu alt. Ich seufzte. »Ehrlich, Monica, Schatz, die Situation ist wirklich kompliziert. Mit Dämonen, die mich umbringen wollen, und allem. Aber letztlich hast du recht, und ich hab mich blöd verhalten. Es *war* schön mit dir neulich Nacht … und auch am nächsten Morgen … aber ich bin über meine eigenen Beine gestolpert. Ich hoffe wirklich, wir können das irgendwann wiederholen. Ich hatte nur Angst, dass …«

»… ich es ernster nehme als du.« Etwas von der Bitterkeit war jetzt weg. »Möglich. Aber jetzt nicht mehr, nachdem ich gesehen habe, dass du immer noch ein Scheißkerl bist, wenn du in Panik gerätst. Und jede künftige Naber-Dollar-Kollaboration wird nur noch auf Basis dieser Erkenntnis laufen.« Sie trank irgendwas, schluckte. »Weil ich dich nämlich nicht als Freund verlieren will, Bobby. Das meine ich ernst. Du bist zwar ein Idiot, aber du bringst mich zum Lachen.«

»Ich will dich auch nicht verlieren, Monica. Ich meine, als Freundin. Oder … oder was wir auch manchmal sind. Also, ich weiß nicht genau, worüber wir uns einig sind – aber es ist ein Abkommen, oder?«

»Ja. Versuch einfach, nicht so ein Arschloch zu sein.«

Ich war immer noch nervös wegen allem anderen, aber etwas erleichtert in Sachen Monica, als ich mit meinen Nachforschungen über den Eigentümer des Gewerbegebäudes 4442 East Charleston begann. Das war die Art Laufarbeit, die ich selbst übernehmen konnte, was auch gut so war, weil die Sollyhulls keine Reale-Welt-Jobs machten und Fatback noch etwa elf Stunden für niemanden zu gebrauchen sein würde außer für seine Säue.

Ein erster Blick in Eigentumsurkunden, Grundsteuerunterlagen und ähnlich vergnügliche Dinge bestätigte, was ich schon befürchtet hatte – dass der Vermieter, den mir der Schleiferei-Typ genannt hatte, nur ein Strohmann für den faktischen Eigentümer des Gewerbebaus war, eine Holding. Und die wiederum war, wie sich herausstellte, nur die oberflächennächste von mehreren Holdings. Jemand hatte die Fakten ganz schön tief verbuddelt, aber ich bin nun mal ein neugieriges Kerlchen, das Antworten will, deshalb finde ich leichter durch endlose Papierlabyrinthe als die meisten anderen Leute. Eine Stunde Arbeit in den Verliesen der Kommunalbehörden, ein paar kleine Bestechungsgelder, und ich hatte, was ich wollte – die Identität des letzten und wahren Eigentümers des Gebäudes, das auf Habaris Visitenkarte als Adresse der Magianischen Gesellschaft genannt war. Es war eine hochinteressante Entdeckung.

Da noch ein bisschen was vom Nachmittag übrig war, fuhr ich gleich ans andere Ende von Palo Alto – diesmal nicht in grüne Vorstadtwohngegenden, sondern zu den funkelnden Hochhäusern des Page-Mill-Square-Komplexes am Camino Real, nur ein kleines Stück südlich des Stanford-Campus. Innerhalb von zwei Jahrzehnten waren die Bürotürme hier selbst über das

Wells Fargo Building und andere stolze Wahrzeichen des alten Zentrums von San Judas hinausgewachsen, und der, den ich ansteuerte, war der höchste von allen, Page Mill Nummer Fünf, auch bekannt als das Vald Credit Building.

Das eigentlich Interessante war nicht, dass die Bude, die als Geschäftsadresse der Magianer fungierte, letztlich einem Milliardenunternehmen wie Vald Credit gehörte, sondern dass sich jemand die Mühe gemacht hatte, diese Tatsache hinter einer ganzen Serie von Eigentümergesellschaften zu verbergen. Was als solches noch nichts zu bedeuten haben musste – natürlich besaß ein Wirtschaftsimperium dieser Größe eine Menge Zeug –, aber hinzu kam, dass Vald Credit einem einzelnen Mann gehörte, den praktisch ganz San Judas zumindest vom Hörensagen kannte.

Nicht dass Kenneth Vald auf ungewöhnliche Weise reich geworden wäre: Er hatte ein bisschen Geld gemacht, dann dieses Geld benutzt, um mehr Geld zu machen und so fort. Er hatte unterwegs noch nicht mal besonders verwerfliche Dinge getan, nach Milliardärsmaßstäben jedenfalls, schließlich baut sich niemand ein weltumspannendes Imperium auf, ohne ein paar Leuten auf die Zehen zu treten. Nein, er war deshalb so berühmt, weil er und sein Reichtum so sichtbar waren: Er zelebrierte das Reichsein auf ostentative Art – Partys, öffentliche Protzerei, teures Spielzeug und teure Frauen. Vald benahm sich wie jemand, der einen Deal mit dem Teufel gemacht hatte und jetzt jeden Moment in vollen Zügen genießen wollte, ehe die Gegenleistung fällig war. Meine Kollegen und ich waren schon länger überzeugt, dass an Valds Vita mehr als nur ein Hauch von Schwefelgeruch haftete.

Ein Problem an mächtigen Leuten wie Ken Vald ist natürlich, dass man nicht einfach aufkreuzen und sofort mit ihnen sprechen kann. Ja, ich würde überhaupt keinen Termin für ein Gespräch mit ihm kriegen, ganz egal, was ich tat – nicht, solange ich es auf dem konventionellen Weg versuchte. Also würde ich den konventionellen Weg gleich ignorieren.

Ja, das Ganze war vermutlich von Anfang an blöd. Ich hätte erst mal nach Hause gehen und eine umfassende Faktensammlung über Vald anlegen sollen, ehe ich mich dem Gebäude auch nur näherte. So hatte man es mich gelehrt, und wenn ich diese Faktensammlung zusammen mit einem ausführlichen Bericht an den Himmel geschickt hätte, wäre ich vielleicht sogar bei meinen Vorgesetzten aus dem Schneider gewesen, aber in diesem Moment war ich einfach zu neugierig, um Umwege in Kauf zu nehmen, und zu nervös wegen meiner ohnehin schon gefährlichen Situation, um mir Gedanken darüber zu machen, ob es blöd war oder nicht. Und außerdem war da das erregende Gefühl, an etwas dran zu sein: Es schien doch eine verdammt wichtige Entdeckung, dass der Walker-Fall, der Himmel und Hölle in Aufruhr versetzt hatte, irgendwie, und sei es noch so entfernt, mit der Firma eines so reichen und offenkundig arroganten Mannes zu tun hatte.

Jetzt, wo ich drüber nachdenke, wäre das ein Grund mehr gewesen, nicht reinzugehen.

Es regnete leicht, als ich meinen Wagen auf einem Restaurantparkplatz am Camino Real, gegenüber vom Page Mill Square, abstellte. Ich wusste, dass die gemeinsame Tiefgarage der Hochhäuser an dem Platz auf ein Signal hin abgeriegelt werden konnte, und ich wollte nicht dort drinnen festsitzen, falls ich es mir mit jemandem verdarb. Ich ahnte nämlich schon, dass ich es mir mit *irgendjemandem* verderben würde, bevor der Nachmittag um war, ich wusste nur noch nicht, mit wie vielen Leuten und wie gründlich.

Mit etlichen und sehr gründlich, wie sich erweisen sollte.

Die Lobby von Nummer Fünf war ziemlich genau so, wie ich erwartet hatte, Angestellte, die herein- und hinausströmten, Boten und Kuriere mit Sendungen, Instandhaltungspersonal mit

Rollwagen. Den vorderen Bereich der Lobby dominierte ein großer Security-Tresen mit etwa fünf uniformierten Typen, am hinteren Ende war ein kleinerer Tresen, und überall sah ich Überwachungskameras. Ich bemerkte auch, dass niemand ohne Angestelltenausweis durchgelassen wurde und auch dann nur mit Gesichtskontrolle. Selbst die Fahrradkuriere mussten ihre Päckchen am Tresen abgeben, wahrscheinlich zum Röntgen. Jedenfalls waren die Sicherheitsmaßnahmen ganz schön streng. Ich lungerte ein Weilchen herum, als ob ich auf jemanden wartete, sah ab und zu auf die Uhr, spazierte zwischendurch in den Kiosk, wo es Kaugummi und Zigaretten gab, und checkte auch den aus.

Nummer Fünf schien im Großen und Ganzen ein normales Bürohochhaus zu sein, auch wenn die Beschäftigten etwas reservierter wirkten als in anderen großen Firmen – eher die Sorte Atmosphäre, die man in einer Botschaft in einer nicht gerade amerikafreundlichen Stadt erwarten würde. Aber wie gesagt, ich war ziemlich aufgedreht, also sagte ich mir, ich bildete mir das wahrscheinlich nur ein. Doch dann passierte etwas, das ich mir definitiv *nicht* einbildete: Eine Gruppe ziviler Sicherheitsleute, erkennbar an identischen Sonnenbrillen, Knopf im Ohr und Beulen im Jackett, kam aus einem der Aufzüge. Die Wachleute am vorderen Tresen grüßten respektvoll, als die Männer zum Hauptausgang gingen – offensichtlich arbeiteten sie hier. Die zivilen Sicherheitsleute schienen die übliche Kollektion von humorlosen Muskelpaketen, aber ihr Anführer kam mir irgendwie bekannt vor – diese durchgehenden Augenbrauen, das dichte, kurz geschorene Haar. Als er seine Männer hinausführte, blickte er in meine Richtung, ohne mich zu sehen, und plötzlich wusste ich es trotz seiner Menschenhaut – sein Gesicht war einfach zu tierhaft, um hundertprozentig menschlich zu wirken, der Haaransatz zu tief, die Nasenwurzel zu breit. Es war Howlingfell, der Kerl, der an dem Abend, als Clarence diese Mrs. Martino vor der

Hölle bewahrt hatte, Grasswax' Leibwächter gespielt hatte. Der Typ, auf dessen Hals ich mehr oder weniger gekniet hatte.

Ich sah ihm nach und befand, dass *das* nun wirklich kein Zufall mehr sein konnte. Ich musste eindeutig mehr über Vald Credit in Erfahrung bringen, und die beste Möglichkeit dazu war wohl ein kleiner Besuch in der Chefetage, solange Howlingfell und sein Sicherheitsteam außer Haus waren. Mir war schon klar, dass es nicht das subtilste Vorgehen war, aber wie ich ja wohl schon sagte, neige ich nun mal unter Stress dazu, in alte Gewohnheiten zurückzufallen. Ich wollte Antworten, und wenn ich die nicht bekam, wollte ich die Leute wissen lassen, dass ich stinkig war.

Ich befand, dass die beste Option wohl der kleine Sicherheitstresen am Hinterausgang war, wo nur zwei Wachleute Dienst taten. Ich stand noch ein Weilchen herum, bis einer der beiden aufs Klo gegangen war, und marschierte dann auf den anderen zu, als er gerade sein Strichcode-Lesegerät über jemandes Sichtausweis geführt hatte.

»Entschuldigung«, sagte ich, »aber ich glaube, Sie sollten mal nach dem einen Lift schauen. Da stimmt was nicht. Nicht dass noch jemandem was passiert.«

Er zögerte kurz, sah sich um, ob sein Partner zurückkam, grunzte dann aber missmutig und stand auf. Er sah aus, als ob er vor zehn Jahren mal Sportler gewesen wäre, seither aber zu viel gesessen hätte.

»Welcher Lift?«, fragte er, als er mir zu der Fahrstuhlreihe im hinteren Teil der Lobby folgte, die Hand in beeindruckender Manier auf seinem Taser.

»Der hier«, sagte ich und drückte einen Knopf.

Der Lift ging auf, und er schaute hinein. Die Kabine war leer. »Was ist damit?«, fragte er.

»Damit ist«, sagte ich und drückte ihm den Lauf meines .38ers in den Rücken, »dass gleich Ihre Eingeweide drin verteilt sein werden, wenn Sie nicht sofort einsteigen.«

Er gab wieder einen Grunzlaut von sich, diesmal vor Schreck. Ich stieß ihn vorwärts. Als die Lifttür hinter uns zuging, sagte er: »Was zum Teufel soll …?«

Ich schlug ihm den Griff meines Revolvers seitlich an den Hinterkopf. Der Revolvergriff war mit Gummi belegt, deshalb schlug ich ziemlich kräftig zu, und er sackte ohne ein weiteres Wort zu Boden. Aber ich hatte schon drauf geachtet, ihm keinen bleibenden Schaden zuzufügen, für den Fall, dass er ein unschuldiger Trottel war und kein akkreditierter Höllenbüttel, wobei allerdings viel für Letzteres sprach, wenn dieser Ort hier so wichtig war, wie ich allmählich vermutete. Ich steckte seine Chipkarte in den Leseschlitz des Lifts, drückte den Knopf für den vierzigsten Stock, und die Fahrt begann. Dann schaute ich auf sein Namensschild, nahm das Walkie-Talkie von seinem Gürtel und drückte die Sprechtaste.

»Hier ist Daley in der Lobby«, erklärte ich, wobei ich versuchte, wie ein aufgeregter Neun-Dollar-pro-Stunde-Wachmann zu klingen. »Gerade ist jemand mit einer Damenhandtasche auf den hinteren Parkplatz rausgerannt. Ich glaube, es ist ein Dieb! Ich nehme die Verfolgung auf!« Ich schaltete das Walkie-Talkie aus und hängte es wieder an seinen Gürtel.

Zum Glück wartete im Vierzigsten niemand auf einen Lift. Ich schleifte Daley zu den Toiletten und verstaute ihn, an die Zwischenwand gelehnt, in einer der Kabinen. Sein Walkie-Talkie warf ich in die Toilette nebenan, damit es seinen Schlummer nicht störte und er nicht allzu schnell jemanden alarmieren konnte – falls er zu sich kam, ehe ich aus dem Haus war. Ich vergewisserte mich auch, dass er ordentlich atmete, nur für den Fall, dass er doch ein richtiger Mensch war. Ja, so weichherzig bin ich – ich bin schließlich ein Engel.

Und jetzt kommt der Punkt, an dem Sie in die Geschichte eingestiegen sind.

Was dann passierte, habe ich ja schon erzählt. Ich kam im obersten Stockwerk von Page Mill Fünf an und traf auf Valds Dämon-Sekretärin, die so ziemlich gegen jede Business-Etikette verstieß, indem sie über ihren Schreibtisch sprang und mich mit Krallen und Zähnen zu zerfleischen versuchte. Ich schoss ihr dreimal ins Gesicht, was eine Menge Schaden anrichtete, sie aber nicht groß aufhielt. Und ich brach ihr den Kiefer so gründlich, dass er schief hing wie eine halb aus den Angeln gebrochene Tür, aber sie ging weiter auf mich los. Als sie mich auf dem Boden hatte und mir den Kopf vom Körper zu reißen versuchte – dem Ort, wo ich ihn unbedingt weiter sitzen haben wollte –, wurde mir klar, dass ich im Begriff war, den Kampf zu verlieren.

Wenn man nur noch Sekunden zu leben hat, hält man sich nicht mit irgendeinem Ehrenkodex auf. Wenn man gegen einen Kerl kämpft, donnert man ihm eins in die Eier, so fest man kann. Wenn man gegen einen weiblichen Dämon kämpft, der einen umschlingt wie eine Boa Constrictor und einem das Gesicht abzubeißen versucht, und wenn man an sonst nichts drankommt, dann donnert man der Kreatur eins in die Titten. Es überraschte sie immerhin so sehr, dass sie mit einem wütenden Schnauben zurückwich, wodurch ich die Hand freibekam, emporgreifen, an den Strängen blutigen Fleischs, die von ihrem verletzten Gesicht hingen, ziehen und sie fast ganz abschälen konnte. Zum Glück haben selbst geborgte Menschenkörper Nerven, und der Schmerz lenkte die Bestie so lange ab, dass ich mich freikämpfen konnte, keuchend und voll Blut, das teilweise ihres war, aber nicht nur. Es hatte schon Kämpfe gegeben, nach denen ich mich toller gefühlt hatte.

Ich stolperte durchs Vorzimmer, während sie hinter mir hersetzte und mich durch die Fleischfetzen, die ihr die Sicht nahmen, zu lokalisieren versuchte. Als sie merkte, dass ich zwischen ihr und dem raumhohen Fenster in der Falle sitzen musste, stürzte sie fauchend und mit erhobenen Armen auf mich zu, ein gesichtsloses, grässliches Etwas. Ich wollte nicht, dass sich diese roten Fingernägel wieder in mich gruben, also setzte ich den Revolver an die Scheibe und drückte zweimal ab, ehe ich mich zur Seite warf. Das Sicherheitsglas überzog sich mit Spinnennetzlinien und fiel als Gefunkel ungleichmäßiger Teilchen nach draußen, als sie mit Schwung hindurchbrach.

Ich wartete ein paar Sekunden, beugte mich dann hinaus in die kalte Luft und sah den Körper im geschmackvollen seidenen Powersuit reglos auf einem Vordach etwa dreißig Meter tiefer liegen. Sie war so tot, wie Dämonen nur sein können, jedenfalls ihr Erdenkörper war es, und das war der Umstand, der meine Festnahme nach sich ziehen würde.

Shit, Bobby Dollar, wo bist du jetzt wieder reingeraten?, dachte ich.

Aber es gab kein Zurück mehr. Ich drückte die Tür zum Chefbüro mit der Schulter auf, die Waffe im Anschlag. Dabei wusste ich nicht mehr genau, wie oft ich auf die Dämonin geschossen hatte, und selbst im glücklichsten Fall konnte höchstens noch eine Kugel in der Trommel sein, aber das würde ich garantiert niemanden merken lassen. Allerdings sah der Mann, der mich in dem geräumigen Büro erwartete, nicht aus, als ob ihn mein .38er sonderlich einschüchterte. Er wandte sich langsam vom Fenster ab, wo er auf die sterblichen Überreste seiner Sekretärin hinabgeblickt hatte. Kenneth Vald hatte die Haltung eines spanischen Granden auf einem Gemälde von Velasquez.

»Sie konnten wohl keinen Termin machen wie alle anderen?«, fragte er.

»Sehr witzig.« Ich bewegte mich seitwärts, bis ich seinen riesigen Teakholzschreibtisch zwischen mich und ihn gebracht hatte. Vald war höchstens Anfang vierzig und trug ein betont lässiges Business-Casual: blaues Lacoste-Polohemd, Khakihosen und teure Bootsschuhe ohne Socken. Er war ansprechend gebräunt, hatte weißblondes Haar, das weniger klebrig, aber genauso be-

eindruckend voll war wie das von Jung Elvis, und einen gepfleg-
ten Spitzbart.

»Was wissen Sie über die Magianische Gesellschaft, Mr. Vald?«,
fragte ich ihn.

Er runzelte ganz leicht die Stirn. »Einfach so mir nichts, dir
nichts? Sie kommen hier herein, töten meine Sekretärin – ah-
nen Sie überhaupt, wie lange es dauert, sich eine richtig gute
Chefsekretärin heranzuziehen? – und verlangen Information?
Warum sollte ich mit Ihnen reden? Zweifellos haben Sie irgendein kleines Ablenkungsmanöver inszeniert, aber es ist nur eine
Frage der Zeit, dass die Security hier auftaucht. Oh, und wenn
Sie glauben, mir mit dieser Spielzeugpistole Angst machen zu
können – bitte, nur zu.« Er tippte auf das Krokodil über seinem
Herzen. »Jagen Sie ein paar Kugeln genau hier rein. Schauen Sie,
ob mich das daran hindert, Ihnen den Kopf abzudrehen.«

Er machte einen Schritt in Richtung seines Schreibtischs. Ich
wollte nicht, dass er ihm auch nur nahe kam, also zielte ich of-
fensichtlicher. »Okay. Aber wenn ich Ihnen ins Gesicht schieße,
verdirbt es Ihnen zumindest das Wochenende, Ken. Und ich weiß
noch einen besseren Grund, warum Sie sich benehmen sollten.«

»Ach? Und der wäre?«

»Weil Sie ja wohl nicht wollen, dass ganz Pandämonium von
Ihrer Verbindung mit der Magianischen Gesellschaft erfährt.«
Ich beobachtete ihn genau – ich wusste immer noch nicht, ob er
nur seine Seele verkauft hatte oder ein echtes Vollmitglied der
Gegenseite war –, aber sein Gesicht verriet nichts. »Meine Vermutung ist nämlich, dass Sie dort unten mehr als nur ein paar
Bekannte haben, Ken – und ich meine nicht in der Lobby von
Nummer fünf. Ach ja, und die Himmlische Stadt würde sich
wahrscheinlich auch für Ihre Aktivitäten interessieren, also bedenken Sie, wenn mir irgendwas zustößt, werden sie *alle* von
diesen Dingen unterrichtet, weil ich entsprechende Vorkehrungen getroffen habe.«

»Ach, die Nummer von wegen ›Wenn mein Anwalt nichts von mir hört, übergibt er meine Aufzeichnungen den Behörden?‹« Er taxierte mich ausgiebig. »Nett«, sagte er schließlich. »Und was glauben Sie, was Ihnen das bringt? Flügel? Sie müssen ja wohl ein Engel sein oder zumindest ein Ex-Engel.«

Das warf mich, wie ich gestehen muss, ein bisschen aus dem Gleis, weil ich von so was wie Ex-Engeln noch nie gehört hatte. Allmählich hatte ich den Eindruck, dieser Typ war kein gewöhnlicher Sünder mehr. Doch zu genau auf das zu hören, was ein Dämon sagt, ist ein Anfängerfehler, und was ich auch sonst sein mag, ein Anfänger bin ich nicht. »Spielt das eine Rolle? Ich will nur Information. Wenn Sie sie mir geben und sie etwas taugt, dann gehe ich wieder und alle sind glücklich.«

»Alle? Und was ist mit der armen Holly? Sie war die Werferin unseres Firmen-Softballteams.« Er machte ein paar Schritte zum Fenster und blickte wieder hinaus. »Ah, die Polizei ist da. Sieht aus, als hätte jemand ihren Leichnam bemerkt.« Er drehte sich um und lächelte mich an. »Wie ist Ihr Name, Engel? Nur damit ich weiß, wen sie in die tiefsten Tiefen des Erebus schleifen werden.«

»Meinen Namen sage ich Ihnen erst, wenn Sie mir Ihren sagen.« Für so was gibt es nämlich Regeln. »Aber für Sie interessiere ich mich eigentlich gar nicht so sehr. Ich will nur wissen, was es mit den Magianern auf sich hat. Also, Beeilung, Ken. Wenn Ihre Wachleute vorher kommen, haben Sie ein größeres Problem als ich.«

Er seufzte, schüttelte den Kopf und hob in einer Geste amüsierter Resignation die Arme. Etwas, das ich nur als eine Aura von Energie bezeichnen kann, strahlte jetzt von ihm aus, intensiv wie die Sonne an einem verkaterten Morgen, so intensiv, dass ich blinzelte und mein Kopf schmerzte. Der Herr von Page Mill Fünf war so golden und selbstbewusst wie ein Löwe auf der Savanne. »Ich soll Ihnen meinen Namen sagen? Heißt das, Sie wissen ihn wirklich nicht? Glauben Sie, wenn Sie ihn wüssten, hätten Sie irgendeine Art von Kontrolle über mich?« Er lachte, als hätte er wirklich Spaß, als wäre ich nur aufgetaucht, um ihn zu amüsieren. »Ich bin Eligor der Reiter, du erbärmlicher Emporkömmling – einer der Großfürsten der Hölle.«

Oh, Shit. Das war alles, was ich denken konnte, immer wieder, wie eine hängende CD. *Oh, Shit. Oh, Shit.* Eligor war einer von den *richtig* Mächtigen. Ich hatte meinen kleinen Köderhaken ausgeworfen und den Leviathan erwischt.

»Ich habe neben dem Lichtbringer an den Mauern des Himmels gekämpft.« Seine Stimme schien mit jedem Augenblick lauter. »Ich wurde hinabgestürzt, als er hinabgestürzt wurde. Und ich habe sein Exil von Anfang an geteilt. Aber Sie – Sie sind nichts. Eine Fliege.« Und damit begann er zu wachsen, ein Feld aus gleißendem Licht und absolutem Dunkel, das ihn umgab, dehnte sich, und sein Gesicht schwoll zu etwas Groteskem und unsagbar Schrecklichem, bis er turmhoch vor mir aufragte, flammengekrönt und in Schatten gewandet, und der Raum auf die Größe eines Grabs geschrumpft schien.

»Und wissen Sie, was noch?« Seine Stimme dröhnte von allen Seiten auf mich ein, lauter noch als das Rauschen des Bluts in meinen Adern. »Ich nehme Ihnen Ihre Story nicht ab, kleiner Engel. Ich glaube nicht, dass Sie irgendwelche Vorkehrungen getroffen haben. Nein, ich glaube, Sie sind der spontaneistische Typ – sind allein und ohne jede Absicherung hergekommen. Und so werden Sie auch sterben. *Allein.*«

Er streckte die Hand nach mir aus. Ich konnte mich nicht rühren. Durch das Tosen in meinen Arterien hörte ich fern, ganz fern, die Wachleute an die Tür des Vorzimmers bummern und sich Zugang verschaffen, aber ich konnte mich nicht umdrehen, konnte nichts weiter sehen als den Triumph auf Eligors schrecklichem Gesicht.

14

FREUNDE AN TIEFSTER STELLE

Eligors lange, eisige Finger legten sich um mein Gesicht. Wieder hatte ich es mit etwas zu tun, das meinen sterblichen Körper auseinanderreißen konnte wie Brotteig – aber diesmal hatte es mich schon in seinen Fängen. Der Gründer von Vald Credit hob mich mit gestrecktem Arm hoch, bis meine Füße mehrere Zentimeter über dem Boden zappelten und mein Hals sich anfühlte wie gekautes Toffee.

»Nur zu«, sagte ich, wildentschlossen, nicht zu betteln. Es klang wahrscheinlich wie *Nrrrrrrzzz*, weil seine Hand mein Gesicht in eine Form quetschte, für die es nicht gemacht war. »Töten Sie mich.« *Ttzzzz*.

»Oh, ganz bestimmt. Eher früher als später.« Er lächelte; da waren spitze Dinger in seinem Mund, die nicht mal entfernt wie Zähne aussahen. »Aber zuerst rufe ich ein paar knallharte Nergalis, und wir werden Sie bearbeiten, bis wir herausbekommen haben, wer Sie sind und warum Sie hier in mein Büro geplatzt kommen und dumme Fragen nach der Magianischen Gesellschaft stellen.«

Während er mich noch immer hochhielt wie eine Rekordforelle, dämpfte er sein Strahlen und schrumpfte wieder auf Kenneth-Vald-Format, aber seine Augen blieben eindeutig ziegenhaft, eitergelb mit horizontalen Schlitzpupillen. Das war so ziemlich das Schlimmste, was mir hatte passieren können. Eligor mochte ja nicht der Leibhaftige selbst sein, aber er war ein hochrangiges Mitglied des Höllenadels, mit entsprechenden Kräften und Fähigkeiten. Sie haben dort unten zwar keine feste Hierarchie, aber ich konnte mir nichts vormachen – er war im All-Star-Team, und ich war einer der unwichtigsten Bankdrücker des Himmels.

Der Dämonenfürst wackelte mit den Fingern seiner freien Hand, und die Tür vom Vorzimmer zum Büro sprang jäh auf; aus dem Augenwinkel sah ich mindestens ein halbes Dutzend Wachleute, bewaffnet wie ein Spezialeinsatzkommando, hereinstürzen. Einer war so überrascht vom plötzlichen Nachgeben der Tür, dass er im Hinfallen eine knatternde Salve aus seinem M4 abgab. Sekundenlang regnete es kleinere Brocken der Bürodecke auf uns herab, während die Wachleute sich aufrappelten und einen Ring auf mich gerichteter automatischer Waffen bildeten. Das war kaum nötig, wo ich doch in der Luft baumelte und keinerlei Bedrohung darstellte.

Mehrere Sicherheitsleute in Zivil folgten den bewaffneten Wachleuten. Ihr Anführer hielt in der einen Hand eine Pistole und in der anderen ein Handy. Es war Howlingfell. »Boss«, sagte er, »– ich meine, hochfürstliche Durchlaucht –, wir haben ein Problem!«

»Hier ist das Problem«, sagte Eligor und ließ mich ein bisschen auf und ab wippen. Ich hätte schwören können, dass meine Nackenwirbel knackten wie Popcorn. »Schaffen Sie mir ein paar von diesen Shahr-e-Sukhteh-Kerlen her, die so gern mit Nadeln und Feuer spielen. Wir müssen herauskriegen, wer diese geflügelte kleine Ratte ist und wer sie geschickt hat …«

»Oh, Shit«, sagte Howlingfell. »Ich glaube, ich kenne den Kerl.« Er schob sich durch den Ring von Wachleuten und stellte sich auf die Zehenspitzen, um mich inspizieren zu können, während ich in Eligors eisernem Griff zappelte. Selbst in seinem

Menschenkörper war er kein angenehmes Gegenüber: Er war nicht nur hässlich, sein Atem stank auch noch wie vergammeltes Hundefutter. Gleich darauf entblößte er seine Zähne zu einem dümmlichen Grinsen. »Yeah, das ist Bobby Dollar. Hab ihn ein paarmal getroffen – er ist einer von diesen Anwälten.« Wenn er sich an mich erinnerte, dann erinnerte er sich ziemlich sicher auch an mein Knie auf seiner Luftröhre.

Ich grinste zurück und spuckte ihn dann an, in der Hoffnung, dass er trotz der Gegenwart seines Chefs auf mich losgehen und mich versehentlich töten würde (eindeutig eine jener Situationen, in denen der Tod besser ist als jede Alternative), doch obwohl der Spuckeklecks auf seiner Wange landete, hatte Howly gar keine Chance, irgendwas anderes zu tun als einen Schritt zurückzutreten, da Eligor plötzlich brüllte wie ein verwundeter Löwe und mich auf den Boden schleuderte.

»*Bobby Dollar?*«, brüllte er. »Sie meinen, das ist *Doloriel?* Der kleine Scheißkerl, der *mich bestohlen hat?*«

Der ganze Mist wurde immer noch schlimmer. Das Ding, das ich angeblich besaß (in Wirklichkeit aber nie gesehen hatte), gehörte also einem Großfürsten der Hölle? Ebenjenem Erzdämon, der mich gerade gegriffen hatte wie einen entlaufenen Hamster und schon drauf und dran gewesen war, irgendwelche sadistischen Dämonen des Ostens auf mich loszulassen, ehe er auch nur gewusst hatte, wer ich war? Einfach super.

»Wo ist es? Raus damit, Wicht. Auf der Stelle.« Eligor bückte sich, riss mich wieder hoch, diesmal, indem er seinen Schraubstockgriff um meine Oberarme schloss, und hielt mich genau vor sein Gesicht. Er roch wesentlich besser als Howlingfell, aber für einen Moment blickte ich in den bodenlosen Abgrund hinter diesen schwarzen Pupillenschlitzen, und mir blieb fast das Herz stehen. Eligor war nicht der einzige Großfürst der Hölle, aber es sind nicht viele, und alle sind furchtbar gefährlich. Ich Idiot hatte eine Kneipenschlägerei mit einem Fremden angefangen, der sich als Schwergewichtsweltmeister entpuppte. »Wenn Sie's mir auf der Stelle sagen«, sagte er, »ziehe ich Ihnen vielleicht nur das Gesicht ab und lasse Sie noch ein Weilchen so leben, an meinen Schreibtisch gekettet.«

»I-ich kann's Ihnen bringen. Ich schwör's, ich bring's, wenn Sie mich gehen lassen. Ansonsten kriegen Sie gar nichts aus mir raus.«

»Oh, ich kriege *alles* aus Ihnen heraus, Sie geflügelter kleiner Pickel.« Der Dämonenfürst hatte Mühe, sein Kenneth-Vald-Gesicht beizubehalten – es wellte sich, als ob es jeden Moment zu heiß werden und schmelzen könnte. Darauf zu schauen, war ein bisschen so, wie die Messanzeigen in einem Atomkraftwerk während eines GAUs zu beobachten, faszinierend, weil man so was nur einmal im Leben zu sehen bekommt und es wahrscheinlich das Letzte ist, was man sieht. »Schweiß, Blut, Scheiße und Pisse für den Anfang«, fauchte Eligor, »– oh, eine *Menge* Blut. Dann irgendwann wird jede Zelle Ihres Körpers langsam verflüssigt und auf dem Boden meines Entspannungsraums ausgequetscht.« Er ließ mich wieder fallen. Ich schlug hart auf, schaffte es aber, mich auf die Knie hochzurappeln. Wenigstens mit dem Kopf über Bodenniveau sterben, dachte ich. (Fragen Sie mich nicht warum – es schien einfach irgendwie besser.)

»Aber, Chef«, sagte Howlingfell, »das können Sie nicht – ich meine nicht jetzt!«

Vald/Eligor wandte sich zu ihm, indem er den Kopf so langsam drehte wie eine Kobra, die die optimale Zubeißdistanz sucht. »Was haben Sie gesagt?«, fragte er sehr prononciert. »Ich *kann nicht …?*«

Howlingfell wurde blass und wand sich – ich dachte schon, er würde sich neben mir auf den Boden werfen und Eligor seinen Bauch darbieten. »Nein, nur wegen der Polizei, Chef! Da sind etwa vierzig Mann unten in der Lobby.« Er wedelte mit seinem Handy. »Sie haben gesagt, hier oben sei ein Flüchtiger – müssen diesen Dollar hier gemeint haben. Sie sagen, er wird wegen des Mordes an Ankläger Grasswax gesucht – ich meine Grazuvac. Sie haben befürchtet, er hätte Sie als Geisel genommen. Ich konnte sie nur dazu bringen, fünf Minuten zu warten, und mich und meine Männer erst mal nachsehen zu lassen!«

Eligor schnaubte verächtlich. »Schwanzlutscher. Als ob so ein Unterling ...« Er schüttelte ärgerlich den Kopf. »Hören Sie, sagen Sie ihnen einfach, wir hätten den kleinen Scheißkerl schon getötet, und sie könnten den Leichnam demnächst holen kommen ... das gibt uns Zeit ...«

Verblüffenderweise unterbrach ihn Howlingfell. Er hatte also doch Eier in der Hose, wenn auch, nach Eligors Gesichtsausdruck zu urteilen, nicht mehr lange. »Aber es sind jetzt schon mehr als fünf Minuten, Chef. Sie müssen jeden Moment kommen. Reden Sie mit dem Einsatzleiter, hochfürstliche Durchlaucht – auf mich hört er nicht!«

»Geben Sie mir das verdammte Telefon.« Eligor riss Howlingfell das Handy aus der Hand. »Ist da jemand? Hier ist Kenneth Vald. Officer, ich weiß nicht, wer Sie sind, aber ich verlange, dass Sie Vizepolizeichef Bryant kontaktieren, er wird Ihnen sagen ...« Er horchte kurz ins Telefon. »Bryant? Sie sind das? Was zum Teufel geht hier vor? Wie können Sie es wagen, einfach in mein Gebäude ...« Da war jetzt eine andere Art von Ärger in seiner Stimme: Für den Moment zumindest hatte er mich vergessen. Ich sah mich benommen im Raum um, konnte aber keine Fluchtmöglichkeit entdecken. Mein Revolver, der leer sein mochte oder auch nicht, war, als mich der Großfürst gepackt hatte, zu Boden gefallen und dann von einem der Wachleute weggekickt worden. Im Gegensatz zum Vorzimmerfenster war dieses hier noch intakt, und ohne Waffe würde ich das Sicherheitsglas wohl kaum kaputtkriegen, selbst wenn es mir gelänge, den Ring von Wachleuten mit Sturmgewehren zu durchbrechen.

»Was heißt von höherer Stelle? Das ist mir egal!« Großfürst

Eligor wirkte jetzt ein wenig echauffiert – sein Haar und sein Bart waren noch genauso weißgolden, aber seine Haut hatte jetzt die Farbe von rotem Ziegelstein. »Scheiß auf Sie und Ihre höhere Stelle, Bryant! Ich werde den kleinen Scheißkerl in Stücke schneiden, und Sie können haben, was übrig ist, wenn Sie hier sind. Und? Mir egal, ob das eine öffentliche Frequenz ist! Wer soll es denn überhaupt merken, wenn Sie ihnen sagen, der Kerl sei schon ...« Er hörte stirnrunzelnd zu, zeigte dann auf Howlingfell. »Schauen Sie aus dem Fenster.«

Der Lakai ging ans Fenster. »Was möchten Sie wissen?«

»Sind da auf dem Dach vom Courier-Haus Scharfschützen mit Präzisionsgewehren und Kameras?«, fragte Eligor. »Die dieses Fenster im Visier haben?«

»Ja, Chef«, sagte Howlingfell. »Jede Menge. Muss ich hier stehen bleiben? Wenn sie nun denken, ich wäre er?«

Eligor hielt sich das Handy wieder ans Ohr. »Wer steckt hinter diesem Scheiß, Bryant? Das ist doch wohl ein bisschen zu viel des Zufalls. Ich will einen Namen.« Seine Schlitzpupillen verengten sich. »Ach, tatsächlich? Na ja, wir werden sehen, was wir tun können. Gut, ja, Sie können den Verdächtigen holen. Schicken Sie Ihre Männer rauf – ich werde meine Jungs zurückpfeifen.« Er unterbrach das Gespräch und wandte sich an Howlingfell. Sein Blick hätte die Farbe vom Rumpf eines Kriegsschiffes ablösen können. »Wir müssen ihn denen überlassen. Zieht sonst zu viel Probleme nach sich.«

Howlingfell eilte herbei. Als er mich hochhievte, drückte er meinen Arm nicht gerade freundschaftlich, nur um mich wissen zu lassen, dass er sich an unser letztes Zusammentreffen erinnerte; ich hätte schwören können, dass die Knochen ächzten. »Aber wenn Sie ihn befragen wollen, Chef, können wir ihn dann nicht einfach ins Außerhalb bringen? Dann haben Sie Zeit, so viel Sie wollen. Hauptsache, er atmet noch, wenn wir ihn den Bullen übergeben ...«

209

Eligor fluchte, jedenfalls interpretierte ich es so. Ich verstand den Wortlaut nicht, aber bei seinem scharfen Ausruf erhob sich plötzlich ein Wind, der die Fenster erbeben ließ, und etliche Papiere auf dem mächtigen Teakholzschreibtisch fingen Feuer. »Habe ich in der Stellenanzeige als erforderliche Eigenschaft ›dumm‹ angegeben? Wie sonst hätten Sie der Top-Kandidat sein können?« Er funkelte Howlingfell grimmig an. Der zog den Kopf ein. »Man *kann* jemanden von unserer Sorte nicht gegen seinen Willen aus der Zeit hinausschaffen, ohne alles in Aufruhr zu versetzen. Das ist ein schwerwiegender Bruch des Abkommens – da schrillen die Alarmglocken von der Chefetage der Schöpfung bis in den Keller. Es würde seine *und* meine Oberherren auf den Plan rufen und wahrscheinlich einen Krieg auslösen. Halten Sie das für eine gute Idee, Sie verdammter Idiot? *Ja oder nein?*«

»Nein, Durchlaucht!« Ich hätte schwören können, dass der Sicherheitschef gleich zum Unterwerfungspinkeln übergehen würde.

»Und Sie, Engel«, sagte Eligor zu mir. »Glauben Sie nicht, dass Sie bei der Polizei sicher sind – Sie ahnen gar nicht, wie viele Freunde wir dort haben.« Er lachte, klang aber gar nicht froh. »Sie haben etwas, das mir gehört, und ich werde es nicht nur zurückbekommen, nein, Sie werden Qualen leiden, wie Sie sie sich gar nicht vorstellen können. Sie haben geglaubt, Sie könnten Eligor den Reiter wie einen Straßenköter behandeln? Wir sehen uns wieder … ganz bald schon.«

Und noch bevor ich auf irgendeins seiner reizenden Versprechen reagieren konnte, trat er mir in die Eier und dann, als ich zusammenklappte, an den Kopf, was mich dahin schickte, wo selbst Engel landen, wenn man ihnen mit genügend Wucht eins verpasst.

Ich verzichte darauf, Ihnen im Detail zu schildern, wie ich, halb-betäubt, in Handschellen und mit pochendem Schmerz zwischen den Beinen, durch die Tiefgarage der Polizeidirektion geschleift und dann, zerschunden und blutig, in eine Zelle geworfen wurde – ohne anwaltlichen Beistand oder medizinische Versorgung erwirken zu können. Überdurchschnittlich robuster Körper hin oder her, es ging mir gar nicht gut. Etwa eine halbe Stunde später, als ich wieder selbständig sitzen konnte, ohne zu kotzen, kamen zwei Polizeibeamte und brachten mich zur Einlieferungsprozedur. Die Cops, die die Prozedur vornahmen, hätten ebenso gut einen Schatten einbuchten können – sie sahen mich kaum an, sagten nur das, was nötig war, um mich vorschriftsgemäß fotografieren und meine Fingerabdrücke nehmen zu können, und stießen mich dann wieder in die Zelle. Es war komisch, dass ich mitten am Tag eine Zelle für mich allein hatte, wo doch sämtliche Haft- und Strafvollzugseinrichtungen von San Judas County notorisch überfüllt waren. Und komisch war auch, dass jemand, der wegen eines Mordes mit Nachrichten-wert verhaftet worden war, einfach so in die Polizeidirektion gebracht werden konnte, ohne dass vor dem Gebäude auch nur ein einziger Reporter lauerte, zumal, wenn ein ganzes taktisches Kommando der Polizei auf dem Gebäude des San Judas Courier postiert gewesen war, einem Hochhaus voller Journalisten, und sich das ganze Geschehen direkt gegenüber im Penthouse-Büro eines der reichsten Männer Amerikas abgespielt hatte.

Zuerst war ich einfach nur erleichtert gewesen, dass ich noch lebte und man mich aus dem Page Mill Fünf weggebracht hatte, aber langsam fragte ich mich, ob ich nicht vom Regen in die Traufe geraten war. Mal davon abgesehen, dass mein Schritt und mein Kopf von Eligors Tritten noch immer so scheußlich wehtaten, dass es die beste Lösung schien, beide Problemzonen gründlich voneinander zu trennen – durch Enthauptung. Ich bummerte an die Zellentür und verlangte einen Anwalt oder die

Möglichkeit zu telefonieren (mein Handy hatten sie natürlich konfisziert), alles ohne Erfolg.

Schließlich, als ich mich gerade fragte, ob sie mir nicht bald mal etwas zu essen bringen müssten und ob ich es wohl bei mir behalten könnte, kamen vier Cops in voller Schutzausrüstung herein, um mich zu holen. Offenbar hatte zwischen meiner Festnahme und jetzt jemand befunden, dass ich gefährlich war, weshalb ich mitging wie das sanfteste aller Lämmchen. *Tu nie das, was sie erwarten*, ist mein Motto, vor allem, wenn ich nicht genau weiß, wie tief ich in der Tinte sitze. Es war ja schon schlimm genug, dass das gestohlene Etwas, von dem alle dachten, ich hätte es, einem der höchsten Tiere der Gegenseite gehörte, aber derjenige, der dafür gesorgt hatte, dass ich festgenommen worden war, hatte noch mehr Macht als Eligor, was ja wohl nichts Gutes bedeuten konnte.

Die Cops führten mich in einen Teil des Gebäudes, den ich noch nie gesehen hatte. (Ja, ich war schon ein-, zweimal hier gewesen. »Geht Sie nichts an«, ist die nächste Antwort.) Es war ein Verhörraum mit einem festgeschraubten schweren Stahltisch in der Mitte, aber ohne Einwegspiegel an den Wänden – ja, ohne irgendetwas an den Wänden außer einem alten Poster, das erklärte, wie Wiederbelebung geht. Die Wände selbst waren schartig, da und dort schien die Farbe von Fingernägeln zerkratzt, worüber ich lieber nicht nachdenken wollte. Ich befand, dass hier wohl früher mal das ein oder andere nichtoffizielle Verhör stattgefunden hatte oder vielleicht auch erst vor ein paar Tagen, und mein Magen ballte sich zu einem harten Klumpen zusammen. Wortlos dirigierte man mich zu einem Klappstuhl auf einer Seite des Metalltischs. Dann zogen sich die vier Cops an die Wand zurück, unergründlich wie Roboter mit ihren Helmen und Plexiglasvisieren, und wir warteten schweigend drei, vier Minuten. Ich verbrachte die Zeit damit, mir kühne Fluchtmethoden auszudenken, in dem Wissen, dass nichts davon funktionieren würde. Ich bin nicht von Pappe, aber nie und nimmer hätte ich vier auch nur halbwegs ausgebildete Cops mit Körperschutz, Tasern und Schlagstöcken bezwingen können, schon gar nicht nach dem, was ich jüngst von Kenny Vald und dem Ghallu hatte einstecken müssen.

Plötzlich ging die Tür auf, und alle vier Cops nahmen Haltung an, obwohl sie ohnehin schon ziemlich strammgestanden hatten. Die große, dunkelhaarige Frau, die hereinkam, kannte ich nicht, wenn ich auch das Gefühl hatte, sie schon mal irgendwo gesehen zu haben. Sie war etwa Anfang fünfzig, trug einen sehr gediegenen, sehr langweiligen dunklen Business-Suit und hatte ein ganz hübsches, intelligentes Gesicht mit einer ausgeprägten Nase.

»Robert Dollar?«, fragte sie, wobei sie zuerst auf ein Bündel Papiere in ihrer Hand und dann auf mich blickte, als entspräche ich nicht dem, was sie erwartet hatte.

»Ja, Ma'am«, sagte ich. »Zu Ihren Diensten.«

»Sparen Sie sich possierliche Bemerkungen, Mr. Dollar.« Sie glitt auf den Stuhl mir gegenüber und reichte mir ein Päckchen Feuchttücher. »Säubern Sie sich. Ich bin Kongressmitglied Jennifer Taccone. Und Sie sind ein Glückspilz.«

»Erzählen Sie das meinem Skrotum, Frau Abgeordnete«, sagte ich. Mein Gesicht brannte, als ich das getrocknete Blut wegwischte, und ich war es leid, das Lämmchen zu spielen. »Weil dieser Mistkerl in der Chefetage des Vald-Buildings mich ziemlich fest genau dorthin getreten hat und ich, egal, was seine Gorillas oder die Polizisten sagen, nichts Unrechtes getan habe.« Außer natürlich, man missbilligte das Töten von Dämonen. Aber ich verließ mich darauf, dass Eligor die Sache mit seiner Sekretärin vertuschen würde. Er wollte keine Publicity, und er wollte nicht, dass ich im Gefängnis landete. Er hatte ja deutlich gemacht, dass er eigene Pläne mit mir hatte.

»Ich hoffe, das stimmt, Mr. Dollar«, sagte sie. »Denn jemand hat sich für Sie sehr, sehr weit aus dem Fenster gelehnt. Sie sind nicht mehr nur irgendein vorlautes Ärgernis, Sie sind jetzt Gegenstand eines extrem großen Gefallens – mit Sicherheit der größte Gefallen, den ich je jemandem getan habe. Ich hoffe, einen in dieser Größenordnung muss ich nie wieder jemandem tun.«

»Ich habe keine Ahnung, wovon Sie reden.«

»Das ist auch gut so«, sagte die Kongressabgeordnete, »denn sobald Sie diesen Ort verlassen, werden Sie diese ganze Sache restlos vergessen – und insbesondere diesen kleinen Schwatz.« Sie bedachte mich mit einem stahlharten Blick. »Wir beide sind uns nie begegnet. Denken Sie dran.«

»Ich verlasse diesen Ort?«

»Wenn ich aus diesem Raum gehe, werden mir Ihre Bewacher folgen. Dann zählen Sie mindestens auf hundert, ehe Sie dasselbe tun. Die Tür wird nicht abgeschlossen sein. Wenn Sie nach links gehen und den Lift nehmen, bringt er Sie in die Personaltiefgarage. Die hat mehrere Ausgänge. Sobald Sie dieses Gelände verlassen haben, werde ich nicht mehr wissen und auch nicht wissen wollen, was mit Ihnen passiert. Klar?«

Allmählich fiel mir wieder ein, was ich über die Kongressabgeordnete Taccone gehört hatte – dass sie nicht irgendeine beliebige Politikerin war. Sie saß in Washington in einigen der wichtigsten Ausschüsse, und wenn die Demokraten wieder ans Ruder kamen, war sie das Pferd, das etlichen Wetten zufolge auf einem der vordersten Plätze landen würde, als Fraktionsvorsitzende oder gar Sprecherin des Repräsentantenhauses. Was doch die Frage aufwarf: Wer hatte die Macht, *sie* zu etwas zu zwingen?

Aber nur ein Vollidiot hätte die Zähne dieses geschenkten Gauls gezählt. »Alles klar«, sagte ich. »Danke, Ma'am. Vielen Dank.«

»Gut.« Sie schob mir mein Handy und meinen leeren Revolver über den Tisch. »Dann wäre das erledigt.« Als ich die Waffe ins Holster und das Handy in die Tasche steckte, stand sie auf und sah die Cops hinter mir an. Diese eilten, von all ihrem Schutzzubehör klappernd, an mir vorbei und folgten ihr hinaus. *Hey*, dachte ich, *das ist definitiv eine sehr merkwürdige Sache.* Ich zählte auf hundert und ging dann zur Tür, halb in der Erwartung, dass sie doch abgeschlossen war und das Ganze nur ein bizarrer infernalischer Scherz, der meine Moral brechen sollte, ehe sie wirklich darangingen, mich zu verhören. Aber die Tür war offen und der Flur draußen so gut wie leer. Ich versuchte, so gelassen und unschuldig wie möglich auszusehen, aber es war wohl völlig egal. Die zwei, drei Bürokräfte, denen ich begegnete, würdigten mich kaum eines Blicks, obwohl ich aussehen musste, als hätte ich gegen einen Typen mit einer Schneeschaufel gekämpft und verloren.

In der Tiefgarage das Gleiche – die Fahrer der Wagen, die an mir vorbeirollten, schauten nicht mal richtig her; es waren hauptsächlich phlegmatisch wirkende Bullentypen in SUVs oder Limousinen, die wie zivile Polizeifahrzeuge aussahen. Statt des Ausgangs zum Broadway nahm ich die Treppe zur Marshall Street. Draußen war es dunkel, die Laternen waren mit Karnevalsdeko für den bevorstehenden Umzug geschmückt, die Straßen voller Leute auf dem Heimweg von der Arbeit, und ich hoffte, dass ich ein Taxi kriegen würde, ohne allzu lange im Freien stehen zu müssen – mir war überdeutlich bewusst, dass in meinem Revolver keine Kugel mehr war. Doch sobald ich die Bordsteinkante erreichte, hielt ein langer schwarzer Wagen direkt vor mir, und das Beifahrerfenster wurde hinabgelassen. Der Beifahrersitz war leer. Nervös, wie Sie sich sicher vorstellen können, bückte ich mich, spähte ins dunkle Wageninnere, sah einen Schatten hinterm Lenkrad und ein Schimmern von Haar, so hell und glänzend wie Karaels Rüstung.

»Sie sind ausgesprochen berechenbar, Mr. Dollar«, sagte die Gräfin. »Ich würde vorschlagen, Sie steigen ein, bevor Sie noch jemand bemerkt. Nein, hinten, nicht vorn.«

»Und was führt Sie hierher?«, fragte ich, als wir fuhren. »Patrouillieren Sie immer vor der Polizeidirektion, auf der Suche nach frisch freigelassenen Verbrechern?«

»Was glauben Sie, wer Ihre Freilassung bewirkt hat, Sie Schwachkopf?« Das jetzt war gar nicht wie bei unserem letzten Zusammentreffen, als ich mir kurz hatte einreden können, sie würde mich irgendwie tolerieren, wenn nicht sogar mögen. »Ich habe einen großen Gefallen eingefordert. Für Sie. Und ich bereue es jetzt schon.«

»Boah – *Sie* haben die Kongressabgeordnete eingeschaltet? Woher kennen Sie so jemanden?«

»Aus der juristischen Fakultät.« Sie blickte stur auf die Straße.

»Sie haben Jura studiert?«

Sie gab ein Zischen von sich. »Nein, Idiot, ich sagte doch, ich mag Studenten.«

Ich ging nicht weiter darauf ein. »Warum haben Sie's getan? Sie schulden mir doch nichts. Und was ist dieses Ding, von dem alle glauben, ich hätte es?«

»Beides brauchen Sie nicht zu wissen. Ja, es ist sogar besser für Sie, Sie wissen es nicht, also könnten Sie aufhören, mir rüde Fragen zu stellen wie der kleine Möchtegern-Detektiv, der Sie sind, und mir einfach nur dafür danken, dass ich Sie davor bewahrt habe, in eine Ziehharmonika aus Fleisch und Blut verwandelt zu werden wie unser Freund Grasswax.«

»Hey, Schwester, er war kein Freund von mir.«

»Das stimmt, Dollar, denn er hat sie in die Scheiße geritten.« Sie bog in den Jefferson Boulevard ein. Es war komisch, sie selbst am Steuer zu sehen. »Ja, eins werde ich Ihnen gratis verraten – etwas, das nicht mal Hochkanzler Urgulap und seine Untersuchungsabteilung wissen. Grasswax war derjenige, der Sie angeschwärzt hat. Er hat Eligor erzählt, Sie hätten das, was Eligor haben will.«

»Dieses Schwein! Dieses miese Kiemenschwein! Ich weiß

nicht mal, worum es sich überhaupt handelt – warum hat Grass-wax *mir* das angehängt?«

»Oh, vielleicht ja, weil sie ihm zu dem Zeitpunkt gerade die Innereien und die Verkabelung herausgezogen haben und es richtig wehtat und er dachte, wenn er einen Namen nennt, lassen sie ihn vielleicht in Ruhe.« Sie hielt vor einer roten Ampel. Ich schaute durchs Heckfenster, ob uns jemand folgte. »Vielleicht, weil er dachte, dass Sie niemand vermissen würde, und weil er Sie sowieso schon ingrimmig hasste, nachdem Sie ihn am Vortag in einem Fall vorgeführt hatten?«

»Shit, damit hatte ich doch nichts zu tun!« Mir schoss etwas durch den Sinn. »Hey, warum fahren Sie selbst? Wo sind denn Süßilein und Gummibärchen?«

»Falls Sie von meinen Bodyguards sprechen, die Situation hat sich ein wenig geändert«, sagte sie. »Für mich wie für Sie. Weil alles hier ziemlich aus dem Lot geraten ist. Wo nächtigen Sie?«

»Was? Keine Ahnung. Ich muss erst was finden. Können Sie mich zu meinem Wagen bringen? Er steht in einer der Straßen, die vom Page Mill Square abgehen …«

Sie drehte den Kopf und starrte mich unwirsch an. Mit ihrem blassgoldenen Haar vor dem Licht der Straßenlaternen war sie ein wunderschönes, empörtes Della-Francesca-Porträt. »Wenn Sie glauben, ich führe auch nur annähernd in diese Gegend, sind Sie dümmer, als ich dachte, Dollar, und ich glaube nicht, dass das im theologischen Sinn möglich ist.«

»Shit. Okay, dann drehen Sie um und fahren Sie den Veterans runter. Ich nehme mir ein Zimmer im Holiday Inn oder so. Meinen Wagen hole ich dann morgen.« Ich sank im Sitz zurück, total erledigt. »Wenn Grasswax mir das alles eingebrockt hat, verstehe ich immer noch nicht, warum *Sie* mich da rausholen, Gräfin. Ich meine, ich weiß, ich bin charmant und attraktiv, aber …«

»Sparen Sie sich den Quatsch, Dollar.« Sie bog rechts ab, dann an der nächsten Ecke wieder rechts. »Ich habe meine Gründe, und die haben allesamt nichts damit zu tun, dass Sie irgendjemandem irgendwas bedeuten würden.«

»Okay, Gräfin … nein, Casimira. So heißen Sie doch? Also, wie Sie sagen, jetzt mal ohne Quatsch. Ich finde, *Sie* sind dran mit Erklären. Denn wir beide arbeiten ja nicht nur nicht für dieselbe Seite, wir sind Todfeinde. Die Sache ist doch die: Jemand hat Eligor etwas gestohlen, richtig? Und der Großfürst, oder was er auch ist, *is not amused*. Er glaubt, dass es Ankläger Grasswax war, also ziehen Eligor und seine Jungs Grasswax einen Haufen Zeug aus dem Leib, das man da nicht herausziehen sollte – jedenfalls nicht ohne Narkose –, und da erzählt ihnen der Herr Ankläger, er habe dieses Was-auch-immer nicht, weil er es *mir* gegeben habe. Was schlichtweg gelogen ist, weil ich es nie hatte und noch nicht mal weiß, was es ist. Aber was geht das alles *Sie* an, Casimira?« Ich sprach zu ihrem Hinterkopf, konnte also nicht sehen, ob ich irgendeine Wirkung erzielte. »Nein, ich werde Sie ›Caz‹ nennen, weil das kürzer ist und meine Kräfte und meine Geduld allmählich am Ende sind. Also, Caz, erzählen Sie mir, warum Miss Kalte-Hände-kaltes-Herz einem Engel hilft, den nicht mal die meisten anderen Engel besonders mögen?«

Sie schwieg, ich wartete. Schließlich bog sie auf den Veterans Boulevard ein, eine Aneinanderreihung von einfallslosen Gewerbegebäuden – Autohändlern, Einkaufszentren und Bürokomplexen –, die allesamt geradezu verzweifelt von Neonlicht leuchteten, als ob sie Angst hätten, sonst nicht bemerkt zu werden. »Ich werde Ihnen einen Grund nennen«, sagte sie schließlich. »Dieses Ding, das Eligor vermisst: Das habe ich ihm weggenommen. Und ich war nur so lange sicher, wie der Großfürst glaubte, ich hätte es. Aber jetzt glaubt er es nicht mehr.«

Ich schluckte das Dutzend Fragen, das in mir aufstieg, herunter, bis auf die eine, die mir am relevantesten schien. »Und wer *hat* es?«

»Grasswax hatte es – eine Zeitlang. Aber er hat es offensichtlich weitergegeben.« Sie bog in die Zufahrt des Holiday Inn. »Und niemand weiß, wo und an wen. Sie sind am Ziel, Dollar.«

Ich erwog, auf die Fahrerseite herumzugehen und sie zu fragen, ob wir nicht noch was trinken und ein bisschen weiterreden sollten, aber sobald ich die Wagentür zugemacht hatte, fuhr sie schon die Ausfahrt entlang und tauchte dann in den Lichterstrom auf dem Ventura ein wie ein Fisch, den man lebend in einen schnellfließenden Fluss zurückgeworfen hat.

15

NICHT GANZ GEBACKEN

A lso, was haben wir gelernt?«, fragte mich Sam, während wir auf unseren Kaffee warteten. »Nicht einfach in fremde Gebäude zu marschieren und Sekretärinnen umzubringen?« Er blickte mit zusammengekniffenen Augen zur Angebotstafel hinauf. »Glaubst du, einer von den Kaffees da ist diese teure Sorte, die von einem Wiesel ausgeschissen wurde?«

»Alle, den Preisen nach zu urteilen«, sagte ich.

Clarences Gesicht verzog sich: Er sah aus, als erwöge er ernsthaft, seinen Caramel Macchiato in den Mülleimer zu werfen. »Pfui Teufel! Das war ein Witz, oder?«

»Kein Witz«, sagte ich. »Noch nie gehört? Wo hast du denn gelebt, als du noch gelebt hast, in einem Kohlenkeller?« Aber mir war nicht nach Frotzeln, nicht mal gegenüber jemandem, der sich dazu so anbot wie der Junge. Ich wandte mich wieder an Sam. »Das Ganze hatte einfach so eine Eigendynamik, wie ein Schneeball, der immer größer wird.«

»Ja, klar«, knurrte er. »Du kennst doch die Redensart von den Chancen eines Schneeballs in der Hölle? Du Dämlack. Warum hast du mich nicht angerufen?«

»Ich weiß doch nicht, was ich gemacht habe, als ich noch gelebt habe«, sagte Clarence laut. Ein paar von den Leuten in der Getränkeschlange drehten sich zu ihm um. »Ich meine, woher soll ich das wissen?«, sagte er leiser. »Ich weiß ja nicht mal, *dass* ich gelebt habe.«

Ich tat mein Bestes, ihn zu ignorieren. »Okay, Sam, du hast ja recht, ich hätte dich anrufen sollen. Ich war nur allmählich ein bisschen verzweifelt, wollte einfach irgendwas tun. Ich habe die Jungs und Mädels von oben im Nacken, und hier unten verfolgt mich ein gehörntes Irgendwas, das mir den Kopf abreißen und mir vermutlich die Innereien durch das entstandene Loch heraussaugen will. Und jetzt will mich auch noch Vald Credit in die Tonne treten, also können wir bitte zusehen, dass wir von der Straße wegkommen? Ich habe die ganze Zeit das Gefühl, dass mich gleich jemand erkennt.«

»Entspann dich, B«, sagte Sam. »Ich bin ja bei dir. Die Bad Guys kennen uns und lassen uns in Ruhe …!« Er sang die folgenden Zeilen von »I Get Around« ziemlich falsch vor sich hin.

»Ich meine, woher wissen wir, dass irgendwas von dem, was uns die Bosse erzählen, wahr ist?«, fragte Clarence, immer noch auf seinem eigenen Trip. »Vielleicht ist es ja wie in Matrix, und die Computer gaukeln uns was vor …!«

»Das ist mir ja ein schöner Glaube«, sagte ich zu ihm. »*Dich* hat noch nichts zu fressen versucht, und du zweifelst jetzt schon am göttlichen Plan?«

Sam verdrehte die Augen. »Geh einfach davon aus, dass dich jeder anlügt, Junge. Damit bin ich immer gut gefahren.«

Endlich kamen Sams doppelter Espresso und mein Latte, und wir gingen. Mit seinen Motels und Minimalls war der Ventura Boulevard bei Tageslicht wie die Disneyland-Gegend in Anaheim – vergleichbar lauschig. Wir stiegen in Sams langweilige Kiste, und er fuhr mich zu dem Restaurant, wo mein Matador stand. »Hier, bitte«, sagte ich zu dem Jungen und hielt ihm die Autoschlüssel hin. »Du hast doch gesagt, du würdest ihn gern mal fahren, also tu's. Wir treffen uns auf dem Parkplatz von Mayfield Station.«

»Echt?«, sagte Clarence mit großen Augen, doch als er ausstieg, wurden sie wieder klein und misstrauisch. »Moment, ich
soll das nur machen, weil es sein kann, dass jemand den Wagen
beobachtet und auf Sie wartet.«

»Genau.«

»Aber wenn sie mich schnappen?«

»Dann kommen wir dir zu Hilfe«, erklärte ihm Sam. »Geh
schon, sei kein Waschlappen – vergiss nicht, du bist ein Engel
des Herrn.«

Widerstrebend ging er.

»Wirklich nicht besonders nett, den Jungen dafür zu benutzen«, erklärte Sam ein paar Sekunden später. So hartgesotten er
auch redet, manchmal ist er einfach ein Sensibelchen.

»Glaub mir, den wollen sie nicht. Irgendwas wirklich Gefährliches würde auf ihn wahrscheinlich gar nicht reagieren.«

Wir beobachteten, wie Clarence die Wagentür öffnete. Dabei
sah er sich um, als ob jeden Moment ein Kommando Fallschirm-
jäger-Dämonen kreischend auf ihn herabschweben könnte, aber
nichts geschah. Er stieg ein und ließ den Motor an. Nichts ex-
plodierte. Er fuhr vom Parkplatz und Richtung Norden davon.
Wir warteten noch kurz, ob ihm irgendjemand folgte, und fuhren dann selbst hinter ihm her.

»Sieht aus, als ob die Herren der Hölle dich nicht für so blöd
halten, deinen eigenen Wagen zu nehmen«, sagte Sam. »Diese
schrille Karre hätten sie doch mit Sicherheit gefunden, wenn sie
sich die Mühe gemacht hätten, danach zu suchen.«

»Nein, sie wussten einfach, dass ich diesmal mit Geleitschutz
kommen würde. Mit zwei, drei richtigen Gorillas.«

»Klar, mir und dem Handtuch von Engel-Azubi. Ach ja, und
dieser Dämonin, die in dich verschossen ist. Apropos, ich kann
einfach nicht glauben, dass die das alles für dich getan hat.« Er
nahm jetzt die California Avenue in Richtung des Bahnhofs.
»Sie muss dich mit mir verwechselt haben.«

»Das hättest du gern. Es ist aber mein natürlicher Charme – dagegen ist nicht mal die Hölle immun.« Doch darüber wollte ich mit Sam eigentlich nicht reden: Die Gräfin war ein etwas zu diffiziles Thema. »Wo wir's gerade von Clarence hatten, wie macht er sich denn? Irgendeine Chance, dass er ein brauchbarer Anwalt werden könnte?«

»Na ja, du hast ja gesehen, er ist manchmal ein bisschen quengelig und macht im Moment so was wie eine existentielle Krise durch«, sagte Sam. »Wie wir alle gelegentlich. Aber er ist gar nicht so übel. Wenn er wirklich ein Spitzel vom Haus ist, haben sie uns schon schlimmere untergejubelt.« Sam glaubte immer schon, dass wir von Spitzeln unserer Bosse umzingelt waren. Wahrscheinlich hatte er recht, aber ich konnte so nicht leben. »Apropos«, sagte er, »was hast du heute Nachmittag vor? Doch nicht gegen die Tore des Tartarus anzurennen oder so was?«

Ich runzelte die Stirn. »Ich dachte, wenn heute während meines Diensts niemand stirbt, schaue ich mal, ob ich mit den Sollyhulls reden kann, um ein bisschen mehr rauszukriegen. Ich bin mir nicht sicher, ob ich dieses Puzzle mit den bisher vorhandenen Teilen zusammenkriege.«

»Hey, das wäre doch perfekt für den Jungen«, sagte Sam. »Du kannst ihn doch mitnehmen. Er stellt die ganze Zeit Fragen nach dem großen Ganzen – du weißt ja, so was langweilt mich maßlos. Und da sind noch ein paar Sachen, die ich gern erledigen würde, ohne ständig auf irgendwas antworten zu müssen.« Mit hoher Stimme imitierte er seinen Schützling: »*Sam, warum kommen die netten Buddhisten nicht in den Himmel?*«

»Kommen sie nicht?«

»Was weiß ich denn! Ich will ja nur sagen – Fragen, Fragen, Fragen. Wie jemand anders, den ich mal kannte.« Er sah mich an. »Ich meine dich.«

»Ja, schon kapiert, Mr. Es-war-einmal. Am Anfang ist doch jeder so. Du warst vermutlich auch mal so, Sammy-Boy.«

»Ich war nie auch nur eine Sekunde lang irgendwas anderes als cool. Hör zu, nimm ihn mir einfach heute Nachmittag ab, okay? Er ist wirklich ganz in Ordnung, B, aber wenn ich ihn nicht mal eine Zeitlang loswerde, fange ich wieder an zu trinken.«

Das kam von einem Mann, der seine letzten beiden Körper totgesoffen hatte, es war also keine leere Drohung.

»Aber macht Ihnen das denn nichts aus, Bobby?«, fragte mich Clarence, als wir vom Drugstore-Parkplatz fuhren. Ich verstaute die Tüte in meiner Jackentasche und fuhr auf den 84 Richtung Westen. Zwar waren an diesem Highway, der einst die Woodside Road gewesen war, in den letzten zehn Jahren eine Menge Hochhäuser aus dem Boden geschossen, aber wenn der Verkehr langsam floss, konnte man zwischen den Türmen hindurch immer noch das Flachland von Spanishtown erkennen: zwei- und dreistöckige Wohngebäude en masse. »Ich meine, dass es bei dem, was wir tun, so viele Fragen gibt – Fragen ohne Antworten?«

»Hör zu, Junior, ich hab schon genug Fragen, und die sind mein Tod, wenn ich sie nicht beantworte, deshalb habe ich für die andere Sorte Fragen keine Zeit. Schau mal, es hat sich herausgestellt, dass es wirklich einen Himmel und eine Hölle gibt und dass es das ist, was nach dem Tod mit uns passiert. Was ist daran so kompliziert?«

Er sah finster drein. »Sie verstehen nicht, was ich meine.«

Ich trat voll auf die Bremse, weil irgendein Idiot auf der Valota Road noch bei Gelb über die Kreuzung wollte, sich aber um drei Sekunden vertan hatte und mir voll in die Seite gekracht wäre, wenn ich ihn nicht hätte kommen sehen. »Ich hoffe, wenn du stirbst, schicken sie dir Jung Elvis als Verteidiger, Arschloch!«, schrie ich dem Kerl hinterher. »Nein, Clarence, ich verstehe es sehr wohl. Weil ich am Anfang noch mehr Fragen hatte als du jetzt und immer noch die ganze Zeit Fragen stelle. Aber manche Dinge werden wir vielleicht nie erfahren. Als Lebende verstehen die Menschen nicht vollständig, wie das Universum funktioniert, und als Engel stellen wir fest, dass es immer noch Dinge gibt, die sich uns nicht erschließen. Ich habe befunden, dass ich damit leben kann.« Was nicht ganz stimmte – ich hatte unbeantwortete Fragen ganz schön satt, aber man kann nun mal nur gegen soundso viele Wände anrennen, ehe man entweder seine Vorgehensweise überdenkt oder sich ein für alle Mal den Schädel einschlägt.

»Aber was ist mit dem Religionsding? Warum ist der ganze Laden nur für Christen und Juden da? Hatten die immer schon recht? Haben sich die Buddhisten und – und die Bahai und Muslime und alle anderen geirrt? Das erscheint mir einfach so … amerikanisch.«

Ich lachte, während ich auf den Parkplatz eines Coffee-Shops abbog. »Moment, Junge, wer sagt denn, dass alle anderen sich irren? Dass die Christen oder die Juden recht haben?«

»Wieso? Es ist doch offensichtlich …!«

»*Nichts* ist offensichtlich«, unterbrach ich ihn. »Hast du da oben irgendwo Moses oder Jesus rumhängen sehen? Hast du nicht, stimmt's? Wir sehen, was wir sehen, und das ist nicht viel.« Ich seufzte. »Schau mal, Junge, was wissen wir denn, ob der Höchste – derjenige, von dem all unsere Anweisungen kommen – sich nicht auch Allah oder Ahura Mazda oder Jadekaiser oder auch Brahma nennt? Vielleicht sagt man uns ja, wir seien ›Engel‹, weil das alles ist, was wir verstehen können, auch nach dem Tod. Wir wissen *nichts*, und wie du inzwischen gelernt haben solltest, kann man sich auf den äußeren Anschein grundsätzlich nicht verlassen.« Ich stieg aus. »*Diese* Lektion wirst du jetzt gleich noch mal eingeimpft bekommen.«

Er stieg aus, mit einem Gesichtsausdruck, als wollte er noch weiter debattieren. »Was sind das überhaupt für Leute, die ich jetzt gleich sehen werde?«

Ich schüttelte den Kopf. »Erstens, du bist nur mit dabei, als stiller Beobachter. Zweitens, es sind keine Leute. Drittens, du wirst vielleicht gar nichts sehen, es sei denn, sie befinden, dass sie dich mögen.«

»Was?«

»Sei jetzt zur Abwechslung einfach mal still, okay? Lass uns was essen.«

Sobald wir eingetreten waren, konnte ich Walter Sanders' wenig enthusiastisches Urteil über den *Superior Grill* verstehen. Es war die Sorte miefiger Diner mit Speisekarten aus den Siebzigerjahren und Bedienungen, die aussahen, als wären sie sogar schon wesentlich länger hier. Selbst die Kuchen hinterm Glas des Tresens hatten etwas Einbalsamiertes, wie tote kommunistische Staatschefs in ihren Mausoleen. Unsere Kellnerin sah aus wie Wallace Beery in einer Filmrolle als Berufsboxer, doch obwohl sie nicht allzu scharf darauf schien, irgendjemanden zu bedienen, nahm sie unsere Bestellung ohne größere Widerrede auf, hängte den Zettel an das Drehdings und unterhielt sich dann wieder mit der anderen Bedienung.

»Versteh ich nicht«, flüsterte mir Clarence zu. »Wir sind die Einzigen hier. Wann wollten Ihre Freundinnen denn kommen?«

»Warum, Jungchen?«, fragte das Sahnekännchen, wobei sein Deckel auf- und zuklappte wie ein kleiner silberner Mund. »Erwägst du, stattdessen eine der Bedienungen zu fragen, ob sie mit dir was trinken will?« Das Lachen, das folgte, war nicht so silberhell, wie man es von einem unsichtbaren Geist gemeinhin erwarten würde, sondern um einiges rauher. Clarence japste wie ein Hund, dessen Schwanz gerade unter eine Schuhsohle geraten ist, und war schon auf halbem Weg zur Tür, ehe ich ihn zum Zurückkommen überreden konnte. Am anderen Ende des langgestreckten Raums blickten die Kellnerinnen ohne größeres Interesse auf und widmeten sich dann wieder ihrer Diskussion über Teilchenphysik oder was auch immer das spannende Thema war, das sie davon abhielt, mir ein Glas Wasser zu bringen.

»*Wer hat das gesagt?*«, fragte mich Clarence mit weit aufgerissenen Augen.

»Ich, Jungchen«, sagte das Sahnekännchen in breitestem englischem West-Midlands-Dialekt. »Wollt dich nicht erschrecken.«

»Wollte sie wohl«, sagte die Thermoskaffeekanne, deren Deckel jetzt ebenfalls auf- und zuklappte wie in einem billigen Zeichentrickfilm. »Sie mag es, wenn sie erschrecken.«

»Das ist Haraheliel, Ladys«, sagte ich. »Aber wir nennen ihn Clarence. Clarence, das sind die Sollyhull-Schwestern, Betty und Doris. Sie kennen jeden, der mal jemand war.«

»Nett aussehendes Jungchen«, sagte das Sahnekännchen. »Nicht so ein alter Miesepeter wie du, Bobby-Schätzchen.«

»Oh, aber Bobby hat allen Grund, miesepetrig zu sein«, sagte die Kaffeekanne. »Schau dir mal sein Gesicht an – der Ärmste ist ja ganz voller Schrammen und blauer Flecken!«

Die Glocke über der Tür bimmelte und zwei uniformierte Paketdienstfahrer kamen herein. Sie warteten eine Minute, dass die Kellnerinnen ihre Erörterung der Quantenfeldtheorie beendeten, und setzten sich, als das nicht passierte, in eine Sitznische nicht weit von unserer.

»Ist das ein Trick?«, fragte Clarence in lautem Flüsterton und sah sich immer noch nach der Quelle der Stimmen um. »Wer macht das?«

»Er ist doch nicht beschränkt?«, fragte Betty. »Ich meine beschränkter als normale junge Burschen?«

»Ach, er ist eins von diesen armen Kerlchen?«, sagte ihre Schwester. »Was für ein Jammer.«

»Nur neu«, erklärte ich den Damen. »Betty und Doris sind erdgebundene Geister«, erklärte ich Clarence. »Sie existieren hier *und* auf der spirituellen Ebene, obwohl sie hier mehr so zu Besuch sind. Sie kommen aus einem anderen Teil des Außerhalbs – von jenseits der Reißverschlüsse, nur dass es ein Teil des Fegefeuers ist, glaube ich …« Ich zuckte die Achseln. »Ist verwirrend.«

»Er meint, dass wir Spukgeister sind«, sagte Doris stolz. »Echte Spukgeister, das sind wir. Nur dass wir keinen eigenen Ort zum Spuken haben. Nachdem wir unser Elternhaus verloren hatten, haben wir uns einfach treiben lassen. Irgendwann sind wir den ganzen weiten Weg hier herübergetrieben!«

»Heiliger Bimbam, das klingt, als wäre es leicht gewesen!«, sagte Betty. »Zwei volle Jahre haben wir in einer Zweiter-Klasse-Kabine auf der *Franconia* gespukt, bevor wir da wieder wegkamen! Dass fließendes Wasser für Spukgeister eine widrige Angelegenheit ist, weiß ja jeder, aber wer hätte ahnen können, dass das auch für den Ozean gilt?«

»Oh, und dann waren wir eine Weile in New York«, fuhr ihre Schwester fort. Die beiden Stimmen klangen, als sprächen sie einem direkt ins Ohr, und die Damen wechselten gern blitzschnell die Seite, als ob jemand am Mischpult herumspielte. Selbst für mich, der ich so was eigentlich selbst zu Hause probieren sollte, konnte es ganz schön verwirrend sein. »Zu kalt dort. Darum sind wir hier herübergekommen!«

»Spukgeister frieren …?« Es klang, als bekäme Clarence, was das Reich des Übernatürlichen anging, nicht ganz die Antworten, die er erwartet hatte.

»Mehr so ideell«, sagte Doris. »Aber im Winter beißt es doch ein bisschen.«

»Oh, und das hat sie nie gemocht, unsere Dor, stimmt's?«

»Stimmt, Schwesterherz, ich konnt's nicht verknusen.«

»Wenn die Damen mit dem Erinnerungstrip fertig sind«, sagte ich, »könnten wir vielleicht über ein kleines Geschäft reden.«

Die Kaffeekanne bebte und stieß dabei unterm Deckel kleine Dampfschwaden hervor.

»Ooh, was hast du für uns?«

Ich zog die Tüte aus der Tasche und stellte sie just in dem Moment auf den Tisch, als die Kellnerin mit unserem Wasser kam, nur eine Viertelstunde, nachdem wir den Diner betreten hatten. Als sie wieder gegangen war, zog ich die Flasche heraus. Jetzt bebte auch das Sahnekännchen. »Oh, wie reizend!«, sagte Betty. »Schau, Doris! Yardley-Lavendelwasser!«

»Schnuppert mal«, sagte ich und schraubte die Flasche auf. Die Deckel von Kaffeekanne und Sahnekännchen sprangen auf, als das, was sich im Inneren befand, unsichtbar emporstieg und vermutlich zu der Lavendelwasserflasche schwebte.

»Versetzt einen gradewegs zurück«, sagte Doris verträumt (und immer noch unsichtbar). Inzwischen hatten die Paket-dienstfahrer ein paar Tische weiter den recht intensiven Laven-delgeruch bemerkt, und ihrem Gesichtsausdruck nach fragten sie sich, was Clarence und ich da trieben.

»Erinnert mich dran, wie wir samstagsabends in die Tanzdie-le gegangen sind«, flötete Betty und stöhnte, als ich die Flasche wieder zuschraubte. »Ach, du grausamer Kerl! Warum tust du das?«

»Weil ich Informationen brauche, Ladys, und zwar dringend. Ein paar nicht sonderlich nette Leute und ein paar erst recht nicht nette sonstige Kreaturen versuchen mich umzubringen. Ich will wissen, was ihr mir über sie sagen könnt.«

»Müssen wir weiter mit den Kannen reden?«, fragte Clarence. »Ich meine, wo sind sie jetzt? Sehen Sie sie? Ich nämlich nicht.«

»Ist er nicht merkwürdig?«, sagte Doris. »Armes Kerlchen.«

»Schätz dich glücklich, Kleiner«, erklärte ihm Betty. »Wenn wir dir im Sahnekännchen nicht gefallen – es könnte schlimmer sein. Manchmal sind wir in der Futterage. Da würdest du ganz schön vom Fleisch fallen, was? Wenn dein Hinkelbrötchen mit dir redet?«

»Futterage«, fragte der Frischling hilflos. »Hinkelbrötchen?«

»Hähnchensandwich«, übersetzte ich.

»Machen wir's uns erst mal ein bisschen gemütlich«, sagte Doris, und plötzlich waren sie beide da. Na ja, nicht *da* im dreidimensionalen Sinn, aber auf nebulöse Art sichtbar, zwei leicht lila-blaue, vorwiegend durchsichtige und ziemlich mollige Damen mittleren Alters in einem Outfit, das ich immer den Vierzigerjahren zuordnete – dunkle Kleider, schwere Tuchmäntel und Hüte. Wir saßen in einer Vierernische, sodass Clarence jetzt Betty neben sich hatte und ich Doris. Clarence versuchte so zu tun, als machte es ihm gar nichts aus, rutschte aber immer weiter weg, bis er an die Wand stieß.

»Empfindliches Jungchen, was?«, sagte Betty. Ihr Hut war mit künstlichen Blumen geschmückt. »Schau nicht so ängstlich, Jungchen, ist doch noch gar nichts passiert!«

Als die Bedienung unser Essen gebracht hatte, erzählte ich allen am Tisch von den Ereignissen der letzten Tage. Ein paar Details musste ich auslassen, da der Junge sie wohl besser nicht erfahren sollte, aber das Wichtigste legte ich dar. Als ich fertig war, schienen die Sollyhull-Schwestern aufmerksam auf irgendetwas zu lauschen. Was dann kam, stimmte mich allerdings skeptisch.

»Erinnerst du dich an diesen Jungen aus Erdington, der in unserer Klasse war?«, fragte Doris. »Der immer so ekelhaftes Getier in den Taschen hatte?«

»Dieser Hamish? An den hab ich auch gerade gedacht«, sagte ihre Schwester.

»Der war auch so. Hat immer Sachen vor der Lehrerin verstecken wollen, aber sie ist ihm jedes Mal draufgekommen.«

»Ihr zwei dürft nicht mal mehr kurz an dem Yardley schnuppern, wenn ihr mir nicht helft«, sagte ich streng.

»Tun wir ja, Herzchen, tun wir ja«, sagte Betty mit einem ungehaltenen kleinen Wabern. »Also sei still und hör zu. Dieser Hamish hatte immer Zeug in den Taschen, das er nicht dabeihaben durfte, Schlangen, Käfer – einmal sogar eine lebendige Maus, stell dir vor –, aber er war selbst sein schlimmster Feind, stimmt's, Dor? War er doch, weil er immer so ein Getue gemacht hat, sich gewunden und weggeguckt hat, sodass sie immer wusste, dass er was ausheckte. Genauso gut hätte er sagen können: ›Ich hab was, was ich nicht haben dürfte!‹«

»Sollte ich das verstehen?«, fragte ich.

»Stell dich nicht dumm, Herzchen«, sagte Doris. »Steht dir nicht. Sie meint, dass man mehr erkennt, wenn man jemanden vor sich hat. Die meisten Leute können gar nicht anders, als zu zeigen, was sie denken, wenn man nur lang genug in ihrer Nähe ist.«

»Genau«, sagte Betty, als ergäben Doris' Worte irgendeinen Sinn.

»Soll heißen? Hört zu, Ladys, ich wäre in den letzten paar Tagen mehrmals um ein Haar lebendig gehäutet worden. Man sieht es mir vielleicht nicht an, aber ich habe Angst. Könnt ihr für mich bitte Klartext reden?«

Doris seufzte. »Streu das Gerücht, dass du dieses Etwas *hast*. Warte, wer kommt, um es dir abzufeilschen. Daraus ergibt sich ein direktes Gespräch.«

»Aber es geht mir nicht um die Leute, die es kaufen wollen. Ich will es finden – das Etwas selbst –, denn wenn er sein Etwas nicht zurückkriegt, zieht mir einer der höchsten Höllenfürsten sämtliche Nerven und Organe aus dem Leib. Und das kann nicht gut enden.«

»Wir versuchen ja nur zu helfen. Du weißt ja nicht mal, was da gestohlen wurde. Aber wenn du streust, dass du es hast, und dann abwartest, was dir dafür geboten wird, kriegst du's vielleicht raus. Und das würde es doch sehr erleichtern, das Ding zu finden, oder nicht? Erst mal zu wissen, was es überhaupt ist?«

»Na ja«, sagte Clarence, »das hat eine gewisse Logik.«

»Ja«, erklärte ich, »die Art Logik, die darauf hinausläuft, dass ich mit innovativen Methoden getötet werde, die ich mir nicht mal vorstellen kann. Und ich hatte schon vor den alten Methoden Angst.« Ich schob meinen Teller weg. Plötzlich war mir nicht mehr danach, meine Waffel aufzuessen, obwohl ich Süßes eigentlich immer verdrücken kann, auch wenn ich noch so demoralisiert bin. »Apropos alte Methoden, mich zu töten, Ladys, irgendwelche Erkenntnisse über meinen gehörnten Freund, den Ghallu? Weil ich nämlich das Gefühl habe, dass ich ihm nicht zum letzten Mal begegnet bin.«

Doris runzelte die Stirn und nickte mitfühlend. »Oh, das ist was ganz Übles, Herzchen. Wir haben in den letzten Minuten all unsere Freunde auf der anderen Seite gefragt, aber über so was mag keiner reden, nicht mal die, die alt genug sind, um sich zu erinnern. Die Ghallus sind nicht ganz gebacken – komplett verrückt. Sie fressen sich durch einen Berg, nur um einem Karnickel auf der anderen Seite das Genick zu brechen.«

»Danke für diese hochdetaillierte Information«, sagte ich. »Was kann ich gegen ihn tun?«

»Nicht viel«, sagte Betty. »Ein Entlasszauber, aber das müsste derjenige machen, der ihn herbeigerufen hat.«

»Toll. Das wird wohl kaum passieren, weil derjenige, der ihn herbeigerufen hat, sehr wahrscheinlich ebenjener Eligor Großschurke von Höllentiefen ist, der mich auf so interessante Art und Weise töten lassen will.« Ich sagte es vielleicht etwas emphatischer, als ich hätte sollen, denn ich hörte, wie einem der Paketdienstfahrer der Löffel aus der Hand fiel.

»Schscht!« Betty wedelte mit der molligen Hand. »Sprich den Namen nicht laut aus.«

Die Paketdienstfahrer standen jetzt endlich auf, um zu gehen. Sie hatten Clarence und mich mehrere Minuten lang reden sehen, wobei wir nur gelegentlich miteinander gesprochen hatten, vorwiegend aber mit den leeren Plätzen neben uns. Es schien die beiden einigermaßen beunruhigt zu haben: Sie legten das Geld auf den Tisch und drückten sich mit einem steifen Lächeln an uns vorbei.

»Ooh, der Zweite ist gar nicht übel«, sagte Betty. »Er hat einen knackigen Hintern.«

Doris wieherte los. »Du mannstolles altes Ding!«

»Ladys, bitte, etwas mehr Konzentration.« Allmählich bekam ich Kopfschmerzen. Die Sollyhulls sind ja für tote Leute ganz in Ordnung, aber um irgendwas aus ihnen herauszukriegen, braucht man die Geduld eines Heiligen. »Ghallu, okay? Genauer gesagt, wie töte ich ihn?«

»Das wissen wir nicht, Herzchen«, sagte Doris. »Bei manchen Dämonen funktioniert Silber, aber bei diesen großen alten, tja …« Sie ließ den Satz unvollendet.

»Vielleicht, wenn man einem eine Silberkugel genau ins Herz jagt«, sagte Betty. »Oder eher vier, fünf … und wenn er nicht ganz gesund ist …«

»Klar werde ich's mit Silber versuchen, aber nach meinen bisherigen Erfahrungen ist das ungefähr so, wie mit einem Schnipsgummi auf einen Tiger zu schießen, während er einem gerade den Kopf abzureißen versucht.« Ich veränderte meine Sitzposition, um meinen malträtierten Rücken zu entlasten, und trank dann den letzten Schluck von meinem Kaffee. »Noch was, Ladys? Über den Ghallu oder irgendwas anderes?«

»Oh, ja, eins noch«, sagte Doris. »Dieser Grasswax? Der Ankläger?«

»Ich habe ihn durchaus noch vor Augen – sein Äußeres *und* sein Inneres.«

»Über den haben wir ab und zu mal was gehört«, sagte Betty, als ob *sie* gerade angefangen hätte, von ihm zu sprechen. Manchmal wirkten die beiden wie eine Person, so wie sie Gedanken umschichtig fortführten, aber das kam wohl einfach dabei heraus, wenn man schon über hundert Jahre zusammenlebte (oder vielmehr zuerst zusammengelebt hat und dann zusammen tot war). »Er hatte ein Glücksspielproblem. Das haben wir gehört.«

Ich wartete. »Das ist alles? Er war aus der Hölle, Ladys – natürlich hatte er Laster. Ich glaube, man darf gar nicht dort leben, wenn man keine hat. Kein Laster zu haben, *wäre* ein Laster, wenn ihr versteht. Also, was soll's?«

Betty runzelte die Stirn – feine, beinahe transparente Linien in ihrem noch transparenteren Gesicht. »Nicht gleich patzig werden, Bobby. Leute mit Spielfieber neigen dazu, anderen Leuten etwas zu schulden. Geld. Gefälligkeiten. Wir wollten es einfach nur erwähnt haben.«

Ich starrte sie an, und sie blickten erwartungsvoll zurück. »Okay«, sagte ich schließlich. Etwas Besseres hatte ich schließlich auch nicht aufzuweisen. »Danke, Ladys. Ich werde drüber nachdenken. Clarence, komm.«

Während der Junge noch überlegte, wie er aus der Sitznische kommen sollte, ohne durch Betty Sollyhulls Geist zu rutschen, zog ich die Tüte aus der Tasche, nahm die Flasche heraus und goss das Lavendelwasser diskret auf den Fußboden. Als der benebelnde Geruch aufstieg, legte ich noch einen Extra-Zwanziger auf das Geld für unsere Rechnung. Auf dem Weg zur Tür rief ich der Kellnerin zu: »Ich fürchte, ich habe versehentlich eins von meinen Parfüm-Mustern ausgekippt. Tut mir leid, dass ich Ihnen zusätzliche Arbeit mache, aber ich muss dringend los – ich habe Trinkgeld dagelassen.«

Die Sollyhull-Schwestern waren emporgestiegen wie Dampfwolken in robusten Schuhen, und während sie überm Tisch hin und her schwebten, ließ ihre Substanz immer mehr nach, bis sie schließlich ganz unsichtbar waren, doch bis zum Ausgang konnten der Junge und ich sie noch hören: Sie kicherten wie zwei Schulmädchen.

»Oh, ist das himmlisch! Himmlisch! Erinnert mich so an damals!«

»Weißt du noch, dieser Tom Kippers, der dich öfters ins Kino eingeladen hat? Der, der immer Malzbonbons dabeihatte?«

»Malzbonbons! Was gäbe ich jetzt dafür! Oh, Doris, was für eine köstliche Vorstellung!«

Als wir zum Auto gingen, fragte mich Clarence: »Wie sind sie denn gestorben?«

»Ich glaube, sie haben ihr Haus angezündet. So was in der Art. Haben ihre Eltern getötet, aber ich glaube nicht, dass sie selbst sterben wollten – kamen wohl nur nicht schnell genug raus. War ein ziemlich berühmter Fall in Birmingham.«

»Was? Sie haben es absichtlich getan?«, sagte der Junge entsetzt.

Ich machte die Wagentür zu und schnallte mich an. »Das ist lange her – war wie gesagt ein berühmter Fall. Man spukt nur, wenn man bestimmte sehr strenge Fegefeuer-Deals abbrummt … die Sorte Deal, die eine Seele davor bewahrt, in die Hölle zu kommen.« Ich zuckte die Achseln. »Sie wären ja wohl nicht immer noch hier, wenn es ein Unfall gewesen wäre, oder?«

Auf der Rückfahrt in die Stadt sagte der Nachwuchsanwalt nicht viel.

16

BRADY WILL'S NICHT GLAUBEN

Eine weitere Nacht, ein weiteres billiges Motel. Bis jetzt war ich allem Ärger – von gegnerischer wie eigener Seite – entronnen, aber ich konnte mir einfach nicht vorstellen, dass mein kleines Abenteuer in Eligors Büro meinen Vorgesetzten nicht zu Ohren gekommen sein sollte. Dass der Großfürst selbst sich beschweren würde, glaubte ich nicht. Es war zwar ein eklatanter Bruch sämtlicher Abkommen bis hin zu Tartarus, aber die Verbindung zwischen der Magianischen Gesellschaft und Vald Credit ließ doch vermuten, dass Eligor etwas zu verbergen hatte, ob er es nun vor meinem Besuch gewusst hatte oder nicht. (Er stand schließlich ziemlich hoch oben. Es konnte ja sein, dass einer seiner unteren Chargen den Magianern Unterschlupf gewährt hatte, aber ich war mir ziemlich sicher, dass die Connections zwischen einem von der Hölle gegründeten Megaunternehmen, dem dubiosen Reverend Dr. Habari und Grasswax' Bodyguard nicht *allesamt* Zufall sein konnten. Nur mal ein Punkt: Warum sollte Howlingfell, statt seinen Job bei Eligor zu machen, eine so nachrangige Aufgabe übernehmen, wie einen einfachen Ankläger zu bewachen – es sei denn, Eligor wollte es so?) Aber es war doch sehr wahrscheinlich, dass irgendjemand, auf welcher Seite auch immer, von meiner kleinen Exkursion ins Page Mill Fünf hörte und es dann ziemlich rasch zu meinen Bossen durchdrang. Das Ephorat würde *begeistert* sein, wenn es davon erfuhr, und dass es davon erfuhr, war mehr als wahrscheinlich.

Daher hatte ich, als ich im *ComfortRest Inn* um vier Uhr morgens von einem Arbeitsanruf geweckt wurde, der mich zu einer Unfallstelle auf dem Freeway bei Mission Shores beorderte, schon so eine Ahnung, dass ich im Außerhalb von der Himmlischen Stadt hören würde. Und so kam es denn auch.

Der Todesfall war nichts Ungewöhnliches, eine Frau aus Morgan Hill auf ihrem langen Weg zur Arbeit. Sie war am Steuer eingeschlafen, war auf den Mittelstreifen geraten und hatte sich überschlagen. Zum Glück war so früh am Morgen der Freeway noch leer gewesen, sodass sonst niemand umgekommen war. Ihr Schutzengel berichtete, dass sie eine brave, hart arbeitende Frau gewesen war, eine Großmutter in den Fünfzigern, die zu verteidigen keine große Herausforderung sein würde, doch mir blieb nicht viel Zeit, das zu genießen, bevor der Richter in einem unergründlichen Gleißen erschien und mich davon in Kenntnis setzte, dass meine Vorgesetzten nach dem Ende der Verhandlung mein Erscheinen im Himmel wünschten.

Das Letzte, was ich wollte, war, wieder diesen fünf mächtigen, leuchtenden Präsenzen an einem Tisch gegenüberzusitzen, diesmal, um ihnen zu erklären, inwiefern es meiner Vorstellung von unauffälligem Verhalten entsprach, in jemandes Büroräumen um mich zu schießen, aber das sagte ich dem Fürstentum-Engel, der mir die Botschaft überbrachte, natürlich nicht. Zum einen hätte es nichts genützt, und zum anderen hätte es die Chancen der armen Gloria Dubose auf eine Zukunft im Himmel womöglich geschmälert. Ich mag ja verrückt sein, aber gemein bin ich nicht. Meistens jedenfalls.

Also erfüllte ich meine Pflicht Gott und dem Chor gegenüber und machte mich dann auf den Rückweg in die erratisch desinfizierten Räumlichkeiten des *ComfortRest*, doch dort angekommen, hatte ich keine Lust, noch mal ins Bett zu gehen, und ins Hauptquartier zog es mich auch nicht. Im Himmel ist es ja, wie schon erklärt, mit der Zeit anders als hier unten, also sagte ich mir, dass es ihnen schon nicht allzu viel ausmachen würde, wenn ich wartete, bis es wieder Nacht war und ich das nächste Mal schlafen musste – bis dahin würde ich mich einfach mit Koffein senkrecht halten. Also ging ich in einen Rund-um-die-Uhr-Coffeeshop, trank vier spülwasserartige Kaffees und überlegte, was ich tun sollte.

Je länger ich darüber nachdachte, desto überzeugender fand ich den Rat der Sollyhull-Schwestern, so zu tun, als wollte ich Eligors Was-auch-immer meistbietend verkaufen. Klar, es war spektakulär dumm und spektakulär gefährlich, aber schließlich hatte ich nicht die Zeit, mir etwas Raffinierteres einfallen zu lassen: Meine Vorgesetzten warteten vermutlich nur darauf, mir den Heiligenschein herunterzureißen und mich auszustoßen, und irgendwo da draußen war eine gewisse glühend heiße, gehörnte Monstrosität – jetzt gemeinsam mit Eligors übrigen Schergen – auf der Jagd nach mir und nur dadurch ausgebremst, dass ich ständig in Bewegung war und in immer neuen Motels übernachtete. (In solchen Momenten frage ich mich, was sich die himmlischen Organisatoren des Ganzen dabei gedacht haben, uns Körper zu verpassen, die gefüttert, getränkt und regeneriert werden müssen wie die von richtigen Menschen.)

Also konnte ich wohl ebenso gut noch ein bisschen weiterprovozieren. Wenn es denn auf meine Degradierung (oder auf Schlimmeres) hinauslief, würde ich gehen wie ein Verrückter – ich würde um mich treten und schreien und alles am Weg in Brand stecken.

Ich parkte im Zentrum, nicht weit vom Beeger Square. Der Tag war jetzt schon etliche Stunden alt, und ich hatte allmählich Visionen von einem späten Frühstück, um die migränoide Hypernervosität von zu viel Kaffee zu dämpfen, also versuchte ich, Sam anzurufen, aber er meldete sich nicht. Für den unwahrscheinlichen Fall, dass er im *Compasses* saß und sein Handy abgeschaltet hatte, rief ich in der Bar an. Chico sagte, Sam sei nicht da gewesen, aber Monica sei gerade reingekommen und wolle den Hörer. Ich kam nicht dazu, irgendwie zu reagieren, und da hatte ich schon ihre Stimme im Ohr.

»Komm nicht her, Bobby.«

»Hä?« oder etwas ähnlich Charmantes war alles, was ich hervorbrachte.

»Falls du ins *Compasses* kommen wolltest, tu's nicht«, sagte sie.

»Wollte ich gar nicht, aber ist das eine merkwürdige Art zu sagen, dass du immer noch sauer auf mich bist?«

»Wie könnte irgendjemand auf einen Goldschatz wie dich sauer sein?« Der Sarkasmus troff förmlich aus meinem Handy. »Nein, im Ernst, B, hier ist irgendwas faul. Da draußen lungern überall Leute herum, Obdachlose, Spinner …«

»Und das ist was Neues …?«

»Sei still. Ich kenne die, die immer da sind, und das hier sind andere. Sie beobachten die Kneipe – lösen sich ab, damit es nicht so auffällt. Jemand hat das *Compasses* im Auge, also, wie viel würdest du drauf wetten, dass es *nicht* um dich geht?«

»Du hast recht, davon würde ich die Finger lassen. Deshalb wollte ich ja auch so bald nicht hinkommen.« Ich seufzte. Eligor musste herausgefunden haben, dass ich nach der Festnahme gleich wieder zur Hintertür der Polizeidirektion hinausspaziert war. Würde ich jetzt endlos auf der Flucht sein? Für immer? Den Groll eines Höllenfürsten kann man nicht aussitzen.

»Und das ist noch nicht alles«, sagte sie. »Wir hatten noch ein paar Klienten, die nicht erschienen sind, wenn du verstehst, was ich meine. Wie dein Mr. Walker.«

»Moment – du meinst hier in San Judas?«

»Einer von Sanders, einer von Jimmy the Table. Ich schicke dir genauere Informationen über diese Klienten, sobald ich kann, aber im Grund war's genau wie bei deinem – alle waren da, nur der Ehrengast nicht.«

Ich fluchte lautlos. Wenn es schon in San Judas weitere verschwundene Seelen gab, dann gab es wohl überall welche. Es schien langsam eine Art Epidemie zu werden. »Danke, meine Schöne. Ich stehe in deiner Schuld.«

»Tiefer, als dir je klar sein wird, Dollar. Ein gutes Essen und was zu trinken könnten immerhin ein bisschen was begleichen. Lass mich's wissen, wenn du mal ein paar Stündchen hast, in denen dir niemand ans Leder will.« Wo sie sonst aufgelegt hätte, schwieg sie einen Moment und sagte dann: »Sei vorsichtig, Bobby. Im Ernst. Das wird allmählich alles ganz schön merkwürdig.«

Wenn die Bad Guys beim *Compasses* nach mir Ausschau hielten, dann entfiel der Beeger Square natürlich, aber ich brauchte trotzdem eine Ecke irgendwo in Downtown, weil Foxy das weißnasige Rentier ja gesagt hatte, dass ich dort nach ihm fragen solle. Ich fuhr den Broadway wieder runter bis zur Beech, wo immer noch jede Menge Fußgängerverkehr war, und dann rüber zur Marshall, nicht weit vom Kaiser-Health-Hochhaus. Nur noch ein paar Tage bis Karneval, alle Straßenlaternen und Ampelmasten prangten in Glitzerdekoration. Auf dem Beeger Square waren jetzt die Bühne und die Tribünen fertig aufgebaut und die bunten Lichter aufgehängt, aber Gott allein wusste, wann ich das sehen würde.

Ich beobachtete die nächste Straßenecke mehrere Minuten lang, aber da schien niemand herumzulungern außer dem Typen, der mit einem Pappschild »OBDACHLOSER BRAUCH HILFE DANKE« am Fuß des Ampelmasts hockte. Ich gab ihm zwanzig Dollar, um sich etwas zu essen zu holen, und er marschierte los, zu dem Coffeeshop an der Ecke schräg gegenüber. Sobald er weg war, holte ich tief Luft und sagte, obwohl ich mir idiotisch vorkam: »*Fox.*«

240

Nichts passierte. Ich versuchte es wieder – diesmal mit »*Mister Fox*«, und arbeitete mich in den nächsten Minuten sogar bis zu »*Foxy-Foxy*« vor, aber immer noch ohne Erfolg. Ich wollte schon aufgeben und befinden, dass es nichts bringen würde, ihn auf diese Weise rufen zu wollen. Ich fragte mich, ob er wirklich gemeint hatte, ich solle nach ihm fragen wie nach irgendeiner ganz normalen Straßenexistenz, indem ich Leute anhaute, die an Straßenecken herumlungerten. Eine Idee hatte ich noch, und die wollte ich ausprobieren, bevor ich die Segel strich. Nachdem sich bei Fußgänger-Grün meine Straßenecke geleert hatte, öffnete ich einen Reißverschluss – nur einen ganz kleinen –, legte den Mund daran und flüsterte »*Fox*« in den zeitlosen Raum des Außerhalb.

»Dollar Man!«, rief jemand so nah hinter meinem rechten Ohr, dass ich zusammenschrak. Ich fuhr herum, und da stand er in seiner ganzen bleichen Pracht, den dunklen Schlabberanzug diesmal mit einem superscheußlichen pink-schwarz-gestreiften Wollschal aufgepeppt. Mit seiner Albinohaut und seinem ständigen Gedrehe und Getanze sah er aus wie das Opfer, das die Goth-Kids in der Schule vorschicken würden, um die Schulhofschläger abzulenken, während die anderen das Weite suchten. »Sie haben nach Foxy gerufen!«, sagte er fröhlich. »Ist es Liebe, wahre Liebe?«

Eine neue Gruppe Fußgänger sammelte sich an der Ecke und wartete auf Grün, aber niemand beachtete uns. Ich wusste nicht, ob es Engelszauber war, der uns schützte, oder die Tatsache, dass es im Zentrum von Jude jede Menge Leute gibt, die so aussehen und sich so benehmen wie Mr. Fox. Habe ich schon erwähnt, dass wir vor ein paar Jahren die öffentliche psychiatrische Klinik geschlossen und die meisten Patienten auf die Straße gesetzt haben?

»Sie wollen also ein Geschäft machen, Mr. Bob Dollar?« Er spreizte die langen weißen Finger. »Wollen Sie doch verkaufen, oder sind Sie an was anderem aus Foxy-Foxys Angebot interessiert? Ich habe die beste Ware, alle Größen, alle Aromen, jederzeit!«

Ich wollte das hier schnell hinter mich bringen: Jede Sekunde, die ich an einer Downtown-Straßenecke stand, kam ich mir vor, als hätte ich eine Zielscheibe auf dem Rücken – oder vielleicht auch ein Preisschild. »Sie haben gesagt, sie hätten … Interessenten«, sagte ich leise. »Für dieses … *Ding*. Ich habe beschlossen, ich möchte eine kleine Auktion machen. Kurz und bündig. Mein Geld kriegen und das Ding los sein.«

»Ah.« Foxy lächelte breit, wobei Gold aufblitzte. »Wird ein bisschen zu heiß in Bobby-Town? Ja? Vielleicht, weil dem Großfürst sein Hörnerelefant in Ihrem Porzellanladen herumtrampelt?«

Ich lächelte zurück, doch ohne jede Heiterkeit. »Sagen Sie einfach nur, ob Sie das arrangieren können.« Also wusste mein bleicher neuer Freund von dem Ghallu. Er wusste offensichtlich einiges. Wer war dieser Kerl? Ich hatte keine Ahnung, ob er eins der verbannten Höllenwesen war – man trifft sie gelegentlich – oder ein untoter Hiergebliebener wie die Sollyhulls oder irgendetwas ähnlich Bizarres, von dem ich nur noch nie gehört hatte. »Können Sie's?«

»Kann ich, Flieger-Man!«, sagte er fröhlich. Er grinste wie der Moderator einer Gameshow, bei der die Teilnehmer Tausendfüßler essen müssen. »Kann ich! Ich arrangier's, Sie bringen das Ding an, und alle sind happy, Mann.«

»Okay. Aber eins noch – *keine Dämonen*, okay? Niemand aus der Hölle. Wenn ich irgendwelche Hörner rieche, bin ich weg.«

»Gebongt, Dollar Bob!«

»Okay. Wann soll ich Sie wieder aufsuchen?« Ein Geräusch ließ mich herumfahren, aber es hatte nichts mit mir zu tun – ein Wagen hätte beinah einen etwas zu langsamen Fußgänger überfahren, und jetzt machte der Fahrer seinem Ärger durch Hupen Luft.

»Nicht nötig, mein neuer Freund«, sagte Foxy fröhlich. »Ich suche Sie auf und gebe Ihnen Bescheid, wann die große Veranstaltung stattfindet!«

»Ich weiß nicht, ob Sie mich so leicht finden …«, setzte ich an, doch als ich mich ihm wieder zuwenden wollte, war da niemand mehr außer dem Obdachlosen, der gerade mit einer Zimtschnecke und einem Becher Kaffee zurückkam, sein Schild unterm Arm.

»Muss wieder an die Arbeit«, sagte er fast schon entschuldigend.

»Haben Sie gesehen, wo der Typ hin ist? Blasser Asiate mit so einem bescheuerten Schal?«

Der Mann schüttelte den Kopf. »Nehmen Sie's nicht krumm, Mann, aber als ich grad gekommen bin, haben Sie mit niemandem geredet … nur mit sich selbst.«

Ich hatte diverse Erledigungen vor mir, während ich wartete, bis Mr. Fox die Auktion angeleiert hatte. Auf der Rückfahrt zum Motel rief ich Fatback an und hinterließ auf seinem Anrufbeantworter, dass jetzt auch Foxy-Foxy und Großfürst Eligor zur Liste derjenigen gehörten, über die ich mehr wissen wollte. Ich gab George so viel zu tun, dass ich von meinem Bankkonto, das schon der Motels wegen ziemlich geplündert war, auch noch sein Honorar würde aufstocken müssen. Dann ging ich in einen Drugstore und kaufte mir noch ein paar Rasier- und Toilettenartikel, weil es ja so aussah, als würde ich (abermals vorausgesetzt, dass mich weder Eligor noch meine Vorgesetzten in ein Aschehäufchen verwandelten) noch eine Weile in Motels wohnen. Allmählich verwahrloste ich ein bisschen. *Sie* würden, wenn Sie tot wären, auch keinen himmlischen Anwalt wollen, der völlig heruntergekommen aussieht.

Nachdem der Kleinkram erledigt war, fuhr ich mit offenen Seitenfenstern nach Southport raus, in der Hoffnung, dass mir die Bay-Luft wieder etwas Leben einhauchen würde. Ich hatte nur noch bis heute Abend Zeit, mehr herauszufinden, dann würde ich meinen Gebietern gegenübertreten müssen – das waren sie ja wohl. Ich nannte sie Vorgesetzte oder Arbeitgeber, aber wenn man nicht gerade bei der Mafia oder in einer kämpfenden Armee ist, können einen Vorgesetzte normalerweise nicht töten, nur weil man sie verärgert hat, und außer meinen und denen meiner Gegenspieler können einem keine Vorgesetzten die Seele aus dem Leib reißen und sie zu ewigen Qualen in den tiefsten Flammengruben verdammen. Es sei denn, man arbeitet bei Walmart.

Jedenfalls versuchte ich, die kühle, aber nicht zu kühle Luft zu genießen, weil ich ja nicht wusste, wann mir das wieder vergönnt sein würde. Ich folgte zum zweiten Mal der Charleston Road hinaus zu dem kleinen Gewerbepark, in dem die Magianische Gesellschaft ihre Briefkastenadresse hatte. Diesmal hatte ich mein Einbruchswerkzeug im Kofferraum, weil ich die Bude umkrempeln würde, sofern da noch etwas war, das sich umkrempeln ließ.

Als ich in die Einfahrt zum Parkplatz von Nummer 4442 bog, kam mir ein Wagen entgegen, eine klobige alte Limousine, die mal perlgrau gewesen sein mochte, jetzt aber total zerkratzt und etwas verrostet war. Ich musterte den Fahrer, weil ich dachte, es wäre vielleicht mein Freund, der Klingenschleifer aus Suite C, aber der Mann, der mich ansah, war ein etwas älterer Schwarzer mit rundem Gesicht, grauem Haar und – zumindest als er mich erblickte – extrem erschrockener Miene. Er erkannte mich sofort, als ob er gerade ein Foto von mir betrachtet hätte. Habari – das konnte nur er sein. Seine Reifen quietschten, als er Vollgas gab, und die mächtige alte Rostlaube schlingerte kurz, ehe sie davonpreschte. Der Rücksitz war voll mit Kartons – sogar aus dem Fenster ragte zusammengerolltes Zeug heraus, als wäre der Typ ein fliegender Teppichhändler.

Ich war in der Einfahrt gefangen und machte den Fehler, in einem Ansatz wenden zu wollen, was bedeutete, dass ich den hohen Bordstein überwinden musste, wo ich kurz festhing. Als ich schließlich wieder alle vier Räder auf der Fahrbahn hatte, jagte ich ihm hinterher, so schnell ich konnte. Sein Schlachtschiff hatte aber mehr unter der Haube, als man vermutet hätte: Er war schon ein paar hundert Meter vor mir und raste die Charleston wieder hinauf.

Ich will Sie nicht mit Einzelheiten langweilen – wenn Sie scharf auf Verfolgungsjagden sind, warten Sie, bis mein Leben verfilmt wird. Nach einer Viertelmeile hatte ich ihn fast eingeholt, aber er zog permanent von einer Fahrbahnseite auf die andere, und es waren noch so viele andere Autos unterwegs, dass mir das Risiko, einen Unfall zu verursachen, zu groß war. Auf der Rengstorff Avenue jenseits des Bayshore hatte ich ihn wieder – ich zwang ihn auf die andere Spur, dann erwischten wir eine rote Ampel, und er war zwischen den Autos eingeklemmt. Ich auch, aber er war auf der Spur ganz links, und der verrückte Hund fuhr einfach über den Mittelstreifen, wobei sein Schalldämpfer zurückblieb, und dann entschwand er über den Freeway ostwärts. Trotz des Qualms und Krachs, den er produzierte, war, als die Ampel endlich grün wurde und ich ihm hinterherjagen konnte, keine Spur mehr von ihm zu entdecken.

Ich fuhr zurück zur Magianischen Gesellschaft und verschaffte mir Zutritt, aber Habari hatte nichts hinterlassen als gekappte Telefonleitungen und herausgerissene Elektrokabel. Sein Geschäftssitz war jetzt eine leere Höhle, Gipskarton, Industrieteppichboden und Beton – noch nicht mal ein Versicherungswerbekalender an der Wand.

Ich verfluchte mich ausgiebig, dass ich erst jetzt hierher zurückgekommen war. Ich hatte mich von dem ganzen anderen Kram aufhalten lassen, wobei zugegebenermaßen *der ganze andere Kram* unter anderem darin bestanden hatte, fast umgebracht und von einem Spezialeinsatzkommando der Polizei festgenommen zu werden. Trotzdem, ich hätte nicht so lange warten dürfen. Den dubiosen Kerl hatte ich nur um ein paar Minuten verpasst, und ich hätte ihn so gern hier in diesem verlassenen Büro vor mir gehabt, um ihm ein paar eindringliche Fragen zu stellen, aber damit war's jetzt wohl nichts mehr.

Ich fuhr wieder in belebtere Gegenden zurück.

Das *Compasses* vermisste ich sehr. Nicht in meine Stammkneipe zu können, wäre schon unter normalen Umständen hart gewesen, aber jetzt, da ich von Motel zu Motel zog, war es niederschmetternd: Ich war von den meisten meiner Freunde abgeschnitten und aus meinem Zuhause vertrieben. Darum war ich sauer – stinksauer –, und ich hatte natürlich Angst, aber mir war auch einfach langweilig. Im Grund war es ein bisschen wie im Krieg.

Ich suchte mir schon frühzeitig meine Unterkunft für die Nacht, ein Budget-Motel in der Nähe vom Bayshore, saß dann da, guckte ein Preseason-Spiel der Giants im Fernsehen und nuckelte an einem Bier. Sam rief mich zurück, sagte aber, er habe einen Klienten, mit dem er wahrscheinlich noch eine ganze Weile beschäftigt sein würde. Ich wäre sogar bereit gewesen, einen Abend mit Clarence herumzuhängen, aber Sam sagte, der Junge sei schon nach Hause gegangen. In einem Anfall von Langeweile rief ich ihn sogar an, aber er ging nicht dran. Ich fragte mich, ob er mit seiner Adoptivfamilie gemütlich beim Abendessen saß und sich eine Weile fast wie ein Mensch fühlen konnte.

Als kurz darauf mein Handy klingelte und es Alice war, die mir einen Klienten zuwies, war ich so erfreut wie noch über keine Todesnachricht zuvor. Schrecklich, ich weiß, aber ich bin nur ehrlich: Ich lechzte danach, irgendwas anderes tun zu können als zuzuschauen, wie eine Horde unterklassiger Baseballspieler, die ich nicht kannte, einmal ihr Glück gegen die Großen versuchen durfte.

Es stellte sich heraus, dass es sich bei dem Verstorbenen um einen Stanford-Studenten handelte, der aus einem Wohnheimfenster gefallen war, also zeigte ich den Wachleuten am Teller Gate einen meiner falschen Ausweise und fuhr auf den Campus. Das betreffende Wohnheim lag ganz am Westend, wo die Bäume dicht und die Hügel nah sind. Ich stellte meinen Wagen auf einem der Parkplätze ab und ging zu Fuß weiter, wobei ich jedem, der mich misstrauisch ansah, meinen Presseausweis zeigte, ansonsten aber nicht aufzufallen versuchte. Das beherrsche ich so gut, dass ich, als ich beim Wohnheim – einer Insel von blinkenden Lichtern inmitten von Dunkel – anlangte, ebenso gut unsichtbar hätte sein können: Niemand blickte auch nur auf, als ich durch die äußere Barrikade von Polizeifahrzeugen des Campus spazierte. Es waren drei normale Streifenwagen und mehrere Vehikel, die Ähnlichkeit mit Golfcarts hatten. Das Haus war mit Karnevalsdeko und selbstgemalten Schildern behängt: Offenbar war das Entertainment des heutigen Abends eine Faschingsparty gewesen. Ich blickte kurz zu dem Zelt hinüber, das über dem Leichnam des unglücklichen Studenten errichtet worden war, öffnete dann einen Reißverschluss und trat ins Außerhalb.

Es war eine große Erleichterung, die Seele des toten Burschen hier tatsächlich warten zu sehen, angetan mit einer fleckigen Toga und ineinander verhakten Ketten von bunten Karnevalsperlen. Er sah vermutlich ziemlich genauso aus wie im Leben (wenn auch zweifellos besser als im Tod, nachdem er kopfüber aus einem Fenster im vierten Stock auf den Asphalt gestürzt war). Er hatte diese Sorte Frisur, die mich immer irritiert: das Haar von beiden Seiten hochgebürstet, sodass es in der Mitte eine Art Delphinflosse bildet.

»Brady Tillotson«, sagte ich. »Gott liebt Sie.«

»Was soll der Scheiß?«, fragte er und funkelte mich so grimmig an, als hätte ich ihn aus dem Fenster gestürzt, obwohl die zersplitterten Flaschen bei dem nunmehr zugedeckten Leichnam darauf schließen ließen, dass als Ursache seines Dahinscheidens wohl eher ein »tragischer Unfall« angegeben werden würde, was oft eine höfliche Formulierung für »Tod durch eigene Blödheit« ist.

»Sie sind tot, Brady. Tut mir leid, aber ich werde mein Bestes tun, damit das hier für Sie so glatt läuft wie irgend möglich. Ich bin Doloriel, Ihr himmlischer Verteidiger.« Ich hatte bisher weder seinen Schutzengel noch einen Vertreter der Gegenseite gesehen, also erklärte ich ihm kurz, was jetzt gleich passieren würde.

Er schien nicht im Geringsten beeindruckt. Er war ein großer, kräftiger, gutaussehender Bursche und wirkte, als ob er normalerweise auf die eine oder andere Weise alles bekam, was er wollte. »Sie verarschen mich, oder? Ich glaube nicht an den ganzen Scheiß.«

»Tja, er glaubt an *Sie*, Brady, also ist es ziemlich egal, was Sie glauben.«

»Scheiß drauf. Ich gehe.« Und er drehte sich um und stolperte ins Dunkel davon. Normalerweise macht der Tod die Leute schlagartig nüchtern, aber es gibt Ausnahmen. Ich sorgte mich jedoch nicht weiter, dass er abhandenkommen könnte: Das Außerhalb ist nämlich kein eigener Ort, es ist die Zeitlosigkeit, die zu einem gegebenen Ort gehört – ein ewiger Moment, könnte man vielleicht sagen. Es ist an die Leute gebunden, die in diesem Moment physisch anwesend sind, ihn mitbekommen, das heißt, je weiter man sich von dem entfernt, was man im ursprünglichen Augenblick sehen konnte, desto unwirklicher wird alles, bis man schließlich nur noch Dunkel und ein paar bekannte Geräusche um sich hat. Dann, wenn auch diese Geräusche verstummen, rennt man gewöhnlich wieder ins Zentrum des Augenblicks zurück. Verstehen Sie, man kann nirgends anders hin. Sonst würden alle Engel und Teufel ständig ins

Außerhalb und wieder zurück huschen, als ob es eine Art Beam-mich-rauf-Einrichtung wäre, und sich gegenseitig durch die Reißverschlüsse hinterherspionieren. Aber so funktioniert das nicht. Na, egal, was ich sagen will, ist, dass Brady Tillotson nirgends hinkonnte.

Gleich darauf erschien sein Schutzengel, ein Lichtgebitzel namens Gefen. Kurz danach fand sich der Ankläger ein, Rotwood, ein Dämon, der so alt und knorrig war, als hätte er schon beim Einzug des Teufels die Hölle zu streichen geholfen. Ich war schon öfter gegen Rotwood angetreten – er beherrschte sein Handwerk, und manche Richter schienen von seiner Regelkenntnis beeindruckt, aber es gab furchterregendere Ankläger.

»Das wird nicht leicht«, sagte Gefen leise, während der Ankläger mit seiner Höllenversion eines Schutzengels konferierte.

»Warum?«, fragte ich.

»Weil unser Klient ein Arschloch ist.«

Es verstrich nur ein kurzer Moment an diesem zeitlosen Ort, ehe der Richter aufgleißte. Es war mein alter Freund Xathanatron, der Fürstentum-Engel, vor dem Sam an jenem Abend plädiert hatte, als Clarence das erste Mal mitgekommen war.

Engel Doloriel, sagte er zu mir, *Sie werden wieder in die Himmlische Stadt gerufen*. Pause, dann: *Mir scheint, ich muss der Liste meiner Titel noch »Sekretär des Anwaltsengels« hinzufügen.*

Das war ein Witz nach Engelboss-Art, also lachte ich und hoffte, dass es wenigstens ein bisschen echt klang. »Sehr komisch, Euer Ehren. Danke fürs Ausrichten. Ich hoffe, wir halten Sie hier nicht zu lange auf.«

Das ist einerlei – die Störung meiner Kontemplation hat bereits stattgefunden. Ich konnte nicht umhin festzustellen, dass er immer noch diesen charmanten demokratischen Touch hatte.

Meine Beratung mit Gefen war gerade in dem Moment zu Ende, als mein toter Student wieder angestolpert kam, wobei seine Toga flatterte wie die Segel der *Marie Celeste*. Er wirkte jetzt etwas nüchterner, aber immer noch genauso stinkig. Der Bericht des Schutzengels war zwar länger gewesen als seine bündige Aussage vorhin, lief aber aufs Gleiche hinaus – Brady Tillotson war ein Säufer, ein Kameradenschwein und wenn auch formal kein echter Vergewaltiger, weil er weder Betäubungsmittel noch brutale körperliche Gewalt angewandt hatte, so doch die Sorte Mann, die Frauen gern so betrunken macht, dass sie den Unterschied zwischen »einvernehmlich« und »nicht einvernehmlich« nicht mehr so genau mitkriegen. Er hatte sich durchs Studium gemogelt – als gesetzter Abwehrspieler des Footballteams fand er immer jemanden, der ihm Klausuren zu bestehen »half« – und Freunde bestohlen, und er war einer von denen, die sich auch Jahre nach der High School noch daran aufgeilen, Kameraden zu schikanieren. Mit anderen Worten, er *war* ein Arschloch. Und was meinen Job noch schwerer machte, war der Umstand, dass er nicht kooperierte.

»Das kann alles gar nicht sein«, sagte er immer wieder. »Wo kann ich mich beschweren? Ich habe dieses Spiel nie mitgemacht. Ich glaube nicht an den ganzen Scheiß. Es gibt keine Engel. Das ist alles gelogen.«

Der Richter sagte nichts zu diesem endlosen Genöle, aber hilfreich war es für uns mit Sicherheit nicht. Ich gab mir alle Mühe, mildernde Umstände anzuführen – Brady Tillotsons Jugend, die Scheidung seiner Eltern, die Tatsache, dass Lehrer und Trainer ihn nie diszipliniert hatten, weil er ein Sport-As war –, aber ich war nicht in Bestform, weil ich inzwischen selbst eine gewisse Antipathie gegen den Burschen entwickelt hatte. Er würde garantiert eine lange Fegefeuerzeit aufgebrummt bekommen, aber ich muss gestehen, ich fand, dass er das auch verdient hatte.

Gegen Ende, als wir unsere Schlussplädoyers gehalten hatten und Xathanatron in flimmerndes Schweigen verfallen war, um die Argumente abzuwägen, wandte sich Brady plötzlich mir zu, und erstmals waren aller Ärger und aller Widerstand aus seinem Gesicht gewichen.

»O mein Gott«, sagte er. »Das ist wahr. Das ist wirklich wahr! Ich bin tot!«

»Ich fürchte ja«, sagte ich. »Aber das ist nicht das Ende aller Dinge …«

»Was geht hier vor? Warum sind Sie …? O Gott, Shit, ich werde meine Mom nie wiedersehen.« Seine Gesichtszüge fielen zusammen, und auf seinem unteren Lid zitterte eine Träne. »Nie mehr …«

Xathanatron sprach. *Das Urteil lautet auf Verdammnis*, sagte er nur und verschwand dann.

Rotwood klatschte freudig in die welken Hände, ehe auch er verschwand. Ein dunkler Wirbel begann um Brady Tillotson zu rotieren, und obwohl er dagegen ankämpfte, wurde er bereits hinabgesogen.

»Nein!«, rief er, und seine Augen waren fürchterlich. »Lassen Sie das nicht zu …! Bitte, bitte, bitte!«, schrie er. »Das darf nicht passieren – Sie sollten mich doch retten …! Aaah! Huuhhh! *Aaaaaaaah!*« Bradys Schreie klangen immer wieder anders, weil sein Gesicht schmolz, sich verzog und verwarf, da er jetzt die Gestalt annahm, die er Dort Unten tragen würde – die Horrorgestalt, in der er jetzt für immer steckte. Dann war er weg.

Ich fuhr sehr langsam durch die Stadt zurück, machte Station in einer Bar, die ich noch nie bewusst wahrgenommen hatte und auch nicht wiederfinden könnte, wenn ich müsste. Ich kippte zwei Drinks, sagte mir dann aber, dass ich mein Glück wohl nicht überstrapazieren sollte, selbst wenn ich mich dringend besaufen musste. Zu viele fiese Leute suchten mich, als dass ich es riskieren konnte, in einer Ausnüchterungszelle zu landen oder im Dunkeln auf irgendeinem Parkplatz herumzutorkeln. Ich stieg wieder in meinen Wagen, hielt bei einem Alkoholladen am

Camino Real, kaufte eine Flasche Wodka und einen Beutel Eis und fuhr dann in mein Motel.

Bevor ich zu blau war, rief ich im Büro an und hatte Alices Anrufbeantworter dran.

»Sagen Sie den Bossen, dass Bobby Dollar heute Nacht nicht in die Himmlische Stadt kommt«, instruierte ich die Stille. »Weil ich mir nämlich nicht noch mehr Vorträge darüber anhören will, wie ich meinen Job machen soll. Sagen Sie ihnen das. Und sagen Sie ihnen auch, wenn sie mich unbedingt dort haben wollen, sollen sie mich holen. Ansonsten bleibe ich hier und tue, was ich tue, so gut ich kann.«

Ich hatte die Flasche schon halb leer, als ich endlich nicht mehr diese Schreie des College-Knaben hörte, während er in die Finsternis hinabstürzte.

17

SPARSAM MIT DER WAHRHEIT

Als ich am nächsten Morgen aufwachte, fühlte sich mein Kopf an wie der Ball in irgendeinem brutalen mittelalterlichen Spiel, bei dem mindestens ein paar Bauern ihr Leben lassen mussten. Doch nicht mal das schreckliche Brummen und Pochen konnte mich vergessen machen, was ich am Vorabend wenig Intelligentes getan hatte – letztlich dem Himmel zu sagen, er könne mich mal. Aber warum stand ich dann hier in meinem Motelzimmerbad statt vor einem himmlischen Erschießungskommando, oder was bösen Engeln auch immer blühte?

Ich erwog die Möglichkeit, dass Alice mich zu retten versucht hatte, indem sie meine Botschaft gar nicht weitergab, verwarf das aber – Alice war offenbar nicht die Person, die ihr eigenes Jenseitsleben ruinieren würde, um einen Blödmann wie mich zu retten. Eine andere Möglichkeit war, dass sie dort oben im zeitlosen Himmel einfach noch nicht dazu gekommen waren, die »Bobby-Dollar-löschen«-Taste zu drücken, doch meiner Erfahrung nach neigte der Himmel nicht dazu, Strafmaßnahmen oder sonstige Akte heiliger Rache lange zu vertagen.

Also blieben noch die beiden wahrscheinlichsten Antworten: Den Himmel kümmerte es nicht besonders, was mit mir passierte, ergo warteten sie einfach ab und ließen mich mein eigenes Grab schaufeln, oder aber der Himmel billigte das, was ich

253

tat – und vermutlich auch das, was ich in nächster Zukunft tun würde. Was ziemlich lustig gewesen wäre, weil ich selbst keinen Schimmer hatte, was das sein könnte.

Ich setzte eine Sonnenbrille auf, um zum Büro des Motelmanagers zu wanken und mir zwei Becher billigen Kaffees zu holen und sie in mein abgedunkeltes Zimmer mitzunehmen. Ein paar Aspirin, noch ein paar Aspirin, und ich war schon fast bereit, dem Tag samt allem, was er bringen mochte, ins Auge zu sehen. Als Erstes aber stand eine Selbstverteidigungsmaßnahme an.

Orban der Büchsenmacher nahm etwa beim zehnten Klingeln ab. »Sprechen Sie.« Er hat einen osteuropäischen Akzent und eine Stimme, als steckte ihm ein Stachelschwein im Hals. Die Erklärung, die er mir mal gegeben hat, lautete, dass er im Ersten Weltkrieg einen Halsschuss abgekriegt habe und die Sache nie mehr ganz in Ordnung gekommen sei. Ich glaubte ihm. Würden Sie auch tun.

»Hier ist Bobby Dollar. Ich brauche Silber.«

»Hmmm.« Ein Geräusch, als ob jemand mit einem Stock einen Lattenzaun entlangfährt. »Kugeln oder was anderes?«

»Kugeln. Aber ich muss mit Ihnen drüber reden. Sind Sie heute da?«

»Vierzehn Uhr«, sagte er und legte auf.

Orbans Fabrik war ganz am Ende von Pier 22 – einem der Salz-Piers. Vor dreißig, vierzig Jahren gehörte der südlichste Teil des Hafens von San Judas der Leslie Salt Company. Die gewann Salz aus dem Wasser der Bay und häufte es zum Trocknen zu Bergen auf, einer Miniatur-Alpenkette inmitten der wenig tirolerischen Szenerie von Belle Haven und Ravenswood. Vor etwa zehn Jahren waren die Salzleute zu einer anderen Gewinnungstechnik übergegangen, die weniger Platz brauchte, also hatten sie einen Teil des südlichsten Hafenzipfels verkauft. Das meiste war jetzt Naturschutzgebiet, aber einige Piers, von denen einst das Salz auf Containerschiffe verladen worden war, hatte man in Wohn- und Geschäftskomplexe umgewandelt, und die heruntergekommensten ganz am Ende waren als »Lebens- und Arbeitsräume« verkauft worden. Viele Künstler hatten sich mit finanzieller Unterstützung durch die Stadt dort niedergelassen, aber auch einige kleinere Betriebe waren eingezogen, darunter der von Orban. Er hatte einen Ort gesucht, an dem er zu jeder Tages- und Nachtzeit Lärm machen konnte.

Und Lärm machte er. Heute hörte ich seine Maschinen und das Hämmern schon in der Einfahrt des rissigen Asphaltparkplatzes, der um diese Zeit fast voll war, in der Nacht aber so leer sein würde wie die Wüste Gobi. Inzwischen hatte Orban hier am Ende von Pier 22 ein florierendes kleines Unternehmen: eine Kollektion von langen, niedrigen Gebäuden, voll mit Fräs-, Biege-, Niet- und weiß der Himmel was noch für Maschinen, die hauptsächlich von Schwarzen und Hispanics bedient wurden, während sich an Werkbänken im vordersten Teil des Komplexes lauter bärtige Weiße, die aussahen, als zögen sie am Wochenende mit der regierungsfeindlichen Miliz herum, an den verschiedensten Teilen von Schusswaffen zu schaffen machten – nachmaßen, feilten, polierten. Am anderen Ende, der Sicht entzogen, befanden sich der Raum mit den sandgefüllten Eimern, der als Schießstand diente, und das, was Orban seine Veranda nannte, eine übers Wasser hinausragende Metallplattform, auf der er ein paar Stühle stehen hatte, damit er hier sitzen und, wenn das Wetter es erlaubte, über die Bucht bis zum Newark Ferry Port blicken konnte.

Der Büchsenmacher selbst hatte einen kurzen, grauen Bart und dickes, graues Haar, das eine natürliche Mönchstonsur bildete. Wenn man ihn so sah, hätte man ihn für einen fitten Fünfundsechzigjährigen gehalten. Laut seiner eigenen Aussage trieb er sich aber schon etwa fünfhundert Jahre länger auf der Erde herum. Wegen irgendeines Vorfalls bei der Belagerung von Konstantinopel im 15. Jahrhundert hatte er es sich mit dem Himmel verdorben (jedenfalls erzählte er mir das eines Abends bei ein paar Gläsern gehaltvollen Rotweins, während wir darauf warteten, dass einer seiner Assistenten ein paar Sonderwünsche meinerseits umsetzte), und da ihn der Himmel nicht wieder aufnehmen würde, egal, was er tat, und er nicht in die Hölle wollte, hatte er einfach beschlossen, nicht zu sterben.

Fragen Sie mich gar nicht erst – ich gebe nur weiter, was er gesagt hat.

Orban saß mit dem Rücken zu mir, drehte sich aber bei meinem Eintreten um, als hätte er mich trotz des ganzen Dröhnens und Klirrens gehört. Er hatte irgendein spezielles Sehgerät auf, mit dem er aussah wie ein Roboterkrebs. Er schob es auf die Stirn hoch und erhob sich, was nicht lange dauerte, weil er nicht besonders groß war.

»Was wollen Sie, Dollar? Machen Sie's kurz – ich habe nämlich richtige Kundschaft zu versorgen.«

»Ja, Ihnen auch einen guten Tag. Ich brauche Hilfe und Rat. Ach ja, und Kugeln. Silberkugeln.« Ich erzählte ihm, was hinter mir her war und was ich darüber wusste, aber er schüttelte die ganze Zeit nur den Kopf, als redete ich Unsinn. »Was?«, fragte ich. »Nützt Silber gegen so einen nichts?«

»Nur spezielles Silber.«

»Wie – speziell? Von einem Priester gesegnet?«

Er machte ein Gesicht, als hätte er gerade in eine Zitrone gebissen. »Priester bringen nichts. Das Ding, das Sie jagt, ist älter als das Judentum, vom verflixten Christentum gar nicht zu reden. Kommen Sie.« Er führte mich durch den neonbeleuchteten langen Raum. Es gab keine Decke, nur den Dachstuhl; in Orbans Fabrik war es fast das ganze Jahr kalt. Vielleicht sah er ja deshalb noch so gut aus, dafür, dass er auf die sechshundert zuging. Er blieb kurz bei einem dunkelhäutigen Typen mit einer Schürze und einem Clipboard stehen und sagte etwas zu ihm, das ich nicht verstand. »Wie viele wollen Sie?«, fragte er mich dann. »Kommen auf zehn Dollar das Stück nur für das Silber – Silberpreis ist momentan hoch. Ich gebe Ihnen hundert à fünfzehn die ganze Patrone. Spezialanfertigung – ist ein guter Preis.«

Mann, dachte ich, mein Leben zu verteidigen, würde ganz schön teuer werden, und der Himmel zahlt uns nicht gerade viel. »Dann würde ich sagen, ich nehme hundert. Ich weiß ja nicht, wie lange die Sache noch geht.« Das würde einen ordentlichen Teil meiner Notfallfinanzen verschlingen, und ich war mir ziemlich sicher, dass meine Bosse mir keine Extraspesen für Motels und für Silber zum Töten von Monstern bewilligen würden.

Als Orban mit seinem Assistenten die technischen Details besprochen hatte, führte er mich auf seine rostige Veranda. Es war Nachmittag und das Wasser voller Arbeitsboote, vorwiegend kleinen, da wir uns ein ganzes Stück südlich des noch geschäftigen Hafens befanden und die Bay hier weitgehend flach war. »Setzen Sie sich«, sagte er und zeigte auf einen der wackligen Stühle. Dann nahm er eine Flasche Wein von der riesigen hölzernen Drahtspule, die ihm als Tisch diente. »Auch ein Glas Stierblut?«

Normalerweise trank ich das Zeug ja gern, aber nicht heute. Im Gegenteil, wenn ich nur an Alkohol dachte, drückte es schon schmerzhaft von hinten gegen meine Augäpfel. »Nein, danke, aber lassen Sie sich nicht abhalten.«

Er goss sich achselzuckend ein Wasserglas voll. »Sie sitzen also richtig ernsthaft in der Scheiße«, sagte er, nachdem er einen Schluck genommen hatte. »Nicht gut, dieser gehörnte Bursche. Ich kannte mal einen Mann in Adrianopel, der gesehen hatte, wie so einer einen unbotmäßigen Priester erwischte. Kein schöner Anblick. Der Mann, der es mit ansah, bekam über Nacht schlohweiße Haare.«

»Wissen Sie irgendwas über dieses Monstrum, das mir helfen könnte?«

Orban kämmte sich mit den Fingern durch den Bart. »Den Hörnern nach ist es aus Indien oder Mesopotamien – die liebten ihre Stiere und Büffel, diese Flussvölker, und das ist die Sorte dunkle Geister, die sie heraufbeschwören. Aber ich hab mal gehört, die Ägypter kannten diesen Ghallu auch und hielten ihn für ihren Gott Seth. Sie konnten ihn auch nicht töten.« Er runzelte die Stirn. »Um ehrlich zu sein, Dollar, ich habe überhaupt noch nie gehört, dass jemand einen getötet hat.«

»Danke. Das heitert mich richtig auf«, sagte ich. »Haben Sie mich nur hierhergeführt, um mir ein bisschen Mut zu machen, oder können Sie mir sonst noch irgendwie helfen? Sie sagten, man braucht spezielle Silberkugeln, um überhaupt eine Chance zu haben – speziell, aber nicht gesegnet. Inwiefern speziell?«

»Weiß ich nicht.« Er zuckte die Achseln und nahm einen großen Schluck Egri. »Ich weiß nur das, was ich aus den Handbüchern habe.« Ich sollte wohl erwähnen, dass die Handbücher, von denen Orban sprach, ziemlich obskur sind: Soweit ich weiß, finden sich Dinge wie die verwundbaren Stellen einer Chimäre oder die beste Munition gegen verschiedene Arten von Untoten nicht in normalen Smith & Wesson-Gebrauchsanweisungen. »Aber ich werde drüber nachdenken und Ihnen Bescheid sagen, wenn mir was eingefallen ist.«

»Super. Okay, noch so was Exotisches. Gibt es irgendwas, das man tun kann, wenn man einen Großfürsten der Hölle gegen sich hat?«

»Beten.« Er schnaubte. »Einen von denen kann man garantiert nicht töten – jedenfalls nicht mit einer Waffe, die *ich* gemacht habe. Den bringt man höchstens in Rage.« Orban trank ausgiebig von seinem Wein. »Wollen Sie auf Ihre Munition warten? Wird so ziemlich den ganzen Tag dauern.«

Enttäuscht stand ich auf. Ich hatte nicht wirklich damit gerechnet, dass Orban einen nützlichen Rat für mich hätte, aber gehofft hatte ich es doch. »Nein. Keine Zeit. Zu viele Eisen im

Feuer.« Ich besann mich darauf, wo ich war. »Nicht wörtlich natürlich. Ich meine, ich habe eine Menge zu tun.«

Er wischte sich mit dem Handrücken über den Mund und bedachte mich mit einem ungehaltenen Blick. »Ich verstehe Metaphern, Dollar.«

»Sorry.« Manchmal vergisst man leicht, dass auch die ganz Alten genauso viel von der Gegenwart erlebt haben wie man selbst, es ist nur ein kleinerer Teil ihrer Erfahrung. Ich schüttelte ihm die Hand, die ebenso rauh war wie seine Stimme. »Möchten Sie eine Anzahlung?«

Er verzog das Gesicht. »Normalerweise würde ich nein sagen. Sie sind ja ein guter Kunde. Aber jetzt, wo ein Ghallu hinter Ihnen her ist …?« Er nickte. »Yeah, geben Sie mir einen Scheck über die Hälfte, wenn wir drinnen sind.« Aber er hatte immer noch so einen komischen Gesichtsausdruck, und nach einigem Zögern sagte er: »Ich dachte, Sie wären raus aus diesem Geschäft. Dollar. Ist lange her, die Zeit. Ich dachte, Sie wären jetzt Anwalt – netter, sicherer Job. Warum ist so was hinter Ihnen her?«

»Jemand hat jemandem, der nicht nett ist, etwas gesagt, was nicht wahr ist. Das ist es im Grund schon.«

»Halten Sie die Augen offen, Dollar«, rief mir Orban hinterher, als ich ging. »Sie waren immer die Sorte dummer Hund, die Ärger anzieht.« Aber er sagte es nett.

Okay, okay, ich geb's zu, ich war nicht in allem total ehrlich. Ich habe nicht gelogen – ich bin schließlich ein Engel –, aber ich war, um es mit den berühmten Worten eines britischen Politikers zu sagen, ein bisschen sparsam mit der Wahrheit. Ja, ich hatte, bevor ich Anwalt wurde, einen anderen Job. In dem habe ich Sam kennengelernt. Und Orban. Und mein alter Mentor Leo? Den hatte ich auch dort. Aber um das zu erklären, muss ich ein bisschen ausholen.

Wie die meisten Engel (oder jedenfalls die meisten, mit denen ich gesprochen habe) erwachte ich im Licht der Himmlischen Stadt. In gewisser Weise wurde ich dort geboren, aber nicht als unbeleckter Säugling, sondern als etwas völlig anderes, als ein Engelwesen mit dem allgemeinen Wissen eines erwachsenen Menschen, aber nichts Spezifischem. Ich wollte, ich könnte Ihnen genauer sagen, was ich wusste und was nicht, doch diese Erinnerungen sind durch alles, was seither passiert ist, verwirrt und verwischt.

Im Lauf von ein paar Jahren – jedenfalls fühlte es sich so an – bekam ich zunehmend mit, was um mich herum im Himmel lief und was auf der Erde (obwohl ich da meine alte Heimat noch nicht wieder besucht hatte). Und irgendwie wusste ich immer noch, dass ich dort unten hingehörte oder mal dort hingehört hatte. Ja, wie so vieles, was mit dem Himmel zu tun hat, ist es schwer zu erklären. Und nach einer Weile wurde mir klar, dass etwas von mir erwartet wurde, dass ich nicht einfach nur hier war, um sorglos vor mich hin zu leben wie ein verwöhntes Kind, sondern die Pflicht hatte, den mir bestimmten Platz auf den Mauern des Himmels einzunehmen und diesen gegen die permanente Bedrohung durch die Gegenseite zu verteidigen. Der Höchste und sein Feind lagen seit Anbeginn der Zeit im Konflikt, seit kurz nach der Scheidung von Licht und Finsternis, und dass es inzwischen so eine Art Frieden gab, lag nur an den Abkommen, die ausgehandelt worden waren. Und die Erde war neutraler Boden, für beide Seiten offen – eine Grauzone, ähnlich wie Casablanca im Zweiten Weltkrieg. Doch die Erde war zugleich das Hauptschlachtfeld.

Und während ich im Himmel heranreifte und mir nach und nach meiner Pflicht bewusst wurde, wurde ich zugleich (auf höchst subtile Weise und von Autoritäten, denen ich nie begegnete) beobachtet und zu der Aufgabe hingeführt, für die man mich am geeignetsten hielt – der eines göttlichen Racheengels, sprich eines Mitglieds einer Counterstrike-Einheit. Schließlich wurde mir eröffnet, was der Höchste mit mir vorhatte, und man schickte mich auf die Erde, damit ich meine lange Ausbildung antreten konnte.

Anfang der Neunzigerjahre kehrte ich so vom Himmel auf die Erde zurück, falls ich, wie ich vermute, vor meinem Engeldasein dort gelebt hatte und insofern der Begriff »Rückkehr« zutrifft. Es war unglaublich seltsam, die Himmlische Stadt zu verlassen und einen Fleischeskörper zu bewohnen, mit feuernden Neuronen und pumpendem Herzen, einen Körper, so lebendig wie ein vitales Dorf. Auf der Erde schien alles um mich herum so *präsent*, alles, was ich sah und fühlte, so unmittelbar, dass es meine seltsam empfindlichen menschlichen Sinne regelrecht überwältigte. Sonnenauf- und -untergänge machten mich ganz schwach vor Freude, und die Sterne schienen plötzlich so fern und geheimnisvoll.

Meine erste Station in diesem neuen Leben war ein befestigtes Lager in der kalifornischen Wüste, nördlich von Barstow – Camp Zion. Also, es war ein interessanter Ort, aber die Geschichten darüber spare ich mir für ein andermal auf. Für den Moment nur so viel: Wenn irdische Sonnenuntergänge für mich schon schmerzhaft intensiv waren, dann war nach dem kühlen, tröstlichen Glanz des Himmels die hartgebackene, kackfarbene Weite der Mojave-Wüste auf eine ganz andere Art schwindelerregend.

Ab dem Moment, da ich Camp Zion betrat, lag meine Ausbildung in den Händen meines Gruppen-Sergeants (wie Sie ihn wahrscheinlich nennen würden; sein himmlischer Dienstgrad war *Lochagos*, was griechisch ist und den Anführer eines Trupps von Kriegern bezeichnet, also nannten wir ihn »Locho Leo«). Leo – oder jedenfalls sein Erdenkörper – war Afroamerikaner, mit einem ruhigen, wissenden Blick, der jeden von uns ins Stammeln bringen konnte. Er war ein geschmeidiger Tänzer, aber gleichzeitig stark genug, um mit der bloßen Hand Steinbrocken zu zerquetschen, die die meisten von uns nicht mal heben konnten. Mit »uns« meine ich uns neue Rekruten, ein halbes Dutzend an der Zahl. (Sam, der später dann mein Freund wurde, war einer der Altgedienten.) Wir gehörten jetzt zur Counterstrike-Einheit *Lyra*, benannt nach dem Sternbild, und hießen informell die Harfenmänner.

Verstehen Sie's recht, die anderen Rekruten und ich wurden nicht einfach nur geschliffen wie alle Soldaten, auf Hindernisparcours und an der Waffe, das machte nur einen kleinen Teil unserer Ausbildung aus. Wir waren schließlich Racheengel: Wir studierten vor allem die Gegenseite – ihre Gewohnheiten, Stärken und Schwächen, wie sie Unschuldigen auf der Erde nachstellte und was wir dagegen tun konnten. Wobei die Antwort auf Letzteres hieß: nicht viel, jedenfalls nicht offen. Wie gesagt, die Erde ist ein komplizierter Ort für die Kräfte des Himmels und der Hölle, und die offizielle Neutralität darf auf keinen Fall verletzt werden, auch wenn wir in Wirklichkeit alle wissen, dass das reines Theater ist.

Um es kurz zu machen, ich machte meine Ausbildung in einem Trupp von fünfundzwanzig Engeln, zwei Dutzend Männern und Frauen und unserem Anführer. Locho Leo hatte zwei Korporäle unter sich. Sam – oder Sammariel, wie wir ihn damals nannten – war einer davon. Vor ihm hatten wir einen Mordsschiss. Er hatte immer schon diese bulligen Erdenkörper, wie Jack Dempsey oder sonst einer dieser alten Boxer, mit Riesenoberarmen und einem Riesenbrustkasten. Er sprach langsam und dachte schnell und konnte einen mit ein paar wohlgesetzten Worten dazu bringen, sich vor Scham zu winden. Später stellte ich fest, dass er einen genauso leicht zum Lachen bringen konnte. Und ebenfalls erst später fand ich heraus, dass er schon damals, als ich ihn kennenlernte, seine Berufswahl in Frage stellte und (was damit durchaus zusammenhängen mochte) eifrig dabei war, seinen Erdenkörper zu Tode zu saufen.

Nach etwa eineinhalb Jahren waren wir mit der Ausbildung fertig und der reguläre Job begann: Gegenschlag, was hieß, wir gingen in Situationen hinein, die für uns schiefgelaufen waren, und versuchten sie wieder zu begradigen und gleichzeitig der Gegenseite unauffällig die deutliche Botschaft zu übermitteln, dass so etwas nicht geduldet wurde. Ich habe keine Ahnung, wie das in anderen Counterstrike-Einheiten lief, aber *Lyra* operierte ausschließlich reaktiv.

Knapp acht Jahre, Erdenzeit, war ich Racheengel. Ich will darauf nicht genauer eingehen, deshalb nur so viel: Manches daran war toll, vieles beängstigend, eine ganze Menge widerwärtig und fast alles gefährlich. Unser Haupteinsatzgebiet war, wie mein jetziges Anwaltsrevier, San Judas, obwohl sich unsere Aktivitäten zuweilen bis an die Pazifikküste jenseits der Berge oder auch mal bis in andere Teile Nordkaliforniens ausdehnten – schließlich ist die Rache des Herrn grenzenlos, was bedeuten da also ein, zwei County-Grenzen? Das war so ein Spruch von Leo. Und ein anderer war: »Dümmer als Engel sind nur noch die Trottel, die glauben, man könnte ihnen Disziplin beibringen.« Er war ein prima Kerl, wenn er einen nicht gerade dazu brachte, wegen irgendwas Blödem, das man gemacht hatte, im Boden versinken zu wollen. Ich wollte, ich wüsste, ob noch irgendwas von ihm da ist, seelenmäßig. Wäre ein schöner Gedanke, dass wir uns irgendwann in einem höheren Himmel wiedertreffen.

Wie es kam, dass ich die Harfenmänner verließ – tja, das kann ich nicht genau sagen. Weil ich es nämlich nicht weiß. Eines Tages wachte ich in einem Lazarett auf. Das Letzte, woran ich mich erinnerte, war, dass wir es auf eine besonders üble Gang von Drogendealern abgesehen hatten, die Leo zufolge von der Gegenseite unterstützt wurde und große Teile von Belle Haven und Ravenswood beherrschte. Laut Sam, der bei mir war, als ich erwachte, war es ein Hinterhalt, und zwei von den Männern, mit denen ich reingeraten war, wurden auf der Stelle von Ku-

geln durchsiebt, mich aber nahmen die Gangster, um mich aus-
zuhorchen, mit in ihr Hauptquartier in einem Lagerhaus. Als
Sam, Leo und die anderen mich fanden, war ich schon rund drei
Tage in der Gewalt dieser Kerle, und der Körper, den ich trug,
war extrem tot. Sie schafften es, mich zur Basis zurückzubringen und in einen anderen Körper umzusiedeln, aber ich brauchte
noch lange, bis ich wieder richtig zurechtkam, weil meine Kontrolle über das Nervensystem durch das, was diese Gangster mit
mir gemacht hatten, um mich zum Sprechen zu bringen, erheblich beeinträchtigt war. Jetzt verstehen Sie wohl, warum mich
der Gedanke an Grasswax' letzte Stunden alles andere als kalt
ließ.

Jedenfalls, danach befanden meine Vorgesetzten, dass ich für
die Harfenmänner nicht mehr tauglich war, und obwohl ich
flehte und bettelte, in einer anderen Funktion dortbleiben zu
dürfen, boten sie mir eine Rückversetzung in die Himmlische
Stadt zwecks Genesung und Umschulung an. Aber ich wollte
nicht zurück. Mir gefiel es auf der Erde. Ich kann das immer
noch nicht genau erklären, aber irgendwie fühlte ich mich dort
auf eine Art wohl, wie es im Himmel nicht der Fall gewesen war.
Also erkundigte ich mich nach Jobs in San Judas und erfuhr,
dass dort noch Anwaltsengel gesucht wurden.

Leo sah ich in San Judas ein paarmal wieder – er kam ins
Compasses, und wir hatten einen lustigen Abend, aber er konnte
mir natürlich nicht mehr erzählen, was er machte, weil ich keine
Sicherheitsfreigabe mehr hatte. Sam und ich blieben aber in
Kontakt, wenn wir auch noch nicht so eng befreundet waren
wie später. Dann starb Leo.

Ich kenne die Details nicht so genau, und ich denke immer
noch nicht gern darüber nach. Das Schockierende war, wie ich
wohl schon erwähnte, nicht sein Tod als solcher – Leo hatte ja
einen gefährlichen Job –, sondern die Tatsache, dass er nicht
wiedererweckt werden konnte und dass einige Leute meinten,

der Grund sei, dass er sich droben Feinde gemacht habe. Was niemand glauben wollte, weil … na ja, was hieß das für uns übrige?

Nicht allzu lange nach Leos Tod verließ Sam die Harfenmänner und kam auch zu den Anwaltsengeln. Er erklärte mir, er habe schon lange mit dem Gedanken gespielt, der letzte Anstoß aber sei es gewesen, dass Leo nicht mehr da war. Er sagte eine ganze Menge über seine Gründe, ohne jedoch konkret zu werden. Ich erfuhr nur, dass einige Jobs, die er gemacht hatte, richtig, richtig übel gewesen seien, schlimmer als alles, was ich je miterlebt hätte.

Okay, jetzt kennen Sie die Antwort auf einige Fragen, die Sie sich gestellt haben dürften. Warum ich schon vorher im Polizeigewahrsam gewesen war (und nicht nur einmal). Woher ich Orban kenne. Wie ich an einige meiner dubioseren Freunde gekommen bin. Und warum ich in diesem Moment nichts dringender wollte, als diesem ganzen Schlamassel, in dem ich steckte, so schnell und schmerzlos wie irgend möglich zu entrinnen.

Als das Handy klingelte, war ich gerade auf dem Weg zum Camino Real, um mir ein neues Motel zu suchen – die Leute beachten einen weniger, wenn man tagsüber eincheckt –, und dachte darüber nach, dass die Karnevalsdekoration sich über Downtown hinaus auf die ganze Stadt ausgebreitet zu haben schien. Ich beäugte das Handy. Es war keine Nummer, die ich kannte.

»Ja«, sagte ich.

»Geilomat! Super, dass ich Sie erreiche, Mr. Bobby! Und noch dazu lebendig!« Es war Foxy, der Albino-Drehwurm.

»Woher zum Teufel haben Sie diese Nummer?«

Er kicherte nur. »Egal jetzt, Dollar-Man! Sie wollten ein Meeting? Sie wollten die große Auktion? Preis ist heiß? Mit Studiopublikum? Haben Sie!«

»Soll das heißen, es ist arrangiert?«

»Morgen Nacht. Mitternacht.« Er summte einen Songfetzen vor sich hin, den ich aber nicht identifizieren konnte. »Da spielt die Musik, Mr. Bobby!«

»Wo?«

»Weiß noch nicht. Aber versprochen, ich ruf an, sobald ich's weiß.«

»Sie haben denen doch nicht gesagt, ich würde es mitbringen … das Ding, für das sie sich interessieren? Weil das nämlich nicht läuft. Ich will einen Preis vereinbaren, *dann* arrangiere ich die Übergabe.«

»Keine Sorge, Dollar-Bob, keine Sorge. Läuft alles ganz nach Ihren Detektiven.«

Ehe ich ihn fragen konnte, ob er »Direktiven« meinte, war er weg. Also hatte ich jetzt zu dem ganzen übrigen Scheiß noch gerade mal vierundzwanzig Stunden, um mir zu überlegen, wie ich vor einer Horde von (bestenfalls) Kriminellen etwas versteigern sollte, das ich nie gesehen hatte und noch nicht mal benennen konnte.

Wir hier in San Judas verstehen uns zu amüsieren.

18

GIFTPFEILE UND FIDSCHI-
MEERJUNGFRAUEN

Bei Nacht war mir die Stadt immer schon am liebsten. Ich glaube, dass San Judas, ja jede Stadt, den Leuten gehört, die dort schlafen. Oder vielleicht auch nicht schlafen – manche schlafen ja nicht –, aber dort *leben*. Alle anderen sind nur Touristen.

Venedig zum Beispiel zieht pro Tag zigtausend Besucher an und während des dortigen Karnevals sogar eine Million, aber echte Einwohner gibt es nur knapp dreihunderttausend. Nachts sieht man jede Menge leere Straßen und Kanäle, vor allem abseits der Hauptverkehrsadern, und wenn zum Winter die Touristensaison endet, haben die Venezianer die Stadt praktisch für sich allein.

Jude hat Charakter, da sind sich alle einig. Und es hat auch das, was ich an einer Stadt besonders mag: etwas, das man nicht in Besitz nehmen kann. Doch wenn man die Stadt respektvoll behandelt, lässt sie einen irgendwann von selbst ein und macht einen zu einem echten Einheimischen. Aber wie gesagt, man muss dort leben. Wer nie da war, wenn die Lokale schon geschlossen haben oder die Frühaufsteher den nächsten Tag beginnen und die Coffee-Shops und Zeitungskioske ihre Gitter hochziehen, der kennt so eine Stadt doch nicht wirklich, oder?

Jedenfalls liebe ich die Stadt bei Nacht, aber leider konnte ich diese Seite von Jude derzeit nicht genießen, weil mir so viele verschiedene Leute und Kreaturen, die ihrerseits das Dunkel liebten, an den Kragen wollten.

Trotzdem fühlte ich mich jetzt ein klein wenig besser. Ich war am Abend noch mal bei Orban gewesen und besaß jetzt einhundert Schuss erstklassige .38er Silbermunition, dreißig davon hatte ich bereits in Schnelllader gesteckt, weshalb meine Taschen ganz schön schwer waren. Orban hatte mir auch ein Auto geliehen, eins von denen, die er immer auf dem Gelände stehen hatte, und mein Matador parkte jetzt versteckt hinter den Piergebäuden, wo Orban seine größeren Projekte unter Planen lagerte. (Er stand, genau gesagt, neben einem M41 Walker Bulldog, und ich hatte mich gefragt, ob der Panzer für einen hiesigen Kunden war.) Daher fuhr ich jetzt einen mächtigen, zwanzig Jahre alten Pontiac Bonneville, der fast fertig gepanzert war. Wer zum Teufel ließ sich so ein altes Schlachtschiff panzern? Ich konnte es mir nur damit erklären, dass der Besitzer in diesem Wagen seine Jungfräulichkeit verloren hatte. Jedenfalls, das Ding zu fahren, war, wie einen Ozeanriesen durch eine enge Wasserrinne zu steuern, aber wenigstens war es stabil – und, oh, ich fühlte mich *so* viel unauffälliger. Ich liebe meine Karre, aber sie ist nur eine Spur dezenter als das Batmobil.

Bevor ich noch mal zu Orban gefahren war, hatte ich in meinem Motel-du-Jour eingecheckt und ein Schläfchen gemacht, was ein bisschen gegen den Kater geholfen hatte. Ich hatte auch zu Abend gegessen und den einen oder anderen Kaffee getrunken, und jetzt fuhr ich einfach durch die Gegend. Das hilft mir, einen klaren Kopf zu bekommen, bringt mein Denkvermögen auf Trab, vor allem, wenn ich die Fenster runterkurble und mich ein bisschen vom Wind zausen lasse. An diesem Abend brauchte ich definitiv Sauerstoff, also nahm ich den Woodside Highway in die Hügel hinauf und kutschierte auf dem Skyline südwärts, wobei ich immer wieder durch die Lücken zwischen den Bäumen blickte, um den am Boden verstreuten Sternenhaufen zu sehen, die nächtliche Stadt.

Ich weiß, aus dem Mund eines Engels muss das besonders bizarr klingen, aber San Judas hatte für mich immer etwas fast schon Mystisches. Es ist in vielerlei Hinsicht eine seltsame Stadt, nicht so kosmopolitisch wie San Francisco oder so funky-ethno wie Oakland, sondern geprägt von seiner langen Geschichte von Wirtschaftsblasen und -zusammenbrüchen. Trotz der Stanford-Universität gilt es nicht wirklich als Weltklassestadt, aber es hat etwas, das mir irgendwie unter die Haut geht. Ich mag den Geruch der Bay, ich mag die Hügel bei Nacht, ich mag die alten Downtown-Gebäude in ihrer inzwischen etwas verschämten Golden-Age-Opulenz, ich mag die Gässchen und versteckten Innenhöfe und weißgetünchten Kirchen von Alt-Spanishtown. Ich mag die Bars am Wasser und die Geschichten, die man dort hört. Jude ist wie eins dieser Lieblingsbücher, in denen man jedes Mal, wenn man sie aufschlägt, etwas Neues entdeckt.

Im Radio kriegt man auf dem Skyline nicht viel, außer man hat Satellitenempfang. Der Pontiac war noch nicht fertig umgebaut, deshalb hatte er ansonsten nur einen Kassettenrecorder (man höre und staune). Aber ich wollte unbedingt Musik hören, also hielt ich in einer Aussichtsbucht und kramte in der Box mit Uralt-Kassetten im Fußraum der Beifahrerseite, bis ich eine mit gregorianischen Gesängen fand, die allemal eine bessere Nachdenkmusik abgaben als die Alternativen (Sachen wie Loggins and Messina oder Chicago VI). Die Kassette funktionierte noch, was mich verblüffte – sie musste schon Jahrzehnte im Wagen liegen. Ich fragte mich, ob jemand Mitte der Siebzigerjahre in diesem Schlitten gestorben war und einfach mumifiziert hier drinnen gelegen hatte, samt seinen blöden Kassetten, bis Orban ans Werk gegangen war.

Von melodisch klagenden Mönchen begleitet, erreichte ich Santa Cruz, kehrte im Nebel, der vom Pazifik hereindriftete, um und wartete immer noch, dass sich alles zusammenfügte und mir seine verborgene Struktur offenbarte oder das Universum mir wenigstens einen Tipp gab, was ich als Nächstes tun sollte. Aber das Universum hielt die Klappe. Zurück nahm ich die langsame Strecke über den Highway 9, und als ich schließlich wieder am oberen Ende des Woodside Highways ankam, war ich so damit beschäftigt, irgendeine sinnvolle Anordnung der Puzzleteile zu finden, dass ich, als mein Handy klingelte, vor Schreck mit der Riesenkiste fast von der Straße abkam. Ich hoffte, dass es kein Klient war, und diesmal hatte ich Glück: Es war Fatback, was hieß, dass es schon nach Mitternacht sein musste. Ich war verblüfft, wie schnell die Zeit vergangen war.

»Mr. D, sind Sie's?«

»Ich bin hier, George.« Ich fuhr jetzt bergab. »Gar nicht so weit von Ihnen sogar.«

»Möchten Sie vorbeikommen? Ich glaube, Javier hat ein paar Bier in den Kühlschrank getan.«

Ich hatte schön heiß geduscht, ehe ich losgefahren war, und die Vorstellung, meine Klamotten mit diesem Geruch zu durchtränken, reizte mich nicht sonderlich. Außerdem musste ich immer noch nachdenken. »Ich muss zu einem Klienten, George – sorry. Wir sehen uns demnächst mal.«

»Yeah.« Er klang traurig. »Es ist immer nett, Besuch zu haben.« Er hatte seinen Ton offenbar selbst bemerkt, denn er wurde schlagartig geschäftsmäßig. »Hey, D, ich muss sagen, Sie decken mich wirklich mit Arbeit ein. Dieser Walker, Grasswax, Habari, was noch? Ach ja, Ihr Ghallu-Etwas, Ihre Magianische Gesellschaft und jetzt noch all diese anderen Leute?«

»Tja, wenn Sie tagsüber jemanden hätten, der für Sie arbeitet, würde nicht dieser ganze Kram auf Sie warten, sobald Sie aus Schweineland zurückkommen.« Ich wünschte sofort, ich hätte es nicht gesagt – es klang gemein –, aber wenn es George etwas ausmachte, ließ er es sich nicht anmerken.

»Ja, klar, Bobby, als ob ich von dem bisschen Geld, das *Sie* mir zahlen, jemanden Vollzeit anstellen könnte. Das ist das erste Mal seit einigen Monaten, dass Sie mir Arbeit geben. Und nur, weil jemand Sie umbringen will, soll plötzlich alles hopplahopp gehen.«

»Sehr witzig. Hören Sie, diese neuen Leute sind alle …« Ich unterbrach mich. »Ich weiß nicht mehr, George, habe ich Ihnen erzählt, was inzwischen los ist?«

»Was, dass noch mehr Seelen verschwunden sind? Yeah, richtig unheimlich. Und das sind die?«

»Es sind *einige* davon«, sagte ich. Monica hatte mir eine Liste mit insgesamt fünf Namen geschickt. »Nur die von hier.«

»Wow.« Er schien aufrichtig beeindruckt. »Dann passiert es auch anderswo?«

»Soweit ich weiß ja. Aber sie halten offenbar den Deckel drauf. Wenn nicht mal Sie was darüber wissen, müssen ja beide Seiten eine komplette Vertuschungspolitik betreiben.«

»Hab schon jede Menge Gerüchte gehört, aber die Psyops-Jungs auf beiden Seiten sind schlau, Bobby. Sie versuchen nicht einfach, so was zu leugnen oder zu entkräften, sondern streuen einfach noch mehr Gerüchte, immer mehr und noch mehr, bis das ursprüngliche Signal im Rauschen untergeht.«

»Okay, ich brauche alles über diese Leute, was ich kriegen kann.« Ich war zu dem Schluss gekommen, dass es nützlich sein könnte, in Erfahrung zu bringen, was Edward Walker, wenn überhaupt, mit diesen anderen Fällen gemeinsam hatte. »Und haben Sie noch irgendwas über die Magianer herausgefunden oder über diesen, wie hieß er noch mal, Kephas?«

»Nichts, was Sie nicht auch selbst hätten finden können, außer dass ich doch noch ein paar obskure Äußerungen über die Magianische Gesellschaft ausgegraben habe, hauptsächlich auf diversen religiösen Diskussionswebsites. Es scheint sich um irgendeine karitative Organisation oder so was zu handeln, und sie haben Verbindung zu ein paar anderen Gruppen, einer in Berlin, die sich *Der Dritte Weg* nennt, und einem *Shaw Philosophical Trust* in London und Dublin. Aber welcher Art diese Verbindungen sind und was diese Organisationen konkret *tun* – das ist viel schwerer herauszufinden.«

Ich seufzte beim Gedanken, dass ich diesen Habari und seine Klapperkiste voller hastig verladener Magianer-Memorabilien vor der Nase gehabt hatte.

»Okay, danke. Geben Sie mir Bescheid, wenn Sie noch was finden.«

»Klar. Ach ja, und auf der Straße erzählt man sich, dass Ihr Freund Grasswax nicht nur ein Glücksspielproblem hatte, sondern richtig tief in der Tinte saß.«

»Warum bezeichnen alle dieses unselige tote Dämonenschwein als meinen Freund? Na, egal, erzählen Sie.«

»Also, Sie wissen ja, Ihr anderer Freund …« Er hatte den Anstand, sich zu unterbrechen und noch mal neu anzusetzen. »Also, dieser Eligor, der momentan nicht so gut auf Sie zu sprechen ist? Sie wissen ja, dass er ein hoher Macker der Hölle ist? Okay, der Typ, bei dem Grasswax Spielschulden hatte? Der steht auf der Leiter noch über Eligor.«

»Was?«

»Das kriegt man so hier und da mit. Sitri heißt er. Prinz Sitri. Ein Prinz der Hölle. Offenbar ist auch er ein Spieler, aber er verliert nicht besonders oft, und er mag es nicht, wenn Leute ihre Schulden nicht bezahlen.«

»Sitri?« Ich kannte den Namen natürlich, aber viel sagte er mir nicht. Ein Oberbonze, okay. Mir schwirrte der Kopf. Hieß das, dass jemand, der in der Höllenhierarchie noch über Eligor stand, ebenfalls meinen Kopf wollte? »Kann nicht behaupten, dass ich viel über ihn weiß. Was bedeutet überhaupt ›Prinz‹ und ›Großfürst‹ dort unten?«, fragte ich.

»Macht vor allem«, erklärte Fatback. »Wie viel von der Hölle ihnen gehört. Und sie hassen sich alle gegenseitig.« Er gluckste. »Sonst hätten sie euch schon lange geschlagen.«

»Wahrscheinlich. Grasswax selig stand also bei diesem Prinzen in der Kreide? Womit? Geld? Seelen?«

»Weiß ich nicht, Mr. D. Aber laut dem großen Buch ist Sitri nicht die Sorte Dämon, die man allzu lange auf ihren Gewinn warten lassen sollte, egal, worin der besteht. Totenfresser, Satans garstiger Jäger, Geißel der verirrten Seelen et cetera.«

»Ja, wie gesagt, den Namen habe ich schon gehört. Aber viel mehr weiß ich nicht über ihn, also beschaffen Sie mir alles, was irgendwie brauchbar aussieht, okay? Mann, dieser Pfuhl wird ja immer tiefer.«

Ich wollte gerade auflegen, als er sagte: »Halt, warten Sie, Bobby. Noch etwas.«

»Ja?«

»Dieses Ding, das Sie angeblich haben? Das, das Eligor gestohlen wurde? Also, ich bin da zufällig auf zwei Personen gestoßen, die darüber geredet haben. Üble, gruselige Leute auf einem privaten Kanal in einem geschlossenen Netzwerk, über das Sie gar nichts wissen wollen, aber sie sind echt, Bobby, glauben Sie mir. Also, benannt haben sie's nicht, aber einer hat es ›das kleine Souvenir des Reiters‹ genannt, und der andere hat gesagt: ›… es ist ja keine gewöhnliche – es ist eine aus Gold.‹ Aber sonst habe ich nirgends auch nur jemanden drüber flüstern hören, und diese Äußerungen erfolgten zwischen zwei Parteien, die glaubten, es sei eine abhörsichere Kommunikation.«

»Moment, lassen Sie mich rekapitulieren. Der eine hat gesagt, ›Keine gewöhnliche, sondern eine aus Gold‹?«

»Genau.«

»Okay. Ich werde darüber nachdenken.« Aber es stimmte mich nicht gerade zuversichtlicher, was die vorgebliche Auktion in vierundzwanzig Stunden anging. »Noch mal danke. Passen Sie auf sich auf.«

»Ach, Sie kennen mich ja. Glücklich wie ein Schwein in … Sie wissen schon.«

»Im Moment waten wir beide in der gleichen Pampe, George, alter Junge. Freut mich, dass wenigstens einer von uns seinen Spaß daran hat.«

Am nächsten Vormittag hatte ich zwei Klienten direkt nacheinander, und nichts deutete darauf hin, dass der Himmel mich nach meiner patzigen kleinen Botschaft irgendwie anders behandelte als vorher. Was aus meiner Sicht nur zeigte, wie wenig Bedeutung mir in den himmlischen Hallen beigemessen wurde. Das Business-as-usual war für mich vermutlich ein Segen, da es mich von den Gedanken an die kommende Nacht und das fröhliche Auktionstreiben ablenkte. Ich hatte immer noch keine Ahnung, was ich tun würde und wie ich es tun würde, und allmählich fragte ich mich, ob ich mich von den Sollyhull-Schwestern zu etwas hatte bequatschen lassen, das ich schmerzlich bereuen würde. Aber ich hatte es langsam satt, jede Nacht in einem anderen Zimmer zu schlafen. Und ich hatte es noch satter, mich dauernd nach dem Ghallu umzuschauen, der jetzt schon so lange Ruhe gab, dass ich mich fragte, ob der Anschlag vor allem einen psychologischen Zweck erfüllen sollte. Wollte Eligor mich in Panik versetzen, damit ich verriet, wo sein »Souvenir« versteckt war? Viel Glück, ich wusste es ja selbst nicht.

Sam traf sich zu einem sehr späten Lunch mit mir. Er ließ gerade Clarence zum ersten Mal einen Fall allein bestreiten.

»Ich wollte nicht wie ein Wachhund danebenstehen, B. Ich habe ihn schon beim letzten Klienten die Fürsprache machen lassen, und der Junge hat sich ziemlich gut geschlagen. Dieser Fall jetzt dürfte wirklich ein Kinderspiel sein – eine absolut klare Sache, ein Hilfsgeistlicher, und der Schutzengel hat gesagt, er war wirklich das, was auf dem Etikett steht, ein rundum guter Mensch.«

»Wen hat die Gegenseite geschickt?«

»Diesen spillerigen kleinen Typen, wie heißt er noch mal ... Beetlespew?«

»Der, der aussieht wie eine Mücke, als Dämon verkleidet?«

»Genau.«

Als wir fertig gegessen hatten und Sam die Rechnung orderte, klingelte mein Handy.

»Mr. Dollar? Mr. Robert?«

»Ja, ich bin dran, Fox.« Ich hatte vergessen, Fatback zu fragen, ob er irgendwas über meinen neuen Albinofreund gefunden hatte; ich nahm mir fest vor, noch mal das Material durchzugehen, das er mir in den letzten Tagen geschickt hatte. Beim ersten Durchgang lese ich immer nur flüchtig, nehme nur das wahr, was einem ins Gesicht springt. Ich war mir eine gründlichere Lektüre schuldig. »Steht unsere Verabredung noch? Können Sie mir jetzt den Ort nennen?«

»Oh, aber klaro! Sie steht noch ganz und gar und durch und durch. Kennen Sie die Insulanerhalle, Dollar Bob? King Street, Nähe Jefferson?«

»Die ist doch seit Jahren geschlossen.«

»Gerade deshalb der perfekte Ort für ein Mitternachtstreffen, finden Sie nicht?« Er kicherte auf eine höchst irritierende Art. Ich sah förmlich die kleine Merengue, die er in diesem Moment tanzen musste. »Dann stört uns keiner! Wir treffen uns ein paar Minuten vorher dort, dann führe ich Sie zur vereinbarten Stelle.« Und weg war er.

»Falle«, sagte Sam, als ich ihm erzählte, was ich vorhatte. »Ist ja wohl ziemlich offensichtlich. Dir ist doch klar, dass du da nicht allein hingehst. So dumm bist nicht mal du.«

»Ist das ein Angebot?«

»Jemand muss ja dafür sorgen, dass du nicht kaltgemacht wirst, Alter. Ich kenne die Halle. Wir treffen uns um Viertel vor, bei dem Papagei vor dem Eingang.« Er schwang seinen mächtigen Körper aus der Sitznische. »Und ich werde bewaffnet sein. Schlage vor, du auch.«

Ich war zutiefst dankbar, dass Sam mich begleiten würde, aber sagen würde ich ihm das nicht – schlecht für seine Demut. »Ich werde versuchen, dran zu denken, Sammy-Boy, aber ich dachte, ich sammle einfach einen Stock oder ein paar Steine auf, wenn ich dort bin.«

Er schob mir die Rechnung hin, die die Bedienung gerade im Vorbeigehen auf unseren Tisch hatte fallen lassen. »Zahl du lieber. Ein nächstes Mal kommst du wahrscheinlich nicht mehr dazu.«

Der Rest des Tages ging ziemlich schnell vorbei. Ich hatte noch einen Klienten, eine Sache, die ich ohne eigenes Verschulden verlor. Der Mann war ein absoluter Scheißkerl, ein unverbesserlicher Trinker und prügelnder Ehemann, der durch einen Sturz von seinem Dach zu Tode gekommen war, nachdem seine Frau ihn ausgesperrt hatte. (Er hatte durchs Dachfenster einsteigen wollen, um ihr »eine Lektion zu erteilen«.) Ihn zur Hölle fahren zu sehen, machte mir längst nicht so viel aus wie bei Brady dem Supersportler, warf aber doch wieder mal die Frage auf, wer sich das Ganze eigentlich ausgedacht hatte. Okay, für Leute wie diesen Kerl war die Hölle ja da – aber für immer und ewig? Mussten diese Leute wirklich *die Ewigkeit* damit zubringen, schreiend und um sich schlagend in flüssiger Lava und lodernden Fäkalien zu brutzeln? Ich war mir ziemlich sicher, dass nicht mal der gewalttätige Säufer verdient hatte, länger zu brennen als die Sterne.

Ich meine, das ist wirklich sehr lange.

Am Abend verließ ich das Motelzimmer, das ich gerade hatte, um ein spätes Abendessen zu mir zu nehmen. Nach einem ausgedehnten Mahl und einem Kaffee fuhr ich zum Ort des gnadenlos näher rückenden Geschehens, wobei ich mich fühlte, wie man sich eben fühlt, wenn man einen extrem angespannten menschlichen Körper trägt. Vielleicht hätte ich das mit der Auktion gründlicher planen sollen, aber ich hatte bisher überlebt, indem ich mich auf meine Instinkte verlassen hatte, und hatte schließlich nicht über Nacht ein anderer Mensch werden können, und außerdem hielt ich die Fäden sowieso nicht in der Hand. Ich hatte ja klargestellt, dass ich das fragliche Ding nicht mitbringen würde, also war wohl nicht damit zu rechnen, dass mich jemand ausrauben wollte. Ich würde bestimmt nichts Dummes sagen, das die ganze Sache platzen ließ, und Sam auch nicht. Ansonsten musste ich eben schauen, was passierte, genau aufpassen, wer aufkreuzte und was gesprochen wurde.

Ich parkte an der King, Ecke Jefferson, etwa einen Block von der Insulanerhalle, und beobachtete ein Weilchen die Straße: Leute, die von Abendunternehmungen zurückkamen oder vor dem Schlafengehen noch ihren Hund Gassi führten. Vor Jahren war das hier praktisch eine reine Wohngegend gewesen, mit Backsteingebäuden aus dem ausgehenden neunzehnten Jahrhundert, die in Apartmenthäuser umgewandelt worden waren. Inzwischen gab es aber auch Geschäfte, Cafés an mehreren Ecken und sogar eine Bar, doch jetzt um halb zwölf waren die Bürgersteige so gut wie leergefegt. Ich ließ Orbans Kampfwagen unabgeschlossen, da mir das Risiko, bestohlen zu werden, kleiner erschien als die Wahrscheinlichkeit, dass ich schnell von hier abhauen musste, und ging auf den schwarzen Schemen der Insulanerhalle zu.

Der Unabhängige Orden der Insulaner war eine Bruderschaft, ähnlich wie die Freimaurer oder die Elks. Er hatte von Anfang bis Mitte des vorigen Jahrhunderts regen Zulauf, starb dann aber quasi aus, sodass die Halle vor etwa zehn Jahren geschlossen wurde. Sie steht aber noch und wird gelegentlich für irgendwelche Veranstaltungen vermietet, allerdings in der Regel nicht für solche, die erst um Mitternacht beginnen. Das Grundstück ist fast ganz von einem Eisenzaun umgeben, der die Leute vom Gebäude fernhalten soll, doch zur Straße hin gibt es einen zugänglichen Vorplatz mit Bänken und Hecken und einem längst trockenen Benny-Bufano-Brunnen in Gestalt eines gedrungenen Papageis. Dort, dachte ich, würde ich Sam treffen, da es jetzt etwa Viertel vor war, aber er war nicht da.

Ich wartete fast eine Viertelstunde und checkte in Abständen mein Handy – keine Nachricht. Ich wollte gerade zur Straßenlaterne wandern, um zu schauen, ob er kam, als plötzlich das Tor hinter mir quietschend aufging und mein bleicher Freund Foxy herausflatterte wie eine Bollywoodtänzerin. Das Verrückte war, dass das Tor mit einer Kette gesichert gewesen war und ich nicht das leiseste Klirren gehört hatte.

»Superpünktlich, D-Man! Oberkorrekt! Kommen Sie rein – da warten schon viele Interessenten!«

Das gefiel mir nicht. »Wie viele? Und wie sind sie reingekommen? Ich stehe doch schon die ganze Zeit hier.«

»Dollar Bob, Sie glauben doch nicht, der schlaue Foxy würde einen Bau mit nur einem Eingang aussuchen?« Er lachte und vollführte einen kleinen Shuffle, führte mich dann durchs Tor, die Eingangstreppe hinauf und ins Gebäude.

Die Insulanerhalle ist ein ganz schön gruseliger Ort, vor allem bei Nacht. Die Bruderschaft hatte es mit der Südsee, und die Erdgeschosslobby brachte das reichlich zum Ausdruck: Wandbehänge aus Rindenbast, aus dem Schatten hervorgrinsende Masken (nicht unähnlich gewissen mir bekannten Höllenanklägern) und andere exotische Ausstellungsstücke wie etwa Bündel von Giftpfeilen, Federkostüme, Schrumpfköpfe und sogar eine Fidschi-Meerjungfrau in einer Glasvitrine. Fidschi-Meerjungfrauen waren ein beliebtes Seemannssouvenir, gewöhnlich ein mumifizierter Affenoberkörper, auf den Hinterleib eines Fischs genäht, aber das Gesicht der Meerjungfrau in der Insulanerhalle sah eher nach einem mumifizierten Kind aus. Ich betrachtete es allerdings nicht lange. Die milchigen Augen waren mir, ehrlich gesagt, unheimlich.

Am hinteren Ende der Lobby, unter einem ausgewachsenen hawaiianischen Kriegskanu, das, besetzt mit einer Paddlergruppe aus uralten Schaufensterpuppen in Krieger-Federschmuck, an Ketten von der Decke hing, befand sich die Tür zur Haupthalle. Ich folgte Foxy hindurch, als wäre er ein Irrlicht. Als wir den großen, schattendunklen Raum betraten, sahen mich alle an, es waren vielleicht zwei Dutzend Gestalten, die überwiegend schweigend dastanden. Da viele der Anwesenden dunkle Kleidung trugen, war mein erster Eindruck der eines Meers von körperlosen Gesichtern. Ein paar, aber nicht viele, erkannte ich, als Foxy mich an ihnen vorbeiführte. Er flüsterte die Namen und Funktionen einiger anderer. Drei Weiße in dunklen Pyjamas und mit rasierten Köpfen waren vom europäischen Ableger eines japanischen Aleister-Crowley-Kults. Während ich mir darauf noch einen Reim zu machen suchte, zeigte Foxy auf zwei Männer in katholischen Priestergewändern, die offenbar von Opus Dei waren, dann auf einen Mann, den er »Mr. Green« nannte und der völlig normal aussah bis auf das etwa bowlingballgroße antike Rauchglasbehältnis, das er in den Händen hielt und das er immer wieder auf Schulterhöhe anhob, als wollte er ihm ermöglichen, alles zu sehen.

Außerdem warteten da noch etwa ein Dutzend Interessenten, darunter, wie gesagt, einige, die ich kannte, etwa die Fünfzehnjährige mit Bluetooth-Headset, die aussah, als wäre sie gerade auf dem Heimweg von der Schule hier hereingeschneit. Das war Edie Parmenter, eine der gefragtesten Sensitiven Nordkaliforniens; sie hatte eine nahezu unfehlbare Gabe, parapsychologische Phänomene zu identifizieren. Ich konnte nicht umhin, mich zu fragen, wer sie angeheuert hatte. Und was ihre Eltern wohl dazu sagten, dass sie so spät noch unterwegs war. Neben einigen anderen üblichen Verdächtigen, bekannten Hehlern, die sich auch mit okkulten Dingen abgaben und mit denen ich mehr oder weniger gerechnet hatte, zeigte mir Foxy noch koptische Priester, ein paar Vertreter des Russischen Mysterienzirkus und schließlich drei Frauen, die so groß waren, dass ich zuerst dachte, sie trügen so etwas wie Karnevalskostüme mit falschen Köpfen. Aber Foxy flüsterte mir zu, es seien skythische Priesterinnen – »echt wahre Amazonen«, wie er sich ausdrückte. Es war ein verblüffendes Sortiment an Bizarritäten, das mir aber immer noch nichts darüber verriet, was ich hier angeblich verkaufen wollte.

Foxy klatschte einmal in die Hände. »Meine Damen und Herren. Bevor wir zur Bieterrunde schreiten, ein paar Worte von dem Mann, dem sich diese Veranstaltung verdankt, Mr. Dollar.«

Etwas über vierzig Augen beobachteten mich, als ich einen Schritt vortrat. Aus Gewohnheit steckte ich die Hand in die Tasche und berührte meinen Revolver, nur um mich zu vergewissern, dass er da war, frisch mit Silber geladen. Ich wünschte sehr, Sam wäre bei mir, war aber auch ein bisschen in Sorge um ihn. Er hatte mich noch nie versetzt.

»Ich will Ihnen nicht zu viel Zeit stehlen.« Meine Stimme hallte in dem großen Raum. Mir fiel erstmals auf, dass da lebensgroße hölzerne Fregattvögel von der hohen Decke hingen wie erstarrte Phantome. »Sie wissen ja, was ich habe. Ich bin hier, um Fragen zu beantworten und dann Gebote entgegenzunehmen. Mit dem Meistbietenden werde ich die Übergabe arrangieren.«

»Aber warum können wir das Objekt nicht in Augenschein nehmen?«, wollte einer der Kopten wissen. »Wie kann man von uns erwarten, für etwas zu bieten, das wir nie gesehen haben?«

Ich holte tief Luft. Ich hatte damit gerechnet, dass die erste Frage in etwa so lauten würde, war aber froh über die Verwendung des Wortes »Objekt«, das ich ab jetzt auch benutzen würde. »Sie werden Gelegenheit zur Inaugenscheinnahme des Objekts haben, ehe irgendwelche Zahlungen getätigt werden, darauf können Sie vertrauen, aber ich arrangiere keine Besichtigung für jeden Tom, Dick oder Youlios, der gern eine hätte – vergessen Sie nicht, meine Verfügungsgewalt über das Objekt ist ein wenig … kontrovers.« Ich lächelte. Niemand lachte.

Edie Parmenter, die in ihr Bluetooth-Headset gesprochen hatte, sah auf und sagte: »Hunderttausend.« Sie lispelte ein bisschen.

Ein Raunen ging durch die Reihe der Versammelten. »Wissen Sie denn ganz sicher, dass es echt ist?«, rief einer der euro-japanischen Crowley-Jünger.

Ich ging ein kleines Risiko ein. »Aber natürlich. Es ist zwar nicht alles Gold, was glänzt, wenn Sie verstehen, was ich meine, aber dieses Objekt ist mit absoluter Sicherheit echt.«

Die Crowley-Jünger nickten. »Hundertfünfzigtausend«, sagte einer von ihnen.

Fox mischte sich jetzt ein und managte die Bieterrunde, als handelte es sich um eine ganz normale Auktion (obwohl eine solche eher selten von einem stepptanzenden Albino geleitet wird), und die Gebote kletterten rasch über die Sechshunderttausend, emporgetrieben in erster Linie von dem Mann mit dem Behältnis, Edie Parmenter (im Namen ihres nicht anwesenden Auftraggebers) und den Opus-Dei-Typen, mit einzelnen mutigen Vorstößen der Crowley-Jünger und des einen oder anderen Dealers in okkulten Objekten, aber dann hatte ich den Eindruck, dass der Eifer nachließ und wir irgendwo knapp unter einer Million landen würden – verblüffend viel für ein Dingsbums, das niemand gesehen hatte und dessen Besitz einen, wie mein Beispiel zeigte, leicht das Leben kosten konnte. Und ich hatte immer noch keinen Schimmer, was ich da verkaufte. Was sollte ich tun, wenn jemand tatsächlich bereit war, das Geld abzudrücken?

Ich brauchte mir nicht lange den Kopf darüber zu zerbrechen. Als Foxy-Foxy gerade einem der Katholiken ein neues Gebot über eine Dreiviertelmillion entlockte, hörte ich etwas an die Tür hinter mir bummern. Für einen Sekundenbruchteil hatte ich die schrecklich-komische Vorstellung, dass es Sam war, der verspätet hereinplatzen würde, in jeder Hand eine Pistole, obwohl ich gar keiner Rettung bedurfte, doch im nächsten Moment barst die Tür auf und zwei, drei tennisballgroße Gegenstände flogen in die Halle. Ich hielt mir die Augen zu, und eine halbe Sekunde darauf explodierten die Dinger mit lautem Knallen, blendeten jeden, der nicht weggeschaut hatte, und versetzten meinen Ohren einen fürchterlichen Schlag. Rauch füllte die Halle, und ein Trupp bewaffneter Männer stürmte herein. Ich warf mich auf den Boden, und das einzige Deckenlicht der Halle erlosch. Ich hörte Stimmen rufen, wütend oder panisch oder beides, dann wurden die Rufe zu Schreien, als Mündungsfeuer wie Stroboskoplicht blitzte und das Rattern automatischer Waffen von den Wänden widerhallte.

19

NUR EINEN ABEND

Als das Gewehrfeuer in der dunklen Halle einsetzte, schoss mir durch den Kopf, dass diese Aktion ja wohl am ehesten mir galt: Selbst wenn es nicht Eligors Männer waren, standen sie doch mit ziemlicher Sicherheit im Dienst von jemandem, der wollte, was ich vermeintlich besaß. Ich musste hier raus. Klar, es war mir eine schreckliche Vorstellung, dass die anderen Auktionsteilnehmer erschossen werden könnten, aber noch mehr fürchtete ich um den nicht gerade meistgeliebten Engel des Himmels.

Ich feuerte meinerseits auf die Männer des Sturmkommandos und rollte mich dann blitzschnell ein Stück weg, damit sie mich nicht erwischten, wenn sie auf mein Mündungsfeuer zielten. Weitere Salven knatterten; ich lud nach, schoss wieder zurück, fluchend, weil ich Silberkugeln à zehn Dollar auf Gegner vergeuden musste, die wahrscheinlich nur mindere Söldner waren. Ich hatte bereits etwa hundert Dollar ins Dunkel verfeuert, und das machte mich stinksauer.

»Ich hab das Licht ausgemacht, Dollar Bob!«, flüsterte eine Stimme in mein Ohr, als das Geknatter zwischendurch mal kurz abebbte; ich gebe zu, ich quiekte auf wie ein erschrockener Welpe.

Es war Fox, der ein weiteres Mal bewiesen hatte, wie problemlos er sich an mich heranschleichen konnte. »Aber sie werden den Schalter bald finden, also sollten Sie wohl besser verduften, Partner.«

»Yeah, diese ganze Auktionssache ist irgendwie beim Teufel, oder?«

Mein kryptoasiatischer Freund lachte leise. »Hi-hi! Keine Bange, wir führen unser Geschäft ein andermal zu Ende, Mr. D-Bob. Los jetzt, kriechen Sie zur Rückwand der Halle, hinter die Totempfähle.«

Er meinte einen Wald von geschnitzten Ahnenpfählen aus Neuguinea, den ich vorhin schon bemerkt hatte, jeder einzelne Pfahl so minutiös verziert und poliert, dass er aussah wie eine angeschmolzene psychedelische Kerze. In den Schlaglichtern des Mündungsfeuers erkannte ich, dass mich einige Meter Niemandsland von den Pfählen trennten, also robbte ich los, unendlich dankbar für die Tatsache, dass ich dunkle Kleidung trug. Einmal zog eine Geschosssalve ihre Einschlagslinie direkt vor mir, nur Zentimeter von meinem Gesicht, und übersäte mich mit stechenden Splittern, und ich musste über zwei Körper hinwegkriechen, von denen einer ein steifes Priestergewand trug, aber schließlich kam ich weitestgehend unbeschadet zwischen den Pfählen an. Zwei, drei Sekunden später fand ich den schweren Brandschutzvorhang an der hinteren Hallenwand und den dahinter verborgenen Notausgang. Er war abgeschlossen, aber ich richtete mich halb auf, wartete auf den nächsten knatternden Feuerstoß, trat dann die Tür ein, hechtete hinaus, rollte mich bei der Landung ab und krachte mit dem Kopf gegen das Eisengeländer der Hintertreppe. Ich zog mich im schummrigen Licht hoch, schwankend und benommen, und kapierte, dass ich jetzt auf der Seite des Gebäudes war, die der Richtung, in der mein Wagen stand, genau entgegengesetzt war. Ich wollte die Stufen hinunterrennen und versuchen, in einem der Nachbargebäude unterzutauchen, als ich plötzlich aus zwei Richtungen

Geräusche hörte: aus der Halle hinter mir, aber auch welche, die um das Gebäude herum auf mich zukamen.

Ich konnte in keine Richtung rennen, ohne mehrere Sekunden bar jeder Deckung zu sein – ein leichtes Ziel für Männer mit automatischen Waffen, und obwohl ich meinen .38er schnell wieder lud, konnte ich mir gegen diese Sturmkommando-Typen unmöglich den Weg in Jimmy-Cagney-Manier freischießen. Also zerschlug ich stattdessen mit dem Revolvergriff die Lampenbirne über mir, steckte dann meine Waffe in die Tasche und sprang hoch, um das Vordach zu fassen zu kriegen, das nicht viel größer war als das Dach einer altmodischen Telefonzelle. Ich schaffte es, mich hinaufzuziehen, und presste mich gerade ins Dunkel über der Tür, als auch schon die ersten Männer um das Gebäude herumkamen. Sie klangen wie Auktionsteilnehmer auf der Flucht, aber ich sah nicht nach, weil es schon anstrengend genug war, nicht entdeckt zu werden. Gleich darauf flog die Tür unter mir auf. Drei bewaffnete Männer stürmten heraus und trafen auf mehrere ihrer Kollegen, die gerade ums Haus herumkamen. Einer der drei unter mir sprach in ein Headset, schob dann aber das Mikro vom Mund weg, um die anderen anzublaffen.

»Haben ihn drin nicht gefunden, sind aber noch am Durchsuchen. Der Scheißkerl versucht wahrscheinlich gerade zu türmen, wird aber nicht weit kommen. Geht raus und verteilt euch an der Straße in beide Richtungen, ich schicke euch Verstärkung. Los! *Los!*«

Ich erkannte die Stimme des Anführers – mein haariger alter Freund Howlingfell, der jetzt wieder in sein Headset sprach, während seine Männer in militärischem Laufschritt davontrabten. Ich wartete, bis der letzte um die Ecke verschwunden war, ehe ich Howlingfells Gespräch unterbrach, indem ich mit den Beinen ausholte und ihm meine bestiefelten Hacken, so fest ich konnte, auf den hässlichen Kopf hieb. Er trug allerdings einen

Aramidhelm; dass ich ihm nicht den Schädel einschlug, lag also nicht daran, dass ich es nicht versucht hätte. Als er zu Boden sackte, ließ ich mich auf ihn fallen und pflanzte zum zweiten Mal in einer Woche mein Knie auf seine Kehle, während ich ihm meinen .38er in den Bauch rammte.

»Kennen Sie mich noch, Howly?«

»Lecken Sie mich am Arsch, Dollar«, stieß er hervor und gab dann Würgegeräusche von sich. Mit Befriedigung hörte ich, dass ich ihn doch mit einiger Wucht getroffen hatte. »Sie sind so gut wie tot.«

»Ich bin *längst* tot, Blödmann. Das ist Voraussetzung, um Engel zu werden.« Ich verstärkte den Druck auf seinen Hals. »Wie viele Männer haben Sie da draußen?« Er starrte mich nur grimmig an, also bohrte ich ihm die Pistole etwas tiefer in den Bauch. »Erinnern Sie sich an unsere letzten Begegnungen? Ich schon. An jede einzelne goldene Minute. Warum haben Sie das Kindermädchen für Grasswax gemacht, wenn Sie doch für Eligor arbeiten? Als dessen Sicherheitschef sind Sie doch viel zu hochrangig, um den Bodyguard eines Anklägers zu spielen.«

Seine durchgehende Augenbraue verzog sich zu einem finsteren V. »Von mir erfahren Sie nichts, Dollar. Ich sagte doch schon, Sie sind so gut wie tot – *richtig* tot, so wie Grasswax. Der Großfürst wird Ihr Herz verspeisen.«

»Mag sein, aber wenn Sie mir nicht sagen, was ich wissen will, werden Sie nicht mehr da sein, um es zu genießen.« Ich bluffte, und das wusste er vermutlich – ich hatte nicht die Zeit, ihn auszuquetschen.

Er wusste es definitiv. »Gute Fahrt zur Hölle, Dollar«, krächzte er unter dem Druck meines Knies. »Nur zu, töten Sie mich, mein Boss wird mir einfach einen anderen Körper geben.«

»Ach, wirklich?« Ich stand auf, ließ aber den Fuß fest auf seiner Kehle. »Glauben Sie, er wird sich die Mühe auch dann machen, wenn ich Ihnen einfach nur die Eier wegpuste?« Ich genoss kurz den Ausdruck seines Bestiengesichts und jagte ihm dann zwei Silberkugeln in die Schrittgegend, ehe ich losrannte, immer am Gebäude entlang, und im Laufen meinen Revolver nachlud. Howlingfells Schreie hinter mir waren unüberhörbar. Alles, was von seinem Sturmkommando noch im Gebäude war, würde binnen einer halben Minute zu den Ausgängen herausstürzen.

Kurz vor der Ecke zur Frontseite der Insulanerhalle bog ich ab und kletterte über den Eisenzaun, wobei mein Hosenbein an einer der Zaunspitzen hängenblieb und zerriss. Dadurch kam ich ins Fallen und krachte genau auf ein dunkles Etwas mit spitzen Ecken und Kanten, das plötzlich aus dem Nichts aufgetaucht war. Ich sprang auf, den Revolver in der Hand, bereit zu flüchten oder zu schießen; es war aber nur Edie Parmenter, die neben ihrem Fahrrad auf der Straße lag. Die Räder drehten sich noch. Erschrocken stürzte ich hin, um ihr aufzuhelfen.

»Edie, weg hier!«, flüsterte ich. »Schnell!«

»Ist schon okay«, sagte sie so gelassen, als hätten wir uns vor ihrer Privatschule getroffen, statt auf der Flucht vor bewaffneten Söldnern. »Ich wohne ganz in der Nähe. Mir passiert nichts. Die wollen nicht mich.« Als sie wieder aufs Fahrrad stieg, fragte sie: »Ist sie heil? Die Feder?«

Kurz wusste ich nicht, wovon sie sprach, aber dann ging mir ein Licht auf. »Keine Sorge«, sagte ich. »Ich hatte sie nicht bei mir. Sei vorsichtig!«

»Sie auch, Mr. Dollar«, sagte sie im Davonradeln.

Ich kam nicht groß dazu, mich damit zu befassen, dass Eligors Objekt offenbar irgendeine Art Feder war, denn ich hörte Howlingfell auf der Rückseite des Gebäudes Orders brüllen und das Getrampel seiner Männer nahen. Ich sprang auf und rannte in Richtung meines Autos, wobei ich versuchte, nicht in den Lichtschein einer Straßenlaterne zu geraten. Als ich aus der King auf den Jefferson spurtete, sah ich ein paar Dutzend Meter entfernt meinen Wagen stehen und hielt darauf zu. Obwohl ich jetzt mehrere Stimmen hinter mir hörte, glaubte ich ihn tatsächlich erreichen zu können und fingerte sogar schon in meiner Hosentasche nach den Schlüsseln – kein Leichtes, wenn man rennt, über die Schulter schaut und in der anderen Hand einen Revolver hält –, als plötzlich jemand meinen Namen schrie.

»*Bobby! Pass auf!*«

Alles, was dann geschah, schien ein einziger Wirbel aus Licht und Dunkel, grellem Straßenlaternenschein, Schatten von Pranken und Dingen, die da gar nicht hätten sein dürfen, aber da *waren*, genau da, wo ich sie auf keinen Fall wollte. Etwas glühend heißes Schwarzes fegte an meinem Gesicht vorbei, mit solcher Wucht, dass es mir ohne den Warnruf, der mich hatte abbremsen lassen, den Kopf abgeschlagen hätte. Der Ghallu – dieses verdammte brennende Mistvieh hatte auf mich gewartet und mich um ein Haar erwischt. Die Stimme war die von Sam.

Ich kam ins Stolpern, als ich dem wilden Hieb der Kreatur so knapp auswich, dass er mir die Haare versengte, und taumelte noch ein paar Schritte weiter, bevor ich der Schwerkraft erlag. Ich schlug hin und rollte weiter, krachte bei jeder Umdrehung mit irgendeinem Körperteil schmerzhaft auf den harten Asphalt, bis ich schließlich mitten auf dem Jefferson Boulevard liegenblieb, noch immer mehrere Meter von dem Pontiac entfernt, den mir Orban geliehen hatte. Um diese Nachtzeit war hier nicht viel Verkehr, aber die Autos, die kamen, mussten einen plötzlichen Schlenker um mich machen. Die Fahrer drückten erst, als sie vorbei waren, auf die Hupe, während sie ihre Wagen wieder unter Kontrolle brachten. Die mächtige schwarze Silhouette, die auf mich zurannte, bemerkten sie nicht.

Meinen Revolver hatte ich erst ganz zuletzt fallen lassen, daher lag er nicht weit von mir, doch als ich hinkroch, bezweifelte ich, dass ich ihn noch rechtzeitig erreichen würde – der Ghallu hatte mich schon fast eingeholt. Da sprang plötzlich der gute alte Sam, Gott segne ihn, hinter meinem Wagen hervor und schoss auf das Monstrum, verfeuerte einen ganzen Clip seiner Automatik. Die Munition, die er benutzte, schien der Kreatur überhaupt nichts anhaben zu können, erschreckte sie aber immerhin ein wenig, sodass sie kurz zögerte, was mir die Zeit gab, meine Waffe zu ergreifen, mich herumzuwerfen und meinerseits zu schießen.

Ich drückte dreimal ab, dann war die Trommel leer, und ich schwöre, dass alle drei Silber-Hohlspitzgeschosse dieses hässliche Ungetüm genau in die Brust trafen. Der Ghallu stand nur hochaufgerichtet da wie ein wütender Bär und brüllte vor Schmerz oder vielleicht auch nur aus Ärger – der erste Laut, den ich ihn von sich geben hörte, so gewaltig, dass mir die Ohren zufielen und auf dem ganzen Straßenstück Autoalarmanlagen losgingen. Schon die Schüsse mussten die gesamte Nachbarschaft geweckt haben, doch jetzt wurden überall am Jefferson Fenster aufgerissen, und Leute sahen nach, wer da vor der Arco-Tankstelle einen Löwen niedermähte. Der Ghallu schüttelte den missgestalteten, gehörnten Kopf und ging dann wieder auf mich los. Ich versuchte schon nicht mehr nachzuladen und spurtete stattdessen zu meinem Auto.

»Ist offen!«, schrie ich Sam zu. »Steig ein, schnell!«

Ich riss die Fahrertür auf und warf mich hinters Steuer, während mein Kumpel auf der Beifahrerseite hereinsprang. Ich warf ihm meinen .38er und einen Schnelllader zu, während ich den Zündschlüssel drehte, unendlich dankbar, dass ich die Schlüssel nicht hatte fallen lassen und Orbans alter Schlitten anständige Zündkerzen hatte: Er sprang sofort an. Ich rammte genau in dem Moment den Rückwärtsgang rein, als der Ghallu sich auf die gepanzerte Motorhaube warf. Kurz sah ich durch die Windschutzscheibe sein Gesicht, ein Anblick, den zu vergessen mir wahrscheinlich nie gegönnt sein wird – wahnsinniger Hass, in Feuer gezeichnet, Züge, die wandernde Wellen warfen wie eine träge Flüssigkeit, und ein Bart aus sich windenden kopflosen Schlangen. Es starrte mich an wie eine brennende Hammurabi-Maske, von gerade so viel menschlicher Symmetrie, dass es unsagbar fremdartig wirkte. Der Ghallu war primitiv, rief ich mir in Erinnerung, und das war seine Macht: Er kam aus einem noch tieferen, dunkleren Schlund als der Hölle selbst.

Das Biest erhob Fäuste wie schwarze Vorschlaghämmer, und ich wusste, es würde die Haube durchschlagen und den Motor zerstören, sodass wir festsaßen. Ich jagte den Motor hoch, knallte den Fahrgang rein und rammte den Wagen vor uns, so fest ich konnte, versuchte, das Monster zwischen den beiden Autos zu zerquetschen. Das Ungeheuer brüllte und schlug um sich, schien aber nicht ernstlich verletzt. Ich umfasste den Revolvergriff, den mir Sam in die Hand drückte, und verfeuerte die gesamte Trommel auf den Ghallu. Er brüllte wieder, und ich hätte schwören können, dass ich diesmal Schmerz in seiner Stimme hörte. Ich hatte ihn zwar von meiner Motorhaube befördert, aber er befreite sich bereits aus dem ganzen Stoßstangensalat.

»Weg hier!«, schrie Sam. Es bedurfte keiner Aufforderung.

Mit qualmenden Reifen schoss der Bonneville rückwärts. Der Ghallu plumpste auf ein Knie und stemmte sich dann hoch, wobei er so fest auf den anderen Wagen drückte, dass das ganze Fahrgestell nachgab und ein Rad absprang, das nun über den Jefferson Boulevard trudelte. Ich wartete nicht ab, dass sich zeigte, in welcher Verfassung das Monstrum war, ich wusste auch so, dass es keine schweren Verletzungen hatte. Sieben, acht Silberkugeln im Leib, und es konnte immer noch stehen und, wie ich gleich darauf im Rückspiegel sah, sogar rennen: Wie ein grässlicher kohlschwarzer Riesenaffe jagte es zwischen hupenden Autos auf dem Jefferson hinter uns her, während ich das Gaspedal durchtrat.

Sam beugte sich aus dem Seitenfenster und feuerte zwei-, dreimal auf das Monstrum.

»Wenn das kein Silber ist, spar's dir«, überschrie ich das Dröhnen des Achtzylinders. »Und selbst wenn, wird es das Ding nicht groß aufhalten. Was zum Teufel war denn mit dir?«

»Was mit mir war?«, brüllte er zurück. »*Dieses Ding da*, das war mit mir. Ich kam zwei Minuten zu spät, und da lauerte es draußen vor dem Gebäude. Hätte mich beinah erwischt, aber ich schaffte es in einen Regengulli, wo es nicht an mich drankam. Als ich gerade wieder rauskam, sah ich dich auf mich zurennen, also dachte ich mir, dass es wohl auf dich wartet.«

»Danke. *Shit!*« Ich riss den Wagen um eine Gruppe Karnevalisten herum, die gerade aus einem Alkoholladen auf die Straße gewankt waren. Ich weiß nicht, was passierte, als der Ghallu sie erreichte, wollte mich nicht umdrehen, hörte aber Schreie. Ich beschleunigte, sah aber immer noch diesen Riesenschatten auf der regennassen Straße erschreckend schnell hinter uns herrennen. Und da leuchteten vor mir Bremslichter auf – ein langer Rückstau am Camino Real. »Es ist immer noch direkt hinter uns. Wo sollen wir hin?«

»Büro oder *Compasses*«, sagte Sam. »Beides hat Schutzzauber, die das Monstrum aufhalten müssten. Was anderes nützt nichts.« Er lud meinen Revolver. »Hast du die hier von Orban?«

»Ja. Scheinen aber auch nicht viel zu bewirken.«

»Sind aber erstklassig gemacht.« Er biss auf eins der Projektile. »Das ist hochwertiges Silber.«

»Das will ich auch hoffen. Ich habe schon etwa vierhundert Dollar verballert und nichts getötet außer ein paar von Eligors Sturmkommando-Leuten.« Ich erzählte Sam in aller Kürze, was in der Insulanerhalle passiert war. Als ich fertig war, sah ich, dass nicht nur die Ampel am Camino Real immer noch rot war – die große Straße selbst war heillos verstopft.

»Bieg vorher rechts ab«, sagte Sam. »Scheiße, hab ich ganz vergessen – heute Abend war der Umzug! Es wird in ganz Downtown so sein.«

Ich schlingerte rechts rum in die Adams, wobei ich fast die Kontrolle über den Wagen verlor und eine Gruppe kostümierter Fußgänger sich erschrocken auf die Eingangstreppen der viktorianischen Häuser flüchtete. Als ich an ihnen vorbei war, wagte ich einen Blick zurück und sah den Ghallu um die Ecke fegen wie einen Hund, der hinter einem Kaninchen her ist.

Ich bin nicht gern das Kaninchen.

An der T-Kreuzung mit der Oak Avenue riss ich den Wagen wieder links herum in Richtung Camino Real und schnitt die Kurve so extrem, dass wir mit fünfzig Sachen über den Bordstein bretterten und die beiden Räder der linken Seite ein paar Sekunden in der Luft hingen, ehe sie wieder aufschlugen, hüpfend wie ein Lowrider. Vorn am Camino Real war immer noch eine Absperrung, aber es waren fast keine Autos in Sicht, also durchbrach ich mit Schwung die Absperrgitter und schleppte das gelbe Warnband mit auf die breite Straße, die Enden flatterten hinter mir her wie fröhliche Wimpel. Wir prallten zwischen mehreren Wagen hin und her, zwei, drei beschädigten wir böse, aber zum Glück, soweit ich erkennen konnte, verletzten wir keinen Fahrer oder Fußgänger. Dann krachten wir durch die Absperrung auf der anderen Seite und rasten im Zickzack zur Main Street und wieder ins Herz von Downtown. Wir würden niemals um die ganze Umzugsroute herumkommen, ehe das Monstrum uns erwischte, und ich wollte es nicht riskieren, noch mehr Absperrungen zu durchbrechen. Ich war nur froh, dass der Umzug selbst vorbei war.

Ganz Downtown wimmelte von Leuten, die nach dem Karnevalsumzug noch feierten. Die meisten zogen in betrunkenen Grüppchen umher, andere jedoch saßen in ihren Autos und kutschierten langsam durch die nicht gesperrten Straßen, auch um ein Uhr morgens noch auf der Suche nach Amüsement oder Action. In San Judas vereinen sich mehrere Karnevalstraditionen – mexikanische Regenmacher mit Maya-Hüten waren ebenso vertreten wie die Ältesten von Guaymas mit ihren langen Gewändern und Spitzbärten, die Numa-Ritter, die Ravenswood-Krewes und alle möglichen anderen Fastnachts-inspirierten Gruppen. Dem Müll und den immer noch umherschwärmenden Feierlustigen nach musste es ein Wahnsinnsumzug gewesen sein. Ich wünschte, ich wäre dort gewesen statt mitten in einem Feuergefecht in der Insulanerhalle.

Als ich über die Bahnschienen raste, verfehlte ich zwei Stelzenläufer nur knapp, doch nicht so der Ghallu – er riss ihnen die Stelzenbeine weg, sodass sie im hohen Bogen durch die Luft flogen.

Was ich im Rückspiegel sah, wurde immer albtraumhafter, aber was voraus lag, war nicht viel besser. Wir näherten uns in hohem Tempo den Downtown-Absperrungen, und da würde das Chaos erst richtig losgehen – überall standen Polizei- und Feuerwehrfahrzeuge mit blinkendem Warnlicht, und nicht mal der gepanzerte Bonneville würde da durchbrechen, ohne dass eine Menge Leute zu Schaden kämen, ganz zu schweigen von dem, was Sam und mir blühte, wenn wir inmitten von zerknautschtem Blech festsäßen und der Ghallu uns erwischte. Wir würden den Bonneville stehen lassen und uns zu Fuß zum *Compasses* durchschlagen müssen.

Doch noch während ich das dachte, erwischte uns der Ghallu bereits: Dem grässlich dumpfen Schlag, als er auf die Kofferraumhaube sprang, folgte das schrecklichste Ächzen und Knirschen, das ich je gehört hatte – die Arbeitsgeräusche eines riesigen Dämonenwesens, das das Dach einer gepanzerten Limousine abzureißen versucht, um an die saftigen Leckereien im Inneren zu kommen. Ich sagte mir, dass ich noch Glück im Unglück hatte: Säßen wir in meinem Matador, wäre das Monster nicht nur längst zu uns vorgedrungen, es hätte auch noch den Lack ruiniert.

Im Aluminiumoxynitrid-Fahrerfenster, das darauf ausgelegt war, allem bis hin zu panzerbrechender Munition zu widerstehen, erschien ein von Spinnennetzsprüngen umgebenes Loch, als eine heiße, schwarze Pranke hereinschoss, darauf aus, meinen Kopf rauszuziehen, egal, ob mein Körper noch dranhing oder nicht. Ich duckte mich, während ich auf die Bremse trat, sodass ich mit dem Schädel gegen das harte alte Lenkrad krachte, und begriff dann erst, dass es nicht die beste Idee gewesen war, mit einem Monster auf dem Wagen anzuhalten. Der Ghallu versuchte, das stahlverstärkte Dachblech aufzureißen, während er mit der anderen krallenbewehrten Hand noch immer nach meinem Kopf angelte, um ihn zu zerdrücken wie eine gekochte Zwetschge. Ich verrenkte den Hals, um ihm zu entgehen, und sah dabei kleine Rauch- oder Dampffähnchen auf der kohlschwarzen Haut des Monstrums tanzen. Meinen Revolver hatte immer noch Sam, und ich glaubte ohnehin nicht mehr so recht an Silberkugeln, jedenfalls nicht gegen dieses Horrorwesen, also besann ich mich stattdessen auf das, was ich in Locho Leos Fahrkurs für kritische Situationen gelernt hatte: Wenn etwas auf deinem Dach ist, schmeiß es runter. Den Kopf noch immer in einem absurden und äußerst schmerzhaften Winkel, trat ich aufs Gas und hielt genau auf das nächststehende Gebäude zu.

»Was …?«, war alles, was Sam herausbrachte, bevor wir über den Bordstein donnerten, abhoben und wie ein verirrter Marschflugkörper in die Fassade der Wells Fargo Bank krachten. Putz und Mauersteine flogen umher. Ein langes Stück Armierungsstahl durchbohrte die Windschutzscheibe, schoss genau zwischen Sams und meinem Kopf hindurch und spießte sich in den Rücksitz. Ich betete inbrünstig, dass der Ghallu sich den Schädel eingeschlagen hatte, bezweifelte es aber: Wenn ihn ein knappes Dutzend Silberkugeln in der Brust nicht aufhalten konnten, dann würde es so eine Kleinigkeit wie der Crash mit einem Bankgebäude auch nicht schaffen.

Es gibt nichts Schrecklicheres, als vor etwas auf der Flucht zu sein, von dem du weißt, dass es dir haushoch überlegen ist.

Die Hilflosigkeit, das Gefühl, dass die Kraft aus dir herausrinnt wie Sand … alles in dir wird mit jedem Moment kälter und langsamer. Deine schlimmsten Ängste fangen an zu triumphieren.

Ich verlor keine Zeit damit, nach Sam zu schauen – hörte ihn aber auf seiner Seite aussteigen. Ich trat einfach nur meine Tür auf und spurtete los, Richtung Beeger Square, rammte mit den Schultern betrunkene Nachtschwärmer aus dem Weg. Mich umzuschauen, hatte ich keine Gelegenheit, und ich wollte es auch gar nicht. Ich wusste, der Dämon war hinter uns her wie ein verzerrter, schwelender Schatten, die Augen schmale Schlitze, der Mund wie ein Riss in einem Vorhang. Ich wusste, es war nur eine Frage von Augenblicken, bis uns unser irdisches Fleisch endgültig im Stich lassen würde …

Sam zog mit wild flatterndem Mantel an mir vorbei. Noch nie hatte ich ihn so schnell laufen sehen. Es war, als ob ein mächtiger Ackergaul einen steilen Hang hinuntergaloppiert: Alles an ihm bewegte sich gleichzeitig, und er konnte unmöglich von selbst zum Stehen kommen.

»Garage!«, keuchte er. Er hielt etwas in der ausgestreckten Hand. Im ersten Moment dachte ich, es wäre eine Waffe und er wolle irgendwelche betrunkenen Idioten erschießen, die uns im Weg standen, aber es war eine Fernbedienung, und er drückte immer wieder auf den Knopf. Wir duckten uns zwischen zwei leeren Polizeiwagen und unter einer Absperrung hindurch und spurteten dann die Main Street entlang, auf das Alhambra-Gebäude am Ende zu. Dahinter war der Beeger Square immer noch voll Menschen, und ich hatte kurz die albtraumhafte Vision, wie wir das Monstrum genau in die Menge führten, wo es unter all diesen unschuldigen Menschen wüten würde wie ein elektrischer Rasenmäher, der durch eine Brut Osterküken fährt.

»Einfahrt!«, rief Sam. Er legte einen scharfen Rechtsschwenk hin und raste die Zementrampe der Alhambra-Garage hinunter. Zu meiner unsäglichen Erleichterung hatte die Fernbedienung funktioniert: Das Tor war offen, der Weg frei. Noch bevor wir dort waren, ließ Sam das Tor schon wieder per Fernbedienung herunter.

Als wir durch die schwindende Öffnung tauchten, wagte ich es, mich umzudrehen, und sah den Ghallu gerade am oberen Ende der Einfahrt auftauchen. Er zögerte kurz, sichtlich irritiert, weil wir nicht mehr vor ihm waren. Er drehte sich und kam in langen Sätzen den abschüssigen Zement herabgesprungen wie ein schwarzer Riesenfrosch. Zum Glück krachte er gegen das metallene Gittertor und prallte zurück. Er duckte sich auf die Unterarme wie ein schwänzelnder Hund, starrte auf das Gitter und gab dabei ein Zischen von sich, das nach Frustration, vor allem aber nach Schmerz klang.

»Die Schutzzauber«, sagte Sam, während er, die Hände auf die Knie gestützt, nach Luft schnappte. »Die Schutzzauber halten ihn auf. Gott liebt uns wirklich.«

Ich konnte die Lichter der Stadt draußen nicht mehr sehen: Der Ghallu versperrte die ganze Breite des Metallgitters und sah nicht so aus, als hätte er vor, da wegzugehen. »Ja – aber wie lange? Komm, nach oben.«

Das Monster untersuchte jetzt stampfend und schnaubend die Unterkante und die Seitenränder des Gitters, als suchte es einen Schwachpunkt der Zauber oder heiligen Namen, die es abwehrten. So müde ich auch war, wollte ich doch nicht im kalten Licht der Garage stehen und auf den Lift warten, während dieses Biest uns mordgierig anstarrte, also winkte ich Sam zur Treppe. Nach ein paar wohlgewählten Worten des Unmuts folgte er mir.

Wir stolperten in den Flur des vierten Stockwerkes und weiter zum *Compasses*. Ein leicht verblasstes Schild neben der Kneipentür verkündete: »Heute – nur einen Abend! Gabriel und seine heiße Trompete im Living End!« Seit Jahren stellte Chico das Schild jeden Abend raus – ein Scherz, den sich jemand vor

Jahren hatte einfallen lassen und der inzwischen zur Tradition geworden war. Eine weitere Tradition bestand darin, dass die Tür während der Geschäftszeiten immer offen stand.

Mit dieser Tradition brach ich jetzt.

»Hey, Dollar, was machst du da?«, rief Chico von hinter der Bar, als ich die Tür zuknallte und den Riegel vorlegte. »Wir haben Brandschutzauflagen ... die Gegenseite beschwert sich andauernd bei den Behörden, nur um uns Ärger zu machen ...«

»Geht nicht. Übles Problem da draußen.« Ich sah mich um. Es waren nur ein paar Leute da, Jung Elvis und Jimmy the Table an der Bar und Kool Filter und ein Engelfreund von ihm namens Teddy Nebraska, den ich nicht gut kannte. Es war nicht gerade die Weltuntergangs-Survival-Crew, die ich mir ausgesucht hätte – Jimmy the Table war ziemlich klein und rund, und Kool sah aus, als käme er gerade von der Führung durch die Duff-Brauerei. Teddy immerhin schien schnell zu schalten – er trug eine Pistole und griff schon bei meiner ersten Erklärung danach. Ich fragte mich kurz, was *er* wohl gemacht hatte, bevor er Anwalt geworden war.

»Was ist los?« Chico war auch kein Lahmarsch: Er kramte bereits unter der Bar. »Was ist es?«

»Dämon namens Ghallu. Groß, höllisch heiß und *alt*«, sagte ich. »Weihwasser wird nichts nützen. Silber vielleicht ein bisschen. Das benutze ich jedenfalls. Sonst fällt mir nichts ein.«

»Okay«, sagte Chico und richtete sich wieder auf. »Sam, hast du Silber oder Blei drin?«

»Nur Remington-Brand-X.«

»Dann fang.« Chico warf Sam eine Mossberg-Pumpgun und ein paar Schachteln Munition zu. Sam fing alles und begann, das Magazin zu laden. Chico bückte sich erneut und kam mit der hässlichsten Waffe wieder hoch, die ich seit langem gesehen hatte, einer mächtigen schwarzen Schrotflinte mit einer Trommel wie an einer alten Tommy-Gun.

»AA12«, sagte Chico. Meiner Meinung nach muss er auch mal im Rache-Business gewesen sein, aber er redet nicht drüber. Trotzdem, so glücklich hatte ich ihn seit den Unruhen nach dem Davis-Urteil nicht mehr gesehen. »Automatische Flinte. Die macht jeden verdammten Dämon *fertig*.«

»Heiliger Strohsack. Womit ist sie geladen?«

»Silbernitrat – Höllenstein für euch Laienbrüder«, erklärte Chico mit einem höchst alarmierenden Grinsen in seinem sonst so stoischen Aztekengesicht. »Tut ordentlich weh.«

Nachdem er seine eigene Flinte geladen hatte, war Sam jetzt dabei, die Tische umzukippen und vor die Tür des *Compasses* zu schieben. Ich rannte hin, um ihm zu helfen. In dem Moment kam Monica aus der Damentoilette, mit Annie Pilgrim, einer Kollegin, die ich in letzter Zeit kaum gesehen hatte. Eine Mikrosekunde lang fragte ich mich, was das zu bedeuten hatte – hatten sie ein Doubledate mit Kool und Nebraska gehabt? Und wen zum Teufel juckte das schon?

Monicas Augen wurden groß und größer, als sie von Chico und seiner Monsterflinte zu mir schwenkten. »Bobby, was …?«

»Dieses Ghallu-Monster, das hinter mir her ist … Es ist draußen und versucht, durch die Schutzzauber zu kommen. Hast du eine Ahnung, wie stark die sind?« Monica war unsere inoffizielle Historikerin und wusste sehr viel mehr über das Alhambra-Gebäude als ich.

»Stark.« Sie überlegte kurz. »Kann es fliegen?«

»Der Ghallu? Hab ich bis jetzt nicht erlebt, aber rennen kann er wie der Teufel – warum?«

»Weil die Schutzzauber am Fuß des Gebäudes natürlich am stärksten sind, an den Türen und Fenstern im Erdgeschoss.« Sie runzelte nachdenklich die Stirn. »Und ich bin mir ziemlich sicher, dass das Dach auch geschützt ist. Aber alles andere – ich weiß nicht.«

»Was soll das heißen?« Plötzlich wurde mir sehr kalt ums

Herz. »Monica, dieses Monstrum kann springen wie ein Floh – ein riesiger, tausend Grad heißer Menschenfresserfloh.«

»Schieb!«, rief mir Sam zu. Wir hatten einen zwei Meter hohen Wall von Tischen vor der Eingangstür errichtet. Das würde den Ghallu wohl nicht lange aufhalten, aber während er da hindurchbrach, würden Chico, Sam und ich Zeit haben, ihm eine ganze Menge Silber zu verpassen.

»Ich weiß nur nicht genau, was mit den oberen Fenstern …« war alles, was Monica herausbrachte, bevor plötzlich das Licht ausging und etwas Riesiges durch das große Glasrechteck hinter uns brach und Glas und Stein in alle Richtungen spritzten, während die enorme schwarze Masse selbst die Sterne am Himmel verdunkelte.

20

GRÜNDLICH UNTERGETAUCHT

Schon wieder war ich in einem dunklen Raum, inmitten von Gefechtsfeuer. Aber wenigstens war diesmal nicht ich derjenige, auf den geschossen wurde.

Chico legte seine Flinte mit dem vorderen Griff auf der Bar auf und nahm den mächtigen Schatten, der durchs Fenster eingedrungen war, unter ohrenbetäubendes, vollautomatisches und nonstop flackerndes Mündungsfeuer. Neben mir ballerte Sam mit der Mossberg langsam und methodisch, um möglichst viel von jeder Schrotladung ins Ziel zu bringen. Ich hörte Teddy Nebraska, Annie, Monica und Jimmy Rufe ausstoßen, konnte aber beim Lärm der Waffen nichts verstehen. Es war wohl so was wie: »Shit, was ist das?«

Der Ghallu mochte Chicos Silbernitrat gar nicht, was wahrscheinlich der einzige Grund war, warum wir noch lebten. Wie das Steinsalz aus der alten Vogelflinte eines Farmers brannte das Zeug wohl mehr, als dass es echte Verletzungen verursachte, aber so wie der Ghallu heulte und um sich schlug, musste es wohl ganz schön heftig brennen. *Wie* wenig der Ghallu Chicos Höllenstein mochte, zeigte sich eine Sekunde später, als er einfach an mir vorbeistürzte und im Bemühen, Chico zu erwischen, ein qualmendes Loch mitten in die alte Mahagonibar hieb. Was mit dem Barmann war, konnte ich nicht sehen, weil er sich weggeduckt hatte, aber seine automatische Flinte war jedenfalls erst mal verstummt.

»Annie, komm mit!«, rief Monica, als der Ghallu sich durch die zertrümmerte Bar wühlte wie ein Dachs, der seine Beute auszubuddeln versucht. Ich wusste nicht, was Monica vorhatte – um ihr Leben zu rennen, hoffte ich –, aber ich musste ihr Deckung geben, also trat ich mit meinem Revolver auf den Ghallu zu, und als er sein grässliches nicht-menschliches Maskengesicht den davonlaufenden Frauen zuwandte, drückte ich in schneller Folge ab. Der Dämon schlug nach dem Mündungsfeuer und wich ein wenig vor dem zurück, was vermutlich nur ein lästiger kleiner Silberhagel auf seiner Haut war. Dann war die Trommel leer, und ich duckte mich seitlich weg, um nicht von einem surfbrettgroßen Thekenstück getroffen zu werden, das der Ghallu nach mir schleuderte. Ich haderte jetzt ernsthaft mit meiner Entscheidung für diesen kleinen fünfschüssigen Smith & Wesson-Revolver. Zwar war ich schon lange nicht mehr zu dieser Art von Dauerfeuer gezwungen gewesen, aber im Moment wünschte ich mir etwas mit einem größeren Magazin. Zum Beispiel eine Silber-Flak.

Sam hatte sich hinter den Haufen von Tischen und Stühlen zurückgezogen, der nunmehr unseren einzigen Ausgang blockierte, und es geschafft, sich dort zu verschanzen. Aus dieser improvisierten Verteidigungsstellung feuerte er jetzt, so schnell er die Mossberg durchladen konnte. Aber ich wusste, dass Chico ihm nur zwei, drei Schachteln Patronen zugeworfen hatte; bald würde ihm die Munition ausgehen. Auf der anderen Seite der Bar hatte Jimmy, getreu seinem Namen, einen Tisch umgekippt, hinter dem er, Nebraska und Kool in einer der Sitznischen kauerten. Wahrscheinlich verschossen sie nur gewöhnliches Blei, aber aus irgendeiner Art Fleisch und Blut musste der Ghallu ja sein, und ein ordentlicher Hagel von normalen Kugeln konnte sicher nichts schaden und vielleicht sogar eine Zermürbungsfunktion erfüllen. Jung Elvis lag als wohlfrisiertes Häuflein hinter ihnen, ausgeknockt von einem fliegenden Trümmerteil, doch von Monica und Annie war in der Gaststube nichts mehr zu sehen, was mich ein wenig aufmunterte. Vielleicht würden sie dieses Fiasko ja überleben und erzählen können, was passiert war. Dann bestand Hoffnung, dass irgendjemand weiter oben in der Befehlskette Eligor dafür büßen lassen würde, dass sein monströser Knecht das *Compasses* verwüstet hatte. Immerhin war das hier ja so was wie eine exterritoriale Botschaft …!

Das Monstrum fetzte jetzt Stücke aus der Bar, um an Chico und dessen Selbstladeflinte heranzukommen – der Barmann feuerte inzwischen wieder trommelfellzerreißende Salven. Sam richtete sich hinter seiner improvisierten Brustwehr auf und schoss auf den Rücken der Kreatur, um sie von Chico ablenken. Was immerhin insoweit klappte, als das Monstrum beschloss, sich stattdessen Sam vorzunehmen.

Mit einem Brüllen, das ich mehr fühlte als hörte, einem Druck- und Hitzestoß, der wie siedendes Abwasser roch, drehte der Ghallu sich um und schleuderte ein Riesenstück massives Bar-Mahagoni nach Sam. Es schlug ein wie eine Rakete, katapultierte die Tische und Stühle auseinander wie Bowlingkegel und brachte meinen Freund und seine Mossberg zum Schweigen. Auch ich wurde gefällt und wusste, wenn das Adrenalin irgendwann versiegte, würde ich humpeln. Noch bevor ich Sam zu Hilfe eilen konnte, stürmte der Ghallu hin und begann, sich durch die Holztrümmer zu wühlen; dabei röhrte er wie eine Harley ohne Schalldämpfer, und selbst ein, zwei Meter entfernt fühlte ich die Hitze, die er abstrahlte. Da ich befürchtete, dass Sam bewusstlos und verteidigungsunfähig war, stand ich auf und jagte dem hässlichen Monster alles Silber, das noch in meiner Trommel war, seitlich in den Kopf. Als meine letzte Patrone zündete und ich in dem Lichtblitz diese grässliche Visage sah, die sich mir, von blinder Wut verzerrt, zuwandte, wurde mir plötzlich klar, dass wir uns total verschätzt hatten: Sam und ich waren wegen der Schutzzauber hierher geflüchtet, doch was auch immer sich der Himmel zum Schutz des *Compasses* hatte einfallen lassen – diesem uralten Dämon war es nicht gewachsen. Die Bar war keine Zuflucht mehr, sondern eine Falle, aus der es keinen anderen Ausweg gab als einen Fünfzehn-Meter-Sprung aus dem Fenster oder das tödliche Nadelöhr des Treppenhauses oder gar des Lifts.

Und, wichtiger noch, das Monster war hinter *mir* her, nicht hinter Sam oder den anderen. Wenn sie mir also nicht helfen konnten, es zu töten – und wenn Chicos vollautomatische Höllensteinkanone das nicht schaffte, würde es auch sonst nichts schaffen –, musste ich hier raus. Sonst würden meine Freunde auch sterben, und welchen Sinn hätte das?

Natürlich war das alles rein akademisch, denn der Ghallu konzentrierte sich jetzt wieder auf mich: ein weiches, saftiges Ding mit einem leeren Revolver, nur zwei Meter von ihm entfernt. Er ließ den halbzertrümmerten Tisch, den er hochgehievt hatte, fallen und sprang dann auf mich zu.

Ein Wasserstrahl klatschte auf den Ghallu und drehte ihn seitwärts weg. Auch ich wurde klatschnass, merkte es aber kaum. Das Monster brüllte vor Wut und – halleluja! – Pein. Es war in zischende Dampfschwaden gehüllt. Polizeischeinwerfer leuchteten jetzt von der Straße durch das kaputte Fenster herein, doch selbst in ihrem grellen Schein sah ich unseren Widersacher nur als eine unstete schwarze Form, einen Schatten innerhalb eines Schattens.

Monica und Annie Pilgrim standen im Durchgang zu den Toiletten und kämpften mit einem riesigen Feuerwehrschlauch wie mit einer lebenden Anakonda, beballerten den Dämon mit einem Wasserdruck von dreizehn Bar. Die Dampfwolken wurden immer dichter, aber die Kreatur stand noch, ja schien sogar gegen den donnernden Strahl anzuwaten, hin zu dessen Quelle.

Die Idee war phantastisch, doch es war leider nicht genug Wasser, um den Ghallu ganz abzukühlen, und die Wucht reichte nicht, um ihn auch nur beträchtlich zu verlangsamen. Aber es brachte mich auf eine Idee und gab mir die Chance, sie umzusetzen. Während der Raum sich allmählich in eine siedend heiße Sauna verwandelte und das Monstrum brüllend und gurgelnd gegen den Wasserstrahl ankämpfte, sprang ich über die Bar und wühlte in den Trümmern, bis ich die Siphonschläuche für Mineralwasser und Tonic fand. Ich riss den nächstbesten samt Hahn und allem heraus, kroch dann durch das Chaos an die Wand hinter der Bar, tastete, bis ich eine dicke Verlängerungsschnur fand, und zog sie aus der Steckdose. Irgendwo in den Trümmern hörte ich Chico stöhnen.

»Chico?«, rief ich. »Bist du okay, Mann?«

»Paar gebrochene Rippen, glaub ich. Muss nachladen, finde aber die verfluchten Patronen nicht …!«

»Ich sehe zu, dass ich hier rauskomme – er wird mir bestimmt folgen.« Ich stopfte den Siphonschlauch in meinen Hosenbund, ergriff die Verlängerungsschnur und watete dann, so schnell ich konnte, an dem wütenden Riesenmonster vorbei zu dem zertrümmerten Fenster. Durch die dichten Dampfwolken konnte ich kaum etwas sehen, aber der Ghallu zum Glück auch nicht, also schaffte ich es, an ihm vorbeizuwitschen. Von der Hitze des Dämons wurde das Wasser um meine Knöchel bereits unangenehm warm, als ich die Jukebox erreichte und die Verlängerungsschnur darumwarf, wie ein Baumkletterer sein Doppelseil an einem Ast verankert. Das Fenster war zu hoch über der Straße, um einfach springen zu können, ohne mir zumindest einen Knöchel zu brechen – unsere Engelkörper sind zwar robust, aber nicht unverwundbar –, doch ich hoffte, die Distanz durch diesen kleinen Trick verringern zu können. Ein Kabelende in jeder Hand, stieg ich auf die Fensterbank und trat gefährlich lange Glassplitter aus dem Rahmen; dann, als das Wutgebrüll der

Kreatur kurz nachließ, rief ich: »Monica – nimm den Wasserstrahl von ihm weg!«

»Bist du verrückt?«

»Vertrau mir!«

Der Wasserstrahl schwenkte zur Seite, und der Ghallu richtete sich auf. Einen Augenblick lang konnte ich erahnen, wie er
ohne die Deformation durch die Hitze aussah: die Haut dunkel, knorrig und glänzend. Weil der Druck plötzlich weg war,
kam der Ghallu ins Stolpern; ehe er sich wieder gefangen hatte
und auf die beiden weiblichen Engel, die ihn so geärgert hatten,
losgehen konnte, brüllte ich aus voller Lunge: *He, du da! Ja,
du – du großes, heißes, dummes Monster!«*

Die dampfende Kreatur drehte sich nach mir um, und ich
sprang rückwärts zum Fenster hinaus, die Enden der dicken Verlängerungsschnur umfasst wie die eines Springseils. Zuerst kam
ein Moment freien Falls, dann ein schmerzhafter Ruck, der mir
beinahe die Arme auskugelte. Aber mir blieb nicht viel Zeit zu
leiden: Unter dem jähen Zug meines Gewichts an der Kabel-
schlinge fiel die Jukebox um, womit ich nicht gerechnet hatte.
Statt mich also zwischendurch für den Rest der Strecke wapp-
nen zu können, federte ich nur einmal kurz empor und fiel dann
weiter.

Beim Aufprall schoss mir Schmerz durch beide Beine, aber
ich tat mein Bestes, eine Fallschirmspringerrolle zu machen, um
die Wucht zu verringern. Während ich keuchend am Boden lag
und mich nach besonderen Auffälligkeiten wie etwa offenen
Knochenbrüchen abtastete, sah ich den Ghallu aus dem zertrümmerten Fenster herabstarren, umgeben von einem Heiligenschein aus Wasser, da Annie und Monica den Schlauch wieder auf ihn gerichtet hatten. Die Kreatur stand trotz des
Druckstrahls fast bewegungslos da und guckte – oder schnupperte –, wo ich abgeblieben war. Auf dem Bürgersteig und auf
der Straße standen jetzt Polizisten und Feuerwehrleute, ange-

rückt wegen eines Geschehens, das sie zweifellos für einen aus dem Ruder gelaufenen Raubüberfall im Alhambra-Gebäude hielten, ein Grund mehr, das Monster schnell von hier wegzulocken – bevor es sie alle massakrierte. Ich rappelte mich auf und rannte hinkend los, weg von den blinkenden Warnlichtern, raus auf den Beeger Square. Stimmen brüllten hinter mir her, und ein paar Polizisten setzten mir sogar nach.

Sie würden mich nicht kriegen.

Als ich in der Mitte des Platzes war, hörte ich die ersten erschrockenen Schreie später Nachtschwärmer und wusste, dass der Ghallu mir auf den Fersen war. Das war gut, weil ich ihn immerhin von meinen Freunden weglotste, aber wenn der nächste Teil meines Plans nicht klappte, würde ich den Aschermittwoch nicht erleben.

Zwei Teenager auf einem Motorrad fuhren mich in ihrer Panik beinahe über den Haufen und casteten sich damit selbst für eine Schlüsselrolle in Teil Zwei meines Plans: Ohne irgendein Fahrzeug würde ich nicht mal bis ans andere Ende des Platzes kommen, ohne dass der Dämon mich zuvor in Fetzen riss. Mit ein paar langen Sätzen holte ich die Motorrad-Kids ein. Ich riss den Sozius vom Sitz und sprang an seiner Stelle auf, und noch bevor der Fahrer kapierte, was los war, hob ich auch ihn hoch und warf ihn von der Maschine. Ich duckte mich über den Lenker, schaltete nach einigem Herumprobieren in den zweiten Gang – es war eine neuere Yamaha, und ich war schon länger nicht mehr Motorrad gefahren – und rief dann dem am Boden liegenden Fahrer zu: »Sag, dass du vollkaskoversichert bist. Bist du doch, oder?«

Er sagte etwas, das ich nicht richtig verstand. Ich redete mir ein, dass es »*Ja, klar!*« gewesen war und gab dann Gas. Der Motor war überraschend stark. Das Vorderrad hob ab, aber ich legte mich ganz nach vorn und brachte es wieder auf den Boden, raste dann, so schnell es ging, zwischen Leuten hindurch, die jetzt panisch in alle Richtungen davonsprangen, vielleicht meinetwegen, vielleicht aber auch wegen des riesigen dampfenden, gehörnten Horrorwesens, das mich verfolgte.

Als ich zwischen zwei Einsatzfahrzeugen am anderen Ende des Beeger Square hindurchkurvte, hätte es mich beinahe gelegt, aber ich fing mich wieder und preschte die Main Street entlang, wo nicht ganz so viele Leute waren. Ich wollte zum Riverside, dem Freiluft-Einkaufszentrum, weil dort jetzt alles zu war und ich es mir nicht leisten konnte, mich weiter zwischen Fußgängern hindurchzuschlängeln: Der Ghallu war direkt hinter mir, das konnte ich hören, auch wenn ich es bei diesem Tempo nicht wagte, mich umzudrehen. Weiter ging es, über Bordsteine und durch Fußgängerpassagen, die nicht für ein Sechzig-Meilen-Tempo gebaut waren – ich war verdammt nah dran, mich selbst umzubringen und dem Uraltdämon die Mühe zu ersparen. Aber irgendwie schaffte ich es, eine stehende Rolltreppe hinaufzuholpern, ohne dass mir ein Reifen platzte, und in die obere Einkaufsesplanade des Riverside zu gelangen. Jetzt wagte ich einen Blick zurück und sah das schwarze Etwas hinter mir die Rolltreppe heraufkommen. Es war jetzt wieder ganz trocken und von Flammen umzüngelt; seine glühendroten Augen fixierten mich unbarmherzig.

Die obere Ebene des Riverside hat am einen Ende lauter Läden, ist aber am anderen Ende zum geschniegelten Ufer des Redwood River hin offen. An dieses andere Ende musste ich, aber überall standen Pflanztröge, Bänke und kleine Kioske für Eis, Süßigkeiten und dergleichen, die jetzt natürlich geschlossen hatten. Also musste ich Gas wegnehmen, um mich zwischen all dem hindurchzufädeln. Ich hörte die Schritte des Ghallu dicht hinter mir. Das Monster war offenbar überhaupt nicht zu ermüden, ich schon.

Über das Eisengitter am Ende der Esplanade zu springen, war ausgeschlossen, also tat ich das einzig Mögliche: In letzter Sekunde, als es noch zehn, fünf, vier, drei Meter bis zur Absperrung waren, stieg ich auf den Sitz, stellte mich mit ausgebreiteten Armen hin und schnellte mich mit aller Kraft empor.

Die Yamaha krachte mit etwas über vierzig Meilen und einem explosionsartigen Geräusch in das Eisengitter. Vom Schwung der Bewegung weitergetragen, flog ich durch einen Funkenregen, während ein ganzes Stück des Gitters samt dem Motorrad, das darin verheddert war wie ein Delphin in einem Fischernetz, herausbarst und die Uferböschung hinunterpurzelte. Ich sah es in fast zeitlupenartiger Klarheit, während ich durch die Luft dem grünen Wasser entgegenflog.

Ich klatschte mit der schmerzhaftesten aller Arschbomben ins Wasser – ehrlich, ich habe schon Leute brennende Flugzeuge eleganter runterbringen sehen. Aber das Wichtige war: Ich tauchte an einer Stelle ein, wo das Wasser tief genug war, um die Energie meines Sturzes zu absorbieren, und ich schaffte es irgendwie, bei Bewusstsein zu bleiben. Als ich wieder emporzutreiben begann, zog ich den Siphonschlauch aus meinem Hosenbund, riss den kleinen Hahn ab und steckte ein Schlauchende in den Mund. Ich hielt im Emportauchen so lange wie möglich die Luft an und schob dann, als ich knapp unter der Wasseroberfläche war, das andere Ende des Schlauchs über Wasser. Als ich ein Fleckchen erreichte, wo ich die Füße auf den Grund setzen und das Schlauchende über Wasser halten konnte, stellte ich jede Bewegung ein und versuchte einfach nur stillzustehen.

Ich war fast in der Mitte des Flusses und glaubte nicht, dass eine Kreatur, die wegen eines Wasserstrahls aus einem Schlauch ein solches Geheul angestimmt hatte, in so viel Wasser hinauswaten würde, wenn sie mich nicht mal sehen konnte – und hoffentlich auch nicht riechen, solange ich unter der Oberfläche blieb.

Es war ein aus der Verzweiflung geborener Plan gewesen, und ich war gar nicht dazu gekommen, darüber nachzudenken, wie es sich wohl anfühlte, auf dem Grund eines zehn Grad kalten Flusses zu stehen und durch einen Plastikschlauch zu atmen. Die ersten zwei, drei Minuten war es gar nicht so schlimm, aber nach zehn Minuten fror selbst ich mit meiner, gemessen am menschlichen Durchschnitt, extrem robusten Konstitution so fürchterlich, dass ich schon mit mir debattierte, ob es wirklich schlimmer sein konnte, von dieser Kreatur eingefangen oder getötet zu werden, als in diesem Wasser an Unterkühlung zu sterben.

Ich wartete noch eine Minute, arbeitete mich dann langsam ins Flache zurück und wankte an Land, genauer gesagt, auf ein verstecktes Fleckchen Zementufer unter einem Fußgängersteg. Vom Ghallu keine Spur, aber ich rührte mich nicht, bis ich sah, dass sich Polizisten und Sanitäter an dem Ende der Einkaufsesplanade versammelten, wo das Motorrad durch die Eisenabsperrung gebrochen war, und auf den Fluss hinabzeigten. Ein paar verbogene Metallteile ragten aus dem Wasser. Ich dachte mir, dass demnächst Taucher hinabgeschickt würden, um nach meinem Leichnam zu suchen, also kletterte ich jenseits des Stegs das Ufer hinauf und bemühte mich, den größten Teil des Wassers aus meinen Kleidern zu wringen, in der Hoffnung, auszusehen wie ein Penner, der eine harte Nacht hinter sich hatte. Ob mir kalt und elend war? Fragen Sie nicht.

Ich rief Sam an, aber er ging nicht dran, also sprach ich ihm eine knappe Nachricht auf den Anrufbeantworter, um ihn wissen zu lassen, dass ich noch am Leben war. Ich hoffte, dass das auch für ihn galt, machte mir aber Sorgen, weil ihn die Kreatur mit dem schweren Holzstück übel getroffen hatte. Ich versuchte es bei Monica, ebenfalls vergeblich. Ich hatte wirklich Angst, dass all meine engsten Freunde und Kollegen durch meine Schuld umgekommen waren, konnte aber nicht lange darüber nachdenken, weil ich wusste, dass der Ghallu immer noch irgendwo da draußen war. Wusste, dass ich kein Auto und keine Silbermunition mehr hatte und dass Eligors Spitzel inzwischen garantiert in der ganzen Stadt lauerten.

Zitternd probierte ich es bei Clarence, dem Engel-Azubi, doch nicht mal den konnte ich erreichen, und allmählich fragte ich mich, ob mich alle einfach mieden – aus Selbstschutz. Ich wollte nicht triefnass den hellerleuchteten Veterans Boulevard entlangmarschieren, um mir ein Motelzimmer zu suchen, und ich wusste von keiner Obdachlosenunterkunft, die mich um diese Nachtzeit aufnehmen würde. Es blieb nur eine Möglichkeit.

Ich wählte die Nummer, von der ich nicht geglaubt hatte, dass ich sie je wirklich benutzen würde. Auch da war niemand, aber ich hinterließ eine Nachricht.

Eine Viertelstunde später hielt die lange schwarze Limousine am Rand des Veterans, über der Stelle, wo ich, noch immer tropfend, im Schattendunkel der Uferböschung hockte. Ich krabbelte hinauf und öffnete in geduckter Haltung die Beifahrertür. Als ich einsteigen wollte, presste sich etwas Hartes, das sich sehr nach Pistole anfühlte, an meine Stirn.

»Ihnen ist doch klar, dass es diese Taxifahrt nicht gratis gibt, Dollar?« Die Gräfin von Coldhands hatte eine extrem ruhige Schusshand, nicht das leiseste Zittern. »Entweder Sie sagen mir alles, was Sie wissen und zu wissen glauben, oder man wird morgen früh im Redwood River eine Leiche finden, die aussieht wie Ihre.«

Es streitet sich schwer, wenn man die Mündung einer Automatik zwischen den Augenbrauen spürt. »Sie haben mein Engelehrenwort.«

»Wunderbar«, sagte sie, vielleicht eine Spur sarkastisch. »Steigen Sie ein.« Sie nahm die Waffe von meiner Stirn, hielt sie aber weiter auf mich gerichtet – eine große Czech 9 mm, die aussah wie versilbert. Es war wohl Platin oder Chrom, aber sehr chic! Sie sah missbilligend zu, wie ich meinen nassen Köper auf dem Ledersitz plazierte, und zog dann den mächtigen Wagen hinaus auf den Veterans. »Sie riechen nach Teichschmodder und Entenkacke, Dollar. Scheint so, als hätten Sie gründlich untertauchen müssen.«

»Ha-ha.« Mein lässiger Ton wurde durch mein heftiges Schnattern ein wenig unterlaufen. »Könnten Sie die Heizung höherstellen?«

»Ihnen kann es wohl nicht heiß genug hergehen«, sagte sie, stellte die Heizung aber trotzdem ein, zwei Stufen höher, während sie sich durch den Verkehr fädelte, die glänzende CZ-Automatik jetzt zwischen den Oberschenkeln. »Und wenn Sie mir erzählt haben, was ich wissen will, wohin soll ich Sie dann bringen?«

»Im Moment wäre selbst die Hölle eine nette Abwechslung.«

Sie runzelte die Stirn. »Sie ahnen ja gar nicht, was für ein schlechter Witz das ist.«

21

MESSERKAMPF
IN EINEM HAREM

Ich kenne nicht viele weibliche Wesen – weder Menschen-
noch Engelfrauen –, die richtig gern Auto fahren. Meiner Erfahrung nach gehen Frauen die Fahrerei pragmatischer an als wir.
Für die meisten Männer ist das Auto eine Art Erweiterung ihrer
Männlichkeit; bei ihnen laufen die ganze Zeit kleine Phantasie-
szenarien ab: Rennen, Verfolgungsjagden und dramatische Zwei-
kämpfe mit anderen Fahrern. Dagegen sehen Frauen das Fahren
offenbar eher als ein Mittel, um irgendwohin zu kommen. Verrückt, ich weiß.

Als wir uns in hohem Tempo vom Schauplatz meines jüngsten Ghallu-Abenteuers entfernten, bemerkte ich daher mit
Interesse, dass die Gräfin von Coldhands in dieser Hinsicht keine
normale Frau war. Sie fuhr aggressiv und schnell, aber zugleich
mit selbstbewusster Lässigkeit. Und sie fuhr die meiste Zeit ein-
händig, was aber auch daran liegen konnte, dass sich in ihrer
linken Hand die nicht gerade zierliche CZ-75-Automatik befand: Sie ruhte zwar auf ihrem Oberschenkel, war aber stets auf
mich gerichtet.

»Warum hatten Sie überhaupt einen Fahrer? Das Fahren
scheint Ihnen doch richtig Spaß zu machen.«

»Sie meinen Cinnamon? Meistens habe ich Besseres zu tun,
als zu fahren. Aber wie ich schon sagte, die Situation hat sich

geändert – ich musste etwas downsizen.« Sie setzte die Limousine passgenau zwischen zwei Lastwagen und zog dann fließend auf die Ausfahrtspur hinüber. Wir waren bisher auf dem Bayshore gewesen, doch als wir jetzt abfuhren und die University Avenue nach Westen nahmen, begann mein Dollar-Sinn zu kribbeln. (Nein, so was habe ich nicht wirklich – kennen Sie denn keine Comics?) Kurz dachte ich, wir führen zum Walkerschen Haus, dem Heim der zugedröhnten Posie und ihres dämlichen Boyfriends, und gleich würde sich herausstellen, dass ich ein noch größerer Trottel war, als ich dachte – dass die Gräfin mich aus irgendeinem Grund, den ich nicht kannte, von Anfang an in eine fiese Falle gelockt hatte. Aber warum bräuchte sie dafür einen speziellen Grund? Wir standen doch auf verschiedenen Seiten, oder nicht? Wir waren Blutsfeinde.

Als ich gerade meine Flucht (oder meinen Gegenangriff, wenn das mannhafter klingt) zu planen begann, bog sie scharf rechts ab, in das hellerleuchtete, aber heruntergekommene kleine Viertel, das unter dem Namen Whisky Gulch bekannt ist, eine Oase gleich außerhalb der juristischen Reichweite des Stanfordschen Alkoholbanns. Whisky Gulch war in den Fünfzigerjahren die Hochburg der lokalen Jazz-Szene gewesen und in den Siebzigerjahren dank einiger Diskotheken für eine Weile wiederaufgelebt, aber danach war es mit dem Nachtleben hier bergab gegangen. Doch einige Clubs wie etwa das Glo-Worm existierten schon seit der Großen Depression, und kaum einer war nicht irgendwann im Lauf der Jahre Kulisse der Erschießung oder Verhaftung irgendeines bedeutenden Bürgers von San Judas gewesen. Es war eine komische Vorstellung, dass diese Heimstatt der Ausschweifung und des Lasters in unmittelbarer Nachbarschaft der adretten, regelmäßig mit dem Laubgebläse gereinigten Wohngegend von Leuten wie Edwin L. Walker lag.

»Runter«, sagte sie plötzlich, als wir die alte Amüsiermeile entlangkutschierten. »Zu viele Augen da draußen.«

»Dieser Wagen hat getönte Scheiben.«

»Ich spreche nicht von Menschenaugen.«

Ich duckte mich, bis mein Kopf auf Handschuhfachhöhe war. Aus dieser Position konnte ich es mir nicht verkneifen, meine Chauffeurin zu betrachten, die, wie ich jetzt erst merkte, nicht irgendein raffiniertes Wickelkleid trug, sondern einen seidenen Morgenrock. Er war von ihrem rechten Bein geglitten, und ich sah ihre grazilen, aber kräftigen Schenkel- und Wadenmuskeln arbeiten, während sie die Pedale bediente. Es war hochinteressant.

»Behalten Sie Ihren Blick bei sich, Flügelflegel«, sagte sie nach einigen Sekunden.

»Ich soll wirklich nicht gucken? Ich dachte, ihr weiblichen Dämonen habt es mit Verführung.«

»Was Sie über weibliche Dämonen nicht wissen, Dollar, würde etliche Bücher füllen, viel zu dicke Bücher, als dass Sie sie lesen könnten.«

Ich musste lachen, trotz meiner gebrochenen Rippen und der auf mich gerichteten Pistole. »Wie Sie meinen. Wo bringen Sie mich eigentlich hin?«

»An einen Ort, an dem Sie sich etwas Trockeneres und Unauffälligeres anziehen können, während ich darüber nachdenke, wo ich Sie rausschmeiße, nachdem Sie mir unter vier Augen erzählt haben, was Sie wissen.«

»Und der wäre …?«

»Können Sie nicht einfach mal die Klappe halten?«

Das kriege ich oft zu hören.

Wir fuhren durch eine dunkle Gegend, in der hohe Apartmenthäuser standen, nicht die gehobene Sorte wie an der University Avenue, mit properen Fassaden und uniformierten Portiers, sondern die Art Apartmenthäuser, wo auf den Balkons Wäsche hängt und auf verunkrautetem Lehmboden, der mal Rasen war, kaputte Spielsachen sich langsam in ausgebleichte Fossilien verwandeln. Die Bürgersteige waren jetzt natürlich menschenleer – es war nach zwei Uhr morgens –, aber der herumliegende Müll ließ darauf schließen, dass sie gewöhnlich voller Leute waren, die nicht allzu viel zu tun hatten. Unsere Reifen knirschten über Flaschenscherben, als wir in eine abschüssige Einfahrt einbogen.

»Ich verbringe dieser Tage mehr Zeit in Tiefgaragen, als mir lieb ist«, sagte ich, als sie den mächtigen Wagen in das Parkgeschoss eines fünf- oder sechsstöckigen Gebäudes lenkte, das sich, soweit ich erkennen konnte, in nichts von den Nachbarblocks an der tristen, dunklen Straße unterschied.

»In dieser hier werden Sie nicht lange sein.« Sie fuhr an mehreren freien Parkboxen vorbei und geradewegs auf die Rückwand der Garage zu. Kurz davor drückte sie auf eine Vorrichtung an ihrer Sonnenblende, und die ganze Wand hob sich wie durch Zauberei. Wir fuhren durch die Öffnung, und die Wand glitt hinter uns lautlos wieder herab.

»Boah.« Ich war beeindruckt. »Wie haben Sie das denn gefunden?«

»Es gehört mir. Ich habe es bauen lassen. Und die Handwerker sind jetzt alle tot.« Sie sah mich an – ich konnte wirklich nicht erkennen, ob es ein Scherz war oder nicht. »Werden Sie also so freundlich sein, den Mund zu halten?«

»Sie nehmen mich mit in Ihre Wohnung?« Mich überkam etwas, das sich so anfühlte, wie ich mir pubertäre Erregung vorstelle – »vorstelle«, weil ich mich nicht daran erinnern kann, und »pubertär«, weil mir plötzlich so war, als sprössen mir überall Haare, und ich mich zu keiner artikulierten Äußerung mehr imstande sah. Es mochten ja Pheromone oder einfach nur übelste Höllentricks sein, aber die Gräfin von Coldhands hätte selbst bei einem Toten einen gewissen Körperteil auferstehen lassen, um es mal so zu sagen.

»Ja, es ist meine Wohnung, aber nicht meine einzige, also glauben Sie nicht, Sie könnten mich gewinnbringend verraten.

Dies ist nur ein winziges Informationsfetzchen – und Sie sind nicht der Einzige, der es kennt.«

Das hatte einen seltsamen Nachklang, dem ich jedoch nicht lange hinterherhorchte, da wir jetzt ausstiegen. »Danke. Sie haben so eine nette Art, einen willkommen zu heißen.« Ich folgte ihr eine schmale, dunkle Treppe hinauf, die direkt von ihrem versteckten Parkplatz abging. »Apropos, zielen Sie eigentlich immer noch mit dieser Pistole auf mich?«

»Raten Sie mal.«

»Okay, dachte ich mir schon.«

Sie schloss die Tür am oberen Ende der Treppe auf – ich konnte nicht umhin zu bemerken, dass es eine extrem massive Tür war, wie der Zugang zu einem öffentlichen Luftschutzbunker – und führte mich dann in einen Raum voller Überraschungen.

Überraschung Nummer eins: Als sie den Schalter betätigte und überall Licht aufglomm, ein halbes Regenbogenspektrum von gedämpften Rot-, Gelb- und Orangetönen, konnte ich keinerlei Fenster entdecken, als ob wir uns in einer unterirdischen Behausung befänden, was definitiv nicht der Fall war. Und die zweite Überraschung: So wie die Gräfin redete und sich kleidete, hätte ich etwas streng Modernes erwartet oder allenfalls ein informelles Bohème-Ambiente, doch ihr kleines Refugium wirkte wie ein Harem aus *Tausend und eine Nacht* oder eine Kulisse für die *Entführung aus dem Serail*. Die Wände waren mit fließendem, gazedünnem Stoff verhängt; Lämpchen dahinter glühten sanft wie natürliche Lichterscheinungen. In einer Ecke stand ein riesiger bronzegerahmter Spiegel, dekoriert mit Ketten von etwas, das wie eine sehr teure Version von Karnevalsperlen aussah, und gegenüber stand ein von Vorhängen umrahmtes Bett. Die dünnen roten Bettvorhänge waren zugezogen und mehrlagig, sodass ich das Bett selbst nicht sehen konnte, aber schon seine bloße Anwesenheit lud die Luft im Raum erotisch auf.

Böser Engel, schalt ich mich, *blöder Engel. Lockfallen des Feindes, du weißt doch?*

Mir wurde bewusst, dass ich das Bett anstarrte. Statt diese Wirkung, die es selbst auf einen schlachtenerprobten Gegner hatte, zu genießen, schien meine Gastgeberin irritiert und vielleicht sogar ein bisschen verlegen.

»Hübsch hier«, sagte ich. »Wer war Ihr Innenarchitekt, Cecil B. DeMille?«

»Es gefällt mir nun mal.« Sie klang ärgerlich. »Wenn Sie duschen wollen, das Bad ist da.« Sie zeigte auf eine halbverhängte Tür und setzte sich dann in einen antiken Sessel vor einem ebenso antiken Schreibtisch; das Einzige, was das Bild störte, waren der aufgeklappte Laptop auf der Tischplatte und die Kabel, die sich unter dem Möbel hervorschlängelten. »Im Schrank müssten Sie Sachen finden, die Ihnen passen. Nehmen Sie sich, was Sie wollen.« Sie konzentrierte sich auf das Laptopdisplay, als ob ich gar nicht mehr da wäre.

Diese Frau war mir ein komplettes Rätsel.

Nein, rief ich mich zur Ordnung. *Nicht Frau. Vielleicht früher mal, aber schon lange nicht mehr. Sie ist ein Mitglied der Herrscherkaste der Hölle, ein Dämon, der nur auf Zerstörung und die Pervertierung alles Guten sinnt, und wenn sie dir hilft, dann allein deshalb, weil es ihr in den Kram passt. Trau ihr nicht, egal, was sie sagt oder tut.*

Trotzdem war ich, als ich aus der gekachelten Dusche mit dem herrlich heißen Wasser trat und in dem luxuriösen begehbaren Kleiderschrank zu stöbern begann, gar nicht erbaut über die lange Reihe von Kleiderbügeln mit Khaki- und Tuchhosen, teuren maßgeschneiderten Sportsakkos, weißen Stehkragenhemden und Polohemden im gesamten Farbspektrum eines blühenden Regenwalds. Alles in mir krampfte sich zusammen, weil ich kürzlich erst jemanden mit dieser Art von exklusiv-lässigem Geschmack getroffen hatte. Einen gewissen Großfürsten der Hölle nämlich. Ich checkte das Monogramm auf der Innentasche eines Jacketts. Wie ich schon geargwöhnt hatte: KV – Kenneth Vald.

Ich nahm mir, was mir am wenigsten zuwider war – schwarze Hosen und ein weißes Hemd –, und ging damit ins Zimmer.
»Hübsche Klamottenkollektion. Wessen?«

»Geht Sie nichts an, Dollar.«

»Sind Sie sicher? Vielleicht kenne ich denjenigen ja.«

»Ich stelle hier die Fragen, klar? Es sei denn, Sie möchten jetzt auf der Stelle gehen, aber um diese Zeit ist das da draußen keine so tolle Gegend, schon gar nicht für einen Mann, den so viele Leute suchen und der zu Fuß unterwegs ist.«

Schlagendes Argument. Ich ließ mich in einen Sessel unweit ihres Schreibtischs fallen und tröstete mich damit, die Zehen in den hochflorigen Teppichboden zu graben und mir zu sagen, wie viel besser das hier war, als in einem kalten Fluss zu stehen und durch einen nach Tonic schmeckenden Schlauch zu atmen.
»Okay, Gräfin, ich bin Ihnen eindeutig etwas schuldig. Was möchten Sie wissen?«

»Alles.« Sie fixierte mich mit diesen blassblauen Augen; ich musste daran denken, wie ihre Augen bei unserer ersten Begegnung gewesen waren: so rot wie das Schaufenster einer Amsterdamer Hure. »Erzählen Sie mir, was war, seit Sie in diese Sache hineingeraten sind.«

»Beantworten Sie mir dann auch ein paar Fragen?«

»Keine Garantien, Dollar. Wie Sie schon sagten: Sie schulden mir etwas.«

Also erzählte ich ihr, wo ich gewesen war und was ich gemacht hatte. Ich glättete vielleicht hier und da ein wenig und schilderte nicht *so* detailliert, was für eine Mordsangst mir der Ghallu gemacht hatte. Ich hielt auch ein paar Fakten über den Himmel und das *Compasses* zurück – schließlich wollte ich ja einen Gefallen erwidern und nicht meine Partei in diesem uralten Krieg verraten. Ich sagte es nicht eigens, wenn ich etwas ausließ, weil mir klar war, dass sie es ohnehin merkte, und die Gräfin war so taktvoll, nicht weiter nachzuhaken, bis ich zu den jüngsten Informationen von Fatback kam.

»Grasswax hatte Spielschulden bei Prinz Sitri? Sind Sie sicher? Woher haben Sie das?«

»Jetzt antworte ich mal, dass Sie das nichts angeht.« Ich würde meine Quelle nicht preisgeben. Auch wenn es die Gräfin nicht allzu viel Mühe kosten würde, sie ausfindig zu machen – viele Leute wussten von dem Schweinemann und seinem Hass auf die Hölle. Trotzdem, es ging ums Prinzip. Ja, ein paar Prinzipien habe ich. »Warum ist das so wichtig?«

»Das ist wichtig, Sie Schwachkopf, weil ich, wie schon gesagt, Grasswax dieses … Ding gegeben habe. Zur Aufbewahrung. Er war mir etwas schuldig, und ich wusste Sachen über ihn … Sachen, die die höheren Höllenmächte aus seiner Sicht lieber nicht erfahren sollten. Aber ich wusste nicht, dass er Schulden bei Prinz Sitri hatte. Dieser schleimige kleine Mistkerl!«

»Sitri oder Grasswax?«

»Grasswax! Er muss vor Sitri noch mehr Angst gehabt haben als vor mir.« Sie erhob sich und ging auf und ab. »Was ist Sitris Rolle bei dem Ganzen …?«

Um der Wahrheit willen muss ich gestehen, dass ein Teil von mir es ausgesprochen genoss, sie vor mir auf und ab tigern zu sehen. Die Pantoletten, die sie für die Autofahrt angehabt hatte, waren in die Ecke geflogen; allein schon ihre hellen Waden, Fesseln und Füße waren ein elektrisierender Anblick.

»Moment, ich verstehe überhaupt nichts.« Ich schaute kurz woandershin, um meine Gedanken zu sammeln. »Es muss doch ein großes Risiko für Sie gewesen sein, Eligor etwas zu stehlen. Warum haben Sie dieses Etwas dann einer miesen kleinen Ratte wie Grasswax gegeben?«

»Weil ich verfolgt wurde und es loswerden musste! Weil die … das Ding …«

»Sie können es ruhig die Feder nennen. Ich weiß, was es ist.«

Letzteres war einfach ein Schuss ins Blaue, um ihre Reaktion zu testen. Die war allerdings ziemlich spektakulär: Die Augen der Gräfin weiteten sich – ich hätte schwören können, dass es Angst war, die ich darin sah. »Woher wissen Sie das?«

Da ich Edie Parmenter nicht in Schwierigkeiten bringen wollte, sagte ich nur: »Ein Vögelchen hat es mir ins Ohr gezwitschert, aber das tut nichts zur Sache. Ich weiß alles darüber.« Was zu den unwahreren Dingen gehörte, die ich an diesem Tag gesagt hatte. Ich hatte immer noch keine Ahnung, was diese goldene Feder sein mochte und warum sich Eligor oder sonst irgendjemand deswegen so ereifern sollte, aber in diesem Moment wollte ich, dass sie dachte, ich wüsste mehr. »Und ich will auch den Rest wissen. Kommen Sie, Gräfin, helfen Sie mir mit den Details. Sie wurden verfolgt. Sie hatten dieses unglaublich wertvolle Ding – und gaben es Grasswax? Einem verlogenen, hinterlistigen Kerl, der nicht nur ein Höllendämon ist, sondern obendrein noch *Jurist*? Warum sollten Sie so was tun?«

»Warum? Weil ich dachte, ich hätte ihn in der Hand. Ich versprach ihm, wenn er das Ding sicher für mich aufbewahrte, würde ich Beweise, die ich gegen ihn hatte, vernichten.«

»Warum hatten Sie Beweise gegen ihn? Was für welche?«

Sie wurde jetzt eindeutig aggressiv. »Ist doch egal! Verstehen Sie denn gar nichts, Sie Idiot? Da, wo ich herkomme, hat jeder gegen *jeden* etwas in der Hand. Das ist unsere Art zu überleben. Jeder bespitzelt jeden und betrügt jeden, und jeder macht irgendwelche Deals. So klettern wir aus dem Dreck und der Scheiße und der glühenden Lava empor und erkaufen uns ein bisschen Freiheit, richten uns ein kleines Leben ein …«

»So wie hier in San Judas«, sagte ich. »Wo Sie sich dieses hübsche kleine Pied-à-terre eingerichtet haben.«

»Das hier?« Sie sah sich mit verächtlicher Miene um. »Eins

von einem Dutzend. Ich hatte mal überall eigene Häuser – und nicht nur in Kalifornien.«

»Was ist passiert?«

Sie sah mich an, als wäre ich nicht nur ein Idiot, sondern auch noch irgendwie selbst dran schuld, aber darunter war noch etwas anderes, eine siedende Wut, die ich noch nie gesehen hatte. »Sie sind noch nicht drauf gekommen? Ein feiner Schnüffler sind Sie, Dollar.«

»Ich bin kein Schnüffler. Das bilden *Sie* sich ein. Ich bin nur jemand, der versucht, seinen Job zu machen und zu überleben – und im Moment *ist* Überleben mein Job. Ja, ich glaube, ich weiß, was passiert ist. Weil Erpressung nicht das Einzige ist, womit man sich Freiheit erkaufen kann, stimmt's? Man kann es auch, indem man den richtigen Leuten zu Gefallen ist, auf welche Art auch immer. Wichtigen Leuten. Leuten wie Kenneth Vald, alias Großfürst Eligor. Ihr Sugar-Daddy.«

Sie schüttelte ihr weißblondes Haar, das sich auffächerte und dann wieder glatt herabfiel. »Sie können es ruhig so nennen, wenn es Sie befriedigt. Sie würden mir vermutlich sowieso nicht glauben, dass ich wirklich verliebt in ihn war.«

»Da haben Sie recht, das würde ich nicht glauben. Aber ich bin ein großer Junge, also kann ich diesen Teil verstehen. Er ist *sehr* mächtig. So reich wie Bill Gates, aber wahrscheinlich wesentlich interessanter, von wegen der ewigen Verdammnis und den sechzig Legionen der Hölle und allem. Ja, ich kann ohne weiteres verstehen, dass ein taffes, intelligentes Ding wie Sie sich so jemanden ausguckt. Was ich *nicht* verstehe, ist, warum Sie beschlossen haben, ihn zu bestehlen – da ist der Ärger doch vorprogrammiert. Und warum eine goldene Feder?«

Jetzt blieb sie abrupt stehen und starrte mich an, in den Augen eine so kalte Wut, dass ich fühlte, wie ich von der zellulären Ebene aus gefror. »Ihn zu bestehlen. Oh, klar, anstatt mich damit zufriedenzugeben, die Geliebte eines der mächtigsten Macher auf dieser Erde zu sein, habe ich beschlossen, ihn auch noch zu beklauen. Das ist doch genau das, was Sie von einem miesen kleinen Ding wie mir erwarten, stimmt's?«

»Was ich denke, spielt keine Rolle«, sagte ich. »Aber ich will Antworten.«

Sie wandte sich ab, ging zu dem antiken Schreibtisch, zog die Schublade auf und kramte darin herum. »Ich hätte es wissen müssen«, sagte sie, und ihre leise Stimme klang erstickt und seltsam. »Ich. Hätte. Es. Wissen. Müssen.«

»Hören Sie, ersparen Sie mir diese Lady-Macbeth-Nummer oder was das sein soll«, sagte ich, während ich mich ihr von hinten näherte. »Es interessiert mich nicht, warum das alles so war, wie es war, und ich verurteile Sie ganz bestimmt nicht – wenn ich zur Hölle verdammt worden wäre, wäre ich sicher auch nicht pingelig in meinen weiteren Aktivitäten. Aber ich will trotzdem wissen, was Sie getan haben und warum, da Ihr Freund mich nun mal offensichtlich dafür drankriegen will …« Ich legte ihr die Hand auf die Schulter, doch selbst durch den Morgenrock war ihre Haut so eisig, dass ich sofort zurückzuckte, und das war meine Rettung. Sie wirbelte herum. Das große Krummmesser in ihrer Hand verfehlte meine Halsvene knapp, ritzte mich aber trotz meiner reflexhaften Ausweichbewegung. Es war eins jener langen Gurkha-Messer namens *Kukri*, und die kleine Casimira wusste offensichtlich damit umzugehen.

Ich fasste mir an den Hals, für den Fall, dass ich die Verletzung doch unterschätzt hatte und bereits verblutete; als ich die Hand wegnahm, war aber nur ein bisschen Blut daran. »Was zum Teufel …?«

»Du Schwein«, sagte sie mit gepresster Stimme, als führte sie ein Selbstgespräch. »Nein, du verurteilst mich ganz bestimmt nicht!« Sie führte einen weiteren Rückhandstreich, diesmal nach meinem Bauch, und ich konnte gerade noch wegspringen, aber sie ging schon wieder auf mich los. Ich versuchte, ihren Arm zu packen, doch sie tauchte unter meinen Händen durch und erreichte tatsächlich mit der Dolchspitze meinen Bauch, aber ein Kukri eignet sich besser zum Schlitzen als zum Stechen, und ich konnte mich wegdrehen, sodass ich nur einen weiteren flachen Schnitt davontrug. Ich war nach meinen diversen Auseinandersetzungen mit dem Ghallu nicht gerade in Bestform, und mir war klar, dass das hier nicht irgendein Streit mit einem frustrierten weiblichen Wesen war – die Gräfin war genauso stark wie ich und weitaus wütender, und sie war die mit dem scharfen Gegenstand in der Hand.

»Schluss jetzt!«, sagte ich. »Ich meine es ernst.« Ich sah mich nach irgendetwas um, womit ich mich verteidigen könnte, aber in diesem türkischen Boudoir von einer Wohnung gab es nichts Brauchbareres als Stühle, also griff ich mir einen und hielt ihn vor mich. Kurz hatte ich die Vision, dass ich, wenn ich auch noch eine Peitsche hätte, diese Tigerin vielleicht zähmen könnte, aber tatsächlich vermochte ich mit dem sperrigen Möbelstück kaum mehr als sie irgendwie auf Abstand zu halten.

Sie griff wieder an, tief und mit abgespreizten Armen, begann mit einer Finte in Richtung meines Gesichts. Als ich den Stuhl hob, um das Messer abzublocken, trat sie zu und traf mich so fest am Schienbein, dass ich seitwärts taumelte. Während ich mich noch zu fangen versuchte, drang sie schon wieder auf mich ein, aber ich drosch ihr ein Stuhlbein auf den hellen kleinen Fuß, und als sie fauchte und ihr Gewicht verlagerte, schaffte ich es, ohne vom Schwung des Stuhls umgerissen zu werden, ihr das andere Bein wegzuschlagen. Als sie hinfiel, erwog ich kurz, mit dem Möbelstück auf sie einzuhämmern, doch obwohl sie mir eben die Kehle hatte aufschlitzen wollen, spürte ich etwas Seltsames in ihrem Verhalten – sie kämpfte wie in Notwehr, obwohl ja sie es war, die mich angegriffen hatte. Ihr Blick war fern, ja verzweifelt, es lag etwas darin, was ein poetischerer Engel vielleicht resigniertes Entsetzen genannt hätte – jedenfalls nicht die

Art Emotion, die man erwarten würde, wenn einen ein altge-
dientes Höllenwesen zu schächten versucht.

Sobald die Gräfin am Boden lag, stürzte ich mich auf sie, wobei ich sehr genau auf den langen Kukri achtete, der im Moment
unter ihr eingeklemmt war. Als sie sich wegrollte und mit dem
Ding einen Streich nach meinem Gesicht führte, wobei sie mich
an Wange und Ohr erwischte, konnte ich ihren Arm packen und
an mir vorbeiführen. Ich donnerte ihn auf den Boden und warf
mich sofort mit dem Körper darauf, sodass sie nicht mehr an
mich herankam, jedenfalls nicht mit dem Messer. Sie schaffte
es, mich mit der anderen Hand kräftig zu kratzen, zog dann irgendwie die Beine an und hakte sie mir um den Hals. So schlank
diese glatten weißen Beine auch waren, sie klemmten binnen
Sekunden die Blutzufuhr zu meinem Gehirn weitgehend ab.
Mir wurde schwarz vor Augen, und alles, was Bobby Dollar war,
drohte in tosende Tiefen hinabzustürzen. Ich war mir nicht sicher, was es mit der Gräfin und ihrem verrückten Angriff auf
sich hatte, aber mir war ziemlich klar, dass ich, wenn ich in
Ohnmacht fiele, vielleicht nie wieder erwachen würde, also tat
ich das Einzige, wozu ich in der Lage war – ich verpasste ihr mit
aller Kraft, die mir blieb, einen Faustschlag an den Kopf. Ihr
Schädel prallte auf den Teppichboden, und der unglaubliche
Würgegriff ihrer Beine um meinen Hals lockerte sich. Ich nutzte
den Moment, um so viel Luft wie irgend möglich in mich hin-
einzuschlingen, packte dann ihren Messerarm und verdrehte
ihn, bis sie schließlich, fauchend und spuckend und mit einer
Grimasse, die aussah wie wahnsinniger Hass, die Finger öffnete
und das Messer fallen ließ. Ich kickte es möglichst weit weg,
doch diese kurze Gewichtsverlagerung gab ihr die Möglichkeit,
sich partiell unter mir hervor zu winden, und plötzlich war sie
irgendwie in meinem Rücken, zog unsäglich schmerzhaft an
meinem Haar und hieb mit der anderen Hand immer wieder
auf mein ohnehin schon blutendes rechtes Ohr ein.

Mit beiden Händen langte ich hinter mich, umfasste ihren Nacken und riss sie mit einem Ruck über meinen Kopf und meine Schultern, sodass sie ein weiteres Mal mit dem Kopf auf den Boden schlug, was doch trotz des dicken Teppichbodens allmählich Wirkung zeigen musste. Aber die Dämonin zögerte nicht, mich erneut mit den Beinen zu umschlingen, diesmal genau in Höhe meiner freien Rippen, die sie jetzt mit aller Macht zu brechen versuchte, während ich alles tat, um mich von ihr zu befreien. Wir erreichten beide unser Ziel nicht ganz, fügten uns aber gegenseitig beträchtlichen Schmerz zu. Das Ganze hatte jetzt etwas von einem Ringkampf zweier Besoffener: Keiner von uns wusste genau, wer im Vorteil war und warum wir überhaupt kämpften, und wir interessierten uns auch nicht sonderlich für solche Kleinigkeiten, sondern versuchten nur, uns gegenseitig kaputtzukriegen.

Endlich hatte ich sie wieder unter mir, und obwohl sie ein Bein über meiner Schulter und das andere Knie in meinem Solarplexus hatte und mit den Fäusten auf mein Gesicht einhämmerte, schaffte ich es, den Schmerz lange genug zu ignorieren, um meinen Unterarm auf ihre Kehle zu pressen. Ich ließ ihn dort und beachtete ihre Hiebe nur insoweit, als ich meinen Kopf mitpendeln ließ, um möglichst viel von der Wucht zu absorbieren. Nach einer halben Minute öffneten sich die Fäuste zur flachen Hand, dann wurden die Schläge zu kraftlosem Fuchteln und Kratzen. Schließlich sanken ihre Arme herab und sie erschlaffte. Ich wollte sie nicht töten – auch wenn sie mich umbringen wollte, besaß sie doch immer noch Informationen, die ich brauchte –, blieb aber auf ihr und lockerte zwar den Druck auf ihre Kehle, nahm aber den Arm nicht weg.

Etwa zwanzig Sekunden lag sie keuchend unter mir. Von meinem Ohr und meinem Gesicht tropfte Blut auf ihre Wange, wo es sich mit ihrem mischte, dann seitlich hinabbrann und auf dem Teppich einen sich ausbreitenden roten Fleck bildete. Ihre Lider öffneten sich flatternd, und einen Moment lang starrte sie mich an wie ein Tier, ohne dass da in ihrem Blick irgendetwas anderes war als reiner Kampfinstinkt, aber dann fixierten mich diese blassblauen Augen, und ihr Mund verzog sich zu einem trägen Grinsen. Da war Blut zwischen ihren Zähnen und auf ihren Lippen. Sie wölbte mir den Bauch entgegen, und ich dachte zuerst, sie versuchte sich mir wieder zu entwinden, aber nein, sie blieb so, das Becken fest und fordernd an mich gepresst.

»Wenn du mich nicht töten willst, Engel«, sagte sie, »lass uns was anderes tun, solange ich noch richtig auf Touren bin.«

22

KALTE HÄNDE

Ich hatte noch nie ein Höllenungeheuer geküsst. Ich weiß, das klingt wie der Auftakt zu einem Ex-Ehefrauen-Witz, aber es stimmt. Ich hatte Kellnerinnen gehabt und Motorradbräute, reifere Frauen mit einer langen Geschichte und kaum volljährige Mädchen, deren eigene Story gerade erst begann. Ich hatte heiße Nächte mit weiblichen Engeln erlebt, mal abgesehen von jenen sexlosen und dennoch intensiven, quasi-vorpubertären Beziehungen, die man im Himmel hat – sagte ich schon, dass es dort keinen Sex gibt? Okay, das fällt auch in die Kategorie »andere Geschichte«. Ich war sogar schon ein paarmal kurz davor gewesen, mich mit einer Angehörigen der Gegenseite auf Intimitäten einzulassen, aber nur weil ich nicht wusste, dass es sich um eine solche handelte, was ich dann immer noch rechtzeitig gemerkt hatte. Aber wissentlich einen Dämon geküsst hatte ich noch nie.

Wow.

Das soll jetzt nicht romantisch klingen, weil es das nämlich nicht war. Nicht gleich jedenfalls. Eben noch hatte ich auf diesem verrückten Ding gelegen, das mich umbringen wollte, und jetzt wälzten wir uns schon wieder am Boden, diesmal jedoch ohne irgendwelche ablenkenden Klingen. Erst als wir gegen ihren Schreibtisch rumsten, fiel mir ein, dass ich ja nicht wusste, wo sie beim Hereinkommen ihre Pistole abgelegt hatte und ob sie in dieser Schublade vielleicht auch etwas noch Fieseres als diesen Kukri aufbewahrte – ein taktisches Tomahawk oder ein türkisches Yathyagan-Schwert oder sonst irgendeine exotische Horrorwaffe –, aber die Gräfin schien nicht mehr daran interessiert, mich zu erledigen, jedenfalls nicht auf konventionelle Weise.

Glauben Sie nicht, dass ich den Hass und Argwohn eines ganzen Engelslebens einfach vergessen hätte – in meinem Kopf schrillten Alarmglocken, so laut, dass ich einen Gehörschaden davongetragen hätte, wären sie real gewesen, aber in dem Moment war mir das einfach egal.

Casimiras Morgenrock verhüllte ohnehin nicht mehr viel, und wir waren beide glitschig von Blut und Schweiß. Ihr Mund schmeckte feurig wie Tabasco, aber ihre Haut fühlte sich schockierend kalt an. Wir pressten uns so fest aneinander, dass es war, als könnten wir einander durchdringen. Ich spürte ihre Brustwarzen an meiner Brust, so hart wie Silberprojektile. In meinem Mund war das salzig-metallische Aroma von Blut, aber es schmeckte gut. Es schmeckte *richtig*. Ich wusste nicht, ob es Höllenmagie war oder einfach nur ordinäre Chemie, aber es fiel mir immer schwerer zu denken oder mich gar an dieser Tatsache zu stören.

»Halt mal«, sagte ich und zog mich ein wenig von ihr zurück. Wir lagen jetzt neben dem Bett, obwohl »liegen« viel zu passiv klingt: Sie hatte ein langes, glattes Bein um meinen Körper und beide Arme um meinen Hals geschlungen, und ihr Gesicht war so dicht vor meinem, dass ich kaum mehr sah als ihre blauen Augen. Jedenfalls ging ich davon aus, dass sie noch blau waren; in der schummrigen Haremsbeleuchtung hätte ich es nicht gemerkt, wenn sie wieder rot geworden wären. Ja, wir hätten in diesen letzten Minuten sogar durch den Fußboden sinken und bis in den Tartarus hinabstürzen können, ohne dass ich es mitgekriegt hätte. »Moment. Ich … Was tun wir hier?«

Sie beugte sich vor, leckte mir ein bisschen Blut von der Brust und grinste mich dann an, den roten Glanz noch auf der Zunge. »Sie erklären euch wohl nicht viel dort oben im Himmel?«

»Ich meine, was tun wir, du und ich? Wir sind doch … wir sollten doch …«

Sie zog sich höher hinauf, um mich auf die Stirn zu küssen – ein überraschend sanfter Kuss, fast schon rituell, die Lippen so kalt wie die einer Marmorstatue –, und rutschte dann wieder tiefer, bis ihr Becken an meinem war, sich an mich presste, sich an mir rieb. »Das ist mir egal!« Sie klang fast betrunken, halb lachend, halb weinend. »Das kümmert mich alles nicht, Bobby. Nicht jetzt. Dieser Moment gehört uns. Was später passiert …« Sie vollendete den Satz nicht, sondern hob mir ihr Gesicht – dieses wunderschöne, trügerische Gesicht – entgegen, und plötzlich kümmerte auch mich nichts mehr. Nicht meine blutenden Schnittwunden und angebrochenen Rippen, nicht meine Freunde und Mitengel, nicht mein Platz in dem großen Konflikt, gar nichts. Wenn der Ghallu persönlich die Tür eingetreten hätte und brüllend und lodernd hereingestampft wäre, hätte ich alles darangesetzt, ihn zu ignorieren. Ich senkte mein Gesicht auf ihres und fühlte meine letzten Vorbehalte schmelzen.

Obwohl unsere Münder praktisch nicht voneinander abließen, brauchte ich nicht lange, um sie aus dem zerrissenen Morgenrock zu schälen, ihre kleinen weißen Brüste und die zarte Kathedrale ihres Brustkorbs zu entblößen und das hauchzarte weiße Nichts von ihren Hüften und ihren Beinen zu streifen, bis sie ganz hellweiße, herrliche Nacktheit war. Sie half mir, mich auszuziehen, ungeduldig an Kleidungsstücken zu ziehen und zu zerren, bis wir beide über unsere chaotischen Bemühungen lachten, doch auch dabei noch pressten wir so viel Haut aneinander, wie wir nur konnten, fiebrig und hungrig. Wir waren ein einziges Glitschen und Küssen und Lecken und Beißen, ein unablässiges Kosten des Salzgeschmacks von Blut und Schweiß.

Casimira kam praktisch ohne Worte aus, produzierte nur kleine Laute der Überraschung und des gespielten Protests, wenn etwas ihrer zärtlichen Zuwendung entzogen wurde, und schnurrte zufrieden, wenn sie dafür etwas anderes bekam. Wir waren beide mit brennenden kleinen Wunden übersät, die wir uns größtenteils gegenseitig zugefügt hatten, doch hier in diesem fensterlosen Raum schien selbst dieser Schmerz nur das Spektrum unserer Lust zu erweitern.

Ihre Haut war so kalt wie ein Fischbauch, glatt und – an den wenigen Stellen, wo sich meine schweißnasse Haut nicht daran gerieben hatte – trocken, und nur ein leiser Hauch von Blut und Meeresmoschus schlängelte sich durch ihren süßen Duft wie eine Schlange durch einen Blumengarten. Als ich mein Gesicht an ihren Bauch presste, hatte ich einen Moment – und nur einen Moment – lang den Gedanken, dass Casimira eine Art animierter Leichnam war, dass man mich durch irgendwelche Tricks dazu gebracht hatte, etwas Totes zu lieben. Ich wich erschrocken zurück, aber ein Blick auf das ängstliche Verlangen in ihrem Gesicht sagte mir, dass das, was zwischen uns lief, etwas viel, viel Komplizierteres war als nur irgendeine Kriegslist. Wir waren unterschiedliche Wesen aus verschiedenen Welten, aber im Moment wollten wir beide das Gleiche, auch wenn keiner von uns genau wusste, was das bedeutete.

Sie hatte den Körper einer Balletttänzerin, nirgends ein Gramm Fett, die Brüste mädchenhaft klein mit amaranthfarbenen Knospen, so fest und kalt wie Eiskrem, die direkt aus dem Gefrierfach kommt. Ein zarter Schimmer von feinem, hellem Haar zog sich als nahezu unsichtbare Linie von ihrem Nabel über den flachen Unterleib zu ihrem Venushügel und vereinigte sich dort mit dem fast-weißen Bausch, der die Spalte verbarg. Als ich ihre Beine spreizte, um sie dort zu betrachten, bebten ihre Schenkelmuskeln, und sie machte ein Geräusch, als kämpfte sie gegen die Tränen an. Verzweifelt, so schien es, zog sie sich ins Sitzen hoch, drückte mich mit den flachen Händen ein Stück von sich, nahm dann meinen Schwanz in den Mund und machte mit ihrer verblüffend kühlen Zunge Sachen mit mir, die ich nicht erklären kann, zumal ich mich nicht genau daran erinnere, aber das Gefühl war so, dass ich auf den Rücken sank und eine ganze Weile nur dalag, außerstande, irgendetwas anderes zu tun, als es einfach geschehen zu lassen und zu hoffen, dass es nie aufhören würde. Ihre Hände waren dabei die ganze Zeit in Bewegung, streichelten und liebkosten mich; ich spürte ihre kühlen schlanken Finger überall, ablenkend und köstlich.

Doch dann stützte sie sich auf einen Ellbogen empor und fragte, während sie mich umfasst hielt und sachte drückte, mit einem schelmischen Blitzen in den Augen: »Mehr? Oder brauchst du mal eine Pause?«

Ich war in dem Moment nur zu einer Art von Antwort fähig: Ich drehte mich und rang sie wieder zu Boden, leckte, küsste und knabberte mich dann von ihrem Gesicht bis zu ihren Zehen hinab und wieder zurück, wobei ich auf dem Rückweg in der Mitte anhielt, um Nägel mit Köpfen zu machen. Als ich meinen Kopf zwischen ihre Schenkel schob, riss sie einen der hauchzarten Bettvorhänge los, ließ ihn auf uns herabschweben, fasste ihn an einem Ende, schlang ihn mir langsam und liebevoll um den Hals und benutzte ihn als eine Art Zügel, um mich anzutreiben oder zu bremsen, während ich mich in ihre köstliche Feuchtigkeit vertiefte. Ich hörte sie meinen Namen rufen, bis auch dieses Wort sich in unartikulierte Laute auflöste. Doch so sehr ich ihren Geschmack genoss, die kalte Haut und die salzig-feuchte Wärme, ich konnte nicht mehr lange warten – ja, ich konnte überhaupt nicht mehr warten. Während sie dalag und wieder zu Atem zu kommen versuchte, richtete ich mich zwischen ihren Beinen auf und wollte mich über ihr in Stellung bringen, aber sie ließ mich nicht, noch nicht. Sie wälzte mich auf den Rücken, legte mir den Zeigefinger auf den Mund, um meine Fragen zu unterbinden, hockte sich dann über mich und neckte meine Härte mit ihrer seidigen Weichheit, glitt vor und zurück, ohne mich in sich eindringen zu lassen, bis ich fast so verzweifelt war wie in den beängstigendsten Momenten unseres Kampfs, als ich ihr Messer an meiner Haut gespürt hatte. Und als ob wir immer noch kämpften, bot ich plötzlich meine letzten Kräfte auf und zwang sie auf den Rücken. Diesmal war ich es, der zustach, und sie war diejenige, die einen Laut ausstieß, der wie ein Schmerzensschrei klang. Kalt, kalt, ihre Haut war so kalt … aber inwendig war sie so heiß wie ein Glutofen. Da schrie auch ich auf, überrascht und erstaunt und überwältigt: dass es so sein konnte – dass irgendetwas so sein konnte!

»Er war nie hier«, sagte sie später, als wir nackt und schweißnass auf ihrem Bett lagen. »Er weiß nichts von dieser Wohnung.«

»Dachte ich mir schon. Wäre ja kein besonders gutes Versteck, wenn er es kennen würde. Schließlich willst du dich ja vor ihm verstecken, oder?«

Sie nickte. Ich betrachtete ihr makelloses Äußeres, ihr Schulmädchengesicht mit den uralten Augen, und konnte nicht umhin, mich wieder zu fragen, wie sie wohl wirklich aussah, aber irgendwie war es mir nicht mehr so wichtig. »Nicht nur verstecken. Ich will ihm entfliehen.«

»Was heißt das? Und wenn er nie hier war, warum hast du dann Kleidungsstücke von ihm hier?«

»Weil ich diese Wohnung von denselben Handwerkern habe bauen lassen, die auch all unsere anderen … Refugien gebaut haben, und damit sie nicht misstrauisch wurden, habe ich es genauso gemacht wie sonst, also auch den Schrank mit seinen Sachen bestückt. Um die Rechnungen habe ich mich immer gekümmert, ihn interessiert es sowieso nicht, was Sachen kosten. Er ist ein Höllenfürst – Geld ist für ihn wie Wasser, er dreht den Hahn auf, und es fließt. Also habe ich die Leute diese Wohnung hier nur für mich bauen lassen. Ich habe sie selbst eingerichtet. Ich weiß, du findest sie scheußlich.«

»Nein«, sagte ich, »gar nicht. Nur … überraschend. Nicht so, wie ich erwartet hätte.«

»Von so was habe ich geträumt, seit ich ein kleines Mädchen war. Keine Sorge, wir hatten auch die langweilige Skihütte in Aspen mit der phantastischen Aussicht und die langweilige Stadtwohnung in Manhattan am Central Park West und sogar ein langweiliges kleines Chalet in Gstaad. Aber das hier ist *meins*. Wenn du also das Geheimnis verrätst und ich diese Wohnung aufgeben muss, dann töte ich dich, Bobby Dollar, ich schwör's.«

Ihr Ton veranlasste mich, mich aufzustützen, um festzustellen, ob sie scherzte. Es sah nicht so aus. »Hast du … warst du wirklich in ihn verliebt? Wie du gesagt hast?«

Sie zuckte die Achseln und drehte sich weg, um in ihrer Nachttischschublade zu kramen. Sie holte ein dünnes goldenes Zigarettenetui heraus, entnahm ihm eine Zigarette, hielt es dann mir hin.

»Nein, danke. Musste es vor Jahren aufgeben.«

Sie zündete sich eine an, lehnte sich dann in ihr Kopfkissen und sah zu, wie der Rauch träge zu der erstaunlich hohen Decke emporstieg. »Ich weiß nicht, vielleicht hattest du recht. Vielleicht war ich weniger in *ihn* verliebt als in das, was er hatte und was er vermochte – was jemand wie er für jemanden wie mich bedeuten konnte.« Sie runzelte die Stirn. »Ich will eigentlich nicht über ihn reden.«

»Musst du nicht, Casimira.«

»Caz. Casimira hat mich schon ein paar hundert Jahre niemand mehr genannt.«

Ich sah sie an. Die Überraschung musste mir ins Gesicht geschrieben sein.

»Ja, ich bin alt«, sagte sie. »Bin schon eine ganze Weile da. Und du?«

»Wir wissen das nicht, und sagen tun sie's uns schon gar nicht.

333

Meine Erinnerung reicht nur bis in die Neunzehnhundertneunzigerjahre zurück, als ich erstmals auf die Erde kam.«

Sie zog an ihrer Zigarette und ließ einen Rauchgeysir aufsteigen. »Du Glücklicher.«

»Wovon sprichst du?«

»Vergiss es.« Sie drückte die Zigarette in einem Aschenbecher neben dem Bett aus. »Ich wollte dich nicht in diese Sache reinziehen, aber es tut mir trotzdem leid.«

Auch jetzt noch, nach allem, was passiert war, reagierte ich mit automatischem Misstrauen. Wer hatte je von einem Dämon gehört, der sich entschuldigte? Trug sie zu dick auf? War ich gerade auf den ältesten Trick seit dem Apfel hereingefallen?

»Nach allem, was du gesagt hast, hast du mich doch gar nicht da reingezogen«, sagte ich. »Es war doch Grasswax.«

»Ja, aber wenn ich Eligor nicht hätte verlassen wollen – wenn ich ihn nicht bestohlen hätte, um ihm gegenüber irgendeinen Schutz zu haben …«

»Langsam, Caz. Du hast ihn bestohlen, weil du ihn verlassen hast? Nicht umgekehrt?«

Kurz sah ich wieder den Zorn auflodern, aber dann war es vorbei, und etwas unendlich viel Traurigeres trat in ihre Augen. »Er hätte mich sonst nie gehen lassen, Bobby. Wenn ihm etwas erst mal gehört, ist es für immer sein Eigentum. Das gilt sogar für seine lebenden Besitzstücke – nein, erst recht für seine lebenden Besitzstücke. Eine wie ich, die wahrscheinlich so lange lebt wie er und ihm ewig ein Vorwurf wäre … na ja, er würde mich eher vernichten, als mich gehen zu lassen, auch wenn er mich schon lange nicht mehr will.«

»Also hast du ihm dieses … diese Feder gestohlen. Als Druckmittel, damit er dich in Ruhe lässt?« Das war weitgehend geraten, weil ich ja immer noch keine Ahnung hatte, was diese Feder eigentlich war, das aber nicht zugeben wollte. Zu meiner Erleichterung nickte sie.

»So könnte man es wohl ausdrücken. Aber ich will nicht mehr an ihn denken – an nichts von alldem. Du bist hier. Ich bin hier. So ein Moment kommt vielleicht nie wieder.« Sie schüttelte den Kopf. »Was rede ich? Das *kommt* nie wieder.« Sie lächelte – ein starres kleines Lächeln. »So was wie uns hat es nicht zu geben.«

Ich war hin- und hergerissen zwischen dem Drang, ihr zu sagen, dass ich sie nie verlassen würde – was in dem Moment mein aufrichtiges Gefühl war –, und der Frage, ob das alles vielleicht doch ein raffinierter Trick war, ob ich mit Haut und Haar auf das zynische Manöver einer eigennützigen Dämonin hereingefallen war. Natürlich war mir klar, wie die Wettquoten ausgesehen hätten, aber angesichts dieser großen, fast schon tränenfeuchten Augen war es schwer, mein kritischeres Selbst seinen Job machen zu lassen. »Was wir auch immer sind und was es zu geben oder nicht zu geben hat – du hast recht, jetzt ist jetzt«, sagte ich und zog sie näher heran, um ihren Hals zu küssen. Sie hakte sich so um mich, dass ich die Feuchtigkeit, die wir gemeinsam produziert hatten, warm an meinem Bein spürte.

»Oooh«, sagte sie, als sie an mir hinablangte und mich probehalber drückte. »Dein Stecken und Stab hat sich wieder regeneriert, Mr. Dollar.« Ihre Stimme senkte sich zu einem heiseren Flüstern. »Was meinst du, Flügelknabe? Willst du mich noch eine Runde … trösten?«

Caz schlief; ihr Haar war ein weißgoldener Fächer auf dem roten Kopfkissen, ihr Rücken fast so schmal wie der eines Kindes. Ich konnte ihre Wirbel zählen und die Muskeln unter der Haut arbeiten sehen, wenn sie ihre Lage änderte.

Ich kroch aus dem Bett, um zu duschen. Danach versuchte ich Sam und die anderen anzurufen, hatte aber kein Netz. Vielleicht war Caz' Refugium ja funkabgeschirmt – nachdem ich ihre Geheimagentengarage gesehen hatte, war mir das durchaus vorstellbar. Aber wie auch immer, ich musste demnächst mit jemandem von meiner Seite sprechen, schon um festzustellen, ob mit Sam und Monica alles okay war. Und mir war klar, dass es mir nicht schaden würde, eine Weile von der Gräfin wegzukommen. Mein letztes bisschen Objektivität ihr gegenüber war längst dahin, und obwohl es noch immer so vieles gab, was ich nicht wusste, und so viele Gründe, ihr nicht zu trauen, war da, als ich sie im Schlaf betrachtete, in meiner Brust ein Gefühl, das ich lange nicht mehr verspürt hatte. Ja, so intensiv hatte ich es wohl noch nie verspürt. Das wäre schon beängstigend genug gewesen, wenn es sich um irgendeine Frau gehandelt hätte, aber bei dieser hier hatte es fast schon etwas Selbstmörderisches.

Als könnte sie meine aufgewühlten Gedanken lesen, begann Caz im Schlaf zu zucken und zu wimmern. Sie wälzte sich herum, drückte kraftlos etwas, das gar nicht da war, von sich weg und scharrte dann auf ihrem Kopfkissen herum, auf eine Art, die mich so sehr daran erinnerte, was sie vor ein paar Stunden mit meiner Wange gemacht hatte, dass ich mir ans Gesicht fasste und die empfindlichen verschorften Kratzer befühlte.

»Nein«, sagte sie matt, »nein, nicht …!« Sie kämpfte jetzt heftiger, aber der Albtraum schien sie immer noch fest im Griff zu halten. Ich setzte mich neben ihr aufs Bett und hob sachte mit den Fingerkuppen ihre Lider an, noch immer nicht sicher, ob es vielleicht ein Trick war, aber ihre Pupillen verengten sich nicht, was sie selbst in dem Schummerlicht hätten tun müssen. Vielmehr griff und schlug Caz abwehrend nach meinen Händen, aber so schwach, dass es unverkennbar aus der Tiefe ihres bösen Traums kam. Ihre Ausrufe wurden artikulierter, und jetzt rannen ihr Tränen aus den geschlossenen Augen.

»Caz!«, sagte ich und schüttelte sie. »Caz, wach auf! Du träumst nur. Es ist nur ein Albtraum.« Ich konnte nicht glauben, dass ich so etwas zu einer Vasallin der Hölle sagte, aber einfach nur daneben sitzen und zuschauen, wie sie sich quälte, konnte ich auch nicht. Doch es schien alles nichts zu nützen, und schließlich zog ich sie aus dem Bett und auf die Beine und hielt sie ganz fest, damit sie nicht hinfiel. Das schien sie ein wenig zu sich zu bringen, doch schon im nächsten Moment bereute ich meine Aktion, da sie, kaum dass sie selbständig stehen konnte, fast so grimmig auf mich losging wie bei unserem letzten Kampf, nur dass sie diesmal ganz offensichtlich nicht wusste, wer ich war. Ich wehrte mich, möglichst ohne ihr wehzutun, und gleich darauf wurden ihre Bewegungen ruhiger. Sie tauchte langsam aus ihrem Albtraum auf.

»Was ...?« Sie sah sich in dem fensterlosen Zimmer um, das ihr ja wohl vertraut sein musste, blickte dann an ihrer schlanken, nackten Gestalt hinab. »Warum ...?«

»Ich hoffe doch, du erinnerst dich, warum du nichts anhast, Caz, denn sonst werde ich wohl einige Mühe haben, dich von der Erklärung zu überzeugen.«

Sie sah mich bestürzt an. »Mach darüber keine Witze, Bobby, niemals. Wir sind hier. Natürlich ist das alles passiert. Ich wusste nur nicht, warum ich ...« Sie schüttelte den Kopf.

»Du hast schlecht geträumt. Ich hab versucht, dich zu wecken, aber es ging nicht.«

Ihre Augen füllten sich plötzlich mit Tränen. Und ebendiese Tränen, die doch meine sämtlichen Alarmglocken hätten schrillen lassen sollen, nahmen mir endlich den letzten Zweifel. Sie waren so schnell emporgeschossen – niemand, nicht mal eine ausgebildete Schauspielerin, konnte doch wohl aus tiefem Schlaf auftauchen und einen realen Körper sofort durch Reifen springen lassen. »Es war kein Traum«, sagte sie. »Es war eine Erinnerung.«

Sie kroch wieder ins Bett und zog sich die Decke bis an die Taille. Mit ihrem jungen, großäugigen Gesicht und dem langen weißgoldenen Haar, das ihr über die nackten Schultern fiel, sah sie aus wie ein Bild von Alice, das Reverend Dodgson weggeschlossen und niemandem gezeigt hätte – nicht mal Gott.

»Das war *er*, ich habe von ihm geträumt«, sagte sie und schloss schaudernd die Augen.

»Eligor?«

Sie lachte. »Nein, der erste ›Er‹ in meinem Leben. Der Mann, dem ich gehörte. Der Mann, den ich getötet habe.« Ich sagte nichts – wagte es nicht –, aber sie musste aus meinem Schweigen etwas herausgehört haben. Sie machte die Augen wieder auf und sagte mit einem schiefen Grinsen: »Du hast doch nicht geglaubt, ich wäre aus Versehen in der Hölle gelandet? Ich versichere dir, Bobby, ich habe jede Sekunde meiner Verdammnis verdient.«

»Du brauchst nicht drüber zu reden, wenn du nicht willst. Aber wenn du möchtest … ich höre dir zu.«

»Da gibt's nicht viel zu sagen. Das ist lange her. Er war ein bedeutender Mann, der *Hrabia* – der Graf, würden wir sagen. Er hieß Pawel, und seiner Familie gehörte ungeheuer viel Land rund um Lublin.«

»Polen.« Jetzt verstand ich endlich, warum da der leise mitteleuropäische Klang unter der britischen Schulmädchendiktion war. »Wann war das?«

»Willst du das wirklich wissen?« Sie lächelte, aber es war ein bitteres Lächeln. »Ich hoffe, du magst ältere Frauen. *Viel* ältere. Ich sag es mal so – die Renaissance, ist dir das ein Begriff? Okay, es war noch davor.«

Ich sagte nichts. Etwas zog herauf, so mächtig und unaufhaltsam wie ein Sturm, aber ich hatte bereits beschlossen, mich zu ducken und es über mich hinwegbrausen zu lassen.

»Sie gaben mich ihm zur Frau«, sagte sie. »So machte man das damals. Ich war gerade mal fünfzehn – praktisch eine alte Jungfer!« Sie lachte. Es zu hören tat weh. »Und Graf Pawel war die perfekte Verkörperung seiner Rolle. Er war groß, gutaussehend, ein tapferer Soldat und strenger Herrscher. Und er war innerlich abnorm, verdreht und verbogen und kaputt.« Sie schauderte. »Er ist es immer noch. Selbst in der Hölle gilt er als gefährlich.«

»Du musst … ihn dort sehen?«

Sie schüttelte den Kopf. »Wir haben schon lange nichts mehr miteinander zu tun. Er ist jetzt, wo er die Toten schikanieren kann, glücklicher, als er es auf der Erde je war. Aber als wir beide noch lebten, war ich eine Zeitlang sein Lieblingsspielzeug …«

»Du musst nicht …«

Sie hob die Hand. »Ich will aber. Du … du verdienst es, die Wahrheit zu erfahren. Aber komm her und setz dich zu mir. Es wäre schön, jemanden nah bei mir zu haben.«

Ich setzte mich neben sie und nahm ihre Hand. Ich spürte, dass sie nicht angesehen werden wollte, also lehnte ich mich zurück und schaute an die Decke und auf die Draperien, die sich sachte im leisen Luftstrom der Klimaanlage bewegten.

»Er war ein Monster. Manche Monster werden als solche erkannt, aber von anderen wissen nur ihre Opfer. Er gehörte zu den letzteren – den cleveren, unauffälligen Monstern. Er tötete nie jemand Mächtigen, quälte nie jemanden, der sich hätte wehren können – obwohl er als hoher Adliger natürlich eine breite Auswahl an Opfern hatte.

Mit mir war es etwas anderes. Ja, er vergewaltigte mich immer wieder, aber das war damals nicht ungewöhnlich. Ich war seine Frau – ich gehörte ihm. Ein bisschen Widersetzlichkeit, das schon an Panik grenzte, verlieh der Sache für ihn nur noch mehr Würze, und je größer meine Panik wurde, desto mehr Spaß machte es ihm. Er ließ sich immer neue Sachen einfallen, um mir Angst zu machen und mir wehzutun. Und er fügte vor meinen Augen anderen Schmerzen zu, vor allem Frauen … und Mädchen. Die Dienerinnen waren für ihn wie Möbelstücke – nein, wie Tiere. Auf jeden Fall waren sie sein Eigentum, und im Gegensatz zu Elisabeth Báthory oder Gilles de Rais war er bei seinen Verbrechen so vorsichtig, dass niemand es je für nötig befand, ihm Einhalt zu gebieten.

Und als ob Gott mich noch nicht genug gestraft hätte, musste ich auch noch seine Mutter Justyna ertragen, die Gräfinwitwe, eine alte Hexe, die zwar nie jemanden tötete, aber auf ihre Art genauso eiskalt und grausam war wie ihr Sohn. Ja, noch schlimmer, weil sie sich auf die subtilen Formen der Grausamkeit verstand, die nur Frauen beherrschen. Und die praktizierte sie mit Vergnügen. Meine Familie war nur aus dem niedrigen Adel, und sie fand mich nie gut genug für ihren Pawel.

Ich gebar dem Monster und seinem Drachen von Mutter zwei Stammhalter, und ich lebte jeden Tag in schrecklicher Angst. Wenn jemand von den Bediensteten mir gegenüber irgendetwas Mitfühlendes oder Freundliches tat, das über die reine Pflichterfüllung hinausging, wurde das von Pawel oder seiner Mutter hart bestraft. Justyna nahm mir meine Jungen praktisch weg und erzog sie selbst, damit sie einzig und allein Pawels Söhne wären und nicht meine …« Sie schwieg einen Moment, holte dann tief Luft und sprach weiter.

»Und eines Nachts schließlich war es endgültig zu viel. Ich will dir die Details ersparen, aber mein Mann hatte ein kleines Dienstmädchen getötet, das ich gern gehabt hatte, und an diesem Tag hatte ich zugesehen, wie es begraben wurde. Am Abend dann kam er zu mir, und als er mich nahm, zeigte er mir ein Medaillon mit einer Haarlocke, die er der Kleinen im Sarg abgeschnitten hatte – für mich. ›Damit du dein kleines Bauernmädchen immer bei dir trägst‹, sagte er. Damit ich immer dran denken würde, wie er sie mir weggenommen und getötet hatte, meinte er in Wirklichkeit. Damit ich wusste, dass er mir alles nehmen konnte, das mir etwas bedeutete – und es immer tun würde.

Ich weiß nicht, was in mich fuhr, ich weiß nur, dass ich es einfach nicht mehr aushalten konnte. Als er eingeschlafen war, schnitt ich ihm mit seinem eigenen Messer die Kehle durch. Als er zuckend in seinem Blut lag, stach ich ihn immer wieder in Brust und Rücken und Gesicht, stach immer noch zu, als er

340

schon längst tot war. Dann ging ich, bluttriefend wie ein schrecklicher Geist, zu den beiden Jungen – sie waren gerade sechs und sieben –, zerrte sie aus dem Bett und schleppte sie zu ihrem grässlich zugerichteten Vater. Ich lachte wie eine Irre, konnte nicht aufhören. ›Da habt ihr ein Geschenk von mir, damit ihr immer an ihn denkt!‹, sagte ich angeblich immer wieder. Sie rannten entsetzt weg, aber erst als ich auch sie zu töten versuchte, weil ich Pawels verfluchtes Blut ein für alle Mal austilgen wollte.

Als ich wieder allein war, versuchte ich zu beten, aber meine Hände waren taub, und mein Herz war wie ein Eisklumpen in meiner Brust, als ob meine Untat meinem Körper alle Wärme entzogen hätte.

Die Jungen alarmierten ihre Großmutter und die Wachen. Man fand mich neben Pawels Leichnam sitzend, die Arme bis an die Ellbogen in seine größten und tiefsten Wunden getaucht. Ich wollte erklären, was ich da machte, aber sie zerrten mich von ihm weg und schrien, ich hätte seinen Leichnam geschändet. Doch ich wollte ihm nichts mehr tun, ich wollte nur meine Hände wärmen, weil sie so kalt waren.«

Sie sah mich an. Ich konnte den Schmerz auf ihrem Gesicht kaum aushalten. »Jetzt weißt du endlich, wo mein Name herkommt.«

Sie schaute wieder weg. »Ich wurde natürlich verurteilt, wegen Mordes, und nach ausgiebiger Folter bekannte ich mich auch der Hexerei schuldig. Warum sollte eine Frau einen so prächtigen Mann töten und dann auch noch seine Kinder auszulöschen versuchen, es sei denn, sie wäre von Satan persönlich besessen?« Ihre Anspannung ließ jetzt nach: Ihr Kopf sank herab wie der eines müden Kinds. »Mir wurde keine Milde zuteil, weder in dieser Welt noch in der nächsten – aber das erstaunt auch nicht weiter, oder? Graf Pawel hatte ja nichts mit mir gemacht, was die meisten Ehemänner nicht auch täten, zumindest im

Geist. Wenn ich einen gewieften Verteidiger wie dich gehabt hätte, wäre ich vielleicht mit einer geringeren Strafe davongekommen als der ewigen Qual in den Flammengruben – aber ich hatte keinen.«

Ich wusste nicht, was ich darauf sagen sollte. Mir wurde bewusst, dass ich schon eine ganze Weile schwieg. »Aber … da ist doch nichts …«, stammelte ich. »Du hast doch nicht verdient …«

»Sch-scht.« Sie setzte sich auf und legte mir den Zeigefinger auf die Lippen. »Ist ja vorbei. Wie schrieb Marlowe? ›Aber das war in einem anderen Land, und außerdem ist das Weibsstück tot.‹«

»Caz …«

»Nicht. Ich sagte doch, jenes Weibsstück ist tot. Komm her und mach Liebe mit diesem hier … solange wir uns noch lieben können.«

Und was blieb mir in meiner Erschütterung und Bestürzung anderes übrig, als zu tun, wie mir geheißen?

23

BLASPHEMIEN

Wir waren eingeschlafen, und ich wachte wieder vor ihr auf oder glaubte es zumindest. Ich lag da, Caz' Kopf in meiner Armbeuge, und schaute an die Decke. Die Beleuchtung war immer noch dieselbe, aber jetzt erzeugten die leise Bewegung der flammenfarbenen Stoffbahnen und das sanfte Licht dahinter eine Art Sonnenaufgangsstimmung, obwohl es draußen in der realen Welt schon viel später am Vormittag sein musste.

Ich nahm mein Handy vom Nachttisch und versuchte noch mal, Sam anzurufen, hatte aber wieder kein Netz. Mir kam plötzlich der Gedanke, dass ich womöglich eine ganze Reihe Anrufe verpasst hatte – vielleicht sogar Kliententermine. Und schlimmer noch, wenn meine Bosse droben in der Himmlischen Stadt mich nicht erreichen konnten, aber gleichzeitig von der Verwüstung erfuhren, die der Ghallu letzte Nacht angerichtet hatte, würden sie doch wahrscheinlich davon ausgehen, dass mein Erdenkörper tot oder lebensgefährlich verletzt war, und was sich daraus entwickeln konnte, wusste allein der Höchste. Wenn mir noch ein Funken Vernunft geblieben wäre, hätte ich schon vor Stunden Casimiras Refugium verlassen und alles darangesetzt, Kontakt mit dem Himmel aufzunehmen.

Als ich gerade das Handy wieder weglegen wollte, regte sich Caz. »Handy geht hier nicht«, sagte sie verschlafen.

»Das hab ich schon gemerkt.«

»Wenn du unbedingt jemanden anrufen musst, mach's über Festnetz. Aber pass auf, dass es niemand ist, der den Anruf zurückverfolgen wollen könnte.«

Festnetz. Ich war ein ganz schöner Idiot. Ich fand das schlanke Mobilteil in seiner Basis auf dem Schreibtisch.

»Du siehst gut aus, so ohne was an, Flügelknabe«, sagte sie.

»Danke. Ich habe mir mein Studium am Engelcollege als Gogo-Tänzer finanziert.«

»Lügner.«

»Und als Zusteller von obszönen Geburtstagstelegrammen.« Aber ich hörte ihr nur mit halbem Ohr zu – jetzt hatte ich tatsächlich ein Freizeichen. Zu meiner Überraschung war es aber nicht Sam, der beim zweiten Klingeln abnahm.

»Bei Sam Riley.«

»Monica, bist du's?«

»Bobby! Du lebst!« Es klang erfreut. »Wo bist du?«

»Egal, wie geht's Sam? Und dir natürlich?«

»Sam geht's nicht gut, aber er wird durchkommen. Wir sind mit ihm hier im Sequoia Hospital, Jimmy, Annie und ich. Ihn hat's ziemlich übel erwischt …«

Schuldgefühle und Sorge schnürten mir die Brust zusammen. »Ich komme sofort.«

»Nein!« Ich sah vor mir, wie auf diesen lauten Ausruf hin alle Köpfe im Wartebereich herumfuhren; als Monica weitersprach, flüsterte sie beinah. »Es sei denn, du hast das Ding mit den Hörnern irgendwie getötet. Was ich bezweifle.«

»Leider nicht. Ich hab's gerade mal geschafft, ihm zu entwischen.«

»Dann komm ja nicht her. Es hat gerade noch gefehlt, dass dieses Zwei-Tonnen-Monstrum hier durchs Krankenhaus tobt, um dich zu kriegen.«

Was hieß, man verbannte mich vom Krankenbett meines besten Freundes – des Freundes, der böse zugerichtet worden war, als er mir helfen wollte. »Okay, das Argument verstehe ich, auch wenn es mir nicht passt. Ist Sam wach? Kann ich ihn sprechen?«

»Er ist weit weg, Bobby. Er hatte eine Gehirnschwellung, darum haben sie ihn ins künstliche Koma versetzt. Ich weiß nicht, welche Erklärung sich die Problembereiniger von oben diesmal einfallen lassen wollen – das *Compasses* sieht aus, als ob jemand mit einem Zug durchgerast wäre. Im vierten Stock. Chico ist jetzt dort, bandagiert wie Claude Rains. Er flucht über den Wasserschaden. Aber ich war ganz schön stolz auf die Schlauchidee.«

»Kannst du auch sein – das war wirklich raffiniert. Mach dir nicht allzu viele Gedanken wegen der offiziellen Erklärung. Sie können ja sagen, ein einmotoriges Flugzeug sei ins Gebäude gekracht – haben sie vermutlich schon gesagt. Wäre nicht das erste Mal. Der Aufräumtrupp hat eigens für so was Flugzeug- und Autowrackteile und andere nützliche Requisiten in einem Lagerhaus in Millbrae liegen.«

»Tja, wie es so schön heißt, in meines Vaters Haus sind viele Wohnungen …«

»Und du bist wirklich okay, Monica? Du hast nichts Ernstes abbekommen?«

»Ein paar blaue Flecken, aber ich werd's überleben. Wie bist du denn entwischt?«

»Erzähl ich dir ein andermal. Im Moment hab ich zu tun. Wie es im Film immer heißt, ›Jetzt ist es persönlich‹. Oder so ähnlich.«

»Mach nur nichts Dummes. Ich … wir alle haben uns Sorgen um dich gemacht, Bobby … Ich dachte …«

Ich wollte nicht, dass sie etwas sagte, das sie später bereuen würde, schon gar nicht, während die Gräfin hinter mir nackt im Bett lag und zuhörte. Wobei Caz nicht hören konnte, was Monica sagte, aber irgendwie schien es trotzdem nicht richtig.

»Danke, aber mir geht's gut.« Ich wechselte das Thema. »Was ist mit Clarence? War er da? Weiß er das mit Sam?«

»Wie sollte er's nicht wissen, Bobby? Das *Compasses* hat ein gähnendes Loch, und der ganze Block ist abgesperrt.«

»Okay. Wenn du den Jungen siehst, bevor ich ihn erreiche, sag ihm, ich will ihn sprechen. Grüß alle – und es tut mir leid, dass ich sie da reingezogen habe. Ich melde mich wieder. Und pass auf dich auf.«

»Du auch, Bobby.«

Ich rief noch kurz Alice im Büro an. Von Sam mal abgesehen, hatte ich Glück gehabt: Ich hatte keinen Klienten verpasst. Allerdings beorderten mich meine Vorgesetzten zu einem Gespräch mit einem Minister (die offizielle Bezeichnung für einen Problembereiniger, wie Sie sich vielleicht erinnern) über die Ereignisse der letzten Nacht in Downtown. Ich sagte, ich würde hingehen (was ernst gemeint war – so jemanden versetzt man nicht) und bat sie dann, die nächsten vierundzwanzig Stunden meine Klienten einem anderen Anwalt zuzuteilen, damit ich mich erholen könne. Ich legte auf, bevor noch irgendwas anderes aufs Tapet kam.

Caz schien wieder eingeschlafen zu sein, doch als ich neben sie schlüpfte, sagte sie: »Du musst gehen, stimmt's?«

»Demnächst, ja, sollte ich wohl.« Ich blickte auf das glänzende Oval an dem Kettchen um ihren Hals, berührte es dann behutsam. »Ist es das hier? Das Medaillon, das dir dein Mann geschenkt hat?«

Sie schlug die Augen auf. »Ja. Es ist alles, was mir von der kleinen Anna, meinem Dienstmädchen, geblieben ist. Sie war erst elf, als das Schwein sie getötet hat.«

»Es sieht aus wie Silber.«

»Ist es auch.«

»Aber brennt das nicht? Ich dachte, Silber …«

Sie griff an das Medaillon und zog es ein wenig zur Seite.

Wo es gehangen hatte, verunstaltete ein feuerrotes Mal Caz' weiße Haut. Vor meinen Augen begann es zu verblassen.

»Ob es brennt?«, sagte sie. »Jede Sekunde jedes einzelnen Tages. Das hilft mir, daran zu denken.« Die Art, wie sie das sagte, machte mich schaudern. Als sie weitersprach, war ihre Stimme weicher. »Musst du jetzt gleich gehen, Bobby? Oder haben wir noch ein bisschen Zeit …?«

Ich wollte ja – Gott, wie ich wollte! –, aber immer der Reihe nach: Beim Telefonieren hatte ich einen Entschluss gefasst. Es machte mir Angst, aber ich würde es tun. »Hör mal, ich möchte dich ein paar Sachen fragen.«

»Bitte.« Sie langte an mir hinab und begann mit meiner Hochzeitsausstattung, wie Leo sich auszudrücken pflegte, zu spielen. Höchst ablenkend.

»Geht nicht, wenn du das da tust. Ich kann mich nicht konzentrieren. Komm, lass – *autsch!*« Sie hatte gemein scharfe Fingernägel. »Ungezogenes Mädchen!«

»Was du nicht sagst.«

»Hör zu, ich werde jetzt erst mal etwas tun, was wahrscheinlich ganz und gar dumm ist. Ich werde dir die Wahrheit sagen.«

Plötzlich stellte sie jede Aktivität ein. »Echt?«

»Ja, echt. Also. Ich hatte keine Ahnung, was du Eligor gestohlen hast. Das hab ich dir ja gesagt. Und das war die Wahrheit. Aber zur Wahrheit gehört auch, dass ich es immer noch nicht weiß. Ich habe herausgefunden, dass es eine goldene Feder war – wie ist egal –, aber ich habe keinen Schimmer, was das heißt. Ich kann mir nicht vorstellen, dass sich ein hohes Tier der Hölle wegen eines bloßen Schmuckstücks so aufregt – Eligor kann sich doch wohl so viel Gold kaufen, wie er will. Es muss doch mehr sein.«

Sie lag auf der Seite und sah mich an. Ihre Hand glitt an ihren Hals, als wollte sie ihre Kehle schützen. »Red weiter.«

»Was also *ist* es? Ich hab keine Lust mehr zu bluffen, Caz.

Du warst bisher, soweit ich es beurteilen kann, offen zu mir. Ich tappe jetzt lange genug im Dunkeln. Worum geht es wirklich? Warum dieses ganze Theater wegen einer Feder?«

Sie stützte sich auf den Ellbogen hoch. Die Decke glitt von ihrem Oberkörper wie vom Strand ablaufende Wellen. Selbst wenn es Illusion war – sie war so schön, dass ich nur mit Mühe den Drang unterdrücken konnte, sie zu umarmen und an mich zu ziehen.

»Du hast recht, Bobby«, sagte sie langsam, die Hand immer noch am Hals. »Gold und Juwelen bedeuten nicht viel für … unsereins. In seltenen Fällen kann so ein Stück emotionalen Wert besitzen.« Sie nahm die Hand weg, entblößte das Medaillon. »So wie das hier für mich. Silber für ein paar Dollar, aber ich trage es schon fünfhundert Jahre. Würde ich einen Ghallu heraufbeschwören, um es wiederzukriegen? Ich weiß nicht – ich weiß nicht, ob ich dazu stark genug bin –, aber in Erwägung ziehen würde ich es, das kannst du mir glauben.«

»Eligor scheint mir nicht der sentimentale Typ.«

»Ich will ja nur sagen, dass es andere Gründe gibt, etwas als kostbar zu betrachten.«

»Dann hat die Feder also für Eligor eine besondere Bedeutung?«

»Für jeden, der weiß, worum es sich handelt – eigentlich für jeden, der sie sieht. Ihre Bedeutung ist schwer zu verkennen, wenn man sie vor sich hat.«

»Ich kann dir nicht folgen, Caz.«

»Dann bist du ein bisschen schwer von Begriff, Bobby. Woher stammt eine Feder?«

»Von einem Vogel.«

»Zu speziell. Simpler. Woher stammt eine Feder?«

Ich dachte kurz nach, atmete dann tief ein, als mir ein Licht aufging. »Von einem Flügel«, sagte ich schließlich.

»Und was hat Flügel? Vögel … und …?«

Ich schüttelte den Kopf. »Nein. Nicht hier auf der Erde. Nicht in der realen Welt. Caz, ich muss es doch wissen – ich bin selbst ein Engel. Wir haben hier keine Flügel.«

»*Du* hast keine, Bobby. Weil du erdbasiert bist. Du bist unterste Liga, entschuldige, wenn ich das so sage – ein Fußsoldat. Aber wenn sich die höheren Engel hier manifestieren … tja, *die* behalten ihre himmlischen Attribute. Wenn sie wichtig genug sind. Weit genug oben in der Hierarchie.«

Es fühlte sich an, als hätte sie mir wieder ins Gesicht geboxt. »Du willst also sagen, das, was Eligor hatte, war die Feder eines wichtigen Engels? Glaubst du das wirklich?«

»Glauben? Ich hatte sie in der Hand, Bobby. Ich habe sie aus Eligors Safe gestohlen und aus dem Gebäude geschmuggelt – mit etwas Hilfe bestochener Wachleute. Und wenn du die Feder sehen würdest, wüsstest du, dass ich recht habe.«

»Ja, aber ich habe sie nicht gesehen, und das ist das Problem. Alle glauben, ich hätte sie, aber ich habe sie nie gesehen. Und irgendwann werde ich deswegen sterben müssen.«

Jetzt veränderte sich ihr Gesicht: Die blauen Augen weiteten sich zu einem so überzeugenden Bild von Schuldgefühl und Bestürzung, dass ich mich zum ersten Mal seit einer ganzen Weile wieder fragte, ob es idiotisch gewesen war, ihr überhaupt zu vertrauen. »Ich wollte wirklich nicht, dass dir das widerfährt, Bobby. Es war nicht so gedacht, es ist schiefgelaufen. Ich habe Grasswax vertraut – nicht sehr weit, aber es hat ihm gereicht, um mich zu verraten.«

»Erzähl.«

»Ich musste die Feder loswerden – ich hab dir ja schon gesagt, ich wurde beobachtet. Und verfolgt. Sobald Eligor merkte, dass sein kostbares Stück weg war, wusste er, was ich getan hatte. Er wusste, dass ich es hatte und dass ich mich nicht scheuen würde, es gegen ihn zu benutzen.«

»Was heißt *das*?«

»Denk doch mal nach, man reißt doch nicht einem der Mächte oder Fürstentümer einfach so eine Feder aus«, sagte sie. »Und mausern tun sie sich auch nicht. Eligor hatte die Feder aus einem bestimmten Grund.«

Endlich kam ich auf den Trichter. »Ein Unterpfand – oder ein Identifikationsmittel. Ich vermute mal, jemand im Himmel hat seinerseits etwas von Eligor in der Schreibtischschublade liegen. Das heißt, wenn einer das Geheimnis verrät, fliegt er selbst auch auf. Oder stürzt wohl eher ins Bodenlose.« Jetzt fügte es sich allmählich zusammen, aber ich hatte immer noch eine Menge Fragen. »Also müssen der Großfürst und jemand von meinen Bossen einen Pakt geschlossen haben ... aber was für einen? Welches Geheimnis ist ein solches Risiko wert?«

Sie zuckte die Achseln. »Wenn ich das wüsste ... oder auch nur die Feder hätte ... würde ich mich jetzt nicht hier verstecken.«

»Wenn diese goldene Feder von einem der höheren Engel stammt, dann würden die anderen höheren Engel wahrscheinlich erkennen können, von wem.« Ich pfiff durch die Zähne. »Mann, das ist ja alles noch viel gigantischer und verrückter, als ich dachte. Erzähl mir das mit Grasswax genau. Wann hast du ihm die Feder gegeben, und wann ist sie verschwunden?«

»Gegeben habe ich sie ihm am Tag vor seinem Tod.«

»An dem Tag, an dem Sam und der Junge in dieser Martino-Sache gegen ihn gewonnen haben.«

»Offenbar. Und am nächsten Tag hat er mir gesagt, er hätte sie versteckt – er würde mir sagen, wo, sobald wir unter vier Augen reden könnten.« Sie sah verdutzt drein. »Du warst dort! Als er mir das gesagt hat, meine ich.«

»Beim Walkerschen Haus? Als sich das mit der verschwundenen Seele herausgestellt hat? Wäre doch wohl ein ziemlich verrückter Zufall – dass die beiden gravierendsten Dinge seit Jahren genau gleichzeitig passieren.« Ich dachte nach. »Und da hat Grasswax dir gesagt, er habe die Feder woanders gelassen?«

»Ja, als ich ankam. Ich war sauer wegen dieser Walker-Sache, weil ich dachte, Grasswax hätte durch irgendeine Blödheit Aufmerksamkeit auf sich gelenkt, ausgerechnet zu dem Zeitpunkt, wo wir das am wenigsten brauchen konnten. Mir war nicht klar, dass es eine viel größere Sache war. Und ich konnte nicht noch mal mit ihm reden, bevor sie ihn getötet haben.« Ihr Mund zog sich zu einem Strich zusammen. »Er war ein fieser, hinterlistiger Scheißkerl, der mich betrügen wollte, aber *so* zu sterben hat nicht mal er verdient.«

»Bist du sicher, dass er dich betrügen wollte? Vielleicht hatte er einfach nur keine Gelegenheit mehr, dir zu sagen, wo er die Feder versteckt hatte …«

»O doch, die hatte er. Ich habe gleich danach noch mal versucht, allein mit ihm zu sprechen – ich hatte ja den Vorwand, ihn in der Walker-Sache zu befragen, da wäre es nicht aufgefallen. Aber er wimmelte mich ab, sagte, er hätte noch etwas Wichtiges zu tun, müsse sich darum kümmern, dass die Feder auch wirklich in Sicherheit sei. Ich wette, in Wirklichkeit wollte er sie Sitri anbieten, um von seinen Spielschulden runterzukommen. Aber Eligor war wohl schneller.«

Ich bemühte mich, nicht bei den hässlichen Erinnerungen zu verweilen, die dieser letzte Satz heraufbeschwor: Grasswax' Überreste, aufgeschnitten und quer durch den Walkerschen Garten gespannt. »Das alles heißt doch wohl, die verschwundene Feder ist nicht nur Eligors Problem? Derjenige, von dem sie stammt, muss doch genauso beunruhigt sein wie er – mindestens. Hast du eine Ahnung, wer das sein könnte? Hat Eligor je irgendeinen Namen erwähnt?«

»In meiner Gegenwart?« Sie schnaubte verächtlich. »Das hätte er nie riskiert. Da, wo ich herkomme, traut keiner keinem, aus gutem Grund. Ich wusste nur, dass in seinem Safe etwas Wichtiges lag, weil ich ihn einmal beim Telefonieren belauscht hatte.«

»Und dieses Telefonat …?«

»Ich habe nur einen Teil mitbekommen. Das war vor ein paar Wochen. Er war am Telefon und ich hörte ihn sagen, ›Das ist mir egal. Ich habe immer noch das Pfand von Ihrem Boss in meinem Safe, und es wird alles so gemacht wie vereinbart. Wenn irgendwas schiefläuft, lasse ich euch alle so gründlich hochgehen, dass nicht mal der Höchste euch mehr findet.‹«

»›Ihrem Boss‹ – also hat er mit einem Untergebenen gesprochen. Was heißt, unser mysteriöser Engel hat mindestens eine Person hier auf der Erde, die für ihn oder sie … oder siehn … arbeitet.«

»Da ist etwas in deinen Augen, das mir gar nicht gefällt«, sagte sie unvermittelt. »Als ob du gleich gehen willst.«

»Mein bester Freund liegt im Krankenhaus, Caz. Weil er um ein Haar von Eligors sumerischem Schoßmonster getötet worden wäre. Und mir ist gerade klargeworden, dass vielleicht alles, was ich einem meiner Kameraden hier unten oder im Himmel erzählt habe, schon bei Eligors heimlichem Vertragspartner gelandet ist und ich dadurch wer weiß was angerichtet habe. Ich muss nachdenken.«

»Aber wenn du gehst, werden wir das hier nie wieder haben.«

»Was redest du da, Caz? Glaubst du, ich will von dir nur Information?« Ich sah sie an, versuchte auszumachen, was sich in der Tiefe ihrer Augen verbarg. »Glaubst du, das hier bedeutet mir nichts?«

Sie schüttelte den Kopf, als wäre er zu schwer für ihren schlanken Hals. »Ich weiß nicht, Bobby. Ich war noch nie in dieser Situation.«

»Ich auch nicht.«

»Dann bleib noch ein bisschen. Noch eine Stunde.« Sie berührte meine nackte Brust mit den Fingerspitzen, fuhr dann mit den Fingernägeln ganz sachte durch die Haarkringel abwärts. »Gib mir noch ein bisschen mehr von dir, noch ein paar Erinnerungen. Die Nächte sind manchmal sehr lang, selbst hier in der realen Welt, Bobby. Es ist besser als … an anderen Orten, wo ich war, aber die Jahrhunderte sind ganz schön einsam.« Sie schlang die Arme um meinen Hals und zog sich an mir nach oben, sodass ihre trockenkalte Haut über meine Haut glitt wie ein kalter Lufthauch und sich so ziemlich alles an mir aufstellte.

»Ooh«, sagte sie, das Gesicht dich vor meinem. »Schau an – Lazarus ist auferstanden.«

»Keine Blasphemien«, sagte ich und küsste ihre kühlen Lippen, bis sie sich öffneten und ihre heiße Zunge an meiner war. »Darüber sind wir hinaus.« Und ich meinte es ernst.

»O ja«, sagte sie. »Ja.«

24

PYJAMA-PARTY

Caz schlief noch, als ich ging. Mich behutsam aus diesen schlanken Gliedmaßen zu befreien, die leisen Protestlaute zu ignorieren, aus dem warmen, nach unserem Sex riechenden Bett zu schlüpfen – das war wirklich mit das Schwerste, was ich je hatte tun müssen. *Wenn du gehst, werden wir das hier nie wieder haben.* Stimmte das? Wenn wir beide überlebten, würden wir dann das hier für den Rest unseres Lebens bereuen oder zurückwünschen? Konnte es sich wiederholen? Ich wollte gar nicht darüber nachdenken, welche Strafe wohl auf diese sehr spezielle und (in den Augen meiner Bosse) besonders verwerfliche Form der Versöhnung mit dem Feind stand.

Und ich selbst? Konnte ich es denn glauben? Sie war ein Dämon, eine Vasallin der Hölle. Was konnte ihr denn Liebe oder irgendetwas von alldem wirklich bedeuten?

Aber das machte es nicht weniger schmerzlich zu gehen. Half kein bisschen.

Als ich ein Taxi gefunden hatte, fuhr ich zu Orban, nicht nur, weil ich Ersatz für meinen Revolver brauchte, der jetzt auf dem Grund des Redwood River lag, sondern auch, weil der Anstand gebot, ihm persönlich zu sagen, was mit seinem Bonneville passiert war. Außerdem lenkte es mich von dem ab, wovon ich mich gerade losgerissen hatte. Natürlich war Orban nicht erbaut. Wenn er sich aufregte, wurde sein Akzent noch stärker: Noch nie war ich in einer so kurzen Zeitspanne meines Engelslebens so oft als »Arrrscheloch« tituliert worden.

»Wie konnten Sie! Das ist mein Lieblingswagen! Ahnen Sie überhaupt, wie schwer es war, Ersatzteile zu kriegen? 1971! Wie teuer es war! Fast zweihundert Dollar nur für eine Sonnenblendenhalterung! Wo sind meine Sonneblendenhalterungen? Wo ist überhaupt alles?!«

Irgendwann beruhigte er sich, genauer gesagt, nach einer halben Stunde Schimpfen und Schäumen und zwei Gläsern Egri. Ich trank ein, zwei Gläser mit, schließlich war ja Mittagspause. Will sagen, warum verdammt noch mal nicht? Und ich versprach ihm, den Bonneville aus der polizeilichen Verwahrung zu holen und zurückzubringen und (irgendwie) für den Schaden aufzukommen. Also wechselten wir schließlich das Thema.

Nachdem ich ihm das restliche Geld auf meinem Bankkonto übereignet und den Fahrzeugbrief meines geliebten Matadors ausgehändigt hatte, durfte ich Orban in einem neuen Leihfahrzeug verlassen, diesmal einem weit weniger glamourösen und nicht ganz so gut gepanzerten alten Mercedes-Diesel, er hatte in etwa die Farbe von Fugenzement. Und, wichtiger noch (jedenfalls unter den gegenwärtigen Umständen), mit einer FN Five-Seven, einer belgischen Selbstladepistole mit zwanzigschüssigem Magazin. (Ja, ich weiß, eigentlich schreibt sich das »Five-seveN«, mit großem »N« am Ende, aber für solch manierierten Schnickschnack habe ich keinen Nerv.) Ich hatte mich auch noch in die Unkosten für weitere hundert Schuss Silbermunition gestürzt, die für den ursprünglichen Besteller der Five-Seven angefertigt worden war.

»Der Typ war zu tot, um sie abzuholen, als sie fertig war, also gebe ich sie Ihnen billiger«, sagte Orban. »Man kann die Five-Seven so aufrüsten, dass sie dreißig Schuss hat, aber dem trau ich nicht. Zu kompliziert. Lassen Sie's bei zwanzig. Zwanzig Schuss und Schluss.« Er lächelte in seinen Bart. »Ha! Orban kann reimen.«

Ich verließ den Poeten der Feuerkraft und fuhr in dem schnaufenden, klappernden Benz quer durch die Stadt, Richtung Page Mill Nr. Fünf.

Seit ich von Caz weggegangen war, hatte ich die ganze Zeit über das nachgedacht, was sie mir erzählt hatte, und so sehr ich ihr vertrauen wollte – so *existentiell* es für mich war, ihr glauben zu können, da ich mit ihr gegen so viele Vorschriften verstoßen hatte –, nagten doch immer noch Zweifel an mir – und daher beschloss ich, ein paar Nachprüfungen anzustellen.

Ich parkte ein paar Reihen vom Eingang des Hochhauses entfernt, setzte eine Sonnenbrille und eine alte Giants-Baseballkappe auf, die einer von Orbans Mechanikern auf dem Rücksitz des Benz hatte liegen lassen, und lehnte mich dann im Sitz zurück, um das Kommen und Gehen bei Vald Credit zu beobachten. Ein paarmal kam Howlingfell kurz heraus wie der Kuckuck aus einer Kuckucksuhr, immer an der Spitze von mindestens zwei weiteren Sicherheitsleuten, aber ich blieb im Wagen sitzen und spähte weiter. Das Letzte, was ich wollte, war eine weitere Schießerei am Page Mill Square. Am späteren Nachmittag verließ ich meinen Beobachtungsposten gerade lange genug, um zu einem nahegelegenen Deli zu fahren und mir ein Truthahnsandwich und einen Becher Kaffee zu holen. Dann stellte ich mich wieder auf den Parkplatz, jetzt für eine lange Observierung gerüstet.

Kurz nach fünf strömten Beschäftigte aus dem Vald-Credit-Gebäude und den anderen Page-Mill-Hochhäusern in Richtung Straße und Bushaltestellen. Vald Credit hatte eine eigene Tiefgarage, die sich jetzt ebenfalls leerte, aber auf dem öffentlichen Parkplatz war dank der Läden im Erdgeschoss der meisten Gebäude noch reichlich Betrieb, sodass ich keine Notwendigkeit sah, mich zu entfernen.

Endlich – es ging schon auf sieben Uhr zu – wurde mein Warten belohnt: Howlingfell kam allein aus dem Gebäude, blieb
stehen und blickte erwartungsvoll nach rechts und links. Gleich
darauf fuhr ein glänzender langer Wagen vor, und er stieg ein.

Ich folgte dem Wagen in einem gewissen Achtungsabstand.
Erleichternd war, dass es dunkel wurde und auf dem Camino
Real dichter Pendlerverkehr herrschte. Ich hoffte, dass Howlingfell im Rahmen der Privilegien leitender Angestellter einen Fir-
menwagen mit Fahrer benutzte, denn sonst würde ich mich mit
ihm *und* der Person, die ihn abgeholt hatte, auseinandersetzen
müssen, was die Sache verkomplizieren könnte. Doch als der
Wagen nach ein paar Meilen den Camino Real hinunter vor einem Restaurant namens *Il Milanese* hielt, ging Howlingfell allein
rein und der Wagen wartete brav auf dem Parkplatz. Ich sah,
wie der Fahrer die Innenbeleuchtung einschaltete, um eine Zeitschrift zu lesen. Also nahm ich mir einen Moment Zeit, um etwas auf einen Zettel zu schreiben, schob diesen in einen Umschlag, klebte den Umschlag zu, steckte ihn in die Tasche und
ging in das Restaurant.

Es war ein interessantes Ambiente: moderne coole Einrichtung und lauter Schwarzweißfotos von Italienern aus dem neunzehnten Jahrhundert, die Männer mit steifen Kragen, die Frauen
zumeist in voluminösen schwarzen Kleidern, als ob sie das gesamte Jahrhundert hindurch in Trauer gewesen wären. Zum Camino Real hin hatte das Lokal eine Glasfront, und ich fragte
mich, ob es mal ein Rund-um-die-Uhr-Coffee-Shop gewesen
war. Die Theke mit den feststehenden, drehbaren Barhockern
bestätigte meine Vermutung, doch anstelle der Typen mit Tru-
ckermützen saßen da jetzt schicke junge Menschen, die Bar-
snacks aßen und Wodka Red-Bull tranken.

Howlingfell saß im Nebenraum und studierte die Weinkarte,
die niedrige, wölfische Stirn in Falten gelegt. Er schrak nicht zusammen, ja schaute noch nicht mal sonderlich überrascht, als

ich mich ihm gegenübersetzte, nur seine Hand glitt vom Tisch, und ich wusste, er griff nach seiner Pistole.

»Tun Sie nichts Dummes, Howly«, sagte ich. »Ich will nur reden.«

»Dummes – ich?« Er sah mich finster an und wirkte dadurch erst recht wie etwas, das man im Hühnerstall erwischt, eine leblose Henne zwischen den Zähnen. »Sie sind der, der gerade was Dummes getan hat.« Er brachte die Hand langsam wieder zum Vorschein und legte sie so auf den Tisch, dass die flache Pistole, die sie hielt, seitlich auf der Tischplatte ruhte, genau auf mich gerichtet. Dann drapierte er sorgsam seine Serviette über Hand und Pistole, der Leute an den Nachbartischen wegen. »Warum verderben Sie mir mein Abendessen, Dollar? Was habe ich Ihnen je getan?«

»Weniger als ich Ihnen, das muss ich zugeben. Wissen Sie noch, wie ich auf Ihrem Hals gekniet habe? Ach, das waren Zeiten! Hey, hey, ganz cool bleiben! Ich habe selbst unterm Tisch eine große, alte Pistole, die genau auf Sie zielt. Lassen Sie uns keinen Wettstreit anfangen, wer dem anderen mehr Silber in den Leib jagen kann.«

»Silber. Sie glauben, ich hätte Angst vor Silber? Das haben Sie doch schon ausprobiert.« Seine Oberlippe hob sich verächtlich. »Sie haben meine Eier um ein paar Zentimeter verfehlt, aber es wird trotzdem Wochen brauchen, bis da unten alles verheilt ist, und ich habe gutes Heilfleisch. Meine Freundinnen sind alle stinksauer auf Sie. Ganz davon abgesehen, dass es tierisch wehgetan hat. Ja, Mann, ich glaube, ich werde mir Ihren Scheiß gar nicht erst anhören, ich schieße Ihnen einfach die Fresse weg …!«

»Tun Sie's nicht. Diesmal drohe ich Ihnen nicht mit Silber, Kumpel. Ich drohe Ihnen mit was viel Schlimmerem.« Ich sah auf. Der Kellner kam auf uns zu. Ich hoffte, dass niemand die Ruhe verlor.

Die Serviette über Howlingfells Hand zuckte bei meiner Bewegung leicht, aber vorerst blieb alles wie gehabt. »Schlimmerem? Und das wäre?«

»Ihr Boss. Moment.«

Der Kellner nahm zwei Wasser von einem Tablett und stellte sie uns hin. »Hi, mein Name ist Eric, und ich werde Sie bedienen«, sagte er munter und geflissentlich bemüht, die merkwürdigen Vibes zwischen uns zu ignorieren. »Was darf ich den Herren bringen?«

»Wodka on the Rocks für mich«, sagte ich. »Ich nehme nur ein paar Knabberstangen, aber mein Freund hier möchte wahrscheinlich essen.«

»Später«, knurrte Howlingfell. »Bringen Sie mir erst mal nur ein Glas Chianti. Den Castello dei Rampolla.«

Als der Kellner davonglitt, sagte ich lächelnd: »Sie haben also wirklich gelernt, edle Weine zu goutieren? Ganz schöne Leistung für jemanden, der auf den glutheißen Bürgersteigen der Via Dolorosa großgeworden ist, Howly. Oder kippen Sie einfach irgendwas in sich rein, solange es nur flüssig und rot ist …?«

»Klappe, Dollar. Sie wollten irgendwas über meinen Boss sagen. Sagen Sie's schnell. Ich bin Ihre Fresse leid.«

»Okay, verständlich.« Ich nahm eine Knabberstange und biss das Ende ab, die andere Hand noch immer unterm Tisch. »Ich erzähle Ihnen jetzt eine kleine Geschichte. Die Geschichte, wie Ihr Boss von seiner Exfreundin beklaut wurde. Und wie Sie ihr dabei geholfen haben.«

Ich ging das Risiko ein, dass er hier, mitten im Restaurant, eine Schießerei anfing, aber der letzte kleine Teil von mir, der noch bei Verstand war, musste wissen, ob Caz die Wahrheit gesagt hatte. Außer dem Großfürsten war Howlingfell der Einzige, der mir ihre Geschichte bestätigen konnte, und mir war klar, dass ihn gewöhnliche Drohungen nicht zum Reden bringen würden – schließlich war es keine vierundzwanzig Stunden her, dass ich ihm zwei Silberkugeln in den Unterleib gejagt hatte, und er saß hier in einem Restaurant, also war er offensichtlich hart im Nehmen. Das Einzige, wovor er Angst hatte, war das, wovor auch ich Angst hatte – sein verrückter, brutaler Boss Eligor.

»Ehrlich, Howly«, erklärte ich, »in Ihrem eigenen Interesse – tun Sie nichts Dummes, bevor Sie mich angehört haben.«

Er zeigte mir massenhaft Zähne. »Dumm wäre, Sie hier lebend wieder rausgehen zu lassen.«

Ich lächelte zurück. »Das können Sie dann selbst entscheiden, aber zuerst sollten Sie Folgendes wissen: Nach meinen Informationen wird die Gräfin, wenn der Großfürst sie findet, behaupten, dass Sie ihr Komplize waren – dass sie nur deshalb mit Eligors … persönlichem Eigentum« – ich hatte eine Anwandlung von Diskretion, weil ich ja nicht wusste, was Howlingfell über den gestohlenen Gegenstand wusste – »auf und davon gehen konnte, weil Sie gezielt weggeschaut haben.«

»Die lügt, die Hure!« Ich dachte, ihm würde gleich eine Schläfenader platzen. Sein Gesicht nahm die Farbe einer pikanten Sauce-Marinara an. »Ich wusste nichts davon! Sie hat sich an einen von meinen Leuten rangemacht …«

»Dann war es also reiner Zufall, dass der Sicherheitschef des Großfürsten ein wenig Volksnähe praktizierte und den Leibwächter eines kleinen Anklägers spielte?« Ich lachte verächtlich. »Ich würde sagen, Sie haben ein Auge auf Ihr Investment gehalten.«

»Einen Scheiß hab ich, Engelarschloch – Eligor hat mich doch selbst auf Grasswax angesetzt! Ich sollte ihn beobachten, weil der Boss wusste, dass er irgendwie mit der Schlampe unter einer Decke steckte.« Howlingfell verlor jetzt allmählich die Beherrschung – die Vorstellung, dass sein Boss ihm den Diebstahl anlasten könnte, machte ihm eine Mordsangst, und er konnte nicht mehr klar denken, genau das, worauf ich gehofft hatte. »Das ist alles erstunken und erlogen. Glauben Sie wirklich, das würde reichen, damit der Boss Sie von der Abschussliste streicht?« Die

Serviette bewegte sich eindeutig, was hieß, dass seine Hand zuckte, als er die Pistole jetzt fester fasste.

»Hey, hey«, sagte ich. »Sie wollen doch hier drin nicht solchen Lärm machen, Howly? Sie mögen doch dieses Restaurant. Mal ganz davon abgesehen, dass Sie, wenn Sie mich mehrmals verfehlt haben und ich entkommen bin, der Polizei erklären müssen, warum Sie all die netten Leute hier erschossen haben.«

Howlingfell nahm sein Buttermesser und prüfte die Schneide mit dem Daumen. Die Hand, die das Messer hielt, zitterte ganz leicht. »Ich brauche die Pistole nicht, um Sie zu töten, Engel. Ich kann es genauso gut mit dem hier machen. Oder mit bloßen Händen.«

»Ich verstehe gar nicht, warum niemand mit Ihnen ausgehen will, Howly. Sie sind ja ein richtiger Spaßvogel.« Ich stand jetzt auf – langsam, um ihn nicht zu erschrecken – und zog den Brief heraus, den ich vorhin geschrieben hatte. »Ich mache mich dann mal wieder auf den Weg. Aber bevor Sie Verstärkung rufen oder auch nur beschließen, mich im Alleingang totzubuttern, rate ich Ihnen dringend, das hier zu lesen. Natürlich nur, wenn Ihnen an einer peinfreien Existenz liegt. Wie Sie ja schon sehr richtig bemerkten, ist Ihr Boss niemand, mit dem man sich's verderben sollte.« Während ich mich zum Gehen wandte, legte ich den Brief an den Rand des Tischs. Etwas unaufmerksam, wie es schien, denn er fiel auf den Boden. Verfolgt von Howlingfells hassglühenden Augen steuerte ich auf die Tür zu. Ich muss gestehen, meine Muskeln waren ziemlich verspannt, weil ich halb damit rechnete, eine Kugel in den Rücken zu bekommen.

Als ich mich kurz umdrehte, sah ich, wie er sich nach dem Umschlag bückte, also verschwand ich schleunigst zur Tür hinaus. Als er den Umschlag aufriss und den Inhalt las: »*Nehmen Sie nicht das Ossobuco, ich habe gehört, das ist heute nicht so gut*«, stieg ich bereits in meinen Wagen.

Und als Howlingfell aus der Tür des *Il Milanese* stürmte,

mit schussbereiter Pistole und dem Gesicht eines wütenden rasierten Pitbulls, entschlossen, auf Diskretion und sein Lieblingsrestaurant zu pfeifen und mich in Fetzen zu schießen, war ich schon auf dem Camino Real und gab ordentlich Gas.

Nachdem ich meiner gefährlichen Sorgfaltspflicht Genüge getan hatte, wandte ich mich den übrigen Punkten auf meiner Liste zu. Zuerst rief ich Clarence an. Ich hatte immer noch meine Zweifel, was ihn anging, aber mir war etwas eingefallen, um zwei Fliegen mit einer Klappe zu schlagen.

»Wow, Bobby, sind Sie okay?«, fragte er, als er abnahm. »Was war denn? Ich habe das *Compasses* gesehen …!«

»Ja, ja, war alles sehr aufregend. So viel Spaß hatte ich nicht mehr, seit Grampa Dollar damals das Benzin und den Maiswhiskey verwechselt hat. Bist du zu Hause?«

»Äh, ja, jedenfalls gleich. Ich war gerade was essen. Meine Mitbewohner sind heute Abend weg.«

Ich hatte keine Ahnung, was das heißen sollte. »Ich war selbst gerade in einem Feinschmeckerlokal, aber gegessen habe ich nur Knabberstangen, also hole ich mir vielleicht unterwegs noch was. Ich bin in einer halben Stunde bei dir.«

»Aber …!«

Ich legte auf, bevor er noch meine Zeit damit vergeuden konnte, es mir ausreden zu wollen.

In dem Benz durch die Stadt zu kutschen, war alles andere als aufregend. Ich mochte Diesel noch nie – sie pflügen schnaufend dahin wie Fatback auf der Suche nach Trüffeln und reagieren so schnell wie die Reklamationsabteilung eines Großunternehmens. Trotzdem, es war um Klassen besser als zu laufen, also kurbelte ich die Fenster herunter und tat mein Bestes, den Abend zu genießen. Ich holte mir in einem Drive-Through-Imbiss ein paar Tacos und aß sie im Fahren, wobei ich Tortillakrümel und Tomatenstückchen auf meinem Schoß und Orbans

Fußmatte verteilte. Ich fragte mich, wo der Ghallu jetzt steckte – war er auf der Jagd nach mir oder ging er nur dorthin, wo er gerade hingeschickt wurde?

Als ich die Whipple Avenue in Richtung Brittan Heights hinauffuhr, kam ich an dem verschachtelten weißen Komplex des Sequoia Hospital vorbei und musste an Sam denken. Der lag jetzt dort, an lauter Schläuche angeschlossen, und konnte nichts anderes tun, als sich (sofern er bei Bewusstsein war) Jimmy the Tables langweilige Geschichten über die gute alte Zeit in Spanishtown anzuhören, damals in den Siebzigern, als Jimmy als Anwalt angefangen hatte. Das wünschte ich niemandem, schon gar nicht meinem armen Freund, der nicht mal aufstehen und weggehen konnte, und kurz war ich in Versuchung, Sam einen Überraschungsbesuch abzustatten. Aber nur einen Augenblick lang: Zwar war mein Selbstvertrauen dadurch gestärkt, dass mein Bluff gegenüber Howlingfell geklappt hatte, aber mir war doch klar, dass ich mein Glück nicht überstrapazieren durfte.

Ich hatte Clarence ja bislang nur einmal vor dem großen Haus auf dem Hügel abgesetzt. Jetzt musste ich aussteigen und die Haustür suchen, die schwerer zu finden war, als man meinen sollte. Schließlich fand ich eine Tür, und nachdem ich eine Weile geklopft hatte, erschien Clarence.

»Wow … Sie sind's.« Er trug einen altmodischen grauen Trainingsanzug und weiße Joggingschuhe. Ich würde lieber sterben, als weiße Joggingschuhe anzuziehen. Vielleicht bin ich ja sogar deswegen gestorben. Vielleicht bin ich ja jetzt ein Engel, weil mich die Weiße-Joggingschuhe-Mafia umgelegt hat.

»Ist das dein Tribut an Rocky?«, fragte ich ihn.

Er blickte an sich hinunter. »Kann sein. Kommen Sie rein.«

Bier hatte er nicht, aber er reichte mir eine Limo aus dem Kühlschrank, der fast so groß war wie mein Apartment. Auch das Haus selbst war riesig, eins von diesen Dingern à la Frank Lloyd Wright, ganz Holz, Natursteinfliesen, Sichtbeton und offene Bauweise, sodass man von einem Raum in mehrere andere blicken konnte. Einer der größeren Räume war sogar nach oben hin offen, aber mit einer Art Schiebedach, wodurch er sich bei schlechtem Wetter in einen geschlossenen Innenhof verwandeln ließ. Ich wunderte mich wieder über Clarences Mitbewohner. Es mussten reiche Valley-Kids mit hochbezahlten Jobs sein, und sie mussten einen Putzservice haben, alles war blitzsauber.

Wir saßen in der Küche, und ich erzählte ihm, was passiert war, bis zu dem Punkt, wo ich aus dem Redwood River gekrochen war und Caz angerufen hatte. Das war ja nicht nur eindeutig meine Privatangelegenheit, sondern auch gegen alle Regeln und daher nichts, worüber ich mit einer neuen und unbekannten Größe wie diesem Jungen zu reden gedachte. Ich mochte ihn aber irgendwie immer noch, obwohl ich ihm nicht traute, was für mich keine ungewohnte Situation ist. (Weil ich im Grund niemandem traue, kapiert?)

»Ich habe Chicos Gewehr mal gesehen«, sagte Clarence, als ich die Schießerei am *Compasses*-Corral schilderte. »Dieses MP-Ding. Wow. Er hat mich mal gebeten, ein Tablett mit Getränken mitzunehmen, als er gerade ans Telefon musste, und da war das Ding hinter der Bar versteckt. Es ist riesig!«

»Und hat diesen Ghallu trotzdem kaum irritiert«, sagte ich. »Also muss ich das Ganze noch mal gründlich durchdenken. Aber jetzt brauche ich erst mal deine Hilfe in einer bestimmten Sache.«

Er schaute mich an wie ein Tier in der Falle. »Ach ja? Und … in welcher?« Ich sah ihm an, dass er dachte, ich wolle ihm einen Hilfssheriffstern anheften und ihn in die nächste Schießerei mit dem Nachtmahr von Ninive mitschleppen. »Ich … ich hab nämlich viel zu tun …«

»Papperlapapp, du hast gar nichts zu tun. Ich habe mit Alice geredet und dafür gesorgt, dass du heute Nacht frei hast. Wir gehen rauf.«

Unwillkürlich schaute er zur Treppe. »Was …?«

»Nicht *da* rauf. Ins Große Haus auf dem Hügel. Ins Hauptquartier. In den *Himmel*.« Ein Geräusch am anderen Ende des Raums ließ meine Hand an meine Pistole fahren, aber noch bevor ich sie ziehen konnte, war Junior von seinem Sessel aufgesprungen und postierte sich zwischen mir und dem Nebeneingang (der, wie ich später herausfand, von der Einfahrt hereinführte). Ein nett angezogenes weißes Paar im Rentenalter blieb in der Tür stehen.

»Oh, hallo, Harrison«, begrüßte die Frau Junior. Sie war auf eine edelhippiehafte Weise hübsch, eine alte nordkalifornische Linke mit Geld. »Wir wollten dich und deinen Freund nicht erschrecken. Der Film war grässlich, und Burt hatte Kopfschmerzen.«

»Die Kopfschmerzen kamen von dem Film«, sagte der Mann, offenbar Burt. »Es war einer von der Sorte, die Sheila liebt, mit der ich aber nichts anfangen kann. Untertitel, Leute, die einfach nur gucken, und am Ende passiert gar nichts.«

»Wir haben ihn doch nicht bis zum Ende gesehen, woher willst du das wissen?«, fragte Sheila spitz und lächelte uns dann an, um zu signalisieren, dass es ein altvertrautes Rollenspiel war.

»Ich habe genug davon gesehen. Ich *weiß* es.« Er durchquerte die Küche. »Kommst du, Sheil?«

Sie sah uns an. »Er hat recht«, sagte sie im Bühnenflüsterton. »Es war wirklich nicht so toll. Aber er unterstellt immer, dass ausländische Filme schlecht sind, deshalb wollte ich ihm die Genugtuung nicht gönnen.« Laut sagte sie: »Ja, Burt, ich komme.« In der Tür drehte sie sich noch mal um. »Oh, heute im Supermarkt habe ich das Müsli gesehen, das du so gern magst, Harrison – das mit den Flocken und Nüssen und Trockenfrüchten. Ich habe zwei Packungen mitgebracht.«

»Danke, Sheila«, sagte Clarence und sah aus, als wollte er am liebsten im Boden versinken.

»Tja, ich weiß ja, wie dir das schmeckt«, sagte sie munter. »Nehmt euch, was ihr mögt, Jungs. Gute Nacht!«

Er blickte immer noch zur Tür, als sie schon längst weg war, wohl weil er meinen ungläubigen Gesichtsausdruck nicht sehen wollte: »Das ist nicht wahr«, sagte ich. »*Das* sind deine Mitbewohner?«

»Warum? Es sind nette Leute.«

»Bist du losgezogen und hast dir eine Mom und einen Dad gekauft? Oder hast du auf eine Anzeige geantwortet? ›Älteres Ehepaar sucht Kindersatz‹ …«

Er wurde nun ziemlich rot. »Lassen Sie das, Dollar. Das ist nicht komisch.«

Ich lachte und hörte erst nach einer ganzen Weile wieder auf. »Okay, sorry. Ist ja auch egal. Wir beide haben Wichtigeres zu tun, als über deine ausgefallenen häuslichen Arrangements zu debattieren.« Ich beugte mich zu ihm und klopfte ihm freundschaftlich auf die Schulter. »Schließlich machen wir heute Nacht eine Pyjama-Party.«

»Pyjama …«

»Mit anderen Worten, ich schlafe hier und wir machen zusammen einen Trip in den Himmel.«

»Sch-sch!«, zischte er total panisch. »Guter Gott, wenn sie Sie hören! Haben Sie eine Ahnung, wie das klingt?«

Ich lachte wieder. »Ziemlich komisch, jetzt wo ich drüber nachdenke. Und es wird noch schlimmer, weil ich nämlich in deinem Zimmer kampieren werde. Besorg mir einfach nur eine Decke und ein Kissen. Vielleicht erzählen wir uns sogar Gespenstergeschichten.«

»Sie wollen in meinem Zimmer schlafen? Ist das nicht … irgendwie schwul?«

»Nein. Wenn ich vorgeschlagen hätte, in Unterhosen Twister zu spielen, *das* wäre schwul. Jetzt hör auf mit dem Gerede, beschaff mir eine Decke und nimm mich mit in dein Zimmer. Du hast doch ein eigenes Zimmer, oder? Kein Gitterbettchen am Fußende von Sheilas und Burts Bett oder so was …?« Ich weiß, ich war ein bisschen gemein zu dem Jungen, aber ich traute ihm immer noch nicht und wollte sehen, ob ich ihn provozieren konnte.

Er starrte mich nur finster an. »Sie halten sich für witzig, Bobby, sind's aber nicht.«

»Ich sehe furchtbar gern einen Nachwuchsengel schmollen«, erklärte ich. »Das riecht nach Sieg. Jetzt trink deine Milch aus und lass uns schlafen gehen. Klein-Clarence hat eine anstrengende Nacht vor sich.«

25

FALSCH IN ERINNERUNG

Der Junge und ich trafen uns in den Gefilden. Ich hatte schon eine ganze Weile auf Clarence gewartet, als er schließlich über die Kuppe eines grünen elysischen Hügels kam, mit den Händen fuchtelnd wie ein nostalgischer Winkeralphabet-Fan. Ich war nicht erbaut, nicht wegen des Wartens als solchem, sondern weil es mir Zeit zum Nachdenken gab und weil nachdenken hieß, an Caz zu denken. Das wollte ich im Moment gar nicht, nicht zuletzt, weil ich sie ohnehin schon schmerzlich vermisste. Das ganze Thema war einfach zu verwirrend und ließ die wenigen Optionen, die ich hatte, noch zehnmal so beschissen erscheinen. Entweder hatte ich den Himmel verraten, oder ich hatte mich in ein Wesen verliebt, das ich so wenig lieben durfte, dass daneben Dantes unerreichbare Beatrice wie eine Nutte vom Straßenstrich in Vegas wirkte.

»Sorry!«, sagte der Junge. »Konnte nicht einschlafen!«

»Wir haben einen langen Fußmarsch vor uns. Warst du schon mal hier?«

Er plusterte sich entrüstet auf. »Natürlich! Mehr als einmal!«

Ich war wider Willen amüsiert. Es war wirklich wie mit einem Halbwüchsigen. Vielleicht war er ja ein mieser Spitzel und Verräter, eigens in den Ganzen Kaputten Chor eingeschleust, um jede himmelskritische Äußerung meinerseits weiterzumelden, aber wenn seine grünschnabelige Art, sich und die Welt furchtbar ernst zu nehmen, nur Fassade war, dann eine sehr gute. Ich wollte ihn immer noch mögen und konnte nicht umhin, mich zu fragen, was ich mir damit einhandeln würde. Hatte Caesar etwa Brutus gern geneckt, bis ihn sein bester Kumpel schließlich erstochen hat?

Wir machten uns auf den Weg durch die leuchtend grünen Gefilde unter der unsichtbaren Sonne, die alles im Himmel erwärmt. Was mir an Clarence auf jeden Fall gefiel, war, dass er genauso viele Fragen stellte wie ich. Was mir nicht gefiel, war, dass er sie *laut* stellte. Er war neugierig wie immer, was die Mechanismen hinter den Kulissen unserer Engelstätigkeit auf Erden anbelangte – er fragte mich sogar, wie die Reißverschlüsse und das Außerhalb funktionieren, was etwa so ist, wie von einem Glühwürmchen zu erwarten, dass es einem die Biolumineszenz erklärt.

»Okay, auch wenn Sie nicht wissen, wie es funktioniert«, bohrte er weiter, »kann denn auch jemand anders als ein Anwaltsengel einen Reißverschluss aufmachen? Und was ist, wenn jemand den Reißverschluss hinter einem zumacht? Sitzt man dann drüben fest?«

»Jeder Engel kann das – hat Sam es dir noch nicht gezeigt?«

»Er hat gesagt, er würde es tun, ist aber noch nicht dazu gekommen.«

Wahrscheinlich, damit du möglichst wenig Unheil anrichten kannst, dachte ich, sagte es aber nicht. »Tut er bestimmt noch.«

»Hoffentlich wird er wieder gesund. Er sah schrecklich aus. Schläuche in der Nase und in der Kehle …«

Mich überkamen heftige Schuldgefühle, weil ich Sam nicht im Krankenhaus besucht hatte – obwohl es ja so gewesen war, dass man es mir quasi verboten hatte. »Und zu der Frage, ob man im Außerhalb festsitzen kann – nein, das kann nicht passieren, nicht ohne dass es einen interjenseitigen Zwischenfall auslöst. Da sind die Regeln sehr streng, sie müssen einen großen Teil der Konventionsverhandlungen darauf verwandt haben, das alles auszudiskutieren.«

»Inter ... was?«

Ich lächelte – das war eine Wortschöpfung von Leo. »Hat ein Freund von mir erfunden – er war auch ein Freund von Sam. Interjenseitig. Zwischen den Jenseitswelten. Zwischen denen und uns.«

»Und mit ›Konvention‹ meinen Sie die Tartarus-Konvention, oder? Als wir uns ganz am Anfang mit der Gegenseite getroffen und die Regeln aufgestellt haben?«

»Genau. Als klar war, dass der Höchste Satans Partei verbannen und nicht vernichten würde, mussten sich alle einigen, nach welchen Regeln das Spiel gespielt werden würde.« Mir fiel etwas ein. »Man kann auch niemanden zwingen, ins Außerhalb hinüberzutreten, oder gegen seinen Willen dorthin verschleppen. Das hat mir erst kürzlich das Leben gerettet.«

»Ich weiß. Bei der Sache mit Eligor, in seinem Büro.«

Ich beäugte ihn argwöhnisch. »Woher weißt du das?«

»Weil Sie's mir erzählt haben, wissen Sie nicht mehr? Hey, Bobby, Sie werden langsam paranoid. Als wir mit Sam in dem Coffee-Shop waren?«

»Oh. Okay.« Aber es warf mich ein bisschen in mich selbst zurück, sodass wir eine Weile schweigend weitergingen.

Ich habe den Weg durch die Gefilde bisher nur sehr knapp abgehandelt, aber das sollte ich wirklich nicht, die Gefilde sind nämlich ein echtes Erlebnis. Ich meine, Sterbliche würden ewig lange Schlange stehen und Disneyland-Preise zahlen, nur um ein paar hundert Meter dort hindurchzuspazieren. Das Erstaunlichste sind die Farben, die Art, wie sie leuchten und hervorspringen und funkeln. Wer Erfahrung mit Peyote, Zauberpilzen oder LSD hat, weiß wahrscheinlich, wie man auf einem Trip das Gefühl hat, dass alle Farben intensiver sind, regelrecht von innerem Licht pulsieren. Der Unterschied zum Himmel ist, dass dort nie irgendwas so schrill ist wie bei psychedelischen Drogen manchmal und dass man auf keinen Horrortrip kommen kann. Ja, eine Wanderung durch die Hügel und Wiesen rund um die Himmlische Stadt ist per definitionem das Gegenteil eines Horrortrips.

Natürlich habe ich selbst keine Ahnung von Peyote oder irgendwas Derartigem. Ich bin ja schließlich ein Engel, und ein Engel würde niemals mit Alkohol oder illegalen Drogen oder ähnlichen menschlichen Verirrungen experimentieren, selbst wenn er in einem Ausbildungscamp in der Wüste sitzt, mit einer Horde anderer gelangweilter Engel, die alle zum ersten Mal einen menschlichen Körper tragen. Das würde einfach nicht passieren. Das ist Ihnen doch klar, oder?

Da ich also beschlossen hatte, Clarence gegenüber ein bisschen zurückhaltender zu sein, hatte ich Zeit, die Gefilde wieder einmal richtig wahrzunehmen, das eigenartig Schöne ebenso wie das nur Eigenartige. Obwohl dort überall Leute sind – vielleicht die Seligen, auf jeden Fall aber die Seelen der Glücklichen unter den Toten –, ist es sehr schwer, sich jemandem zu nähern. Die Gefilde haben etwas Traumartiges wie auch die Himmlische Stadt selbst, aber das Wesen dieses speziellen Traums besteht darin, dass es leicht ist, *Dinge* zu erreichen, etwa einen schattigen Hain oder einen einladend grünen Hügel, während die Leute aber immer weiter weg sind, als es scheint: Man kann zu ihnen gelangen, aber wenn es anfangs so aussieht, als wären sie nur hundert Meter entfernt, kann es eine gefühlte Erdenviertelstunde dauern, bis man dort ist. Ich weiß nicht, ob das einfach an der speziellen Physik des Himmels liegt oder ob der Höchste einfach nicht will, dass das Jenseitsleben der Leute zu leicht gestört werden kann. Wobei man, wenn man mit ihnen redet, sowieso nicht viel aus den Leuten in den Gefilden herauskriegt: Sie wirken oft wie im Halbschlaf, heiter und willens, einem zu antworten, aber so versunken in Erinnerungen an ihr einstiges Leben oder so absorbiert von ihrem jetzigen Jenseitsleben, dass sie gleichsam nicht ganz anwesend sind. Früher, als ich meine Fragen noch laut stellte, fühlte ich mich manchmal, wenn ich die himmlischen Gefilde verließ, wie ein zwielichtiger Erwachsener, der sich auf einem Kinderspielplatz herumtreibt.

Ansonsten aber fühlt man sich in den Gefilden problemlos aufgenommen. Die Sonne scheint immer, aber – und auch das ist wie im Traum – wenn man die dunkleren Orte betritt, die schattigen Winkel und waldigen Schluchten, merkt man schnell, dass es Dunkelheit in einer vertrauenswürdigen, schönen und ungefährlichen Naturumgebung ist. Man entdeckt Fleckchen, die geradewegs den schönsten eigenen Erinnerungen entsprungen zu sein scheinen, obwohl natürlich Clarence oder ich gar keine solchen Erinnerungen hat, nur dieses *Gefühl*. Wo man auch hingeht, es ist überall so – unvertraut, aber nicht bedrohlich, oder vertraut und trotzdem geheimnisvoll, als ob man das *Déjà-vu* mit der Luft einatmen würde. Und wie in der Himmlischen Stadt fühlt es sich einfach richtig an, in den Gefilden zu sein. Es fühlt sich gut an. Jedes Mal, wenn ich dort durchkomme, sage ich mir: *Ich muss mehr davon sehen. Ich muss mehr erfahren. Vielleicht könnte ich hier glücklich sein. Vielleicht …*

Aber alles hat ein Ende, selbst die unendlichen Gefilde. Irgendwann kommt man auf eine Anhöhe, von der aus man die schimmernden Mauern der Stadt in der Ferne erkennen kann. Für die meisten Leute wäre das der Höhepunkt eines jeden Himmelsbesuchs, aber bei mir verbindet es sich immer mit einem leisen Schauder. Ich hatte nie das Gefühl, wirklich in den Himmel zu gehören. Jedes Mal, wenn ich hinkomme, auch wenn ich von hohen Autoritäten gerufen worden bin und selbst in den seltenen Fällen, in denen es darum geht, dass ich gelobt werden soll, habe ich das Gefühl, Gefahr zu laufen, entlarvt zu werden.

Entlarvt als was? Ich weiß es nicht. Ich wollte, ich wüsste es.

»Warum wollten Sie, dass ich mitkomme?«, fragte Clarence, als wir durch das große Tor traten und in den murmelnden Strom von Engeln eintauchten, der immer die Straßen füllt. (Apropos, die Straßen sind zwar nicht ganz und gar mit Gold gepflastert, aber an bestimmten Stellen doch, wobei es allerdings eine Art von Gold ist, die sich angenehm anfühlt, elastisch wie feste Erde, und nichts von den Eigenschaften realen Goldes hat außer der Schönheit.) »Ist es irgendwie wegen Sam?«

»Wie kommst du darauf?«

Er zuckte die Achseln. Er wirkte schon ein bisschen zerstreut, infiziert von der himmlischen Frohheit. Ich fühlte sie auch, kämpfte aber wie immer, wenn ich hierherkam, darum, eine gewisse Zielstrebigkeit zu bewahren. Ich habe festgestellt, dass ich das gerade einigermaßen schaffe, wenn ich es angehe wie ein Betrunkener eine komplizierte Aufgabe – Konzentration, Konzentration und nochmals Konzentration. Aber dann komme ich unter einem Baum voller Blüten durch, die von innen her leuchten wie eine Siedlung von Feenwesen, und muss wieder von vorn anfangen.

»Weiß nicht«, sagte er. »Wahrscheinlich weil Sam im Krankenhaus ist, weil er verletzt wurde, als er Ihnen gegen diesen Ghallu geholfen hat. Und weil Sam ja so was wie mein Boss ist.«

»Keine schlechte Theorie. Aber nein, nicht deshalb. Ich wollte dich dabeihaben, weil du doch mal im Archiv gearbeitet hast.«

Zum ersten Mal, seit wir die Stadt betreten hatten, ließ seine heitere Gelassenheit etwas nach. Er runzelte die Stirn, als hätte ich gerade den Namen einer besonders unerquicklichen Exfreundin von ihm ausgesprochen – wobei er bestimmt noch nicht viele Freundinnen gehabt hatte, weder unerquickliche noch erquickliche. »Ach?«, sagte er. »Aber … das ist doch schon eine ganze Weile her …«

»So lange auch wieder nicht. Ein paar Wochen, Erdenzeit, plus deine Schulungsphase, bevor sie dich runtergeschickt haben – die nicht lang gewesen sein kann, wenn man bedenkt, wie wenig du weißt.«

Er wurde rot. Ich hatte noch nie jemanden im Himmel rot werden sehen. Es war in gewisser Weise rührend. »Bin ich wirklich so schlecht?«

»Du weißt doch, wie die Natur es so einrichtet, dass Babys hilflos sind, damit wir sie nicht fressen wollen? Also, dich würde selbst Eligors gehörntes Monster wahrscheinlich nur auf den Arm nehmen, um dir übers Haar zu streichen und ›Ich hab deine Nase‹ mit dir zu spielen.« Er sah so beschämt drein, dass ich schon fast ein schlechtes Gewissen hatte, doch ich war fest entschlossen, ihn auf die Probe zu stellen. »Aber es gibt vieles, was du tun kannst, und etwas davon wirst du jetzt tun. Komm mit ins Archiv, dann erklär ich's dir.«

Wir drifteten über den Gnadenplatz und den Ewigen Weg mit seinen endlosen weißen Säulen entlang. Ständig begegneten uns Engel, aber einige der höchsten erschienen und verschwanden einfach nur, ohne sich mit der näherungsweisen Imitation irdischer Gepflogenheiten aufzuhalten – wahrscheinlich solche, die nie Sterbliche gewesen waren. Ab und zu konnte ich im hellen Leuchten eines hohen Engels die Form goldener Flügel ausmachen, und das erinnerte mich daran, dass einer der wahrhaft bedeutenden Bewohner der Himmlischen Stadt wahrscheinlich ein Verräter war. Ich lenkte mich damit ab, Clarence auf die esoterischeren Einrichtungen hinzuweisen.

»Und das da ist die Kosmische Hochschule«, sagte ich. »Dort lernen sie, für die Herrschaften der Zweiten Sphäre zu arbeiten. Ich weiß auch nicht genau, was das heißt, aber es hat irgendwie mit den inneren Zusammenhängen des Universums zu tun …«

»Sehen Sie, das ist das Problem an Sam«, sagte Junior unvermittelt. »Er erklärt mir nie irgendwas. Nicht so wie Sie.«

Ich reagierte mit einer gewissen Abwehr. »Sam hat seine Art, Sachen anzugehen. Unterschätz ihn nicht.«

»Tu ich ja nicht, aber manchmal wünschte ich, er würde mich nicht … ich weiß nicht, mich nicht so am ausgestreckten Arm verhungern lassen. Auf die Hälfte meiner Fragen kriege ich gar keine Antwort – nicht mal ein ›Ruhe jetzt, das sag ich dir nicht!‹ Vielleicht könnten Sie ihn ja bitten, ein bisschen mehr mit mir zu reden, Bobby.«

Ich lachte, aber so ausgeprägt war mein Beschützerinstinkt dem Jungen gegenüber in diesem Punkt nicht. »Hör mal, wenn er auch nur die Hälfte deiner Fragen beantwortet, muss er ja schon rund um die Uhr reden. Er tut sein Bestes, dich auszubilden, und er tut's auf seine Art. Wenn du nur ein halb so guter Anwalt wie Sammariel wirst, kannst du sehr stolz auf dich sein.«

Clarence musterte mich. Er war jetzt sehr präsent, als ob ihm die Diskussion geholfen hätte, einen Gutteil der frei flottierenden Frohheit des Himmels abzuschütteln. »Er tritt auch immer für Sie ein. Einmal hat dieser Elvis was über Sie gesagt, was gar nicht so schlimm war, und ich dachte schon, Sam würde ihm eine reinhauen.«

Jetzt lachte ich richtig. »Ja, das glaube ich, Jung Elvis kann manchmal ein ganz schönes Lästermaul sein. Und Sam und ich kennen uns schon ganz schön lange. Hat er dir erzählt …?«

»Das Sie beide zusammen bei den Counterstrike-Kräften waren? Klar. Sie waren Leiermänner oder so was.«

»Harfenmänner, junger Mann. Counterstrike-Einheit Lyra. Das ist die Sorte gemeinsame Erfahrung, die man nie vergisst, und wir sind die Sorte Freunde, die einander nie im Stich lassen. Ich will dir eine kleine Geschichte erzählen.« Wir näherten uns jetzt der Straße mit den glänzenden, wolkendurchdringenden Gebäuden, unter denen auch das Archiv war. »Ich war mal vorderster Mann bei einer STUSS-Mission in Spanishtown …«

»STUSS?«

»Ja – Stumpf-und-Stil-Säuberung. Heißt, das Zielobjekt bis auf die Grundmauern niederbrennen und den Boden mit Silbernitrat reinigen. Wir sollten in eine profanisierte Kirche eindringen, die eine Gruppe von Abstreitbaren zu ihrer Operationsbasis gemacht hatte …«

»Abstreitbare?«

»Lässt du mich jetzt die Geschichte erzählen, Junge? Abstreitbare sind Dämonen, die angeblich im Alleingang handeln. Natürlich steuert die Gegenseite sie immer noch, aber die kann ja behaupten, dass sie außer Kontrolle geraten sind, und jede Verantwortung von sich weisen. Und diese Dämonen trieben es in dem Teil von Spanishtown richtig übel. Drei Fälle von Besessenheit bei Kindern in der Nachbarschaft, eine kleinere Selbstmordwelle, ein gewaltiger Anstieg von Suffprügeleien, Messerstechereien, häuslicher Gewalt und so weiter. Sie dealten mit Verzweiflung und bauten ihren Kundenkreis stündlich aus.

Jedenfalls, ich war vorderster Mann und Sam war unser Befehlshabender an dem Abend, als wir San Juan Soldado stürmten. Es war ein fieser Kampf, und ich will hier nicht ausführlicher drüber reden – scheint nicht so passend. Aber wir hatten die Sache so ziemlich im Sack, bis wir in den letzten Raum eindrangen, die ehemalige Sakristei … wo sie aber eine Totenuhr versteckt hatten. Wahrscheinlich willst du mich jetzt wieder unterbrechen. Oder weißt du, was das ist?«

Clarence schüttelte den Kopf.

»Eine Totenuhr ist ein Dämon, der wie eine einzige Gestalt aussieht, aber aus … na ja, Insekten oder insektenartigen Wesen besteht. So was wie Käfern normalerweise, daher der Name. Wir hatten schon alles mit Wehrzaubern abgeriegelt, also konnte die Totenuhr nirgends hin, aber ergeben wollte sie sich auch nicht. Die gesamten Einzelteile flogen auf und stürzten sich auf mich.« Ich hielt kurz inne. Ich hatte schon länger nicht mehr drüber geredet, und es zog mir immer noch den Magen zusammen. »Ah ja, eins habe ich noch vergessen, diese Käfer sind giftig. Jeder einzelne schlägt einem seine kleinen Kieferzangen ins Fleisch, und der Schmerz ist … man kann es nicht beschreiben. Die Zeit bleibt einfach stehen. Es gibt nur noch Schmerz. Man kann nur noch schreien und um sich schlagen, falls überhaupt.

Und weißt du, was Sam getan hat, als mich die Totenuhr erwischt hat? Er hat mich umarmt, sodass wir dastanden wie zwei betrunkene Verbindungsbrüder. Etliche von den Dingern sind von mir auf ihn übergesprungen, und er ist mit ihnen davongewankt. Dann hat er dem Mann mit dem Flammenwerfer zugerufen, er soll ihn abflammen.«

»Was?« Clarence sah aus, als würde ihm schlecht. Das warf eine interessante Frage auf – hatte je irgendjemand im Himmel gekotzt? »Was meinen Sie …?«

»Du hast es doch gehört. Er hat dem Typen gesagt, er soll ihn abflammen.«

»Aber wie konnte Sam das überleben? Ich meine, wie konnte sein Körper das überleben?«

»Konnte er natürlich nicht. Aber Sam hat mir damit gezeigt, was ich tun sollte. Und als der Mann den Flammenwerfer auf ihn gerichtet hat, bin ich auch in den Strahl gesprungen, als wäre es eine warme Dusche.« Es klang locker dahingesagt, aber plötzlich war alles wieder da: dieser endlose, entsetzlich qualvolle Moment, der in gewisser Weise, vor allem in schlaflosen Nächten, noch immer andauerte. Die Zeit vergeht nicht immer, egal, was die Leute behaupten. Diese Art Schmerz ist zeitlos wie die Ewigkeit und wird auch ewig mit mir sein. Es wird auch behauptet, dass man sich an Schmerz nicht wirklich erinnern kann. Auch das ist gelogen.

»Sie … Sie sind verbrannt?«

Ich brauchte einen Moment, um es wegzuschieben. »Ja. Es war die einzige Möglichkeit, dem Ganzen ein Ende zu machen und diese verdammten Käfer zu töten. Aber es ging ziemlich schnell, ob du's glaubst oder nicht – ein paar schlimme Sekunden, dann war alles vorbei.«

Clarence sah sich um, als hoffte er, irgendwo Beweise dafür zu finden, dass ich das alles nur erfunden hatte. »A-aber ... warum hat Sam dann nicht einfach den Flammenwerfer nur auf Sie richten lassen? Warum hat er sich selbst ...?«

»Weil er unser Anführer war. So was war uns noch nie passiert, und er wollte uns klarmachen, dass der Himmel hinter uns stand – und dass er, Sam, nie irgendwas von uns verlangen würde, was er nicht selbst zu tun bereit war. Glaub mir, das hat keiner vergessen. Wo immer sie jetzt sind, sie erinnern sich dran, das versichere ich dir. Ich hab mich auch dran erinnert – als ich in meinem neuen Körper aufwachte, meine ich. Sam und ich waren eine ganze Weile in der Wiedergeburtsreha – es dauert nämlich, sich an den neuen Körper zu gewöhnen, wenn man den alten so gewaltsam verloren hat. Und in der Zeit dort ... na ja, da sind wir Freunde geworden.« Und in dieser Zeit hatte Sam angefangen, seinen neuen Körper systematisch totzusaufen, aber das sagte ich dem Jungen nicht. Ging ihn nichts an.

Irgendwas an dem schieren Horror in Clarences Gesicht ließ mich fast schon bereuen, dass ich ihm das mit der Totenuhr erzählt hatte: Er sah aus wie ein geprügelter Welpe. Vor uns ragte jetzt das Archiv auf, buchstäblich ein Elfenbeinturm, bedeckt mit goldenen und silbernen Voluten, eine riesige Nadel ohne Heuhaufen. Auch das Innere war ganz interessant, aber das würde ich nicht zu Gesicht kriegen, jedenfalls nicht heute. Wenn ich es auch nur betrat, konnte ich ebenso gut einen Alarm auslösen, der in der ganzen Stadt verkündete: »Bobby Dollar ist hier.«

»Also, was ich will, ist Folgendes«, erklärte ich und rezitierte die Liste eines halben Dutzends Namen, beginnend mit Reverend Dr. Moses Habari. »Beschaff mir, was du über sie finden kannst. Alles, was irgendwie interessant ist.«

»Aber ich darf die Akten nicht mit rausnehmen!«, wehrte er sich entsetzt. »Ich darf eigentlich noch nicht mal wieder rein, nachdem ich wegversetzt worden bin ...!«

»Ich bin sicher, du hast da drin noch Freunde«, sagte ich. »Ein bisschen was muss Sam dir doch inzwischen beigebracht haben, Junior. Lass deinen Charme spielen. Wenn du mir keine Kopien bringen kannst, lern die Sachen einfach auswendig – vergiss nicht, du bist ein Engel. Wir treffen uns, wenn du fertig bist. Los jetzt, an die Arbeit, oder du bekommst Ärger wegen Herumlungerns vor einem öffentlichen Gebäude.«

Er starrte mich an. Ich wandte mich zum Gehen, und als ich mich noch mal umdrehte, war ihm gerade bewusst geworden, dass er wie ein Idiot mitten auf einer himmlischen Hauptdurchgangsstraße stand, und er schlurfte zum Eingang des Archivs wie ein Schüler, der ins Büro des Direktors gerufen worden ist.

Ich steuerte das Gebäude an, wo die Problembereiniger sitzen, um ihnen zu erklären, was genau das *Compasses* zerspänt hatte.

Der Mull blickte von seiner Arbeit auf, so es denn das war, was der Ball von kaltem Feuer vor ihm darstellte. Das Gesicht innerhalb des Engelsleuchtens nahm einen anderen Ausdruck an, aber was da was ablöste, war schwer zu sagen – Erzengel sind zwar längst nicht *so* anders als Menschen wie Fürstentümer, aber dennoch schwer zu deuten. »Engel Doloriel!« Sein Ton war verhalten freundlich. »Gott liebt Sie! So eine Überraschung. Geht es Ihnen gut?«

Na ja, nicht direkt. *Ich bin verliebt in eine Gehilfin des Teufels, und einer von dessen Pokerkumpels versucht mich zu töten – bestenfalls.* Aber selbst im Himmel ist das eine der Fragen, die ich kaum je ehrlich beantworte. »Ja, danke, Erzengel Temuel.«

»Das Untersuchungsministerium will Sie sprechen. Haben Sie sich schon bei denen gemeldet?«

»Ich war gerade dort. Aber ich wollte Sie auch noch was fragen. Haben Sie einen Moment Zeit?«

Er zögerte – kaum merklich, aber ich hatte darauf geachtet.

»Natürlich. Gehen wir ein wenig nach draußen. Mögen Sie den Park der Kontemplation?«

»Hübsches Fleckchen.« *Weiß er, wie verfahren meine Situation ist? Hat er die Sache mit Caz irgendwie erfahren?* Warum sonst sollte er mit mir irgendwohin gehen wollen, wo niemand mithören konnte?

Mein nächster Gedanke war noch unheimlicher. *Gibt es im Himmel überhaupt einen solchen Ort?*

Wir vollzogen diesen seltsamen himmlischen Übergang zwischen Drinnen und Draußen, bei dem man irgendwie blitzschnell durch alles hindurchdiffundiert, und gingen dann auf konventionellere Art durch das Gedränge zum Park der Kontemplation. (Die Leute in der Stadt sind beschäftigter und fokussierter als die in den Gefilden. Auch sie sind irgendwo in ihrer eigenen Welt, aber ihre Welten scheinen Teil des *Jetzt* zu sein. Wenn man sie anspricht und etwas fragt, antworten sie einem sogar ganz direkt, jedenfalls wenn sie können. In vielem sind sie fast wie Leute in einer ganz normalen Großstadt, aber trotzdem ist da so etwas Vages, das für mich immer irgendwie undurchdringbar bleibt. Und dazu noch diese undifferenzierte Frohheit, die mich … na ja, nervös macht, ich kann's nicht anders sagen.)

Plötzlich kam mir ein Gedanke, dem ich ernsthaft würde nachgehen müssen, das fühlte ich. *Wenn ich nun nicht der Einzige bin, dem es so geht?* Es war irgendwie wichtig, sagten mir meine Instinkte, obwohl ich nicht wusste, warum. Ich betete, dass ich mich später daran erinnern können würde, da ja vieles, was im Himmel war, wie ein Traum verfliegt, sobald man wieder auf der Erde ist.

»Ihre Situation ist also immer noch ein bisschen schwierig, wie ich höre?«, sagte der Mull, als wir den blumengesäumten Wegen folgten. Ich sah eine Gruppe Kinder auf einem der grasigen Hügel spielen, ein reizender Anblick, bis ich darüber nachzudenken begann, wie sie wohl gestorben sein mochten und warum so früh.

Ich bin ein ganz schön verkorkster Engel, gar keine Frage.

»Schwierig. Ja, so könnte man's nennen. Haben Sie meine Nachricht bekommen, Erzengel, dass ich gern ein paar Tage frei hätte? Geht das?«

Temuel tat, was Erzengel immer anstelle eines Nickens tun. Ich erkenne es, aber ich kann es nicht beschreiben. »Ja. Und obwohl niemand … glücklich darüber war, gewährt man Ihnen etwas Freiraum, zumindest für den Moment. Ich glaube, es ist wegen des Gipfeltreffens.«

»Des was?«

»Ah, Sie haben es also noch nicht gehört?« Der Gesang eines einsamen Vogels tönte seltsam intensiv durch den Park und machte mir erstmals bewusst, wie still es in diesem Teil des Himmels war. »Bei dem Gipfel geht es natürlich um die … verschollenen Seelen. Man hat uns zu verstehen gegeben, dass der Höchste beunruhigt ist. Die Gegenseite behauptet, nicht mehr darüber zu wissen als wir. Es besteht zwar nur eine verschwindend geringe Wahrscheinlichkeit, dass das stimmt, aber trotzdem wurde ein Treffen vereinbart. Man wird Sie natürlich dazu einladen, Engel Doloriel.« Sein ruhiger Ton wurde für einen Moment schärfer. »Es wird sich dabei nicht um die Sorte Einladung handeln, die man ausschlagen kann.«

»Warum ich?«

»Weil Sie der erste Anwaltsengel waren, dem das passiert ist, auch wenn Sie mittlerweile reichlich Gesellschaft haben. Und weil Sie seit jenem unseligen Moment von einem bösartigen Geist verfolgt werden, was damit in Zusammenhang stehen mag … oder auch nicht.« Temuels Leuchten veränderte sich auf eine Art, die ich als ironisches Grinsen deutete. »Schließlich haben Sie sich in Ihren Jahren auf Erden einige Feinde gemacht.«

Ich ignorierte es höflich. »Bitte sagen Sie mir die ganze Wahrheit, Erzengel Temuel. Ist das eine echte Untersuchung, oder brauchen sie nur einen Sündenbock? Denn als der erste arme Kerl, dem das passiert ist, bin ich wohl ein heißer Anwärter auf diese Rolle.«

»Es ist eine umfassende und wichtige Untersuchung, und meiner Meinung nach erfolgt sie in ehrlicher Absicht. Ganz egal, was Ihre Vorgesetzten von Ihnen halten. Es ist ein Problem, das man nicht einfach jemandem in die Schuhe schieben kann – es muss gelöst werden.« Temuels Aufmerksamkeit verlagerte sich langsam auf etwas irgendwo hinter mir, und ich fragte mich, was er dachte. Er schien über die dunstige Weite des Parks auf das ferne Schimmern des Empyreums zu schauen. Temuel war mir ein Rätsel, nicht nur, weil er ein Erzengel war – ich bekam ihn einfach nie zu fassen. »Ich glaube, wenn sonst nichts mehr ist, sollten wir jetzt zurückgehen«, sagte er. »Seien Sie versichert, dass ich noch ein paar Tage mein Möglichstes tun werde, Ihnen die Freiheit zu lassen, die Sie auf der Erde zu benötigen glauben. Aber Sie sollten … wie war diese Redensart noch mal? Sie sollten Ihr Glück nicht überstrapazieren.«

Das klang wie etwas, das man besser nicht überhörte. Das Problem war, dass ich es allein schon in letzter Zeit etliche Male überhört hatte. »Danke, Erzengel. Dieses Gipfeltreffen … wann findet es statt? Und wissen Sie, wer dabei sein wird?«

»Wer da sein wird? Alle, die in diesem Zusammenhang wichtig sind, will ich doch meinen. Niemand kann es sich leisten, nicht mitzumachen. Und was den Termin angeht – bald. Sie erhalten die genauen Informationen, sobald sie vorliegen.«

Wie schön zu wissen, dass alle meine Freunde mit mir an einem Ort versammelt sein würden. War ich wieder paranoid, oder tat der Himmel alles, um mich ans Messer zu liefern? »Oh, eins noch«, sagte ich, als wir zum Kalifornien-Gebäude und Temuels Büro zurückdrifteten. »Wissen Sie noch, wie Sie mich gebeten haben, ein Auge auf den neuen Anwaltsengel zu haben? Haraheliel? Den Burschen, den Sam ausbildet?«

Ich hätte schwören können, dass in dem Moment, als ich das sagte, das Leuchten des Mulls nachließ – kurz glaubte ich sogar, die Ränder wie Flammen in einem Windstoß flackern zu sehen –, aber dann war alles wieder wie vorher. »Nein, ich erinnere mich an nichts Derartiges.«

Ich gaffte ihn mit offenem Engelmund an. Ich hatte noch nie erlebt, dass einer meiner Vorgesetzten irgendetwas vergaß. »Moment«, sagte ich, »vielleicht habe ich mich unklar ausgedrückt. Ich spreche von Haraheliel – dem Jungen, den wir ›Clarence‹ nennen, aber das ist nur ein Witz. Sein Erdenname ist Harrison Ely und er arbeitet mit Sam zusammen. Als ich neulich hier war, haben Sie mich gebeten …«

»Nein.« So streng hatte ich den Mull noch nie gehört. »Sie irren sich.«

»Aber …!«

»Sie irren sich, Engel Doloriel, haben Sie mich verstanden? Sie haben da etwas falsch in Erinnerung. Ein solches Gespräch hat es nie gegeben.«

Er ließ mich völlig verwirrt stehen.

26

WICHTIGE LEUTE

Ich träumte, dass ich die Hand nach Caz ausstreckte. Das Traumgeschehen hätte süß oder erotisch oder mit katholischen Schuldgefühlen befrachtet sein sollen, aber stattdessen scharrte ich wie ein Hund in einem Erdhaufen, während sie davongesogen wurde, in ein Loch dunkler, bröseliger Erde. Schließlich war sie weg, und so hektisch ich auch buddelte, ich hörte nur noch erstickte Schreie. Ich erwachte in meinem Erdenkörper, schweißüberströmt, und eine ganze Weile fühlten sich meine Gliedmaßen an, als gehörten sie nicht zu mir.

Erdbasierte Engel träumen, wenn auch nicht oft. Mir passiert das fast nie, aber ab und zu löst ein verstörendes Erlebnis einen Traum aus, und Temuels Reaktion war ein solches. Ich hatte immer schon ein reflexhaftes Misstrauen dem Himmel gegenüber, vor allem, wenn es darum ging, ob er Bobby Dollars Wohl obenan stellte, aber wenn meine Vorgesetzten auch manchmal knauserig mit der Wahrheit waren – ins Gesicht gelogen hatte mir noch keiner. Konnten sie das überhaupt? Sie waren doch Engel des Herrn! Aber sofern der Mull ein äußerst wichtiges Gespräch mit mir nicht einfach vergessen hatte, was bei Engeln nicht vorkommt, leugnete er jetzt knallhart etwas, von dem wir beide wussten, dass es stattgefunden hatte.

Wobei es natürlich noch eine dritte Möglichkeit gab – vielleicht hatte ich ja den Verstand verloren oder jedenfalls den Teil, auf den ich mich immer gestützt hatte: Mein Erinnerungsvermögen und mein logisches Denken. Diese Möglichkeit ernsthaft in Betracht zu ziehen, konnte ich mir aber gar nicht leisten, da mir meine himmlischen Verbindungen, die mich unterstützten, immer mehr abhandenkamen. Mein bester Freund lag im Krankenhaus, vielleicht sogar im Koma, mein liebster Aufenthaltsort war verwüstet, und meine Bosse waren sauer auf mich. Wenn ich meinem eigenen Urteil nicht trauen konnte, war ich wirklich verraten und verkauft.

Morgenlicht drang durch die Vorhänge in Clarences Souterrain-Einliegerzimmer. Ich sage Einliegerzimmer, aber es sah eher aus wie die Sorte Zimmer, auf die ein längst erwachsen gewordener Sohn bei Besuchen in seinem Elternhaus noch immer fraglos zurückgreifen kann. Ein elaborierter (und staubfreier) Modell-Doppeldecker baumelte an einer Nylonschnur von der Decke, an der Wand hing ein Giants-Mannschaftsposter, und das Bücherregal war voll mit Science-Fiction-, Sport- und Abenteuerbüchern. Selbst das Bett, auf dem Clarences derzeit unbewohnter Körper lag, schien einst einem Jungen gehört zu haben. Die Bettdecke zierte das Logo der San Judas Jacks, eines unterklassigen Basketball-Teams, das vor einigen Jahren eingegangen war.

Dass Clarences Seele noch im Himmel weilte, hieß aber nicht, dass sein Körper tot war, unsere Herren und Meister haben das sinnvoller organisiert: Der Junge zeigte alle optischen (und akustischen) Merkmale eines Schlafenden. Ich lag da, wartete, dass er aufwachte, und ging währenddessen noch mal alles durch, was sich bei diesem seltsamen Besuch dort oben ereignet hatte. Ich wusste noch, dass mir der Gedanke, ich könnte vielleicht nicht der Einzige mit Autoritätsproblemen sein, ungemein wichtig erschienen war, aber wie so oft war zwar der Gedanke selbst noch da, nicht aber das, was seine Bedeutsamkeit ausgemacht hatte.

Dennoch, es war etwas, worüber ich nachdenken konnte, während ich Clarences leisem Schnarchen lauschte.

Ich überlegte, Caz anzurufen. Das hatte ich in den letzten vierundzwanzig Stunden oft erwogen, aber ich wusste nicht, was ich sagen sollte. Teufel noch mal, ich wusste nicht mal, was ich *fühlte*. Na ja, doch, ich wusste es schon, aber das war Teil des Problems – ich hatte jemandem von der Gegenseite gegenüber nicht so zu fühlen.

»Wo ist der Kaffee?«, sagte ich, als Clarences Augen sich zögernd öffneten.

Er stöhnte. »Ey, Mann, lassen Sie mir einen Moment Zeit …!«

»Einen Moment? Engel, bitte. Ich tue schon mindestens eine halbe Stunde nichts anderes, als hier zu liegen und dich atmen zu hören wie einen asthmatischen Basset. Du solltest dich mal auf Schlafapnoe untersuchen lassen. Es hört sich an, als ob du deine Zunge zu schlucken versuchst.«

»Echt?« Erschrocken setzte er sich auf.

»Nein. Aber schön, dass dein Herz jetzt ordentlich schlägt. Beschaff mir einen Kaffee und erzähl mir dann, was du im Archiv gefunden hast.«

»Sie sind ein Arschloch, Bobby.«

»Ich versuche nur, das heilige Werk des Herrn zu verrichten.«

Er führte mich in die Küche hinauf und setzte in einer Cafetière etwas an, das angemessen schwarz und stark aussah. »Sind Sie sauer auf mich, wenn ich nicht alles gefunden habe, was Sie wollten?«, fragte er.

»Kommt drauf an. Sprich.«

Er sah aus wie ein Kind, das fest mit einem Monat Hausarrest rechnet. »Also … na ja, außer für diesen Patrillo gab es einfach nichts unter diesen Namen.«

»Wirklich?« Ich sah ihn streng an, war aber in Wirklichkeit erfreut. Er hatte den Test bestanden und mir gleichzeitig bestätigt, was ich schon vermutet hatte. Jose Maria Patrillo, Chef einer christlichen Wohltätigkeitsorganisation, die sich *Der sechste Engel* nannte, gehörte als Einziger von den Namen, die ich dem Jungen genannt hatte, nicht zu denen, die Fatback in Zusammenhang mit der Magianischen Gesellschaft oder deren mutmaßlichen ausländischen Ablegern gefunden hatte. Wie zu erwarten, hatte Clarence keine Unterlagen über irgendeine dieser Personen auftreiben können, außer über den hineingemogelten Patrillo. Die Namen, die mit den Magianern zu tun hatten, waren allesamt Pseudonyme. »Wirklich, Junge? Über die anderen gab es nichts? Gar nichts? Nicht mal Gerüchte?«

»So funktioniert das nicht!« Er war sichtlich beleidigt wegen meiner Zweifel. In Wirklichkeit war ich ja froh, dass sich meine Vermutung bestätigte, und es erleichterte mich ein Stück weit, was Clarences Ehrlichkeit anging, wenn es auch noch lange nicht bewies, dass er sauber war. »Das ist nicht wie eine Internetsuche oder so was«, erklärte er, und ich gab mir Mühe, so zu tun, als wüsste ich das nicht. »Im Archiv werden nur Leute geführt, die es wirklich gibt. Über diesen Patrillo habe ich alles Mögliche gefunden, aber bei den anderen Namen, diesem Habari und den Deutschen und den übrigen … da gibt's einfach nichts. Die sind jedenfalls zurzeit nicht unter den Lebenden, falls sie's je waren.«

»Liegt wahrscheinlich daran, dass es sie nicht wirklich gibt«, sagte ich. »Reg dich ab, Junge. Ich glaube dir, dass das alles ist, was du gefunden hast, und ich bin mir ziemlich sicher, dass auch niemand anders mehr gefunden hätte …«

Weiter kam ich nicht, weil in diesem Moment Sheila, Clarences Mitbewohnerin und Ersatzmutter, die Küche betrat. Sie trug Pantoffeln und einen dunkelgrünen Velourhausmantel. »Guten Morgen, Harrison«, flötete sie und blieb dann stehen, sichtlich überrascht, mich anzutreffen. »Oh! Hat dein Freund … hier übernachtet?« Ihre Miene war eine Mischung aus Verwirrung und dem Reflex, sich nicht in etwas einmischen zu wollen, das sie offensichtlich für eine Privatangelegenheit hielt.

»Ja, Ma'am«, sagte ich munter. »Wir haben noch so lange Twister gespielt, dass ich dann einfach bei Harrison auf dem Boden gepennt habe.« Ich wandte mich zu dem Jungen, der sich verschluckt und beim Husten mit Kaffee bekleckert hatte. »Alles klar, Kumpel?«

»Twister …?«, sagte sie unsicher.

»Ja, ist ein Kartenspiel. Eine Variante von Zwei-Mann-Stud. Stört Sie doch hoffentlich nicht, dass ich hier geschlafen habe – war bisschen spät, um noch nach Hause zu fahren.«

»Natürlich stört mich das nicht«, sagte sie. »Wollt ihr beide irgendwas frühstücken?«

»Er vielleicht«, sagte ich und stand auf. »Ich muss zur Arbeit. Bis dann, Harrison. Danke für den Spieleabend.«

Clarence sah aus, als wünschte er, der Ghallu hätte mich doch erwischt.

Obwohl ich die Umstände, die dazu geführt hatten, dass Eligor mich von seinem Schoßmonster jagen ließ, immer noch nur partiell kannte – ich wusste, warum der Großfürst glaubte, ich hätte die goldene Feder. Aber ich wusste weder, warum Grasswax gesagt hatte, ich besäße sie, noch, mit was für einem perversen Deal die Feder in Zusammenhang stand. Es konnte meines Erachtens kein Zufall sein, wenn Grasswax, Caz, Eligor und ich irgendwie sowohl in die Sache mit den verschwundenen Seelen als auch in die mit der verschwundenen Feder verwickelt waren, zumal es jetzt auch noch so aussah, als wäre beides am selben Tag passiert. Ja, ich war mir zunehmend sicher, dass die Feder irgendwie mit dem ganzen Schlamassel zu tun hatte, der mit Edward Walkers Tod begonnen hatte. Ich wollte auch wissen, warum Walker und die anderen *gesoulnapt* worden waren. Waren sie einfach Zufallsopfer? Aber wenn ja, warum waren sie dann vorher so gründlich ausgecheckt worden, wie es Habaris persönliche Besuche bei Walker nahelegten? Arbeitete Habari für die Seelenräuber … oder gegen sie?

Dass Reverend Dr. Habari und die anderen Namen aus Magianer-Zusammenhängen im Register realer Personen nicht existierten, bestärkte mich nur in der Überzeugung, dass zwischen Eligors Feder und den verschwundenen Seelen ein Zusammenhang bestand. Die komplizierte Dokumentenkette, die von den Magianern zu Eligor führte, deutete darauf hin, dass der Großfürst, ob er nun die treibende Kraft hinter dem Großen Seelenklau war oder nicht, jedenfalls irgendeinen Grund hatte, seine Rolle in dem ganzen apokalyptischen Debakel zu verschleiern. Mir wurde klar, dass ich alles über die bislang verschwundenen Seelen herausfinden musste oder jedenfalls so viel, dass ich nach irgendwelchen Gemeinsamkeiten suchen konnte. Ich musste mich beeilen, und ich hatte wenig Hoffnung, dass mir die Gipfelgespräche zwischen Himmel und Hölle brauchbare Antworten liefern würden – nicht, wenn es auf beiden Seiten so viel unterm Deckel zu halten galt.

Am Camino Real suchte ich mir einen Coffee-Shop, der so aussah, als würde ich der einzige Gast sein, orderte ein spätes Frühstück und nahm mir dann die Informationen vor, die mir Fatback über die Personen aus San Judas geschickt hatte, deren Seelen laut Monica verschwunden waren. Es war nicht das erste Mal, dass ich sie las, aber inzwischen waren Tage vergangen, und ich hoffte, dass mir irgendwas Neues ins Auge springen würde.

Selbst das Merkmal Atheismus, das bei Walker und ein paar anderen hervorstach, war nicht durchgängig: Mehrere der verschwundenen Seelen gehörten Leuten, die offenbar ein ziemlich durchschnittliches Verhältnis zur Religion gehabt hatten, und ein Mann war sogar ein recht bekannter christlicher Geistlicher gewesen, das Oberhaupt einer erfolgreichen, modernen evangelikalen Glaubensgemeinschaft, die unter den abgefallenen Katholiken von Spanishtown großen Zulauf hatte. Zumindest oberflächlich betrachtet schienen die verschwundenen Seelen ein willkürlich zusammengewürfelter Haufen.

Ich hatte mich bereits durch Kartoffelpuffer, Speck und zwei Becher Kaffee gearbeitet und nahm gerade den Fruchtsalat in Angriff, als mir schließlich aufging, dass ich die ganze Zeit nach entlegeneren Zusammenhängen wie Wohngegend, Arbeitsstätte, Organisationen und sogar Schulen der Kinder gesucht, aber die primäre Gemeinsamkeit, die sie alle verband, außer Acht gelassen hatte – ihren Tod. Walker war ein Suizid. Rubios, der Geistliche, war von einem Bürobalkon gestürzt, als ein Geländer nachgab, und eine hochgeachtete Stanford-Wissenschaftlerin war auf einer Nahverkehrsstation vor eine einfahrende Bahn gefallen, ohne dass sich jemand in ihrer unmittelbaren Nähe befunden hatte. Die Polizei war zu dem Ergebnis gekommen, dass es sich um einen tragischen Unfall handelte. Und die übrigen? Zwei Selbstmorde und drei natürliche Todesfälle.

Nanu? War das nicht ein ganz schön hoher Selbstmordanteil unter sieben ansonsten völlig disparaten Todesfällen? Hatten sich all diese Menschen wirklich aus eigener Entscheidung das Leben genommen? Einer der Selbstmörder war sehr krank gewesen, was Fremdeinwirkung unwahrscheinlicher machte, aber natürlich keineswegs ausschloss.

Doch mal angenommen, Eligor oder irgendein anderes findiges Mitglied der Hölle hätte ein Verfahren gefunden, Seelen von Verstorbenen direkt vor unseren Engelnasen wegzustibitzen – warum hätte derjenige dem Ableben der Betreffenden in irgendeiner Weise nachhelfen sollen? Es verabschiedeten sich doch permanent Leute aus der Spirale des Erdenlebens. Beide Seiten hatten Tausende von Kräften im Einsatz, nur um diese Übertritte ins Jenseits zu managen. Warum sollte sich jemand die Mühe machen, ein paar Leute vorzeitig aus ihrem Erdenkörper zu befördern, nur um ihre Seelen zu kidnappen? Es sei denn, irgendeine spezielle Art von Tod wäre nötig, damit die betreffende Seele abgegriffen werden konnte … war das die Funktion von Leuten wie diesem angeblichen Habari? Den Ausgewählten zu »helfen«, ihren Körper zu verlassen, ob sie es wollten oder nicht? Aber der Reverend Dr. hatte doch offenbar ganz schön viel Zeit mit Edward L. Walker verbracht, für jemanden, dessen Aufgabe es einfach nur war, einen Mord zu begehen. Selbst wenn es nötig war, die betreffende Person vor ihrem Ableben mit irgendetwas zu versehen – einer Art Seelenabsorber oder einem ähnlich Science-Fiction-mäßigen Gerät –, wäre es doch wohl einfacher, einen professionellen Taschendieb zu beauftragen, der Zielperson das Ding unterzujubeln, als jemanden wie Moses Habari über Wochen zu freundschaftlichen Gesprächen in deren Wohnzimmer einzuschleusen.

Nein, ich hatte immer noch nicht genug Informationen, um auch nur ansatzweise zu durchschauen, was es mit dem Verschwinden der Seelen auf sich hatte. Die Methode war mir schleierhaft, und das Motiv ebenfalls. Warum sollte jemand Seelen klauen und es zu tarnen versuchen? Nicht dass es die Gegenseite nicht genossen hätte, zu etwas Derartigem in der Lage zu sein, aber wenn es in einem Spiel nur zwei Parteien gibt und eine sowieso immer mogelt, warum sollte sie dann ihren neuesten Trick verheimlichen? Es *waren* doch nur zwei Parteien im Spiel, oder …?

Ich überflog die Informationen, die mir Fatback über die Todesfälle geschickt hatte, rechtsmedizinische Berichte, Aussagen derjenigen, die die Toten aufgefunden hatten, aber noch immer fiel mir nichts auf außer dem tragischen und in etlichen Fällen vorzeitigen Ende all dieser erfolgreichen Erdenleben …

Da sprang es mich an – ja, es schrie mir regelrecht »Buh!« ins Gesicht und rempelte mich fast um. *Erfolgreiche Erdenleben.* Die Art und Weise, wie diese Leben geendet hatten, mochte völlig disparat erscheinen, und es mochte diese Menschen auch sonst nichts verbunden haben, aber eins hatten sie alle gemein-sam – sie waren wichtige Leute gewesen.

Ich spürte ein Kribbeln meine Wirbelsäule emporsteigen. Wissenschaftler, Professoren, Unternehmer, sogar ein Geistlicher. Ich ging die Liste noch einmal durch, und jetzt, da ich danach Ausschau hielt, blinkte es mir förmlich entgegen: Sie waren nicht alle so reich gewesen wie Edward Walker, aber allesamt fähige Leute, die ihren Weg gemacht hatten, und zwar sehr erfolgreich. Herausragende Individuen, die stolz auf sich waren und Grund dazu hatten – gescheite, tatkräftige und wahrscheinlich auch eloquente Menschen.

Stolz.

Einer plötzlichen Eingebung folgend, wählte ich eine Nummer, die ich schon eine ganze Weile nicht mehr angerufen hatte – das Walkersche Haus. Ich hatte Glück: Garcia Birkling nahm ab.

»Yo. Hier G-Man.«

»Bobby Dollar. Du musst mir einen Gefallen tun.«

»Geil! Wird erledigt, Boss.«

Boss? Hielt er sich jetzt für meinen Gehilfen oder, schlimmer noch, für meine rechte Hand? »Äh, gut. Also, wenn Posie zu Hause ist, musst du sie bitte für etwa zwei Stunden aus dem Haus schaffen. Kriegst du das hin? Ich mache mir nämlich Sorgen. Ich glaube … dass sie zu Hause in Gefahr ist.« Ich habe Ihnen ja schon erklärt, dass auch Engel die Wahrheit manchmal ein bisschen strapazieren müssen, oder? »Gib mir zwei Stunden, ich sage dir dann Bescheid, wenn ihr wieder zurückkönnt.« Ich erklärte ihm, dass es am besten wäre, wenn sie für den Nachmittag ganz aus Posies Wohngegend verschwinden könnten.

Er versprach, es zu probieren. »Ich sag ihr einfach, es gibt eine Bombendrohung oder so.«

Das war kein besonders guter Vorwand, aber sie war ja offenbar auch keine besonders scharfsinnige junge Dame. Ich

beschloss, mich nicht in die Details einzumischen. »Danke …
G-Man. Ich melde mich dann wieder.«

Ob ich ein schlechtes Gewissen hatte? Gute Frage, aber ich
brachte ihn und Posie ja nicht in Gefahr – eher im Gegenteil:
Ich war auf dem Weg zum Walkerschen Haus, und je weiter sie
von mir wegblieben, desto größer waren ihre Chancen auf ein
langes, glückliches Leben, da ich im Moment ja so eine Art
Unheilmagnet war.

Ich parkte den geliehenen Benz um die Ecke vom Walkerschen Anwesen und betrat das Grundstück durch das Seitentor.
Das Haus war leer, was hieß, dass G-Man seinen Job gemacht
hatte. Ich hatte ihn nicht gebeten, die Haustür für mich unver-
schlossen zu lassen, weil zu befürchten stand, dass er, wenn er
wüsste, dass ich hier war, zurückkommen würde, um mir zu helfen. Außerdem kann jeder, der bei den Harfenmännern war, ein
Schloss mit verbundenen Augen und gefesselten Händen kna-
cken. Ich versuchte jedoch nicht, zusätzliche Schwierigkeits-
grade einzubauen, und war daher binnen einer Minute im Haus.
Dort hatte sich nichts verändert, nur dass sich auf den Büchern
und Kunstgegenständen noch mehr Staub abgelagert hatte. Es
wirkte, als ob Posie hier eher in Hausbesetzermanier kampierte
als wirklich wohnte. Vielleicht sollte das Haus ja verkauft werden, weshalb es noch wichtiger war, dass ich heute hier fand,
was ich suchte.

Ein Problem gab es allerdings: Ich wusste nicht wirklich, was
ich suchte. Als ich Fatbacks Material über die hiesigen Seelen-
entführungsopfer noch mal durchgesehen hatte, war ich mir immer sicherer geworden, dass ein erfolgreicher, weithin bekannter
Mann wie Edward Lynes Walker – außer er wäre schwer depres-
siv – nicht einfach Selbstmord begehen würde, ohne zumindest
den Versuch einer Erklärung zu hinterlassen, und sei es nur aus
Gründen der Selbstrechtfertigung. Aber Walker hatte offenbar
nie an Depressionen gelitten, und nach der Berichterstattung

über seinen Tod zu urteilen, waren alle, die ihn gekannt hatten, erstaunt, dass er sich das Leben genommen hatte. Ein Beweis ex negativo ist natürlich problematisch – das Nichtvorhandensein eines Abschiedsbriefs deutete noch lange nicht auf Mord hin –, aber wenn ich einen Abschiedsbrief fände, der anderen entgangen war, oder sonst irgendetwas, das seine Geistesverfassung in den letzten Tagen seines Lebens erhellte, konnte ich vielleicht wenigstens Fremdeinwirkung ausschließen und mich auf das konzentrieren, was nach seinem Tod passiert war.

Der einzig glückliche Umstand war, dass sich Edward Walkers berufliches Leben auf den Raum beschränkt zu haben schien, den er vermutlich sein »Arbeitszimmer« genannt hatte, den eine spätere Generation aber als Büro bezeichnet hätte, einen großen sonnigen Raum im Obergeschoss, zentriert um einen hübschen antiken Schreibtisch, auf dem sein Computer, ein ziemlich teurer Dell Precision, noch immer stand. Das übrige Mobiliar bestand aus wandhohen Bücherregalen, einem niedrigen Tisch auf der einen Seite der Tür und zwei großen Metallaktenschränken auf der anderen. Den Computer nahm ich mir gar nicht erst vor, nicht nur, weil ich überzeugt war, dass ihn die Polizeitechniker und wahrscheinlich auch Walkers Anwalt bereits gründlich inspiziert hatten. Obwohl Walker in Sachen IT zweifellos auf der Höhe der Zeit gewesen war, schien er mir doch der altmodische Typ, der wichtige Dinge immer in Papierform haben wollen würde, und wenn neugierige Hacker für ihn ein Thema gewesen waren, hatte er Derartiges vielleicht gar nicht elektronisch gespeichert. Schließlich hatte Edward Lynes Walker noch der letzten analog aufgewachsenen Generation angehört.

Es gibt zwei Arten, ein Zimmer zu durchsuchen, je nachdem, ob man weiß, was man sucht, oder ob man es nicht weiß. Im ersteren Fall ist es leichter, weil man von vornherein eine Menge ausschließen kann: Sucht man etwa einen Picknickkorb, braucht man seine Zeit nicht damit zu vergeuden, in Briefumschlägen nachzusehen. Dieser Luxus war mir nicht vergönnt, also machte ich mich daran, so schnell wie möglich alles aus den Aktenschubladen zu nehmen und auf dem Fußboden zu deponieren. Nach einer halben Stunde sah der Teppich aus wie die Skyline von Downtown San Judas, nachgebaut aus Stapeln von Papier und beigem Karton. Ich setzte mich hin und begann mich hindurchzuarbeiten.

Ich nahm jedes Blatt aus jeder dieser Akten und inspizierte es einzeln. Für jemanden, der ansonsten so faul ist, bin ich ganz schön gründlich, doch nach zwei Stunden Plackerei hatte ich immer noch nichts Außergewöhnliches entdeckt. Wohl aber hatte ich nach dem Studium all der vielen Schnipsel von Walkers Leben das Gefühl, ihn allmählich ein bisschen zu kennen. So ging etwa allein schon aus seiner Geschäftskorrespondenz hervor, dass er kein leichtgläubiger Trottel war. Er mochte vielleicht (wie ich das bei Ingenieuren oft festgestellt habe) ein bisschen *zu* überzeugt von seinem vernünftigen Urteilsvermögen gewesen sein, aber andererseits hätte er nie irgendwelchen Versprechungen geglaubt, ohne Beweise zu sehen. Der Atheismus, auf den seine Bücher hatten schließen lassen, schien nicht auf einer grundsätzlichen Kritik an Religion als solcher zu beruhen, sondern auf der Einstellung, dass alles, was sich nicht wissenschaftlich beweisen ließ, reine Zeitverschwendung war. Machte ihn das nicht eher zum Agnostiker als zum Atheisten? Aber wie man es auch drehte und wendete, religiös war Walker jedenfalls nicht gewesen. Wenn man unterstellte, dass sein Verschwinden willentlich erfolgt war – wieso sollte jemand, der nicht an ein jenseitiges Leben glaubte, mit den himmlischen Autoritäten Verstecken spielen wollen?

Es waren über zwei Stunden vergangen; Posie konnte ihren Boyfriend jeden Moment überreden, sie wieder nach Hause zu bringen, aber ich wollte noch nicht aufgeben. Ich sah in aller Eile sämtliche Bücher im Büro durch, nahm jedes einzeln aus dem Regal und untersuchte es auf zwischen den Seiten steckende Umschläge oder Zettel – vergebens. Es dauerte lange, aber ich war nun mal gründlich. Ich hatte gerade alle Bücher wieder an ihrem Platz und auch alles übrige aufgeräumt, als ich einen Wagen in die Einfahrt einbiegen hörte. Ich geriet nicht in Panik – mir war klar, dass ich Posie so ziemlich alles erzählen konnte, und auch G-Man würde vermutlich keinen allzu ernsthaften intellektuellen Widerpart darstellen, aber ich wollte meine Karten nicht überreizen, für den Fall, dass ich noch mal hierherkommen musste, auch wenn ich bezweifelte, dass es sich lohnen würde. Schließlich hatte ich trotz aller Gründlichkeit nichts gefunden und war jetzt nicht mehr so überzeugt von der Eingebung, die mir vor ein paar Stunden noch so genial erschienen war.

Ich rannte die Treppe hinunter und blieb wie angewurzelt stehen. Ich hatte die Bücher im Wohnzimmer völlig vergessen. Ich wusste ja, es waren hauptsächlich Kunstbände, Wirtschaftsmanifeste und ein paar Romane, aber da, direkt vor mir, standen die paar Reihen von religiösen – na ja, zumeist eher anti-religiösen – Büchern, die mir jetzt kein minder guter Ort erschienen, um einen Abschiedsbrief zu hinterlassen. An der Haustür hörte ich nun schon die Schlüssel klappern, was hieß, ich konnte nicht länger bleiben. Ich würde noch mal wiederkommen müssen …

Da sah ich ihn, ziemlich weit unten im nächststehenden Regal, zwischen einem Dawkin-Buch und Mark Twains *Briefe von der Erde*: den schwarzledernen, goldgeprägten Rücken einer King-James-Bibel. Wie in Sesamstraße: *Eins von diesen Dingen passt nicht zu den anderen* … Die Haustür ging auf, also griff ich einfach nur zu. Der Engel mit der gestohlenen Bibel unter der Jacke (ich) spurtete durch die Küche zur Hintertür und entwischte nur knapp der Enkelin des Bibeleigentümers und ihrem Möchtegerngangsta-Freund.

27

DIE BIBEL DES ATHEISTEN

Ich fuhr ein bisschen weiter nach Palo Alto hinein und hielt in einer ruhigen Wohnstraße. Als ich mir die schwere, ledergebundene Bibel vornahm, sah ich sofort, dass etwas zwischen den Seiten steckte, ein ziemlich dicker Umschlag. Ein Glück, dass er bei meinem hastigen Abgang nicht herausgefallen war. Auf dem Umschlag stand nur »Nach meinem Tod zu öffnen«, in einer Handschrift, die mit dem, was ich bisher von Walkers Schrift gesehen hatte, übereinzustimmen schien.

Jackpot. Und er ist allen außer mir entgangen ...

Ich fasste den Umschlag beim Öffnen nur mit einem Papiertaschentuch an, für den Fall, dass ich ihn der Polizei gut findbar hinterlegen musste, und verfuhr mit dem Inhalt genauso. Der bestand aus mindestens einem Dutzend betippter Blätter altmodischen, dünnen Papiers, wodurch das Ganze älter wirkte, als es der Datierung entsprach; die war nämlich von vor ein paar Wochen, wenige Tage vor Edward Walkers Tod. Ich sah mich kurz um, ob auch wirklich niemand auf dieser stillen Straße war, und begann dann zu lesen.

```
An alle, die dies lesen,
    das Folgende ist keine letztwillige Verfügung,
wohl aber ein Testament im Sinne von Zeugnis.
```

Der Inhalt sollte keine Auswirkungen auf meine
persönlichen Angelegenheiten haben, aber ich
bezweifle, dass die Juristen diese Meinung teilen werden. Deshalb habe ich dieses Schrift-
stück auch nicht meinen Anwälten anvertraut.
Wenn noch jemand von meinen guten Freunden am
Leben wäre, hätte ich ihn demjenigen gegeben.
Leider steht mir diese Möglichkeit nicht mehr
offen.

Dennoch ist es ein Risiko, dies alles überhaupt
niederzuschreiben. Was ich jetzt berichte, wird
den meisten, wenn nicht allen Leuten, die davon
erfahren, völlig unglaubhaft erscheinen. Aber
ich kann jedem, der dies liest, versichern,
dass ich ganz und gar bei Verstand bin und für
alles, was ich hier darlege, mehr als überzeu-
gende Beweise habe.

Hier nun also, was ich jetzt weiß, was ich als
unstrittig erkannt habe: Es gibt ein Leben nach
dem Tod. Die Seele existiert auch ohne den
Körper. Und obwohl die meisten der kleinlichen,
bevormundenden Regeln der organisierten Religionen dieser Welt so unsinnig und falsch sind,
wie ich immer schon dachte, muss ich doch
zugeben, dass hinsichtlich ihrer zentralen Pos-
tulate diese Religionen recht haben und meine
Mitzweifler und ich im Irrtum waren. Es gibt
einen Himmel und es gibt eine Hölle.

Auf einem Kongress des Internationalen Atheis-
tenbundes in Los Angeles hielt ich einen meiner
seltenen, aber auf tiefste Überzeugung gegründeten Vorträge über das Unheil, das der Welt im
Allgemeinen und Amerika im Besonderen aus dem

Treiben der Anhänger organisierter Religionen erwächst, seien es Christen, Juden, Islamisten oder irgendwelche sonstigen Theisten. Hinterher sprach mich ein kleiner, dunkelhäutiger, grauhaariger Mann an, den ich zunächst für einen Afroamerikaner hielt. Da er jedoch für meine Ohren einen leicht britischen Akzent hatte, befand ich, dass er wohl Afrikaner oder Afro-Karibe sein musste. Er erklärte, er habe meinen Vortrag mit Interesse verfolgt und wolle mit mir darüber reden. Amüsiert von der Wichtigkeit, mit der er dies vorbrachte, und auch neugierig, ließ ich mich darauf ein.

Beim Kaffee begann mir mein neuer Bekannter Fragen zu stellen, weniger zu dem, was ich gesagt hatte, als zu meinen eigentlichen Überzeugungen. Ob ich Gott für unmöglich oder nur für unwahrscheinlich hielte? Wie ich mir erklärte, dass die Menschen immer wieder, Jahrhundert für Jahrhundert, darauf verfielen, an etwas zu glauben, das größer sei als sie selbst?

Ich verstand nicht recht, worauf er hinauswollte, doch als er schließlich eine Visitenkarte zückte, auf der »Reverend Dr. Moses Habari« stand, war ich mir ziemlich sicher, seine Absicht zu durchschauen. Ich sagte ihm auf den Kopf zu, er sei wohl einer dieser Geistlichen, die an augenscheinlich abwegigen Orten Jagd auf Bekehrungskandidaten machten, und erklärte, dass ich zwar nicht so spiritualitätsfeindlich sei wie manch andere hier, aber doch nicht deshalb an dem Kongress teilnähme,

weil ich Bestärkung im Unglauben nötig hätte.
Er lachte und sagte, ich hätte zwar partiell
recht, aber er sei nicht auf der Suche nach
prinzipienschwachen Leuten, die man mit dem
Mittel der Angst dem Glauben zuführen könne,
sondern nach solchen, die auch dann noch in der
Lage seien, an ihrem Skeptizismus festzuhalten
und ihre Integrität zu bewahren, wenn ihnen
beängstigende Offenbarungen zuteil würden.
Natürlich machte mich das Wort »Offenbarung«
argwöhnisch, da es eins der vielen Codewörter
für christliche Weltende-Phantasien ist, aber
die Gesellschaft des ruhigen und liebenswür-
digen Mannes war mir angenehm, also redeten
wir freundlich über viele andere Themen als
Religion, und auf seine Initiative hin vereinbarten wir schließlich, den Kontakt aufrechtzuerhalten.
Etwa ein Jahr lang beschränkte sich unser Verhältnis auf gelegentliche Briefe. Er schrieb
mir, dass er mit etwas sehr Wichtigem beschäftigt sei und es mir eines Tages zeigen wolle,
und ich erzählte ihm, wie ich meine Zeit mit
Arbeit ausfüllte. Molly war ein paar Jahre
zuvor gestorben, und ich war, ehrlich gesagt,
ein bisschen durch den Wind, ging aber Dr.
Habari gegenüber nie ausführlicher darauf ein.
Dennoch muss er in dieser Zeit befunden haben,
dass ich ideal für sein Projekt war, denn
obwohl unsere Freundschaft weiterhin recht
locker blieb - ein brieflicher Austausch alle
vier bis sechs Wochen -, schickte er mir doch
jetzt auch Artikel, die ich für rein politi-

scher Natur hielt, über die Dritter-Weg-Bewe-
gung in Europa und anderen Teilen der Welt,
relativ bekannte Bestrebungen, einen Mittelweg
zwischen ultralinken und ultrarechten politischen Programmen zu finden …

Also, eins stand fest: Edward Walker war auf jeden Fall klar im
Kopf gewesen. Aber auch schrecklich weitschweifig, also überflog ich die nächsten zwei, drei Seiten über Habaris Interesse an
Politik und Gesellschaftsorganisation lediglich, um zu den – wie
ich ironischerweise dachte – besseren Sachen zu gelangen.

Doch es kam der Tag, da Dr. Habari von seinem
großen Projekt nicht mehr nur in vagen, allgemeinen Phrasen wie »Religionsfreiheit« und
»Suche nach einem neuen weiterführenden Weg«
sprach, sondern wie über etwas ganz Konkretes,
das bereits in der Realisierungsphase war und
das er mir als »ideal für jemanden wie Sie,
mein lieber Edward« pries. Ich kannte Habari
jetzt lange genug, um ihn nicht mehr zu verdächtigen, für seine gemäßigte Version von
Christentum missionieren zu wollen, also
erklärte ich mich zu einem eingehenderen
Gespräch über sein Projekt bereit. »Besser
noch, mein lieber Edward«, schrieb er. »Ich
werde es Ihnen vorführen.« Ich hatte keine
Ahnung, was das heißen sollte. Ich rechnete
mit der Besichtigung eines Sozialzentrums oder
sonst irgendeiner karitativen Einrichtung.
Selbst Religionsvertreter, die es aufgeben,
mich bekehren zu wollen, hoffen doch zuweilen,
mir Geld aus der Nase ziehen zu können. Ein

reicher Witwer ist für Spendensammler jedweder
Couleur ein vielversprechendes Objekt.
Dann jedoch, im April vor zwei Jahren, kam
Habari, um mich zu Hause abzuholen. Ich weiß
noch, dass es ein schöner Frühlingstag war und
der Aprikosenbaum am Weg zur Haustür von grünen
Trieben leuchtete. Habari fuhr mich in seinem
ramponierten alten Auto quer durch die Stadt
und erklärte mir, dass das, was ich jetzt sehen
würde, höchst erstaunlich sei, dass er aber,
ganz gleich, wie es mir damit erginge, auf mein
Stillschweigen zähle.
»Warum?«, fragte ich belustigt. »Haben wir vor,
Gesetze zu brechen?«
»Nur die Gesetze der Physik«, antwortete er.
»Und die werden im Grund nicht gebrochen, Sie
werden nur sehen, was dahinter ist.«
Allmählich fragte ich mich doch, was mein leiser, zurückhaltender Freund vorhatte - wollte
er mir eine weinende Madonnenstatue vorführen?
Oder etwas Moderneres - jemanden, der angeblich
von Außerirdischen entführt worden war? Aber
Habari wollte es mir nicht sagen. Schließlich
kamen wir am Stanford Hospital an, parkten,
gingen hinein und an der Aufnahme vorbei. Der
Reverend hatte eine Hand in der Manteltasche
und einen konzentrierten Gesichtsausdruck.
»Jetzt nichts sagen und nicht bewegen«, befahl
er mir, als wir in einen zu dem Zeitpunkt leeren Krankenhausflur kamen, und wedelte dann mit
der freien Hand vor uns in der Luft. Dass
daraufhin nichts geschah, überraschte mich
nicht, doch dass Habari die schiere Luft so

eindringlich anstarrte, als wäre etwas geschehen, machte mich nervös. Dann zog er die andere
Hand aus der Tasche.

Zuerst dachte ich, seine Hand hielte irgendeine
ultrahelle Lichtbogenlampe oder sogar eine
Magnesiumfackel, aber das Licht funkte und
sprühte nicht, es leuchtete einfach nur so
gleißend hell, dass ich wegschauen musste.

»Nein«, sagte er. »Seien Sie tapfer, Edward.
Schauen Sie …«

Ich fühlte seine Hand auf meiner Schulter.
Das Licht, das er eben noch gehalten hatte,
war plötzlich weg, aber ein anderes, nicht
ganz so grelles hing vor uns in der Luft wie
eine hellglühende Drahtschlinge. Er führte
mich hindurch - ich muss gestehen, ich schrie
leise auf, weil ich dachte, es würde mich verbrennen -, aber da war keine Hitze, und als
wir hindurchgetreten waren, war alles wie vorher, außer vielleicht einer minimal veränderten
Qualität des Lichts und einem ungewöhnlichen
Hall der Geräusche, die wir machten.

Habari bat mich, nichts zu sagen, mir meine
Fragen für später aufzuheben. Dann führte er
mich einen Flur entlang, in einen Teil des
Krankenhauses, wo wir wieder andere Leute
sahen - Pflegepersonal, Patienten, wartende
Angehörige -, aber sie alle waren völlig
bewegungslos, wie in Bernstein eingeschlossene
prähistorische Insekten. Ich konnte sie nicht
berühren - so etwas wie magnetische Abstoßung
hinderte mich daran -, aber ich konnte ihnen
nahe genug kommen, um zu erkennen, dass sie

nicht durch etwas festgehalten wurden, sondern
dass die Zeit einfach stehengeblieben war.
Für sie, sie alle, aber nicht für uns. Es
machte mir große Angst.
»O mein Gott«, sagte ich zu Habari. »Wer sind
Sie?«
Er lächelte. »Ihr Freund, Edward. Das verspreche ich Ihnen.«
Er führte mich an den reglosen Pflegekräften
vorbei zu den Krankenzimmern. Auch dort war
alles stehengeblieben, als hätte jemand einen
Schalter umgelegt, Patienten und Besucher so
starr wie Statuen. Als ich zwischen ihnen hin-
durchging, konnte ich kaum atmen. Direkt vor
einem der Zimmer war ein kleiner Hispano-Junge
den Flur entlanggerannt, aber jetzt schwebte er
in der Luft, nur mit einer Fußspitze am Boden.
Dann betraten wir ebenjenes Zimmer, und ich
hatte plötzlich noch mehr Angst, weil sich hier
Leute bewegten. Nicht alle - eine Schwester und
mehrere Angehörige standen am Bett des Patienten, und sie waren so vollkommen bewegungslos
wie all die Leute draußen auf dem Flur, aber
andere im Zimmer gingen umher und redeten miteinander. Noch schockierender war, dass der
Patient in dem Bett, ein Mann, nicht viel älter
als ich, aber sehr dünn und mit vielen hässlichen, dunklen Flecken auf der Haut, gleichzeitig neben dem Bett stand und mit erstaunter
Miene auf sich selbst hinabblickte.
Ich gab einen Laut der Bestürzung und Verwirrung von mir. Es war einfach zu viel für mich.
Da schaute eine der Gestalten, die sich beweg-

ten, her. Nicht direkt auf uns, wie wenn wir ganz normal sichtbar wären, sondern nur in unsere Richtung, als ob derjenige etwas gehört oder vielleicht aus dem Augenwinkel eine Bewegung wahrgenommen hätte. Doch dieses Auge und sein Pendant waren grässlich, wie die Facettenaugen eines Insekts, und das Gesicht war zwar annähernd menschlich, aber mit Schuppen bedeckt wie das einer Eidechse, glimmend kupferroten und braunen Schuppen.

Ich gebe zu, ich wollte weglaufen. Habari packte mich am Arm und ließ mich nicht los.

»Keine Angst«, sagte er. »Er kann Sie nicht sehen, und wenn Sie sich still verhalten, wird er mit dem weitermachen, was er gerade getan hat.«

Ich wollte mich nicht still verhalten. Ich wollte raus aus diesem Gebäude, aus diesem Albtraum, weg von alldem, was ich sah, aber Habaris Griff war verblüffend fest.

»Was Sie da sehen, ist ein Seelenankläger«, erklärte er mir. »Viele würden sagen, ein Dämon. Die Frau am Fußende des Betts ist das, was man einen Engel nennen würde. Sie ist hier, um den Mann, der gerade gestorben ist, zu verteidigen. Das ist er, der, der da auf den Körper hinabblickt, den er verlassen hat. Der Verstorbene heißt Morton Kim, und er ist ein anständiger, gütiger Mensch. Ich glaube, sein Jenseitsleben wird ein glückliches sein.«

Das Monster mit den Insektenaugen sah jetzt nicht mehr zu uns herüber, auch nicht, als Habari in einen ganz normalen Gesprächston verfiel. »Warum hören die Sie nicht?«, fragte ich. »Wer sind Sie?«

Habari schüttelte nur den Kopf. Seine rechte Hand, die vorhin noch wie die Sonne gegleißt hatte, wirkte, als er sie jetzt hob, fast wie eine gewöhnliche Hand, auch wenn sie noch ganz leicht zu leuchten schien. »Sie hören mich nicht, weil ich der Diener von jemandem bin, der mächtiger ist als sie alle.«

»Sie meinen … Gott?«

Er lächelte. »Wir alle sind Diener des Höchsten – selbst Fishspine dort drüben, der Höllenankläger. Aber mein Förderer ist zumindest mächtiger als dieser Engel oder dieser Dämon hier. Kommen Sie, lassen wir sie ihre Arbeit tun.«

Er führte mich aus dem Zimmer und durch den Flur zurück, bis wir das leuchtende Loch wiederfanden, durch das wir gekommen waren.

Als wir hindurchtraten, war drüben alles wie zuvor. Ein paar Sekunden später kam ein Pfleger um die Ecke; er bewegte sich ganz normal. Er sah uns flüchtig und desinteressiert an und ging weiter.

Auf der Rückfahrt sprach Habari nicht mit mir. Er belehrte mich nicht, warb nicht und missionierte nicht. Das war nicht nötig. Was ich gesehen hatte, war so weit jenseits meines bisherigen Erfahrungshorizonts, dass ich zitterte wie ein Fiebernder. Er brachte mich nach Hause, goss mir ein Glas Wein ein, machte sich dann einen Tee und setzte sich zu mir, bis ich nicht mehr ganz so aufgewühlt war. Als er ging, versprach er, am nächsten Tag wiederzukommen und mit mir über unser »Abenteuer«, wie er es nannte, zu sprechen.

Wer auch immer Sie, der Sie dies lesen, sein mögen, ich nehme an, Sie haben für das, was ich erlebt habe, bereits mehrere Erklärungen im Kopf – Hypnose, Drogen, vielleicht auch einfach nur eine Geisteskrankheit. All diese Gedanken hatte ich auch, weshalb ich nach einer nahezu schlaflosen Nacht ziemlich ärgerlich war, als Habari schließlich wiederkam. Er schien mit dieser Reaktion gerechnet zu haben und unternahm mit mir eine weitere Autofahrt, diesmal zu einem Apartmenthaus in Ravenswood.

»Es ist traurig – ein tödlicher Stromschlag«, sagte er. »Defekter Föhn.«

Die Szene war ganz ähnlich, nur ohne die Ärzte und Pflegekräfte. Sanitäter schnallten gerade den Leichnam einer älteren Frau auf eine Rolltrage, doch als wir durch die leuchtende Öffnung traten, war da ihre Seele außerhalb des Körpers und beobachtete die Sanitäter und die in Tränen aufgelöste Enkelin, die die Tote gefunden hatte. Binnen Augenblicken erschienen ein Anwaltsengel und ein dämonischer Ankläger, Ersterer ein junger Mann mit leuchtenden Zügen, Letzterer ebenfalls ein junger Mann, jedoch ohne Kopf und mit einem Gesicht mitten im nackten Rumpf. Die Verstorbene betrachtete ihn furchtsam, aber der hübsche junge Mann trat zu ihr und sprach beruhigend auf sie ein.

»Smearhawk«, sagte Habari und deutete mit dem Kinn auf den kopflosen Dämon. »Als Ankläger ist

er ein schwerer Gegner, aber hier wird er wohl
kein Glück haben.«
Und dann erschien der Richter.
Wir haben vor vielen Jahren einmal einem der
Kinder zum Geburtstag ein Spielzeug gekauft,
ein Gerät, das man wie einen Rasensprenger an
den Gartenschlauch anschloss und das verschie-
den hohe Wasserfontänen in die Luft sprühte,
während es sich drehte wie ein Karussell. Die
Kinder waren begeistert und spielten den ganzen
Sommer damit. Wenn die Sonnenstrahlen genau im
richtigen Winkel darauf fielen, entstand ein
wunderschöner leuchtender Regenbogen, der auf
der Stelle blieb, auch wenn die Sprühstrahlen
stiegen und fielen und durch die Rotation des
Geräts in alle Richtungen schossen.
Der himmlische Richter war so ähnlich, ein
gefrorener Regen von Licht, aber auch schrecklich und furchterregend.
»Wir sollten jetzt gehen«, flüsterte mir Habari
zu. »Die Mächte sind nicht wie die niedereren
Engel. Er könnte uns bemerken, wenn wir bleiben.«
An den darauffolgenden Tagen unternahm Dr.
Habari mit mir noch einige dieser erstaunlichen
Reisen hinaus aus der Welt, die wir kennen, bis
selbst ich zugeben musste, dass ich, wenn es
ein Trick war, keine Ahnung hatte, worin er
bestehen könnte. Als ich das schließlich zugab,
sagte er, vielleicht sei ich ja jetzt bereit
dafür, die Wahrheit zu erfahren - die wirkliche
Wahrheit. Doch er wollte mehr, als mich einfach
nur für den Glauben zu rekrutieren.

»Welchen Sinn hätte es, Edward«, fragte er
mich an dem Tag, an dem er mir endlich alles
erklärte, »sich ebenjenen willkürlichen Regeln
und schikanösen Machtstrukturen zu unterwerfen,
gegen die Sie auf Erden gekämpft haben? Sie
haben zu Ihren Überzeugungen gestanden, selbst
wenn es schwierig war – zu dem, wovon Ihnen
Ihr Verstand und Ihr Herz sagten, dass es wahr
ist.«
»Aber es war nicht wahr«, sagte ich. »Das
ist doch der Punkt. Ich habe mich geirrt.«
»Ach, nur bezüglich der Natur des Schlacht-
felds. Der Konflikt selbst ist genauso erbittert,
wie sie ihn wahrgenommen haben.«
Ich war verwirrt und sagte es. Welcher Konflikt?
Was er meinte, so erklärte er mir im Verlauf
eines langen Nachmittags und Abends, sei, dass
es im Himmel abweichlerische Elemente gebe –
es erscheint mir immer noch so seltsam, das zu
sagen, so altmodisch! –, die der Meinung seien,
dass das Los der Menschen zu willkürlich entschieden werde, dass Urteile, gegen die es
keine Berufung gebe, ewigen Wesenheiten wie
Seelen nicht angemessen seien, dass der Himmel
selbst engstirnig und diktatorisch geworden
sei. Statt einer zeitlosen Heimat für müde
Seelen sei er mittlerweile ein Ort, wo Regeln
die Freiheit strangulierten und das Dogma mehr
wiege als das Geburtsrecht aller Menschen,
nämlich das Recht, Dinge in Frage zu stellen,
jene Fähigkeit, mit der sie der Schöpfer selbst
begabt habe. Diese Elemente, so Habari, hielten
den Zeitpunkt für gekommen, das zu ändern. Sie

seien es, die hinter Habaris Magianischer
Gesellschaft stünden – eine völlig andere Art
karitativer Organisation, als ich vermutet
hatte!

Je eingehender er mir seine Kritik an der himmlischen Ordnung darlegte, desto ängstlicher
betrachtete ich ihn.

»Guter Gott!«, sagte ich schließlich. »Sind
Sie … ein Diener des Teufels?« Jetzt, da ich
an den Himmel glaubte, musste ich auch an die
Hölle glauben. Verbarg sich hinter Habaris
freundlich-philosophischer Maske die ganze Zeit
schon das höhnische Grinsen des erzbösen Feindes der Menschheit?

Er lachte. Er lachte schallend. »Nein, nein,
nein!«, brachte er schließlich hervor. »Ich
doch nicht. Das Los der Höllenbewohner ist viel
schlimmer als alles, womit wir es im Himmel zu
tun haben. Nein, auch wenn dort zweifellos
etliche Seelen gefangen sitzen, die Besseres
verdient hätten, sind es doch in der großen
Mehrzahl solche, die so schreckliche Dinge
getan haben, dass ein gewöhnlicher Schöpfer
sie augenblicklich vernichtet hätte. Gottes
Gnade und seine Pläne sind immer noch ein
Mysterium, das unser aller Verständnis über-
steigt.« Er schüttelte den Kopf. »Nein, mein
Herr und Meister und meine Kollegen und ich
stehen für etwas anderes. Erinnern Sie sich
an die Artikel, die ich Ihnen geschickt habe?
Über politische Philosophie?«

»Natürlich«, sagte ich. »Über diesen, wie
nannte sich das doch gleich … Dritten Weg?«

Doch dann, um es mit der alten Redewendung zu sagen, fiel endlich der Penny. »Ist es das, was Sie vertreten? Eine … abspalterische Sekte?«

»Wir wollen uns weniger vom Himmel abspalten als vielmehr mit ihm koexistieren«, erklärte er mir. »Daher kommt auch einer unserer Namen – die Magianer. Die Magi, die Weisen, brachten ja drei Geschenke, die für drei verschiedene Wege stehen. Das ist es nämlich, was wir sein wollen, Edward. Ein mittlerer Weg. Ein Dritter Weg.«

Er erzählte mir, dass er und seine Kollegen etwas gefunden (oder erschaffen, das war nicht klar) hätten: einen Ort jenseits der sterblichen Erdenwelt für die Seelen der Toten, einen Ort, der weder zum Himmel noch zur Hölle gehöre. Und dass sie dort eine Art Freistaat für jene gründeten, die im Leben Gutes getan hatten, aber nicht in einem rigide reglementierten Jenseits landen wollten, wo Glücklichsein Zwang war. Habaris Rebellen wollten Freidenker, Leute, die von diesem Dritten Weg profitieren würden.

»Leute wie Sie, Edward«, erklärte er und tätschelte meine Hand. »Sie sind der perfekte Kandidat. Sie werden der Erste sein, aber nicht der Einzige – nicht lange.«

Ich fragte ihn, ob er denn keine Angst habe, was Gott von ihnen halten werde … von uns halten werde. Zum ersten Mal im Leben konnte ich den eifersüchtigen Gott des Alten Testaments nicht a priori ins Reich der Phantasie verweisen, und es machte mir schreckliche Angst.

411

»Ich habe den Höchsten nie gesehen«, sagte er.
»Und es gibt andere, die viel, viel höher in
der Himmelshierarchie stehen als ich und die
ebenfalls sagen, dass sie den Höchsten nie
gesehen und keinerlei Anhaltspunkt dafür gefunden haben, dass er tatsächlich den Himmel
regiert. Wir widersetzen uns nicht Gott,
Edward – wir widersetzen uns der Trägheit des
Systems Himmel.«
»Aber wenn das nun ein und dasselbe ist?
Haben Sie denn keine Angst?«
»Ich habe diesbezüglich um Erkenntnis gebetet«,
erklärte mir Habari. »Wir alle haben darum
gebetet. Und eine Antwort kommt immer wieder,
auch wenn ich den Verdacht habe, dass es nur
die Antwort meines logischen Denkens ist. Wir
haben unsere Absichten klar genug offengelegt,
jedenfalls dem Höchsten, den wir alle aus der
Tiefe unseres Herzens anbeten. Er hat nichts
getan, um uns davon abzuhalten. Deutet das
nicht darauf hin, dass es ihn nicht kümmert …
oder er sogar billigt, was wir tun?

Eine Weile starrte ich nur, ohne weiterzulesen, auf Walkers ge-
tippten Brief. Ich fühlte mich, wie sich Edward Lynes Walker
gefühlt haben musste, wie jemand, der eben noch in Strandnähe
geschwommen ist und plötzlich merkt, dass ihn die Strömung
weit ins Meer hinausgezogen hat. Konnte das wahr sein? Gehörte Habari wirklich einer himmlischen Dissidentengruppe
an, oder war er ein Agent Eligors? Oder vielleicht sogar Eligor
selbst? Was er auch war, fest stand jedenfalls, dass das Wesen,
das sich Moses Habari nannte, Fähigkeiten besaß, die mir schleierhaft waren. Wenn er Walker, einen lebenden Menschen, wirk-

lich durch einen Reißverschluss ins Außerhalb gebracht und ihm eine Seele in Erwartung ihrer Gerichtsverhandlung gezeigt hatte, ohne dass seine Anwesenheit vom Ankläger oder vom Verteidiger bemerkt worden war, dann tat Habari Dinge, die so weit jenseits aller mir bekannten Regeln waren, dass es wie Magie anmutete. Die höheren Engel und vermutlich auch die höheren Dämonen können zwar manches, was wir gemeines Fußvolk nicht können, aber auch sie sind, wenn sie sich auf der Erde manifestieren, durch die Abkommen stark eingeschränkt, selbst im Außerhalb. Ich konnte ja noch glauben, dass Habari und seine Leute (wenn er denn kein einsamer Wolf war) vor einem Bruch der Abkommen nicht zurückschreckten, aber wie kamen sie damit durch? Das ganze System war darauf angelegt, dass ein Fürstentum oder ein Höllenfürst nicht einfach in Sterblichenhausen herumspazieren und gegen die Regeln verstoßen konnte. Ich vermochte mir schlichtweg nicht vorzustellen, wie irgendjemand sich darüber hinwegsetzen und dann auch noch tun konnte, was Habari getan hatte.

Ich fand keine Antwort. Ich kam mir vor wie Woodward und Bernstein, als sie in einer Washingtoner Garage mit Deep Throat sprachen und erfuhren, dass ihre Watergate-Story bis ins Weiße Haus reichte. Doch die beiden Reporter hatten damals vermutlich nicht befürchtet, dass das, was sie entdeckten, nicht nur eine Gefahr für ihre unsterblichen Seelen bedeutete, sondern auch noch an den Grundfesten des Universums selbst rüttelte.

Ich wollte dringend einen Drink. Doch stattdessen wandte ich mich wieder der Lektüre des erstaunlichen Dokuments zu, das in der Bibel des Atheisten gesteckt hatte.

Zwar überzeugte mich das, was Habari und seine Kollegen anstrebten, in den folgenden Tagen und Wochen immer mehr, aber ein Hindernis blieb doch bestehen: Um sicherzugehen, dass das Expe-

riment (denn das würde es sein, da laut Habari
noch nie jemand versucht hatte, dem Himmel und
der Hölle eine Seele vor der Nase wegzustehlen)
gelingen würde, müsste die »Exfiltration«, wie
Habari es nannte, mit der Sorgfalt, der Präzision und dem exakten Timing einer militärischen
Operation durchgeführt werden. Das erlaubte es
nicht, im Falle der ersten Person, die dafür
auserkoren war, den natürlichen Tod abzuwarten.
Ich brauche wohl nicht zu betonen, dass ich das
nicht gerne hörte.

»Sie sind der ideale Kandidat, Edward«, schmei-
chelte er mir, »aber während wir darauf warten
würden, dass die Natur ihren Lauf nimmt, könnten wir Hunderte, wenn nicht gar Tausende anderer geeigneter Seelen an unsere Rivalen beider
Lager verlieren.« Natürlich fragte ich, ob sie
nicht jemand Gleichgesinnten finden könnten, der
ohnehin dem Tod nahe sei, aber er sagte nein.
Vielleicht könne es so gehandhabt werden, wenn
sie erst sicher seien, dass es klappe, erklärte
er, aber für den Anfang wollten sie jemanden,
der auch am Ende noch geistig und körperlich
bei Kräften sei, jemanden, der vorbereitet sei
und gänzlich verstehe, was passieren werde.

»Aber was ist mit meiner Frau?«, fragte ich.
»Ich nähme mir doch die Möglichkeit, nach dem
Tod wieder mit ihr vereint zu sein …!« Das
wollte ich natürlich ganz und gar nicht. Jetzt,
da ich an ein Leben nach dem Tod glaubte,
wünschte ich mir nichts sehnlicher, als Molly
wiederzusehen.

Habari sah betrübt drein. »Selbst wenn Sie sie

träfen, würden Sie sie nicht wiedererkennen«, sagte er. »Und sie Sie mit Sicherheit auch nicht. Die Seelen der Verstorbenen behalten ihre Erinnerungen nicht, jedenfalls ist das unsere Interpretation. Diejenigen, die für den Höchsten sprechen, sind in diesem Punkt sehr wortkarg, aber wir wissen auf jeden Fall, dass die Verstorbenen nicht einfach als diejenigen weiterleben, die sie waren, zumindest nicht im Himmel. Für die Hölle gilt das leider nicht. Das ist einer der Gründe, warum ein Dritter Weg notwendig wurde. Aber wir haben ein umfassenderes Ziel, und wenn ich Ihnen auch nicht sagen kann, worin es besteht, kann ich Ihnen doch immerhin in Aussicht stellen, dass, wenn wir unseren gesamten Plan erfolgreich verwirklichen können, Sie und Ihre Molly eines Tages wahrhaft wiedervereint sein werden, diesmal für die Ewigkeit.«

Daran hatte ich lange zu kauen, doch schließlich, nach gründlicher Erforschung meiner Seele – eine Formulierung, die jetzt für mich eine ganz andere Bedeutung hat als noch vor kurzer Zeit –, erklärte ich mich bereit, das Versuchskaninchen der Magianer zu sein. Habari und ich begannen, meinen Tod zu planen …

Ich überflog die nächsten beiden Seiten, auf denen es darum ging, wie Walker seine Angelegenheiten geordnet hatte, ohne dass offensichtlich wurde, was er vorhatte. Er war sicher nicht der erste zum Selbstmord entschlossene Mensch, der dies tat, aber er war garantiert der erste, der es in der Absicht tat, Himmel und Hölle zu hintergehen. Je länger ich darüber nachdachte, desto mehr bewunderte ich Walker. Was er getan hatte, erforderte wahrhaft Mumm. Wie einer der ersten Astronauten hatte er eine einsame Aufgabe übernommen, nur in seinem Fall ohne Aussicht auf Ruhm, selbst wenn er sie erfolgreich erfüllte. Er bezeichnete sich sogar selbst als »Danachonaut«, ein Scherzwort, das er von Habari übernommen hatte.

Enttäuschender- aber nicht überraschenderweise hatte Walker darüber, was mit ihm passieren sollte, nachdem er den Schlauch auf das Auspuffrohr seines 7er BMWs gesteckt hatte, wenig zu berichten, außer dass man ihm versichert habe, er brauche gar nichts zu tun, Habari und seine »Leute« (eine ziemlich dubiose Formulierung, da werden Sie mir sicher zustimmen) würden alle Details regeln. Ich konnte mich der Frage nicht erwehren, ob sie es geschafft hatten. *Irgendwohin* war Walkers Seele jedenfalls verschwunden, das hatte ich ja selbst miterlebt.

Er schloss mit einem Zitat aus einem Gedicht eines mir unbekannten R. W. Raymond.

Das Leben ist ewig, und die Liebe ist unsterblich und der Tod nur ein Horizont, und ein Horizont ist nur die Grenze unseres Blicks.

Unterschrieben hatte er mit

Voller Hoffnung,
Edward Lynes Walker

28

REISE NACH MEKKA

Es kommt mir selbst verrückt vor, aber die erste Person, die ich anrufen wollte, nachdem ich Walkers schockierenden Brief gelesen hatte, war nicht Sam und nicht Monica und auch niemand von meinen Bossen oben (obwohl ich die natürlich anrufen musste), sondern Caz. Seit wir uns getrennt hatten, trug ich die Erinnerung an das, was wir zusammen getan hatten – was wir zusammen waren –, mit mir herum, und ich konnte immer noch keinen sinnvollen Platz dafür finden, weder in meinem Herzen, noch in meinem Kopf. Gedanken an sie drifteten durch mein Bewusstsein wie helle Sommerschauer, und ich hätte nicht sagen können, ob sie eine Wohltat für mein fiebriges Denken waren oder Vorboten heftigerer, dunklerer Unwetter. Was zum Teufel hatte ich mir nur gedacht? Was sollte das? Wie konnte ich hoffen, so etwas vor dem Himmel verborgen zu halten?

Aber, guter Gott, wie ich sie vermisste. Es war nicht nur Wollust gewesen und auch nicht einfach Liebe (als ob die je einfach sein könnte!). Es hatte sich richtig angefühlt, wir beide zusammen. Wir waren Zwillingsseelen – aber getrennt durch eine weit, weit zurückreichende Geschichte des Krieges, des Hasses und des Verrats. Wenn das Ganze nicht so schmerzhaft gewesen wäre, hätte es regelrecht komisch sein können. Ich meine, gab es je eine unmöglichere Beziehung?

Ich habe dafür wahrhaftig ein Händchen.

Aber jetzt war es Zeit für Ihren Freund Bobby Dollar, seine Gedanken wieder zu dem zurückzuzwingen, was unmittelbar und buchstäblich schwarz auf weiß vor ihm lag – Edward Walkers Geständnis-Schrägstrich-Abschiedsbrief auf seinem Schoß. Was Habari Walker erzählt hatte, mochte ja durchaus stimmen – er war eindeutig nicht *irgendein* Reverend –, aber dennoch konnte Walker getäuscht worden sein, insbesondere, wenn Habari für jemanden wie Eligor arbeitete (was nach den Schilderungen der Kräfte, über die er verfügte, zunehmend wahrscheinlich schien). Ich hatte ja bereits ein Mieter-Vermieter-Verhältnis zwischen den Magianern und dem Großfürsten nachgewiesen – nicht gerade die berühmte rauchende Pistole, aber in diesem Spiel erschienen mir Zufälle generell wenig glaubhaft. Die Wege des Himmels sind unerforschlich und die der Hölle auch, aber beide haben überall ihre Finger drin und das selten durch Zufall.

Doch ganz egal, wie meine persönlichen Spekulationen aussahen, ich musste meinen Bossen Bericht erstatten und zwar schnell. Ich mag ja ein lausiger Engel und ein widerborstiger Untergebener sein, aber ich bin kein Idiot: Das hier konnte der schüchterne Beginn eines Plans der Gegenseite sein, alle menschlichen Seelen nach dem Tod abzugreifen. Und selbst wenn es etwas nicht ganz so Katastrophales war, war es doch immer noch etliche Nummern zu groß, als dass ich mit meiner Entdeckung hinterm Berg halten dürfte. Anstand, Pflichtgefühl und die immer sehr gewichtige Notwendigkeit, meinen eigenen Allerwertesten abzusichern, geboten es, so schnell wie möglich Kontakt mit dem Himmel aufzunehmen.

Nicht um ihr irgendetwas von alldem zu erzählen, sondern nur aus dem erwähnten Sehnen heraus wählte ich die Notfallnummer, die Caz mir gegeben hatte. Ich war kurz davor, mit meinen Gefühlen herauszuplatzen, hatte dann aber plötzlich die beängstigende Vision von einem himmlischen Kriegsgericht, das den Anrufbeantworter abspielte, während es mich unheilvoll anflimmerte, also hinterließ ich nur eine trockene Nachricht des Inhalts, dass ich sie sprechen wolle, und fuhr dann quer durch die Stadt zum Büro, um Bericht zu erstatten.

Ich probierte auch Sams Nummer, bekam aber nur seine Voicemail. Ich hoffte, es bedeutete, dass Monica und die anderen nicht mehr an seinem Bett zu wachen brauchten. Zu all meinen anderen beklemmenden Gedanken fühlte ich mich auch noch wie ein totales Arschloch, weil ich meinen besten Freund nicht besuchen konnte, aber es hatte keinen Sinn, Unheil zu provozieren. Ich rief im *Compasses* an und hielt einen kurzen Schwatz mit Chico. Zu meiner großen Erleichterung erzählte er, dass Sam außer Gefahr sei, was bedeutete, dass er keinen neuen Körper brauchte. Einen neuen zu bekommen ist nämlich schon im besten Fall eine zweifelhafte Sache – ewig lange Reha und ein Wiederherstellungsmuster, das zwar schneller, aber ganz ähnlich verläuft wie nach einem Schlaganfall –, und seit Leo auf dem himmlischen Operationstisch gestorben war, habe ich natürlich ein noch tiefer sitzendes Misstrauen gegen die Prozedur als die meisten meiner Mitengel.

»Und was ist mit mir?«, fragte Chico, als ich Anstalten machte, das Gespräch zu beenden. »Kein ›Wie geht's, Kumpel?‹, kein Dankeschön dafür, dass ich dir neulich Nacht deinen mageren *culo* gerettet habe? Während irgend so ein verrückter altertümlicher Scheißdämon meine Bar zu Klump geschlagen hat? *Chupa mi verga*, Dollar!« Chico glaubt, dass er Mexikaner ist, nicht nur äußerlich – er glaubt, seine Seele ist mexikanisch. Mag ja sein, aber ich weiß nicht, wie die Zugehörigkeit zu *La Raza* den Tod und die Verwandlung in einen Engel überdauern können soll. Aber wer streitet schon gern mit einem alten Griesgram, der eine Selbstladeschrotflinte voller Höllenstein in Reichweite liegen hat?

»Sorry, Mann. Was soll ich sagen? Ich steh in deiner Schuld. Ich hab gar nicht gewusst, dass du so ein harter Hund bist.«

»Nur wenn ich muss.« Er klang besänftigt. »Aber da draußen geht's ganz schön rauh zu. Pass auf dich auf, BD.«

»Tue mein Bestes, *hombre*.«

Ich parkte um den Block, für den Fall, dass Eligors Leute unser Büro observierten, und stahl mich dann vom Hof des Nachbarbürogebäudes über den Zaun rein. Alices Schreibtisch stand am Fenster. Sie beobachtete, wie ich raufkletterte, am Zaun hing und mich dann so ungeschickt fallen ließ wie ein nicht sonderlich komischer Clown auf einem Kindergeburtstag. »Sie kriegen wohl nicht genug körperliche Bewegung, Dollar?«, fragte sie, als ich die Treppe hinaufgestiegen war und ins Büro gestolpert kam.

Ich schnaufte immer noch etwas, als ich mich auf einen Stuhl fallen ließ, um das Loch zu inspizieren, das ich mir eben in die Hose gerissen hatte. Mir gingen allmählich die Jeans aus, und ich würde auf etwas Haltbareres umsteigen müssen, so was wie diese hässlichen Tactical Khaki-Pants. »Nein, es ist nur so, dass Besuche bei Ihnen immer den romantischen Draufgänger in mir hervorkitzeln, Alice.«

Sie schüttelte den Kopf. »Sparen Sie sich das Gesülze. Ich habe eine miserable Chimichanga aus dem GoGo Burrito gegessen, die wieder ins Freie drängt. Ich gehe heute früher nach Hause. Was wollen Sie?«

»Ich muss eine G-Mail verschicken. Vertraulich. Ich muss es selbst tun.«

Sie zog eine Augenbraue hoch. »Oooh, was sind Sie für ein Mann der Tat, Dollar! Da kriege ich ja ein richtiges Flattern im Bauch … aber das ist vielleicht nur diese Chimichanga.« Sie machte eine vage Handbewegung in Richtung der Durchgangstür. »Sie wissen ja wo. Ich schließe ab, Sie können sich ja selbst rauslassen. Versuchen Sie nicht, hier zu übernachten.«

»Ich bin nicht obdachlos!«

»Sie werden es aber bald sein, wenn Sie weiter Ihr Spesenkonto für schicke Motels überziehen.«

»Schick? Es handelt sich um die Sorte Etablissements, wo man die Seife vom Vorgänger aufbrauchen muss.«

Sie verdrehte die Augen und wandte sich wieder dem zu, was noch erledigt werden musste, ehe sie sich für den Rest des Tages frei gab.

Sam nannte das Senden einer vertraulichen G-Mail immer »die Reise nach Mekka«, nicht weil man dabei von anderen Pilgern umgeben wäre, sondern weil das Setting selbst nicht an eine dieser Barockkirchen voller goldener Wolken und Gipsengelchen erinnert, sondern eher an … na ja, an diesen großen Steinblock, den alle gläubigen Muslime besuchen. Der Raum ist klein und fensterlos. Darin befindet sich nur ein Standardschreibtisch mit einem Stuhl, der aber nicht dahinter, sondern davor steht. Auf dem Tisch liegt eine große schwarze Schreibunterlage, wie man sie in einem Versicherungsbüro finden würde, und darauf wiederum steht ein Würfel aus klarem Kristall von etwa einem halben Meter Kantenlänge. Jedenfalls bin ich immer davon ausgegangen, dass es Kristall ist – vielleicht ist es auch nur ein billiges Glasding, das sie in einem von diesen Möbelmärkten gekauft haben. Würde mich nicht überraschen. Eins ist nämlich typisch für meine Bosse, zumindest, was ihre Einrichtungen hier auf der Erde angeht: Funktionalität geht ihnen über Ästhetik.

Ich setzte mich vor den Kubus und sammelte mich. Ich hatte die Augen geschlossen, denn wenn das himmlische Licht kommt und man sie offen hat, sieht man die nächste halbe Stunde einen leuchtendgrünen Würfel vor allem Sonstigen – es versengt einem nämlich echt die Netzhaut. Ich wartete. Ich sah das erste grelle Aufgleißen durch die geschlossenen Lider, dann schwächte sich das Licht auf ein erträglicheres Maß ab, und ich machte die Augen auf.

Wie das Licht des Himmels auf Erden aussieht? Wie durch

Wolken dringendes Sonnenlicht auf dem kitschigsten Flohmarkt-
bild, das Sie je gesehen haben. Echt, es ist so schön, dass es
schon peinlich ist. Kein bisschen subtil.

Eine Stimme erklang. Soweit ich weiß, war sie nur in meinem
Kopf, eine dieser wohlklingenden undefinierbaren Engelsstim-
men, die männlich wie weiblich sein könnten.

Gott liebt Sie, Engel Doloriel. Die Frage »Warum also belästigen
Sie uns?« schwang wie immer nur implizit mit.

Ich sprach die Formel für eine sichere Verbindung und schilderte dann, was ich gerade gefunden und gelesen hatte. Als ich
fertig war, zog ich den Umschlag aus der Tasche und zeigte ihn
dem Würfel, hielt dann die Seiten einzeln vor diesen Riesen-
briefbeschwerer, gefüllt mit Wolken und strahlendem Sonnenlicht. Als ich auch damit fertig war, sagte die wohlklingende an-
drogyne Stimme: *Ihr Bericht wurde empfangen.*

Ich wollte gerade aufstehen, als die Stimme wiederkam. *Erzengel Temuel wird zu Ihnen sprechen.* Das überraschte mich ein
bisschen.

Doloriel. Ich habe eben Ihre Botschaft gesehen. Mein Betreuer
war nur eine Stimme, die aus den leuchtenden Wolken kam.
*Diese Entwicklung macht es umso wichtiger, dass Sie an der Gipfel-
konferenz teilnehmen, die inzwischen offiziell anberaumt wurde.
Seien Sie meine Augen und Ohren.*

Was eine seltsame Äußerung war. Weil das Gipfeltreffen doch
so gerammelt voll mit Engeln sein würde wie eine Clownskarre
mit Quadratlatschenträgern. Meinte Temuel, dass ich sein persönlicher Informant sein solle? Das hätte ich ja noch verstehen
können – jeder, der je innerhalb eines bürokratischen Apparats
gearbeitet hat, könnte es verstehen –, aber im Verein mit seinen
Worten von neulich, dass ich das mit Clarence falsch in Erinnerung hätte, beunruhigte es mich doch ein bisschen.

Aber das ließ ich mir natürlich nicht anmerken. »Sagen Sie
mir einfach nur, wann und wo.«

Es beginnt diesen Freitag. Sie werden keine weite Anreise haben. Es wird im Ralston Hotel in Ihrer Stadt stattfinden.

Ich musste wohl ziemlich verdutzt dreinschauen. Ich weiß nicht, ob sie uns durch den Himmelswürfel wirklich sehen können, erklärte meine Reaktion aber vorsichtshalber. »Hier in Jude? Nicht in, keine Ahnung, im Vatikan oder so? Oder in Vegas? Diese Höllentypen tagen doch gern in Vegas.«

Vielleicht, weil die ... Problematik ... in San Judas begonnen hat. Vielleicht ist das ja der Grund, warum unsere Oberen und die der anderen Seite dies für den besten Ort halten, um die dadurch aufgeworfenen Fragen zu erörtern. Klang er wirklich etwas nervös, oder war er nur irritiert, weil ich es wieder mal genau wissen wollte? *Und wie Sie sich wohl denken können, Engel Doloriel, gibt es da viele Fragen, Fragen von fundamentaler Wichtigkeit, und Ihr jüngster Bericht gießt nur Öl in ein ohnehin schon schwelendes Feuer. Kann ich auf Ihre Aufmerksamkeit und Kooperation zählen?*

Das Bobby Dollar-Credo: Wenn du mit Vorgesetzten sprichst, beantworte alles, was mehr als eine Bedeutung haben könnte, so, als wäre die oberflächliche Bedeutung die einzige, die du mitgekriegt hast. »Natürlich, Erzengel. Danke für Ihr Vertrauen.

Bitte. Und Ihnen vielen Dank für Ihren Einsatz im Walker-Fall. Ich bin sicher, Ihr Bericht wird in höchsten Kreisen einige Wellen schlagen ...

Und mit diesen noch mehrdeutigeren Worten verschwand er. Der Würfel dimmte zu einem sanftgoldenen Schein herab, und dann erlosch auch dieser, doch vorher noch stieß die überirdische Qualität dieses Lichts in meinem Kopf etwas an. Ich musste an Habaris erstaunliche Machtdemonstration denken, hörte im Geist Edward Walkers Beschreibung, dass die Hand des Reverend beim Öffnen des Reißverschlusses dort im Krankenhaus wie eine Magnesiumfackel geleuchtet habe. War es dieses unsagbar helle Licht gewesen? Das, vor dem ich gerade die Augen geschlossen hatte? Hatte Habari vielleicht doch irgendwie mit dem

Himmel zu tun? Oder konnte die Hölle dieses unverwechselbare Gleißen nachahmen? Denkbar war es schon – schließlich war es doch der traditionelle Trick des Teufels, gut zu scheinen und bös zu sein oder wie das hieß. Außerdem war es ja nur ein lebender Mensch gewesen, der dem Trick aufgesessen war, also hatten sie sich ja vielleicht gar nicht so schrecklich anstrengen müssen. Ich fragte mich plötzlich, ob jemand wie ich diesen Trick auch vollbringen könnte – ob jeder Engel dazu in der Lage wäre.

Ich schloss die Tür des Büros hinter mir ab und kletterte wieder über den Zaun in den Hof des kleinen Bürokomplexes nebenan. Als ich mit beiden Beinen auf dem Boden stand, drehte ich mich um und fand mich nur einen Viertelmeter vor einem grinsenden, leichenblassen Gesicht. Ich hatte schon meine neue Automatik gezogen und den Finger am Abzug, ehe ich merkte, dass es mein tanzender Bekannter, Mr. Fox, war.

»Herrjesses!«, sagte ich, während ich einen Schritt zurücktrat und die Pistole wegsteckte. Ich führe nicht gern heilige Namen unnütz im Munde – in meinem Metier ist das verpönt –, aber manchmal entfährt mir einfach einer. »Was schleichen Sie sich so an mich heran? Ich hätte Sie beinah erschossen!«

»Hab mich nicht angeschlichen, Dollar-Man! Hab Sie über den Zaun steigen sehen und gedacht, wir müssen ein paar Takte plaudern.« Er lachte und vollführte einen kleinen Time-Step. Jetzt erst kam ich auf die Idee, zu den Büros hinaufzublicken. Nur eine Angestellte saß an einem Schreibtisch am Fenster, eine junge Schwarze, sie starrte erschrocken auf mich und den kreideweißen Asiaten herab. Und sie tastete auch schon nach ihrem Telefon.

»Kommen Sie.« Ich eilte in Richtung Hofausgang. »Erzählen Sie mir alles Weitere im Gehen. Ich glaube, die Frau dort oben ruft gleich die Polizei.«

»Keine Angst. Foxy hat Freunde bei der Polizei. Foxy hat überall Freunde.«

»Freut mich für Sie, dass Sie so beliebt sind. Ich bin's nicht.«

Wir erreichten meinen Wagen, und er stieg unaufgefordert auf der Beifahrerseite ein. Er sah sich anerkennend um, als ob ich sein Abschlussball-Date wäre und das hier die Limousine. »Sie haben Ihren alten Wagen nicht mehr, Mister Bobby.«

»Nein. Wo soll ich Sie absetzen?«

»Egal«, sagte er, vor guter Laune überschäumend, während ich anfuhr. »Wann geht es weiter mit dem Geschäft, Mister BD? Sind ja nur zwei Interessenten bei unserer Auktion totgeschossen worden – gibt immer noch jede Menge!«

Ich überlegte, ob weitere Erkundungen in dieser Richtung etwas bringen könnten, aber nachdem Eligor bei unserer »geheimen« Auktion so schnell und so brutal zugeschlagen hatte, wollte ich nicht noch mehr Leute in Gefahr bringen.

»Ich … ich glaube, ich bin raus aus dem Handel mit solchen Objekten.«

Er sah mich clownesk-traurig an. »Echt? Aber es könnte doch noch so spannend werden! Sind Sie sicher? Ich könnte es ja das nächste Mal diskreter arrangieren – immer nur ein Interessent auf einmal, sicherheitsgecheckt von Foxy-Foxy persönlich!«

Allmählich fragte ich mich, ob dieser Kerl für den Rest meines Lebens immer urplötzlich aus dem Nichts auftauchen würde. »Nein. Im Ernst. Ich will nichts verkaufen.«

»Halten Sie hier«, sagte er unvermittelt. Wir waren mitten auf einer Straße wenige Blocks vom Beeger Square. »Denken Sie noch mal drüber nach, Dollar-Bob. Es gibt so viele Möglichkeiten, wie wir's machen können …!«

Der Ärger setzte sich jetzt über die Diskretion hinweg. »Hören Sie zu, ich *habe* das Ding nicht. Die Feder. Ich habe sie nie gehabt, ich wollte nur herausfinden, was alle dachten, was ich hätte. Inzwischen weiß ich es, also brauche ich keine Interessenten mehr.« Ich zog hinüber in eine Bushaltebucht vor einem Fitness-Center. Diverse Leute auf Laufbändern, Fahrradtrainern und Rudermaschinen sahen durch die Glasscheiben zu, wie die

425

Autotür aufging und Foxy in seiner ganzen bleichen, pirouettie-renden Pracht zum Vorschein kam. Er lachte wieder, aber sein Blick war prüfend und seine ganze Aura so ernst, wie ich es an ihm noch nie erlebt hatte. »Ach, versuchen Sie nicht, Fox was vorzumachen, D-Man. Mit Foxy läuft das nicht. Glauben Sie, ich hätte meinen guten Ruf aufs Spiel gesetzt, wenn ich nicht hundertpro sicher gewesen wäre, dass Sie die Feder hatten. Ich hab sie an Ihnen gerochen.«

»Was …?«

Er beugte sich in den Wagen und schwenkte dabei immer noch sein dürres Hinterteil vor den Fenstern des Fitness-Gyms. Für die Mitglieder dort drinnen musste es aussehen, als ob ich einen Stricher absetzte, den ich am Hafen aufgelesen hatte. Foxys Gesichtsausdruck war so merkwürdig, dass ich kurz er-wog, zur Fahrertür hinaus zu flüchten – er bleckte die oberen Zähne, und seine Nasenlöcher windeten. Ja, ich sagte, windeten. Ich weiß nicht mal, was das heißt, aber sie taten es.

Er nickte. »Ich rieche es immer noch. Vielleicht nicht mehr so stark, aber den Geruch eines Boss-Engels, den kennt Foxy gut!« Er lachte abermals und zog sich wieder aus dem Auto zurück. »Lassen Sie mich's wissen, wenn Sie damit fertig sind, Lachge-schichten zu erzählen. Denken Sie dran – Foxy-Foxy ist Ihr Freund, Mister Flügel-Bob. Er ist auf keiner Seite. Er will Ihnen helfen!« Er bedachte mich mit der Andeutung eines Jazz-Hands-Finales und spazierte dann davon, wobei er etwas vor sich hin pfiff, das wie ein mongolischer Gassenhauer klang.

Während ich noch dasaß und darüber nachdachte, was zum Teufel er gemeint haben könnte, wie ich nach etwas riechen konnte, das ich nie gehabt hatte, und was für ein absonderliches Wesen dieser bizarre, ungreifbare Mr. Fox überhaupt *war*, klin-gelte mein Handy. Es zeigte Caz' Nummer an.

»Bin ich froh, dass du anrufst«, sagte ich schnell. »Ich muss dich unbedingt sprechen.«

Sie zögerte kurz. Als sie sprach, war ihre Stimme seltsam tonlos. »Tut mir leid, ich wollte nur Bescheid geben, dass ich vorerst nicht zu sprechen bin. Ich bin in einer wichtigen Sitzung.«

»Was heißt das? Du kannst nicht sprechen? Wann dann? Ich muss wirklich …«

»Ja, danke. Freut mich, dass alles okay ist.« Und damit legte sie auf.

Ich hatte nur Sekunden, um mich zu fragen, was das gewesen war, ehe das Handy wieder klingelte – diesmal eine noch vertrautere Nummer.

»Sam?«

»Wir nennen uns also beim Vornamen? Gut zu wissen, nachdem ich deinetwegen beinah umgekommen wäre und du mich nicht mal besucht hast, als ich als hilfloses Wrack im Krankenhaus lag.«

»Sam, ich wollte ja! Aber Monica hat gesagt, ich dürfe nicht …«

»Mann, mach dir nicht ins Hemd – ich wollte dich nur ein bisschen verarschen. Was treibst du?«

»Wie geht's dir? Bist du noch im Krankenhaus?«

»Bin heute Morgen ausgebrochen. Leute mit Bettpfannen suchen mich in fünf Bundesstaaten. Lust auf einen Lunch?«

Es war drei Uhr nachmittags, aber ich hatte seit dem Frühstück nichts mehr gegessen. »Ja, klar. Vielleicht irgendwo, wo uns keiner kennt?«

Er schlug ein burmesisches Restaurant vor, von dem ich nie gehört hatte, in Mayfield, und ich sagte, ich käme dorthin.

Als ich den Broadway entlangkutschierte, sah ich den Bettler, den ich damals auf der Suche nach Fox getroffen hatte, und das erinnerte mich an etwas, worüber ich vorhin nachgedacht hatte. Ich hielt in einer Be- und Entladezone und ging zu der Verkehrsinsel, wo er und sein Schild OBDACHLOSER BRAUCH HILFE DANKE darauf warteten, dass Leute Geld in seine

Schachtel warfen. Es sah nicht so aus, als hätten sich viele Leute bemüßigt gefühlt zu spenden. Ich musterte den Mann genau, während ich mich ihm näherte, aber er war wohl wirklich nur das, was er zu sein schien, so eine traurige Gestalt, die durch die Ritzen des modernen Lebens gefallen war. Hier in Jude gibt es eine Menge obdachloser Veteranen, die in Downtown herumhängen, und er sah auch aus wie einer, zumal er eine Militärjacke trug, die an diesem milden Frühlingstag etwas zu warm sein musste. »Ich mache Ihnen einen Vorschlag«, sagte ich, während ich einen Zwanziger aus meiner Brieftasche zog und hochhielt. »Ich werde Ihnen etwas zeigen. Wenn Sie es mir beschreiben können, gehört der hier Ihnen.«

Seine Miene wechselte von interessiert zu verdrossen. »Oh, Mann, Sie wollen doch nicht mit Ihrem Ding vor mir rumwedeln, oder? Ist nicht meine Disziplin.«

»Nein, nein. Nichts in der Art.« Ich sah mich um, ob auch niemand in der Nähe war, und öffnete dann sorgsam einen Reißverschluss (die himmlische Sorte, nicht, was Sie jetzt denken), der genau am Rand der Verkehrsinsel in der Luft hing, hell leuchtend in der Mitte der Linie, aber an den Rändern diffus, wie ein Lichtbogen unter Wasser. »Was sehen Sie?«

Er folgte meinem Zeigefinger. »Äh … weiß nicht, Mann. Das Autohaus da drüben? Oder das hohe Haus da, das, wo der Typ die Fenster putzt?«

»Nein, nicht die Gebäude. Hier, direkt vor Ihnen.«

Er sah betrübt drein. »Ich weiß nicht, was Sie hören wollen, Mann. Meinen Sie ein Auto?« Er starrte mit zusammengekniffenen Augen durch den einen halben Meter vor ihm hängenden Reißverschluss hindurch. »Irgendwas anderes?«

»Hören Sie, ich fasse Sie jetzt am Arm. Gehen Sie ein kleines Stück in diese Richtung. Ich weiß, es ist komisch, aber ich … ich untersuche atmosphärische Veränderungen. Sagen Sie mir einfach nur, ob Sie irgendwas Ungewöhnliches fühlen oder sehen.«

Ich umfasste seinen dürren Oberarm und führte ihn. Er wirkte, als ob er gleich die Flucht ergreifen würde. Noch ein Schritt, und er stand genau im Reißverschluss – oder besser gesagt, da, wo der Reißverschluss gewesen wäre, wenn er für ihn existiert hätte. Aber er konnte nicht hindurchgehen, auch nicht, wenn ich ihn führte.

»Hey, ich seh nichts …« Er wurde jetzt nervös. Ich ließ ihn los.

»Keine Sorge, Mann, das ist genau das, was ich wissen wollte. Hier ist Ihr Geld.«

Ich ging. Er sah mir nach und rieb mit dem Daumen über den frischverdienten Zwanziger. Was auch immer Habari vermochte, ein normaler erdbasierter Engel wie ich konnte jedenfalls keinen gewöhnlichen Sterblichen durch einen Reißverschluss bugsieren.

Als ich wieder in den Wagen stieg, klingelte das Handy. Caz.

»Hallo? Kannst du jetzt reden?«

»Einen Augenblick«, sagte sie. Ihre Stimme war immer noch völlig leblos, was mir Angst machte. Sie klang, als hätte sie jemand ausgehöhlt.

»Dann mach ich es kurz – ich muss dich dringend sehen …«

»Nein.« Und zum ersten Mal hörte ich da noch etwas – Schmerz. »Nein, das geht nicht. Es war ein Fehler. Alles.«

»War es nicht! So was … so was Schönes kann gar kein Fehler sein. Nicht, wenn du das Gleiche gefühlt hast …«

»Ich kann nicht.« Ihre Stimme war unstet. »Verstehst du denn nicht? Es ist unmöglich. *Wir* sind unmöglich. Vergiss, dass es je passiert ist. Vergiss mich. Und … kümmere dich einfach nur um dich selbst, Bobby. Es wird nämlich übel werden.«

»Caz, warte …!«

»Ruf mich nicht mehr an. Mach's wie ich, tu so, als ob es ein Traum gewesen wäre. Selbst wir in der Hölle träumen manchmal.«

Und dann war sie weg. Ich versuchte immer wieder sie zu erreichen, aber sie nahm nicht ab.

29

SAND POINT

S am sah ganz schön ramponiert aus, aber jeder Nicht-Engel
hätte schlimmer ausgesehen. Er hatte lilagraue Blutergüsse
im Gesicht und eine imposante Zickzacknarbe auf der Stirn.
Und er ging, als hätte er Rachitis. »Probier mal die kleinen
Pfannkuchen mit Dip-Sauce«, sagte er und zuckte zusammen,
als er sich auf die Sitzbank mir gegenüber niederließ. »Die sind
wirklich gut.«

»Du siehst beschissen aus. Ich dachte, wir wollten wohin gehen, wo uns niemand kennt.«

»Die Besitzer haben zwei Restaurants, eins unten in der Nähe
vom Shoreline, wo ich dauernd hingehe. In diesem hier war ich
noch nie.«

Ich nickte und bestellte dann die Pfannkuchen und etwas, das
ein pikantes Rindfleischgericht zu sein schien. Burmesisches
Bier hatten sie nicht, also nahm ich ein Singha, das wenigstens
aus derselben Weltgegend kam. Sam orderte eine Art Fischsuppe
und ein Ginger Ale. »Und nimm auch das Brot«, sagte er. »Es ist
ein Fladenbrot aus einer Menge Schichten, und in jeder steckt
genug Butter für einen Herzinfarkt.«

»Du siehst besser aus, als ich erwartet habe«, sagte ich. »Aber
es ist auch schwer zu unterscheiden, was neu ist und was vorher
schon vorhandene Hässlichkeit.«

Er lachte und erzählte mir, während wir aufs Essen warteten, vom Krankenhaus. Das Personal dort hatte anscheinend schon von der Gasexplosion im *Compasses* (die offizielle Story, für die sich unsere Problembereiniger entschieden hatten) gewusst und ihm viel Mitgefühl entgegengebracht. Wie Sam nun mal war, hatte ich in seinen Schilderungen der diversen Schwestern und Pfleger und ihrer Gespräche Unterhaltung genug, bis das Essen kam.

Er kippte sein Ginger Ale hinunter und bestellte noch eins. Die Frau hinter der Theke sah ihn an, als hätte er sie gebeten, das Spaceshuttle zu rufen, brachte ihm aber schließlich doch eine weitere Flasche. »Okay«, sagte er. »Jetzt du, B. Erzähl mir, warum du aussiehst, als ob du deinen Schwanz verloren hast und es sechs Wochen dauert, bis der Ersatz aus Korea hier ist.«

»So offensichtlich?« Ich musste lächeln. »Ich bin froh, dass du nicht draufgegangen bist, Sammy. Ich kenne sonst niemanden, der so abgefahrene Sachen sagt.«

Ich hatte nicht vor, ihm von Caz zu erzählen, nicht weil er entsetzt gewesen wäre (ich bezweifle, dass er's gewesen wäre), sondern weil ich ihn nicht in die Situation bringen wollte, meinetwegen unsere Bosse anlügen zu müssen. Ich weiß ja, wie gesagt, nicht mal, ob man den Himmel überhaupt belügen kann, außer auf die Art, wie ich's schon seit längerem tat – durch Verschweigen. Also erzählte ich ihm stattdessen, was er sowieso bald hören würde: von Edward L. Walkers letzter Botschaft an die Lebenden.

Als ich zu der Stelle kam, wie Habari Walker ins Außerhalb mitgenommen hatte, hielt Sam inne, die Gabel, von der eine lange Nudel baumelte, auf halbem Weg, und sah mich ungläubig an. »Im Ernst? Er hat den lebenden Mann durch einen Reißverschluss befördert? Wie das?«

»Warte mal. Es wird noch verrückter.« Ich erzählte weiter, so auch von Habaris Behauptung, er gehöre zu einer Bewegung für einen »Dritten Weg«. Sam fuchtelte ärgerlich mit einem Stück *Palata*-Brot. »Der philosophische Kram ist mir egal, aber der Rest ist Quatsch. Niemand kann einen lebenden Menschen ins Außerhalb bringen – jedenfalls niemand wie du und ich. Mag ja sein, dass die Hölle uns technologisch voraus ist, aber ich wette, es war irgendein Trick.«

Das glaubte ich nicht, weil Walkers gesamte Beschreibung viel zu sehr daran erinnerte, wie wir Engel und unsere höllischen Pendants die Benutzung der Reißverschlüsse erlebten, aber ich musste Sam insoweit rechtgeben, als es normalerweise bei Sterblichen nicht funktionierte – der Typ mit dem BRAUCH-HILFE-Schild grübelte wahrscheinlich immer noch, was er hätte sehen sollen.

»Aber was, wenn es kein Trick ist, Sam? Was, wenn so was wirklich in unserem eigenen Haus passiert?«

»Hör zu, B, wir wissen beide, dass Gott die Welt nicht vollkommen gemacht hat – wenn er seine Engel vollkommen gemacht hätte, gäbe es überhaupt keine Hölle, okay? Er muss ihnen Entscheidungsfreiheit gegeben haben, wie er sie auch den Leuten auf der Erde gegeben hat, sonst hätte es nie eine Rebellion im Himmel gegeben, und die Verlierer wären nicht allesamt unten im Heizraum gelandet. Das heißt, selbst wenn das Ganze irgendeine Verschwörung ist – und das wissen wir noch längst nicht mit Sicherheit –, ist es immer noch *Business as usual*. Stimmt's?«

»Hmm.« Aber es beruhigte mich doch ein bisschen. Das mag ich so an Sam. Er ist wie einer dieser Piloten, die, während man mit vierhundert Meilen dem Boden entgegenrauscht, zum Mikrophon greifen und sagen: »Nur nebenbei, Sie haben vielleicht schon bemerkt, dass es momentan ein paar Problemchen gibt, aber wir haben alles unter Kontrolle.« Das mag ja gelogen sein, aber es ist doch um Klassen besser als: »*O nein, Scheiße, wir sind alle verloren!*«

»Jedenfalls«, sagte ich, »ist da jetzt diese große Konferenz im Ralston, wegen der verschwundenen Seelen, und ich soll hinkommen. Wahrscheinlich muss ich dort einen ganzen Haufen Fragen wegen der Walkersache beantworten.«

»Das wird schon klargehen, es ist ja neutraler Boden.«

»Schon, aber ich weiß immer noch nicht, wie ich ins Zentrum der ganzen Sache geraten bin. Warum ich? Was hab ich getan?«

Sam hatte einen seltsamen Gesichtsausdruck. Eine halbe Sekunde lang dachte ich, er würde etwas richtig Schockierendes sagen, aber er beugte sich nur vor, schnappte mir die letzten beiden Pfannkuchen vom Teller und verschlang sie.

»Ha! Das Glück ist mit dem schnelleren Esser«, sagte er. »Hör zu, mach dir wegen des Gipfels keine Sorgen, B. Ich werde dort sein, um auf dich aufzupassen.«

Ich hatte ja halb gehofft, dass er mir seine Begleitung anbieten würde, aber ich wollte wirklich nicht, dass ihm wieder etwas passierte, weil er mir half. »Nichts da. Du hast deine eigene Arbeit zu tun, du armes, ächzendes altes Haus, und du bist gerade erst aus der Klinik entlassen.«

Er grinste. »Offiziell bin ich nicht entlassen, ich bin nur ausgiebig auf dem Lokus. Ich hab einen Zettel auf dem Kopfkissen hinterlassen, dass ich gleich wiederkomme. Außerdem hast du noch nicht alles gehört, was ich sagen wollte. Ich muss sowieso zu der Konferenz, also hab ich schon dafür freibekommen. Jung Clarence wird all meine Klienten übernehmen. Was sie mit deinen machen, weiß ich allerdings nicht – da müssen sie wohl einen Schimpansen abrichten oder so was.«

»Du?« Das erstaunte mich. »Warum musst *du* hin?«

»Weil den Anruf in der Walker-Sache ursprünglich ich kriegen sollte. Er wurde dann nur an dich weitergegeben, weil ich ihn nicht annehmen konnte. Deshalb bin ich hinbestellt worden. Hat dir das der Mull nicht gesagt?«

So langsam wunderte ich mich wirklich über den Mull,

aber ich sagte nichts. Wenn ich mich noch weiter zum Verschwörungstheoretiker entwickelte, würde ich irgendwann als einer dieser Typen enden, die in Late-Night-Talkshows anrufen, um zu erklären, wie die Amerikaner die Mondlandung nur vorgetäuscht haben. Aber es erinnerte mich an etwas. »Apropos, wie läuft's mit dem Jungen? Ich weiß, du lässt ihn inzwischen allein arbeiten, aber was hältst du von ihm? Hast du was drüber erfahren, wie er aus dem Archiv direkt in den Außendienst durchgewinkt wurde?«

Sam sagte achselzuckend: »Nein. Ich hab herumgefragt, aber anscheinend weiß niemand in dem Archiv irgendwas. Und *er* schon gar nicht. Vielleicht hat ihn ja jemand an höherer Stelle wiedererkannt, wenn du verstehst, was ich meine.« Unter uns erdbasierten Engeln hält sich hartnäckig der paranoide Verdacht, dass wir selbst uns zwar nicht an unser Vorleben erinnern können, unsere Bosse aber sehr wohl.

»Ja, vielleicht«, sagte ich.

»Vielleicht ist das neue Bestimmt«, sagte Sam. »Gewöhn dich dran, Bobby-Boy. Du musst lernen, die Ungewissheit zu bejahen.«

»Solches Zeug hast du immer gesagt, als du noch getrunken hast«, sagte ich. Es kam vielleicht ein bisschen schroffer heraus als beabsichtigt; er hatte mich nicht nur an den Mull erinnert, sondern auch an meine Nacht mit Caz – und wenn das kein Bejahen der Ungewissheit war, was dann?

»Da hast du recht.« Er leerte sein Ginger Ale und griff nach seiner Brieftasche. »Und glaub mir, als mir dein gehörnter Wieimmererauchheißt die Hölle heißgemacht hat, da hab ich meine Entscheidung, trocken zu bleiben, so was von infrage gestellt. Ich meine, wer will schon nüchtern sterben?«

»Schlimmer noch«, sagte ich, während ich einen Zehner und einen Fünfer als meinen Anteil über den Tisch schob, »wer will schon mehr als einmal nüchtern sterben?«

Ich setzte Sam bei seinem Apartment in Southport ab und schlich langsam den Bayshore wieder hinauf, nicht aus freien Stücken, sondern weil die Rushhour begonnen hatte und es nur im Schritttempo voranging. Normalerweise hätte ich kleinere Straßen genommen, aber Orbans Benz besaß eine anständige Klimaanlage, und ich hatte es nicht eilig. Ich musste ja nirgends hin – ein Motelzimmer hatte ich noch nicht, und vom Essen kam ich gerade. Als ich es schließlich leid war, auf anderer Leute Bremslichter zu starren, fuhr ich vom Freeway ab und nahm dann die Bay Road östlich von Palo Alto hinaus zum Ralston Hotel. Die Büro- und Wohnkomplexe direkt an der Bay waren noch vor ein paar Jahren, während des letzten Internetbooms, voll gewesen, aber dann hatten härtere Zeiten viele der neuen Mieter in billigere Stadtteile getrieben oder ganz aus der Gegend verscheucht – ich sah jede Menge Zu-vermieten-Schilder und ungepflegte Grundstücke. Es war schon deprimierend, aber ich war ja auf keiner Sightseeing-Tour, also folgte ich der kurvenreichen Straße, vorbei an Gewerbe- und Lagerhäusern, durch East Bayshore und bis nach Sand Point, einer schmalen Landzunge, Standort eines Leuchtturms, der vor langer Zeit einmal wichtig gewesen war. Der alte Turm stand immer noch gleich hinter dem Hotel, ganz am Ende der Landzunge, wie ein Junge, der auf einen älteren Bruder wartet, ehe er ins Wasser geht, und ich wusste, sie ließen das Licht nachts immer noch pittoresk leuchten, aber einen Nutzen hatte es wohl nur noch als Postkartenmotiv.

Das Ralston war eins jener großen, alten Hotels vom Beginn des zwanzigsten Jahrhunderts, und obwohl es sehr gut in Schuss gehalten und in den 1990er Jahren sogar umfassend renoviert worden war, wirkte es seltsam deplaziert, so ganz allein vor der düstergrünen Bay. Es sah aus, als müsste es das Herzstück eines Großstadtstraßenblocks sein wie das Mary Hopkins in San Francisco oder das Waldorf in New York, aber da war kein Straßenblock drum herum, nur ein paar kleinere Bürokomplexe standen in respektvoller Entfernung zu beiden Seiten. Trotz der großen Fahne, die auf dem grünen Kupferdach im steifen Wind knatterte, und all der Autos auf dem Parkplatz wirkte das Hotel seltsam verlassen, wie Shelleys Ozymandias-Statue, die vergessen mitten in der Wüste steht.

Einige Zeilen des Gedichts fielen mir ein, aber aus welchen Tiefen meines Gedächtnisses sie kamen, wusste ich nicht – ich konnte mich nicht erinnern, sie in meinen Jahren als Engel gelesen zu haben. Vielleicht waren sie ja aus meinem früheren Leben herübergesickert. (Unsere Bosse behaupten, so was passiert nicht, aber die meisten von uns glauben es nicht.)

Um den Verfall her riesengroß / Des mächtigen Steinwracks öd und grenzenlos / Dehnt sich die leere Wüste nah und fern.

So sehr ich mich auch bemühte, mein Augenmerk auf die Blumenpracht in den riesigen Pflanzgefäßen zu richten oder auf die gestreifte Markise, die über dem Portal flatterte wie die Krönungsschleppe eines Königs, ich konnte mich nicht dazu bringen, das Ding zu mögen. Nach ein paar Minuten wendete ich und fuhr wieder nach Westen, der untergehenden Sonne entgegen.

Als ich auf dem Freeway war, versuchte ich noch mal, Caz zu erreichen, aber sie nahm immer noch nicht ab, und mir fiel nichts mehr ein, was ich nicht schon dreimal auf den Anrufbeantworter gesprochen hatte. Es war immer noch viel Verkehr, also verließ ich den Freeway ein paar Abfahrten früher als geplant und fuhr den Woodside Highway hinauf. Einer plötzlichen Eingebung folgend, hielt ich bei einem Motel ganz am Rand von Spanishtown namens Mission Rancho Motor Lodge, checkte ein und bezog ein Obergeschosszimmer nach hinten hinaus, mit Blick auf den Park. Ich wusste nicht genau, warum dieser Ort mich gerufen hatte, aber er hatte es getan, und ich habe gelernt, meinem Instinkt zu trauen.

Ich erkannte es erst, als ich von einem späten Abendessen in Form von *tacos al pastor* in einem kleinen Lokal in der Nähe zurückkam und einen Stuhl auf den Balkon schleppte, um zuzuschauen, wie die Lichter angingen. Gar nicht so weit weg, am Rand des Parks und fast verdeckt von den Apartment- und Gewerbegebäuden, die rundum aus dem Boden geschossen waren, zeichnete sich die Hacienda-Silhouette der Mission San Judas Tadeo ab, des Ortes, aus dem die ganze verrückte, von wildem Auf und Ab geprägte Stadt, in der ich wohnte, erwachsen war. Die Mission war, bis auf eine Lampe über dem Eingang, dunkel, und das Licht der Straßenlaternen im Park wurde von der Adobe-Fassade kaum reflektiert, doch auch so wirkte das niedrige Gebäude einladend, etwa so, wie ein Lagerfeuer auf einen verirrten Wanderer wirken muss. Und als ich da saß und auf die Mission blickte und an die armen Kerle von Indianern dachte, die gezwungen worden waren, diesen Bau für die spanischen Priester zu errichten, da machte es plötzlich klick, und etwas war an seinen Platz gerückt, nicht in Bezug auf die großen Fragen, mit denen ich mich herumschlug, sondern im Hinblick auf den Grund, warum ich jetzt hier war und warum ich vorhin auf das Ralston Hotel so reagiert hatte, wie ich reagiert hatte. Diese ganze monumentale Pracht, die schiere Größe dieses Dings – es hatte mich an den Vatikan erinnert, den ich zwar nur aus dem Fernsehen kannte, der aber bei mir immer ein mulmiges Gefühl auslöste. Wenn man mich fragt, tut jemand, der so viele Schätze an einem Ort anhäuft, dies nicht mehr zum Ruhm des Himmels, sondern um seine eigene irdische Macht zu demonstrieren. Die Padres, die diese Ohlone-Indianer (die wenigen Glücklichen, die die von den Europäern eingeschleppten Krankheiten überlebt hatten) dahingehend überzeugten oder unter Druck setzten, die Mission zu bauen, mochten ja nicht so anders gewesen sein als ihre Kollegen mit den hohen Mützen drüben in Rom, aber sie hatten wenigstens auf ihre Art versucht, einen Ort zu erschaffen, an dem sie und ihre Schäfchen mit Gott reden und seine Gegenwart fühlen konnten – ein Haus, gerade groß genug für Gott und ein paar Getreue, nicht ein so gigantisches »Fickt euch!« an den Rest der Welt wie der Petersdom. Vielleicht war der Vatikan ja auch mal so gewesen, aber er war es mit Sicherheit nicht mehr. Der Mission aber konnte ich immer noch ansehen, was sie gewesen war – ein Ort, der über hundert Jahre das Zentrum einer Gemeinschaft gebildet hatte, der echten Trost bot, statt in Drohgebärde und Spektakel zu erstarren.

Ich weiß nicht, vielleicht war es ja auch nur meine Stimmung. Ich hatte allemal genug andere Gründe als die ostentative Pracht des Ralston, mich vor dem Aufenthalt dort zu fürchten, und ich verklärte vermutlich die heimelige kleine Mission des Heiligen Judas, doch als ich dort auf dem Motelzimmerbalkon saß, den nächtlichen Verkehr vorbeistrudeln sah und anderer Leute Fernseher, Stimmen und Musik über den Park hallen hörte, Motel- und Nachbarschaftsgeräusche vermischt, da hatte ich das Gefühl, inmitten all dessen, was war, etwas Wichtiges gefunden zu haben – einen Grund, die seltsamen und frustrierenden Dinge, die ich tat, weiterhin zu tun.

30

SATTER PANDA

Zu einer Konferenz zu fahren, heißt für die meisten Leute, Kleidungsstücke und Toilettenzeug in einen Koffer zu werfen, jemanden zu bitten, die Haustiere zu füttern und vielleicht auch den Briefkasten zu leeren. Im Leben von Bobby Dollar, dem Engelvagabunden, sah die Liste eher so aus: Pistole reinigen. Pistole einpacken. Extra-Silbermunition einpacken. Kauf einer zweiten Waffe erwägen.

Ich brauchte Kleidung, die sowohl für offizielle Anlässe taugte als auch dafür, einer monströsen Kopfabreißer- und Seelenabsauger-Kreatur zu entrinnen, deren einziger Schwachpunkt eine geringfügige Abneigung gegen Wasser war, weshalb ich am liebsten einen Neopren-Smoking besessen hätte. Ich entschied mich für meinen einzigen Anzug. Bei meinem Metier und meinem Freundeskreis gehe ich nicht oft auf Beerdigungen (und auch nicht auf Hochzeiten), also war er einigermaßen sauber.

Ich entschied mich gegen eine zweite Pistole, denn ein Gutes hatte das bevorstehende Wochenende immerhin – es war eher unwahrscheinlich, dort vom Ghallu, von Howlingfell oder Eligor angegriffen zu werden, obgleich die beiden Letzteren durchaus anwesend sein konnten. Eins muss man über Gipfeltreffen in unseren Kreisen wissen – es bewegen sich dort alle wie auf rohen Eiern. Niemand will die Apokalypse auslösen, also würde jeder vorsichtig sein. Wenn Eligor hinter dem gehörnten Monstrum steckte, was mir ziemlich sicher zu sein schien, würde er es wohl kaum durch das edwardianische Interieur des Ralston toben lassen, schon gar nicht in Anwesenheit von Höllen-Royals wie Prinz Sitri, Leuten, die in der Nahrungskette noch über dem Großfürsten standen.

Ich rief Jung Clarence an und erwischte ihn zwischen zwei Klienten. Er war offenbar guter Laune. Was hatte es mit dem Burschen auf sich? Warum hatte Temuel mich zuerst gebeten, ein Auge auf ihn zu haben, und es dann geleugnet? Konnte der Junge irgendwie mit den Hintermännern des Himmels im Bunde sein, von denen Habari gesprochen hatte? Irgendeine Art Agent dieser mysteriösen Dritter-Weg-Leute? Und steckte mein Betreuer da auch mit drin? Aber wenn ja, warum war der Junge dann beim ersten Seelen-Kidnapping nicht vor Ort gewesen? Wenn es, wie vorgesehen, Sams Fall gewesen wäre, hätte er problemlos dort sein können – ich war ja nur eingesprungen, weil sie in dem Moment beide verhindert waren. Falls also jemand Clarence in unserer Mitte plaziert hatte, damit er bei der großen Walker-Exfiltration zugegen war, hatte der Junge es gründlich vermurkst. Warum war er immer noch hier? Vielleicht spielten er und seine magianischen Hintermänner ja ein längeres, komplexeres Spiel. Aber zu glauben war das nur schwer, während ich am Telefon mit Clarence sprach. Wenn seine Naiver-kleiner-Bruder-Nummer tatsächlich nur gespielt war, dann war es brillantes Theater.

»Ich hab gehört, Sie gehen zu der Gipfelkonferenz«, sagte er haargenau in dem ehrfürchtigen Ton, in dem ein Elfjähriger von einem All-Star-Spiel sprechen würde. »Das wird sicher aufregend! Freuen Sie sich schon?«

»Oh, klar, es gibt nichts Aufregenderes, als auf einem Männerklo neben einem Typen vom anderen Team zu stehen, dessen ganze Mission im Universum darin besteht, Geschlechtskrankheiten zu verbreiten.«

440

»Das ist witzig«, sagte er. »Sie sind manchmal wirklich witzig, Bobby. Ich hab gehört, dass ein paar ganz Große von unserer Seite dort sein werden. Karael und die Kriegerengel. Sogar Eremiel soll kommen! Ich hab ihn noch nie gesehen, aber gehört, dass er unfassbar großartig sein soll.«

Ich gestehe, ich verdrehte die Augen. Im Himmel wie auf Erden, jugendliche Fans sind jugendliche Fans. »Ja, Eremiel ist einer von denen, die die Hölle richtig gut kennen, also wird er natürlich da sein. Der Engel des Abgrunds. Ich glaube, er führt die Delegation an.«

Clarence setzte an, etwas zu sagen, lachte dann aber. Man muss ihm zugutehalten, dass er verlegen klang, als er sagte: »Fast hätte ich Sie gebeten, Fotos zu machen.«

»Das wird allerdings nicht passieren.«

»Aber es ist doch wirklich aufregend, das müssen doch selbst Sie zugeben, Bobby. Wie oft kriegt man denn so viele Engel und Dämonen an einem Ort zusammen?«

»Leicht ist es nicht. Es klappt gerade oft genug für den einen oder anderen Weltkrieg.«

»Sam sagt, er geht auch hin.«

»Er hat mir's erzählt. Ich nehme mal an, du wirst ihn nicht bitten, dir einen Souvenir-Aschenbecher mitzubringen? Apropos, wie behandelt er dich? Lässt er dich jetzt ganz von der Leine?«

»Oh, er hält Verbindung.« Clarences Stimme verlor sich im Vagen. »Er ist total in Ordnung«, sagte er gleich darauf. »Er ist verbal nicht der Höflichste, aber er hat mir viel gezeigt und alle meine Fragen beantwortet.«

»Und dich ein paarmal ganz schön angeblafft, vermute ich mal. Aber so ist Sam nun mal. Alte Schule.« Allmählich fühlte ich mich unter Zeitdruck. »Wir sehen uns. Wenn ich dir ein Autogramm von Karael beschaffen kann, tu ich's.«

»Jetzt machen Sie sich aber über mich lustig.«

»Sei dir da nicht so sicher, Junior – jeder weiß doch, ich kenne keine Scham.«

Auf der ganzen Fahrt nach Sand Point versuchte ich immer wieder, Caz anzurufen, aber sie nahm nicht ab. Es war verrückt, das war mir klar – ich hätte so tun sollen, als wäre es nie geschehen, und beten, dass nie jemand dahinterkäme, aber stattdessen wollte ich unbedingt mit ihr reden. Was hatte sie mir da eingebrockt? Oder genauer gesagt, was hatte ich mir da eingebrockt? Ich konnte einfach nicht aufhören, an sie zu denken. Ich hatte nicht wenige Frauen gehabt, Engel wie Sterbliche, aber es war nie ein Problem für mich gewesen, loszulassen und mich Neuem zuzuwenden. Eher im Gegenteil, wie Monica mir oft genug vorhielt, ich bin nicht gerade der Beziehungstyp. Zu viele Filme über Einsamer-Wolf-Detektive, zu viele Krimis, in denen die Frau sich als treulos entpuppt, oder vielleicht bin ich auch einfach nur ein egoistischer Kerl. Aber es half alles nichts: Sobald ich mich nicht aktiv zwang, an etwas anderes zu denken, fluteten Bilder und Erinnerungen meinen Kopf: der helle Körper der Gräfin, ihr feierlich ernstes Gesicht, das unvergessliche Gefühl ihrer kalten, glatten Haut an meiner.

Liebe konnte es doch nicht sein. Wer außer einem pubertären Metalhead könnte sich denn in eine Dämonin verlieben? Doch bestimmt niemand, dessen Lebensaufgabe es war, solchen Kreaturen, wo immer möglich, einen Strich durch die Rechnung zu machen oder sie gar zu vernichten? Doch jedes Mal, wenn ich ihren Anrufbeantworter hörte, ihren britischen Akzent beim Aufsagen der Nummer, die ich gerade gewählt hatte, und dann den Piepton, der bedeutete, dass niemand abnahm, starb etwas in mir.

Der Vorplatz des Ralston war voll von neuangekommenen Gästen, Gepäck und eilfertigen Pagen. Auf dem Parkplatz war genauso viel los. Ich fuhr fünfzehn Minuten herum, bis ich eine

Parkmöglichkeit ganz am Rand fand. Ich dachte nämlich schon daran, dass ich irgendwann vielleicht schnell von hier verschwinden müsste, auch wenn es noch so unwahrscheinlich war, dass mir jemand auf neutralem Terrain ernsthaft zu Leibe rücken würde, erst recht auf neutralem Terrain, das mit maßgeblichen Figuren aus beiden Lagern dieses speziellen Kriegs vollgepackt war. Doch allein die Vorstellung, mir den Ghallu oder seine hochfürstliche Durchlaucht Eligor vom Hals halten zu müssen, während ich darauf wartete, dass der Parkpage meinen Wagen fand, genügte, dass ich Orbans Benz gut erreichbar abstellte. Ich wünschte nur, ich hätte ihn näher bei einem der Hotelausgänge parken können.

Auch wenn Sie noch so unsensibel für Übernatürliches sind – wären Sie mit mir in die Lobby des Ralston marschiert, hätten Sie garantiert gemerkt, dass hier etwas nicht stimmte. Schon allein, weil die Gäste, die unter der hohen Stuckdecke und den riesigen Kronleuchtern herumstanden, alle entweder auffallend schön waren oder aber so hässlich, dass es in den Augen schmerzte. Sie müssen nämlich wissen: Wenn die höheren Engel menschliche Gestalt annehmen, sehen sie fast immer umwerfend aus, androgyn manchmal, aber dennoch hollywoodmäßig toll. Sie mögen sich kleiden wie Mormonen am Sonntag (was die meisten von ihnen tun), aber man kann doch nur schwer dieses gewisse Etwas übersehen, das sie alle haben, die Anmut der Bewegung und die perfekte Figur, selbst unter einem langweiligen Anzug von der Stange. Und auch die meisten hochrangigen Dämonen bevorzugen eine beeindruckende Erscheinung, nur dass das Offizierskorps der Hölle da zwei Möglichkeiten hat: Manche sind so betörend wie die hübschesten Engel, ein Anblick, so perfekt, dass einem die Tränen kommen, und dass sie nicht zum Himmel gehören, merkt man nur daran, dass sie besser gekleidet sind oder jedenfalls extravaganter – Anzüge und Kostüme in Farben, die es in der Natur nicht gibt (außer in tro-

443

pischen Orchideenwäldern). Und dazu so phantastische Frisuren. Auf Rockstar-Art glamourös. Aber die anderen Höllenvertreter scheinen enormes Vergnügen daraus zu ziehen, sich das Abstruseste an äußerer Erscheinung zuzulegen, was gerade noch (einigermaßen) als menschlich durchgehen kann.

Binnen Sekunden, nachdem ich die Lobby betreten hatte, sah ich einen Mann, so weiß wie Foxy-Foxy, aber über zwei Meter groß und mit abnorm langen Fingern, die ein Glas hielten, das sich darin wie ein Fingerhut ausnahm, ferner ein Verbrennungsopfer (oder jemanden, der aussah wie ein Verbrennungsopfer), in Bandagen gehüllt wie Boris Karloff als Mumie, und ein Trio von hungerdürren Frauen mit verschmierter Wimperntusche und allzu glänzenden Augen. Bei Letzteren handelte es sich um die berüchtigten Weinenden Töchter, ich war ihnen schon mal unter extrem bizarren Umständen begegnet. Ich erzähle es Ihnen ein andermal, aber jetzt schlug ich sofort eine andere Richtung ein, um auf dem Weg zur Rezeption nicht zu nah an ihnen vorbeizumüssen.

Der lange Typ, die Mumie und die Töchter waren beileibe nicht die einzigen Monstrositäten: Etwa ein Drittel der Leute in der Lobby sahen so ungewöhnlich aus, dass ich mich fragte, wie das Hotelmanagement es wohl dem Personal erklärte. Die ganze Lobby des Ralston wirkte, als veranstaltete jemand eine richtig heiße Halloween-Party inmitten eines Kongresses von FBI-Agenten.

Als ich eincheckte und gerade erleichtert feststellte, dass mit meiner Reservierung alles in Ordnung war und ich nicht zu lange in der Lobby würde herumstehen müssen, wo die Wahrscheinlichkeit groß war, dass mich jemand erkannte, von dem ich ganz und gar nicht erkannt werden wollte, sah ich plötzlich an dem riesigen Portal eine Welle hektischer Aktivität. Pagen und Hausdiener schalteten so jäh auf Action wie Rettungsschwimmer, die gerade bemerkt haben, dass ein reicher Mann am Ertrinken ist. Sie rissen beide Glastürflügel gleichzeitig auf, und ein halbes Dutzend kräftiger Burschen in grauer Ralston-Livree begann, einen Veitstanz des sich Abrackerns aufzuführen. Zuerst dachte ich, sie versuchten, das größte Reisegepäck-Set der Welt in die Lobby zu bugsieren, und fragte mich schon, welcher Gast denn so viel Krempel benötigen konnte, doch als sie dann den überbordenden Wagen durch die Tür manövrierten, merkte ich, dass der Gepäckhaufen in Wirklichkeit ein Gast war. Er war *gewaltig* – bestimmt fünf Zentner schwer –, und wenn er einen Hals hatte, drückte das Gewicht seines Riesenkopfes diesen komplett zwischen seine Schultern. Er sah aus wie der größte Ochsenfrosch der Welt, in einen beigen Seidenanzug von der Größe eines Mini-Coopers gezwängt.

Ein hochrangiger Hotelfunktionär, wahrscheinlich der Manager, eilte durch die Lobby zum Eingang und schaffte es, einen banalen Spurt so aussehen zu lassen, als bewege sich Fred Astaire über eine Tanzfläche in Rio. Als er sich dem Fleischberg näherte, drehte sich dessen kuppelförmiger Kopf ein ganz klein wenig in seine Richtung, wie ein Geschützturm, und die winzigen Äuglein glitzerten tief in den Falten zwischen Brauen und Wangen. Ich befürchtete, dass eine riesige klebrige Zunge auf den Hotelmanager zuschnellen und ihn ins Maul des Fleischbergs ziehen würde, aber der Mann lächelte, als wäre die Ankunft dieses Ganzkörperkropfwesens das Schönste, was ihm seit Wochen widerfahren war.

»Hoheit!«, rief er aus. »Es ist ja so lange her! Welche Ehre, Sie wieder bei uns begrüßen zu dürfen!« Er klatschte in die Hände und winkte die schwitzenden Pagen herbei, die gerade diesen Karren voll Gewabbel in die Lobby geschleppt hatten. »Bitte geleiten Sie den Prinzen in die Roosevelt-Suite!«

Prinz – ja, klar, der Hölle! Das musste Sitri sein, der, der sogar noch über Eligor stand. Der, bei dem Grasswax Spielschulden gehabt hatte. Und jetzt, da ich ihn in dieser temporären, aber üppigen Fleischesgestalt sah, erschien er mir erst recht nicht wie jemand, der sich gern um sein Geld bringen ließ. Spielte er irgendwie eine Rolle in dem ganzen Ding mit der goldenen Feder? Ich wollte es wissen. Teufel noch mal, ich *musste* es wissen.

Ich fing den Prinzen und sein Gefolge kurz vor dem Lastenaufzug ab, dem einzigen Transportmittel, das groß genug war, um ihn und die Industrieausführung eines Golfcarts, auf der saß, zu fassen. Seine fleischigen Finger waren so dick wie Krakauer Würste, und an jedem saßen mehrere fest in den Falten verankerte Goldringe. Mit all dem Gefunkel hätten seine Hände, wären sie etwas mehr bewegt worden, ausgesehen wie Truppentransportmaschinen, die zu einer Nachtlandung ansetzen. Aber sie ruhten gefaltet auf seinem enormen Bauch. Bedenken Sie, das war nur sein temporärer Körper, er hätte aussehen können wie Brad Pitt oder Nijinsky oder sogar Billy Graham. Aber er hatte sich das hier ausgesucht. *Freiwillig.* Wenn Ihnen das nicht ein bisschen was darüber sagt, wie diese Höllenherrscher ticken, dann weiß ich auch nicht.

Jedenfalls, Sitri war einer der allerhöchsten Würdenträger der Hölle, und wenn ich auch nur halbwegs vernünftig gewesen wäre, hätte ich einen großen Bogen um ihn gemacht, aber wie Sie ja bereits wissen, ist Vernunft nicht meine Stärke. Ich sagte mir, dass ich diesen Kerl vielleicht nie wieder außerhalb des Konferenzsaals zu Gesicht kriegen würde, und ich wollte unbedingt sehen, ob ich ihm irgendwelche interessanten Informationen entlocken konnte. Manchmal ist da ein Überraschungsangriff das beste Mittel.

»Entschuldigung!«, rief ich, auf ihn zueilend. »Hoheit!« Die Pagen versuchten ihn in den Aufzug zu manövrieren, was eine Menge Vor und Zurück des fahrbaren Untersatzes erforderte, den offenbar jemand anders lenkte als er selbst, da sich unterhalb seines obersten Kinns kein Muskel regte. »Prinz Sitri, ich würde Sie gern kurz sprechen.«

Die Augen drehten sich in meine Richtung. Sie waren schwarz, sehr schwarz, und funkelten.

»Bobby Dollar«, sagte der Prinz, und seine Stimme war wie eine Zementmischmaschine, gefüllt mit Bowlingbällen und Rohöl, ein so tiefes Grollen, dass ich mir vorkam wie in einem Panzer. »Ich kenne Sie, kleiner Wicht. Aber Sie irren sich, was meinen Namen angeht.« Seine Gummiwülste von Lippen verzogen sich zu einem minimalen Lächeln. »Ich bin Prinz Sajatapandra.«

Es war mir ganz und gar nicht recht, dass er wusste, wer ich war. »Okay«, sagte ich, »Satter Panda, auch gut. Es ist mir, ehrlich gesagt, egal, und wenn Sie sich Prinzessin Diana nennen, ich wollte nur mit Ihnen reden …«

»Wer sind Sie?«, quiekte mich der Hotelmanager an. Er sah aus, als hätte er gerade einen Herzanfall. »Sie können Seine Hoheit nicht einfach belästigen!« Zwei ebenfalls gewaltige, aber kein bisschen wabbelige Gestalten tauchten aus dem Aufzug auf. Gepäckbeladene Pagen huschten ihnen aus dem Weg wie verschreckte Mäuse, aber Sitri warf seinen Bodyguards nur einen Blick zu, und sie blieben in der Tür des Lastenaufzugs stehen und starrten aus Visagen auf mich herab, die auf der Osterinsel nicht deplaziert gewirkt hätten. Jeder von ihnen hätte mich mit bloßen Händen in kleine mundgerechte Häppchen zerreißen können.

»Nur zu, Dollar«, sagte das fette Wesen. »Sie haben meine volle Aufmerksamkeit. Was Sie natürlich zu einem späteren Zeitpunkt bereuen könnten.« Sitri machte ein Geräusch wie eine einstürzende mittelhohe Backsteinmauer – eine Art Lachen. Er fand sich komisch.

»Nur eine Frage, es geht um einen Ankläger namens Grazuvac. Den extrem verstorbenen Darko Grazuvac. Oder vielleicht kannten Sie ihn besser unter dem Namen Grasswax …«

Bei der Erwähnung dieses Namens wandte Prinz Sitri seine

blitzenden kleinen Augen dem Hotelmanager zu, der immer noch krebsrot war. »Sie da. Gehen Sie weg.«

Der Manager sagte kein Wort, eilte nur gehorsam außer Hörweite und beschäftigte sich damit, ein perfektes Blumenarrangement auf einem der Lobbytische noch perfekter zu arrangieren. Sitri drehte die glänzenden Haifischaugen wieder zu mir. »Grasswax ist tot. Ernstlich und gründlich tot. Aber das wussten Sie ja wohl schon. Also, was wollen Sie über ihn wissen, kleiner Engel?«

Ich sah keinen Funken Beunruhigung, Schuldgefühl oder sonst irgendetwas in diesen Augen, aber ich hätte vermutlich auch dann nichts gesehen, wenn er mit seinen eigenen fetten Händen das Leben aus Grasswax herausgequetscht hätte. Man kann kein Prinz der Hölle sein, ohne über ein verdammt gutes Pokerface zu verfügen. »Ich habe gehört, er hat Ihnen Geld geschuldet. Oder jedenfalls irgendwas. Spielschulden.«

Wieder das Gummiwulstlächeln, diesmal so ausgeprägt, dass ich die Zähne dahinter sehen konnte, eine perfekt zugefeilte Spitze neben der anderen. Wenn Sie einen Piranha und einen Riesensalamander kreuzen und dabei mit Gammastrahlen beschießen würden, wäre Sitri wahrscheinlich Ihr erstes Ergebnis. Und Ihr letztes. »Grasswax … Spiel. Ja, ich meine mich zu erinnern, dass er eine Schwäche für ein kleines Spielchen und eine Wette hie und da hatte. Es mag durchaus sein, dass er das eine oder andere Mal gegen mich verloren hat. Wollen Sie etwa andeuten, ich hätte ihn wegen solcher Peanuts getötet?« Wieder dieses polternde Titanenlachen; seine Kinne kamen noch mehrere Sekunden nicht wieder zur Ruhe. »Oh, mein Guter, was für eine Idee!« Dann verschwand das Lächeln. Die Stimme klang immer noch wie ein Panzer im Leerlauf, aber plötzlich hörte ich darin den ganzen Hass, den seinesgleichen gegen meinesgleichen hegte. Es war kein gutes Gefühl – nur seinem Blick zu begegnen, versetzte meinen Magen schon in nervöse Zuckungen.

Sitri war ein sehr alter und sehr mächtiger Dämon. »Und selbst wenn ich's getan hätte, kleiner Engel«, sagte er, und das Grollen war noch etwas lauter als eben, »was in aller Welt könnte Sie das angehen?«

Erstmals fühlte ich jetzt das ganze Ausmaß meiner spontaneistischen Dummheit. Obwohl wir in einem Seitenflur der Hauphalle standen, war doch auch hier reichlich Betrieb. Die meisten Leute sahen aus, als gehörten sie einer der beiden Parteien im großen Kampf an, und alle starrten jetzt her, die meisten mit jener Art Gesichtsausdruck, die Zoobesucher haben müssen, wenn irgendein Idiot über die Brüstung in den Grizzly-Graben steigt. Aber es war zu spät, um so zu tun, als sei ich versehentlich hineingefallen.

»Ich habe gehört, dass Grasswax irgendwas hatte, das Eligor gehört – etwas Besonderes. Sie kennen doch Eligor, oder? So ein langer Typ? Dem etwa drei Viertel dieser Stadt gehören?«

»Sie meinen unseren Gastgeber? Mr. Vald?« Der Fettsack lächelte jetzt plötzlich wieder. »Natürlich kenne ich ihn. Dieses Hotel gehört ihm ebenfalls.« Ein emotionsarmes, aber zahnreiches Grinsen, als er meine Reaktion sah. »Ach, das wussten Sie nicht?«

Eligor, der Kerl, der mich umbringen lassen wollte – wenn ich Glück hatte –, war der Eigentümer des Ralston? Jetzt war mir, als ob der Grizzly die Hier-kocht-der-Chef-Schürze umbände und den Grill anfachte, aber ich blieb tapfer. »Ja, genau der. Ich dachte, Sie könnten mir vielleicht sagen, ob Grasswax Eligor dieses spezielle Etwas gestohlen haben könnte, um damit seine Schulden bei Ihnen zu bezahlen.«

»Aha.« Er nickte oder presste zumindest einige seiner Kinne zusammen. »Sie fragen also nicht, ob *ich* diesen Grasswax getötet habe, Sie fragen, ob mein guter Freund und Kollege Großfürst Eligor ihn getötet haben könnte?«

Der Manager sah auf die Uhr. Er hatte diese Blumen jetzt oft

449

genug hin und her arrangiert und wurde allmählich wieder nervös. Ich befand, dass ich für einen Nachmittag genug potentiell tödliche Aufmerksamkeit auf mich gezogen hatte. »Ja, ich glaube schon. Und?«

Sitris Lippen vollzogen eine angewiderte Gymnastik, die dem Liebesspiel zweier Aale glich. »Grasswax war ein Dummkopf, der seine Grenzen nicht kannte.« Eine breite graublaue Zunge kroch unter dem weißen Zaun von Zähnen hindurch und befeuchtete diese Lippen, wodurch sie noch mehr wie Wasserkreaturen aussahen. »Alles, was ihm widerfahren ist, war mehr als verdient. Niemand trauert um ihn oder vermisst ihn. Und dasselbe wird auch für Sie gelten, kleiner Engel.«

»Kommen Sie, Hoheit.« Es war der Manager, der wie auf ein unsichtbares Zeichen hin wieder mitten im Geschehen auftauchte.

Mir fiel nichts mehr ein, was ich tun könnte, um mich noch tiefer in die Scheiße zu reiten, also salutierte ich schwungvoll und sagte: »Tja, dann. Schönen Aufenthalt noch.« Im Weggehen hörte ich den Lastenaufzug ächzen, was darauf schließen ließ, dass es doch noch gelungen war, Sitri hineinzumanövrieren.

Also hatte ich jetzt ein paar Puzzleteile mehr. Sitri kannte Grasswax, und ich war mir ziemlich sicher, dass er verdammt genau wusste, warum Grasswax so endgültig aus dem Verkehr gezogen worden war. Und Seine Schwabbeligkeit hatten nichts dagegen gehabt, darüber zu reden, als ob er es entweder genoß, dass Eligors Probleme so bekannt waren, auch wenn sie ein ganz klein wenig auf ihn abfärbten, oder aber so unschuldig war, wie es ein Dämonenprinz jemals sein kann, zumindest an Grasswax' blutigem und extrem schmerzhaftem Tod.

Oder aber er war sich sicher gewesen, mit jemandem zu sprechen, der schon so gut wie tot war, sodass es keine Notwendigkeit zu besonderer Zurückhaltung mehr gab. Keine dieser Möglichkeiten begeisterte mich so richtig, und die ganze Sache hatte mich nichts Wichtigem näher gebracht, sondern nur dazu geführt, dass jetzt noch einer der übelsten Kerle dieses und jedes möglichen anderen Universums mit mir und meiner neugierigen Natur beschäftigt war.

Super gemacht, Bobby.

31

ZU MEINEM NUTZEN

Ich hatte es noch nicht mal durch die Lobby zurück zu den Gästelifts geschafft, als sich plötzlich stählerne Finger um meinen Arm schlossen. Erschrocken griff ich noch im Herumfahren nach der Selbstladepistole in meiner Tasche. Trotz des Reflexes wusste ich natürlich, dass ich mitten auf der größten Gipfelkonferenz seit Jahrzehnten wohl kaum einen Angriff zu befürchten hatte, aber ich war dennoch (etwas) erleichtert, als ich sah, dass der Besitzer der Stahlfinger von meiner Seite war. Meines Wissens jedenfalls.

Der Engel, der mich am Arm hielt, hatte das gebräunte, topfitte Aussehen eines Kampffliegers in den mittleren Karrierejahren. Tatsächlich wirkte alles an ihm militärisch: Sein teurer anthrazitfarbener Anzug war so penibel gebügelt, dass er auch eine Ausgehuniform hätte sein können.

»Langsam, mein Junge«, sagte er, und sein Klammergriff um meinen Arm sorgte dafür, dass ich nachgab.

Ich hatte ihn noch nie in einem Fleischeskörper gesehen, ja ich hatte ihn überhaupt erst einmal gesehen, trotzdem wagte ich die Vermutung: »Karael?«

Er würdigte mich keiner Bestätigung. »Ich habe Ihren Bericht gesehen. Sie sagen erst morgen aus, aber ich möchte mich vorher schon mal mit Ihnen unterhalten.« Die Art, wie er »unterhalten« sagte, weckte bei mir Assoziationen an Gummiknüppel und andere schmerzhafte Mittel, teamdienliches Verhalten einzuüben, aber das war wohl einfach sein Stil. »Sie haben ja jetzt gesehen, was diese Schweinehunde alles tun, um ihre Spuren zu verwischen – um es so hinzustellen, als gingen die Probleme von unserer Seite aus.«

Beunruhigt sah ich mich nach möglichen Lauschern um, aber da Karael die Ruhe selbst schien, beschloss ich es tunlichst auch zu sein. Dieser Mann bekämpfte die Gegenseite schon seit vor dem Siebten Tag – er musste wissen, was er tat. Tatsächlich war es genau das, was mich am meisten beunruhigte, weit mehr als irgendwelche mithörenden Dämonen. Dennoch senkte ich die Stimme. »Augenblick mal. Sie wollen sagen, dass dieses ganze Dritter-Weg-Ding nur inszeniert ist? Dass die andere Seite die Seelen klaut und es nur ihre Tarnung ist?«

Er runzelte die Stirn, als wäre ich ein Schulkind, das gerade K-A-T-S-E buchstabiert hat. »Ich will sagen, dass wir ihnen nichts gratis geben werden, und das gilt auch für diese Konferenz. Sagen Sie wahrheitsgemäß aus, was Sie gesehen haben, als die erste Seele verschwunden ist, aber … übertreiben Sie's nicht. Sagen Sie ihnen nicht mehr. Solange Sie nicht müssen.«

Ich liebe Anweisungen von oben, die so vage sind, dass, egal was passiert, auf jeden Fall ich schuld bin. Ich bin auch aber nicht blöd, jedenfalls meistens nicht, und deshalb hatte ich nicht vor, mitten in der Lobby des Ralston mit ihm zu debattieren. Ich hatte überhaupt nicht vor, mit ihm zu debattieren. Das ist eine ziemlich sinnlose Art, seine Zeit mit einem höheren Engel zu verbringen. »Natürlich«, sagte ich nur. »Können wir das noch mal durchsprechen, bevor ich vor allen Leuten aussagen muss?«

Er nickte. »Ausgezeichnet. Frühstück Null-Acht-Null-Null Ortszeit. In dem Restaurant dort. Hören Sie überhaupt zu, Junge?«

Ich musste den Blick von seinen Schuhen losreißen, die so glänzend waren und so tief schwarz, dass ich zu sehen glaubte, wie sie das Raum-Zeit-Gefüge um sich herum verzerrten. »Null-Acht-Null-Null.« Ich blickte auf das Schild. »Café Belmont.«

Er musterte meine Zivilklamotten von oben bis unten. Nach der Woche, die ich hinter mir hatte, mochten da ein paar Flecken sein. »Sie wollen doch nicht das da tragen? Wir repräsentieren den Himmel, Junge. Den Höchsten.«

»Ich habe einen Anzug.«

»Gut.« Er schien zu überlegen, was er als Nächstes sagen sollte. Nachdem er seine Worte bisher mit dem Tempo und der Präzision eines Scharfschützen abgefeuert hatte, schien das gar nicht zu ihm zu passen. »Ich habe mich über Sie kundig gemacht, Engel Doloriel.«

Warum missfiel mir das? Etliche Gründe hätte ich spontan nennen können. »Ach ja?«

»Ich habe gehört, Sie waren in der Ausbildung bei Erzengel Lochagos Leo. Draußen in Camp Zion. Wenn Sie einer von Leos Jungs sind, ist das ein ganz schönes Gütesiegel.«

»Äh … ja.« Dieses Idol, dieser ruhmreiche Führer der himmlischen Heerscharen, hatte Leo gekannt? Meinen Leo?

»Er war ein guter Mann.« Bedeutsame Pause. »Ich habe mehr als einmal mit ihm gearbeitet.« Aus Karaels Mund klang *arbeiten*, was in seinem Fall mit an Sicherheit grenzender Wahrscheinlichkeit *Krieg* hieß, wie das Glorreichste, was ein Engel tun konnte – was es für ihn vermutlich auch war. »Ein Jammer, dass wir ihn auf diese Art verloren haben.« Er ließ jetzt endlich meinen Arm los. »Also, dann. Null-Acht-Null-Null. Denken Sie dran, Sie sind nicht nur ein Engel, Sie sind ein Harfenmann. Das heißt etwas. Ich möchte Sie nicht wieder in diesem Aufzug sehen.«

Ich starrte ihm nach, wie er gemessen davonschritt, so gerade wie das Lineal eines Architekten. Er war keineswegs einer der Hünenhaftesten im Raum, und es gab zweifellos etliche, die einschüchternder waren, und doch hätte ich ihn um nichts in der

Welt erzürnen wollen. Aber was war das eben gewesen, über Leo, den jetzt schon so lange unwiederbringlich toten Leo? Ein Hinweis. Eine Warnung? Jedenfalls kribbelte mein Arm immer noch, wo Karael, der Dämonenbezwinger, zweifellos ein paartausend Kapillaren unter seinen rechtschaffenen Fingern zerquetscht hatte.

Obwohl Karaels Körper im Großen und Ganzen so aussah, wie ich ihn mir vorgestellt hätte, war es doch ein merkwürdiges Gefühl, ihn und so viele andere wichtige Engel in Fleischesgestalt zu sehen. Sie zeigen sich nicht oft hier unten – so gut wie nie. Die hohen Herren der Hölle halten sich natürlich gern auf der Erde auf: Wenn Ihr häusliches Ambiente hauptsächlich aus Lavaströmen, Gruben mit geschmolzenen menschlichen Fäkalien und dem ständigen Schreien der Gepeinigten bestünde, würden Sie Ihre Zeit wohl auch lieber am Arbeitsplatz verbringen. Aber die hohen Engel standen gewöhnlich – ha, ha – über solch irdischen Lockungen. Man sah sie natürlich jenseits der Reißverschlüsse, aber dort brauchten sie sich ja nicht zu verkörpern.

Auf dem Weg zum Lift sah ich mich ängstlich um, weil ich weitere Begegnungen vermeiden wollte, aber ich erkannte keins der Gesichter; was mich nicht betrübte.

Mein Zimmer war ganz nett, wenn sich auch jemand große Mühe gegeben hatte, die Wände noch enger zusammenzurücken als in durchschnittlichen Hotelzimmern. Ich kam kaum zwischen dem Fußende des Betts und dem Schränkchen mit dem Fernseher durch, ohne mich seitwärts zu drehen, aber ich war so froh, zwei Nächte in Folge an einem Ort bleiben zu können, dass es mich nicht weiter störte. Das Ralston war, passend zu dem Mann, nach dem es benannt war, einem Zeitgenossen von Leland Stanford, im Golden-Age-Stil eingerichtet: Stuckdecken, aufwendig verzierte Polsterstühle und an meinem Bett ein Kopfbrett, so voller geschnitzter Rosen, dass ich mir sämtliche

Kissen in den Rücken stopfen musste, um bequem sitzen zu können.

Ich wollte in etwa so gern wieder in die Lobby hinuntergehen, wie Dante in die Hölle zurückgewollt hätte, aber es war schon fast Abendessenzeit, und ich bekam allmählich Hunger. Ich bestellte beim Zimmerservice Nachos, machte dann den Fernseher an und schaute Nachrichten. Manchmal ist es seltsam entspannend, sich die beschissenen Dinge anzugucken, die anderen Leuten passieren, erst recht natürlich, wenn man weiß, dass es ein Leben nach dem Tod gibt, und man sich deshalb dabei nicht ganz so gemein fühlt.

Als ich gerade dachte, dass die Nachos allmählich mal kommen müssten, klopfte es an der Tür. Ihr Freund Bobby Dollar ist ja kein Idiot: Ich legte die Kette vor, bevor ich öffnete. Es war Sam. Ich war doch ein bisschen überrascht.

»Ich hatte gehofft, bei dir dem Dekor zu entkommen«, sagte er. »Aber ich sehe, du hast es hier drinnen auch.«

»Wie hast du mein Zimmer gefunden? Man sollte doch meinen, die Sicherheitsmaßnahmen wären ziemlich streng, bei dem, was dieses Wochenende hier los ist.«

Er sah mich an. »So misstrauisch? Mach dir nicht ins Hemd. Alice hat's mir gesagt.«

»Na, toll. Wahrscheinlich würde sie's auch dem gehörnten Rächer der Hölle sagen, wenn er sie fragen würde.« Aber ich war doch ein bisschen erleichtert. Klar, wenn ich in Eligors Hotel war, würde ich mich vor ihm nicht verstecken können, aber ich hoffte doch, dass entferntere Bekannte, die schlecht auf mich zu sprechen waren, ein bisschen Arbeit investieren müssten, um herauszufinden, wo genau ich steckte. »Ich hätte eine Seife an der Schleife über die Tür hängen müssen, um Kreaturen wie dich draußen zu halten.« Ich witzelte, konnte aber doch nicht umhin zu bemerken, dass Sam ziemlich geschafft aussah. Sein Anzug war total zerknittert, seine blauen Flecken und Narben waren nicht zu übersehen, und seine Schultern hingen auf eine Art, wie ich es an ihm nicht gewohnt war.

Er kam herein, inspizierte die Minibar und nahm sich eine Dose Ginger Ale. Dann setzte er sich auf den zweiten Stuhl im Zimmer und legte die Füße auf den Schreibtisch. »Also, wie geht's, wie steht's, und was gibt's Neues? Hast du die ganze Hörnergilde in der Lobby gesehen? Ist ja wie der feuchte Traum einer Metalband dort unten.«

Meine Nachos kamen, und Sam half ein bisschen mit, sie aufzuessen, aber ohne seinen üblichen Appetit. Wir redeten über mein Gespräch mit Sitri und die unwillkommene Neuigkeit, dass der Eigentümer des Hotels Eligor der Reiter, Großfürst der Hölle, war. Ein Name, der nicht gerade für Gastlichkeit stand.

»Die Oberen müssen doch wissen, dass es ihm gehört«, sagte Sam und leckte die Guacamole von einem Chip, ehe er ihn in den Mund steckte. »Vielleicht geht es ja nach dem Rotationsprinzip – diese Konferenz bei Eligor, die nächste im Vatikan oder in Dollywood.«

Ich würde mich nicht durch Witzeleien ablenken lassen. »Nimm mir's nicht übel, Sam, aber du siehst scheiße aus. Ich mache mir Sorgen um dich.« Ich hätte ihn beinah gefragt, ob er rückfällig geworden war, Ginger Ale hin oder her, aber so was zu fragen, fällt mir selbst Sam gegenüber schwer. Trotzdem, er hatte etwas Niedergeschlagenes, das ich, wenn überhaupt je, schon lange nicht mehr an ihm gesehen hatte, und in einer solchen Situation machte es mir Angst. »Irgendwas, worüber du reden willst? Ernsthaft?«

Ich sah, wie er es wegwischen wollte, aber dann ließ er es bleiben und sah mich eine ganze Weile an. »Was heißt, du machst dir Sorgen um mich?«

»Du bist nicht mehr der Alte, seit sie dir Clarence angehängt haben. Als ob dir irgendwas zu schaffen macht.« Es war schwer –

im Grunde genommen bezichtigte ich meinen alten Freund, dass er mich anlog. »Wir sind voll in irgendeinen üblen Schlamassel reingeraten, Sam – schlimmer als in den alten Zeiten. Wenn du irgendwas weißt, was ich nicht weiß, ist es Zeit, dass du mir's sagst.«

Sam seufzte. Was seltsam war – ich konnte mich nicht erinnern, ihn je seufzen gehört zu haben. »Ja. Ja, mir *macht* etwas zu schaffen, Bobby. Und du hast recht – ich war nicht ganz offen zu dir.«

Wenn Sie je darauf gedrungen haben zu erfahren, ob Ihr Beziehungspartner oder Ihre Beziehungspartnerin mit jemand anderem schläft, werden Sie meine Ambivalenz in diesem Moment verstehen. Ich hatte gehofft, Sam würde es abstreiten und zwar so, dass ich es glaubte. Ich sagte nichts, sah ihn einfach nur an und wartete mit steinschwerem Magen.

»Du hattest recht mit dem Jungen«, sagte er schließlich. »Ich weiß nichts Genaues – was ich über meine Erkundigungen im Archiv gesagt habe, stimmt –, aber er arbeitet definitiv heimlich für irgendjemanden. Und er interessiert sich für *dich*.«

»Mich? Warum?« Ich ließ es kurz auf mich wirken. »Moment mal, du sagst, der Junge ist auf mich angesetzt worden … und du hast mitgemacht? Du hast mich doch gebeten, ihn dir abzunehmen …!«

»Stopp, B, stopp – zu dem Zeitpunkt wusste ich das nicht. Ich dachte, er sei zu uns geschickt worden, um *mich* im Auge zu behalten. Ich habe dich gebeten, ihn zu übernehmen, weil ich wissen wollte, was er macht, wenn ich nicht dabei bin, was er dann für Fragen stellt. Ich habe erst später herausbekommen, dass er an dir dran war.«

Ich verstand gar nichts. Das ganze Gespräch war ein bisschen wie ein Traum, voller seltsamer Wendungen und unlogischer Logik. »Warum sollte der Junge mich beobachten? Und was heißt, du hast es herausgefunden?«

Sam sah verlegen drein. »Na ja, also, Temuel hat mir's gesagt. Anscheinend hatte er selbst ein paar Nachforschungen angestellt, und dann haben sie ihm gesagt, dass er sich da raushalten soll – dass du derjenige bist, für den sich die Oberen interessieren, und dass der Mull sich da nicht einzumischen hat. Aber warum sie sich für dich interessieren – verdammt, ich weiß es nicht.«

Ich lehnte mich zurück. Mir war, als hätte ich einen Faustschlag in den Magen gekriegt. »Das heißt, unsere Bosse haben uns Clarence geschickt, um irgendwas gegen mich in die Hand zu bekommen?« Ich wollte sofort los, den Jungen suchen und ihm einen Tritt in den adrett behosten Arsch verpassen. »Shit! Was hab *ich* denn getan?«

»Du bist ein netter Typ, Dollar, aber ein lausiger Engel.« Sam stand auf. »Überleg doch mal. Du sagst ja selbst, diese ganze Sache ist eine Verschwörung, also ist diese kleine interne Untersuchung vielleicht gar nicht offiziell. Vielleicht will derjenige, der den Jungen auf dich angesetzt hat, ja nur seinen eigenen Arsch aus irgendeiner Schusslinie halten. Es könnte doch sogar Temuel selbst sein, der uns beide bescheißt.«

»Oder derjenige, der hinter dieser ganzen Sache mit den verschwundenen Seelen steckt, sucht einen Sündenbock und hat mich dazu auserkoren«, sagte ich. »Es wäre ja schließlich nicht besonders schwer, Karael und den anderen weiszumachen, ich sei außer Kontrolle geraten.« Ich hatte den plötzlichen Drang, mich irgendwo zu verkriechen, vielleicht sogar woanders als in San Judas, und einfach dort zu bleiben bis zum Jüngsten Tag – oder noch länger. Ich war diesen ganzen Spionage-Thriller-Scheiß leid.

»Nein, dir passiert schon nichts.« Sam leerte sein Ginger Ale. »Ich bin mir ziemlich sicher, dass so was im Himmel permanent läuft, ob wir beide es wissen oder nicht. Wenn du herauszufinden versuchst, was über unseren Köpfen vor sich geht, wirst du nur verrückt.«

Ich bekam es gedanklich noch gar nicht richtig zu fassen. Ich brauchte Zeit, um zu überlegen, wie diese neue Information zu allem anderen passte, aber Zeit war ausgerechnet das, was ich nicht hatte. »Und du bist sicher, dass du in meiner Nähe sein willst, während irgendeine Schweinerei gegen mich in Vorbereitung ist, mal ganz davon abgesehen, dass ich auch noch ganz oben auf Eligors Abschussliste stehe? Bist du dem überhaupt gewachsen? Das vorhin war nämlich kein Witz – du siehst wirklich mies aus, Sam.«

Er winkte ab, während er sich von dem Stuhl erhob. »Hey, mir geht's gut, ich bin fit und nüchtern. Okay, fit nicht gerade – von dem Denkzettel, den mir dein brandheißes Verfolgermonster verpasst hat, fühle ich mich ungefähr zweihundert Jahre alt. Wenn das mit dieser Inquisition – oh, Verzeihung, *Gipfelkonferenz* – vorbei ist, werde ich wohl erst mal zwei, drei Wochen frei machen und mich erholen, bevor ich wieder in die Tretmühle einsteige.«

Sam war einer von den Typen, die, wenn sie durch einen Kettensägenunfall einen Finger verloren, nur sagen würden: »Na ja, wenigstens kann ich jetzt einen meiner Ringe versetzen.« Also war mir klar, dass es ihm wirklich nicht gut ging. »Hör zu«, sagte ich, »ich gehe heute Abend nicht mehr runter, und ich weiß, du hängst sowieso nicht gern in Bars rum, also bleib doch einfach hier. Wir gucken ein paar Pornos und setzen sie auf die Spesenabrechnung.«

Er grinste und sah zum ersten Mal seit einer ganzen Weile wieder aus wie er selbst. »Gute Idee, aber ich habe ein eigenes Zimmer und kriege auch dort Schmuddelfilme. Ruf mich an, wenn du mich brauchst. Ich haue mich hin, ich hoffe, das Bett ist weich genug, dass es nicht allzu weh tut.« Er blieb in der Tür stehen. »*Breast in Show* sieht gut aus. Ist, glaube ich, sogar in 3D. Aber pass auf, lass dir kein Auge ausstechen.«

Als Sam gegangen war, legte ich die Kette wieder vor und

wappnete mich für einen häuslichen Abend. Im Gegensatz zu meinem Freund konnte ich in Sachen Alkohol nicht rückfällig werden, weil ich nie damit aufgehört hatte, also tat ich in der Minibar ein paar kleine Wodkafläschchen und etwas Orangensaft auf und zog mich damit auf das Bett mit dem unbequemen Kopfbrett zurück. Ich hatte zu viel merkwürdiges Zeug im Kopf, um ernsthaft irgendwas zu gucken. Ich zappte herum, trank Screwdriver ohne Eis und versuchte dahinterzukommen, wie ich mich in solche Schwierigkeiten gebracht hatte.

Aus dem Gefühl heraus, dass sich die jüngsten Informationen unverbunden auf dem Haufen bereits vorhandener unbeantworteter Fragen abgelagert hatten, versuchte ich, jenen ruhigen, betrachtenden Geisteszustand zu erreichen, in dem das Denken einfach geschieht, ohne dass ich es aktiv betreibe. Ich erreichte ihn auch in gewisser Weise, aber alles wirbelte in meinem Kopf herum wie in einer dieser Gameshows, wo Geld durch eine Röhre wirbelt, jeder Gedanke eine Dollarnote, und trotz all meines Grabschens und Greifens war ich mir sicher, dass ich ohne einen Cent nach Hause kommen würde.

Die Clarence-Chose ergab überhaupt keinen Sinn: Der Junge war uns schon untergejubelt worden, bevor irgendwelche Seelen verschwunden waren – und auch bevor ich Caz getroffen hatte. Aber wenn es nicht um Edward Walker und die übrigen verschollenen Seelen ging und meine Beziehung mit der Gräfin rein zeitlich nicht der Grund sein konnte, warum hatte sich dann plötzlich irgendjemand dort oben für mich interessiert? Schließlich hatte ich nicht erst letzte Woche angefangen, faul und aufsässig zu sein und den Namen des Herrn unnütz im Munde zu führen. Nein, ich war einfach noch nicht so weit, in diesem Punkt irgendwelche plausiblen Vermutungen anstellen zu können.

Sams Geständnis hatte auch keine meiner anderen Fragen beantwortet, und deren hatte ich eine Menge. Wo war Eligors

Feder abgeblieben? Wie sollte ich dem Ghallu weiterhin entkommen?

Dann war da mein neuer Freund, Prinz Sitri – spielte er in dem Ganzen auch eine Rolle, und wenn ja, welche? Okay, der Fettsack war gesprächig, aber irgendetwas zu glauben, was er sagte, wäre wie bei jedem Dämon völlig bescheuert gewesen. Trotzdem, hochrangige Dämonen zeichneten sich dadurch aus, dass sie sich gegenseitig fast so sehr hassten wie uns – manchmal sogar noch mehr –, und Sitri schien nicht gerade darauf bedacht, sich aus Eligors Angelegenheiten herauszuhalten. Was er über Eligor und das Hotel gesagt hatte, stimmte sicher – warum sollte er da lügen –, aber alles andere musste überprüft oder zumindest sorgsam abgewogen werden.

Okay, wo stand ich jetzt, was die großen Fragen anging? Was wusste ich mit Sicherheit?

Laut Caz hatte Eligor mit jemandem im Himmel einen Deal gemacht, mit der goldenen Feder als Unterpfand. Dieser Deal musste nicht zwingend mit den verschwundenen Seelen und dem Dritten Weg zu tun haben, aber es wäre schon ein verflixt großer Zufall, wenn nicht.

Caz' Story (die ich natürlich glauben wollte, die es aber, da ich kein lebensmüder Idiot war, mit etlichen Körnchen Salz zu nehmen galt) lautete, dass sie Eligor die Feder zu ihrem Schutz gestohlen und sie dann, als die Situation zu heiß wurde, Grasswax gegeben hatte. Howlingfell sagte, Eligor habe ihn als Grasswax' Bodyguard abkommandiert, was Grasswax ganz schön beunruhigt haben musste – Eligor sagte ihm damit quasi: »Ich weiß, dass du sie hast.« Dann war das mit Edward Walkers Seele bzw. deren Abwesenheit passiert, und noch am selben Tag war Grasswax auf eine überaus hässliche Art zu Tode befördert worden, die darauf schließen ließ, dass er jemanden ziemlich gründlich verärgert hatte – oder aber, dass jemand unbedingt eine Information aus ihm hatte herausholen wollen, was Caz' Story stützte. Kurz danach hatte ich Besuch vom Ghallu erhalten, der, wie Caz und Howlingfell bestätigt hatten, Eligors Hündchen war, was wiederum darauf hindeutete, dass Grasswax – wahrscheinlich schon Blut kotzend – dem Großfürsten wirklich gesagt hatte, er habe mir die Feder gegeben.

Warum ich? Klar, Grasswax hatte mich wohl nicht sonderlich gemocht, aber mir *das* anzuhängen, schien doch ganz schön extrem, zumal er gewusst haben musste, dass er die Befragung durch Eligor und seine Schergen sowieso nicht überleben würde. Ich hatte die Feder nicht, wen also hatte er geschützt? Caz? Schien irgendwie nicht recht zu einem Drecksack wie Grasswax zu passen.

Und jetzt musste ich auch noch Clarence in all dem unterbringen. Meine Bosse ließen mich aus irgendeinem Grund bespitzeln – warum? Hatte einer von ihnen gewusst, dass Walkers Seele nicht aufkreuzen würde und dass ich der Verteidiger sein würde …? Das erklärte immer noch nicht viel.

Ein Gedanke, den ich schon mal gehabt hatte, meldete sich wieder: Wenn nun Eligor nicht der einzige Akteur war? Wenn auch jemand wie etwa Sitri die Feder wollte, um Eligor oder den ursprünglichen Eigentümer der Feder zu erpressen? Konnte der fette Prinz derjenige gewesen sein, der Grasswax gefoltert hatte – um auch bei der großen Federjagd mitzumachen? Wenn ja, irrte sich Caz … oder belog mich, und Howlingfell ebenfalls. Aber auch das erklärte nicht, wo die Feder jetzt war oder was mein Albinofreund Fox mit diesem seltsamen Satz gemeint hatte – »Ich hab sie an Ihnen gerochen.«

Man konnte verrückt werden über diesem Zeug – Räder innerhalb von Rädern, wie Sam sich auszudrücken pflegte. Wen wundert es da, wenn ich manchmal mit dem Denken aufhören und einfach etwas *tun* muss?

Und nur um das Ganze abzurunden, war ich auch noch auf eine Verbindung zwischen Eligor und Reverend Dr. Habari gestoßen, dem Frontmann der Magianischen Gesellschaft. Und wenn diese ganze Dritter-Weg-Chose nur ein einziger Tarnschwindel war, den uns die Hölle auftischte, um zu verbergen, dass sie eine Möglichkeit gefunden hatten, Seelen zu kidnappen, bevor über sie gerichtet werden konnte? Oder ein privates Machtmanöver von Eligor (oder auch Sitri)? Auf jeden Fall musste viel auf dem Spiel stehen, denn wenn Eligor seinen gedungenen Dämon sogar das *Compasses* zu Klump schlagen schließ, war ihm die Feder offensichtlich wichtiger als diskretes Vorgehen.

Und natürlich musste ich auch in Betracht ziehen, dass nichts von alldem zutraf, dass die Magianer tatsächlich für eine fünfte Kolonne des Himmels standen, vielleicht sogar für die Anfänge eines Umsturzversuchs. Wir hatten keinen nennenswerten Umsturzversuch mehr gehabt, seit der Lichtbringer damals, vor all den Äonen, die Wagenschlüssel zu klauen versucht und Daddy ihm den T-Bird ganz weggenommen hatte. Eine neue Revolution dieser Art wäre gewiss das, was die Chinesen mit »interessante Zeiten« meinten, wenn sie ihren Feinden, um sie zu verfluchen, ein Leben in ebensolchen wünschten.

Caz driftete durch all diese Gedanken wie Rauch oder der Hauch eines exotischen Parfüms. Hatte sie mich benutzt, um sich selbst aus der Patsche zu ziehen oder um irgendeine Agenda zu verfolgen, die ich noch nicht sah? Das wäre innerhalb der Gepflogenheiten ihres Metiers. Aber zu glauben, dass sie mich so gründlich hintergangen hatte, hätte geheißen, gleichzeitig zu glauben, dass ich in all den ereignisreichen Jahren meines Engelslebens nichts gelernt hatte, dass ich immer noch so naiv war wie ein frischgebackener Heiligenscheinträger und mich nach einer gemeinsamen Nacht heillos in eine skrupellose Höllenkreatur verliebte.

All diese Möglichkeiten knufften und pufften sich in meinem Kopf wie quengelige, übermüdete Kinder. Schließlich gab ich es auf, alles an einem Abend auf die Reihe kriegen zu wollen, und rief im Büro an, um mir meinen Konferenzplan für Samstag und Sonntag geben zu lassen – ich wollte Karael beim gemeinsamen Frühstück keine dummen Fragen stellen müssen. Schon bei der bloßen Vorstellung, wie sich ob meiner Unbedarftheit eine eingespielte Verächtlichkeit um diesen hübsch geschnittenen Mund legte, zog sich mein Skrotum zusammen. Als Alice sich genug über mich beschwert hatte (was ein paar Minuten dauerte), bekam ich, was ich brauchte, plus eine Information, die mich etwas überraschte und die ich erst mal beiseitelegte, um später darüber nachzudenken. Dann rief ich Fatback an und sprach ihm (da um diese Zeit sein Gehirn noch im Schweinemodus war) auf den Anrufbeantworter, er möge mir doch bitte schicken, was er über das Ralston finden könne, mit besonderem Schwerpunkt auf den Fluchtwegen, und mir auch noch Informationen über ein paar andere Dinge beschaffen, die mich beschäftigten. Dann holte ich mir, da ich den Wodka ausgetrunken hatte und nicht auf den Zimmerservice warten wollte, zwei winzige Fläschchen Bacardi aus der Minibar. Ich hatte ja noch Orangensaft, und jeder Seemann weiß, wenn sich voraus ein Sturm zusammenbraut, ist es Zeit für die Rumrationen.

Ich hatte stundenlang vor mich hingebrütet, Kanäle durchgezappt und irgendwelche Bilder und Geräusche über mich hinwegspülen lassen – einen halben Durchgang eines Baseballspiels, einen unverständlichen Krimi, in dem vor allem Leichen und unglaublich gutaussehendes rechtsmedizinisches Personal vorkamen, einen lokalen Wettermann, der sich alle Mühe gab, gebührend besorgt zu klingen, als er ein bisschen Regen ankündigte, der möglicherweise ein paar Leute zwingen könnte, ihre Wagenfenster zuzumachen, außerdem alte Spielfilme, Informercials, Kinder-Zeichentrickfilme, die hauptsächlich aus Primärfarben und lautem Gekreische zu bestehen schienen, alles, was meine Aufmerksamkeit länger als ein paar Sekunden zu fesseln vermochte. Schließlich hatte ich eine Sendung über Ameisensoldatinnen gefunden, bei der ich sogar etwas länger verweilte. Mag sein, dass ich eingedöst war oder kurz davor; jedenfalls schreckte mich das Klopfen an der Zimmertür jäh auf.

Eine von Prinz Sitris Osterinselstatuen verdunkelte den Spalt jenseits der Kette. Einen Moment lang fragte ich mich, ob die bescheidenen Metallglieder die ein, zwei Sekunden standhalten würden, die ich bräuchte, um an meine überm Stuhl hängende Jacke und die mit Silbermunition geladene Automatik zu kommen, aber der Hüne gab nur eine Art Grunzen von sich und schob etwas zwischen Tür und Türpfosten hindurch – einen Umschlag. Als ich ihm diesen abnahm, drehte er sich um und ging davon, überraschend leise für einen Mann (oder jedenfalls einen männlichen Menschenkörper), der groß genug für eine eigene Postleitzahl war.

Der Umschlag enthielt eine Nachricht auf unglaublich zartem, fast durchscheinendem Papier und in einer pedantischen kleinen Handschrift, die man sich kaum als Produkt der fetten Riesenpranken des guten Sitri vorstellen konnte.

»*Wenn Sie um Mitternacht in die Lobbybar kommen, werden Sie etwas erfahren, das zu Ihrem Nutzen ist*«, stand da. Darunter war ein verschnörkeltes »S«.

Ich fragte mich, warum er mich nicht einfach in die Roosevelt-Suite eingeladen hatte. Die belebte Lobby war ja wohl kaum der Ort, wo wir uns unbemerkt treffen könnten, auch nicht nach Mitternacht, aber andererseits war es in Gegenwart so vieler Leute auch unwahrscheinlich, dass er mich kaltmachen würde. Ich war bereits mitten im Spiel und hatte quasi schon mein Haus gesetzt, also konnte ich es mir nicht leisten zu passen.

Ich zog meine Jacke an, nicht ohne zuvor mein Schulterholster umgelegt und meine neue FN Automatik durchgeladen zu haben. Niemand will, dass die Leute mit einem betrübten Kopfschütteln über ihn sagen: »Er hatte das Durchladen vergessen.«

Auf den Fluren begegnete ich niemandem, hörte aber genügend merkwürdige Geräusche durch Zimmertüren, um zu hoffen, dass irgendein Hauskanal Slasher-Filme zeigte. Der Lift war ebenfalls leer, aber ich hätte schwören können, dass jemand die Klimaanlage weit über das vernünftige Maß aufgedreht hatte, weil mir auf der ganzen Fahrt bis »EG – Lobby« etwas ins Genick wehte, das sich wie ein kalter Atem anfühlte. Zeichen und Omen. In meiner Welt sind sie leider so allgegenwärtig wie Werbung und noch schwerer auf ihren Wahrheitsgehalt zu prüfen.

In der Lobby war immer noch jede Menge los: Leute meiner und anderer Couleur kamen und gingen oder standen in Grüppchen herum und plauderten. Beim Anblick einer lachenden Clique weithin als solche zu identifizierender Höllenbrut, die draußen vor dem Eingang rauchte, fragte ich mich, wie viele laufende Fälle Interpol durch schlichtes Belauschen dieser fröhlichen Unterhaltung hätte lösen können.

Die Bar war voll, aber nicht brechend voll. Ich blieb im Eingang stehen und sah mich nach Sitri oder seinen Bodyguards um, aber trotz der vielen bizarren Gestalten im Raum sichtete ich doch nichts so Bizarres wie den Prinzen. Dann nahm ich plötzlich aus dem Augenwinkel etwas Helles wahr.

Sie saß an der Bar, mit dem Rücken zu mir, doch auch ohne den Strom von blassgoldenem Haar, der sich über ihre Schultern und ihren Rücken ergoss, hätte ich diese schlanke Gestalt jederzeit und überall erkannt. Sie trug einen schwarzen Rock, der ihre wohlgeformten hellen Beine zur Geltung brachte, und ein rotes Kaschmiroberteil, das so eng anlag wie eine zweite Haut und den zarten Verlauf ihrer Wirbelsäule nachzeichnete wie eine scharlachfarbene topografische Karte. Ehe ich eine Chance hatte, mir einzureden, es könnte ja jemand anders sein, vergeblich zu leugnen, was in jedem Nerv meines Erdenkörpers pulste, wandte sie sich dem Barmann zu, und ich sah ihr Gesicht im Profil. Tatsächlich, es war die Gräfin von Coldhands persönlich, so wie ich sie vom ersten Moment an gekannt hatte. Es war Caz, und sie war allein, als ob sie auf jemandem wartete. Als ob sie auf mich wartete.

32

MIT DAS TRAURIGSTE

Ich kann Ihnen sagen, dies waren ein paar intensive Sekunden. Da saß sie und blickte in den Spiegel hinter der Bar, und es war wie in einem dieser Filme, wo nur noch der eine einzige Spot leuchtet und alles andere dunkel wird: Ich sah nur noch sie. Ich hatte meine Gefühle die letzten zwei Tage so angestrengt unterdrückt, dass ich von dem Verlangen, das durch mich hindurchströmte, ganz wacklige Knie bekam. Sie war so schön. Ihr Gesicht war vollkommen.

Nein, nicht ganz, ging mir auf: Jene Art Vollkommenheit gab es nur auf bearbeiteten Fotos, aber Caz kam dem sehr nahe. Ihr einziger Makel – der mir nicht als Makel erschien – war, dass ihr die prägnante, schmale Nase und der feine Knochenbau etwas Zerbrechliches gaben, das Aussehen von etwas Wildem, das einen Käfig gekannt hatte, das wusste, es konnte gebrochen werden, und vor nichts so viel Angst hatte wie davor.

Sie sah jung aus, aber auch so, als würde sie vielleicht nicht gut altern. Sie sah aus, als ob sie Verletzungen davontragen könnte und wohl auch würde. Aber dennoch, mein Gott, war sie schön.

Und sie würde ja *nie* altern, wurde mir plötzlich klar. Sie würde immer so aussehen oder zumindest, so lange sie es wollte. Casimira von Coldhands würde nie älter werden, als sie jetzt war. Aber für mich war das ohnehin nicht von Bedeutung. Es sprach vieles dafür, dass ich, auf die eine oder andere Weise, auch nicht älter werden würde.

Als ich auf sie zuging, spürte sie offenbar meine Gegenwart oder zumindest die Tatsache, dass sie beobachtet wurde, was mich nicht überraschte – ich hatte wohl in meinem ganzen kurzen Engelsleben noch nie jemanden oder etwas so eindringlich angestarrt. Sie hier im Ralston zu sehen, verdutzte mich so sehr, dass mir nichts einfiel, was ich sagen könnte.

Sie drehte sich um, und ihre Augen weiteten sich.

»Hallo, Caz«, brachte ich heraus. Nicht gerade genial? Ich würde gern mal sehen, was Ihnen unter solchen Umständen einfiele.

In ihrem Gesicht stand jetzt fast schon Panik. »Bobby, was machst du denn hier?«

»Was ich hier mache? Was machst du hier?« Ich fühlte mich plötzlich total auf dem Präsentierteller, aber wenn uns jemand in der Bar beobachtete, dann überaus dezent. »Warum hast du mich nicht zurückgerufen?« Jetzt, da ich vor ihr stand, überkam mich Wut. Aber die war nur ein Teil des Sturms von Gefühlen in mir. Für diejenigen, die nichts anderes kennen: Es ist wirklich verrückt, in einem menschlichen Körper zu leben. Man fühlt die Hormone in den Blutstrom schießen, fühlt, wie sich Haare sträuben, wie die Haut sich dehnt und zusammenzieht, fühlt sich von Kampf- oder Fluchtreflexen überwältigt wie das Tier, das man ist. Oder war. Ich wollte sie ergreifen, küssen, in mein Zimmer schleppen, aber genauso intensiv wollte ich sie schütteln, bis ihr Tränen in diese rotkehlcheneiblauen Augen schossen, sie spüren lassen, wie weh sie mir getan hatte. Aber zugleich hatte ein anderer Teil von mir Angst, dass einer von Eligors Lakaien sie entdecken würde und mir nur die Wahl bliebe, in irgendeine tödliche Konfrontation zu gehen oder hilflos zuzusehen, wie sie zu der Bestie zurückgeschleift wurde, die sie betrogen hatte und die, wie ich bereits wusste, kein guter Verlierer war.

»Du kannst hier nicht sein, Bobby!« Sie ergriff ihr Glas und kippte ihren Drink, fummelte dann in ihrer Geldbörse nach Geld, um es auf die Bar zu legen. »Er wird dich umbringen.«

»Wer, Eligor?« Ich war verwirrt – warum hatte sie Angst um mich statt um sich? Alles schien auf dem Kopf zu stehen. »Nein, das hier ist eine Gipfelkonferenz, da besteht eine offizielle Waffenruhe. Ich bin auf Anweisung hier, und das Hotel ist gerammelt voll mit Engeln. Mir droht keinerlei Gefahr.« Okay, nicht ganz wahr, aber im Moment hatte ich größere Sorgen. Allein schon sie wiederzusehen, hatte mich mit panischer Angst erfüllt, dass ihr etwas geschehen könnte. Auch wenn sie mich belogen, mich benutzt hatte. Auch wenn sie sich gar nichts aus mir machte. »Du bist die, die nicht hier sein sollte, Caz. Deinem Ex gehört dieses ganze verflixte Hotel ...« Etwas Erschreckendes huschte über ihr Gesicht – so was wie Scham. »Halt mal«, sagte ich, »das wusstest du schon. Du musst es gewusst haben. Caz, was machst du hier?«

»Oh, Bobby ...« Aber sie blickte jetzt über meine Schulter hinweg, und die Scham war etwas ganz anderem gewichen.

»Schau, schau!«, sagte eine mir bekannte Stimme. Meine Nackenhaare, die sich gerade halbwegs gelegt hatten, sträubten sich wieder. »Zwei der interessantesten Leute, die ich kenne!«

Ich fuhr herum. Der Großfürst lehnte nur wenige Meter weiter an der Bar, ganz exklusiv-legerer Kenneth-Vald-Chic: Leinenanzug und teure Mokassins, womit er aussah wie ein reicher Kolonialist, was er ja in gewisser Weise auch war: Eligor war nicht von hier, aber ihm gehörte hier eine Menge.

Ich war nicht in der Verfassung, sein Spiel mitzuspielen. Ich antwortete nicht, griff aber auch nicht nach meiner Waffe. Nachdem ich erfahren hatte, dass er der Eigentümer des Hotels war, hatte ich mich darauf eingestellt, ihm hier irgendwann zu begegnen. Ich hatte nur gehofft, dass es irgendwo passieren würde, wo ich mich sicherer fühlte, zum Beispiel, wenn ich neben General Eisenhand Karael saß, der Geißel aller Höllenbrut.

»Oh, Verzeihung, störe ich?« Er war die Liebenswürdigkeit in Person, dieser blonde Höllenfürst, heiter und charmant. Jetzt schauten die Leute an der Bar definitiv her. Eligor war eine große Nummer und das nicht nur in San Judas. »Oh, ja richtig, ich vergaß – ihr beide kennt euch ja schon.« Sein Lächeln war so kalt und steril wie ein Skalpell. »Was mich nicht wundert. Ihr seid beide sehr … unternehmend.« Er wandte sich an Caz, deren Gesicht jetzt so leblos war wie das einer Puppe. »Aber ich fürchte, ich muss stören. Wir haben einen Termin, Gräfin. Es warten Leute auf uns.« Er winkte sie nicht zu sich, ja hob nicht mal die Hand, aber sie glitt vom Barhocker und ging zu ihm, so gehorsam wie ein Hund. Als sie neben ihm stand, suchte ich noch mal ihren Blick, aber da war nichts mehr für mich, er war so leer, dass ich mich fragte, ob alles, was ich heute Abend und bei unseren anderen Begegnungen in ihrem Gesicht gesehen hatte, auch nur eine ihrer Masken gewesen war.

»War mir ein Vergnügen, Sie zu treffen, Mr. Dollar, wenn auch nur kurz«, sagte Eligor. »Ich hoffe, Sie genießen Ihren Aufenthalt hier.«

»Es ist ein sehr nettes Hotel.« Ich war entschlossen, noch etwas anderes zu dieser Unterhaltung beizutragen als nur schockiertes Schweigen. »Aber, mal ehrlich, Vald, was Sie hier teilweise für Leute reinlassen …!«

Wieder das Lächeln, so bedeutungslos wie das Grinsen eines mächtigen weißen Hais. »Oh, aber als Gastgeber hat man doch die Pflicht, jeden Gast zu seiner Zufriedenheit zu beherbergen. Deshalb bin ich ja so froh, die Gräfin wiederzuhaben. Sie ist sehr gut darin, herauszufinden, was die Leute brauchen, und es ihnen zu geben.«

Er wollte sich abwenden, hielt aber noch mal inne. »Bitte

meinetwegen keine Ungemütlichkeit, Mr. Dollar. Die Dame und ich müssen gehen, aber ich hoffe, Sie bleiben noch und trinken ein Glas auf mein Wohl.« Er nahm Blickkontakt mit dem Barmann auf. »Sie haben doch sicher eine Menge alter Freunde, die sich freuen würden, Sie hier zu treffen und sich über die alten Zeiten auszutauschen.«

Dann ging er, so anmutig und selbstsicher wie eine Katze, Caz an seiner Seite. Ich hoffte irgendwo, sie würde sich noch mal umdrehen, aber natürlich tat sie's nicht.

Ich rettete mich mit letzter Kraft auf den Barhocker, den Caz geräumt hatte, da ich im Moment nicht darauf vertraute, dass mich meine Beine durch die Bar tragen würden. Ich war ins Herz getroffen, ohne dass jemand auch nur eine Waffe auf mich gerichtet hatte.

Der Barmann kam, um meine Bestellung entgegenzunehmen, aber nach dem Blickwechsel zwischen ihm und seinem Boss konnte ich mir nicht vorstellen, mir von ihm irgendwas einschenken zu lassen, also schüttelte ich den Kopf. Ich fühlte mich, als ob jemand mit einem Magneten um meinen inneren Kompass herumwedelte: Ich wusste plötzlich nicht mehr, wo ich hingehen, was ich tun sollte. Warum war Caz hier? Warum war sie zu ihm zurückgekehrt? Sie hatte mir erzählt, sie habe die Feder gestohlen und Grasswax habe irgendetwas damit gemacht, warum also sollte Eligor Caz in Gnaden wieder aufnehmen? Hatte sie die Feder die ganze Zeit gehabt und sie jetzt benutzt, um sich die Rückkehr in ein protegiertes Dasein zu erkaufen? Oder war alles noch schlimmer? War ich von Anfang an manipuliert worden wie der letzte Gimpel?

Eine schwere Hand senkte sich auf meine Schulter. »Na so was, Sie hier!«, sagte eine Stimme, die ich kannte, was mir gar nicht recht war. Schon der bloße Gedanke, jetzt auch noch damit umgehen zu müssen, machte mich so müde, dass ich gar nicht antworten wollte, aber ich zwang mich, mich umzudrehen und den Mann mit der niedrigen Stirn und den boshaften kleinen Augen anzusehen.

»Howlingfell«, sagte ich. »Ich bin so erfreut, Sie zu sehen, dass ich sogar bitte sage, wenn ich Sie auffordere, Ihre Hand von mir zu nehmen.«

Er grinste und trat einen Schritt zurück. Er trug einen schnieken neuen Anzug, in dem er aussah wie der emporgekommene kleine Knilch, der er war. Was natürlich nicht hieß, dass er mich nicht töten konnte. Ich kenne viele Leute, die von kleinen Knilchen getötet wurden. Ja, kleine Knilche, die sich auf den Schlips getreten fühlen, sind vielleicht die gefährlichsten Leute, mit denen man es zu tun haben kann. Dann schon lieber ein durchgeknallter, besoffener Brutalo.

»Sie sehen ein bisschen deprimiert aus, Dollar«, sagte er. »Haben wohl gerade rausgefunden, dass Ihre Freundin zu dem Kerl mit der Macht und dem Geld zurückgegangen ist? Schöner Schlag, was?«

»Howly, tun Sie mir den Gefallen und verschwinden Sie, ja?« Ich stand auf. »Ich kann Sie nicht brauchen, und da wir Waffenruhe haben, kann ich nichts Sinnvolles mit Ihnen machen, also gehen Sie, pissen Sie weiter auf die Grenzen Ihres kleinen Reviers und überlassen Sie alles andere den großen Leuten.«

Seine Lippen spannten sich wie Lefzen. Klar, er war momentan in einem sterblichen Körper, aber er sah trotzdem so aus, als wäre es sein spontaner Impuls, nach meiner Kehle zu schnappen. »Sie halten sich für was Besonderes, Dollar, aber Sie sind's nicht. Für jemanden wie Eligor sind Sie nur Hundescheiße.«

»Und das ist *Ihr* Job? Die Scheiße wegzuräumen? Macht sich gut im Lebenslauf.«

Er starrte mich an. Seine Augen, die zuerst braun gewirkt hatten, glommen jetzt im Licht so tiefrot wie ein Sangiovese Grosso. »Warten Sie's nur ab, Sie Schnösel«, sagte er, gerade so leise, dass garantiert alle in der Bar die Ohren spitzten. »Sobald diese Konferenz rum ist, gehören Sie mir. Ich werde Ihre Leber verspeisen. Und selbst Ihre schicke Freundin wird Sie vergessen. Hat sie wahrscheinlich schon.«

Es kostete mich äußerste Selbstbeherrschung, ihm nicht die Faust genau zwischen die buschigen Augenbrauen zu rammen. »Freut mich, dass Sie sich vorgenommen haben, auf Ihre Ernährung zu achten, Howly. Aber auch Innereien enthalten nicht genug Vitamine, um so viel Hässlichkeit zu beseitigen.«

Ich dachte, er würde mich vielleicht anspringen, als ich mich zum Gehen wandte, und es wäre mir schon fast recht gewesen. Physischer Schmerz kann einen gewissen therapeutischen Effekt haben (sofern man dafür sorgt, dass der des anderen größer ist). Aber Howlingfell gab lediglich eine Mischung aus Fauchen und Knurren von sich. Es klang, als ob sich ein Löwe den Tag ausmalte, an dem der Dompteur vergessen würde, den Käfig abzuschließen.

Als ich wieder mein Zimmer betrat, vibrierte mein Handy. Ich wollte weiter nichts, als herausfinden, was passieren würde, wenn ich den Inhalt all der kleinen Fläschchen, die noch in der Minibar waren, zusammenschüttete und die Mixtur hinunterkippte, doch aus langjähriger Gewohnheit zog ich das Telefon aus der Tasche, checkte die Anrufernummer und nahm ab.

»George, was gibt's?« Ich hatte schon fast vergessen, dass ich Fatback angerufen hatte. Nach der Begegnung mit Caz war es mir nahezu egal.

»Zuerst mal höhere Honorarforderungen meinerseits, wenn Sie mir dauernd diese Aber-bitte-bis-gestern-Aufträge hinterlassen.«

»George, mein Freund, nach Schweinchen Dick und dem Herrn der Fliegen sind Sie wirklich das amüsanteste Schwein aller Zeiten.«

»Ich rufe an, weil Sie gesagt haben, Sie bräuchten Hilfe.« Er klang gekränkt. Warum werden immer dann, wenn ich mich gerade fühle, als hätte ich vom Leben einen Bauchschuss verpasst bekommen, plötzlich alle um mich herum so empfindlich?

»Sorry. Harter Abend. Danke für den Rückruf. Schon was gefunden?«

»Ich schicke Ihnen grade Details zum Ralston – ja, es gehört auch Vald Credit. Aber wenigstens hat es jede Menge Feuertreppen.«

»Das ist gut, weil mir nämlich im Moment danach ist, das Ding abzufackeln.« Ich sah kurz die Dateien durch, um sicherzustellen, dass sie alle angekommen waren. Pläne, Notfallinformationen, die aussahen, als kämen sie direkt aus dem Hauptserver der Feuerwehr von San Judas, allerlei tolle Sachen. »Ehrlich, George, hervorragende Arbeit. Genau das, was ich brauche.«

»Bitte.« Er klang jetzt wieder ganz fröhlich. »Gern geschehen.« Manchmal schien George schon fast entwürdigend dankbar für die kleinste Freundlichkeit. Ich nehme mal an, wenn man sein gesamtes selbst-bewusstes Dasein im Körper eines Majestic-Large-Black-Ebers verbringt, entwickelt man einen gewissen Minderwertigkeitskomplex. Doch obwohl Fatback ein prima Kerl war, wollte ich im Moment weder mit ihm noch mit sonst jemandem reden, ich wollte mir nur die Birne wegknallen.

»Noch was?«, trieb ich die Dinge voran. »Über Leo vielleicht?«

»Nichts, was Sie nicht schon wissen, Bobby. Nach seinem Tod war in Ihren Kreisen ganz schön was los, wenn Sie verstehen. Jede Menge Gerüchte und Gerede, Leute, die meinten, er sei beseitigt worden, weil er zu viele Fragen gestellt hatte oder Sachen gewusst hatte, die er nicht hätte wissen sollen. Aber was Neues finde ich nicht. Oh, apropos tot …?«

Ich hörte die Minibar förmlich rufen, *Vergessen, Doloriel, süßes Vergessen*, aber ich nahm alle Geduld, die ich nicht hatte, zusammen. »Ja?«

»Dieser Habari, nach dem Sie gefragt haben? Der mit der Dingsbums-Gesellschaft?«

Sofort war ich konzentrierter. »Den Magianern. Ja? Was heißt, apropos tot? Ist er in irgendeinem Leichenhaus aufgetaucht oder was?«

»In gewisser Weise. Aber nicht neuerdings.«

»Hören Sie auf, in Rätseln zu sprechen, George. Ich bin verdammt erschöpft.«

Man muss Fatback zugutehalten, dass er diesmal nicht beleidigt klang. »Na ja, es ist offenkundig nicht derselbe Mann, aber wie oft gibt's schon jemanden, der so heißt? Und noch dazu Reverend ist?«

»Erzählen Sie einfach.«

»Ich bin auf einen Typen gestoßen, der genau denselben Namen hatte, Vorname inklusive. Und sogar Reverend war. Aber er ist vor sieben – fast schon acht – Jahren gestorben und hatte nichts mit irgendeiner Magianischen Gesellschaft zu tun.« Er gab mir die Details durch, was mich ziemlich fertigmachte, weil eins klar war: Um mir den Kopf darüber zu zerbrechen, was das nun wieder bedeutete, musste ich das Besäufnis abblasen, das mir der einzige Anreiz erschienen war, bis morgen am Leben zu bleiben.

Ich bedankte mich noch mal bei George und rief dann unseren Jungengel Clarence an. Obwohl es nach meinen Maßstäben noch nicht besonders spät war, riss ich ihn offenkundig aus dem Schlaf. Ich fragte mich, ob der kleine Spitzel in seinem Strampelpyjama ins Bett gegangen war und seine nette Vermieterin ihm noch eine Geschichte vorgelesen hatte. »Bobby?« Er stöhnte. »Wie spät ist es?«

»Zu spät für dich, um noch wach zu sein, offensichtlich, also mache ich's kurz.« Wenn Sam recht hatte, konnte ich Clarence keinen Zentimeter weit trauen, also überlegte ich erst mal, wie ich meine Frage formulieren sollte. »Hör mal, als du oben warst und für mich diese ganzen Namen überprüft hast, hast du da nur das Lebenden-Register gecheckt oder wie immer das dort heißt?«

»Sie meinen, ob ich auch bei den Toten geschaut habe?« Er klang jetzt etwas wacher und ziemlich stinkig. »Klar hab ich das. Und ich hab Ihnen doch erklärt, ich konnte unter keinem von den Namen jemanden finden, außer diesem Jose Patrillo.«

Den ich daruntergemogelt hatte, um Clarence zu testen. Okay, also war Habari tot, aber im Archiv des Himmels nicht erfasst. Was beim Höchsten ging hier vor? Als ich gerade Schluss machen wollte, fiel mir noch eine Frage ein. »Wie weit zurück bist du gegangen?«

»Sie meinen, in die Vergangenheit?«

»Bei den Verstorbenen, ja.«

Er schnaubte. »Na ja, in Anbetracht der Tatsache, dass Sie mir gesagt hatten, Sie hätten den Mann gerade noch leibhaftig gesehen, bin ich nicht *so* weit zurückgegangen. Ich glaube, ich habe die Todesfälle der letzten zwei, drei Jahre überprüft, für den Fall, dass er erst kürzlich gestorben, aber irgendwie falsch abgelegt worden war.«

Also stimmte Fatbacks Information wahrscheinlich, und der Junge sagte wohl sogar die Wahrheit – in diesem Punkt zumindest. Aber egal, die Sache wurde immer noch mysteriöser. »Dann bist du also etwa zwei Jahre zurückgegangen. Wenn ich dir sagen würde, dass jemand mit einem dieser Namen vor sieben Jahren hier in San Judas gestorben ist, würde dich das nicht erstaunen?«

»Alle paar Sekunden stirbt jemand, und viele Leute heißen gleich, Bobby.« Es klang, als würde er langsam etwas unwirsch. Eine interessante Neuerung. »Nein, das würde mich gar nicht erstaunen.«

»Okay, danke, Junge.« Ich hätte ihn beinah gefragt, warum ihn unsere Bosse als Spitzel auf mich angesetzt hatten, aber ich wusste, es wäre nicht ratsam, meine Karten aufzudecken. Gib nie irgendwas ohne Not preis. »Geh wieder ins Bett.«

»Sie klingen total fertig, Bobby.« Er klang tatsächlich besorgt –

ein vollendeter Schauspieler. »Mir scheint, *Sie* bräuchten mal eine Runde Schlaf.«

»Oh, klar. Sobald ich ein paar Münzen für das Vibrationsbett finde.«

Doch obwohl ich morgen um Punkt acht Uhr (schon unter optimalen Umständen keine Tageszeit, zu der ich gern aktiv bin) den einschüchternden Kriegerengel zum Frühstück treffen musste, war mir klar, dass ich nicht viel Schlaf abbekommen würde, weil es so verdammt viel zu durchdenken gab. Die Welt, die ich zu kennen geglaubt hatte, entpuppte sich als noch abgründiger, als ich je gedacht hätte, und ich hatte mich schon so immer für einen Zyniker gehalten. Und um mein Glück vollkommen zu machen, würde ich nach dem Frühstück auch noch von den Oberbonzen beider Lager unseres permanenten Kriegs vernommen werden – *die* Chance, sich neue Feinde zu machen.

Ich schloss die Minibar ab, um der Versuchung ein paar Steine in den Weg zu legen, weil ich es mir nicht mehr leisten konnte, mich sinnlos zu betrinken. Das Geräusch des Schlüssels in dem kleinen Schloss schien mit das Traurigste, was ich je gehört hatte.

33

DER GERUCH
DER EINSCHÜCHTERUNG

Sieben Minuten nach acht ist wie gesagt nicht meine Lieblingstageszeit, und das lauwarme Rührei vor mir und Karaels hartes Gesicht gegenüber, nur eine Kaffeetasse und eine Grapefruit entfernt, machten es auch nicht besser.

»Sitzen Sie aufrecht, Engel Doloriel. Dieses Restaurant ist voll von Kreaturen, die ihr gesamtes erbärmliches Dasein darauf verwenden, nach irgendeinem Anzeichen von Schwäche unsererseits Ausschau zu halten, und Sie sitzen da wie ein Schuljunge, der seine Hausaufgaben nicht dabeihat.«

Mein Problem war im Gegenteil, dass ich meine Hausaufgaben auf der Konferenz mit dabeihatte und sie mich die halbe Nacht wachgehalten hatten. Die Alternative wäre gewesen, bis in die frühen Morgenstunden das Schicksal zu verfluchen und darüber nachzudenken, was Caz wieder bei ihrem Ex wollte, einem Monster, das im Gegensatz zu Hitler nicht mal ein Hundefreund war. Aber das konnte ich dem General natürlich nicht sagen, also nickte ich nur. »Sorry. Spät geworden. Arbeit.«

»*Das* hier ist Ihre Arbeit, Engel Doloriel. In gut zwanzig Minuten werden Sie dort drinnen vor den ganz großen Kalibern stehen, und bislang lässt Ihr Einsatz zu wünschen übrig.« Sein Mund spannte sich zu einem dünnen Strich. »Da ist Ei auf Ihrem Revers.«

Ich wischte es weg und bemühte mich, den Rest etwas vorsichtiger von meinem Teller in meinen Mund zu befördern, während Karael mir zum dritten Mal, seit ich aus dem Lift getreten war, auseinandersetzte, was ich zu sagen und nicht zu sagen hatte.

»Der Bericht über diesen Dritter-Weg-Quatsch, den Sie geschickt haben, existiert offiziell nicht«, erklärte er ein weiteres Mal. »Er wird bis nach der Konferenz zurückgehalten. Wir wollen nichts vom Zaun brechen, bevor wir nicht alle Fakten kennen.«

»Aber warum halten wir dann überhaupt einen Gipfel ab?« Ich bemerkte, wie seine Lippen wieder Strichform annahmen, und wischte mir mit der Serviette den Mund. »Ist denn der Dritte Weg nicht gerade die Sorte Thema, die man … äh … mit der Gegenseite besprechen sollte?«

Der Strich verzog sich an einem Ende leicht nach oben. »Glauben Sie das wirklich? Dass es hier um die Wahrheit geht? Mein Junge, wenn wir die faktische Wahrheit immer zur offiziellen Wahrheit erheben würden, wäre dieser kalte Krieg schon lange ein heißer. Sie erinnern sich doch an Sodom und Gomorra? Oder haben zumindest davon gehört? Also, ersetzen Sie die Namen durch Rio, Berlin oder Shanghai und denken Sie sich diese Städte bis auf die Grundmauern niedergebrannt, mit Millionen Toten nur so als kleiner Vorgeschmack, und Sie können erahnen, warum Sie jetzt tun werden, was man Ihnen sagt.«

Zehn Minuten später eskortierte er mich in den Elysium-Saal des Ralston, den Ballsaal, wegen des Wolkenhimmelgemäldes an der hohen Decke auch Wolkensaal genannt. Einen solchen Raum mit seinen Dämonenkohorten und den himmlischen Feinden vollzupacken, musste Eligor unendlich amüsiert haben, und voll war es wahrhaftig: Mindestens ein paar hundert Leute waren um die Tische gruppiert, wenn auch die meisten Stühle der besseren Sicht wegen bereits zur Bühne gedreht worden waren, wo sich an einem langen Tisch mit Mikrophonen das Hauptspektakel abspielen würde. Bis auf Karael waren die zentralen Figuren beider Seiten schon auf ihren Podiumsplätzen: Eremiel, unser himmlischer Höllenexperte, der mit seinem knochigen Gesicht und vergleichsweise langen Haar wie ein Abolitionistenprediger des neunzehnten Jahrhunderts aussah, ausgesprochen passend zu dem Gründerzeitambiente. Der dritte wichtige Engel musste Phanuel sein, der berühmte Engel des Exorzismus, aber verglichen mit dem übrigen Aufgebot im Elysium-Saal war er äußerlich nicht besonders interessant, nur ein weiterer Hollywood-Hauptdarsteller im dunklen Anzug.

Die Gegenseite hatte, wie zu erwarten, visuell etwas mehr zu bieten. Sobald man es schaffte, den Blick von Prinz Sitris wabbeliger Masse loszureißen, erblickte man Adramelech, einen der alten Erzbösen; er hatte sich weniger als die anderen darum bemüht, halbwegs als Mensch durchzugehen. Von weitem sah er ganz okay aus: einfach ein alter Mann im schwarzen Anzug, mit einer Hautfarbe, die auf reichlich Höhensonne schließen ließ. Erst von näherem merkte man, dass die Oberfläche seines Gesichts weniger wie Haut aussah als vielmehr wie eine Maske aus Sandstein, gelblich und körnig. Das Einzige, was sich bewegte, waren die Augen, schwarz wie flüssiger Teer. Allein schon der Anblick, wie er da saß und absolut reglos des Beginns der Veranstaltung harrte, machte deutlich fühlbar, was für ein Riesending das Ganze war. Adramelech jagte mir Angst ein. Eine Scheißangst.

Der Letzte der satanischen Verhandlungsführer sah am normalsten aus; im schicken Maßanzug und mit einer schwarzrandigen Hipster-Brille wirkte er wie ein Firmenanwalt aus der Unterhaltungsindustrie. Das war Caym, ebenfalls ein hohes Tier, Vorsitzender des Höllenrates und einer der Gewieftesten im Stall der Opposition. Was mich jedoch besonders interessierte, war, dass er laut Fatback zugleich als Eligors Sprachrohr fungierte und in der politischen Arena der Hölle die Interessen des

Großfürsten durchzuboxen versuchte. Ich befand, dass ich ihn besonders genau im Auge behalten musste, um irgendwelche Hinweise zu bekommen, was Eligor plante.

Darüber hinaus saßen auf dem Podium noch etliche andere Leute, die Größten und Besten (bzw. Fiesesten und Miesesten) beider Seiten. Terentia und Chemuel, Mitglieder des Ephorats, das mich im Himmel gegrillt hatte, waren in menschlicher Gestalt anwesend, dazu weitere Engel und Dämonen, die ich auf den ersten Blick nicht erkannte.

»Nicht gaffen«, sagte Karael scharf in mein Ohr. »Ich gehe jetzt da rauf. In der zweiten Reihe ist ein Platz für Sie reserviert. Setzen Sie sich da hin, halten Sie den Mund und denken Sie an alles, was ich Ihnen gesagt habe.«

Während der Kriegerengel das Podium erklomm, wobei sein Rücken so gerade war wie die kürzeste Verbindung zwischen zwei Punkten, fand ich den Stuhl mit dem Schildchen »Dollar« und schlüpfte auf meinen Platz. Wie bei einer Hochzeit zwischen verfehdeten Familien saßen die Anwesenden nach Lagerzugehörigkeit getrennt, und es hatte mich schon lange nicht mehr so gefreut, mich von Mitbediensteten des Höchsten umgeben zu wissen.

Als auch Karael seinen Platz eingenommen hatte, ging die Konferenz endlich los. Adramelech – der den Vorsitz führte, da es ein Heimspiel der Gegenseite war – hielt die Eröffnungsansprache, ein diffuses Wortgeklingel, das es schaffte, gleichermaßen politisch trocken und unverkennbar feindselig zu sein, etwa durch Formulierungen wie »unsere höchst realen Differenzen kurzeitig beiseitezulassen, um das gemeinsame Problem anzugehen«. Für unsere Seite sprach Eremiel, knapp und bisweilen sogar witzig, etwa als er, bezogen auf den Vorsitzenden, sagte: »… der ehrenwerte Adramelech – was wohl das erste Mal ist, dass diese Wörter in enger Verbindung ausgesprochen werden.« Da lachten sogar ein paar Höllenleute.

Und bevor jemand seines Amtes enthoben werden konnte, gab es weitere Reden, insgesamt etwa eineinhalb Stunden lang. Es schien, als ob jeder, der je einen Heiligenschein angepasst oder einen Dreizack zugeteilt bekommen hatte, zu Wort kommen wollte. Bei den Delegierten der Hölle reichte das Spektrum von den fiesen Agitatoren, die Ähnlichkeit mit professionellen Glaubenseiferern hatten und sich darüber beklagten, dass grundsätzlich *ihre* Seite missverstanden und stigmatisiert werde, bis zu den typischen Politbüro-Schranzen, jener Sorte Schreibtischtäter, die Folter- und Hinrichtungsbefehle unterzeichnen und dann einem Lunchbüffet zusprechen, bevor sie wieder an die Arbeit gehen, und deren Grundposition zu dem ganzen Himmel-Hölle-Konflikt lautete: »Lüge, Lüge, alles Lüge. Wir werden euch eines Tages fertigmachen.«

Meine Seite hatte natürlich zu alldem ein Pendant aufzufahren, nur dass das Spektrum eher von militanten christlichen Falken am einen Ende bis zu grauen kleinen EU-Bürokraten am anderen ging. Jedenfalls war, als die Präliminarien endlich beendet waren, ein Riesenhaufen Nichts gesagt worden, aber der ganze große Saal stank von aggressiver Einschüchterung. Klar geworden war nur eins: Keine Seite gedachte irgendeine Schuld am Verschwinden der Seelen auf sich zu nehmen. Dann begann der Aufmarsch der Zeugen.

Ich bemühte mich, konzentriert zu bleiben – man wusste ja nie, wann jemandem etwas entschlüpfte, das sich als wichtig erweisen konnte –, doch aufgrund ihres Gastgebervorrechts machte die Gegenseite den Anfang und rief einen nicht enden wollenden Strom von kleinen Höllenfunktionären auf, damit diese in allen Details erklärten, wie sie gemerkt hätten, dass etwas im Argen liege, ohne auch nur die Möglichkeit eines Irrtums ihrerseits einzuräumen oder etwas Substantielles über die inneren Abläufe der Hölle preiszugeben. Kurzum, es war zum Einschlafen. Zweifellos der offiziellen Marschroute ihrer Partei folgend, deuteten die meisten Zeugen der Hölle dunkel an, nur der Höchste, der ja gern seine eigenen Gesetze mache, könne so etwas durchziehen. Der Einzige, der wirklich meine Aufmerksamkeit weckte, war ein dürrer kleiner Unterteufel, der selbst in Menschengestalt aussah, als würde er beim Armdrücken gegen Olive Oyl verlieren. Er sagte, ein nicht namentlich genannter Erzdämon und Vorgesetzter habe ihm versichert, die Seelen müssten in irgendeinem sicheren Haus des Himmels hier auf der Erde versteckt sein, so wie prominente Überläufer, denn außer Oben und Unten gebe es ja sonst keinen Ort, wo sie hinkönnten.

»Im Tartarus-Abkommen ist ausdrücklich festgelegt, dass ohne Zustimmung des Himmels und der Hölle kein neues Territorium aufgemacht werden darf«, erklärte er streberhaft. »Und eine solche neue Vereinbarung hat es nie gegeben. Ich habe es nachgeprüft.«

Während einige Leute auf der anderen Seite des Saals über diesen einfältigen Grünschnabel lachten, beugte ich mich vor. Ein Puzzleteilchen, das an prominenter Stelle neben meinem unvollendeten mentalen Puzzle gelegen hatte und die Aufschrift *Warum die Feder?* trug, schien plötzlich seinen Platz gefunden zu haben. Ich sah verstohlen zu Eligor hinauf, der mit anderen Höllenwürdenträgern auf dem hinteren Teil des Podiums saß, aber sein gelassenes, spöttisches Grinsen war unverändert. Sein Freund Caym jedoch erklärte die Aussage des dürren Dämons schnell für beendet und schickte diesen wieder zu seinen buhenden und pfeifenden Kameraden hinab. Ich fragte mich, ob Eligor sich gerade vorstellte, wie sich dieser gesprächige dürre Unterling als dämonisches Makramee à la Grasswax machen würde.

Bald darauf war der Himmel an der Reihe, den gesamten Saal zu Tode zu langweilen, wenn auch, als Sam einer Reihe wenig mitteilsamer himmlischer Sesseldrücker in den Zeugenstand folgte, seine Aussage ein paar unterhaltsame Momente bot. Adramelech schien sich dafür zu interessieren, was Sam zu sagen hatte, während Caym nur konzentriert und ausdruckslos dreinsah und Prinz Sitri, der die ganze Zeit kaum etwas gesagt hatte, weiter die größte geschmolzene Kerze der Welt spielte.

»Sie waren der Erste aus Ihrem Bezirk, der an Edward Walkers Sterbeort gerufen wurde, ist das richtig?«

»War ich, ja«, sagte Sam gemächlich.

»Warum sind Sie dem nicht nachgekommen?«

»Abgesehen von meiner bekannten Allergie gegen Arbeit?« Sam wartete, bis sich das leise Lachen auf beiden Seiten gelegt hatte. »Weil ich gerade dabei war, einen Berufsanfänger auszubilden, und er sehr darauf gedrängt hat, die Grundlagen vermittelt zu bekommen.« Er nickte, als erinnerte er sich an einen sonnigen Tag am Fluss, als die Fische gebissen hatten. »Ja, diese jungen Burschen heutzutage, die haben viel mehr Biss und Pep als wir damals. Stürmische junge Kerle. Ich wäre nicht gern in der Situation der Gegenseite, wenn die mal die Zügel übernehmen …« Er verstummte, als wäre es mit ihm durchgegangen, aber sein Grinsen sagte: *Jetzt haben wir doch mal ein bisschen Spaß, oder?*

Adramelech war nicht eingeschüchtert und schon gar nicht amüsiert, das sagten die Teeraugen in seinem Sandsteingesicht sehr deutlich. »Antworten Sie nur auf die Fragen, kleiner Engel.« Seine Stimme war so trocken wie der Durst persönlich. »Haben Sie auf den Ruf reagiert?«

Sam lächelte. »Sie wissen doch, dass nein, Herr Senator.« Adramelech war, wie jeder wusste, der Vorsitzende des Großen Senats der Dämonen, daher war das ein kleiner Hieb, aber die steinerne Maske zeigte nicht den geringsten Riss.

»Dann brauchen wir von diesem ehrenwerten Herrn nicht mehr zu hören«, sagte Caym, wobei er blinzelte und seine Brille wieder hochschob. »Es ist fast Mittag, und wir haben noch viele Zeugen anzuhören. Wenn also Euer Ehren nichts dagegen haben …?«

Adramelech gab einen Laut wohlbeherrschten Überdrusses von sich und schüttelte den Kopf. Sam machte ein kurzes Daumen-hoch-Zeichen zu mir hin, als er aus dem Saal ging. Ich wünschte halb, er wäre noch geblieben, damit ich wenigstens ein Gesicht sehen könnte, das einem Freund gehörte.

Die Veranstaltung wurde für das Mittagsmahl unterbrochen, aber mir war nicht nach Essen, also ging ich rauf in mein Zimmer, um zu schauen, ob es durchsucht worden war – war es natürlich –, und holte mir dann eine Limo aus dem Automaten, bevor ich in den Saal zurückkehrte. Die Atmosphäre schien jetzt noch gespannter, Frustration machte sich breit, da beiden Seiten klar war, dass bei dem Ganzen nichts herauskommen würde, ja dass noch nicht mal etwas gesagt werden würde, das nicht schon jeder wusste.

Kurz nach Wiedereröffnung der Konferenz wurde ich aufgerufen. Als ich das Podium erklomm, fühlte ich mich etwas intensiver angestarrt, als ich erwartet hatte, und nicht nur von der Höllenseite des Saals aus. Ich fragte mich unwillkürlich, ob die Augen des- oder derjenigen aus dem Himmelslager, dem oder denen ich die Bespitzelung durch Clarence verdankte, jetzt in diesem Raum auf mich gerichtet waren.

Wie auch immer mich die Handicapper eingestuft hätten, ich war nicht der dümmste Trottel, der je einen Heiligenschein getragen hatte: Ich machte genau, was Karael gesagt hatte, beantwortete die Fragen so wahrheitsgemäß wie möglich und umschiffte entschlossen alles Problematische. Jedenfalls tat ich es, bis mir Prinz Sitri mit einer überraschenden Frage dazwischenkam. Seine schleimige, pfeifende Stimme löste bei mir den Reflex aus, jedes Wort gründlich reinigen zu wollen, bevor ich es in mein Gehirn ließ.

»Ist es nicht so, dass Sie seit Edward Walkers Verschwinden

den Fall weiterverfolgt haben, Mr. Dollar? Dass Sie diversen ungewöhnlichen Bekanntschaften Mr. Walkers nachgegangen sind …?«

Karael, der Gute, reagierte sofort ausgesprochen ungehalten und erhob sich halb von seinem Stuhl. »Was unsere Leute tun und welches unsere internen Verfahrensweisen in einem so beispiellosen Fall sind, geht Sie nichts an.«

Eine von Sitris Augenbrauen hob sich wie eine Raupe, die einen Klumpen Talg erklimmt. »Verzeihung, aber gehen verschwundene Seelen nicht uns alle an? Ist das nicht der Grund, warum wir hier in diesem schönen Hotel versammelt sind? Gegen diese meine Frage würde doch wohl nur jemand Einspruch erheben, der etwas zu verbergen hat.«

Ich sah, wie Dutzende von Laptops und Smartphones überall im Saal plötzlich von zehnmal so vielen Fingern (plusminus) bearbeitet wurden, als himmlische und höllische Funktionäre diesen interessanten kleinen Zwischenfall festhielten. Das ganze Getippe und Getippsel führte mir überdeutlich das Bizarre dieser ganzen Konferenz vor Augen: Da waren all diese Geschöpfe des Lichts und der Finsternis, unsterblich und ungeheuer mächtig, mit Fähigkeiten, von denen die Menschen nur träumen konnten, und doch trafen sie sich in beiderseitigem Einvernehmen hier auf der Erde, wo sie sich mit der primitiven Technologie der Sterblichen begnügen mussten, um ihren Job zu machen. Es war, als ob die UN ihre Hauptversammlung bei Kerzenschein im mittelalterlichen Frankreich abhielte.

Karael fand in seinem Bemühen, diese Fragerichtung abzuschneiden, einen unerwarteten Verbündeten – Caym. Der maßgekleidete Dämon schlug vor, dass sich doch ein Regelausschuss damit befassen solle, ob Sitris Frage innerhalb der vereinbarten Leitlinien zulässig sei. Viele im Saal stöhnten ob der Zeitverschwendung, die das bedeuten würde, aber einige wenige forderten die Umsetzung des Vorschlags. Ein paar Leute auf der Höllenseite des Saals riefen »Vertuschung!«. Es entspann sich eine allgemeine und ziemlich laute Diskussion.

Sei es, weil auch er Eligors Spiel spielte, oder sei es einfach nur, weil er eine Million Jahre alt war und pinkeln musste – jedenfalls hieb Adramelech schließlich mit seinem Hammer auf die Tischplatte und gebot mit krächzender Stimme Ruhe. In der daraus resultierenden Stille drehte er, so steif wie eine gerade aus dem Winterschlaf erwachte Schildkröte, den Kopf von einer Seite zur anderen und sagte dann: »Dafür ist heute keine Zeit. Wir haben nur den heutigen Tag für all die Zeugenanhörungen. Diese Punkte können, wenn es die Zeit erlaubt, vor der morgigen Beratungsphase geklärt werden.« Womit Prinz Sitris Frage und jede vergleichbare effektiv abgewürgt waren. Ich sah keine Enttäuschung in den glitzernden Augen, die aus dem wulstigen Gesichtsfleisch des Prinzen lugten, und fragte mich, ob das Ganze nur Sitris Art gewesen war, seinen Rivalen Eligor zu ärgern, so wie die kleine Konfrontation zwischen Caz, mir und dem Reiter in der Hotelbar, die er gestern Abend eingefädelt hatte.

Ich beantwortete noch ein paar technische Fragen und verfolgte mit Interesse, wie beide Seiten es konsequent unterließen, den seltsamen Zufall anzusprechen, dass Grasswax nur wenige Stunden später am selben Ort aufs Gründlichste getötet worden war. Ja, das gesamte Thema, was sich wirklich rund um Walkers Verschwinden abgespielt haben könnte, schien mit einer Art unsichtbarem Hundezaun umgeben – aber wie hatten sie all den Dämonen *und* Engeln Schockhalsbänder verpasst? Wie konnte eine angebliche Untersuchung sich solche Mühe geben, nichts zu untersuchen? Wie weit hinauf ging dieser Dritte Weg? Und ging er auf beiden Seiten so weit nach oben?

Nachdem ich vom Podium entlassen war, wurden noch etliche andere Engel wegen der nach Walker verschwundenen Seelen befragt, aber nichts davon lieferte mir irgendeinen Ansatzpunkt oder brachte die Diskussion auch nur irgendwie voran.

Inzwischen wurde nicht mal mehr so getan, als ginge es um das Ermitteln von Fakten, sondern es wurde nur noch auf den Gegner eingehackt. Wenn Sie Gesetzgebungsvorgänge im Kongress schon unersprießlich finden, sollten Sie mal sehen, wie die ewigen Mächte ihr politisches Handwerk betreiben. Gott, Sie würden denken, da herrscht echte Antipathie.

Es ging auf siebzehn Uhr zu. Ich war hungrig und deprimiert, was sich bei mir normalerweise gegenseitig ausschließt, und überlegte gerade, mich, sobald Karael mal kurz wegschaute, aus dem Saal zu schleichen, als plötzlich Adramelech mit seinem Hammer die Sitzung schloss.

»Wir werden morgen früh weitermachen«, sagte er, und es klang wie Wind, der über dürre Hügel streicht. »Ich schlage vor, dass sich alle Teilnehmer überlegen, wie unsere nächste Sitzung produktiver gestaltet werden kann – der heutige Tag hat in meinen Augen keinen spürbaren Fortschritt gebracht und stimmt mich auch nicht hoffnungsvoll, was eine echte gemeinsame Lösung unseres Problems anbelangt.«

Er verließ das Podium so langsam wie ein Blechspielzeug, das neu aufgezogen werden muss. Caym folgte ihm, während Sitri geduldig auf die hydraulische Hebevorrichtung wartete, die ihn auf seinen gepolsterten Golfcart verfrachten sollte. Die dicken Finger des Prinzen bildeten ein Zelt auf seiner Brust, und für mein ungeschultes Auge wirkte er ziemlich zufrieden mit seinem Tagwerk, das, soweit ich es beurteilen konnte, nur darin bestanden hatte, Eligor mit seiner Anspielung auf die Magianische Gesellschaft zu ärgern. Sollte ich noch mal versuchen, mit Sitri zu reden? Ich machte mir nicht vor, dass er mir irgendeinen Gefallen tun würde, fragte mich aber, wie tief seine Rivalität mit Eligor ging. So tief, dass er mir einen kleinen Fingerzeig geben würde, nur um den Großfürsten fertigzumachen? Aber er rollte bereits in Richtung Lastenaufzug, und ich hatte im Moment nicht die Willenskraft, ihm hinterherzurennen.

490

Ich suchte Sam, aber die Beschwerden meines Freundes, die von seinen Verletzungen herrührten, waren durch den langen Tag im Sitzungssaal nicht besser geworden. Er wollte sich ein bisschen hinlegen, versprach jedoch, sich später zu melden, also ging ich rauf, orderte ein mittelschweres Zimmerservice-Bombardement auf meine Stellung und zog dann Jackett, Schlips und Schuhe aus. Ich bin, wie Sie vielleicht schon erraten haben, von Natur aus nicht gerade der Anzugtyp. Wenn ich gezwungen bin, so ein Ding zu tragen, muss ich immer gegen den Drang ankämpfen, mir einen rauhen Stein zu suchen und es abzuschubbern wie eine juckende alte Schlangenhaut.

Über längere Zeit in einem Hotelzimmer zu sein, fand ich immer schon ein seltsam zwiespältiges Erlebnis. Das Gefühl der Fremdheit geht nie weg, dieses Wissen, dass ich nicht da bin, wo ich hingehöre, aber gleichzeitig hat die Anonymität ihren Reiz. Es ist, wie der letzte nicht gefundene Teilnehmer bei einem Versteckspiel zu sein. Man richtet sich mit dem Alleinsein ein, und wenn es lange genug dauert, denkt man gar nicht mehr dran, dass einen jemand sucht. Bis man gefunden wird zumindest.

Ich hatte so lange stumpf und dumpf Fernsehkanäle durchgezappt, dass sich das Blassblau des Himmels jenseits der dünnen Musselinvorhänge inzwischen in Schwarz verwandelt hatte und in Sachen Baseball und Prime-Time-TV-Dramen nicht mehr viel los war. Auch mit mir war nach der kurzen letzten Nacht nicht mehr viel los, und mir fielen schon langsam die Augen zu, als es an meiner Tür klopfte.

Ich hatte Sam vor einer Stunde angerufen, und er hatte gesagt, er nehme gerade ein Schmerzmittel und wolle im Bett bleiben, also war die Wahrscheinlichkeit groß, dass mein später Besuch jemand war, den ich nicht sehen wollte. Was in dieser Situation hieß, jemand, den ich vielleicht erschießen musste. Meine geringen Restbestände an Adrenalin genügten gerade noch, um mich hastig aufspringen und zu meinem Jackett und meinem Schulterholster hinübereilen zu lassen. Ich hatte noch das sperrige Erweiterungsmagazin in der Five-Seven und wollte sie daher von vornherein in meiner Hand, damit sie sich nicht an irgendwas verhakte, also hielt ich sie hinterm Rücken, während ich die Tür einen Spalt öffnete und gleichzeitig einen Schritt zurücktrat, für den Fall, dass jemand fest genug dagegentrat, um die Kette zu sprengen. Mein Herz klopfte, und ich war für alles gewappnet, was die Hölle mir da schicken mochte.

Na ja, für fast alles.

»Lass mich rein«, sagte Caz mit kalter, tonloser Stimme. »Dieses Hotel wimmelt von Wichtigtuern und Spionen. Du kannst mich eine Hure schimpfen, wenn ich drin bin und die Tür verriegelt ist.«

Sie kam hocherhobenen Hauptes herein, trotzig, auf Schläge oder Beschimpfungen gefasst. Ich verriegelte die Tür und legte die Kette vor und fragte mich kurz, ob ich vielleicht eingeschlafen war und alles nur träumte. Sie starrte mich an, wartete, dass ich tat, was immer ich jetzt zu tun gedachte, und um ehrlich zu sein, ich wusste in dem Moment selbst nicht, was das sein würde. Die weniger engelhaften Teile meiner Person machten der Verwirrung schließlich ein Ende, indem sie Caz an den Schultern packten und an mich zogen, dann unterband mein Mund die Frage, die sie stellen wollte, und ich zerrte sie aufs Bett. Zuerst schien sie irgendwie zu kämpfen, aber wie sich herausstellte, nur darum, ihre Kleider loszuwerden. Ich hielt mich mit meinen gar nicht groß auf. Wir wälzten uns, umkrallten und kratzten einander. Sie weinte und fluchte, als ich in sie eindrang. Ich vielleicht auch.

34

ZUSAMMEN ATMEN

Es war nicht Liebe, und es war nicht nur Begehren – es war Hunger. Ich weiß nicht, was ich wollte, aber ich wollte es so dringend und so unbedingt, dass ich nicht denken konnte. Ich kam schnell und fiel keuchend auf sie und fühlte erst jetzt den Schweiß, der unsere Körper miteinander verband und von meiner Stirn in ihr Haar fiel. Ich konnte nichts sagen. Worte waren das Letzte in meinem Kopf. Sie lag schwer atmend da, das Gesicht von mir abgewandt, die Kleider noch halb an, bis auf das, was um uns herum auf Bett und Fußboden verstreut war. Eine ganze Weile lagen wir einfach nur so da und atmeten einander ins Ohr, als ob alles andere nicht existierte. Wissen Sie, was das Wort »konspirieren« eigentlich bedeutet? Zusammen atmen. Aber was für eine Konspiration war das hier?

»Caz«, sagte ich. »Ich … ich verstehe einfach …«

Ihre Hand schoss empor und drückte mein Kinn weg, zwang mich auf Distanz. Eine halbe Sekunde lang dachte ich, sie wolle mir womöglich an die ungeschützte Kehle gehen. Dann, als sie sich unter mir hervorzuwinden begann, hatte ich schreckliche Angst, sie wolle gehen. Sie bekam ein Knie in meinen Bauch und drückte mich noch weiter hoch und zur Seite, bis ich von ihr herunterkippte und mit nacktem Bauch und bloßem Unterleib dalag, so hilflos wie ein Schlachttier. Doch statt mich zu töten, kletterte sie auf mich, langte hinab und zog und drückte, bis ich wieder steif war. Dann schloss sie meinen Brustkorb zwischen ihre Knie und senkte sich auf meinen Schwanz, im Gesicht eine so besessene Konzentration, dass ich mich fragte, ob ich in ihrem Bewusstsein überhaupt noch existierte.

Sie ritt mich wie eine Walküre, die, reichlich spät dran für die Götterdämmerung, durch das Blitzen in die letzte Schlacht hinabstößt. Als ich nach ihren hellen Brüsten greifen wollte, die über mir wippten und wackelten, packte sie meine Handgelenke und zwang meine Arme wieder hinab, nagelte sie fest und arbeitete mit ihrem Becken auf mir, bis wir beide gleichzeitig kamen, ein Moment, der mehr von einem großen als von einem kleinen Tod hatte. Aber Caz reichte das noch nicht. Sie blieb auf mir, walkte mich mit ihren inneren Muskeln wieder in Form und ritt mich weiter, bis ich fühlte, wie sich ein weiteres Schauern in ihr steigerte, ein Tremor, der ihre Wirbelsäule rauf- und runterzulaufen schien, bis sie erbebte, sich versteifte und wieder ein paar Sekunden bebte, ehe sie von mir herabglitt und neben mir lag, die Arme überm Kopf und noch immer zuckend wie von einem Elektroschock.

»O Gott …«, flüsterte sie heiser.

»… *Aber wie kann der Robo-Chop das alles schaffen?*«, flötete jemand im Fernseher, der immer noch lief. »*Werden die Klingen nicht stumpf?*«

»*Wenn das passiert*«, brüllte ein Australier, »*dann ersetzen wir sie! Vollkommen kostenlos!*«

Ein Sturm von Applaus und Begeisterungsrufen folgte dieser Verkündigung. Ich drehte mich auf die Seite und streckte den Arm nach Caz aus, die mit dem Gesicht in die andere Richtung dalag, der schmale Rücken und der Hintern so verletzlich wie bei einem Kind. Doch als ich sie berührte, schob sie meine Hand weg.

»Nicht.«

»Aber … Caz, sprich mit mir.«

Sie erschauerte leicht. »Nicht. Ich meine es ernst. Du weißt, dass du mir am Ende vorhalten wirst, was für eine Hure ich bin und wie ich dein kleines Herz gebrochen habe. Lass uns die Präliminarien einfach überspringen.«

Diesmal fasste ich ihren Arm so fest, dass sie mich nicht abschütteln konnte, und bevor sie dazu kam, sich richtig zu wehren, zog ich sie zu mir herum. Zuerst drehte sie das Gesicht immer noch weg, dieses Gesicht, das mich tagelang verfolgt hatte, doch dann gab sie auf. Auf ihrer Stirn und ihren Wangen saßen Schweißtropfen, aber ihre Augen waren trocken, als sie mich ansahen.

»Stell die Fragen gar nicht erst, weil es keine Antworten gibt«, sagte sie. »Du und ich … wir hatten unseren Moment, okay, aber wir können nie zusammen sein, nicht in einer Million Jahren. Vergiss es einfach. Ich bin nur hergekommen, um dir was zu sagen.«

»Zum Teufel damit.« Ich setzte mich auf. Sie blieb auf dem Rücken liegen, so zart und beschädigt, und setzte mich damit noch weiter ins Unrecht. Sie lag hier direkt vor meiner Nase und erzählte mir, ich könne sie nicht haben. Ich kämpfte gegen eine Wolke von roter Wut an, die nichts als Unheil stiften konnte. »Nein! Ich glaube nicht, dass das hier nichts ist. Ich weiß, wie Nichts ist, und das hier ist nicht so.«

»Okay, nennen wir's sexuelles Verlangen.« Sie rutschte höher hinauf, damit sie ihren feuchten, weißgoldenen Kopf an ein Kissen lehnen konnte. Ihre elfenbeinfarbene untere Partie vom Nabel bis zu den Füßen erstreckte sich neben mir und lenkte mich ab, vor allem das verkürzte Dreieck zwischen ihren Schenkeln, das schimmerte wie zu Gold gesponnenes Stroh. »So was haben wir auf meiner Seite auch. Es ist nichts Außergewöhnliches.«

»Verdammt, Caz, was willst du von mir? Wenn du mich abservieren willst, was machst du dann hier?«

»Dich abservieren?« Sie lehnte sich an das Kopfbrett, schien aber gar nicht zu merken, wie unbequem es war. »Du überschätzt dich als Liebhaber, Dollar, wenn du glaubst, ein One-Night-Stand hieße für immer und ewig. Erst recht zwischen dir und mir.«

»Willst du sagen, du fühlst nicht so?« Ich wollte etwas kaputtschlagen. Ich wollte das Bettzeug vom Bett reißen und sie und alles, was wir getan hatten, herunterschleudern wie ein Zauberer bei einem peinlich missglückten Tischtuchtrick. »Also, los. Sag's mir. Ich will hören, wie du's sagst.«

Sie sah mich an, sah mich erstmals, seit sie zur Tür hereingekommen war, wirklich an, mit ernsten, düsteren Augen. »Ich fühle nicht dasselbe wie du, Bobby.«

Es war, wie ein Messer in den Bauch gerammt zu bekommen. Mir ist das schon passiert, ich kenne das Gefühl. Die entweichende Luft, der kalte, harte Schmerz von etwas, das da nicht sein sollte, *niemals* da sein sollte – es war fast genauso. »Du lügst.«

»Lügen ist meine Haupttätigkeit«, sagte sie ruhig. »Es ist mein Job. Aber jetzt gerade versuche ich, dir einen Gefallen zu tun und ausnahmsweise mal die Wahrheit zu sagen.«

Ich stand auf und ging an die Minibar, aber einen Drink in mich reinzukippen, zumal aus einem dieser mickrigen Fläschchen, schien etwas so Schwächliches – so *Menschliches* –, dass ich kehrtmachte und wieder zum Bett ging. Mein ganzes Leben, der ganze große Plan des Höchsten für Doloriel, war auf die Dimensionen dieses winzigen Hotelzimmers geschrumpft … oder noch weiter. Auf die Größe einer Matratze mit schweißfeuchten Laken. Noch nie hatte ich einen so heftigen Drang verspürt, jemanden zu schlagen, jemanden Schmerz leiden zu lassen, wie ich ihn in diesem Moment litt, aber ebenso wenig hatte ich je ein so heftiges Bedürfnis verspürt, dieselbe Person zu packen und auf die Arme zu nehmen und mit ihr wegzurennen, der schlechten, öden Welt zu entfliehen und den Rest jedweden Lebens, das mir blieb, darauf zu verwenden, sie glücklich zu machen. »Zerrissen« ist nicht das richtige Wort. »Verwirrt« ist nicht das richtige Wort. Ich glaube, es gibt dafür kein Wort. »Also, warum bist du hierhergekommen?«, brachte ich schließlich heraus. »Warum, Caz?«

»Um dich zu warnen«, sagte sie. »Um zu versuchen, dir das Leben zu retten.«

Ich lachte, ziemlich bitter. Das Leben, von dem sie sprach, schien im Moment kein besonders wertvolles Gut. »Ein feiner Dämon bist du.«

»Ich habe nicht gesagt, dass du mir gar nichts bedeutest.« Kurz musste sie wegschauen, und ich hatte die idiotische Hoffnung, ich wäre irgendwie zu ihr durchgedrungen und sie würde mir sagen, alles, was sie eben gesagt hatte, sei auch nur Lüge gewesen. Doch als sie mich wieder ansah, war ihr Gesicht schrecklich ruhig und gelassen. »Natürlich mag ich dich, auf meine Art. Und ich will nicht, dass dir was passiert – jedenfalls nicht meinetwegen.« Sie setzte sich auf, zog die Kleidungsstücke an, die auf dem Bett lagen, stand dann auf und begann, ihre Schuhe und sonstigen heruntergefallenen Sachen aufzusammeln, spulte unseren Sex zurück, wie um ihn ungeschehen zu machen. Sie war immer noch halb nackt, und trotz des Aufruhrs in meinen Eingeweiden und dem Pochen in meinem Schädel war der Anblick, wie sie sich nach ihrer Jacke bückte, einfach zu viel für mich. Ich schlang wieder die Arme um sie und zog sie an meine Brust, ihre Brustwarzen in meinen Händen, aber nur ganz kurz, ehe sie sich heftig losriss.

»Nein! Nicht! Ich kann nicht ... ich kann das nicht wieder tun.« Sie wich zurück, starrte mich einen Moment resolut an, schlüpfte dann in ihren Slip und machte sich daran, ihre übrige Montur anzulegen. Bei jeden bisschen Nacktheit, das sie verhüllte, traf mich ein schmerzhafter Stich ins Herz, vor allem, als sie ihre Bluse zuknöpfte und ihre helle Haut verschwand wie die Sonne hinter Wolken.

»Jetzt«, sagte sie, als sie angezogen war, »können wir entweder weiter debattieren, oder du kannst mir zuhören.« Sie sah auf die Uhr. »Wir haben nicht mehr viel Zeit, ich muss gleich los.«

»Zu ihm?«

»Debattieren oder zuhören?«

Ich klappte den Mund zu.

»Eligor wird die Konferenz vorzeitig beenden«, sagte sie. »Ich habe ihn mit einem seiner Leute reden hören. Heute um Mitternacht.«

»Was redest du da? Das steht doch gar nicht in seiner Macht, selbst wenn das hier sein Hotel ist – es ist doch eine Gipfelkonferenz! Da sind etliche Leute von seiner Seite, die in der Hierarchie über ihm stehen, mal ganz davon abgesehen, was meine Seite davon halten würde. Du irrst dich, Caz. Das geht gar nicht.«

»Ich habe gehört, was ich gehört habe«, sagte sie, so kalt wie ein Marmorbrunnen. »Und wenn er's tut, dann wahrscheinlich, um dich zu überrumpeln, Bobby. Er hat mir gesagt, er würde nicht … er hat gesagt, du interessierst ihn nicht mehr, aber wir wissen doch beide, was sein Wort wert ist.«

»Moment. Er hat dir gesagt, er sei nicht mehr hinter mir her? Ist es das, was du sagen willst? Warum sollte er so was sagen? Was hast du ihm erzählt? Oder ihm gegeben …?«

»Jetzt debattierst du schon wieder«, sagte sie.

»Verdammt, das ist nicht fair …«, setzte ich an.

»*Aber es kommt noch besser!*«, brüllte das Publikum gemeinsam mit dem australischen Irren. Er peitschte es weiter auf. »*Und ob! Für diesen supergünstigen Preis bekommen Sie nämlich zwei Robo-Chops plus zwei Gemüseschneiderklingen, zwei Aufschnittschneiderklingen sowie diese wunderschöne Servierplatte …!*« Das Infomercial-Publikum klang, als ob es sich dem Höhepunkt einer besonders geräuschvollen Orgie näherte oder vielleicht auch gerade verfolgte, wie die Christen zu den Löwen in die Arena gestoßen wurden. Ich ging zum Fernseher, um den Ton abzustellen, und sah mich dann auf dem Boden neben dem Bett nach der Fernbedienung um.

Die Tür fiel zu.

Ich wollte ihr nachrennen, verhedderte mich aber zuerst mal in einem herunterhängenden Bettlaken. Als ich mich befreit und endlich die Tür offen hatte, war Caz schon um die Flurecke verschwunden, zweifellos in Richtung Lift. Ich hörte Stimmen im Flur und zögerte, wog mein Bedürfnis, sie einzuholen, gegen mein Bestreben ab, nicht mit baumelndem Schwanz und ohne Waffe in Eligors Hotel herumzurennen. Die Vorsicht siegte, wenn auch nur knapp. Ich fuhr in meine Hose, zog mir das Jackett über den bloßen Oberkörper, steckte die Automatik in die Tasche und schlüpfte in meine Schuhe, ohne sie vorher aufzumachen, erst dann rannte ich den Flur entlang.

Drei mindere Engel hatten ganz schön Probleme, ihre Zimmertür aufzukriegen. Sie hatten offensichtlich die unvertrauten Erfahrungsmöglichkeiten menschlicher Körper gekostet, vor allem jene, die aus fermentiertem Getreide resultieren, aber ich wollte ihnen dennoch nicht das Spektakel bieten, wie ich durch diesen Flur einem weiblichen Dämon hinterherjagte, der vermutlich soeben an ihnen vorbeigekommen war. Das könnte so weit durch den Alkoholnebel dringen, dass sie sich morgen daran erinnern würden. Ich setzte ein kleines Ihr-solltet-es-doch-besser-wissen-Lächeln auf, als ich ruhigen Schrittes an ihnen vorbeiging, und löste damit verlegenes Übersprungslachen aus. Dann marschierte ich zügig weiter in Richtung Lift.

Konnte es irgendwie sein, dass sie recht hatte? Hatte Eligor, vielleicht mit Cayms Unterstützung, doch genügend Einfluss, um die Konferenz vorzeitig abzublasen? Und würde er das wirklich tun, nur um mir an den Kragen gehen zu können?

Er glaubt, ich hätte ihn ausgetrickst, ging mir auf. *Er glaubt, ich hätte ihn in der Sache mit der Feder verarscht, und er weiß offensichtlich, dass da was zwischen Caz und mir ist, ob sie es ihm erzählt hat oder nicht.* Ordinäre sexuelle Eifersucht mochte bei einem Höllengroßfürsten ein treibendes Motiv sein oder auch nicht, ausgeprägtes Besitzdenken war in jedem Fall eins. Ja, seine Abneigung gegen mich konnte durchaus so weit gehen.

Doch egal, was Caz glaubte – Eligor konnte doch den Gipfel unmöglich mitten in der Nacht beenden. Es war schon nach elf. Was wollte er tun, Karael wecken und vorschlagen, alle nach Hause zu schicken und den Rest der kleinen interjenseitigen Kreiswichserei zu verschieben, nachdem sie sich jetzt schon mal die Mühe gemacht hatten, sie zu organisieren? Die höheren Engel hassen es, Menschengestalt anzulegen, hassen es überhaupt, den Himmel zu verlassen. Ich konnte mir lebhaft vorstellen, wie dieser Vorschlag bei Karael ankommen würde.

Bei den Lifts angelangt, sah ich, dass der, den Caz genommen haben musste, schon die erste Etage erreicht hatte. Ich sprang in einen anderen und beschloss, darauf zu setzen, dass sie ins Erdgeschoss fuhr; wenn nicht, konnte ich von dort ja wieder hinauffahren und das Halbgeschoss und die zweite Etage absuchen. Als die Tür mit einem Ping aufging, schob ich mich durch eine hereindrängende Gruppe betrunken kichernder Dämonen nach draußen und durchquerte rasch die Lobby, entdeckte sie aber nirgends und marschierte weiter zum Ausgang. Ich krachte fast durch die Glastür, als die sich nicht schnell genug öffnete, denn ich hatte ihre langen Beine vom Parkservicebereich die Front des Hotels entlang zum Parkplatz schreiten sehen. Keiner der Parkpagen oder Gäste schien groß herzuschauen, also spurtete ich ihr hinterher.

Ich holte sie an der Ecke des Gebäudes ein, wo sie stehengeblieben war, als ob sie auf jemanden wartete. Ich war mir ziemlich sicher, dass dieser Jemand nicht ich war. Der Geruch des nahen Wassers war intensiv, und ich hörte die klagenden Laute von Möwen. Seit dem Einchecken war ich nicht mehr draußen gewesen: Ich hatte schon fast vergessen, dass wir auf Sand Point waren.

Als sie mich sah, sackte ihr ganzer Körper zusammen, als hätte sie ein Schuss getroffen, aber sie straffte sich sofort wieder und wich vor mir zurück. Meine Jacke war über der bloßen Brust nur halb zugeknöpft, meine Schuhe schlappten. Ich musste aussehen wie ein liebeskranker Penner.

»Was denn jetzt noch?« In ihren Worten lag Kälte.

»Ich glaube nicht, dass du tust, was du willst«, sagte ich.

»Du hast keine Ahnung, was ich will, Bobby. Du glaubst nur, du wüsstest es. Ich bin nicht die, für die du mich hältst.« Sie sagte es mit der Geduld einer müden Mutter gegenüber ihrem verzogenen Kind. »Ich bin eine Million Mal schlimmer, als du's dir vorstellen kannst. Ich bin seit Jahrhunderten in der Hölle.« Sie lachte. Es zu hören, war schmerzhaft. »Sie haben mich schon vor langem gebrochen. Ich bin eine Lebenslängliche.«

»Quatsch. Du hättest nicht …«

»Was hätte ich nicht? Mit dir gevögelt? Glaubst du, das macht dich zu was Besonderem? Werd mal erwachsen, Dollar!« Sie blickte über ihre Schulter, als ein großer schwarzer Wagen langsam vom Hotelportal herangerollt kam. »Oh, Shit.«

Sie packte mich und schob mich in den Schatten des Gebäudes, aber der Wagen kam näher und hielt keine zehn Meter entfernt an der Bordsteinkante. Ich sah eine hellhaarige Gestalt auf dem Fahrersitz und wusste, dass es Eligor war.

»Du gehst mit ihm weg?« Ich fragte mich jetzt allmählich, inwieweit ihr Besuch ihre eigene Idee gewesen war und inwieweit eine Maßnahme von Eligor, um mich in eine Verfassung zu bringen, in der ich leichter zu töten war. Im Moment war es mir tatsächlich egal, ob er mir mitten ins Herz schoss. Wäre nicht das erste Mal, dass mir das passierte. Nicht mal das erste Mal in

501

dieser Nacht. Mir kam überhaupt nicht der Gedanke, dass ich ja auch eine Waffe trug.

»Ja, natürlich gehe ich mit ihm. Verstehst du denn nicht? Ich habe keine andere Wahl.«

»Hat er die Feder?«

Sie schüttelte den Kopf, drückte mich aber immer noch gegen die Gebäudewand. »Wach auf, Bobby! Das ist kein Detektivroman. Nein, er hat sie nicht. Ich hab sie auch nicht, und ich weiß nicht, wo sie ist. Ich hab dir doch erzählt, wie es war.«

»Warum hat er dich dann zurückgenommen?«

Sie trat einen Schritt zurück, sodass sie zur Hälfte in das Licht vom Hotelportal getaucht war. Hinter ihr sah ich, wie Eligor sich ein wenig vorbeugte, wie um uns zu beobachten. Kurz glommen seine Augen rot im Dunkel des Wageninneren, für Unbeteiligte wäre es fast mit dem Leuchten einer Diebstahlwarnanlage zu verwechseln gewesen.

Verdammter Angeber, dachte ich.

»Er hat mich zurückkommen lassen … weil er Sachen über dich wissen wollte. Alles über dich. Und ich habe ihm alles gesagt. Okay? Bist du jetzt zufrieden? Ich habe dich verraten, Bobby. Wie ein guter Dämon. Wie du es dir hättest ausrechnen können.«

»Aber alles andere, was wir …«

»Alles andere war Lüge!« Sie senkte den Kopf. Als sie ihn wieder hob, hatte ihr Gesicht einen Ausdruck von Wut und Qual, wie ich ihn noch nie gesehen hatte. »Klar habe ich gedacht, wir könnten etwas voneinander haben. Ich mag Studenten – das sagte ich ja. Ich dachte, wir könnten vieles zusammen studieren. Könnten vielleicht sogar voneinander lernen. Aber das war ein Irrtum. Du trägst schon zu lange einen Körper, Dollar. Du bist wie jeder Engel oder Dämon, der den Sitten der Eingeborenen verfällt. Du hast dir von deiner menschlichen Verkleidung Dinge weismachen lassen, die nicht so sind – die nicht so sein können.« Sie trat jetzt ganz ins Licht hinaus. »Mach's gut, Bobby.«

Sie drehte sich um und ging auf den langen, schwarzen Wagen zu.

»Aber, verdammt, ich liebe dich«, sagte ich so laut, dass es auch das Monster hinter seinen getönten Scheiben hören musste. »Ich pfeif auf den Himmel und die Hölle, Caz. Ich will nur dich.«

Sie zögerte so lange, dass ich dachte, die Zeit selbst sei stehengeblieben. Dann kam sie wieder zurück und packte mich an den Revers, als wollte sie mich schütteln, so wie ich sie hatte schütteln wollen, als sie in mein Zimmer gekommen war. Sie zog so fest an meiner Jacke, dass ich dachte, sie würde sie zerreißen, brachte dann ihr Gesicht so dicht vor meins, dass ich die Kälte ihrer Haut und die Hitze ihres Atems fühlte. Sie starrte mich an. Nicht um alle Pracht des Himmels hätte ich sagen können, was sie dachte.

»Ich liebe dich«, sagte ich wieder.

Ihr Blick war leer, ohne jede Hoffnung; sie wandte ihn ab. »Dann bist du ein Idiot.«

Sie ließ mich los und ging zu dem Wagen. Die Tür öffnete sich wie von Zauberhand, und sie stieg ein. Dann fuhr die schwarze Limousine an und verschwand in der Nacht.

Ich stand wohl minutenlang da und sah zu, wie die Heckleuchten kleiner wurden und schließlich im Nebel verschwanden, und fragte mich, warum sie so viel Geld für einen teuren Leuchtturm-Nachbau ausgegeben hatten, wenn sie das verdammte Licht doch nicht anmachten, bevor ich plötzlich merkte, dass sich irgendwas an meiner Brust komisch anfühlte. Halb abwesend rieb ich mit der Hand darüber, in der Meinung, dass es ein Kratzer von Caz' Fingernägeln war, und mit dem Gedanken im Kopf, dass es zumindest noch ein paar Tage dauern würde, bis auch diese letzten Spuren verschwunden wären. Da war etwas, ein harter und schwerer Klumpen in meiner äußeren Brusttasche. Ich nahm das Ding heraus und ließ es in meine hohle

Hand gleiten, trat dann ein paar Schritte ins Licht hinaus, um sehen zu können, was ich da hatte.

Es war ein glänzendes kleines Oval, das auf einem zusammengekringelten Kettchen lag wie das letzte noch nicht ausgebrütete Schlangenei in einem Nest. Als ich es hin und her drehte, drang endlich durch den Nebel in meinem Hirn, was ich da vor mir sah – Caz' Medaillon, das Präsent des polnischen Grafen (wenn irgendwas an ihrer Geschichte stimmte) aus der Nacht, in der sie ihn getötet hatte.

Was sollte das bedeuten? Eine Entschuldigung? Einen Fluch? Vielleicht sogar … und für einen Moment ließ ich schon fast mein nichtsnutziges Menschenherz die Oberhand über meinen Verstand gewinnen … eine Art Versprechen? Oder wollte sie mir nur sagen, dass sie jetzt endgültig alle moralischen Verpflichtungen abschüttelte, den Toten wie den Lebenden gegenüber?

Ich klappte es auf. Darin lagen zwei Haarlocken, ineinandergedreht wie die DNA einer unbekannten Spezies, eine braune, die von ihrem kleinen Dienstmädchen sein musste, und eine, die so hellgolden war, dass sie fast wie Platinfäden aussah, und die nur von der Gräfin von Coldhands stammen konnte. Ich klappte das Medaillon wieder zu und ging zurück zum Eingang des Hotels.

Innerlich so leer und kalt wie ein nicht mehr bewohntes Haus, stand ich im Lift und starrte auf die Leuchtanzeige, die sich langsam meinem Stockwerk näherte, als unten im Ballsaal die Bombe hochging.

35

BOOM BOOM

Es gibt ein wütendes altes Lied von Little Walter namens *Boom boom, out go the lights*, und ziemlich genau so war es. Die Explosion unten im Ballsaal erschütterte das ganze Gebäude, auf jeden Fall aber den Liftschacht. Die Liftkabine ruckte auf und ab und auch ein bisschen hin und her, sodass ich herumgeschleudert wurde wie eine Flipperkugel, dann wurde es plötzlich völlig dunkel.

Woher ich wusste, dass die Explosion unten im Ballsaal war? Wenn man unbedingt wollte, dass die Gipfelkonferenz nicht weitergehen würde – wo sonst hätte man dann eine Bombe legen sollen als in dem Raum, in dem sie stattfand, dem einzig richtig großen Saal im Hotel? Eligors Hotel.

Er hat sein eigenes Hotel in die Luft gejagt!, dachte ich, während ich ganz still dastand und herauszukriegen versuchte, ob der Lift ernsthafte Schäden davongetragen hatte oder nur festsaß, weil der Strom ausgefallen war. Doch irgendwo in mir war fast so etwas wie Bewunderung – soweit ich ein gewissenloses Schwein von einem Dämonenfürsten je bewundern könnte – Eligor der Reiter hatte Mut, das musste ich ihm lassen. Und es war mir auch eine Lektion: Ich hatte mir die ganze Zeit vorzustellen versucht, wie er es wohl anfangen wollte, und war gar nicht auf die Idee gekommen, dass er einfach seinen eigenen Laden in die Luft sprengen könnte und mindestens ein paar Dutzend Leute töten, mal abgesehen von den ernsthaften Unannehmlichkeiten, die er Hunderten seiner engsten Verbündeten damit bereitete. Ich hatte gesehen, wie voll die Lobby war, und konnte mir vorstellen, was sich jetzt dort abspielte. Ich würde ihn nie wieder unterschätzen.

Schließlich stieß ich die Notausstiegsluke in der Kabinendecke auf, hievte mich hindurch und langte dann ins Dunkel über mir. Ich war offenbar nur ein kleines Stück unter der nächsten Etage. Also stemmte ich mich zwischen den Schachtwänden ab und arbeitete mich langsam aufwärts, bis ich an die Tür herankam. Es war schwer, einen Ansatz zu finden, aber schließlich gelang es mir, die Finger in den Spalt zu bekommen und die Türhälften weit genug auseinanderzuziehen, um riskieren zu können, hinüber und hinaus zu klettern. Das Unterfangen war wesentlich heikler, als mir lieb war – es war stockdunkel, und die Liftkabine blockierte zwar den Schacht, aber nur direkt unter mir. Wenn ich es nicht schaffte, auf meinem höchstpersönlichen Lift zu bleiben, erwartete mich ein Sturz bis ins Untergeschoss. Endlich landete ich draußen auf dem Flurfußboden, voller Rußflecken und mit einer bleibenden Unterleibsquetschung, die von der Pistole in meiner Tasche stammte.

Hier und da ging jetzt die Notbeleuchtung an und warf einen trübroten – soll ich sagen, infernalischen? – Schein, in dem selbst ich mit meinem überdurchschnittlichen Sehvermögen dem Etagenschild nur aus allernächster Nähe entnehmen konnte, dass ich mich im zweiten Stock befand. Sams Zimmer war einen Stock höher, also rannte ich zur Treppe. Das Treppenhaus war voller überstimulierter Leute, von denen die meisten schnellstens in die Lobby hinunter wollten, ehe das Hotel zusammenbrach oder sonst was passierte, andere jedoch genauso hastig von den unteren Stockwerken, wo sich die Explosion ereignet hatte, in höhere zu entkommen suchten. Ich roch Rauch, hatte aber noch kein Anzeichen von Feuer gesehen, doch die anderen

Gäste sahen aus und verhielten sich wie panische Tiere. Nichts versetzt Menschen so schnell in ihren Urzustand zurück wie eine plötzliche Katastrophe, und auch ein Engel oder Dämon, der nur einen Kurzaufenthalt in einem menschlichen Körper verbringt, entgeht diesem Mechanismus nicht.

Sam saß in der offenen Tür seines Zimmers und zog sich gerade die Schuhe an. Ich ließ mich neben ihn plumpsen, weil ich meine Schuhe ja auch nur behelfsmäßig anhatte und sie jetzt richtig binden wollte. Ich hatte eine Pistole, okay, aber keine Socken, keine Taschenlampe, kein Hemd und keine Brieftasche. Es ist eine gewisse Herausforderung, als Hotelgast auf eine größere Explosion im hauseigenen Konferenzsaal vorbereitet zu sein, aber ich hatte es definitiv vergeigt.

»Dann brauchst du also noch keinen neuen Körper?«, fragte Sam.

»Noch nicht, aber gib mir noch zehn Minuten. Eligors Leute werden mich gleich suchen und diesem Manko bestimmt abhelfen wollen.« Eigentlich glaubte ich, dass sie mich eher gefangen nehmen wollten, wenn Caz die Wahrheit gesagt hatte und ihr Boss noch nicht wieder im Besitz der Feder war, aber ich konnte jetzt keine Zeit mit ausführlichen Erklärungen verschwenden.

Sam war so taktvoll, keine weiteren Fragen zu stellen. Er stand einfach nur auf und patschte auf die betreffende Stelle unter seiner Jacke, um mir zu bedeuten, dass er bewaffnet war. »Dann könnten sie sich eine Auseinandersetzung einhandeln.«

Es ging mir schon viel besser, jetzt, da ich ihn an meiner Seite wusste. Nicht nur würde ich mir keine Sorgen machen müssen, was mit ihm war, ich wusste auch aus langjähriger, unmittelbarer Erfahrung, dass er genau der Typ war, mit dem man in den dicksten Schlamassel hineingehen und wieder herauskommen konnte – gut im Denken, gut im Schießen, gut im Lügen.

»Ich schätze mal, wir wollen runter, wo die anderen Leute sind, wenn jemand hinter dir her ist«, sagte er.

Ich fummelte gerade in meiner Tasche herum. Es dauerte einen Moment, bis ich antwortete. »Ja, so ungefähr. Komm mit zur Treppe …«

Die Strahlen einer Stablampe huschten jetzt über die Wand am anderen Ende des Flurs. Der hatte sich in der halben Minute, die ich hier war, geleert; wer da mit so viel Licht nahte, hatte sich also gezielt gegen den Strom der fliehenden Gäste die Treppe hinaufgearbeitet. Mit anderen Worten: Das verhieß nichts Gutes.

Noch während ich an Sams Ärmel zog, kamen sie schon um die Flurecke, große, geduckte Gestalten in schwerer Schutzausrüstung, jede mit einer Art Nachtsichtgerät, ähnlich den Stielaugen einer Schnecke. Sam und ich rannten in die entgegengesetzte Richtung, zum Treppenhaus, durch das ich heraufgekommen war. Wir öffneten die Tür, so leise wir konnten, aber Eligors Männer mussten Horchgeräte benutzen oder aber ein besonders feines Gehör besitzen: Mündungsfeuer zuckte, und wir hörten das stotternde Geräusch automatischer Waffen, als wir hinausstürzten und die Tür hinter uns zuknallten.

»Warte mal kurz«, sagte ich.

»Keine gute Idee«, erwiderte Sam.

»Ich will nur …« Ich bekam endlich das Erweiterungsmagazin aus meiner Pistole und schnippte die Silberpatronen heraus in meine Tasche. Dann beugte ich mich ins Treppenhaus und warf das leere Magazin auf eine entferntere Stufe der aufwärts führenden Treppe. »Sie haben Infrarotsichtgeräte – sie werden es sehen. Vielleicht denken sie dann, wir sind da lang gegangen.« Und sie würden zur Kenntnis nehmen, dass ich eine große Faustfeuerwaffe hatte, was auch nichts Schlimmeres bewirken konnte, als unsere Verfolger etwas vorsichtiger zu machen.

Als wir auf unserem Spurt die Treppe hinab zwischen zweitem und erstem Stock waren, sagte ich: »Wir müssen schleunigst aus diesem Gebäude raus. Das nächste Stockwerk ist das

Halbgeschoss, direkt überm Ballsaal, und selbst wenn es noch steht, ist es garantiert voll von Feuerwehr und wer weiß, was noch.«

»Warum willst du dann da lang?«

»Weil wir uns hinten rausschleichen werden.« Ich rang um Atem. »Zum Bootshafen.« Das Hotel hatte einen eigenen kleinen Hafen, da nicht wenige Ralston-Gäste mit teuren Booten kamen.

»Warum?« Auch Sam keuchte. Unser Dialog klang ein bisschen, als würden wir beide gerade kräftig massiert. »Wollen wir eine Yacht klauen?«

»Besser. Klappe jetzt. Ich versuche, was auf meinem Handy zu erkennen.«

Wir stürzten hinaus in den ersten Stock, der menschenleer war, aber voll von Staubschwaden und Brandgeruch. Ich hoffte, dass das alles von unten kam und wir uns nicht plötzlich zwischen Eligors Gorillas und einer Feuerwand gefangen finden würden. Das einzig Gute war, dass die Gruppe, die uns verfolgte, relativ klein gewesen war, nicht mehr als ein halbes Dutzend. Sie hatten wahrscheinlich doppelt so viele Leute in mein Stockwerk geschickt, würden aber ziemlich schnell feststellen, dass ich nicht da war. Wenn der Großfürst nicht so beschäftigt gewesen wäre, seine Macht auszukosten, indem er zusah, wie Caz mir den Laufpass gab, ohne dass er selbst auch nur einen Finger zu rühren brauchte, hätte er ja seine Männer anrufen und ihnen sagen können, dass ich draußen vor dem Hotel war. Jedenfalls konnte ich es mir nur so erklären, dass er mich hatte laufenlassen, als ich eine leichte Beute gewesen wäre.

Wir spurteten durch den breiten Flur, vorbei an diversen Konferenzräumen, und erreichten das Ende genau in dem Moment, als jemand die Treppenhaustür, durch die wir gekommen waren, mit dem Fuß aufstieß. Eine Geschosssalve spritzte rechts von uns an die Wand und verlor sich dann an der Decke.

»Stehenbleiben!«, rief jemand. »Polizei! Sie kommen hier nicht raus! Waffen wegwerfen und auf den Boden legen!«

»Wenn das die Polizei ist«, knurrte Sam, während wir mit der Tür zur Treppe kämpften, »bin ich der kleine Trommler.«

Ich stürzte die Treppe hinab, dicht gefolgt von meinem Freund. »Wir müssen irgendwie zum Bootshafen kommen, ohne ins Erdgeschoss zu müssen, wo alles in Fetzen gesprengt ist.«

»Es gibt eine Rolltreppe runter zum Pool«, sagte Sam. »Von da kommen wir zu den Booten.«

Ich hörte die Treppenhaustür über uns aufgehen, dann einen kurzen Feuerstoß, dann Fluchen: Die Schüsse mussten sich versehentlich gelöst haben. Eine Kugel sauste tatsächlich, von Wand zu Wand prallend, über uns hinweg, riss Bröckchen aus dem Verputz und zerfetzte Wandbehänge.

Das Erdgeschoss war an diesem Ende nicht beschädigt, aber der Rauch und der Staub waren noch dichter, und zur Vorderseite des Hotels hin brannte es ganz offensichtlich, denn man sah durch den grauen Nebel das Glühen von Flammen. Ich hörte jetzt Schreie, und es waren nicht nur die erregten Stimmen der Rettungskräfte, sondern echte Schmerzens- und Angstschreie. Ich versuchte, nicht daran zu denken, dass das irgendwie alles meine Schuld war – dass die ganze Zerstörung und Verheerung nur dazu diente, dass Eligor mich kriegen konnte.

Aber war es denn wirklich so? Hatte Eligor die Bombe nur gezündet, um mich unvorbereitet zu erwischen? Da hätte es doch wohl weniger aufwendige Möglichkeiten gegeben, zum Beispiel, bis morgen zu warten und einen Kordon um das Hotel zu legen. Warum den Laden in die Luft jagen?

Weil er nicht will, dass die Konferenz weitergeht, wurde mir auf dem Weg zur Rolltreppe klar. Bobby Dollar war nur ein Teil dessen, was dem Großfürsten nicht passte. Die ganze Diskussion bewegte sich zu nah an Dingen, die er auf gar keinen Fall aufgedeckt haben wollte – schon gar nicht, wenn er mit irgendjemandem in der himmlischen Hierarchie einen Deal gemacht hatte. Seine Mithöllenbonzen würden jede Art Mord oder Heimtücke verzeihen, aber niemals einen Deal mit dem Feind.

»Shit«, sagte Sam und blickte die stehende lange Rolltreppe hinunter. »Klar. Kein Strom.«

»Dann eben auf die altmodische Art«, sagte ich. »Fall nicht.«

Als wir auf der Hälfte der Rolltreppe waren, tauchten die Verfolger hinter uns aus dem Rauch und dem Staub auf wie bewaffnete Geister. Sie brüllten, dass wir stehenbleiben sollten, gaben sich aber jetzt nicht mehr als Polizei aus. Falls sie mich wirklich nicht töten wollten, waren sie brillant darin, so zu tun, als wollten sie's doch. Eine Geschossgarbe fetzte hinter Sam den Gummihandlauf vom Rolltreppengeländer, sodass er durch die Luft flog wie eine sterbende Mamba. Der nächste Feuerstoß perforierte das Seitenteil der Rolltreppe vor mir. Ein weiteres *Rattatatt* zersprengte den Kristalllüster über uns, spitze Splitter regneten auf uns herab.

Mit eingezogenem Kopf rannten wir weiter, während hinter uns die raumhohen Fenster zerbarsten. Wir schlüpften durch eine der automatischen Türen, die unsere Verfolger praktischerweise gerade pulverisiert hatten, und spurteten dann am Rand des Pools entlang, beide gebeugt wie Quasimodo auf der Suche nach einem Klo. Erst hier draußen in der vergleichsweise sauberen, kalten Bay-Luft wurde mir bewusst, wie viel Rauch und Partikelstaub ich eingeatmet hatte, und ich dankte im Stillen meinen Bossen dafür, dass sie mir einen gutfunktionierenden, robusten Körper gegeben hatten, um darin um mein Leben zu rennen.

»Wir müssen uns ein bisschen Zeit verschaffen«, keuchte ich.

Als die Männer in Kampfausrüstung aus dem Hotel gestürmt kamen, drehten Sam und ich uns um und feuerten. Sie ließen sich in den Schutz des Ausgangs zurückfallen und schossen ein paar Garben zurück, aber aufs Geratewohl.

Ich hatte schon mehrmals abgedrückt, bevor mir klar wurde, dass ich ja insgesamt nur zwanzig Schuss hatte und, wenn ich keine Zeit fand, die in meiner Tasche klimpernden Patronen von Hand in das Einzelmagazin zu pfriemeln, auch in näherer Zukunft nicht mehr haben würde. Ich zählte nachträglich die *Peng*s, die ich mehr gefühlt als gehört hatte, und befand, dass mir wohl noch fünfzehn Schuss in dem Zwanzigermagazin blieben, höchstens sechzehn. Ich musste vorsichtig sein.

Wie schossen im Rennen wie Butch Cassidy und Sundance Kid, und da Sam der bessere Schütze war (und weil er kein Silber vergeudete), überließ ich ihm das meiste. Wir rannten um den Pool, dann eine gemulchte Böschung hinunter (unter Verwüstung harmloser Pflanzen, die irgendein Hotelgärtner vermutlich in tagelanger Arbeit penibel plaziert hatte) und schließlich über den Anlegesteg, an dem die Boote mit eingerollten Segeln lagen. Die größeren Yachten hatten einen eigenen Hafenteil, aber ich glaubte nicht, dass wir das, was ich suchte, dort finden würden.

»Es muss da drüben sein«, sagte ich zu Sam. »Beim Büro des Hafenmeisters.«

»Und was genau ist ›es‹?«

»Ausflugsboot«, sagte ich. »Das Hotel bietet eigene Angelexkursionen an. Kabinenkreuzer.« Fatbacks Lagepläne und Informationen würden uns am Leben erhalten, da war ich mir fast sicher. »Ich weiß, dass du so einen fahren kannst, aber kannst du ihn auch kurzschließen?«

Feuerwehrautos rasten jetzt mit heulenden Sirenen auf das Hotel hinter uns zu, und der Himmel färbte sich bereits rot, wodurch wir leichter als Ziele erkennbar waren. Kugeln tackerten den Steg entlang, und ich dachte, selbst wenn Eligor andere, bessere Gründe als mich hatte, die Gipfelgespräche zu sprengen, schienen seine Männer doch bereit, die teuren Boote seiner Freunde mit Kugeln zu spicken, nur um mich daran zu hindern, den Konferenzort zu verlassen.

Wir fanden den Acht-Meter-Kreuzer, laut Aufschrift am Heck die *John P. Gaynor*, wer immer das war. Eine sehr kursorische Inspektion brachte mich zu der Überzeugung, dass er wie ein ziemlich brauchbares kleines Wasservehikel aussah. Ich drehte mich um, duckte mich hinter die Bordwand und erfüllte das alte Wort Schanzkleid mit neuem Leben, indem ich aus meiner Verschanzung mehrmals auf unsere Verfolger feuerte, was sie zwang, hinter einem Schuppen Deckung zu suchen. Sam war bereits in der Kabine und fummelte, auf dem Rücken liegend, im Dunkel über sich herum. Ich fand eine Taschenlampe in einer Wandklemme und warf sie ihm zu, ging dann wieder raus und schoss, sobald sich hinter dem Schuppen etwas bewegte. Ich traf wohl einen von ihnen, jedenfalls hörte ich Laute, die darauf schließen ließen, dass da jemand über irgendetwas gar nicht glücklich war. Ob es nun dieser Mann war, durch die Verwundung in blinde Wut versetzt, oder ein Kumpel, der ihn heroisch rächen wollte – einer von Eligors Leuten stürmte hinter dem Schuppen hervor und genau auf uns zu. Seine Waffe ratterte, und vom Mündungsfeuer warfen die Masten zwischen ihm und uns rhythmisch wahrnehmbare Schatten. Er trug einen schwarzen Helm und war in dem Geflacker und dem Rauch nicht klar auszumachen, aber ich besann mich darauf, dass Leo uns immer erklärt hatte, zuerst zu schießen sei oft nicht so wichtig wie zuletzt zu schießen. Ich kauerte mich wieder hinter die Bordwand, sodass nur meine Augen und der darüber liegende Teil meines Kopfes hervorguckten – Teile von mir, die ich sehr ungern verlieren wollte, die ich aber aufs Spiel setzen musste, um einen Schuss zu plazieren –, und ließ ihn, während er das Glas und Edelholz der Kabine hinter mir mit Geschossen beharkte, auf zwanzig Meter herankommen, ehe ich abdrückte. Sein Plexiglasvisier hatte plötzlich ein Spinnennetzmuster. Er taumelte vornüber, schlidderte noch ein Stück weiter und lag dann still, nur sein Helm löste sich und rollte weiter, so eierig

513

wie ein Football nach einem Abspielfehler. Ich hoffte, dass ich soeben einen Dämon erschossen hatte und nicht irgendein armes Schwein der Security, hatte aber keine Zeit für eine forensische Untersuchung. Hinter mir spuckte der Motor des Boots und sprang dann an, und Sam rief: »Rein hier jetzt!«

Sam steuerte uns schon aus dem Liegeplatz, während ich mich noch auf dem schwankenden Boot auf die Füße rappelte. Ein paar letzte Kugeln zischten vorbei und eine krachte in die Kabinenwand hinter mir, aber die Mündungsblitze waren jetzt schon so schwach wie die Flämmchen von Geburtstagskerzen. Das Feuer hörte auf, als ich mich in die Kabine beugte, und ich hatte jetzt erstmals das Gefühl, dieses Fiasko vielleicht wirklich zu überleben.

»Wohin?«, brüllte Sam.

»Ich weiß nicht! Sehe ich aus wie der große Binnenkreuzfahrt-Experte? Einfach nur weg von hier.«

»Es gibt eine Landestelle nicht so weit von meiner Wohnung«, sagte er. »Dahin können wir's in zehn Minuten schaffen.«

Ich wäre gar nicht auf die Idee gekommen, Kurs auf Southport zu nehmen, aber es machte Sinn. Ich hockte mich neben Sam, während er den Kabinenkreuzer aus der Flachwasserzone ins dunklere Wasser des Marschpriels steuerte. Das Boot begann zu schaukeln, als wir in die eigentliche Bucht kamen und der Wind auffrischte, doch obwohl mein Magen protestierte, war ich einfach nur froh, dass niemand auf mich schoss und ich nicht in diesem Hotel war, das jetzt aussah wie aus *Vom Winde verweht*, mit lodernden Flammen im Erdgeschoss und im ersten Stock, während immer noch mehr jaulende Feuerwehrfahrzeuge, Krankenwagen und Polizeiautos herbeirasten.

»Kannst du mir erzählen, was da eigentlich abgeht?«, fragte Sam, während er durch die gesprungene Frontscheibe spähte.

Ich überlegte, wie viel Ehrlichkeit sich okay anfühlen würde. Ich wollte Sam nach wie vor nicht in die Bredouille bringen, und nur weil wir entkommen waren, war die Sache noch lange nicht ausgestanden. Eligor hatte einen langen Arm, und wer wusste schon, ob sie die Konferenz nicht nächste Woche wieder einberufen und die Fragerei fortsetzen würden. »Ich habe es mir offenbar mit dem Hoteleigentümer verscherzt«, war alles, was ich eingestand. »Hab wohl zu viele feuchte Handtücher auf dem Boden liegenlassen.«

Sam sah mich nur an und schaute dann wieder auf das dunkle Wasser hinaus. Ich war froh, dass er vorsichtig war. Hier draußen gab es nicht viele Lichter – das geschützte Wattgebiet begann gleich südlich von Sand Point, und dort waren Straßenlaternen nicht gerade oberste Priorität, denn wozu brauchen Wasserläufer und Sichelstrandläufer schon Straßenlaternen? Im Dunkel aber lauerten nicht wenige alte Anlegestege und sogar halb im Schlick versunkene kaputte Boote, die in alles, was kleiner war als ein Tanker, ordentliche Löcher reißen konnten.

Ich stieg die Kabinentreppe wieder hinauf, um mich draußen hinzusetzen und an der sauberen, frischen Bay-Luft darüber nachzudenken, was wir jetzt tun sollten. Dafür blieben mir etwa neunzehn Sekunden – die ich auf wüste Phantasien des Inhalts vergeudete, dass ich im Alleingang einem der höchsten Höllenfürsten den Kopf abriss –, ehe etwas an mir vorbeipfiff, in die Bordwand schlug und mich mit Mahagonisplittern beregnete. Der Knall der Waffe folgte erst Sekundenbruchteile später.

»Sam! Diese Arschlöcher sind immer noch hinter uns her!« Ich robbte an die Bordwand und hob dann vorsichtig den Kopf. Sie waren mindestens zweihundert Meter hinter uns, aber ihr Boot schien breiter und schneller als unseres, und mit seinem vollen Satz Lichtern funkelte es wie ein Sternbild. »Und sie haben ein besseres Boot als wir!« Ich verfluchte mich dafür, mich zu früh in Sicherheit gewiegt zu haben: Es hätte mir klar sein müssen, dass Eligor noch mehr Boote zur Verfügung haben würde. Ich legte die Five-Seven auf der Reling auf und drückte ab, nur um sie wissen zu lassen, dass es zu all dem Licht, das sie spazieren führten, auch eine dunkle Kehrseite gab, aber ich traf nicht. Ich war jetzt bei etwa sechs Schuss im Magazin plus den losen Patronen in meiner Tasche, wobei ich nicht wusste, wie viele inzwischen herausgefallen waren. »Sam! Tu was, verdammt!«

»Meinst du wirklich, ich könnte was Sinnvolleres tun, als Vollgas zu geben und möglichst nicht in irgendwas reinzuschippern?«

»Schon kapiert.« Ich kroch zentimeterweise zur Heckreling: Mir war gar nicht danach, mir den Kopf wegpusten zu lassen. »Kabinenkreuzer haben nicht zufällig Torpedos oder so was?«, rief ich.

»Oh, gut, dass du mich dran erinnerst. Da ist eine Polarisrakete gleich unterm Kühlkasten.«

»Du musst nicht gleich sarkastisch werden, nur weil ich keine Ahnung von Booten habe.« Einige weitere Kugeln oder jedenfalls ihre heulenden Geister sausten an uns vorbei. Ich riskierte einen kurzen Blick. »Sie holen auf.«

»Scheiße.« Sam schwieg so lange, dass es mir Angst machte, und sagte dann: »Kopf runter. Es gibt eine Stelle in der Nähe, wo ich anlanden kann, aber es wird wahrscheinlich unsanft.«

»Was heißt das?«

»Frag nicht.«

Ich riskierte noch einen Blick über die Heckreling und feuerte wieder mitten in das Sternbild von Lichtern. Ihr Boot war höher als unseres und ich konnte niemanden darauf sehen, also zielte ich auf die Kabinenfenster, traf aber anscheinend wieder nicht. Versuchen *Sie* mal, von einem hüpfenden Boot aus mit einer Pistole auf zweihundert Meter ein anderes hüpfendes Boot zu treffen, dann dürfen Sie meckern.

Der Motor unseres Kabinenkreuzers jaulte wie ein Holzschredder, in dem ein Baumstumpf feststeckt, und allmählich fragte ich mich, ob wir es je an Land schaffen würden. Wir machten eine scharfe, das gesamte Deck überschwemmende Kurve auf das Ufer zu und folgten in wildem Slalom einer Wasserrinne zwischen hohem Schilf, das uns für den Moment Sichtschutz bot. Ich kroch zur Kabinentreppe. »Sie können uns nicht sehen.«

»Bleib verdammt noch mal unten«, empfahl mir mein Freund. »Du bist zwar nicht die amüsanteste Gesellschaft, aber ich will dich trotzdem nicht verlieren.« Wie um das Gegenteil zu beweisen, kurbelte er plötzlich das Steuer nach links, sodass ich gegen die Kabinenwand krachte. »Alte Anlegestelle«, rief er, als ich meinen zerschundenen Körper wieder aufsammelte. »Und jetzt sei still.«

Ich wollte ihn darauf hinweisen, dass die meiste Zeit über er geredet hatte, war aber zu beschäftigt damit, mich mit den Fingernägeln auf dem glitschigen Deck festzukrallen – versuchen Sie's bei Gelegenheit mal, macht Spaß! Gleich darauf sah ich einen Suchscheinwerferstrahl fast schon neben uns übers Schilf schwenken. Eligors Männer waren viel dichter an uns dran. Der enge, flache Marschpriel schien sie nicht beträchtlich aufzuhalten.

Tatsächlich hielt er sie so wenig auf, dass im nächsten Moment das Licht genau auf uns traf und die Kabine aussah wie eine beleuchtete Weihnachtskrippe auf einem Marktplatz, da krachten wieder Schüsse. Diesmal trafen sie eindeutig. Fetzen von Holz, Aluminium, Fiberglas und was diesen Kabinenkreuzer sonst noch zusammenhielt, flogen umher wie kleine Wurfgeschosse. Ein handgroßer Splitter blieb dicht über meinem Kopf in der Kabinenwand stecken und vibrierte bei jeder weiteren Kugel, die ins Boot schlug. Ich schaffte es, bäuchlings die Stufen zur Kabine hinunterzurutschen. »Wo ist diese Landestelle?«

»Was machst du denn hier unten?«, fragte Sam, der es riskiert hatte, sich kurz umzudrehen. »Mach, dass du da rauf kommst, und schieß irgendwas ab!«

Auf dem engen Raum umzudrehen, war nicht leicht. Ich war gerade wieder oben, als jemand oder etwas unseren Kabinenkreuzer blockte und wir überraschend plötzlich, geräuschvoll und brutal zum Stehen kamen. Ich kippte hintenüber, schaffte es zwar, die Füße auf der Stufe zu behalten, knallte aber mit dem Kopf gegen den niederen Türrahmen. Meine Pistole flog mir aus der Hand, hüpfte und schlidderte dann über das dunkle Deck. Ich wollte hinterherkriechen, aber mein Körper beschloss abrupt, dass meine Muskeln eine kurze Arbeitspause einlegen sollten, und ich sackte auf die nassen Planken.

Während ich noch dalag, den Kopf voller Funken, und mich zu erinnern versuchte, welcher Teil von mir der obere und welcher der untere war und wie man beide bediente, wurde alles um mich herum, Bordwand, Kugellöcher, zerschmetterte Kabinenfenster, plötzlich in ein brutal grelles Licht getaucht. Dann hörte ich ein ähnlich lautes Knirschgeräusch, wie wir es eben erzeugt hatten, nur weiter weg, und ärgerliche Stimmen, aber ich war immer noch damit beschäftigt, die richtige Sequenz zu finden, die meinen gummiartigen Körper wieder zum Funktionieren bringen würde, sodass ich es lediglich schaffte, mich auf Hände und Knie hochzurappeln und Ausschau nach meiner Pistole zu halten. Aus der Kabine, wo Sam war, kam nur unheilverkündendes Schweigen.

Ich krabbelte gerade los, als plötzlich Schatten über unsere Reling geklettert kamen, dunkle, brüllende Gestalten. Ich versuchte aufzustehen, aber es ging nicht. Etwas Kaltes, Hartes presste sich in mein Genick.

»Ende der Fahnenstange, Sie kleines Stück Scheiße«, sagte Howlingfell. »Das Boot vom Chef ist hin, aber das war's wert.«

Der Pistolenlauf bohrte sich immer brutaler in mein Genick, bis ich nachgab und mich mit der Stirn auf den Boden zwingen ließ. Er ließ die Pistolenmündung jetzt auf meinen obersten Rückenwirbel hinabgleiten.

»Sie glauben wohl, Sie haben das Glück, dass ich Sie töte, Dollar.« Er atmete schwer, aber nicht *so* schwer – es klang eher nach Begierde als nach Schmerz. »Aber ich werde Ihnen nur eine Kugel ins Rückgrat jagen. Wir können alles Nötige mit Ihnen machen, wenn nur die Nerven in Ihrem Kopf funktionieren – Augäpfel, Zähne … oh, es gibt massig genug, womit sich arbeiten lässt. Sie werden alles herausschreien, was Sie wissen, Dollar, aber es wird immer noch nicht vorbei sein. Noch tagelang nicht, das verspreche ich Ihnen.«

36

AUS DIESER WELT GEGANGEN

Was sollte ich schon tun, triefnass auf Händen und Knien, eine Pistole im Nacken, um mich herum das Licht von Howlingfells Boot und die besorgten Rufe seiner Männer, die einem beträchtlichen Rumpfschaden zu gelten schienen? Obwohl mein Kopf sich von der Kollision mit dem Rahmen der Kabinentür immer noch wie ein mit Sand und Glasscherben gefüllter Wasserball anfühlte, konnte ich doch nicht umhin, ein komisches Geräusch hinter mir zu bemerken. Howlingfell hörte es ebenfalls, und obwohl er die Pistole auf meinem Wirbel ließ, spürte ich eine minimale Verringerung des Drucks, als er sich umdrehte. Ich weiß, ich hätte heroisch aufspringen und ihn in diesem kurzen Moment der Ablenkung k. o. schlagen müssen, aber ich wusste, ehrlich gesagt, nicht so genau, wo meine Füße waren. Doch ich verrenkte den Hals, um auch was zu sehen.

Eine massige Gestalt kam schwerfällig die Kabinentreppe herauf, und einen kurzen, freudigen Augenblick lang dachte ich, es wäre Sam. Er war's nicht – es war einer von Howlingfells Männern, der seltsam gurgelnde, nicht wirklich artikulierte Laute von sich gab. Als er ins Licht kam, sah ich, dass er mit irgendetwas kämpfte. Noch ein wackliger Schritt des Mannes, und ich sah den Gaffhaken in seinem Hals und den langen Stiel, der an seine Brust schlug, während er versuchte, das mit Widerhaken bestückte Metall herauszuziehen.

»Shit!«, war die einzige Äußerung, die Howlingfell von sich geben konnte, ehe Sam im Rücken des wankenden Manns auftauchte und diesen aufs Deck hinaussties, wo er neben mich fiel und zuckend liegenblieb, noch immer an dem Haken ziehend. Es wäre ja alles prima gewesen, nur dass Sam die Hände erhoben hielt und beide leer waren.

Howlingfell schwenkte nun die Pistole von mir auf Sam. Mich mochten Eligors Männer ja lebend wollen, aber für meinen Freund galt das mit Sicherheit nicht, also tat ich das Einzige, was ich auf Händen und Knien tun konnte – ich donnerte meinen dicken, dummen Kopf Howlingfell voll in den Bauch. Er fiel rückwärts gegen die Reling, und seine Hand mit der Pistole wurde nach oben weggerissen, als er abdrückte, so nah an meinem Kopf, dass ich dachte, er hätte ihn mir weggepustet, aber der Schuss war ins Leere gegangen. Sam stieg über den sterbenden Mann mit dem Gaffhaken hinweg und versetzte Howlingfell, da er für etwas anderes nicht nah genug an ihn herankam, einen mächtigen Stoß vor die Brust, der ihn über die Reling ins marschige Wasser kippen ließ.

Dann zog Sam mich auf die Beine. Ich entdeckte meine Pistole und schnappte sie mir, während mein Freund bereits über die Reling kletterte und ins dunkle Wasser sprang. Howlingfell hörte ich irgendwo in der Nähe platschen, konnte ihn aber nicht sehen. Einmal feuerte ich in Richtung der Geräusche und dann, wo ich schon dabei war, noch auf eine der nächststehenden Gestalten auf dem hellerleuchteten Boot, die prompt auf die Decksplanken sackte.

»Sagt dem Chef, wir brauchen Verstärkung!«, hörte ich Howlingfell, brackiges Wasser und Schilfgras spuckend, schreien, dann folgte ich Sam über die Reling. Wie viel Schuss hatte ich noch? Zwei oder drei vermutlich, und das war's dann auch:

Meine Taschen waren allem Anschein nach leer, die losen Patronen jetzt nur noch teure, glänzende Kieselchen, die in den Schlick hinabsanken oder auf dem Deck des geschrotteten Kabinenkreuzers herumkullerten. Ich hoffte, dass wenigstens einer von Howlingfells Leuten auf eine treten, ausrutschen und sich das Genick brechen würde.

Das Wasser war kalt und schlammig und ekelhaft, aber in diesem Moment unerwarteter Freiheit fühlte es sich wie das erlesenste Wellness-Bad an, als wir zum Ufer und dem dichten Schilf schwammen, wateten und platschten. Ich hörte die Stimmen hinter uns den Klang von Panik und Wut annehmen, als die Männer merkten, dass ihr Anführer im Wasser gelandet und die Beute entronnen war, aber wir waren schon außerhalb ihres Scheinwerferlichts. Der Grund war fürchterlich glitschig und voller Fußangeln aus Wurzelwerk, aber wir schnellten und zogen und hangelten uns durch das dichte Schilf, als ob wir immer noch schwimmen würden. Ein paar Kugeln pfiffen an uns vorbei, und mir ging auf, dass wir durch die Bewegungen des Schilfs leicht zu orten waren, also packte ich Sam am Kragen und flüsterte ihm zu, dass wir langsamer machen mussten. Noch ein paar Schüsse krachten durchs Dunkel, aber keins der Geschosse kam uns nah genug, um mich nervös zu machen. Wir duckten uns so tief, dass nur noch unsere Köpfe über Wasser waren, und arbeiteten uns weiter voran.

Nach einer knappen halben Stunde verließen wir endlich das Schilf und sanken erschöpft auf eine kahle, matschige Erhebung. Der Mond blickte in seiner üblichen erhabenen Gleichgültigkeit herab, während wir Wasser und weiß der Höchste was sonst noch für Dreckszeug aushusteten und -spuckten und dann mehrere Minuten lang einfach nur versuchten, wieder Luft in die Lungen zu kriegen. Schließlich setzte ich mich auf und machte eine kurze Bestandsaufnahme. Nasse Schuhe, nasse Hose, nasse Jacke. Eine Pistole mit drei Patronen im Magazin und noch drei weitere, die doch in meiner Tasche geblieben waren. Meine Finger waren glitschig – das Nachladen dauerte. Jetzt hatte ich ein halbes Dutzend Fünfzehn-Dollar-Silberkugeln in meiner Pistole (es wäre billiger gewesen, mit vollen Chivas-Regal-Flaschen nach dem Gegner zu werfen), keine sonstigen Waffen und kein Handy – es war mir ebenfalls aus der Tasche gefallen. Ich fragte Sam: »Hast du dein Handy noch?«

Er spuckte. Die Spucke schaffte es nur bis auf sein Kinn. Er rieb sie schließlich mit seinem schlammgetränkten Ärmel weg, worauf er aussah wie ein Otter in Kriegsbemalung. »Nein. Das Scheißding ist mir irgendwo an der Umzugsroute rausgefallen. Meine Pistole auch. Hast du noch dieses windige Plastikding von Orban?«

Ich zeigte ihm die Five-Seven.

»Na ja, immerhin etwas«, sagte er. »Ich hab nichts als eine Taschenlampe und Kopfschmerzen.«

»Dann lass uns lieber losgehen. Welche Richtung?«

Er manövrierte sich auf die Knie und richtete sich dann vorsichtig so weit auf, dass er sich umschauen konnte. Da waren mächtige Strommasten rechts und links von uns und die durchhängenden dunklen Drähte dazwischen wie Kratzer im Gesicht des Mondes, aber ich sah keine markanten Orientierungspunkte außer der schwachen dunklen Silhouette des Shoreline Parks, die nicht weit südlich von uns aus der Bay ragte. »Wir sind nur zwei, drei Meilen von meiner Wohnung«, sagte Sam. »Von hier aus können wir's wahrscheinlich ungesehen bis dorthin schaffen, und ich habe verdammt noch mal unter den Bodendielen ein Waffenlager, eigens für diese Art Abendbelustigung.«

»Also los.« Ich hatte nicht die Kraft, noch länger zu warten. Ich wusste, wenn ich mich nicht bald in Bewegung setzte, würde ich vergessen, wie das ging. Ich hatte keine Kugel abgekriegt, aber ich fühlte mich, als ob jemand mit einem Stück Eisenrohr auf mich eingedroschen hätte und das eine oder andere in meinem Körper und meinem Kopf nicht mehr da wäre, wo es hingehörte. »Übrigens, das mit dem Gaffhaken war super.«

»Das Ralston bietet anscheinend voll ausgestattete Angeltrips. Klasse Hotel.«

»Ja. Jetzt werden sie wohl eine Weile keine mehr machen, weil wir gerade ihre beiden Boote versenkt haben.«

Es war eine lange, mühsame Wanderung über sumpfigen Boden und Priele, durch Glasschmalz und Salzschwingel und alles mögliche andere Zeug, das Biologen lieben, das aber die reine Hölle ist, wenn man total zerschunden hindurchwaten muss. Als wir uns dem Ende des Naturschutzgebiets näherten, sah ich ein paar Neonlampen in einem Bürokomplex brennen, der an das Marschwasser grenzte, dem wir gerade folgten. Diese Spur von Zivilisation hob meine Stimmung beträchtlich, aber nie und nimmer wollte ich auch nur in die Nähe von so viel Licht kommen, ehe wir vor Sams Wohnungstür waren.

Er führte mich über einen Steg auf die andere Seite des Marschwassers und in einen adretten kleinen Park. Im Mondlicht sah ich Picknicktische und einen Kinderspielplatz mit einer Rutschbahn und ein paar Schaukeln. »Garcia Park«, sagte Sam. »Wir sind gleich da, brauchen nicht mal mehr über eine größere Straße. Am anderen Ende des Parks ist ein Friedhof, und von da zu mir ist es nur noch ein Katzensprung über die Wiesen.«

»Siehst du mich springen wie eine Katze?«, fragte ich, unendlich müde und zerschlagen, aber das mit dem Friedhof hatte mich an Fatbacks letzten Anruf erinnert, und ich verstummte.

Der Park war wirklich klein, und Minuten später kletterten wir bereits mühsam über den Eisenzaun des Friedhofs. »An das hier erinnere ich mich«, sagte ich, als wir zwischen den Grabmalen hindurchgingen. Der Friedhof war ziemlich vergammelt – der Rasen war wohl im Herbst zuletzt gemäht worden, und die einzigen Blumen waren aus Plastik, selbst im Mondlicht so künstlich wie Lametta.

»Hier hast du viel rumgehangen. Ich war sogar das eine oder andere Mal mit dir hier.«

Sam schwieg ein paar Schritte lang. »Suffzeiten«, sagte er schließlich.

»Ja, hier hab ich etliche Flaschen niedergemacht. Hilft einem kleinen Erdenmann, die Dinge im richtigen Verhältnis zu sehen.«

»Friedhöfe oder Flaschen?«

»Beides.«

Ich unterließ es, meinen Freund darauf hinzuweisen, dass er genaugenommen kein Erdenmann war, jedenfalls schon lange nicht mehr – keiner von uns erdbasierten Engeln lässt sich gern daran erinnern. Stattdessen versuchte ich mich zu erinnern, was Fatback gesagt hatte – Südostecke? Soweit ich es beurteilen konnte, gingen wir in diese Richtung, aber ich vermisste jetzt mein Handy und meine Unterlagen noch schmerzlicher. »Hey, gib mir mal kurz die Taschenlampe, okay?«

Sam sah mich erstaunt an. »Was willst du denn damit? Wir versuchen doch gerade, möglichst wenig aufzufallen.«

»Nur so ein Gedanke. Komm schon, wir haben seit einer Stunde keinen Piep mehr von den Kerlen gehört.«

Zögernd gab er mir die Taschenlampe. Sie war klein und würde uns wohl kaum verraten, aber ich hielt sie doch möglichst nach unten, während ich im Gehen die Grabsteine in dem ungepflegten Rasen ableuchtete, der vor allem aus kahlen Stellen bestand, an deren Rand sich noch ein paar gelbliche Grasbüschel scharten wie auf dem Rückzug befindliche Truppen.

»Bobby, das Licht … es ist zu gefährlich.«

Ich setzte zu einer Antwort an, aber da fiel mir etwas ins Auge. Ich wandte mich nach links und ging darauf zu. Sam rief, dass das die falsche Richtung sei, aber ich hörte nicht drauf.

Er trabte mir hinterher. »Bobby? Was zur Hölle …?«

»Die Hölle ist nicht das, was mich im Moment interessiert.«

»Wovon redest du?«, sagte er, aber seine Stimme klang merkwürdig. »Was …?«

Weiter kam er nicht, weil das ferne Geräusch, das sich schon während der letzten paar Sekunden verstärkt hatte, jetzt endgültig zu laut war, um es zu ignorieren. »Hubschrauber!«, sagte er, so wie Käpt'n Hook »Krokodil« gesagt haben musste. Ich knipste die Taschenlampe aus, und wir kauerten uns auf den Boden, das Gesicht ins spärliche Gras gepresst, und hofften wohl, dass wir aussehen würden wie die großen Steine auf dem Friedhof. Das ratternde Geräusch wurde noch lauter, bis der Hubschrauber genau über uns zu sein schien. Ein Scheinwerferstrahl stach herab und schwenkte über den Friedhof, einmal hin, einmal her, aber ohne uns zu erfassen – ich wusste es, weil ich vorsichtig aufschaute. Der Hubschrauber flog weiter, und ich sah den Lichtstrahl da und dort herabschießen, aber jedes Mal ein Stück weiter weg.

Als ich das Geräusch der Rotoren nicht mehr hörte, stand ich auf, machte die Taschenlampe wieder an und fand, was mir vorhin ins Auge gefallen war. Als ich schon eine ganze Weile dastand und stumm daraufstarrte, rappelte Sam sich hoch und humpelte zu mir herüber. »Was ist, Bobby?«, fragte er, aber es klang, als wüsste er es. Er sagte es wie jemand, der fragt, »Wie lange noch, Doc?«, in dem Wissen, dass die Antwort »Nicht mehr lang« lauten wird.

Ich ließ den Lichtstrahl auf dem Grabstein spielen. Es bestand keine Notwendigkeit, irgendwas zu sagen. Die Inschrift war alt und verwittert, aber immer noch lesbar, selbst in dem funzeligen Licht der Taschenlampe.

Moses Isaac Habari
Geboren am 14. Januar 1982 –
aus dieser Welt gegangen am 20. Mai 2004
Vater, Bruder, Seelsorger, Mann des Friedens

Ich drehte mich um und sah Sam an, aber er starrte nur auf den Grabstein. »Woher wusstest du das?«, war alles, was er sagte.

Es war nur ein leises Rascheln, aber da es in die Stille nach Sams Worten fiel, eine Stille, in der hundert Dinge durch meinen Kopf wirbelten, war es laut genug, um mich herumfahren zu lassen. Ich sah ein halbes Dutzend Gestalten aus etwa hundert Meter Entfernung über den Friedhof auf uns zustürmen.

Diskussionszeit um.

Wir rannten los, aber wir waren erschöpft, nass, zerschlagen und zerschunden; noch ehe wir zehn Schritte weit gekommen waren, krachten Schüsse. Unsere Verfolger hatten diesmal Ziellampen auf ihren Waffen, und bei jedem Haken, den ich schlug, folgten mir mindestens zwei davon. Ich rannte hinter Sam her, in der Hoffnung, dass er sich hier gut genug auskannte, um einen Fluchtweg zu finden oder wenigstens einen Ort, an dem wir uns verschanzen konnten, aber als wir eine Erhebung erreichten und sahen, dass wir fast am Ende des Friedhofs waren, stellte sich gleichzeitig heraus, dass dieser Teil keinen Eisenzaun hatte, sondern eine hohe Gedenkmauer. Sie wirkte zwar stabil genug, um allen Angriffen unterhalb eines Granatwerfers standzuhalten, aber wir waren eben auf der falschen Seite, um davon zu profitieren. Sie sah eher aus wie die Art Hintergrund, vor die einen ein Erschießungskommando stellt, bevor einem eine letzte Zigarette angeboten wird.

»Was zum Teufel …?«, keuchte ich.

»Sorry«, war alles, was Sam sagte, aber wir stolperten schon bergab, und die Mauer ragte vor uns auf, und ich musste jäh abbremsen, um nicht gegen die Tafeln mit eingravierten Namen zu prallen – Dutzende, wahrscheinlich alles Soldaten, deren letzte Augenblicke so ähnlich gewesen sein mussten wie dieser hier. Ich drehte mich um und schoss – noch fünf Schuss übrig –, aber die Männer, die uns jagten, waren schon hinter Grabsteinen in Deckung gegangen, und meine trotzige Kugel ging fehl. Keiner der Verfolger war weiter als zehn, zwölf Meter weg, und vier oder fünf Lichtstrahlen erfassten uns.

»*Das war's, Dollar!*«

»Am Arsch, Howley!«, rief ich. »Das haben Sie vermutlich letztes Mal auch gesagt.« Aber es war schwer, die rechte Verächtlichkeit aufzubringen, während wir ein so leichtes Ziel darstellten.

»Waffe wegwerfen, oder ich blase Ihrem Freund Sammariel das Licht aus, und Sie sitzen allein in der Scheiße.«

»Tu's nicht«, sagte Sam leise.

»Gibt nicht viele Alternativen, soweit ich sehe.« Ich hielt die Waffe hoch, um sie Howlingfell zu zeigen, und ließ sie dann fallen. Auf seine nachdrückliche Aufforderung hin kickte ich sie ein paar Meter weg. Als er endlich zufrieden war, befahl er uns, uns auf den Boden zu legen, die Hände hinterm Kopf, und so zu bleiben. Da mir nichts Besseres einfiel, tat ich, wie mir geheißen, und ich fragte mich, ob ich ihm wohl wenigstens noch einen Finger in eins seiner schmalen Augen rammen könnte, ehe Eligors Crew mich ernsthaft bearbeitete. Sam ließ sich neben mir zu Boden, langsam und schwer.

»Hast du zufällig noch so eine Gaffkralle unter deiner Jacke?«, flüsterte ich.

»Nicht mal eine Sicherheitsnadel«, sagte er. »Du hättest deine Pistole nicht hergeben sollen, Bobby.«

»Na ja, du schuldest mir wirklich noch ein paar Erklärungen.« Ich flüsterte noch leiser, da Howlingfell jetzt auf uns zukam. »Und bevor ich die habe, lasse ich nicht zu, dass dich jemand erschießt.« Aber das war natürlich nur Gerede. Wir hatten es einmal geschafft, Howly und seine Leute zu überlisten, vielleicht sogar zweimal, wenn man die Idee mit dem Boot mitrechnete, aber obwohl wir bewiesen hatten, dass man Eligors Vollstrecker austricksen konnte, würde er doch nicht zweimal auf denselben Trick hereinfallen, und ein neuer fiel mir nicht ein.

Wie um seine neugewonnene Vorsicht zu demonstrieren, näherte Howlingfell sich uns fast schon im Krebsgang, die Waffe genau auf mich gerichtet, und blieb schon stehen, als ihn noch knapp zwei Meter von uns trennten. Eine Manneslänge. Die Tiefe eines Grabs.

»Jetzt hat sich's mit den Mätzchen«, sagte er. »Keine großen Töne mehr. Sie fanden es wohl sehr komisch, mir in die Eier zu schießen?«

»Feinsinnig«, sagte ich. »Aber zum Brüllen, ja.«

»Arschloch. Jetzt wird Ihnen das Lachen vergehen. Wissen Sie, was Grasswax gesagt hat, als wir ihm schon die Hälfte seiner Scheiße aus dem Leib geschnitten und gezeigt hatten?« Howlingfell mimte Jammern. »*Ich fühl's immer noch!* Das hat er gesagt. Von wegen zum Brüllen! ›*Nicht quetschen – es tut immer noch weh!*‹ Und dabei war das Gedärm gar nicht mehr mit ihm verbunden! So was können Eligors Spezialisten.« Er griente, die Waffe immer noch auf meinen Hals gerichtet. »Der Chef hat mir versprochen, dass ich bei Ihrer Show einen Platz in der ersten Reihe kriege, und ich werde jede Sekunde genießen.« Er griff in die Tasche und zog ein Handy heraus, aber die Waffe wackelte nicht mal, und er war sowieso nicht in meiner Reichweite. Er klappte das Handy auf und drückte eine Taste. Während er wartete, blickte er zu seinen Männern hinter den Grabsteinen, die uns immer noch mit ihren Lichtstrahlen festnagelten. »Wenn ich aus dem Weg bin, könnt ihr den Großen in Fetzen schießen«, rief er. »Für den Kleineren nehmt die Betäubungspfeile.« Jemand musste am anderen Ende abgenommen haben, weil alles an ihm plötzlich wesentlich unterwürfiger wurde. »Boss?«, sagte er ins Handy. »Yeah, ich bin's. Auftrag ausgeführt.«

Es ist uns nicht immer vergönnt, unsere letzten Worte weise zu wählen, aber etwas mehr Glück erhoffe ich mir doch, wenn meine Stunde kommt. Kaum dass Howly das Handy zugeklappt hatte und ansetzte, sich aus dem Schussfeld zurückzuziehen, kam plötzlich etwas über die Mauer hinter uns, sprang herab wie ein riesiger Frosch und landete genau vor Sam und mir. Ich fühlte sofort die Hitze, die das Etwas abstrahlte, konnte aber die ausladenden schwarzen Hörner und den suchend umherschwenkenden zotteligen Kopf, aus dessen Nüstern blaue Flammen schlugen, nur ganz kurz sehen, ehe jemand zu feuern begann. Ich warf mich zur Seite und presste mich flach auf den Boden, als die Kugeln von der Gedenkmauer zurückprasselten. Der Ghallu musste einige Treffer abbekommen haben, aber ich wusste ja schon, dass ihn alles, was nicht Silber war, einen Dreck kümmerte – und auch Silber ihm nicht mehr ausmachte als ein lästiger Sonnenbrand.

Zu Howlys Ehrenrettung sei gesagt, dass er seine Beute nicht kampflos herzugeben gedachte. Er trat dem Monstrum entgegen und feuerte in rascher Folge etwa ein Dutzend Mal, wobei die ausgeworfenen Patronenhülsen auf ihrem Weg ins spärliche Gras im Mondlicht blinkten. Dann machte er einen Schritt zu weit vor, und die gehörnte Kreatur schien ihn, trotz der ganzen Kugeln, die er ihr verpasst hatte, überhaupt erst jetzt zu bemerken.

Zwei qualmende, schaufelgroße, schieferdunkle Hände schossen hervor, schlossen sich um Howlingfells Arme und hoben ihn hoch. Er wehrte sich noch kurz, trat um sich und brüllte, während da, wo ihn das Monster gepackt hielt, Rauch aufstieg. Dann hakte sich der Unterkiefer des Ghallus aus – man kann es nicht anders beschreiben. Sein Maul klaffte unmöglich, grässlich weit und entblößte Flammen wie von einem Krematoriumsofen. Ich hatte nur Zeit für einen entsetzten Blick, ehe der Ghallu Howlingfells schreienden Kopf und dann auch seine Schultern in das schreckliche Feuer schob. Howlingfells Beine strampelten vergeblich, als das Monstrum ihm den Kopf kurzerhand von der Wirbelsäule saugte und den verkohlten Klumpen dann auf den Boden ausspuckte, bevor es Howlingfells schlaffen Körper in das Dunkel jenseits des Ziellampenlichts schleuderte.

Jetzt blitzten und knatterten automatische Waffen, und noch während ich, hektisch krabbelnd, den Boden nach meiner Pistole abtastete, sah ich den Ghallu auf das Mündungsfeuer zustürzen. Meine Hand erwischte etwas Hartes, aber es war nur Howlingfells Handy. Ich hielt es fest und suchte verzweifelt weiter, bis ich endlich meine Pistole fand. Howlys Männer hätten wohl besser nicht auf den Ghallu feuern sollen: Offenbar reagierte er leicht auf Ablenkung. Binnen einer Sekunde war er über ihnen, riss sie in Stücke und schleuderte diese Stücke so vehement nach allen Seiten, dass ich warmes Blut auf mich regnen fühlte, während ich verbranntes Fleisch roch. Ich steckte das Handy in die Tasche, um meine Pistole beidhändig halten zu können – ich zitterte wie ein Chihuahua im Schnee –, drückte aber nicht ab. Auf keinen Fall würde ich noch mal versuchen, das Biest zu erschießen – es steckte sogar Silberkugeln weg, als schlucke es Tic-Tacs. Aber etwas anderes fiel mir auch nicht ein.

»Bobby! Hierher!« Sam war am anderen Ende der Mauer und winkte hektisch. Ich duckte mich und rannte hin; ich hatte mehr Angst vor einer verirrten Kugel als vor einer gezielten. Der Terminator vom Tigris zerfetzte gerade die Männer, die er erwischt hatte, und die übrigen feuerten zwar noch im Wegrennen, aber es fehlte ihnen an Entschlossenheit, von Zielgenauigkeit ganz zu schweigen.

»Hier lang«, rief Sam, schon in vollem Spurt und, gemessen daran, dass er vermutlich genauso erschöpft war wie ich, beeindruckend schnell. »Dieses Riesenmistvieh weiß wohl nicht, auf welcher Seite es ist? Ich glaube nicht, dass das die Art Verstärkung war, die sich dein kopfloser Freund erhofft hatte.«

»Für Eligor sind sie alle ersetzbar«, keuchte ich. »Und Howlingfell war kein Freund von mir. Ich hoffe, er ist jetzt wieder daheim und röstet auf den heißen Kohlen der Hölle, aber er ist mein geringstes Problem. Dieses Monster ... es wird nicht ruhen, bevor es mich gekriegt hat, und sobald es damit fertig ist, How-

lys Männer zu grillen … haben wir es wieder im Nacken.«
Ich hustete, kam ins Taumeln und fiel fast hin. Zu viel geredet.

»Ja, ich erinnere mich wohl an das Viech. Schneller als dein
verflixtes Auto, richtig?«

Das verdiente keine Antwort, also sparte ich meinen Atem,
während wir durch das Tor des Gedenkparks spurteten und
dann eine kurvige Straße entlang. Ich war seit Jahren nicht mehr
so viel gerannt und auch nicht viel im Fitnessstudio gewesen;
ich hatte (für einen Engel zumindest) ganz schöne Konditionspro-
bleme und hoffte, dass ich noch Gelegenheit haben würde, mehr
für mich zu tun. Wir schienen jetzt wieder in Richtung Bay zu
laufen. Vom Friedhof hörte ich noch einen letzten verzweifelten
Schrei, der ein bisschen so klang, als prügelte jemand einen Du-
delsack mit einer Stachelkeule tot. »Wohin …?«, war alles, was
ich hervorbrachte.

»Zum einzigen … Ort, wo … wir eine Chance haben«, sagte
er zwischen den Atemzügen, jetzt selbst sparsam mit dem Sauerstoff. »Fußgängerbrücke … zum Shoreline-Park.« Er sah sich
um. Ich nicht, aber was er da sah, ließ ihn in einen Gang schalten, von dem ich gar nicht gewusst hatte, dass er ihn besaß. Ich
tat mein Bestes, an ihm dran zu bleiben.

Aber wem genau rannte ich eigentlich hinterher? Der Sam,
den ich zu kennen geglaubt hatte, mein bester Freund, hätte mir
nie irgendwas Wichtiges verschwiegen – und diese Habari-Sache
war mehr als wichtig. Konnte ich ihm überhaupt noch trauen?
Und entscheidender noch, konnte ich diese schwelende Höllenkreatur abhängen, um es herauszufinden?

Wir erreichten die Fußgängerbrücke, einen für Radfahrer und
Tagesausflügler gedachten schmalen Steg mit brusthohen Ge-
ländern, der sich über das Marschland zog wie ein auf Insel und
Ufer aufliegender Zollstock und jetzt unter unseren Schritten
dröhnte und bebte. Da heulte plötzlich etwas irgendwo hinter
uns, laut genug, um den Mond vom Himmel zu rütteln. Vermut-

lich hatte mein Verfolger soeben entdeckt, dass ihm seine Beute wieder durch die Lappen gegangen war. Der Ghallu brüllte noch einmal ohrenbetäubend, dann kam ich beinah ins Straucheln, als die Brücke auf einmal anfing zu ächzen und zu wackeln wie bei einem Erdbeben der Stärke sieben. Das heiße, gehörnte Etwas kam hinter uns die Fußgängerbrücke entlanggedonnert wie ein echter Güterzug auf einem Modelleisenbahngleis. Die einzige Frage war, wie weit wir es hinüber schaffen würden.

37

GLAUBEN

Erst die Hälfte der Brücke hinter uns, und ich fühlte schon die Hitze des Monsters in meinem Rücken, trotz des kalten Bay-Winds. Sam war ein paar Schritte vor mir, aber er spürte es garantiert auch. Der Ghallu war vielleicht noch fünfzehn Meter hinter uns und holte rasch auf, auch durch die Enge der Brücke nur unwesentlich behindert. Er würde uns kriegen, lange bevor wir die Insel erreichten. Zeit für Plan B. Das Problem war nur, dass ich keinen solchen hatte.

Aber er konnte Wasser doch nicht leiden? Und jetzt jagten wir dicht über der San Francisco Bay dahin. Ich überlegte ernsthaft, einfach übers Geländer zu springen, in der Hoffnung, dass uns das retten konnte, aber ich hatte keine Ahnung, wie tief das Wasser war – vielleicht nicht mal einen Meter – und wie sehr die Kreatur wirklich H$_2$O verabscheute, und ich war nicht scharf darauf, beides erst dann herauszufinden, wenn es zu spät wäre, etwas anderes zu probieren.

Ich legte einen Zwischenspurt ein und kam mit Sam gleichauf. »Ich will was probieren«, sagte ich oder versuchte es zumindest zwischen meinen keuchenden Atemzügen. »Was auch immer du tust, renn auf jeden Fall weiter.«

Es sprach für Sam (oder zumindest für unsere verzweifelte Lage), dass er gar nicht erst widersprach, sondern nur den Kopf senkte und noch ein paar Stundenmeilen mehr aus seinen Beinen herauszuholen versuchte. Ich warf einen Blick zurück und sah, das Monster nah genug hinter uns um mich umzudrehen und in die Hocke fallen zu lassen, was ich auch tat. Die Five-Seven ist eine leichte Pistole, aber ich nahm eine stabile Schussposition ein und stützte meine Schusshand mit der anderen Hand ab, weil ich so verdammt heftig zitterte, und tat dann mein Bestes, eine Kugel genau in eins dieser beiden glutroten Augen zu jagen, die auf mich zukamen wie die Scheinwerfer eines Höllentrucks. Silber mochte den Ghallu zwar nicht töten, aber ich fragte mich, was er davon halten würde, ein projektilgroßes Stück von dem Zeug direkt ins Auge zu kriegen – und, wenn ich Glück hatte, vielleicht von da geradewegs in das, was bei ihm als Gehirn fungierte.

Aber ich hatte kein Glück. Das Monster stutzte nicht mal, und die Brücke unter mir hüpfte und wackelte von seinen Trampelschritten, als ich abdrückte. Der Ghallu richtete sich just in dem Moment auf, meine Pistole zielte zu tief, und statt ihn ins Auge zu treffen, sah ich einen feurigen Klumpen von irgendetwas dicht über seinem Knie wegspritzen.

Der Ghallu kam jetzt aus dem Rhythmus, warf den Kopf zurück und stieß ein grollendes Wut- und, wie ich demütig hoffte, auch Schmerzgebrüll aus, so laut wie eine Lawine aus Schrottmetall. Ich schoss wieder und traf ihn diesmal in die Brust. Er schlug nach der schmelzflüssigen Wunde, nicht tödlich verletzt, aber von Schmerz abgelenkt, und kam dann ins Stolpern, krachte gegen das Geländer, zertrümmerte die Redwood-Kanthölzer wie Balsaholzlatten und fiel, mit den Armen rudernd, ins Wasser. Zischender Dampf stieg auf und vernebelte die Sicht.

Eine lange Sekunde starrte ich nur hin und fragte mich, ob ich ihn wirklich getötet hatte, aber dann richtete sich das mächtige Ungeheuer schwankend wieder auf; brodelndes Wasser lief an ihm herab und verdampfte. Die brackige Brühe reichte dem

Ghallu kaum bis an die Knie, und er kam schon wieder auf die Fußgängerbrücke zu wie eine bodennahe Wolke. Erneut brüllte er. Diesmal klang es, als spuckte er Bay-Wasser, was das Geräusch aber nicht netter machte.

Ich spurtete bereits hinter Sam her, als die gehörnte Wolke die fragile Brücke an der Stelle wieder zu erklimmen suchte, an der das Geländer gebrochen war. Als ich zurückblickte, schwelte das Holz unter den Krallenpranken des Ghallus, dann brach eine lange Partie des Geländers einfach weg, und die Kreatur sank ins flache Wasser zurück. Sie fauchte und hieb mit Pranken und Hörnern auf das nachgiebige Nass ein, watete dann verdrossen wieder los, auf der Suche nach einer besseren Stelle, um hinauszuklettern, damit sie uns einholen und in Stücke reißen konnte.

So viel zu den Chancen, den Ghallu unter Zuhilfenahme der San Francisco Bay zu töten.

Trotzdem, Wasser mochte er eindeutig nicht, und genug davon könnte ihm vielleicht wenigstens einen Teil seiner Hitze rauben – und wenn es ihn auch noch peinigte, umso besser. Vielleicht würde es das Biest ja sogar verwundbarer für die Silbermunition machen …

Yeah, dachte ich, *und vielleicht tauchen ja auch noch Astronauten und Cowboys auf und retten mich.*

Ich hatte noch zwei oder vielleicht drei meiner kostbaren Kugeln übrig, also blieb mir nur, mir irgendetwas auszudenken, um die Chancen ein bisschen zu erhöhen, und darauf zu hoffen, dass das Schicksal jetzt genug davon hatte, den kleinen Bobby Dollar mit der Nase in seine eigene Blödheit zu tunken.

Dann, während das dampfende Horrorwesen noch immer dabei war, seine Körpermasse wieder auf die Brücke zu hieven, langten wir auf der anderen Seite an und tauchten in die Ruinen des Shoreline Parks ein. Wir rannten die Kleine Promenade entlang, zwischen den halbverfallenen Fronten ehemaliger Restaurants und Läden, die die Parkbesucher schon vor Erreichen der Hauptattraktionen hatten anlocken sollen.

Manche stillgelegten Vergnügungsparks haben einen gewissen gespenstischen Charme, weil die Natur sie in Gestalt von Bäumen und Kletterpflanzen zurückerobert und die überwucherten Skelette der Karussells in die moderne Version eines viktorianischen Zierbaus verwandelt: eine künstlerische Aussage über die Vergänglichkeit von Menschenwerk. Aber die Botschaft des Shoreline-Parks war weniger subtil. In den Jahren seit seiner endgültigen Schließung war er einfach nur zu einer tristen Brache geworden, einem Refugium für Seevögel, Fixer und diejenigen unter den Obdachlosen, die den Weg vom Festland herüber schafften und sich nicht daran störten, dass der Boden mit Glasscherben und spitzen rostigen Dingen gespickt war. Was noch an Wänden stand, war voll mit Graffiti, sowohl den elaborierteren Tags lokaler Gangs als auch anderen Zeichen, die so roh und verzweifelt hingeworfen waren, dass sie eher wie die Reviermarkierungen von Tieren aussahen, Sprühfarbe, planlos verspritzt wie Blut oder Kotze – was beides, wie meine Sinne mir überdeutlich sagten, ebenfalls vertreten war. Ein Fleckchen Hölle auf Erden. Netter Ort für ein letztes Gefecht.

Sam lief jetzt langsamer, und ich setzte mich in einem schwerfüßigen, mühsamen Trab neben ihn. »Welche Richtung?«, keuchte ich.

»Weiß nicht. Ich kann dich nicht dahin bringen, wo ich hinwollte – das Biest ist zu nah an uns dran.« Sein Gesicht war seltsam ausdruckslos; ich konnte nicht mal vermuten, was er dachte. Wir waren wie Brüder gewesen, Sam und ich, und jetzt musste ich feststellen, dass ich ihn kaum kannte. Wie waren wir hierhin gekommen?

Sam zeigte nach rechts. »Der Wald ist da drüben«, sagte er und meinte damit den südlichen Teil der Insel, den ursprünglichen Jahrhundertwende-Park, der vor dem Bau der Vergnügungseinrichtungen Ziel von Picknick- und Familienausflügen gewesen war. »Und der Parkplatz«, sagte er geistesabwesend, als versuchte er sich zu erinnern, wo wir unser Auto gelassen hatten.

»Zwei gute Orte, um sich abschlachten zu lassen«, sagte ich zwischen schmerzhaften Atemzügen. »Aber nicht das, was ich mir erhofft hatte.« Ich wischte mir den Schweiß aus den Augen und blickte zum eigentlichen Vergnügungspark hinüber – »Merryland«, wie er offiziell geheißen hatte, auch wenn er schon lange vor der Schließung von niemandem mehr so genannt worden war. Alles, was ich von hier aus sehen konnte, waren der obere Teil der Achterbahn und das Riesenrad, aber das reichte schon. Die Vorstellung, sich in diesen rostigen Ruinen vor einem mörderischen sumerischen Dämon zu verstecken, mochte vielleicht den Art Director einer Filmproduktion entzücken, ließ mich aber kalt – mal ganz davon abgesehen, dass wir mindestens fünf Minuten gebraucht hätten, um hinzukommen, und ich nicht glaubte, dass wir uns das leisten konnten. Ich zeigte nach links, zwischen den verfallenen Ladenfronten hindurch. »Sind die Badeanlagen noch auf der Nordseite?« Wieder schwang sich das Gebrüll des Dämons hinter uns im Dunkel empor; auch jetzt noch, nach all der Gewöhnung, sträubten sich mir sämtliche Fellrelikte, und ich fühlte mein letztes bisschen Mut schwinden. »*Sam?*«

»Ja. Aber ich weiß nicht, ob da noch Wasser drin ist …«

»Dann bete.« Ich nahm einen engen Durchgang, voll mit verrosteten Stühlen und herausgebrochenen Mauerstücken, die die Bay-Luft in jahrelanger Arbeit mit Schimmel überzogen hatte. Ich arbeitete mich so schnell wie möglich zum Kingsport-Schwimmbad durch, dem alten Badekomplex, den die wilden Mädchen der Roaring Twenties und ihre Strohhut tragenden Verehrer besucht hatten, um nahe der Bay sonnenzubaden und zu schwimmen. Als wir den Schutz der verfallenen Gebäude verließen, erhellte uns der Mond den Weg zwischen den einstigen Heilbadebecken – jetzt leere Tassen, auf deren Grund der Dreck in einer dunklen Brühe schwamm wie Teeblätter, die darauf warteten, geschwenkt und gelesen zu werden. Noch ein paar Schritte, und ich erkannte den Rand des Außenbeckens, einer Grube so groß wie ein Footballplatz. Einst hatten ringsherum Sprungtürme, Bademeisterplattformen und Erfrischungsstände gestanden wie Renaissancebauten um einen See, aber die Zeit und die Witterung hatten alles abgetragen. Jetzt war da nur noch das Außenschwimmbecken selbst, ein Bauhaus-Grand-Canyon aus Zement, und als wir den Rand erreichten, sah ich, dass darin nichts war als knapp ein halber Meter Regenwasser und ein Friedhof von rostigen Poolliegen.

Na, großartig. Vielleicht würde der Ghallu ja, während er uns fraß, auf etwas Fieses treten und sich Wundstarrkrampf holen.

»Das Hallenbecken«, keuchte Sam. »Wenn du Wasser willst, ich glaube, das wird noch von der Bay gespeist. Vielleicht hat das ja jemand offengelassen.«

In dem Moment hörte ich ein Krachen, als ob eine Bombe hochging, und fuhr herum. Das Monster war auf eins der Ladengebäude hinter uns geklettert und drückte die Reste des Daches ein, während es auf die Kante zukrabbelte. Es sah uns, sprang herab wie eine Katze (wenn es denn Katzen in der Größe von Mähdreschern gäbe) und kam schnell auf uns zu, indem es einfach über die leeren Heilbadebecken sprang.

Niemand hatte es für nötig gehalten, das alte Hallenbad abzuschließen, also stürmten wir durch die Tür in den großen Raum. Warum er einfach so offenstand, zeigte sich schnell. Das hier mochte ja einst ein überdachtes Schwimmbecken gewesen sein, aber das Dach hatte aus etwas Kurzlebigerem bestanden als die Wände und war längst verrottet. Da war nur noch ein korbartiges Gebilde aus rostigen Metallstreben, mehr als luftdurchlässig, dennoch stank es hier drinnen nach Urin und Menschenkot und verwesendem Irgendwas.

Noch während wir über die glitschigen Fliesen zu dem großen Becken rannten, sah ich, dass mir das Schicksal ausnahmsweise mal hold war oder mir wenigstens nicht den Stinkefinger zeigte: Sam hatte recht gehabt, da war tatsächlich Wasser drin, dunkelglänzend, wo der Mond durch das rostige Dachskelett darauf schien. Das Becken war sogar fast voll.

Aber über uns war nicht nur der Mond. Ein mächtiger Schatten erschien am Rand des einstigen Daches und sprang herab, diesmal weniger wie eine Katze, sondern eher wie etwas Vielbeiniges, das sich auf seine Beute fallen lässt. Das Etwas kauerte im Schattendunkel, für den Moment formlos, aber ich sah die glühenden Augen, und es sah mich auch.

Da rutschte Sam plötzlich aus und schlug mit dem Kopf auf den harten Boden, und noch bevor ich stehenbleiben konnte, ohne auf den schmierigen, glitschigen Fliesen hinzufallen, war ich schon drei, vier Meter weiter. Sam lag reglos am Boden. Der Ghallu kam mit gesenkten Hörnern und abgespreizten Armen auf uns zu. Ich war mir nicht sicher, wie viele Patronen ich noch in meiner Pistole hatte – zwei, im günstigsten Fall vielleicht drei –, aber ich trat auf das Monster zu.

»He, du da – du hässliches Biest!«, rief ich. »Du willst nicht ihn, du willst mich!«

Es blieb tatsächlich stehen und legte wie ein Hund den gehörnten Kopf schief.

»Komm schon, versuch's doch, du Uraltmistvieh! Komm her und koste das einundzwanzigste Jahrhundert!«

Es sprang über Sam hinweg, als hätte es das von Anfang an vorgehabt. Etwas so Großes konnte gar nicht so schnell sein! Ich begriff, dass es auf mir sein würde, bevor ich auch nur wieder richtig Tritt gefasst hätte, also feuerte ich. Da für sorgfältiges Zielen keine Zeit war, hielt ich einfach auf seine dunkle Mitte und drückte ab, jagte dann ergänzungshalber noch einen zweiten Schuss hinterher. Ich sah beide Kugeln treffen, und das

Monster erschauerte, als das Silber eindrang, und verlangsamte seine Riesensätze zu einem Stolpern. Tropfen von schmelzflüssigem Orange schossen aus seinem Leib wie Sonneneruptionen, aber die Kugeln töteten es so wenig, wie Meteoriten die Sonne töten könnten. Alles, was es mir brachte, war Zeit, meine Füße wieder unter mich zu bekommen und auf das dunkle Becken zuzurennen.

Noch etwas hatte Sam richtig vorhergesagt: Im Becken war Salzwasser aus der Bay – aber nicht nur. Ungeschützt den Elementen und weiß der Höchste was sonst noch für unappetitlichen Einflüssen ausgesetzt, stank das Wasser wie eine Kloake und klebte wie Öl. Meine Arme verfingen sich in herumschwimmenden Ästen und sonstigem Zeug. Ich ließ mich davon nicht stören, sondern paddelte so schnell wie möglich ans tiefe Ende, wo auf den angeschlagenen Fliesen noch schwach eine »12« erkennbar war – zwölf Fuß Wassertiefe, hoffte ich, nicht »Bahn 12« oder etwas ähnlich Unnützes. Dort angekommen, drehte ich mich, Wasser tretend, um und wartete, bemüht, meine Pistole über der Dreckbrühe zu halten.

Ich brauchte nicht lange zu warten. Grollend und knurrend krabbelte das riesige Biest ein Stück den Beckenrand entlang, wie um zu taxieren, ob es mich von da aus erreichen konnte, und sprang dann ins trübe Wasser. Ein Dampfgeysir schoss empor.

Auch im Wasser war der Ghallu schnell. Wie ein Hai kam er auf mich zu, nur ein dunkler Buckel unter der Wasseroberfläche. Gerade hatte ich zu meinem Schrecken gelernt, dass etwas, das kein Wasser mag, deswegen noch lange kein Nichtschwimmer ist. Ich tauchte ab und fühlte das Monster in einem Schwall von sengender Hitze und wildem Brodeln direkt über mich hinweggleiten; seine Flammen waren zwar für den Moment gelöscht, seine Haut aber immer noch so heiß wie ein Brandeisen.

Der Ghallu wendete und pflügte wieder auf mich zu. Ich tat

mein Bestes, das Brennen der Dreckbrühe in meinen Augen zu ignorieren, während ich mich mit Beinschlägen aus der Reichweite des Ghallus zu bringen suchte, aber ich war nicht schnell genug, und im nächsten Moment war er direkt über mir.

Ich bin kein Olympiaschwimmer. Meine Vorgesetzten haben mir einen guten Körper gegeben, aber nicht den von Superman. Die Schnelligkeit und Kraft des Ghallu überstiegen die Möglichkeiten der menschlichen Physis, auch dann, wenn ein Engel darin steckte. Als ich mich ein weiteres Mal davonzuschnellen versuchte, reckte er den Arm und packte mich – ich fühlte, wie die Haut an meinem Fußgelenk Brandblasen warf. Ich drehte mich um und wollte schießen, in der Hoffnung, dass ich noch eine Kugel hatte und die Five-Seven auch unter Wasser funktionierte, aber irgendwelches umhertreibende Zeug hatte sich um meinen Abzugsfinger gewickelt, und ehe ich es abschütteln konnte, riss mich das Monster zu sich.

Mich an einem Bein mitschleifend, tauchte es auf und arbeitete sich spritzend und platschend zum flachen Beckenende hinüber, wo es sich aufrichtete. Die Haut des Dämon-Ungeheuers war schwarz und so glatt wie die eines Delphins, und sie roch nach geschmolzenem Gummi und nach Schwefel. Auch in klatschnassem Zustand war das Monstrum noch unerträglich heiß, und als es da stand, bis zum Bauch im Wasser, liefen schon wieder kleine Flämmchen über seinen Kopf und seine Schultern und die restliche Feuchtigkeit verdampfte. Ich kämpfte mit aller mir noch verbliebenen Kraft, konnte mich aber nicht loswinden. Der Schmerz in meinem Fußgelenk war so heftig, dass ich nur beten konnte, es möge wirklich noch eine Kugel übrig sein, um sie mir selbst in den Kopf zu jagen und der Qual ein Ende zu machen. Der Ghallu war in ein volles Schwimmbecken gesprungen und hatte ein Pfund Silber weggesteckt und war bei alldem kaum aus dem Tritt geraten. Ich war am Ende meiner Möglichkeiten.

Hilflos. Das ist das Wort.

Doch statt mir den Kopf abzureißen oder mich zu Asche zu verbrennen, hob mich der Ghallu hoch und öffnete sein Maul, öffnete es immer weiter und weiter, bis es ein klaffendes Loch war und der ausgehängte Unterkiefer fast auf seiner Brust auflag. Und diesmal sah ich darin statt Flammen nichts – *nichts*. Nicht die Leere eines aufgerissenen Rachens, sondern das Nichts selbst, das trotz der Hitze des Ghallukörpers leere, eisige Kälte empor-rülpste – ein bodenloser Abgrund, der nach völliger Auslöschung stank. Und da ging mir auf, dass mich dieser Dämon nicht zu Eligor bringen würde, er würde mich hin *expedieren*. Er würde mich einfach schlucken, diesen grässlichen Schlund hinab direkt in die Hölle.

Ich mühte mich, meine Pistole in die Nähe seines Gesichts zu kriegen, aber der Ghallu klemmte mich an seine Brust, und ich bekam die Arme nicht hoch. Das Ding, das sich an meinem Abzugsfinger verheddert hatte, glitt in meine Schusshand. Es war Caz' silbernes Medaillon, hart und glatt an meiner Haut. Ihr Abschiedsgeschenk … oder ihre letzte Lüge. Es schien passend, dass es mich am Schießen gehindert hatte. Dann ging mir plötzlich auf, woraus es bestand.

Als Orban mich gewarnt hatte, wie zäh der Ghallu war und dass er selbst mit meiner neuerworbenen Silbermunition kaum zu töten sein würde, hatte er gesagt, ich bräuchte etwas ande-res – »Spezielles Silber«. Was sonst besaß ich, was in diese Kate-gorie fallen könnte? Aber Caz' Medaillon war nur dann speziell, wenn es etwas bedeutete – wenn ich ihm eine Bedeutung zubill-igte. Ich musste davon überzeugt sein, dass es einen Grund hatte, wenn es in diesem Moment in meiner Hand war und nicht auf dem Grund des Beckens. Und das hieß … was? Glauben?

Das alles schoss mir in einem Sekundenbruchteil durch den Kopf, während das Monster mich seinem kältedampfenden Maul entgegenhob. Als mich der Gestank einhüllte, fühlte ich die Finger des Ungeheuers meine Rippen quetschen, während sie gleichzeitig meine Haut brieten wie eine Weihnachtsgans. Ich schrie vor Schmerz und trat nach dem Monster, so fest ich konnte, aber es war, wie gegen einen Löffelbagger zu treten. Doch irgendwie gelang es mir, meine andere Hand freizubekommen. Ich griff das kleine Silbermedaillon mit der Linken, presste es an die heiße, gummiartige Brustoberfläche des Ghallus, genau dort, wo das Herz sein musste, wenn er denn eins hatte. Ich rammte die Mündung der Automatik gegen das Medaillon, schickte ein nicht aus Worten bestehendes Gebet gen Himmel – hauptsächlich um eine letzte Patrone in der Kammer – und drückte ab.

Es krachte, und ein Schlag durchfuhr mich, als hätte mich der Blitz getroffen. Ich fühlte das schmelzflüssige Blut der Höllenkreatur brennendheiß an meine Brust spritzen, während das Monstrum brüllte und tobte und dann durch das Dreckwasser in Richtung Beckenrand watete und mich von sich schleuderte, als wäre ich nicht mehr von Bedeutung. Ich flog knapp über die scharfe Zementkante hinaus, krachte auf die Fliesen und schlidderte fast bis dorthin, wo Sam lag. Der Ghallu gab schreckliche Geräusche von sich und verrenkte sich, wie sich kein lebendes Wesen verrenken sollte, wand sich, als ob er sich innerlich entzweireißen wollte, schaffte es aber dennoch, sich aus dem Becken zu hieven und so weit auf uns zuzukriechen, dass seine zuckenden schwarzen Riesenfinger mich beinahe packten, bevor er schließlich erschlaffte.

Ich beobachtete ihn lange genug, um mir sicher zu sein, dass er tot war oder was auch immer mit solchen Kreaturen passierte, wenn man ihnen das zerschoss, was die Funktion wichtiger Organe erfüllte, ließ mich dann zurücksinken und starrte zu den rostigen Dachstreben hinauf, keuchend und unkontrollierbar zitternd. Die Pistole war immer noch in meiner verkrampften Hand wie eine Rah im Klammergriff eines Ertrunkenen. Vielleicht heulte ich sogar kurz, ehe ich mich auf die Seite drehte und einen Bauchvoll dessen erbrach, was in diesem grässlichen Becken gewesen war. Dann ergab ich mich dem wachsenden Dunkel in meinem Kopf.

Sam regte sich neben mir, als mein Gehirn wieder zu arbeiten begann. Er stellte keine Fragen, aber seine Augen wurden angemessen groß, als er die gewaltige schwarze Masse des toten Ghallus sah, von der noch letzte feine Fähnchen Qualm aufstiegen, während die inneren Brennkammern erloschen.

»Jemand hatte mir was geschenkt«, bot ich ihm als Erklärung an. Mir fiel sonst nichts ein, was ich hätte sagen können.

Sam drehte sich auf den Rücken und setzte sich auf, wobei er sich den Kopf hielt, als könnte dieser sich sonst selbständig machen. »Ich weiß, wir müssen reden, Bobby«, sagte er schließlich. »Lass uns von hier verschwinden. Zu mir. Da können wir uns säubern und diese Verbrennungen verarzten, und dann erzähl ich dir alles.«

Wir hörten beide das unverkennbare Geräusch des Spannens einer Pistole – es hallte in dem dachlosen Bau, als hätte jemand mit einem Stock an die Wand geschlagen.

»Nein, ich glaube, Sie reden besser hier und jetzt, Sammariel«, sagte eine Stimme. »Weil ich es nämlich hören will. Ah, ja, übrigens, ich habe eine Pistole – und ich bin mir ziemlich sicher, dass ich der Einzige hier bin, der auch noch Munition hat.«

38

DER DRITTE WEG

D u?«, sagte ich. »Echt?«
Clarence sah mich an, hielt aber die seltsame kleine Pistole weiter auf Sam gerichtet, was keinen Sinn ergab. »Überrascht? Oder enttäuscht?« Er machte auf hartgesotten, aber da war ein verräterisches kleines Zittern seiner Schusshand.

»Kommt drauf an, würde ich sagen. Wie hast du uns hier draußen gefunden?«

»Moment«, sagte er. »Bevor irgendjemand weiterredet, möchte ich erwähnen, dass das hier eine Nadelpistole ist, voll mit einem südamerikanischen Pflanzengift, Sam, falls Sie also irgendwas Dramatisches tun wollen wie etwa sich selbst töten, drücke ich ab, und dann sind Sie für Stunden gelähmt. Und ich kann mit dem Ding umgehen – ich habe trainiert.« Er blickte auf den gigantischen Leichnam des Ghallus. »Wow. Waren Sie das, Bobby? Muss ja ein hartes Stück Arbeit gewesen sein.«

»Warte mal, warum sollte sich Sam töten wollen?«, fragte ich verdutzt.

»Weil er noch mindestens einen weiteren Körper zur Verfügung hat«, sagte Clarence. »Den von Habari.«

Entgeistert sah ich Sam an, der die Achseln zuckte. »Augenblick«, sagte ich. »Habari warst *du?*«

»Was hast du denn geglaubt, wer es war?«, fragte er mich. »Ich dachte, du wüsstest es. Verdammt, ich dachte, weshalb hättest du mich sonst zu dem Grabstein geführt.«

»Ich wusste, dass du irgendwas mit dieser ganzen Magianer-sache zu tun hattest, aber ich dachte, Habari wäre vielleicht … na ja, Leo. Weil doch beide etwa um dieselbe Zeit gestorben sind und dann dieser neue Habari auftauchte.«

»Du meinst unseren Leo? Von den Harfenmännern?« Sam schüttelte den Kopf. »Soweit ich weiß, ist er tot, und wir kriegen ihn nicht zurück. Und Habari ist etwa ein Jahr nach ihm gestor-ben. Aber Leo *hatte* mit dem Ganzen zu tun, indirekt …«

»Halt mal.« Ich wandte mich wieder an Junior, der immer noch seine Ich-habe-hier-die-Kontrolle-Pose zu perfektionieren versuchte. »Das geht mir alles zu schnell. Wie hast du uns hier gefunden?«

Clarence hatte immerhin den Anstand, ein bisschen beschämt dreinzuschauen. »Sams Handy lässt sich orten. Ich kann immer herausfinden, wo er ist. Dabei hatte ich Hilfe von oben.«

»Du hast die ganze Zeit Sam hinterherspioniert?« Ich sah Sam an. »Dann hast du mich also belogen.«

»Shit, B«, sagte er. »Ich hab dich in vielem belogen. Ja, der Junge hatte die ganze Zeit mich im Auge. Einige unserer Bosse waren misstrauisch geworden.«

Da fiel mir etwas anderes ein, und ich wandte mich wieder an Clarence. »Aber Sam hat sein Handy heute Abend verloren, lange bevor wir hier angekommen sind … also, woher wusstest du, dass wir im Shoreline-Park sind?«

Clarence erwiderte meinen Blick, zögerte aber. »Ich habe auch Ihr Handy angezapft«, gestand er schließlich.

Was hieß, er wusste alles, auch das mit Caz. Das war gar nicht gut. »Dann war das von Temuel also doppelter Bluff? Du arbei-test schon die ganze Zeit für unsere Bosse? Das erklärt aber im-mer noch nicht, wie du hierhergekommen bist, Junge – du kannst doch nicht Auto fahren. Oder war auch das gelogen?«

Jetzt sah Clarence richtig schuldbewusst drein. »Ich … ich habe jemanden gefunden, der mich gefahren hat.«

Ich musste gegen meinen Willen lachen. »Und jetzt sitzt Wie-heißt-sie-doch-gleich, deine nette alte Vermieterin, da draußen in ihrem Continental und lässt die Heizung laufen, bis du wieder da bist?«

Er sah mich unwirsch an. »Sie wissen nicht alles, Bobby. Ich habe das Zimmer bei ihnen gemietet, weil Burt im Keller einen Schießstand hat. Sie haben mich dort üben lassen.« Er wandte sich an Sam. »Jetzt sind Sie dran, Engel Sammariel. Reden Sie, denn wenn ich Sie erst denen von oben übergebe, wird garantiert alles strikt unter Verschluss gehalten, und ich werde nie erfahren, was passiert ist. Wie haben die sich an Sie herangemacht?«

»Nicht ›die‹«, sagte Sam nach kurzem Zögern. »Kephas.«

Der andere Name, den mir Temuel genannt hatte, neben den Magianern.

»Von dem hab ich noch nie gehört«, sagte Clarence.

Sam schüttelte den Kopf. »Nicht zwingend ein ›der‹. Einfach nur … eine getarnte Präsenz, weder männlich noch weiblich. Aber auf jeden Fall ein hoher Engel, so viel steht fest. Kephas hat mir einen Deal angeboten.«

»Das heißt ›Fels‹«, sagte ich, weil mir wieder einfiel, was Fatback gesagt hatte. »Wie in ›Auf diesen Fels will ich meine Kirche bauen …‹«

Sam nickte. »Die höheren Engel stehen auf dieses traditionelle Zeug.«

Clarence schnaubte entrüstet. »Den Himmel zu verraten ist traditionell?«

Sam bedachte den Jungen mit einem kalten Blick. »Du weißt davon natürlich nichts, Junior, aber Bobby und ich haben eine Menge hässliche Dinge gesehen, als wir bei den Harfenmännern waren. Dinge, von denen sie euch im Archiv nichts erzählen …«

»Ja, ja, es war die Hölle dort draußen«, unterbrach ihn Clarence. »Sparen Sie sich die Rechtfertigungen. Es hat Ihnen nicht gepasst, was Ihre Vorgesetzten von Ihnen verlangt haben, also haben Sie beschlossen, sich nettere Bosse zu suchen.«

Sam schüttelte wieder den Kopf, nicht verneinend, eher resigniert. »Es war eigentlich unser Anführer Leo, der mich zum Grübeln gebracht hat. Er sprach immer von den politischen Dingen, von dem, was hinter den Kulissen ablief, und stellte sich selbst die Frage, wer eigentlich wirklich das Sagen hatte.«

»Noch so ein Paranoiker.« Aber es klang, als versuchte Clarence vor allem sich selbst zu überzeugen.

»Sagte der Undercover-Agent zu seinem Ex-Partner.« Sam rang sich ein bitteres Grinsen ab. »Mit der Zeit leuchtete mir das, was Leo sagte, irgendwie ein – wer auch immer wirklich das Sagen hat, wir scheinen jedenfalls auf der Rangliste des- oder derjenigen nicht besonders weit oben zu stehen. Ich konnte das nicht länger verdrängen. Und dann starb Leo – den echten, endgültigen Tod. Ich glaubte nicht, dass es ein unglücklicher Zufall war. Glaube es bis heute nicht. Vielleicht sagte ich damals ein paar Sachen, die irgendwie oben die Runde machten, keine Ahnung. Wie auch immer sie auf mich kamen, die Gruppe des Dritten Wegs sprach mich an. Kephas war ihr Vertreter, und er oder sie, oder was er auch ist, fragte mich, ob ich etwas dafür tun wolle, den Himmel besser zu machen.« Dann erzählte Sam im Großen und Ganzen das, was ich schon aus Walkers Quasi-Abschiedsbrief über den Dritten Weg wusste, dass sie von der Notwendigkeit einer Alternative zu Himmel und Hölle überzeugt waren und bereit, sich dafür einzusetzen. »Sie waren damals noch nicht so weit, praktische Schritte zu unternehmen – das ist Jahre her –, aber ich hielt es bei den Harfenmännern einfach nicht mehr aus.« Er wandte sich an mich. »Es fühlte sich immer verlogener an, Bobby – dieses ganze Gerede, von wegen, wir seien das einzige Bollwerk gegen die bösen Machenschaften der Hölle auf Erden, aber gemacht haben wir all diese schrecklichen Sachen.«

»Du brauchst dich nicht zu entschuldigen«, sagte ich. »Ich hätte vielleicht auch ein offenes Ohr gehabt.« Aber da war ich mir nicht so sicher. Ich kann Chaos nicht leiden. Ich kann Heimlichkeiten nicht leiden. Und ich kann vor allem die Vorstellung nicht leiden, dass so mächtige Leute wie Karael und seine Freunde zornig auf mich sind.

»Also habe ich die Harfenmänner verlassen«, fuhr Sam fort, »habe mich auf unbestimmte Zeit beurlauben lassen und bin erst mal … na ja, einfach nur rumgehangen. Bin hierher nach San Judas gegangen und habe herauszufinden versucht, was ich machen wollte. Habe Freunde gefunden – sogar sterbliche. Einer davon war Reverend Habari.« Sams Ton sagte, dass er von etwas sprach, das ihm wichtig war. »Ich wollte, du hättest ihn gekannt, Bobby. Er war ein guter Mensch. Wahrhaft gut. Er war nicht nur politisch engagiert, er hat auch Obdachlose aufgenommen und ihnen zu essen gegeben und sie dableiben lassen, bis er sie in einer Obdachlosenunterkunft unterbringen konnte. Er war bei jeder Demo dabei, aber er blieb auch lange auf, um die Nacht-Basketballspiele für sozial schwache Jugendliche im Sierra Park zu beaufsichtigen. Besuchte Leute, die ans Haus gefesselt waren. Las Kranken vor. Und dann bekam er Krebs und starb. Und ich dachte nur, so endet ein guter Mensch, er ist einfach weg.«

»Wie meinen Sie das?« Clarence klang empört. »Er ist gestorben. Wenn er so gut war, wie Sie sagen, ist er doch geradewegs in den Himmel gekommen!«

»Wofür? Um was zu werden? Unsere Oberbosse haben dafür gesorgt, dass wir *nichts* sicher wissen, Junge. Die einzigen Engel, die wir kennen, sind wie wir – nur Nummern mit ausgetilgter Erinnerung, die für Machtorgane hier auf der Erde oder für unsere Bosse im Himmel arbeiten. Ist es das, was aus Moses Habari geworden ist? Haben sie einfach alles gelöscht und ihn neu gestartet, so wie uns? Oder ist er einer von diesen armen Idioten, die in den Gefilden der Seligen herumtanzen und noch etwa so viel Persönlichkeit besitzen wie ein mit Glückspillen vollgepumpter Patient in der Psychatrie?«

»So ist es nicht!« Der Lauf von Clarences Betäubungspistole wackelte, aber sie war immer noch auf Sam gerichtet. »So was würden wir nie tun! Wir sind *Engel!* Wir arbeiten für Gott …!«

»Tja, siehst du, da bin ich mir nicht so sicher wie du, Junge. Dieses ganze Zeug, das du mich gefragt hast, ›warum dies, warum das …?‹ Weißt du, ich habe diese Fragen wirklich gestellt. Und tatsächlich bin ich mir nicht sicher, ob wir für Gott den Höchsten arbeiten oder für jemand ganz anderen …«

»Das reicht«, sagte Clarence. »Ich muss mir nicht noch mehr blasphemisches Zeug anhören, Sam. Tut mir leid, Sie sind ein guter Kerl, das glaube ich wirklich, aber Sie sind kein Engel. Nicht mehr. Es ist Zeit, dass Sie wieder in den Himmel zurückkehren. Vielleicht können Sie da ja Hilfe bekommen …«

Ich hatte mich ein Stück von Sam entfernt, auch, um es Clarence schwerer zu machen, uns beide zu treffen, und jetzt trat ich noch näher an den Jungen ran und sagte: »Noch nicht, bitte. Nicht bevor ich erfahren habe, was mit den Seelen passiert ist, die sie entführt haben. Hat es geklappt, Sam? Habt ihr einen Ort für sie gefunden, wo sie sicher sind?«

»Das war der schwerste Teil«, gab er zu. »Wir konnten keine Seelen auf Erden verstecken, ohne dass es jemand gemerkt hätte, aber in den Tartarus-Abkommen ist festgelegt, dass mindestens ein hochrangiger Engel *und* ein ebenso hochrangiger Dämon sich einigen müssen, um irgendein neues Territorium außerhalb des irdischen Bereichs zu eröffnen, und sei es noch so klein. Meine Bosse vom Dritten Weg hatten noch andere Leute rekrutiert, so wie mich, und sie waren bereit, uns alle mit einer Tarnidentität und einem Tarnkörper auszustatten – ich hätte mir wohl einfach irgendeinen Namen ausdenken sollen, aber ich wollte Dr. Habari etwas zurückgeben, wenigstens ein bisschen was …« Er verstummte kurz. »Jedenfalls, die Leute vom Dritten Weg bekamen offenbar einen Tipp, dass Großfürst Eligor zu einem Deal bereit sein könnte – aus persönlichen Gründen, die ich nicht kenne. Und er war dazu bereit.«

Während Sam geredet hatte, war ich noch etwas näher an Clarence herangetreten, und jetzt zog ich leise meine leere Pistole aus meinem Gürtel.

»… Und aufgrund dieses Deals bekamen wir unseren Ort«, schloss Sam. »Er existiert. Er ist real!«

Ich setzte einen Schlusspunkt unter diese faszinierende Eröffnung, indem ich Clarence den Griff meiner Pistole fest auf den Schädelbasisbereich hieb. Der Junge gab nicht mal mehr einen Laut von sich, plumpste einfach zu Boden wie ein Sack Äpfel. Ich wollte ihn nicht töten, obwohl ich keinen Zweifel daran hatte, dass sie ihn schleunigst wiederauferstehen lassen würden, aber ich würde auch nicht dabeistehen und zuschauen, wie Sam davongeschleppt wurde. Zumindest nicht, bevor ich den Rest der Geschichte gehört hatte. Ich nahm die kleine Betäubungspistole aus Clarences Hand und drehte mich dann wieder zu meinem ältesten Freund um.

»Okay, Sammy«, sagte ich. »Jetzt sind wir unter uns. Überzeug mich.«

»Dich überzeugen? Wovon? Dass es funktioniert? Das ist leicht – komm mit.«

Ich prüfte noch kurz, dass Clarence ordnungsgemäß atmete, und drehte ihn auf die Seite, damit er, falls er kotzte, nicht erstickte. Kein schöner Tod, auch wenn man hinterher in einen neuen Körper umgesiedelt wird.

»Wie fest hast du zugeschlagen?«, fragte Sam, als wir wieder zwischen den Heilbadebecken waren.

»Er wird eine Weile weg sein, aber ich glaube nicht, dass er einen bleibenden Schaden davonträgt.«

»Da bin ich froh. Irgendwie mochte ich ihn. Am Anfang dachte ich, er wäre ein zu krasser Außenseiter, um wirklich ein eingeschleuster Maulwurf zu sein.«

»Sie haben dich doppelt geblufft«, sagte ich. »Das hat Temuel mit mir auch gemacht. Heißt das, er wusste über Clarence Bescheid?«

»Möglich. Oder der Mull ist erst später, nachdem er dich gebeten hatte, ein Auge auf den Jungen zu halten, dahintergekommen, dass Clarence in Wirklichkeit für irgendwelche Oberen arbeitete. Es sind immer Räder innerhalb von Rädern, B.«

»Der Himmel ist echt ein hinterhältiger Laden.«

Wir verstummten, als wir uns auf der Großen Promenade den halbverfallenen Attraktionen Merrylands näherten wie zwei Seelen, die nicht einem neuen dritten Bestimmungsort entgegenstrebten, sondern außerhalb von Zeit und Raum durch den guten alten Limbus drifteten. Ich fragte mich, ob Sam und ich je wieder so Seite an Seite gehen würden. Und keine gemeinsamen Mahlzeiten im *Boxer Rebellion* mehr? Wirklich?

Ich hatte keine Ahnung, was ich jetzt gleich tun würde. Ich wollte nicht darüber nachdenken.

Der Mond war immer noch da, versilberte die rostigen Relikte der gewundenen Super-Snake-Bahn und die zusammengebrochenen Buden verschiedener Art. Jetzt, da mir nichts mehr den Kopf abzubeißen versuchte, konnte ich die Bizarrheit dieses Ortes würdigen. Sie werden bemerkt haben, dass ich nicht »die bizarre *Schönheit* dieses Ortes« sage – der Shoreline-Park mag vieles sein, aber schön mit Sicherheit nicht. Aber er roch hier am Nordende besser, entweder sorgte der Seewind auf dieser Seite der Insel für reinere Luft, oder aber die Obdachlosen hatten keine Lust, den ganzen weiten Weg hierher zu machen, nur um zu scheißen. Auf jeden Fall war es eine angenehme Abwechslung.

Die abgeblätterte Fassade einer Bude grinste uns an. Das hier mochte mal ein Clownsgesicht gewesen sein, bestand jetzt aber nur noch aus zwei verschmierten Augenflecken und einem Ohr-zu-Ohr-Grinsen, von dem nichts übrig war als lippenlose Zähne.

»Aber wenn du nicht wusstest, dass ich als Habari auftrat«, sagte Sam unvermittelt, »woher wusstest du dann das mit dem Friedhof?«

»Fatback hat mir geholfen. Er hat mir gesagt, dass Habari tot ist, und als ich herausfand, dass er auf dem Friedhof begraben worden war, auf den du mich immer mitgenommen hast – na ja, das schien doch ein bisschen zu viel des Zufalls. Außerdem war ich schon hinter eine Lüge gekommen, die du mir aufgetischt hattest.«

»Es waren etliche. Welche?«

Das machte mich trauriger, als ich erwartet hätte. »Als du gestern Abend in mein Zimmer im Ralston gekommen bist. Du hast gesagt, du hättest Alice angerufen und meine Zimmernummer von ihr bekommen.«

»Aber ich hatte sie angerufen. Ich bin nicht blöd, Bobby.«

»Ja, aber sie hatte dir die falsche Zimmernummer gegeben. Sie hat mir's erzählt – war ganz zerknirscht, weil sie dachte, du würdest mich nicht finden. Aber du hast sie natürlich nur pro forma gefragt. Kephas oder wer hat dir gesagt, wo ich war, stimmt's?«

Er nickte nur, ohne mich anzusehen.

So langsam fügte sich alles zusammen. Ich hatte richtig getippt, dass in Anbetracht der engelhaften Kräfte, die Habari dem guten Walker demonstriert hatte, einer der zentralen Akteure in diesem ganzen Spiel nicht nur von unserer Seite, sondern wohl auch hier aus der Gegend sein musste, da Habari der Magianer von dem Gewerberaum an der East Charleston aus operierte. Es gibt nicht so viele Leute mit Heiligenschein in San Judas, also hatte ich mir gesagt, dass es vermutlich jemand war, den ich kannte, was ja auch Habaris Reaktion gezeigt hatte, als wir uns mit den Autos begegnet waren. Er hatte mich sofort erkannt, trotz meiner Wunden und blauen Flecken und Verbände. Aber ich hatte mich von meiner Phantasie hinreißen lassen und, statt vor meiner Nase nach dem wahren Habari zu suchen, darüber spekuliert, ob Locho Leo seinen Tod vielleicht nur fingiert hatte.

»Was ist mit den Körpern, Sam?«

Er sah mich verdutzt an. »Welchen Körpern?«

»Denen, die ihr getragen haben müsst, du und die anderen Magianer. Schließlich würdest du normalerweise nicht gerade für einen afrikanischen Geistlichen durchgehen, Sam.«

»Die hat uns der Dritte Weg gegeben – sie funktionieren nicht ganz so gut wie die regulären Erdenkörper, die der Himmel ausgibt, aber man kommt wesentlich leichter wieder raus. Ich habe den Habari-Körper in einer sicheren Wohnung versteckt, aber ich kann dir weder die Adresse noch den Körper geben, Bobby, ich brauche alles, was ich den Bossen gegenüber einsetzen kann, um mein Urteil runterzuhandeln. Hey, vielleicht komme ich ja mit ein paar Millionen Jahren in den Flammengruben davon.«

Jetzt wurde mir ganz mulmig. Er wusste so gut wie ich, dass es so einfach nicht sein würde. Wie hatte mich mein bester Freund so böse hinters Licht führen können? Und was sollte ich jetzt mit ihm machen? »Das heißt, nachdem du mich in die Scheiße geritten hast, willst du jetzt auch noch den Dritten Weg verraten?«

»Shit, Bobby, das sollte ein Witz sein. Nein, die Wahrheit ist, dass ich dir die Adresse und den Habari-Körper deshalb nicht gebe, weil ich will, dass der Dritte Weg die Wohnung räumen und alle Spuren beseitigen kann, damit die Jungs von oben keinen von ihnen kriegen. Ich wollte dich da nie reinziehen, aber ich glaube an das, was der Dritte Weg tut. Von mir bekommt das Ephorat gar nichts.«

»Was hast du gedacht, als wir uns vor dem Magianer-Büro begegnet sind?«

Sam sah mich nicht an. »Es hat mir einen Mordsschreck eingejagt.«

»Ich hätte dich an deinem Auto erkennen müssen.«

Jetzt sah er mich an. »Wovon redest du? Es war doch nicht mein eigenes Auto.«

»Schon, aber kein anderer Engel würde sich in so einer Schrottkiste blicken lassen. Du hast dir nie was aus Autos gemacht, Sam.«

Crazy Town, das Gruselkabinett, erhob sich jetzt direkt vor uns. Es hatte noch ein Dach und den größten Teil der Außenwände, aber das war's auch schon so ziemlich. Die Gipsgespenster und -clowns an den Wänden waren weggewittert, übrig waren nur geisterhafte Umrisse und da und dort ein Fuß, eine Hand oder ein Ohr, und das, was noch da war, zierten alle möglichen runenartigen Zeichen in Leuchtsprayfarbe, die vielleicht den Taggern selbst etwas gesagt hatten, jetzt aber ebenfalls verblassten und rapide zu einem weiteren Stück Vergangenheit wurden. Als wir über Glasscherben auf das Gebäude zuknirschten, war ich froh, dass ich es nicht geschafft hatte, meine Schuhe abzustreifen, als ich mit dem Ghallu im Wasser gewesen war. Die Wunden, die mir die Kreatur zugefügt hatte, heilten dank meiner Engelskonstitution bereits, aber ich war dennoch zerschlagen, kaputt, blutverschmiert und sehr deprimiert.

»Es ist da drin«, sagte er. »Die Tür zum Dritten Weg meine ich.«

Ich sah ihn stirnrunzelnd an. »Es gibt nur eine Tür? Ihr müsst jedes Mal hierherkommen?«

Er schüttelte den Kopf. »Nein, die Physik des Ganzen – wenn es denn überhaupt Physik ist und nicht einfach irgendeine Art von verrückter Himmelsmagie – ist seltsam. Es gibt nicht so viele Stellen, wo man an diesen neuen Ort kommen kann, den wir geschaffen haben. Das hier ist eine davon, aber es ist nicht die einzige. Es gab noch eine Tür, oder wie man's auch nennen will, im Büro der Magianischen Gesellschaft, was einer der Gründe war, warum du mich dort gesehen hast. Ich musste noch mal hin, um sie zu schließen, bevor jemand anders sie finden konnte.«

»Und wenn Clarence deine Bewegungen verfolgt hat, hat ihn das wahrscheinlich darauf gebracht, dass du Habari warst«, sagte ich. »Ich habe euch beiden erzählt, wen ich getroffen hatte, und wenn er wusste, dass du um die gleiche Zeit dort warst wie ich – na ja, das dürfte doch wohl jeden Verdacht, den er oder seine Vorgesetzten hatten, bestätigt haben.«

Er zögerte. »Willst du das wirklich sehen, B? Es könnte … was für dich ändern.«

Ich blieb stehen und versuchte dahinterzukommen, was er mir wirklich sagen wollte. »Könnte es«, sagte ich schließlich. »Könnte es aber auch nicht.«

Er lächelte, und ich sah jetzt wieder den vertrauten Sam, den Sam, den ich schon so lange kannte. »Hör zu, ich will dir nur sagen, dass es sich wirklich beschissen angefühlt hat, dich diese ganze Zeit belügen zu müssen, Bobby. Aber alles andere, außer der Sache mit dem Dritten Weg, alles, was ich dir sonst je gesagt habe – alles, was wir zusammen erlebt haben –, war echt. War wahr.«

»Ich weiß, Sam. Oder ich bin zumindest willens, es zu glauben.« Ich machte eine auffordernde Bewegung mit der Pistole. »Jetzt zeig mir dein Geheimnis. Und bitte tu nichts Dummes.«

Er knipste seine Taschenlampe an und führte mich in das einstige Gruselkabinett. Wir gingen nicht weit hinein, nur ein paar Stufen hinunter ins Spiegelkabinett. Die Spiegel waren aus Metall und nicht aus Glas, und darum waren die meisten noch heil, aber die Zerrbilder, die so viele Generationen von Parkbesuchern amüsiert hatten, waren vor lauter Rost und Kratzern kaum noch zu erkennen.

»Dritter Spiegel von links«, sagte Sam.

»Und dann immer geradeaus bis zur Morgendämmerung. Zeig's mir.«

»Ich greife jetzt in meine Tasche. Tu mir den Gefallen und beschieß mich nicht mit Giftpfeilen, okay?« Er zog etwas schwach Schimmerndes hervor – es hätten im Mondlicht glänzende Spinnweben sein können, aber hier war kein Mondlicht, nur das funzelige Licht der Taschenlampe in Sams anderer Hand. Er öffnete die Hand, die er aus der Tasche gezogen hatte, und das Schimmern breitete sich darauf aus, entfachte sich dann zu einem so grellen Leuchten, dass ich blinzelnd einen Schritt zurückwich.

»Nicht …!«, sagte ich und deutete mit der Pistole darauf.

»Keine Angst.« Sam hob die grellleuchtende Hand und zog mit dem Zeigefinger vor dem Spiegel eine senkrechte Linie in die Luft. Ein Reißverschluss erschien oder vielmehr etwas Reißverschlussähnliches, aber nicht so klar begrenzt, eine Wolke von Leuchten, ein Miniatursternennebel, einen Meter über dem Boden mitten in Crazytown. »Kephas hat mir das hier gegeben«, erklärte Sam. »Verdoppelt wohl die Kräfte der hohen Engel. Ich weiß nicht, was es ist und wie es funktioniert – ich nenne es einfach den Gotteshandschuh.« Sam machte wieder eine Handbewegung, und das neblige Licht verteilte sich, hinterließ ein weichgezeichnetes Loch in der Mitte des Spiegels. Durch das Loch sah ich Objekte und Farben, wie eine dieser kleinen Szenen in einem Zuckerosterei. »Ich trete jetzt ein Stück beiseite«, sagte Sam. »Ich schwör dir, dass ich keine Tricks versuche. Schau einfach nur.«

Ich vertraute ihm, aber vertraute ihm natürlich auch nicht, also ließ ich, als ich mich vorbeugte, die Pistole ungefähr auf Sam gerichtet. Es war nicht wie ein Bild. Was ich sah, hatte Tiefe, war eine ganze Welt für sich hinter dem schartigen, rostigen Spiegel. Ich sah Eichen und Weiden und einen Fluss und, als ich mich noch näher heranbeugte, ein etwas baufällig wirkendes viktorianisches Haus auf einem Hügel in der Ferne, am Ende einer langen unbefestigten Straße. Ich bildete mir ein, sogar ein paar winzige Gestalten auf der Veranda stehen und vielleicht zu mir herüberschauen zu sehen. War eine davon Edward Lynes Walker? »Das ist es?«, sagte ich, seltsam gerührt von dieser bescheidenen ländlichen Szenerie. »Das ist eure großartige Alternative zu Himmel und Hölle? *Das kleine Haus in der Prärie?*«

»Das ist nur der Anfang«, sagte Sam. »Es wird größer werden. Es wird immer realer werden. Jetzt sind erst ein paar hundert Leute dort, aber es wird wachsen – auch ohne mich. Kephas hat noch viele andere Engel rekrutiert. Ein paar könnten wir sogar kennen.«

Ich legte den Gedanken erst mal beiseite, für später. »Und du glaubst wirklich, es wird besser als das, was wir schon haben?«

»Wenn wir es besser machen können, ja.« Er klang aufrichtig – fast schon naiv aufrichtig. »Weißt du … du könntest auch dort sein, Bobby. Ich weiß, dass du über dieselben Sachen nachgedacht hast wie ich. Ich weiß, dass es dir auch stinkt, der ganze Geheimkram und die anderen hässlichen Sachen, die unsereins zu tun hat.«

»Oh, danke.« Ich richtete mich auf. »Aber ich bin nicht ganz an dem Punkt, wo ich bereit wäre, dem Irrsinn zu trauen und dieses Kool-Aid zu trinken. Noch nicht.« Ich war müde bis in die Knochen, und Clarence würde demnächst zu sich kommen. »Los. Verschwinde, Sam.«

Er starrte mich an. »Du – du meinst …?«

»Ja, ich meine. Mach, dass du hier wegkommst. Geh zu deinen verrückten Freunden und baut weiter an eurer kleinen Jenseitskommune. Besser du als ich. Ich werde ihnen sagen, du seist entkommen.«

»Das glauben sie dir nie.«

»Dass ich mal wieder Mist gebaut habe? Das glauben sie sofort.« Ich zuckte ein wenig zusammen bei der Vorstellung, wie

General Karael mein jüngstes Komplettversagen aufnehmen würde. »Los jetzt! Ich werde dich nicht auch noch anflehen.«

Doch statt durch das nebelumrandete Portal zu treten, kam er auf mich zu. Einen Moment lang hatte ich schreckliche Angst, er würde mich umarmen. Ich habe keine Angst davor, umarmt zu werden, nicht dass Sie denken – jedenfalls keine allzu große –, aber der Gedanke, dass *Sam* jemanden umarmte, war etwa so wie die Vorstellung, dass die eigenen Eltern Sex haben: Es mag ja gelegentlich passieren, aber man will auf keinen Fall Zeuge sein. Zum Glück blieb er gerade noch außerhalb der Umarmungsdistanz stehen. »Moment noch«, sagte er. »Ich muss dir noch was geben, bevor ich gehe. Also, mach dir nicht ins Hemd, B, ich muss jetzt in deine Tasche greifen.«

»*Meine* Tasche …?«, sagte ich, aber er hatte die glimmende Hand mit dem Gotteshandschuh schon in meine Jackentasche geschoben – ich fühlte sie an mir wie einen heißen Stein. Er richtete sich wieder auf, legte das, was er gefunden hatte, in seine andere Hand und hielt es mir hin.

Mehrere Sekunden lang konnte ich es nur anstarren. Es war ein erstaunlicher Gegenstand, auf seine Art so verblüffend wie alles, was Sam mir gerade gezeigt hatte. Es war eine goldene Feder, *die* Feder ganz offensichtlich, aber sie war ebenso offensichtlich nicht von dieser Welt. Sie leuchtete und funkelte, nicht wie Schmuck in einem Juwelierschaufenster, sondern von einem inneren Licht, das sie realer, ja präsenter wirken ließ als alles um sie herum, auf jeden Fall aber mich, Sam und die Tür nach Drittwegland.

»Was …?« Okay, es war nicht mein brillantester Moment. »Wie kommt das da hin?«

»Es war schon die ganze Zeit da – gewissermaßen.« Er lachte. »Erinnerst du dich an den Abend mit der älteren Frau, die in die Bay gefahren war? Clarences ersten Abend? Als du diese Schlägerei mit Howlingfell hattest?«

»Schlägerei ist übertrieben«, sagte ich. »Ich habe ihn zertreten wie eine Weintraube.«

»Jedenfalls, als Grasswax dich von seinem Bodyguard weggezogen hat, habe ich gesehen, wie er dir etwas in die Tasche steckte. Ich konnte mir nicht vorstellen, was ein Ankläger dir in die Tasche mogeln wollen sollte, und ich wusste, dass Howlingfell für Eligor arbeitete, die andere Partei bei« – er zeigte auf die ländliche Szene – »meinem kleinen Projekt. Ich dachte, sie wollten dir irgendwas anhängen oder so – was es war, habe ich erst gemerkt, als ich es in der Hand hatte –, also habe ich beschlossen, es zu verstecken. Hiermit.« Er hob die Hand mit dem Gotteshandschuh und zeigte ihn vor. »Als ich dir den Staub abgeklopft habe, habe ich in deiner Tasche ein kleines Fleckchen Außerhalb erzeugt und die Feder reingeschoben. Sie war die ganze Zeit da, aber niemand konnte drankommen, weil sie gleichzeitig *nicht* da war, du verstehst schon. Sorry, wenn ich dich in Schwierigkeiten gebracht habe, aber es war die beste Lösung, die mir auf die Schnelle eingefallen ist.«

Deshalb also hatte mein merkwürdiger Freund Foxy etwas riechen können, das nicht da war. »Dann hat Grasswax tatsächlich die Wahrheit gesagt«, sagte ich. »Jedenfalls, soweit er sie kannte. Das gehört wirklich in die Annalen, was?« Ich streckte die Hand aus und nahm vorsichtig das glimmende goldene Ding von Sam entgegen. Es lag vollkommen gewichtslos in meiner Hand, wackelte aber auch dann nicht, als ich die Hand hin und her bewegte. Ich konnte den Blick kaum davon lösen. »Und weißt du auch, wem sie gehört? Wer den Deal mit Eligor gemacht hat?«

»Kephas, soweit ich weiß – wer oder was das auch immer sein mag.« Er bedeutete mir, die Feder zu behalten. »Du kannst damit machen, was du willst. Gib sie unseren Bossen, wenn dir das Ärger erspart.«

»Aber wenn Eligor sie wollte, um diesen Kephas zu erpressen, können unsere Bosse sie doch vermutlich zurückverfolgen.«

Sam zuckte die Achseln. »Egal – unser Ding ist inzwischen zu groß. Es ist nicht mehr aufzuhalten. Ich, Kephas – wir könnten noch Dutzende Leute verlieren, und die Idee würde trotzdem weiterleben.«

Ich dachte darüber nach. »Steck sie wieder in meine Tasche. Mit dem Gotteshandschuh. Ich will sie nicht an einem gewöhnlichen Ort verstecken müssen.«

»Sicher?« Er nahm sie mit seiner leuchtenden Hand. Ich fühlte die Wärme durch die Jacke, als er die Feder wieder in meine Tasche steckte.

»Okay. Jetzt geh – mach, dass du hier wegkommst.«

Er drehte sich zu dem Zerrspiegel, sah mich dann noch mal über die Schulter an. Ich konnte seinen Gesichtsausdruck nicht deuten. »Lass uns in Kontakt bleiben, Bobby.«

»Wie?« Fast hätte ich »Warum?« gesagt, aber obwohl ich immer noch nicht genau wusste, wie ich zu ihm und zu dem, was er getan hatte, stand, war mir klar, dass ich ihn vermissen würde.

»Wir finden irgendwas.« Und dann trat er durch den Spiegel. Das Loch schloss sich hinter ihm, sodass ich ihm nicht hinterherschauen konnte, aber ich nehme an, er ging diese lange Straße hinauf wie jemand, der endlich nach Hause kommt.

Ich machte mich wieder auf den Weg zum Kingsport-Schwimmbad. Als ich meine Tasche befühlte, um mich zu vergewissern, dass die Feder nicht zu bemerken war, entdeckte ich etwas anderes, das dort drinnen ruhte – Howlingfells Handy. Es war genauso nass geworden wie ich, aber wie auch ich funktionierte es noch, also rief ich die letzte Nummer an, die Howlingfell angerufen hatte. Jemand nahm ab, sagte aber nichts. Dennoch war ich mir ziemlich sicher, wer dort am anderen Ende war.

»Wissen Sie was?«, sagte ich. »Diese ganze ›Auftrag erledigt‹-Chose? War, wie sich rausgestellt hat, ein bisschen verfrüht.« Ich blickte zum Himmel empor, der sich bewölkte, sodass sich ein Schleier vor den Mond gelegt hatte. Ich war es leid, nass zu sein, also ging ich etwas schneller. »Aber was ich eigentlich sagen wollte, ich *habe* die Feder, und wenn Sie noch mal irgendwelchen Ärger machen, mir oder einer Person, die mir wichtig ist – *irgendeiner* Person, die mir wichtig ist –, dann benutze ich sie, und ich werde Sie zur Strecke bringen, egal, was mir passiert. Ach ja, und sagen Sie der Gräfin, dass wir uns wiedersehen. Das ist ein Versprechen.«

Ich wartete nicht ab, ob Eligor irgendwie reagieren würde, sondern warf das Handy mit aller Kraft ins Dunkel und horchte, bis ich es irgendwo aufschlagen und zerschellen hörte. Ich wusste, was ich gesagt hatte, stimmte – ich würde Caz finden. Ich würde sie finden, und wenn ich in die Hölle marschieren und sie aus Eligors Armen reißen musste. Ich würde sie befreien, sodass sie eines Tages vor mir stehen und mir wenigstens offen sagen konnte, was von all dem zwischen uns echt gewesen war. Ich würde nicht ruhen, ehe ich die Antwort hatte.

Als ich wieder zu dem Schwimmbecken kam, saß Clarence aufrecht da und tupfte sich den Mund mit dem Ärmel. Er hatte sich offensichtlich übergeben, sah aber ansonsten nicht allzu schlimm aus. »Was ist passiert?«

»Mit Sam? Ich fürchte, er ist entkommen, als du zu Boden gegangen bist.«

»Nein, was ist mit mir passiert? Was hat mich niedergeschlagen?«

»Der Ghallu muss noch mal gezuckt haben, reiner Nervenreflex. Hat dich mit dem Schwanz getroffen und ausgeknockt.«

Clarence spähte mit zusammengekniffenen Augen zu dem Kadaver des Monsters hinüber, der sich bereits zersetzte: Kleine graue und schwarze Rinnsale sickerten in die Ritzen zwischen den Fliesen. »Das Ding hat keinen Schwanz.«

»Dann mit dem Bein. Ist ja egal. Komm jetzt, schauen wir mal, ob deine Kutsche noch wartet. Ich bin zu müde, um bis nach Hause zu laufen.«

Er fragte nach seiner Nadelpistole, aber ich gab sie ihm nicht. Er machte ein Gesicht wie ein wütender Drittklässler. »Sie sollten mir endlich vertrauen, Bobby. Wir stehen auf derselben Seite.«

»Dir vertrauen?« Ich lachte. »Junge, du hast versucht, meinen besten Freund hopszunehmen! Und du hast mein Handy gehackt.«

»Das ging doch nicht gegen Sie!«, protestierte er. »Ich habe nur meinen Job gemacht.« Er sah mich vielsagend an. »Ich brauche ihnen ja nur das zu erzählen, was ich über Sam und den Dritten Weg erfahren habe, weiter nichts. Alles andere ist Ihre Privatangelegenheit. Einschließlich Ihrer Freundin, der Gräfin.«

Es war eine freundliche Form von Erpressung, aber es war trotzdem Erpressung. »Woher bist du eigentlich gekommen, Junge?«, fragte ich ihn. »Wo haben sie so was wie dich gefunden?«

»Sie haben mich direkt aus dem Archiv geholt, weil klar war, dass Sie beide zu misstrauisch geworden wären, wenn sie jemanden geschickt hätten, der einen ähnlichen Hintergrund hat wie Sie.«

»Du meinst, ein ähnliches Maß an Kompetenz? Na ja, sie haben mich wirklich ausgetrickst, das geb ich zu. Aber ob wir auf derselben Seite stehen, werde ich selbst entscheiden. Du bist für mich immer noch auf Bewährung.«

Clarence war empört. »Bewährung? Sie sind derjenige, der mir was beweisen muss! Sie haben Sam entkommen lassen.«

Ich steckte seine Betäubungspistole in die Tasche. »Schon möglich, Junge, aber du bist derjenige, der sich von etwas hat ausknocken lassen, das ich schon getötet hatte.«

39

DIE DUNKLEN GASSEN
DES HIMMELS

Eine unangenehme Überraschung erwartete mich noch. Als Clarence und ich das Festlandsende der Fußgängerbrücke erreichten (in meinem Fall wankend und mit letzter Kraft), wartete da auf dem Parkplatz ein Wagen auf uns. Aber es war kein Lincoln Continental oder sonst irgendein Ältere-Herrschaften-Modell, es war das hässlichste, lächerlichst aufgemotzte rote Gangsta-Mobil, das man sich vorstellen kann.

Ich sah es nicht zum ersten Mal.

Garcia Birkling war aufgemacht, wie es wohl seiner Vorstellung vom perfekten Outfit für eine nächtliche Stealth-Mission entsprach – von Kopf bis Fuß in Schwarz, einschließlich eines Hiphop-Kopftuchs, mit dem er aussah wie Lil Waynes anämischer kleiner Vetter. Der Stealth-Aspekt litt allerdings etwas unter der riesigen Aufschrift »FUCK ALLA Y'ALL!« in schreiend weißen Lettern vorn auf seinem Baggy-XXXL-T-Shirt.

»Mr. D!« Er breitete die Arme aus, als empfinge er mich bei der Rückkehr von einem Kampfeinsatz, und obwohl das in gewisser Weise stimmte – ich fühlte mich wirklich wie nach einer Luft-Boden-Operation ohne Fallschirm –, war G-Man nicht gerade die Person, von der ich erwartet zu werden hoffte, wenn ich wieder heimischen Boden betrat. Ich wich seiner enthusiastischen Bro-Umarmung aus wie ein matter Matador.

»Was zum Teufel machst *du* hier?« Ich wandte mich an Clarence, der immerhin verlegen dreinsah. »Warum ist er hier? Woher *kennt* ihr zwei euch überhaupt?«

»Ich hab doch gesagt, ich wusste immer, wo Sie sind«, sagte Clarence. »Aber ich wusste nicht, was Sie machen – ob Sie mit Sam unter einer Decke stecken. Also hab ich … na ja, ich hab's eben überprüft.«

»Da hat er mir gesagt, er ist Ihr Partner«, sagte Garcia mit dem ganzen Stolz eines Teenagers, der irgendeine urbane Legende direkt von jemandem gehört hat, der sie von demjenigen gehört hat, der sie erlebt hat. »Also bin ich hier, Mann!«

Ich blickte zu Clarence hinüber, der die Achseln zuckte und mir nicht richtig ins Gesicht sehen konnte.

»Ich brauchte jemanden, der mich fährt«, gestand er. »Ich wusste, dass irgendwas Wichtiges läuft, als Sie beide das Hotel verlassen haben, und dann hab ich die Nachrichten gehört.«

»Du hast *ihn* gebeten, dich zu fahren?«, sagte ich leise, während Garcia alle vier Wagentüren öffnete, obwohl wir ja nur zu dritt waren. »Shit, Clarence, du bist der mieseste Undercover-Agent aller Zeiten.«

»Es dauert eine halbe Stunde, droben in Brittan Heights ein Taxi zu kriegen, Bobby. Ich hatte es eilig, und er hatte mir erzählt, dass er schon für Sie gearbeitet hat.«

»Claro«, sagte Garcia, der gerade verstreutes Popcorn vom Rücksitz fegte. »Ich kann ja Ihr Wheelman sein. «

»Nie und nimmer«, sagte ich. »Wir sind keine ›Partner‹, weder wir beide, Birkling, noch wir, Special Agent Falscher Fuffziger.« Ich funkelte Clarence grimmig an.

Garcia schien fasziniert. »Kann ich auch einen Decknamen kriegen, Mr. D?«

»Ja. ›Blödmann‹. Und du sollst mich nicht ›Mr. D‹ nennen.«

»Was hätten Sie denn gern?«

»Vor fünf Minuten hätte ich noch gesagt, ›einen Krankenwagen‹.« Ich wuchtete meine müden Knochen auf den Rücksitz und streckte mich dann, nass wie ich war, auf Garcias Lederpolstern aus. Mein Kopf scheuerte an der Tür, aber das war mir egal. »Jetzt will ich einfach nur drei-, viermal duschen und dann bis August schlafen. Also los.«

»Wir können ja Ihre *Lieutenants* sein«, sagte Garcia. »Klingt eh viel krasser.«

Ich stöhnte, schloss die Augen und versank wieder in dem nebligen Dunkel. Ich fühlte diffus das Rumpeln, als Garcia rückwärts über eine Parkschwelle fuhr, worauf die ganze Karre dank ihrer bescheuerten Hydraulik wabbelte wie ein Wasserbett, dann ergab ich mich dem Nichts.

Gegen elf am nächsten Abend schaffte ich es schließlich ins *Compasses*, humpelnd, grün und blau und mit Verbrennungen, aber endlich sauber und wenigstens einigermaßen ausgeruht. Ich winkte Kool Filter zu, der inbrünstig paffend in sein Bluetooth-Headset sprach, und trottete dann die Treppe hinauf.

Der Laden sah ziemlich okay aus, gemessen daran, dass die Seite zur Straße hin erst vor kurzem in Schutt verwandelt worden war. Der Boden war gefegt, die schlimmste Verwüstung abtransportiert oder mit Plastikplanen abgedeckt worden, und Chico waltete an einer improvisierten Bar, einer langen, dicken Spanplatte auf Böcken, hinter der Getränkekisten gestapelt waren. Er hatte auch noch genügend Stühle und Tische aus den Trümmern geborgen, sodass es, wenn man die Augen halb zusammenkniff, gar nicht so sehr anders aussah als an irgendeinem Werktagabend.

Monica saß mit Sweetheart an einem Tisch, kam aber, als sie mich sah, herüber und umarmte mich. Schon die bloße Tatsache, dass sie nett und weiblich war, genügte, um mich anspringen zu lassen, aber ich wollte nicht anspringen, und schon gar nicht wollte ich Monica mit all meinen chaotischen Regungen verwirren, also machte ich mich schon nach wenigen Sekunden von ihr los. Sie ließ es nur widerstrebend zu.

»Als wir das mit dem Ralston gehört haben, dachten wir, du wärst mindestens tot!«, sagte sie. »Ich habe mir solche Sorgen um dich gemacht, Bobby. Wo ist Sam? Ist er okay?«

Offenkundig war die eigentliche Neuigkeit noch nicht durchgesickert – Clarence hatte offensichtlich nichts ausgeplaudert. Ich fragte mich, was meine Bosse alles taten, um das Ganze unterm Deckel zu halten. »Er ist okay, ja. Aber er macht wohl erst mal auf unbestimmte Zeit Urlaub.«

Während Monica und Sweetheart darüber nachdachten, bat ich Chico um einen seiner teureren geeisten Wodkas und einen Orangensaft – in getrennten Gläsern: Die Erfahrung, wie schlecht ich in Form war, hatte mich bewogen, von jetzt an vielleicht doch gesünder leben zu wollen. Den Orangensaft extra zu trinken, schien schon mal ein Anfang.

Etwa eine Stunde plauderte ich nett (und weitgehend unehrlich) mit diesem und jenem Mitglied des Ganzen Kaputten Chors, aber Monica und die anderen merkten, dass ich vor allem in Gesellschaft allein sein wollte, und blieben daher nicht lange an meinem Tisch. Wir kennen das alle, haben alle schon Dinge erlebt, die einen wochenlang nicht loslassen. Das ist mit das Tollste am *Compasses* – alle kapieren, was los ist. Außerdem war mir klar, dass ich am nächsten Morgen die Reise nach Mekka machen musste, um meinen offiziellen Bericht abzuliefern, und ich wusste nicht, was ich sagen würde, deshalb wollte ich mich jetzt nicht zu sehr festlegen – eine Menge Leute würden meine Version davon, was im Ralston und hinterher passiert war, unter die Lupe nehmen. Und natürlich mussten sich meine Bosse fragen, ob ich durch meine Freundschaft mit Sam infiziert worden war – was ja durchaus der Fall war. Ich hatte ihn schließlich gehen lassen, oder?

Während alle anderen redeten und lachten, saß ich da und

spielte ein paar mögliche Strategien durch. Ich fühlte mich hohl, aber auf eine nicht nur unangenehme Art. Ein bisschen wie eine Feder vielleicht. Wie die unsichtbare Feder, die ich mit mir herumgetragen hatte, ohne es zu wissen, und die ich immer noch mit mir herumtrug. Wie seltsam es war, hier in dieser vertrauten Umgebung unter vertrauten Leuten zu sitzen und gleichzeitig etwas in der Tasche zu haben, das alles Vertraute in die Luft jagen konnte. Ich musste darauf hoffen, dass der Himmel *wirklich* der Himmel war oder zumindest eine gute Kopie, weil ich sonst über viel zu vieles viel zu viel wusste, um noch lange lebend umherzuspazieren.

Solche Gedanken drehten und drehten sich in meinem Kopf, bis ich schließlich das Denken für diesen Abend aufgab. Man kann nämlich so lange denken, bis man völlig gelähmt ist. Ich befand, dass mir schon irgendeine brauchbare Halbwahrheit für die Bosse einfallen würde und ich dann einfach an dieser Halbwahrheit festhalten würde, egal, was passierte. Wenigstens würde ich ein für alle Mal herausfinden, ob man den Himmel belügen kann.

Es war ja nicht so anders als das, was ich seit Jahren tat, sagte ich mir – nur eine direktere Form der Täuschung. Ganz normaler Arbeitsalltag letztlich. Die Gassen des Himmels mochten zwar mit Stuss und Papierkram gepflastert sein, aber ich bewegte mich jetzt schon ganz schön lange in diesen dunklen Gassen. Ich war mir ziemlich sicher, dass ich wissen würde, was es zu sagen und nicht zu sagen galt. Danach würde alles in den Händen des Höchsten liegen.

Irgendwann fing Jung Elvis eine blöde Diskussion über den Hotelbrand an, quarkte allen die Hucke voll, dass es mit Sicherheit einer der Dämonenbonzen gewesen sei, der einen Rivalen ausschalten wollte (was ja partiell stimmte, nur dass seine Verdächtigenliste mit der Wirklichkeit nichts zu tun hatte). Ich hörte ab dem Punkt weg, als Walter Sanders die Theorie vertrat,

Jung Elvis habe das Hotel selbst in die Luft gejagt, weil sie ihn nicht zu der Konferenz eingeladen hatten.

Die meiste Zeit schaute ich einfach nur zu. Die meiste Zeit wartete ich einfach nur drauf, dass Sam reinkam, obwohl ich wusste, dass er nicht reinkommen würde. Und natürlich dachte ich an Caz. Ich dachte ständig an Caz. An jemanden zu denken, den man nicht haben kann, ist eine spezielle Art von Hölle, die man herbeibeschwören kann, ohne auch nur ein einziges Pentagramm zu zeichnen.

Es war kurz nach Mitternacht, als Clarence hereinkam – ohne Garcia Birkling diesmal, dem Höchsten sei Dank. Er sagte Monica und den anderen hallo, zögerte kurz, holte sich dann ein Bier und setzte sich mir gegenüber.

»Wie geht es Ihnen?«, fragte er.

»Warum hast du's getan, Junge? Ehrlich?«

Er schien erstaunt. »Weil ich musste, Bobby. Sie hatten mich ausgewählt, und es war mein Job. Es … es tut mir leid wegen Sam.«

»Ja, mir auch. Und was jetzt? Zurück auf Wolke Neun, um dir einen Orden ans Engelsgewand heften zu lassen? Hast du dir jetzt endlich deine Flügel verdient?«

»Also, ich … ich glaube, ich möchte gern hier bleiben. Ich meine, ich mag diesen Job. Den eigentlichen Job, nicht … nicht das, wofür sie mich hergeschickt haben.«

Ich wusste nicht genau, ob ich bereit war, ihm das zu glauben. »Sam hat gesagt, das ganze Zeug, das du ihn gefragt hast, war nur erfunden. All dieses ›Warum sind wir hier, was läuft da wirklich?‹ – nur um so zu tun, als ob du den Status Quo infrage stellst.«

Ein seltsamer Ausdruck huschte über sein Gesicht. »Klar. Alles nur erfunden, um zu schauen, ob ich ihm was entlocken konnte. Warum? Stellen Sie denn nie mehr solche Fragen, Bobby?«

Ich versuchte ihn zu hassen, konnte es aber nicht. Er war nur ein eifriger junger Funktionär, der seinen Job machen wollte. Nur ein weiterer rechtschaffener Engel des Herrn. »Ich hab dir doch schon gesagt, Junge, ich stelle nur Fragen, bei denen ich auf eine Antwort hoffen kann.«

Er nickte. »Vernünftig. Immer schön auf dem Teppich bleiben. So handelt man sich keine Probleme ein.«

Jetzt war ich es, der ihn komisch ansah. Wollte mich der Junge provozieren, etwas Verfängliches zu sagen, oder warnte er mich genau davor? Oder war irgendwas ganz anderes mit ihm – etwas Komplizierteres?

Nein. Nicht anbeißen. Ich schob mich vom Tisch weg und stand auf, was in meiner Verfassung schwerer war, als es klingt. Ich hatte schon viel zu viel Zeit damit verbracht, mich von solchen Fragen hin und her zerren zu lassen, und brauchte dringend wieder Schlaf. Ich brauchte auch noch anderes, aber Schlaf war das Einzige, das ich mit einiger Wahrscheinlichkeit kriegen würde. Außerdem konnte Schlafen nur besser sein, als hier zu sitzen und Jimmy the Table und Sweetheart über die alte Geschichte von dem Mann lachen zu hören, der bei einem Einbruchsversuch durch ein Oberlicht fiel und starb und dann seinem himmlischen Anwalt weiszumachen versuchte, er habe auf den Dächern nur nach bedrohten Vogelarten Ausschau gehalten.

Nicht dass es keine gute Geschichte gewesen wäre.

Ich nickte Clarence zu und ging dann zum Ausgang. Monica schaute gerade in die andere Richtung, was mir eine Verabschiedung ersparte.

Mein Wagen stand immer noch auf dem Parkplatz des Ralston, also ging ich zu Fuß, was meiner Stimmung entsprach. Es war eine ganz passable Spätfrühlingsnacht, und aus den Bars an der Main Street kamen ein paar Leute. Ich ließ mich mit ihnen dahintreiben, hörte den Unterhaltungen zu, staunte über die Blasen, in denen diese Sterblichen lebten, über all die vielen

Dinge um sie herum, die sie nicht sehen konnten und auch nicht sehen wollen würden. Ich hätte in meine Wohnung zurückkehren können, aber dort hatte ich schon lange nicht mehr geschlafen. Es würde kalt sein, und das Bett müsste neu bezogen werden, und das gab dem Ganzen etwas von Arbeit, wo ich doch weiter nichts wollte als ausgiebig duschen. Also ging ich noch ein letztes Mal in das Motel, wo ich mich nach der Sache im Shoreline-Park von Garcia und Clarence hatte absetzen lassen. Schließlich hatte ich mich langsam an Motels gewöhnt.

Als ich den Jefferson Boulevard entlanghumpelte, verschwanden die Clubgänger und Barbesucher nach und nach zu ihren Autos oder Bushaltestellen, bis ich als einziger Fußgänger übrig blieb. In den Apartmenthäusern rechts und links war Ruhe eingekehrt, nicht mal mehr in der Hälfte der Fenster brannte Licht, und die Illuminationsmuster erinnerten an moderne Kunst. Ich ging in eine Eck-Bodega und kaufte bei dem Mann hinterm Ladentisch, der den Blick kaum von der Pandschabi-Seifenoper auf seinem kleinen Fernseher wandte, eine Flasche mit etwas Trinkbarem.

Als ich schließlich in meinem Zimmer im Mission Rancho Motor Lodge ankam, war ich gar nicht mehr so müde. Ich legte meine Jacke ab, machte mein Handy aus und Musik an und nahm meinen Drink mit auf den Balkon. Jenseits des Parks war die alte Mission dunkel bis auf die eine Glühbirne über der Tür. In einigen anderen Motelzimmern brannte noch Licht, aber die Gäste waren ausnahmsweise mal ziemlich leise. Unten auf der Straße führte ein Mann pfeifend einen alten Hund Gassi, der alle paar Schritte stehen blieb, um etwas zu beschnüffeln.

Nach einem solchen Tag entschied ich mich gegen ein Glas. Ich trank meinen Orangensaft aus der Flasche, sah zu, wie die Insekten das kleine Licht an Gottes erstem Haus in San Judas umschwirrten, und ließ mir von meinen Geistern Gesellschaft leisten, den alten und den neuen.

ENDE

www.hobbitpresse.de

Tad Williams
Shadowmarch

Aus dem Amerikanischen von
Cornelia Holfelder-von der Tann

Band 1: Die Grenze
808 Seiten, broschiert
ISBN 978-3-608-94956-8

Band 2: Das Spiel
810 Seiten, broschiert
ISBN 978-3-608-94957-5

Band 3: Die Dämmerung
698 Seiten, broschiert
ISBN 978-3-608-94958-2

Band 4: Das Herz
873 Seiten, broschiert
ISBN 978-3-608-94959-9

Preis je Band: € 15,– (D) / € 15,50 (A)

Auch als
@book

»Der Tolkien des 21. Jahrhunderts«
Die Zeit

»Williams versteht es von der Zwiespältigkeit der Macht
zu erzählen, von der plötzlichen Kluft zwischen dem, der
sie erlangt, und denen, die ihr unterworfen sind.«
Christoph Haas, Süddeutsche Zeitung

Hobbit
Presse
Klett-Cotta

www.hobbitpresse.de

Der neue Hobbit Presse-Blog

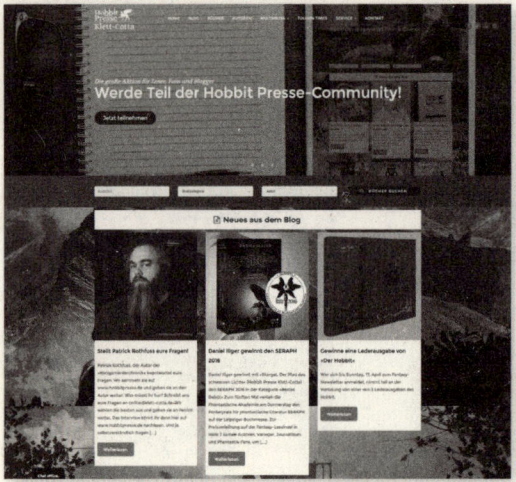

Unter **www.hobbitpresse.de** bieten wir euch aktuelle
und exklusive Inhalte aus der Hobbit Presse, von unseren
Autoren und anderen Blog-Gastautoren.
Werdet selbst Teil der Hobbit Presse-Welt: Wir bieten allen
Fantasy-Fans und -bloggern die Gelegenheit, sich selbst als
Autor für den Blog zu bewerben.

Außerdem auf www.hobbitpresse.de:
• Alle Autoren
• Alle Bücher
• Alle Leseproben
• Alle Tolkien Times-Ausgaben seit Erscheinen
• u. v. m.